KB263285

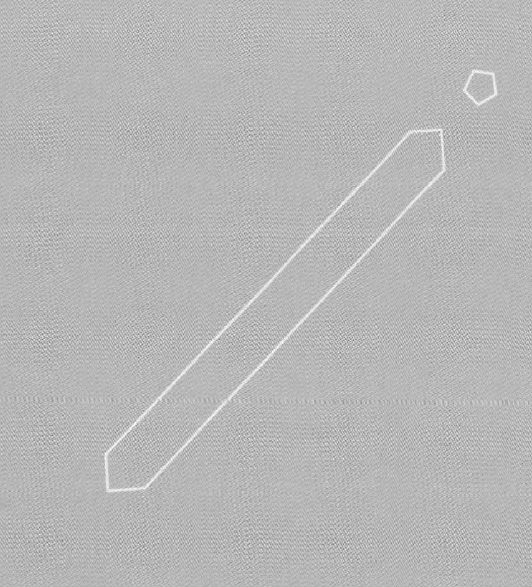

비상은
믿습니다

당연한 것을 낯설게 바라보는 시선이
교육을 움직이게 한다는 것을.

현장에서 출발한 고민이
다음 교육의 해답이 될 수 있다는 것을.

배움의 즐거움이
교육의 가장 강력한 연료라는 것을.

다름을 존중하는 태도가
교육의 가치를 더 깊게 만든다는 것을.

그리고,
우리가 선택한 이 가치들이
곧, 우리 교육의 방향이 된다고 믿습니다.

이 믿음 하나하나가 모여,
새로운 콘텐츠와 플랫폼이 되어
교육의 새로운 전형을 만들어갑니다.

상상 그 이상 –
visang

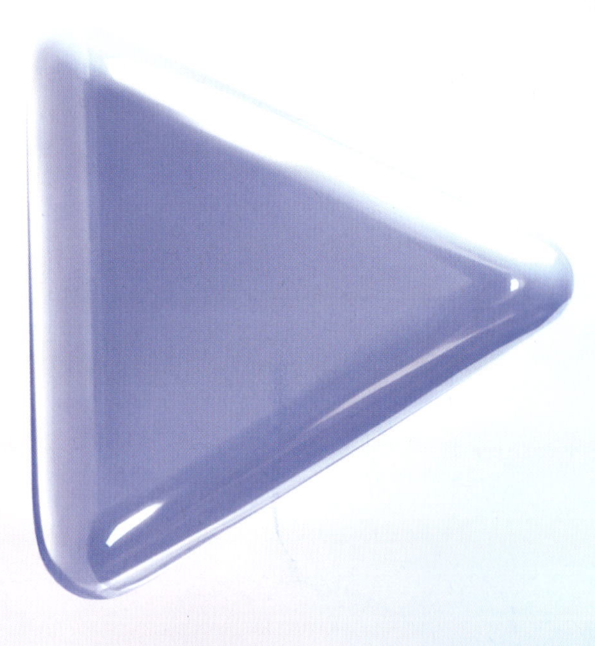

완자

기출 PICK

통합사회 1

726제

구성 structure

PICK 1 실전 개념

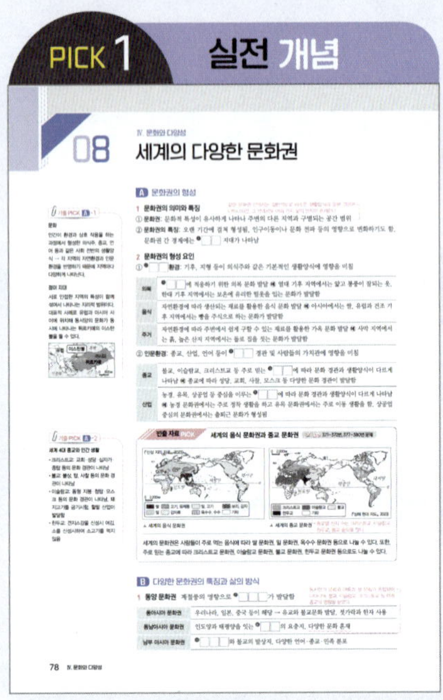

- **빈출 자료**와 **보기 선지**를 담아낸 내용 정리
- 중요한 개념을 확인할 수 있도록 **빈칸 채우기** 구성
- 알아 두어야 할 자료와 개념은 **기출 PICK** 에 수록

PICK 2 난이도별 필수 기출

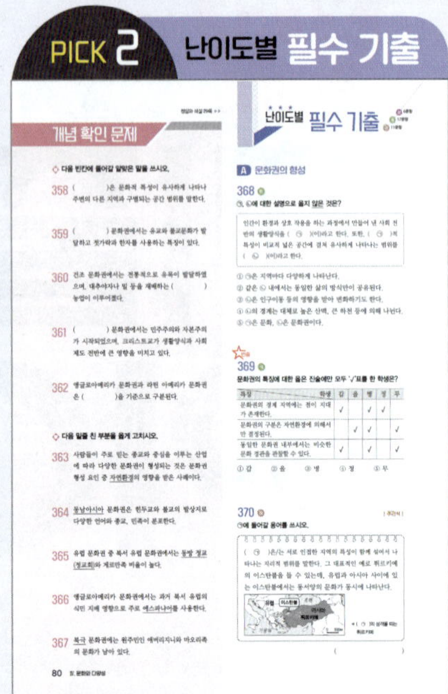

- 기초를 탄탄히 하는 **개념 확인** 문제 제시
- **빈출 문제**를 주제별, 난이도(하 , 중 , 상) 별로 구성
- | 주관식 |, | 서술형 | 문제까지 풀어 보며 시험 완벽 대비

PICK 3 최고수준 도전 기출

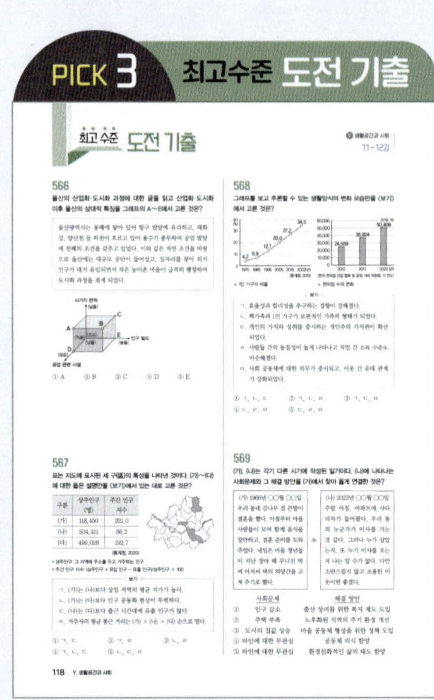

- **1등급 달성**을 위해 꼭 풀어 봐야 하는 도전 문제

부록 실전 대비

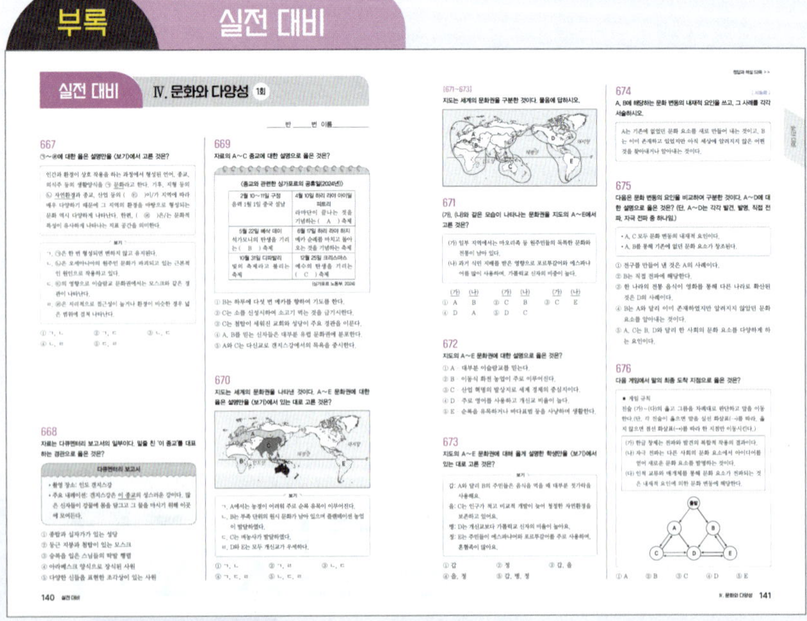

- 대단원별로 구성하여 **단원 통합형 문제**에 대비
- **시험 직전에 대비**할 수 있도록 선택형, 주관식, 서술형 문제 수록

차례 contents

완자 기출 PICK 통합사회 2 구성

01 인간, 사회, 환경을 보는 다양한 관점

기출 PICK A - D

각 관점의 주요 핵심 질문
- 시간적 관점: 특정 사회현상은 과거부터 현재까지 어떻게 변화해 왔는가?
- 공간적 관점: 자연환경과 인문환경에 따라 각 지역의 생활 모습이 어떻게 다른가?
- 사회적 관점: 법, 제도, 정책 등은 우리의 일상생활에 어떤 영향을 미치는가?
- 윤리적 관점: 사회문제를 해결할 수 있는 보편적 가치나 원칙은 무엇인가?

A 시간적 관점

1 시간적 관점의 의미와 특징

시간적 관점은 인간 활동의 연속성과 변화를 파악하며, 과거의 경험을 바탕으로 현재와 미래를 이해하고자 한다.

의미	❶ ☐☐☐ 배경과 시대적 ❷ ☐☐ 에 초점을 두고 사회현상을 살펴보는 관점
특징	과거의 사실과 사건을 바탕으로 ❸ ☐☐ 의 사회현상을 이해하고 대응할 수 있음 → 나아가 ❹ ☐☐ 의 변화 방향을 예측함으로써 사회문제의 바람직한 해결 방안을 찾는 데 도움을 줌

2 시간적 관점의 탐구 방법
역사적 자료를 다각도로 수집하여 비교, 분석, 종합함으로써 과거 역사와 현재 상황 간의 상호 ❺ ☐☐☐ 을 탐구함

→ 예 유물, 유적, 역사서, 과거 신문 기사나 통계 자료 등

빈출 자료 PICK   시간적 관점으로 본 인도와 파키스탄의 국기 하강식   ☑ Link 013~015번 문제

인도와 파키스탄 국경에서 열리는 국기 하강식은 양국 국경 수비대의 과장된 몸짓과 자존심 대결로 유명하다. 이 대결의 배경을 파악하려면 두 국가의 관계를 시간적 관점에서 살펴볼 필요가 있다. 두 국가는 원래 하나의 국가였으나, 영국의 식민 지배에서 벗어나면서 힌두교도가 많은 인도와 이슬람교도가 많은 파키스탄으로 분리 독립하였다. 당시 양국은 접경 지역인 카슈미르의 영토 편입 문제로 충돌한 후 세 차례의 전쟁을 겪었고, 지금도 이 문제로 갈등하고 있다. 1959년 시작된 국기 하강식은 두 국가의 대립을 상징하면서도 물리적 충돌을 방지하는 역할을 한다. 많은 관중이 참여하는 이 행사는 갈등의 상징에서 평화의 상징으로 변화하고 있다.

제시된 글은 인도와 파키스탄 국경에서 거행되는 국기 하강식을 과거의 사실과 사건을 바탕으로 이해하고 있다. 이처럼 시간적 관점에서 사회현상을 바라보면 오늘날 그 현상이 일어나는 이유와 결과를 추론할 수 있다.

B 공간적 관점

사람들이 의미 있게 만들어 온 공간을 의미한다.

기출 PICK B - 1

장소, 지역, 공간적 상호 작용의 의미

장소	개인이나 집단의 경험과 감정에 따라 주관적인 의미가 부여된 공간
지역	공통된 특성이 있는 여러 장소가 모여 형성된 더 넓은 범위의 공간
공간적 상호 작용	서로 다른 공간 사이에서 영향을 주고받는 사람, 재화, 정보 등의 흐름

1 공간적 관점의 의미와 특징

공간적 관점을 통해 한 지역의 특성뿐만 아니라 지역 간 차이도 파악할 수 있다.

의미	❻ ☐☐ 와 지역, 공간적 ❼ ☐☐ 작용에 중점을 두고 사회현상을 살펴보는 관점
특징	• 위치와 장소, ❽ ☐☐ 양상과 형성 과정, 이동과 네트워크 등의 ❾ ☐☐☐ 맥락에서 인간, 사회, 환경 간의 상호 관계를 분석 및 이해하고자 함 → 주변 ❿ ☐☐ 이 인간과 사회에 미치는 영향을 파악하는 데 도움을 줌 • 특정 지역에서 발생하는 현상이나 문제를 이해하고 ⓫ ☐☐☐ 을 마련하는 바탕이 됨

예 지형, 기후 등   예 언어, 민족, 종교 등

2 공간적 관점의 탐구 방법
자연환경과 인문환경이 인간과 사회에 미치는 영향을 분석하고, 공간적 상호 작용이 이루어지는 다양한 양상을 탐구함

→ 지도, 지리 책자, 지역 사진, 지역 통계 자료 등을 활용할 수 있다.

빈출 자료 PICK   공간적 관점으로 본 저출생 극복 대책   ☑ Link 020~021번 문제

일찍이 저출생 현상을 경험한 일본은 지역 특성에 따라 학교에서 사용하지 않는 교실, 이른바 유휴 교실을 다른 용도로 활용하고 있다. 농촌이나 산촌 지역에서는 관광객에게 지역의 특산품이나 향토 음식을 소개하는 장소로 운영하고 있으며, 구도심 지역에서는 아동과 노인을 돌보는 시설로 활용하고 있다.

제시된 글에는 저출생 현상에 따른 학교 유휴 시설 문제를 지역의 특성을 반영하여 해결하고자 노력한 모습이 나타나 있으므로, 사회문제의 해결을 위해 공간적 관점을 적용하였음을 알 수 있다.

C 사회적 관점

1 사회적 관점의 의미와 특징

의미	사회 구조와 사회 ⑫□□의 ⑬□□□에 초점을 두고 사회현상을 살펴보는 관점
특징	사회현상의 배경을 구조적·제도적·⑭□□적 측면에서 이해함 → 사회현상의 원인과 개선해야 할 ⑮□□ 문제를 파악하고, 이에 대한 해결책을 마련하는 데 도움을 줌

사회 구조	사회적 관계를 맺는 방식이 굳어져 일정한 틀을 갖춘 상태
사회 제도	사회적 행동을 일정한 방향으로 이끌어 주는 조직화된 관행과 절차

└→ 설문 조사, 통계 분석, 면담, 참여 관찰 등을 활용할 수 있다.

2 사회적 관점의 탐구 방법
사회 구성원에게 영향을 미치는 사회 구조나 사회 제도를 파악하고, 사회 구조와 사회 제도 안에서 사회 구성원들이 ⑯□□ 관계를 맺고 상호 작용하는 양상을 탐구함 → 사회 구조와 사회 제도는 오랜 기간 비교적 안정적으로 유지되면서 개인의 사고와 행동에 영향을 미치는데, 개인의 의식이나 행동의 변화가 사회 구조와 사회 제도의 변화를 가져오기도 한다.

빈출 자료 PICK　　**사회적 관점으로 본 학교 앞 환경 변화**　☑ Link 023~024번 문제

- 학령 인구가 감소하고 학교에서 학습 준비물을 지원하면서 학교 앞 문구점이 줄고 있다.
- 「교육 환경 보호에 관한 법률」에 따라 학교 경계로부터 직선거리 200m 범위 안에는 특정 시설의 영업을 금지하고 있기 때문에 학교 주변에서는 피시(PC)방이나 당구장 등 일부 시설을 볼 수 없다.

제시된 사례에서는 학령 인구가 감소하는 사회 구조적 변화와 「교육 환경 보호에 관한 법률」과 같은 사회 제도가 학교와 관련한 개인의 일상생활에 영향력을 미치는 모습을 보여 주고 있다. 따라서 사회적 관점을 적용하여 학교 앞 환경이 변화하는 현상을 바라보고 있음을 알 수 있다.

D 윤리적 관점

1 윤리적 관점의 의미와 특징
└→ 도덕적으로 더 바람직한 것이 무엇인지 판단하는 기준이 된다.

의미	도덕적 가치와 윤리적 규범을 고려하여 사회현상을 살펴보는 관점
특징	사회현상을 도덕적 가치와 윤리적 ⑰□□에 따라 평가 및 판단하고, 사회가 나아갈 바람직한 ⑱□□을 제시하고자 함 → 행복한 삶을 살기 위한 의사 결정이나 가치 갈등 문제 해결에 도움을 주어 개인의 도덕적 삶과 ⑲□□로운 사회를 이루는 데 기여함

2 윤리적 관점의 탐구 방법
우리 사회가 지향해야 힐 도덕적 가치를 판단하고, 윤리적 규범을 바탕으로 바람직한 ⑳□□ 기준이 무엇인지 성찰하는 과정이 필요함
└→ 다양한 동서양 윤리 이론을 활용할 수 있다.

빈출 자료 PICK　　**윤리적 관점으로 본 아동 노동 문제**　☑ Link 029~030번 문제

전기차 배터리 제조에 필요한 코발트 채굴 과정에서 아동 노동 문제가 제기되고 있다. 영국 한 언론사의 보도에 따르면 전 세계 코발트 생산량의 60%가 콩고 민주 공화국에서 생산되는데, 이 중 20%는 아동 노동이 만연한 수작업 광산에서 채굴된다고 한다. 이 광산에서 아이들은 하루에 12시간을 일하며, 급여로는 1~2달러를 받는다고 알려져 있다. 이처럼 불공정한 아동 노동 문제는 인간 존엄성과 밀접하게 관련한 문제이므로, 도덕적 잣대를 기준으로 평가되어야 한다.

제시된 글은 아동 노동 문제를 인간 존엄성과 관련지어 도덕적으로 평가해야 하다는 점을 강조하고 있으므로, 윤리적 관점에서 아동 노동 문제를 이해하고 있음을 파악할 수 있다.

답　❶ 역사적　❷ 맥락　❸ 현재　❹ 미래　❺ 연관성　❻ 장소　❼ 상호　❽ 분포　❾ 공간적　❿ 환경　⓫ 해결책　⓬ 제도　⓭ 영향력　⓮ 정책　⓯ 사회　⓰ 사회적　⓱ 규범　⓲ 방향　⓳ 정의　⓴ 행위

개념 확인 문제

◆ **다음 빈칸에 들어갈 알맞은 말을 쓰시오.**

001 (　　　　) 관점을 적용하면 과거의 사실과 사건을 바탕으로 현재의 사회현상을 이해할 수 있다.

002 시간적 관점에서 탐구할 때는 유물이나 유적 등의 (　　　　) 자료를 다각도로 활용할 수 있다.

003 공간적 관점은 장소와 (　　　　), 공간적 상호 작용에 중점을 두고 사회현상을 살펴본다.

004 사회 구조와 사회 제도의 영향력에 초점을 두고 사회현상을 살펴보는 관점은 (　　　　) 관점이다.

005 (　　　　) 관점은 사회현상을 도덕적 가치와 윤리적 규범에 따라 평가하고자 한다.

◆ **다음 밑줄 친 부분을 옳게 고치시오.**

006 <u>시간적</u> 관점의 핵심 질문으로 '법, 제도, 정책 등은 우리의 일상생활에 어떤 영향을 미치는가?'를 들 수 있다.

007 <u>사회적</u> 관점은 위치와 장소, 분포 양상과 형성 과정, 이동과 네트워크 등의 맥락에서 인간, 사회, 환경 간 상호 관계를 분석 및 이해하고자 한다.

008 사회적 관점은 <u>도덕적 가치와 사회 제도의 영향력</u>에 초점을 두고 사회현상을 바라본다.

009 사회 제도와 윤리적 규범에 초점을 두고 사회현상을 살펴보는 관점은 <u>윤리적 관점</u>이다.

010 <u>윤리적 관점</u>은 주변 환경이 인간과 사회에 미치는 영향을 파악하는 데 도움을 준다.

난이도별 필수 기출

A　시간적 관점

011 하

다음 게시판의 질문에 옳게 답변한 학생만을 고른 것은?

> **질문하기**
> 인간, 사회, 환경을 시간적 관점에 초점을 두고 보아야 하는 이유는 무엇인가요?
>
> **답변하기**
> └ 갑: 지역의 자연환경과 인문환경의 특징을 파악할 수 있기 때문입니다.
> └ 을: 앞으로 우리 사회가 어떤 방향으로 변화할지 짐작해 볼 수 있기 때문입니다.
> └ 병: 오늘날 인류의 정신적·물질적 토대는 오랫동안 축적된 역사의 결과물이기 때문입니다.
> └ 정: 한 개인의 사고방식과 행위를 이해하려면 그가 속한 사회의 구조를 이해할 필요가 있기 때문입니다.
> └ 무: 우리가 일상에서 접하는 사건이나 상황은 과거의 역사적 사건과 인과 관계를 맺고 있기 때문입니다.

① 갑, 을, 병 ② 갑, 병, 정 ③ 을, 병, 정
④ 을, 병, 무 ⑤ 병, 정, 무

빈출

012 중

다음 활동에서 공통으로 나타난 사회현상을 바라보는 관점에 대한 설명으로 가장 적절한 것은?

> • 우리나라 사람들이 햄버거를 먹기 시작한 시대적 배경을 조사한다.
> • 산업화 과정에서 발생한 시기별 이산화 탄소 농도의 변화를 정리한다.

① 역사적 배경과 시대적 맥락에 초점을 둔다.
② 도덕적 가치와 윤리적 규범을 중심으로 사회현상을 살펴본다.
③ 사회 구조와 사회 제도가 개인에게 미치는 영향력을 강조한다.
④ 공간적 맥락에서 인간, 사회, 환경 간의 상호 관계를 분석하고자 한다.
⑤ 주로 지도, 지리 책자, 지역 사진, 지역 통계 자료 등을 활용하여 탐구한다.

[013~015] 빈출 자료 ★

다음 글을 읽고 물음에 답하시오.

> 인도와 파키스탄 국경에서 열리는 국기 하강식은 양국 국경 수비대의 과장된 몸짓과 자존심 대결로 유명하다. 이 대결의 배경을 파악하려면 두 국가의 관계를 (㉠)에서 살펴볼 필요가 있다. 두 국가는 원래 하나의 국가였으나, 영국의 식민 지배에서 벗어나면서 힌두교도가 많은 인도와 이슬람교도가 많은 파키스탄으로 분리 독립하였다. 당시 양국은 접경 지역인 카슈미르의 영토 편입 문제로 충돌한 후 세 차례의 전쟁을 겪었고, 지금도 이 문제로 갈등하고 있다. 1959년 시작된 국기 하강식은 두 국가의 대립을 상징하면서도 물리적 충돌을 방지하는 역할을 한다.

013 하

㉠에 들어갈 관점으로 가장 적절한 것은?

① 공간적 관점 ② 사회적 관점 ③ 시간적 관점
④ 윤리적 관점 ⑤ 통합적 관점

014 중

㉠에 들어갈 관점에 대한 옳은 설명만을 〈보기〉에서 고른 것은?

> 〈 보기 〉
> ㄱ. 다양한 학문과의 연관성을 고려하여 살펴본다.
> ㄴ. 당시의 시대적 상황을 이해할 수 있는 관점이다.
> ㄷ. 도덕적 가치 판단에 기초하여 사회현상을 바라본다.
> ㄹ. 현재의 사회현상이 나타나게 된 시대적 배경을 살펴본다.

① ㄱ, ㄴ ② ㄱ, ㄷ ③ ㄴ, ㄷ
④ ㄴ, ㄹ ⑤ ㄷ, ㄹ

015 상

㉠에 들어갈 관점의 핵심 질문으로 가장 적절한 것은?

① 법과 정책은 우리의 일상생활에 어떤 영향을 미치는가?
② 특정 사회현상은 과거부터 현재까지 어떻게 변화해 왔는가?
③ 사회문제를 해결할 수 있는 보편적 가치나 원칙은 무엇인가?
④ 자연환경과 인문환경에 따라 각 지역의 생활 모습이 어떻게 다른가?
⑤ 도덕적 가치와 윤리적 규범을 기준으로 판단할 때 현재의 사회현상은 바람직한가?

016 중

다음 글에서 사회현상을 바라보는 관점에 대한 옳은 설명만을 〈보기〉에서 고른 것은?

> 산업 혁명 이후 대기 중 온실가스 농도가 증가하여 온실 효과가 심각해졌고, 그 결과 지표면의 평균 온도가 산업화 이전보다 급격히 높아졌다. 이 추세가 계속된다면 지표 온도는 산업화 이전보다 1.5℃ 이상 상승할 것으로 예측된다.

> 〈 보기 〉
> ㄱ. 사회현상을 시대적 배경과 맥락에 초점을 두고 바라보는 것이다.
> ㄴ. 한 지역의 독특한 특성, 여러 지역 간의 유사점 등을 파악할 수 있다.
> ㄷ. 사회현상이 일어나는 이유를 알고, 앞으로의 변화 방향을 예상할 수 있다.
> ㄹ. 특정한 사회현상을 사회 제도 및 사회 구조와의 관련성 속에서 이해하는 것이다.

① ㄱ, ㄴ ② ㄱ, ㄷ ③ ㄴ, ㄷ
④ ㄴ, ㄹ ⑤ ㄷ, ㄹ

B 공간적 관점

017 중

공간적 관점과 공간 정보에 대한 옳은 설명만을 〈보기〉에서 있는 대로 고른 것은?

> 〈 보기 〉
> ㄱ. 공간적 관점은 '왜 그곳인가?'라는 의문을 가지고 지표상의 인간 활동을 설명하는 관점이다.
> ㄴ. 공간적 관점으로 사회현상을 살펴보려면 장소와 지역, 공간적 상호 작용에 대한 이해가 필요하다.
> ㄷ. 공간 정보에서 장소는 사람들이 의미 있게 만들어 온 공간이므로 장소에 대한 생각은 모두가 동일하다.
> ㄹ. 공간 정보에서 장소와 지역, 공간적 상호 작용은 한 번 형성되면 변화하지 않고 일정 모습을 그대로 유지한다.

① ㄱ, ㄴ ② ㄱ, ㄷ ③ ㄱ, ㄴ, ㄷ
④ ㄱ, ㄷ, ㄹ ⑤ ㄱ, ㄴ, ㄷ, ㄹ

018 중

교사의 질문에 가장 적절하게 대답한 학생은?

교사: ○○적 관점으로 기후변화를 탐구한다면 어떤 내용을 조사해야 할까요?

〈○○적 관점〉
세상에서 일어나는 다양한 현상을 위치와 장소, 분포 양상, 이동과 네트워크 등의 맥락 속에서 살펴보는 관점

① 갑: 기후변화에 따른 지역별 영향을 조사합니다.
② 을: 기후변화 문제를 해결하려는 국제적인 노력을 조사합니다.
③ 병: 기후변화의 발생 원인을 세계사적 흐름 속에서 찾아봅니다.
④ 정: 기후 난민들이 입은 피해를 누가 책임져야 하는지 살펴봅니다.
⑤ 무: 기후변화로 인해 피해를 입을 미래 세대를 위해 현세대가 어떻게 하는 것이 바람직한지에 대해 조사합니다.

019 중

다음 글은 특정 관점에서 커피에 대해 설명한 것이다. 이 특정 관점과 관련한 설명으로 옳지 <u>않은</u> 것은?

커피는 대표적인 열대작물로, 커피 벨트라고 불리는 남·북위 25° 사이의 지역에서 잘 자랍니다. 또한 커피나무의 재배, 생두의 수확 및 가공 과정에서 많은 노동력이 필요하고, 생산 국가에서 수입국까지 여러 유통 단계를 거치므로 여러 지역이 연계를 맺는 대표적인 작물입니다.

① 장소는 사람들이 의미 있게 만들어 온 공간을 말한다.
② 지역은 다른 지역과 구분되는 고유한 특성을 가진 공간에 해당한다.
③ 장소와 지역, 공간적 상호 작용 등의 공간 정보에 대한 이해가 필요하다.
④ 인구, 물자, 정보 등은 지역의 경계를 넘지 않고 공간적 상호 작용을 한다.
⑤ 장소와 지역, 공간적 상호 작용은 일정한 것이 아니라 끊임없이 변화하면서 새로운 모습을 만들어 간다.

[020~021] 빈출 자료 ★

다음 글을 읽고 물음에 답하시오.

일찍이 저출생 현상을 경험한 일본은 지역 특성에 따라 학교에서 사용하지 않는 교실, 이른바 유휴 교실을 다른 용도로 활용하고 있다. 농촌이나 산촌 지역에서는 관광객에게 지역의 특산품이나 향토 음식을 소개하는 장소로 운영하고 있으며, 구도심 지역에서는 아동과 노인을 돌보는 시설로 활용하고 있다.

020 하 | 서술형 |

윗글에 나타난 인간, 사회, 환경을 보는 관점을 쓰고, 그 의미를 서술하시오.

021 중

윗글에 나타난 인간, 사회, 환경을 보는 관점에 대한 옳은 설명만을 〈보기〉에서 고른 것은?

보기
ㄱ. 서로 다른 지역의 공통점과 차이점을 이해할 수 있다.
ㄴ. 법과 제도가 개인과 사회에 미치는 영향을 파악할 수 있다.
ㄷ. 자연환경과 인간이 상호 작용하는 양상을 파악할 수 있다.
ㄹ. 양심을 기준으로 어떤 행위의 옳고 그름을 판단할 수 있다.

① ㄱ, ㄴ   ② ㄱ, ㄷ   ③ ㄴ, ㄷ
④ ㄴ, ㄹ   ⑤ ㄷ, ㄹ

C 사회적 관점

022 중

다음 글에 나타난 관점의 전제로 적절한 것만을 〈보기〉에서 고른 것은?

개인은 사회 제도의 영향을 받아 일정하게 행동하기도 하고, 사회 구성원 다수의 의식이나 가치에 변화가 생기면 사회 제도와 법이 바뀌기도 한다. 그러므로 사회문제를 해결하려 할 때 개인의 의식을 바꾸거나 법과 제도를 도입하여 사회 구조에 변화를 주기도 한다.

보기
ㄱ. 인간은 과거의 사실을 바탕으로 현재를 이해한다.
ㄴ. 인간은 사회적으로 정해진 방식으로 행동하려 한다.
ㄷ. 인간은 자신을 둘러싼 사회 구조의 영향을 많이 받는다.
ㄹ. 인간은 여러 공간 정보를 바탕으로 사회현상을 이해한다.

① ㄱ, ㄴ   ② ㄱ, ㄷ   ③ ㄴ, ㄷ
④ ㄴ, ㄹ   ⑤ ㄷ, ㄹ

다음 글을 읽고 물음에 답하시오.

〈○○적 관점에서 본 학교 주변 환경의 변화〉
학교와 가까운 곳에서는 피시(PC)방이나 당구장 등을 볼 수 없다. 「교육 환경 보호에 관한 법률」에 따라 학교 경계로부터 직선거리 200m 범위 안에는 학생의 보건·위생, 안전, 학습과 교육 환경 보호를 위해 특정 시설의 영업을 금지하고 있기 때문이다.

023 하

밑줄 친 ○○에 들어갈 말로 가장 적절한 것은?

① 공간　　② 사회　　③ 시간　　④ 윤리　　⑤ 통합

024 중

윗글에 부합하는 관점에 대한 설명으로 옳은 것은?

① 지역, 장소 등을 중심으로 현상을 바라본다.
② 종합적 이해를 통해 통찰력을 기를 수 있다.
③ 정책의 대안을 마련하는 데 도움이 될 수 있다.
④ 오늘날 인류의 정신적·물질적 토대를 알 수 있다.
⑤ 현상이 일어난 원인과 변화 방향을 예측할 수 있다.

025 중

다음 주장에 나타난 관점에 대한 옳은 설명만을 〈보기〉에서 있는 대로 고른 것은?

우리나라에서는 두 차례의 「공직 선거법」 개정으로 인해 선거 참여 연령이 19세에서 18세로 낮아졌고, 지방 선거 출마 연령도 25세에서 18세로 낮아졌다. 또한, 「정당법」도 개정되어 정당 가입 연령이 18세에서 16세로 낮아지면서 학생들의 정치 참여 기회가 확대되었다. 이는 학생들의 정치 참여를 확대하고 민주주의를 강화하는 중요한 계기가 되었다.

〈 보기 〉
ㄱ. 사회 구조는 쉽게 변하고 안정적으로 유지되기 어려운 특징이 있다.
ㄴ. 개인이 일정한 행동을 하도록 정형화된 사회적 관계의 틀을 사회 제도라고 한다.
ㄷ. 개인은 사회적으로 정해진 방식으로 행동하거나, 기대 또는 허용되는 행위를 선택한다.
ㄹ. 개인은 사회 구조나 사회 제도의 영향을 받아 다른 구성원과 안정된 사회적 관계를 유지한다.

① ㄱ, ㄴ　　　② ㄱ, ㄷ　　　③ ㄷ, ㄹ
④ ㄱ, ㄷ, ㄹ　　⑤ ㄴ, ㄷ, ㄹ

026 상

다음 사례와 관련하여 사회적 관점에서 탐구할 수 있는 활동으로 가장 적절한 것은?

최근 ○○ 지역에서 공공시설인 쓰레기장 건립을 둘러싸고 갈등이 심해지고 있다. 쓰레기양의 증가로 쓰레기장 건립의 필요성이 증가했지만, 건립 예정지 주민들은 유해 물질로 인한 피해를 입는다며 반발하고 있다.

① 쓰레기장 건립의 입지 조건 조사하기
② 연도별 쓰레기양 증가 비율 조사하기
③ 쓰레기장 건립 건수의 변화 과정 조사하기
④ 갈등 해결을 위한 바람직한 시민의 태도 알아보기
⑤ 쓰레기장 건립 예정지 주민을 위한 보상 제도 알아보기

D 윤리적 관점

027 중
| 서술형 |

A는 기후변화에 따른 문제의 해결 방안을 윤리적 관점에서 서술한 것이다. 〈조건〉에 맞게 A의 내용을 완성하시오.

기후변화는 선진국과 개발 도상국 간의 형평성 문제와 관련이 있다. 온실가스를 많이 배출하는 나라는 보통 선진국이지만, 정작 이에 따른 피해를 보는 국가는 온실가스 배출량이 매우 적은 경우가 많다. 따라서 기후변화에 따른 문제를 해결하려면 _______________ A _______________

〈 조건 〉
기후변화에 대한 책임 주체가 명확히 드러나야 함.

028 상

(가)의 관점에서 볼 때 (나)의 ㉠에 들어갈 내용으로 가장 적절한 것은?

(가)	인간의 행위가 도덕적 차원에서 인정받기 위한 기준을 탐색하고 바람직한 삶의 모습을 살펴보아야 한다.

(나)	현상	주요 탐구 과제
	우리나라의 고령화 현상이 심화되고 있음 ➡	㉠

① 노인 부양을 위한 사회의 복지 제도 파악하기
② 도시와 농촌 지역의 고령 인구 비율 비교하기
③ 1960년대 산업화 과정 이후 고령 인구 변화 파악하기
④ 노인 부양에 대한 책임 의식과 가치관의 변화 파악하기
⑤ 소득 증가와 의료 기술 발달에 따른 고령 인구 변화 파악하기

[029~030] 빈출 자료★

다음 글을 읽고 물음에 답하시오.

> 전기차 배터리 제조에 필요한 코발트 채굴 과정에서 아동 노동 문제가 제기되고 있다. 영국 한 언론사의 보도에 따르면 전 세계 코발트 생산량의 60%가 콩고 민주 공화국에서 생산되는데, 이 중 20%는 아동 노동이 만연한 수작업 광산에서 채굴된다고 한다. 이 광산에서 아이들은 하루에 12시간을 일하며, 급여로는 1~2달러를 받는다고 알려져 있다. 이처럼 불공정한 아동 노동 문제는 인간 존엄성과 밀접하게 관련한 문제이므로, 도덕적 잣대를 기준으로 평가되어야 한다.

029 하

윗글에 나타난 관점으로 가장 적절한 것은?

① 공간적 관점　　② 사회적 관점　　③ 시간적 관점
④ 윤리적 관점　　⑤ 통합적 관점

030 중

윗글에 나타난 관점에 부합하는 진술로 가장 적절한 것은?

① 아동 노동 문제는 일부 지역만의 특수한 문제로 볼 수 있다.
② 유럽의 식민 지배 역사로부터 아동 노동 문제가 시작되었다.
③ 누구나 인간다운 삶을 누릴 수 있도록 아동 노동 문제를 해결해야 한다.
④ 아동 노동 문제는 해당 국가의 기후, 지리적 특수성과의 관련성을 중심으로 파악해야 한다.
⑤ 아동 노동 문제는 저개발 국가들의 낙후한 사회 구조 및 사회 제도의 개선을 통해 해결해야 한다.

031 상

(가)의 관점 중 하나를 바탕으로 (나)에서 교사가 한 질문에 대한 학생의 답 ㉠으로 가장 적절한 것은?

(가)	〈인간 행위와 사회현상을 바라보는 대표적 관점〉 • 시간적 관점　　　• 공간적 관점 • 사회적 관점　　　• 윤리적 관점
(나)	교사: '우리는 미래 세대의 건강한 삶에 책임이 있으므로 온실가스 배출을 줄여야 한다.'라는 주장에 나타난 이 관점이 다른 관점들에 비해 상대적으로 중시하는 것은 무엇일까요? 학생: 　　　　　㉠　　　　　 입니다.

① 현상의 시대적 배경과 맥락을 살펴보는 것
② 사회의 변화 과정을 객관적으로 탐구하는 것
③ 현상이 나타난 장소, 분포 양상 등을 살펴보는 것
④ 특정 사회현상을 사회 제도의 측면에서 탐구하는 것
⑤ 사회현상의 탐구에서 인간 행위의 규범적 방향성을 고려하는 것

032 상

밑줄 친 질문에 중점을 두고 자율 주행 자동차와 관련한 사회현상을 바라보는 관점에 대한 설명으로 옳은 것은?

> 자동차 회사들은 운전자 없이 자동차가 스스로 운전을 하는 자율 주행 자동차를 개발하기 위해 노력하고 있다. 그러나 사고를 피할 수 없는 돌발적 상황에서 운전 방향을 어떻게 결정하도록 프로그래밍할 것인지의 문제에 봉착하고 있다. <u>한 사람의 운전자와 여러 사람의 보행자 중 누구를 살리도록 프로그래밍할 것인가?</u>

① 인간의 행위를 도덕적 가치를 기준으로 살펴본다.
② 사회현상을 사회 구조나 제도 등의 측면에서 이해한다.
③ 역사적 사실을 찾아 현재와 관련지어 의미를 부여한다.
④ 사회현상을 위치, 장소, 지역, 이동 등을 통해 살펴본다.
⑤ 과거의 경험을 토대로 미래의 방향을 짐작할 수 있게 한다.

033 중

인간, 사회, 환경을 바라보는 여러 관점에 대한 설명 중 옳은 것의 개수는?

> 1. 윤리적 관점은 여러 윤리 이론을 탐구에 활용할 수 있다.
> 2. 시간적 관점을 통해 사회의 변화 양상을 예상할 수 있다.
> 3. 사회적 관점으로 여러 지역 간의 유사점과 차이점을 알 수 있다.
> 4. 공간적 관점은 사회현상을 역사적 배경과 시대적 맥락에 초점을 두고 바라보는 것이다.
> 5. 공간적 관점은 자연현상과 인간의 상호 작용, 지역 등에 대해 관심을 가지고 사회현상을 바라보는 것이다.

① 1개　　② 2개　　③ 3개　　④ 4개　　⑤ 5개

034 하

(가), (나)에 해당하는 관점을 옳게 연결한 것은?

> (가) '어디에서'와 '왜 그곳인가'라는 의문을 가지고 지표에 나타나는 인간 활동을 설명하는 관점이다.
> (나) 사회 구조와 사회 제도가 개인의 행동과 의식 또는 사회현상에 미치는 영향력에 초점을 두고 인간과 세상을 이해하는 관점이다.

	(가)	(나)
①	공간적 관점	사회적 관점
②	공간적 관점	시간적 관점
③	사회적 관점	윤리적 관점
④	시간적 관점	사회적 관점
⑤	시간적 관점	윤리적 관점

035 중

층간 소음을 바라보는 갑, 을의 관점에 대한 옳은 설명만을 〈보기〉에서 있는 대로 고른 것은?

갑: 요즘 심각한 사회문제로 대두되고 있는 층간 소음 문제는 도시의 주된 주거 양식인 아파트, 주상 복합 등 공공 주거 형태로 인해 발생한다고 생각합니다.

을: 아닙니다. 저는 층간 소음이 이웃 간에 배려가 부족하고, 자기 가족만 중시하는 가족 중심주의가 팽배해져서 발생한다고 생각합니다.

〈 보기 〉

ㄱ. 갑은 사회문제를 시간 속에서 인간과 사회가 어떻게 변화해 왔는지에 근거하여 살펴보고 있다.

ㄴ. 갑은 인간의 삶에 영향을 미치는 환경을 탐구 대상으로 하는 관점에서 사회문제에 접근하고 있다.

ㄷ. 을은 사회 제도와 사회 구조의 영향을 고려하여 사회현상을 살펴보고 있다.

ㄹ. 을의 관점은 사회의 규범적 방향을 설정하고, 바람직한 삶을 살기 위한 성찰에 도움을 줄 수 있다.

① ㄱ, ㄴ   ② ㄱ, ㄷ   ③ ㄴ, ㄹ
④ ㄱ, ㄷ, ㄹ   ⑤ ㄴ, ㄷ, ㄹ

036 중

다음은 우리나라의 고령화 현상과 관련된 자료이다. (가), (나)에서 사회현상을 이해하는 관점을 옳게 연결한 것은?

(가) 농촌의 젊은 층이 일자리 등을 찾아 도시로 꾸준히 빠져나가면서, 농촌 지역의 고령 인구 비율은 도시 지역보다 높게 나타난다.

▲ 도시와 농촌의 고령 인구 비율 변화

(나) 고령화의 심화에 따른 노인 부양 부담을 줄이면서도 국가 재정의 안정성을 도모할 수 있는 제도적 장치를 마련할 필요성이 커지고 있다.

▲ 노년 부양비 추이

	(가)	(나)
①	공간적 관점	사회적 관점
②	공간적 관점	윤리적 관점
③	사회적 관점	통합적 관점
④	시간적 관점	사회적 관점
⑤	통합적 관점	시간적 관점

037 상

우리나라의 한옥을 이해하려는 (가)~(다)의 관점에 대한 설명으로 적절하지 않은 것은?

(가) 우리나라의 기후가 다른 나라의 전통 가옥과 구별되는 한옥의 형태에 미친 영향을 검토한다.

(나) 우리나라의 한옥이 지닌 사회 구조적 의미와 의의를 살펴본다.

(다) 우리나라의 전통 윤리와 가치관이 한옥에 어떻게 반영되었는지 알아본다.

① (가)는 각 지역 또는 국가의 기후에 따라 가옥 구조가 다른 이유를 설명할 수 있다고 본다.

② (가)는 한옥을 이해하기 위해서 그 나라의 자연환경과 인문환경에 관심을 가져야 한다고 본다.

③ (나)는 한옥의 사회 구조적 의미가 사회 구성원에 미친 영향을 이해해야 한다고 본다.

④ (다)는 한옥의 구조에 담긴 전통 윤리 사상과 가치관을 파악해야 한다고 본다.

⑤ (가), (나)는 한옥이 시대적 배경에 따라 변화한 양상에 대해 살펴보아야 한다고 본다.

038 중
빈출

공정 무역에 대해 각 관점에서 탐구할 수 있는 질문으로 적절한 것만을 〈보기〉에서 고른 것은?

〈 보기 〉

ㄱ. 시간적 관점 – 공정 무역을 증진하는 법과 제도에는 무엇이 있을까?

ㄴ. 사회적 관점 – 공정 무역과 관련된 역사적 사례로는 무엇이 있을까?

ㄷ. 공간적 관점 – 공정 무역이 이루어지는 지역의 위치와 자연적, 인문적 환경의 특징은 무엇일까?

ㄹ. 윤리적 관점 – 생산지 주민들의 삶과 환경을 보호하기 위해 공정 무역이 이루어져야 하지 않을까?

① ㄱ, ㄴ   ② ㄱ, ㄷ   ③ ㄴ, ㄷ
④ ㄴ, ㄹ   ⑤ ㄷ, ㄹ

02 인간, 사회, 환경을 보는 통합적 관점

A 통합적 관점의 의미와 필요성

> 통합적 관점은 개별 학문의 경계를 넘어 여러 관점을 통합하여 인간, 사회, 환경을 이해하고자 한다.

1 통합적 관점 인간과 세상을 이해할 때 시간적, 공간적, 사회적, 윤리적 관점 등을 ❶[　][　]적으로 고려하는 관점 → 역사적 배경과 시대적 ❷[　][　], 장소와 지역 및 공간적 상호 작용, 사회 ❸[　][　]와 사회 제도의 영향력, 도덕적 가치와 윤리적 규범을 함께 고려하는 관점

2 통합적 관점의 필요성
> 현대 사회의 사회현상에 따른 문제를 한 가지 관점으로만 바라보고 해결하고자 할 경우 사회문제의 다양하고 복잡한 측면을 고려하지 못하는 한계가 있다.

① 사회현상에 대한 이해 증진: 현대 사회의 불확실하고 복잡한 ❹[　][　] 현상을 정확하게 이해할 수 있도록 함
> 현대 사회의 사회문제는 사실과 가치의 문제가 뒤섞여 있어 대체로 복잡한 양상을 띤다.

② 사회문제의 해결책 제시: 사회문제에 대한 ❺[　][　]적·다각적인 해결 방안 모색이 가능함

③ 통찰력 함양: 인간과 세상에 대한 깊이 있는 ❻[　][　]을 가능하게 함 → 개인의 ❼[　]의 질 향상, 사회 발전 등에 기여

기출 PICK A-2

현대 사회현상의 특징

현대 사회의 사회현상은 시공간적으로 여러 요인이 복잡하게 얽혀 발생한다. 따라서 서로 다른 요인이 어떻게 상호 작용을 하고, 또 얼마나 영향을 미치는지 파악하기가 쉽지 않다.

현대 사회의 사회현상에 따른 문제를 한 가지 관점으로만 바라보면 사회문제의 다양하고 복잡한 측면을 고려하지 못하는 한계가 있으므로 통합적 관점의 필요성이 커지고 있다.

빈출 자료 PICK 개별적 관점의 한계와 통합적 관점의 필요성 ☑ Link 052~053번 문제

> 불완전한 결론이 도출되었음을 뜻한다.

옛날 어떤 왕이 코끼리를 한 마리 끌고 와서 눈이 보이지 않는 사람들에게 만져 보도록 한 후 그들이 만진 것이 무엇과 비슷한지 물었다. 그러자 코끼리의 상아를 만진 사람은 무 같다고 하였고, 다리를 만진 사람은 절구 같다고 하였으며, 꼬리를 만진 사람은 새끼줄 같다고 하였다. 이 말을 들은 왕은 "너희들의 말이 완전하게 틀린 것은 아니지만, 그것이 코끼리를 정확하게 설명하였다고는 할 수 없다."라고 하였다.

제시된 사례처럼 특정 관점으로만 사회현상을 바라보면 불완전하고 부정확한 결론에 이르게 될 수 있다. 따라서 사회현상을 정확하게 이해하려면 통합적 관점에서 인간, 사회, 환경을 바라보아야 한다.

B 통합적 관점의 적용

1 통합적 관점의 일반적인 적용 과정 탐구 ❽[　][　] 및 탐구 목적 설정 → 탐구 계획 수립 → ❾[　][　] 수집 및 분석 → 해결 방안 모색 및 선정

2 통합적 관점의 적용 과정별 주요 내용

탐구 주제 및 탐구 목적 설정	일상에서 경험하는 사회현상 중 통합적 관점이 필요한 사례를 탐구 주제로 선정하고, 탐구를 진행하고자 하는 목적을 설정함
탐구 계획 수립	각 관점의 입장에서 탐구 ❿[　][　]을 만들고, 질문의 답을 찾기 위한 자료 수집 계획을 세움
자료 수집 및 분석	각 관점에서 자료를 수집하고, 수집된 자료를 면밀히 비교 및 분석한 후 여러 관점 간의 상호 ⓫[　][　]을 파악하여 통합적 관점에서 내용을 종합함
해결 방안 모색 및 선정	분석한 내용을 바탕으로 다양한 해결 방안을 모색하고, 여러 기준을 고려하여 그 중 가장 적절한 ⓬[　][　]을 선택함

> 대안의 적합성, 실현 가능성 등을 기준으로 해결 방안을 모색한다.

기출 PICK B-2

감염병과 관련한 각 관점의 탐구 질문

시간적 관점	오늘날까지 감염병은 어떤 형태로 발생해 왔을까?
공간적 관점	감염병 발생지의 분포 현황은 어떻게 나타나고 있을까?
사회적 관점	세계는 감염병에 대응하기 위해 어떤 제도적 노력을 하고 있을까?
윤리적 관점	감염병은 인권과 평등에 어떤 영향을 미치고 있을까?

답 ❶ 종합 ❷ 맥락 ❸ 구조 ❹ 사회 ❺ 근본 ❻ 통찰 ❼ 삶 ❽ 주제 ❾ 자료 ❿ 질문 ⓫ 연관성 ⓬ 대안

개념 확인 문제

◇ **다음 빈칸에 들어갈 알맞은 말을 쓰시오.**

039 (   ) 관점은 시간적, 공간적, 사회적, 윤리적 관점 등을 종합적으로 고려하는 관점이다.

040 통합적 관점은 불확실하고 (   )한 현대 사회의 사회현상을 정확하게 이해할 수 있도록 한다.

041 통합적 관점은 (   )문제에 대한 근본적이고 다각적인 해결 방안 모색을 가능하게 한다.

042 통합적 관점의 적용은 일반적으로 '탐구 주제 및 탐구 목적 설정 → 탐구 (   ) 수립 → 자료 수집 및 분석 → 해결 방안 모색 및 선정'의 과정을 거쳐 이루어진다.

043 통합적 관점의 적용 과정 중 (   )은 분석 내용을 바탕으로 마련된 여러 해결 방안 중 가장 적절한 대안을 선택하는 단계이다.

◇ **다음 밑줄 친 부분을 옳게 고치시오.**

044 통합적 관점으로 인간과 세상을 이해하려면 시간적, 공간직, 사회적, 윤리석 관점 등을 <u>개별적으로</u> 고려해야 한다.

045 통합적 관점의 적용 시 <u>자료 수집 및 분석</u> 단계에서는 각 관점의 입장에서 탐구 질문을 만든다.

◇ **다음 내용이 옳으면 ○표, 틀리면 ×표 하시오.**

046 특정 관점으로만 사회현상을 바라보면 부정확한 결론에 이르게 될 수 있다. (   )

047 통합적 관점을 고려하면 사회문제의 근본적인 해결 방안을 마련하기 어려워진다. (   )

048 통합적 관점으로 사회현상을 바라보면 인간과 세상에 대한 깊이 있는 통찰이 가능해진다. (   )

난이도별 필수 기출

★ ★ ★

상 6문항
중 11문항
하 4문항

I

A 통합적 관점의 의미와 필요성

049 하

다음 글에서 강조하는 관점에 부합하는 진술로 옳은 것은?

> 모든 사회현상에는 다양한 요인이 복합적으로 작용하고 있다. 그러므로 인간, 사회, 환경을 탐구할 때는 시간적, 공간적, 사회적, 윤리적 관점 등 여러 측면에서의 관점을 종합적으로 살펴보는 자세가 필요하다.

① 사회현상은 개별 학문의 관점에서 심층 연구해야 한다.
② 특정 분야의 전문가에게 맡겨 사회문제를 해결해야 한다.
③ 학문 간 교류를 줄이고 개별 학문의 경계를 강화해야 한다.
④ 인간, 사회, 환경을 종합적으로 이해할 수 있는 통찰력을 길러야 한다.
⑤ 어느 한 영역의 지식만으로도 모든 사회문제에 대한 다각적인 해결 방안을 찾는 것이 가능하다.

[050~051] 빈출 자료★

다음 글을 읽고 물음에 답하시오.

> 인간이 가진 문제가 어느 한 분야의 지식으로 명쾌하게 풀리는 법은 거의 없다. 인간이 가진 문제를 해결하는 과정에서 필요하다면 다양한 관점에서 문제를 살피는 것은 당연한 일이다. 결국 우리 앞에 놓인 복잡한 문제들은 (㉠)에서 검토할 때 답에 다가갈 실마리를 얻을 수 있다. — 최재천 외, 『지식의 통섭』

050 하

㉠에 들어갈 관점으로 가장 적절한 것은?

① 공간적 관점　　② 사회적 관점　　③ 시간적 관점
④ 윤리적 관점　　⑤ 통합적 관점

★빈출

051 중

㉠에 들어갈 관점에 대한 설명으로 가장 적절한 것은?

① 과거를 통해 현재 사건을 바르게 이해하게 해 준다.
② 장소와 지역 등 공간 정보에 초점을 두는 관점이다.
③ 사회문제 해결을 위한 정책 대안 마련에 도움을 준다.
④ 사회현상을 도덕적·규범적 측면에서 살펴보는 관점이다.
⑤ 개별 학문의 경계를 넘어 사회현상을 종합적으로 이해하는 관점이다.

다음 글을 읽고 물음에 답하시오.

> 옛날 어떤 왕이 코끼리를 한 마리 끌고 와서 눈이 보이지 않는 사람들에게 만져 보도록 한 후 그들이 만진 것이 무엇과 비슷한지 물었다. 그러자 코끼리의 상아를 만진 사람은 무와 같다고 하였고, 다리를 만진 사람은 절구 같다고 하였으며, 꼬리를 만진 사람은 새끼줄 같다고 하였다. 이 말을 들은 왕은 "너희들의 말이 완전하게 틀린 것은 아니지만, 그것이 코끼리를 정확하게 설명하였다고는 할 수 없다."라고 하였다.

052 중

윗글을 통해 추론할 수 있는 입장으로 적절한 것만을 〈보기〉에서 고른 것은?

〈 보기 〉
ㄱ. 사회현상은 타인의 지식에 의존하여 살펴보아야 한다.
ㄴ. 사회현상을 파악할 때에는 일부분이 아닌 전체를 볼 줄 아는 시각을 가져야 한다.
ㄷ. 인간, 사회, 환경을 탐구할 때에는 다양한 관점을 배제하고 하나의 관점만을 고려해야 한다.
ㄹ. 사회현상에 있어 인간, 사회, 환경의 상호 유기적인 관계를 인식하고 사회현상을 종합적으로 이해해야 한다.

① ㄱ, ㄴ   ② ㄱ, ㄷ   ③ ㄱ, ㄹ
④ ㄴ, ㄷ   ⑤ ㄴ, ㄹ

053 상 | 서술형 |

윗글에 나타난 사회현상을 바라보는 관점을 쓰고, 그 관점이 필요한 이유를 개별적 관점의 한계와 비교하여 서술하시오.

054 중

교사의 질문에 옳은 답변을 한 학생의 수는?

- 교사: 세상을 보는 관점을 주제로 이야기해 볼까요?
- 갑: 시간적 관점은 과거 사실과의 연계 없이도 오늘날 사회현상이 일어나는 이유와 결과를 추론할 수 있게 해 줍니다.
- 을: 공간적 관점은 인문환경이 아닌 자연환경만을 중심으로 탐구합니다.
- 병: 윤리적 관점은 주로 가치 판단에 근거하여 인간의 삶에서 도덕적 행위를 판단합니다.
- 정: 통합적 관점은 개별 학문의 경계를 넘어 시간적, 공간적, 사회적, 윤리적 관점을 통합하여 인간, 사회, 환경을 이해하는 관점입니다.

① 0명   ② 1명   ③ 2명   ④ 3명   ⑤ 4명

055 하

밑줄 친 (가)~(라)를 중시하는 관점을 옳게 연결한 것은?

> 인간, 사회, 환경을 정확하게 이해하려면 (가) 규범적 방향성과 도덕적 가치, (나) 위치와 장소 및 네트워크 등의 공간적 맥락, (다) 사회 구조 및 제도의 영향력, (라) 시대적 맥락과 역사적 배경 등을 고려하여 통합적으로 탐구해야 한다.

	(가)	(나)	(다)	(라)
①	사회적 관점	공간적 관점	시간적 관점	윤리적 관점
②	사회적 관점	공간적 관점	윤리적 관점	시간적 관점
③	시간적 관점	윤리적 관점	사회적 관점	공간적 관점
④	윤리적 관점	공간적 관점	사회적 관점	시간적 관점
⑤	윤리적 관점	사회적 관점	시간적 관점	공간적 관점

056 상

다음 입장에 부합하는 진술에만 '○'표를 한 학생은?

> 사회현상을 탐구할 때에는 시간적, 공간적, 사회적, 윤리적 관점을 활용하여 통합적으로 살펴보아야 한다.

진술 \ 학생	갑	을	병	정	무
사회현상은 개별 학문의 경계를 넘어 종합적으로 이해해야 한다.	○	○			○
사회현상은 어느 하나의 관점만으로 심층적인 연구를 해야 한다.	○		○	○	
사회문제를 해결하기 위해 다양한 관점에서 살펴볼 필요가 있다.		○	○		○
복잡한 사회현상을 여러 가지 측면으로 분석하는 것은 불가능하다.				○	○

① 갑   ② 을   ③ 병   ④ 정   ⑤ 무

B 통합적 관점의 적용

057 하 | 서술형 |

(가)~(라)를 통합적 관점의 일반적인 적용 과정에 따라 순서대로 서술하시오. (단, (가)~(라)가 각각 어떤 단계인지 명시할 것.)

> (가) 분석한 내용을 바탕으로 마련된 다양한 해결 방안 중 가장 적절한 대안을 선택한다.
> (나) 각 관점의 입장에서 탐구 질문을 만들고, 질문의 답을 찾기 위한 자료 수집 계획을 세운다.
> (다) 사회현상 중 통합적 관점이 필요한 사례를 탐구 주제로 선정하고, 탐구를 진행하는 목적을 설정한다.
> (라) 수집된 자료를 면밀히 비교·분석한 후 여러 관점 간의 연관성을 파악하여 통합적 관점에서 내용을 정리한다.

058 중

그림은 통합적 관점을 적용한 탐구 절차를 나타낸 것이다. 밑줄 친 부분에 해당하는 각 관점별 질문으로 적절하지 <u>않은</u> 것은?

탐구 주제 선정	'감염병 대응 방안 마련'을 탐구 주제로 선정함
탐구 계획 수립	감염병과 관련한 탐구 질문을 만들고, 자료 수집 계획을 세움
자료 수집 및 분석	'감염병 대응 방안'과 관련한 자료를 수집하고, 관점별로 수집한 감염병 대응 관련 정보를 비교 및 분석함
해결 방안 모색	각 관점을 통합하여 최적의 감염병 대응 방안을 마련함

① 시간적 관점 – 감염병의 원인은 어떻게 변화해 왔을까?
② 공간적 관점 – 감염병은 대륙별로 어떤 경로를 거쳐 전파되었을까?
③ 윤리적 관점 – 감염병은 인권과 평등에 어떤 영향을 미치고 있을까?
④ 사회적 관점 – 감염병 발생지의 분포 현황은 어떻게 나타나고 있을까?
⑤ 사회적 관점 – 국제 사회는 감염병에 대응하기 위해 어떤 제도적 노력을 하고 있을까?

059 중

자료는 우리나라의 고령화 현상에 대한 통합적 관점을 나타낸 것이다. A~D에 해당하는 탐구 주제로 적절한 것만을 〈보기〉에서 고른 것은?

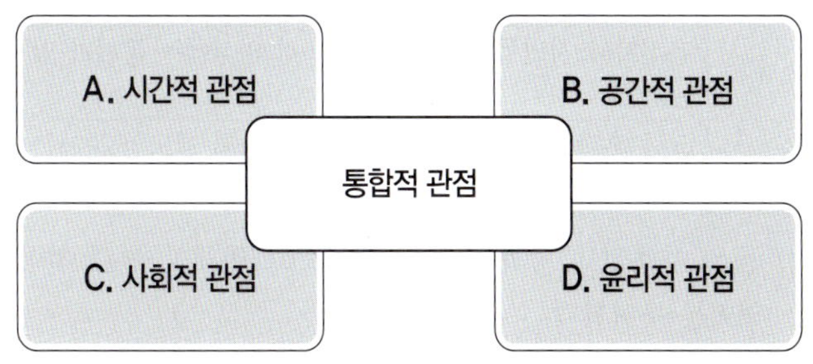

─ 보기 ─
ㄱ. A: 65세 이상 인구 비율 추이 분석
ㄴ. B: 농촌과 도시의 노인 생활 실태 비교
ㄷ. C: 세대별 노인 공경 의식 차이 조사
ㄹ. D: 노인 복지를 위한 정책 및 예산 분석

① ㄱ, ㄴ   ② ㄱ, ㄷ   ③ ㄴ, ㄷ
④ ㄴ, ㄹ   ⑤ ㄷ, ㄹ

[060~061] 빈출 자료★
다음은 기후변화를 통합적 관점에서 분석한 글이다. 물음에 답하시오.

> 과거 지구에는 빙기와 간빙기가 교대로 있었다. 이러한 기후변화는 자연적인 현상이었고, 변화 속도도 매우 느렸다. 그러나 ⑦ 산업 혁명 이후부터 매우 빠른 속도로 기온이 상승하였다. 오늘날 ⓛ 남태평양에 있는 투발루 등 저지대에 있는 섬나라는 기후변화에 따른 해수면 상승으로 국토가 바닷물에 잠길 위기에 처해 있다. 이에 국제 사회는 기후변화에 따른 피해를 막기 위해 ⓒ 교토 의정서(1997년)와 같은 다양한 협약을 맺어 왔지만, ⓔ 그동안 온실가스를 많이 배출해 온 선진국들이 책임을 외면하고 있어 남태평양 섬나라의 정상들은 선진국과 개발 도상국 간의 형평성 문제를 제기하고 있다.

060 중

밑줄 친 ⑦~ⓒ에서 드러나는 관점에 대한 옳은 설명만을 〈보기〉에서 있는 대로 고른 것은?

─ 보기 ─
ㄱ. ⑦에서 드러나는 관점은 장소와 지역, 공간적 상호 작용 등에 관한 이해를 바탕으로 한다.
ㄴ. ⓛ에서 드러나는 관점은 지표에 나타나는 인간 활동을 설명하고자 한다.
ㄷ. ⓒ에서 드러나는 관점은 개인이 사회 구조나 사회 제도의 영향을 많이 받는다는 것을 고려한다.

① ㄱ   ② ㄴ   ③ ㄷ
④ ㄴ, ㄷ   ⑤ ㄱ, ㄴ, ㄷ

061 상

다음 진술 중 밑줄 친 ⓔ에서 드러나는 관점과 거리가 <u>먼</u> 것은?

① 고령화 사회가 되면서 노년층의 실업 문제를 해결할 수 있는 제도가 도입되고 있다.
② 도심에서 나타나는 교통 혼잡의 원인은 운전자의 교통 질서 의식 수준이 낮기 때문이다.
③ 개발 도상국의 커피 생산자가 정당한 임금을 받을 수 있도록 공정 무역 커피를 소비해야 한다.
④ 공공의 이익을 위해 ○○시에 기피 시설을 만들 경우 주민의 이익은 희생되어도 되는지 고려해야 한다.
⑤ 출산이라는 개인의 문제를 국가가 강제하거나 장려하는 것이 바람직한 일인지에 대하여 생각해 볼 필요가 있다.

062 <중>

다음은 통합사회 수업 장면이다. 교사의 질문에 적절하게 대답한 학생만을 고른 것은?

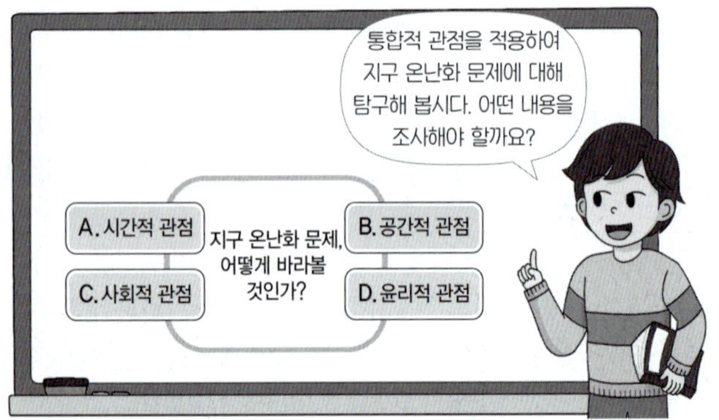

> 갑: A 관점에서 산업화와 도시화에 따른 화석 연료 사용량의 증가 추이에 대해 조사하겠습니다.
>
> 을: B 관점에서 인간이 자연의 주인이라는 자연관이 바람직한지에 대해 살펴보겠습니다.
>
> 병: C 관점에서 개별 국가들의 기후변화 관련 법과 정책에 대해 알아보겠습니다.
>
> 정: D 관점에서 국가 간 산업화 정도의 차이에 대해 살펴보겠습니다.

① 갑, 을 ② 갑, 병 ③ 을, 병
④ 을, 정 ⑤ 병, 정

063 <중>

다음 사례와 관련하여 A~D 관점에서 탐구할 수 있는 활동으로 적절한 것만을 〈보기〉에서 고른 것은?

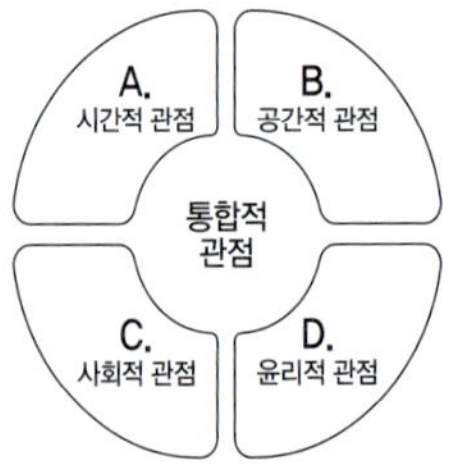

> 최근 정보 통신 기술(IT) 업계에서 다양한 인공지능 채팅 서비스가 개발되고 있다. 인공지능 채팅 서비스는 사용자의 질문에 대답을 해 주는 방식의 서비스로, 최근 큰 관심의 대상이 되면서 이 서비스에 대해 여러 관점에서 살펴볼 필요성이 제기되고 있다.

〈 보기 〉

> ㄱ. A: 국가별 인공지능 채팅 서비스 사용 인구 조사하기
> ㄴ. B: 인공지능 채팅 서비스의 연도별 발달 과정 분석하기
> ㄷ. C: 인공지능 채팅 서비스의 활성화에 대비한 관련 법령 및 정책 마련 방법 조사하기
> ㄹ. D: 인공지능 채팅 서비스가 만들어 낼 수 있는 가짜 뉴스에 대처하는 바람직한 태도 탐구하기

① ㄱ, ㄴ ② ㄱ, ㄷ ③ ㄴ, ㄷ
④ ㄴ, ㄹ ⑤ ㄷ, ㄹ

064 <중>

(가)~(라)는 축구와 관련된 사회현상을 다양한 관점에서 탐구한 활동이다. 각 활동과 관련한 관점에 대한 옳은 설명만을 〈보기〉에서 있는 대로 고른 것은?

> (가) 축구공 생산 과정에서 발생하는 아동 노동 착취를 인권 보호 측면에서 비판하기
>
> (나) 현대 축구의 기원과 관련된 문헌을 살피고 축구의 발전 과정을 시기별로 정리하기
>
> (다) 프로 축구 선수가 소속 팀을 옮길 때 지켜야 할 법이나 제도에는 무엇이 있는지 탐구하기
>
> (라) 겨울에 축구 리그를 운영하는 국가를 지도에 표시하고 그 이유를 기후와 연결하여 생각하기

〈 보기 〉

> ㄱ. (가)는 인간 행위가 도덕적 차원에서 인정받기 위한 기준을 탐색하는 것이다.
> ㄴ. (나)는 사회 구조나 제도가 개인이나 집단에 미치는 영향을 살펴보는 것이다.
> ㄷ. (다)는 정책적·사회 구조적 영향력을 고려하여 사회현상을 살펴보는 것이다.
> ㄹ. (라)는 사회현상을 위치와 장소, 분포 패턴과 이동, 네트워크 등의 측면에서 살펴보는 것이다.

① ㄱ, ㄴ ② ㄱ, ㄷ ③ ㄴ, ㄹ
④ ㄱ, ㄷ, ㄹ ⑤ ㄴ, ㄷ, ㄹ

065 <상>

다음은 도심 교통 혼잡 문제를 탐구하기 위한 관점별 탐구 질문이다. ㉠~㉢ 관점에 대한 설명으로 적절하지 <u>않은</u> 것은?

관점	도심 교통 혼잡 문제 탐구를 위한 질문
㉠	교통 혼잡이 극심해진 시기는 언제인가?
㉡	교통이 혼잡한 장소는 어디이며, 왜 그곳인가?
㉢	운전자나 시민들의 행위 또는 윤리 의식에는 문제가 없는가?
㉣	교통 혼잡을 일으키는 사회 구조나 사회 제도의 문제는 없는가?

① ㉠은 시대적 배경과 맥락을 살펴보고 현재와 연관 지어 의미를 부여한다.

② ㉡의 관점으로 사회현상을 살펴보려면 공간 정보에 관한 이해가 필요하다.

③ ㉢은 가치의 문제가 아닌 사실의 문제에 주목하여 개인과 사회의 방향성을 모색한다.

④ ㉣은 개인이 사회 구조나 제도의 영향을 많이 받는다는 점을 고려해 문제를 파악한다.

⑤ 하나의 사회현상을 탐구할 때에는 ㉠, ㉡, ㉢, ㉣을 모두 고려하여 살펴보는 것이 가장 바람직하다.

066  (중)

(가)~(라)는 커피와 관련하여 나타나는 사회현상을 탐구하는 관점을 기술한 것이다. 이에 대한 설명으로 옳지 <u>않은</u> 것은?

> (가) 커피를 생산하는 국가는 주로 남·북위 25° 사이에 분포하고 있다.
> (나) 개발 도상국의 커피 생산자가 정당한 임금을 받을 수 있도록 공정 무역 커피를 소비해야 한다.
> (다) 과거에 유럽이 동남아시아나 남아메리카에 플랜테이션 방식을 도입하면서 커피 재배가 확산되었다.
> (라) 커피를 많이 마시는 이유는 서구식 음식 문화가 보편화하여 음료 시장에서 커피 전문점이 우위를 점하기 때문이다.

① (가): 공간적 맥락에 관한 이해를 바탕으로 한다.
② (나): 가치문제에 대한 고찰 없이 사실문제에만 주목하여 바람직한 사회의 방향성을 모색한다.
③ (다): 역사적 배경과 시대적 맥락을 바탕으로 한다.
④ (라): 사회 구조와 사회 제도의 영향력을 살펴본다.
⑤ (가)~(라)를 통해 다양한 측면을 종합적으로 파악한다.

067 (상)

다음은 쓰레기 매립지의 입지를 둘러싼 갈등을 해결하기 위한 관점별 탐구 주제이다. A~D 관점에 대한 옳은 설명만을 〈보기〉에서 고른 것은?

	관점	탐구 주제
쓰레기 매립지의 입지를 둘러싼 갈등 해결	A	쓰레기 매립지 조성에 필요한 법적 절차 파악하기
	B	쓰레기 매립지 조성에 필요한 입지 조건 파악하기
	C	쓰레기 매립지 선정을 둘러싼 가치관의 대립 분석하기
	D	기피 시설의 입지 문제를 원만하게 해결한 과거 사례 조사하기

―〈 보기 〉―

ㄱ. A 관점은 지역적 특수성을 근거로 한 사회현상의 분석을 강조한다.
ㄴ. B 관점은 쓰레기 매립지가 될 지역들의 유사성과 차이점을 분석하고자 한다.
ㄷ. C 관점은 문제를 해결하기 위해 만들어진 사회 규범의 역할을 배제한다.
ㄹ. D 관점을 통해 쓰레기 매립지와 같은 기피 시설에 대한 갈등의 변화 방향을 유추할 수 있다.

① ㄱ, ㄴ   ② ㄱ, ㄷ   ③ ㄴ, ㄷ
④ ㄴ, ㄹ   ⑤ ㄷ, ㄹ

068 (중)

그림은 공무원 갑이 다문화 사회에 대한 정책을 수립하기 위해 통합적 관점으로 현상을 분석한 것이다. 물음에 답하시오.

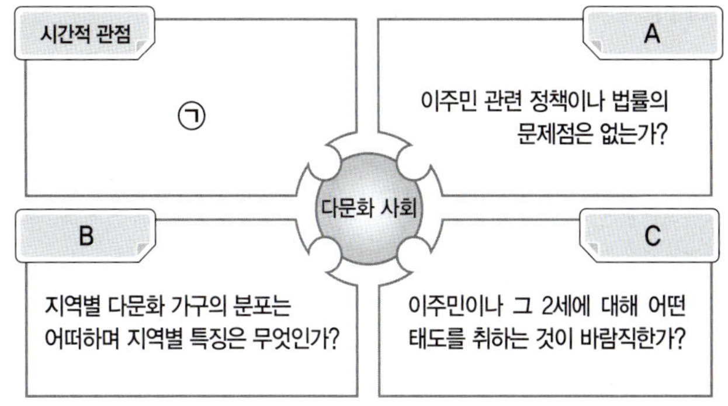

⑴ A, B, C에 해당하는 관점을 각각 쓰시오.

⑵ 시간적 관점의 ㉠에 들어갈 수 있는 질문 내용을 서술하시오.

069 (상)

표는 저출생·고령화 현상에 대해 통합적 관점으로 탐구하기 위한 질문을 정리한 것이다. A~D 관점에 대한 옳은 설명만을 〈보기〉에서 고른 것은?

관점	질문
A	인구 구조의 변화와 각 시기의 인구 구조의 특징은 무엇인가?
B	농촌 지역과 도시 지역에서의 고령화 양상은 어떻게 다른가?
C	고령화 사회에 대비하기 위해 마련되어야 할 법률이나 정책은 무엇인가?
D	고령화 사회에서 부모 부양의 책임은 누구에게 있으며, 어떤 가치관을 지니는 것이 바람직한가?

―〈 보기 〉―

ㄱ. A 관점은 지역이나 공간이 사회현상에 미치는 영향을 파악하는 데 도움을 준다.
ㄴ. B 관점은 사회현상을 역사적 배경과 시대적 맥락을 통해 살펴보는 것이다.
ㄷ. C 관점의 전제는 사회 제도가 개인에게 큰 영향을 미친다는 것이다.
ㄹ. D 관점은 한 사회가 나아가야 할 바람직한 방향을 모색하는 데 도움을 준다.

① ㄱ, ㄴ   ② ㄱ, ㄷ   ③ ㄴ, ㄷ
④ ㄴ, ㄹ   ⑤ ㄷ, ㄹ

070

다음 글에 나타난 관점의 입장에만 모두 '√'표를 한 학생은?

> 현재 나타나는 우리나라의 저출생 현상은 과거로부터 이어져 온 시간의 흐름 속에서 파악할 필요가 있다.

입장＼학생	갑	을	병	정	무
개인은 사회 구조나 사회 제도의 영향을 받아 일정하게 행동한다고 전제한다.		√	√	√	
과거의 사실과 사건을 돌아봄으로써 미래의 변화를 예측해야 한다.	√		√		√
역사적 배경과 시대적 맥락에 초점을 두고 사회현상을 바라보아야 한다.	√	√		√	√
위치와 장소, 분포 양상과 형성 과정, 이동과 네트워크 등의 공간적 맥락을 중시해야 한다.		√	√		√

① 갑　　② 을　　③ 병　　④ 정　　⑤ 무

071

갑, 을의 대화에서 공통적으로 드러난 사회현상을 이해하는 관점에 대한 옳은 설명만을 〈보기〉에서 고른 것은?

> 갑: 커피 생산 과정에서 아동이 노동 착취를 당하거나, 생산자의 이익이 부당하게 적은 경우가 많다는 것을 알았어. 이제 나는 이런 문제가 없는 공정 무역 커피를 주문하려고 해.
> 을: 나는 커피를 두 잔 주문해서 한 잔은 내가 마시고, 다른 한 잔은 이웃에게 기부할 거야. 커피를 사 마실 여유가 없는 불우한 이웃이 우리 가까이에 있다는 걸 알았거든.

〈 보기 〉

ㄱ. 시간과 공간을 초월한 보편적인 규범을 바탕으로 사회현상을 바라보는 것이다.
ㄴ. 자연환경과 인간의 상호 작용, 지역에 대해 관심을 가지고 사회현상을 바라보는 것이다.
ㄷ. 사회현상이 발생한 시대적 배경을 이해하고, 과거 사건을 바탕으로 현재 상황을 분석하려는 것이다.
ㄹ. 인간의 욕구와 내면의 양심을 기준으로 도덕적 가치 판단을 하고, 어떤 규범을 적용할지에 초점을 두는 것이다.

① ㄱ, ㄴ　　② ㄱ, ㄹ　　③ ㄴ, ㄷ
④ ㄴ, ㄹ　　⑤ ㄷ, ㄹ

072

(가), (나)에 나타난 사회현상을 탐구하는 관점과 동일한 관점의 탐구 주제를 〈보기〉에서 찾아 옳게 연결한 것은?

> (가) 우리나라의 1인 가구 비율은 1985년 6.3%에 불과했지만, 2000년대에 본격적으로 증가하였다. 2050년에는 1인 가구 비율이 40%에 달할 것으로 예측된다.
> (나) 1인 가구가 증가하고 개인주의적 문화가 확산되면서 1인 여행객을 위한 캡슐형 호텔이 등장하였고, 정부에서도 1인 가구를 위한 다양한 정책을 마련하고 있다.

〈 보기 〉

ㄱ. 화장장이 들어오면 지역의 공간 이용에 어떤 변화가 일어나는가?
ㄴ. 우리나라 장례 문화는 시대적으로 어떤 영향을 받아 변화해 왔는가?
ㄷ. 만약 화장장 건설로 자연환경이 훼손될 경우, 어떻게 하는 것이 바람직한가?
ㄹ. 화장장 건설에 따른 사회적 문제를 해결하기 위해 어떤 법과 정책이 필요한가?

	(가)	(나)		(가)	(나)		(가)	(나)
①	ㄱ	ㄴ	②	ㄱ	ㄷ	③	ㄴ	ㄷ
④	ㄴ	ㄹ	⑤	ㄷ	ㄹ			

073

표는 질문 (가)~(다)를 활용하여 인간, 사회, 환경에 대한 관점 A, B를 비교한 것이다. 이에 대한 옳은 설명만을 〈보기〉에서 있는 대로 고른 것은?

관점＼질문	(가)	(나)	(다)
A	아니요	예	아니요
B	예	아니요	예

〈 보기 〉

ㄱ. A가 사회적 관점이면 (가)에는 '다양한 현상을 분포 양상과 형성 과정을 중심으로 파악하는가?'가 들어갈 수 있다.
ㄴ. B가 윤리적 관점이면 (나)에는 '시대적 배경과 맥락을 토대로 사회현상을 이해하는가?'가 들어갈 수 있다.
ㄷ. (나)가 '사회의 규범적 방향을 설정하는 데 도움을 주는가?'이면 A는 윤리적 관점이다.
ㄹ. (다)가 '개별 행위체의 행동을 이해하기 위해 사회 제도의 영향을 연구하는가?'이면, B는 공간적 관점이다.

① ㄱ, ㄴ　　② ㄱ, ㄷ　　③ ㄴ, ㄷ
④ ㄱ, ㄴ, ㄷ　　⑤ ㄴ, ㄷ, ㄹ

074

다음은 청소년의 은어 사용 현상에 대한 갑과 을의 대화 장면이다. 이에 대한 설명으로 옳은 것은?

① 갑은 청소년 은어 사용 문제를 부정적으로 바라본다.
② 갑은 청소년 은어 사용 문제를 역사적 배경에 집중하여 접근한다.
③ 을은 청소년 은어 사용 문제를 일시적 현상이라고 본다.
④ 을은 청소년 은어 사용 문제와 관련된 문화적 측면에 주목한다.
⑤ 갑과 을은 모두 청소년 은어 사용 문제를 이해하기 위해 노력하는 모습을 보이고 있다.

075

다음 글의 요지로 가장 적절한 것은?

> 의사는 병의 원인을 파악하기 위해 환자의 개인적인 특성뿐 아니라 환자에게 영향을 미치는 환경적인 요인과 사회적인 요인을 함께 살펴본다. 환자의 식습관은 어떤지, 과거에 질병을 앓았던 적은 없는지, 어떤 환경에서 생활하고 있는지, 직업은 무엇인지, 주변 사람들과의 관계는 어떤지 등을 종합적으로 살피는 것이다. 이처럼 환경과 사회는 인간의 삶과 밀접한 관련을 가지기 때문에 사회현상을 이해할 때에는 인간, 환경, 사회의 상호 작용을 포괄적으로 살펴보아야 한다.

① 사회현상은 개인의 독특한 성향이 원인이 되어 나타난다.
② 인간, 사회, 환경은 서로 영향을 주고받으며 밀접하게 관련되어 있다.
③ 사회현상을 이해하기 위해서는 시대적 배경과 맥락을 살펴보아야 한다.
④ 현대인의 삶은 사회적인 요인보다는 자연환경에 더 많은 영향을 받는다.
⑤ 사회현상을 규범적 차원에서 살펴보고 바람직한 사회를 실현하기 위한 방안을 살펴보아야 한다.

076

다음은 기후변화를 통합적 관점으로 살펴본 내용이다. 이에 대한 설명으로 옳지 <u>않은</u> 것은?

> (가) 과거의 기후변화는 자연적인 현상으로 속도가 매우 느렸다. 그러나 ㉠ 산업 혁명 이후부터는 매우 빠른 속도로 기온이 상승하고 있다.
>
> (나) 오늘날의 급속한 기후변화로 인한 해수면 상승으로 해안 저지대에는 침수와 같은 문제점이 나타나고 있다. 남태평양에 있는 키리바시, 투발루 등의 섬나라는 국토가 바닷물에 잠길 위기에 처해 있다.
>
> (다) 1997년 채택된 ㉡ 교토 의정서는 온실가스를 줄이기 위해 국가별로 감축 목표를 차별하여 부여하였다. 2015년 체결된 ㉢ 파리 협정에서는 지구 평균 기온의 상승폭을 1.5℃ 이하로 제한하려고 하였다.

① (가)는 시간적 관점, (나)는 공간적 관점을 취하고 있다.
② (다)는 사회적 관점에서 기후변화에 대처하는 국제적 노력을 설명하고 있다.
③ ㉠은 화석 연료 사용량 급증으로 온실가스 배출량이 증가하게 된 원인이다.
④ ㉡은 탄소 배출량이 많은 개발 도상국에만 감축 의무를 부과하였다.
⑤ ㉢은 선진국과 개발 도상국 모두 책임을 분담하는 형태로 추진되었다.

077

표는 사회현상을 바라보는 관점 A~D를 바탕으로 '반려동물의 유기 증가 문제'에 대해 제기한 질문이다. 이에 대한 옳은 설명만을 〈보기〉에서 고른 것은?

관점	질문
A	반려동물의 유기는 언제부터 증가하고 있나요?
B	반려동물이 유기되는 지역은 주로 어디인가요?
C	반려동물을 대하는 바람직한 태도는 무엇인가요?
D	반려동물의 유기를 예방할 수 있는 제도적 장치에는 무엇이 있나요?

〈 보기 〉
ㄱ. A는 공간 정보에 관한 이해가 필요한 관점이다.
ㄴ. B는 사회현상의 역사적 배경과 시대적 맥락을 살펴보는 관점이다.
ㄷ. C는 개인과 사회가 어떤 가치와 규범을 지향해야 하는지를 살펴보는 관점이다.
ㄹ. D는 개인이 사회 구조나 사회 제도의 영향을 많이 받는다는 점을 고려하여 개인의 행위를 이해하는 관점이다.

① ㄱ, ㄴ   ② ㄱ, ㄷ   ③ ㄴ, ㄷ
④ ㄴ, ㄹ   ⑤ ㄷ, ㄹ

03 행복의 의미와 기준

A 행복의 의미와 기준

1 행복의 사전적 의미 삶에서 충분한 만족감이나 ❶□□□을 느끼는 상태

2 행복의 기준 행복의 기준은 시대나 지역에 따라 다르게 나타날 수 있음

① 시대에 따른 행복의 기준 ┌→ 시대의 지배적인 가치나 사상, 역사적 사건의 영향을 받아 행복의 기준이 달라질 수 있다.

선사 시대	❷□□을 위해 식량을 확보하고 외부의 위협으로부터 안전하게 사는 것
고대 그리스 시대	❸□□적 사유와 철학적 성찰로 지혜를 얻는 것
헬레니즘 시대	전쟁과 사회적 혼란에서 비롯된 불안에서 벗어나 마음의 ❹□□을 얻는 것
중세 시대	신앙심을 바탕으로 신의 ❺□□과 은총을 받는 것
근대 시대	• 개인의 기본적 ❻□□로서 자유와 평등을 보장받는 것 • 산업화 시기에는 물질적 기반을 확보하는 것이 강조됨
오늘날	경제적·사회적·환경적 측면 등에서 다양한 요소가 중시됨 → 행복의 기준이 복잡하고 다양해짐 　예 경제적 안정, 정신적 만족, 여유, 건강 등 ┐

② 지역적 여건에 따른 행복의 기준 ┌→ 지역의 자연환경과 인문환경의 영향을 받아 행복의 기준이 달라지기도 한다.

❼□□환경	기후, 지형 등에 따라 행복의 기준이 달라질 수 있음
인문환경	종교, 산업, 정치적·경제적 여건 등에 따라 행복의 기준이 달라질 수 있음

빈출 자료 PICK　　고대 그리스인과 고대 중국인의 행복관　☑ Link 095~096번 문제

고대 중국인들은 조화로운 인간관계를 중시하였다. 그들은 어릴 때부터 자신이 어떤 집단의 구성원, 특히 가족의 구성원이라는 점을 가장 중요한 사실로 교육받았다. 고대 중국인들에게 행복이란 '화목한 인간관계를 맺고 평범하게 사는 것'이었다. 반면, 고대 그리스인들은 개인의 자율성에 대한 신념이 있었기 때문에 자신이 원하는 대로 자유롭게 행동할 수 있다고 확신하였다. 이러한 생각은 행복에 대한 그들의 정의에도 잘 나타나 있다. 고대 그리스인들에게 행복이란 '아무런 제약이 없는 상태에서 자신의 능력을 최대한 발휘하여 탁월성을 추구하는 것'이었다.　　　　　　　　　　　　　　　　　　　－ 리처드 니스벳, 「생각의 지도」

집단의 협력이 필요한 농업이 발달하였던 고대 중국에서는 타인과 조화를 이루는 것이 행복의 중요한 기준이었다. 반면, 상업과 민주주의가 발달하였던 고대 그리스의 도시 국가에서는 개인이 정치적 자유를 누리며 자율성을 발휘하는 것이 행복의 중요한 기준이었다.

B 삶의 목적으로서의 행복 ┌→ 아리스토텔레스는 행복이 사람들이 인생 전체를 통해 달성하고자 하는 것, 즉 최고선(善)이라고 주장하였다.

1 진정한 의미의 행복 다른 것을 추구하기 위한 수단이 아닌 그 자체로 선택하고 추구하는 삶의 ❽□□적이고 최종적인 목적

2 삶의 목적으로서의 행복을 이루기 위한 노력 ┌→ 삶의 목적을 올바르게 설정하고, 이를 달성하고자 꾸준히 노력할 때 진정한 행복을 성취할 수 있다.

① 자기 삶에 대한 성찰: 자신이 어떤 가치를 소중히 여기고, 어떨 때 만족하는지 살펴봐야 함

② ❾□□적인 삶의 태도: 자신이 처한 외적인 환경을 받아들이고 더 나은 상태로 만들기 위해 노력하는 긍정적인 삶의 태도를 가져야 함

③ 의미 있는 삶의 목적 지향: 일시적·감각적 즐거움보다 ❿□□적·정신적 즐거움을 추구해야 함

④ 조화로운 삶의 요소 추구: 행복에 필요한 객관적 요소와 주관적 요소를 조화롭게 추구해야 함

📎 기출 PICK A -2

지역적 여건에 따라 달라지는 행복의 기준

• 자연환경에 따른 행복의 기준: 마실 물이 부족한 지역에서는 깨끗한 물을 확보하는 것이, 일조량이 부족한 지역에서는 햇볕을 쬐는 것이 행복의 기준이 되기도 한다.

• 인문환경에 따른 행복의 기준: 내전이나 민족 갈등이 심한 지역에서는 정치적 안정이, 경제적으로 불안정한 지역에서는 물질적 풍요가 행복의 기준이 되기도 한다.

📎 기출 PICK B -2

행복에 이르기 위해 필요한 객관적 요소와 주관적 요소

객관적 요소	주거, 소득, 고용, 수명, 안전 등
주관적 요소	개인이 느끼는 삶에 대한 만족감이나 행복감 등

1. 동양의 행복론 — 고대 중국에서는 내면의 즐거움과 만족하는 삶의 자세를 행복의 요소로 강조하였다.

유교	하늘로부터 부여받은 도덕적 ⑪[　　] 을 보존하고 함양하면서 다른 사람과 더불어 살아가며 인(仁)을 실천하는 것
불교	불성(佛性)을 바탕으로 고통받는 ⑫[　　] 을 구제하고, 무지와 집착에서 벗어나기 위한 수행을 통해 ⑬[　　] 과 열반의 경지에 이르는 것
도가	타고난 본성에 따라 인위적인 것이 더해지지 않은 자연 그대로의 모습으로 살아가는 것 → ⑭[　　　　](無爲自然)의 삶

기출 PICK C-1

동양 사상가들의 행복관
- "배우고 때때로 그것을 익히면 이 또한 기쁘지 않은가? 벗이 있어 먼 곳에서 찾아오면 이 또한 즐겁지 않은가?" – 공자
- "만물의 상호 의존성을 바탕으로 집착을 버리고 바른 수행을 할 때 우리는 최상의 행복인 열반에 이를 수 있다." – 석가모니
- "만족함을 모르는 것보다 큰 재앙은 없고, 얻으려고 욕심을 내는 것보다 큰 허물은 없다." – 노자

빈출 자료 PICK 　 정약용의 행복론 　 ☑ Link 118~119번 문제

나는 행복을 두 가지로 정의한다. 하나는 외직에 나가서는 대장군의 깃발을 앞세우고 관인을 허리에 두르고, 내직에 들어와서는 비단옷에 수레를 타고 사방을 다스릴 계책을 듣는 것으로 '열복(熱福)'이다. 또 하나는 깊은 산속에서 삼베옷에 짚신을 신고, 맑은 샘물에 발을 씻고, 소나무에 기대어 시를 읊는 것으로 '청복(淸福)'이다. 　 – 정약용, 「병조 판서 오대익의 생일을 축하하는 글」

열복은 세속에서 말하는 성공과 출세를 말하고, 청복은 마음의 평화를 말한다. 정약용은 청복이야말로 진정한 행복이라고 보았다.

2. 서양의 행복론

아리스토텔레스	⑮[　　] 은 삶의 궁극적 목적이며, 이성의 기능을 탁월하게 발휘하는 것
에피쿠로스학파	⑯[　　] 에 고통이 없고 ⑰[　　] 에 불안이 없는 평온한 삶
스토아학파	⑱[　　] 에 방해받지 않는 초연한 태도로 자연의 질서에 따르는 삶
아퀴나스	영원하고 완전한 신과 하나가 되는 것을 행복이라고 봄
칸트	인간으로서 마땅히 지켜야 할 ⑲[　　　] 을 실천하는 사람이 행복을 누릴 자격이 있다고 봄
공리주의(벤담, 밀)	쾌락을 충족하고 고통을 제거하는 것을 행복이라고 봄 → '최대 ⑳[　　]의 최대 행복' 추구

기출 PICK C-2

에피쿠로스의 행복론

우리가 "쾌락(즐거움)이 목적이다."라고 말할 때, 이 말이 방탕한 자의 쾌락이나 관능적 쾌락을 의미하는 것은 아니다. 내가 말하는 쾌락은 몸에 고통이 없고 마음에 불안이 없는 상태이다. – 에피쿠로스, 「쾌락」

에피쿠로스는 고통의 부재와 심리적 평온을 행복으로 보고, 소박하게 살 것을 주장하였다.

빈출 자료 PICK 　 아리스토텔레스의 행복론 　 ☑ Link 121~123번 문제

행복이 최고의 선이라는 것은 누구나 다 아는 이야기이다. 행복에 관해 조금 더 살펴보려면 인간의 기능에 대해 알아야 한다. 인간이 지닌 기능들 중에서 식물이나 동물과 달리 오직 인간만이 지닌 특별한 기능은 정신의 이성적 활동 기능이다. 그러므로 인간의 기능을 훌륭하게 수행한다는 것은 바로 이성적 활동을 잘 수행한다는 것이다. 그런데 사람의 이성적 활동은 그 활동에 알맞은 덕을 가지고 수행할 때 더 잘할 수 있다. 따라서 행복이란 덕에 일치하는 정신의 활동이며, 참된 행복은 이성을 아주 잘 실현할 때 이루어진다. 　 – 아리스토텔레스, 「니코마코스 윤리학」

아리스토텔레스는 행복한 삶을 실현하기 위해 이성을 탁월하게 발휘하여 덕을 실현하고 지혜를 얻어야 한다고 주장하였다.

답 ❶ 즐거움 ❷ 생존 ❸ 이성 ❹ 평온 ❺ 구원 ❻ 권리 ❼ 자연 ❽ 궁극 ❾ 긍정 ❿ 지속 ⑪ 본성 ⑫ 중생 ⑬ 해탈 ⑭ 무위자연 ⑮ 행복 ⑯ 육체 ⑰ 마음 ⑱ 정념 ⑲ 도덕 법칙 ⑳ 다수

개념 확인 문제

◆ **다음 빈칸에 들어갈 알맞은 말을 쓰시오.**

078 (   )이란 일반적으로 삶에서 충분한 만족감이나 즐거움을 느끼는 상태를 말한다.

079 고대 (   ) 시대에는 이성적 사유와 철학적 성찰로 지혜를 얻는 것이 행복의 기준이었다.

080 진정한 의미의 행복을 이루기 위해서는 자신이 처한 외적인 환경을 받아들이고 더 나은 상태로 만들고자 하는 (   )인 태도를 가져야 한다.

081 유교에서는 하늘로부터 부여받은 도덕적 본성을 보존하고 함양하면서 (   )을 실천하는 것을 행복으로 보았다.

082 아리스토텔레스는 (   )의 기능을 탁월하게 발휘하는 것을 행복이라고 보았다.

◆ **다음 밑줄 친 부분을 옳게 고치시오.**

083 <u>헬레니즘</u> 시대에는 신앙심을 바탕으로 신의 구원과 은총을 받는 것을 행복으로 보았다.

084 행복의 기준은 종교, 산업 등의 <u>자연환경</u>에 따라 달라질 수 있다.

085 진정한 의미의 행복은 그 자체로 선택하고 추구하는 삶의 궁극적이고 최종적인 <u>수단</u>이다.

086 불교는 타고난 본성에 따라 인위적인 것이 더해지지 않은 자연 그대로의 모습으로 살아가는 <u>무위자연</u>의 삶을 추구하였다.

087 <u>스토아학파</u>는 육체에 고통이 없고 마음에 불안이 없는 평온한 삶을 행복이라고 보았다.

난이도별 **필수 기출**

상 13문항
중 23문항
하 9문항

A 행복의 의미와 기준

088 하

다음 내용들을 종합하여 알 수 있는 사실로 가장 적절한 것은?

> • 정치적으로 혼란했던 헬레니즘 시대 사람들에게 행복이란 세상일에서 벗어나 마음의 평온을 얻는 것이었다.
> • 신이 모든 것의 중심이었던 중세 시대의 사람들은 신의 선택을 받아 천국에 갈 때 진정한 행복을 얻을 수 있다고 믿었다.
> • 인간의 기본적 권리를 강조했던 근대인들은 자유나 평등의 실현 없이는 결코 행복할 수 없다고 생각하였다.

① 행복은 공통된 기준이 있다.
② 삶의 목적은 누구에게나 똑같다.
③ 행복은 우리 삶의 목적을 달성하기 위한 수단이다.
④ 행복의 기준은 시대적 상황에 따라 다르게 나타난다.
⑤ 행복의 기준은 지역적 여건에 따라 다르게 나타난다.

★ 빈출
089 중

밑줄 친 '이것'에 대한 옳은 설명만을 〈보기〉에서 있는 대로 고른 것은?

> <u>이것</u>의 사전적 의미는 '생활에서 충분한 만족과 기쁨을 느끼어 흐뭇한 상태'를 뜻한다.

〈 보기 〉

ㄱ. 소크라테스는 진정한 앎을 추구할 때 달성된다고 보았다.
ㄴ. 시대적 상황이나 지역적 여건에 따라서 다르게 인식될 수 있다.
ㄷ. 헬레니즘 시대에는 전쟁과 사회적 혼란에 따른 불안에서 벗어나는 것이라고 보았다.
ㄹ. 서양 중세 시대에는 철학이라는 지적 활동을 통해 얻는 지혜와 덕의 결과라고 보았다.

① ㄱ, ㄴ   ② ㄱ, ㄷ   ③ ㄷ, ㄹ
④ ㄱ, ㄴ, ㄷ   ⑤ ㄴ, ㄷ, ㄹ

090 

그림은 서양의 행복의 기준을 시대의 변화에 따라 나타낸 것이다. A~D에 대한 옳은 설명만을 〈보기〉에서 고른 것은?

A: 고대 그리스 시대의 행복의 기준
↓
B: 헬레니즘 시대의 행복의 기준
↓
C: 중세 시대의 행복의 기준
↓
D: 근대 시대부터의 행복의 기준

〈 보기 〉

ㄱ. A: 철학이라는 지적 활동을 통한 덕의 완성이 행복을 가져다준다고 보았다.
ㄴ. B: 인간의 기본적 권리를 강조하여 행복에서 자유와 평등의 실현을 중시하였다.
ㄷ. C: 신을 모든 것의 중심으로 보고, 신의 선택을 받아 구원을 받는 것을 행복의 기준으로 보았다.
ㄹ. D: 정치적으로 혼란했던 시대로, 세상일에서 벗어나 마음의 평온을 얻는 것을 행복으로 보았다.

① ㄱ, ㄴ   ② ㄱ, ㄷ   ③ ㄴ, ㄷ
④ ㄴ, ㄹ   ⑤ ㄷ, ㄹ

091 

| 서술형 |

표는 시대에 따른 행복의 기준을 정리한 것이다. ㉠, ㉡에 들어갈 내용을 각각 서술하시오.

시대	행복의 기준
선사 시대	사나운 짐승이나 자연재해를 피하고, 생존을 위해 의식주를 해결하는 것
중세 시대	㉠
근대 시대	㉡
오늘날	개인이 느끼는 주관적 만족감이 중시되면서 행복의 기준이 과거보다 훨씬 복잡하고 다양해짐

092 

(가), (나)에 대한 옳은 설명만을 〈보기〉에서 있는 대로 고른 것은?

(가) 공업화가 진전된 사회는 인류를 더욱 행복하게 만들 것이다. 인간이 다른 모든 조건을 동등하게 유지한다고 가정할 때 돈이 없이 가난할 때보다는 돈이 많을 때 더 행복할 것이다.

(나) 우리나라 사람들에게 당신은 행복한지 묻는다면 그중 상당수는 "그리 행복하지 않다."라고 대답할 가능성이 크다. 경제 성장을 포기할 수는 없지만, 그렇다고 해서 물질적 행복만을 추구하는 시대도 이제는 아니다. 한편, 한 조사에 따르면 지속적으로 봉사활동을 하는 소득이 낮은 집단이 봉사활동에 참여하지 않는 소득이 높은 집단에 비해 행복 지수가 높은 것으로 나타났다.

〈 보기 〉

ㄱ. (가)에 따른 행복의 기준은 공업화가 가져다주는 정신적 행복이다.
ㄴ. (나)에 따르면 우리나라 사람들은 삶에서 돈 이외에도 삶을 풍요롭게 하는 행복의 요소를 찾으려 노력해야 한다.
ㄷ. (가), (나)에서 나타나는 행복의 기준은 서로 다르다.
ㄹ. (가), (나)를 통해 지역별 행복의 기준을 파악할 수 있다.

① ㄱ, ㄷ   ② ㄴ, ㄷ   ③ ㄴ, ㄹ
④ ㄱ, ㄴ, ㄷ   ⑤ ㄴ, ㄷ, ㄹ

093 

다음 글에 나타난 행복의 기준에 대한 옳은 설명만을 〈보기〉에서 고른 것은?

마실 물이 부족한 사막 지역에서는 깨끗한 물을 얻는 것만으로도 행복을 느끼는 경우가 많다. 한편, 일조량이 부족한 북유럽 지역에서는 햇볕을 쬘 수 있는 것만으로도 행복을 느끼는 경우가 많다.

〈 보기 〉

ㄱ. 행복의 기준을 공간적 관점에서 바라보고 있다.
ㄴ. 경제적 가치가 행복의 기준이 될 수 있다고 본다.
ㄷ. 시대에 따라 행복의 기준이 다를 수 있다고 본다.
ㄹ. 자연환경이 행복의 기준에 영향을 줄 수 있다고 본다.

① ㄱ, ㄴ   ② ㄱ, ㄹ   ③ ㄴ, ㄷ
④ ㄴ, ㄹ   ⑤ ㄷ, ㄹ

다음과 같이 행복의 기준이 다른 이유로 가장 적절한 것은?

> - 북유럽의 복지 국가와 미국 등의 선진국은 소득 불평등 해소, 문화생활 향유 등 국민의 삶의 질 향상에 중점을 둔다.
> - 서남아시아와 아프리카 일부 국가의 사람들은 기아와 질병에 시달리거나 정착지를 잃고 난민이 되기도 한다. 이 국가들은 정치적 안정과 빈곤 탈출을 중요한 목표로 삼는다.

① 물질적인 풍요로움이 행복의 기준이 되었기 때문에
② 행복을 느끼는 정도는 국가의 상황과 무관하기 때문에
③ 행복의 기준은 시대적 상황의 영향을 받아 변화하기 때문에
④ 인간다운 삶을 위해 필요한 기본적 조건이 늘어났기 때문에
⑤ 각국이 처한 상황과 추구하는 방향에 따라 행복의 기준이 다르기 때문에

[095~096] 빈출 자료★

다음 글을 읽고 물음에 답하시오.

> (가) 고대 중국인들은 조화로운 인간관계를 중시하였다. 그들은 어릴 때부터 자신이 어떤 집단의 구성원, 특히 가족의 구성원이라는 점을 가장 중요한 사실로 교육받았다. 고대 중국인들에게 행복이란 '화목한 인간관계를 맺고 평범하게 사는 것'이었다. 반면, (나) 고대 그리스인들은 개인의 자율성에 대한 신념이 있었기 때문에 자신이 원하는 대로 자유롭게 행동할 수 있다고 확신하였다. 고대 그리스인들에게 행복이란 '아무런 제약이 없는 상태에서 자신의 능력을 최대한 발휘하여 탁월성을 추구하는 것'이었다.　　　– 리처드 니스벳, 「생각의 지도」

095 중

윗글을 읽고 내릴 수 있는 결론으로 가장 적절한 것은?

① 서양보다 동양의 행복관이 더 우월하다.
② 행복의 의미는 언제 어디서나 동일하다.
③ 행복은 지역적 여건에 의해 영향을 받는다.
④ 행복은 종교 교리에 따라 살아가는 것에 달려 있다.
⑤ 행복은 수행과 실천을 통해 깨달음의 경지에 이르는 것이다.

096 상

윗글에서 행복과 관련하여 밑줄 친 (가)의 입장에 비해 (나)의 입장이 지니는 상대적 특징을 그림의 ㉠~㉤ 중에서 고른 것은?

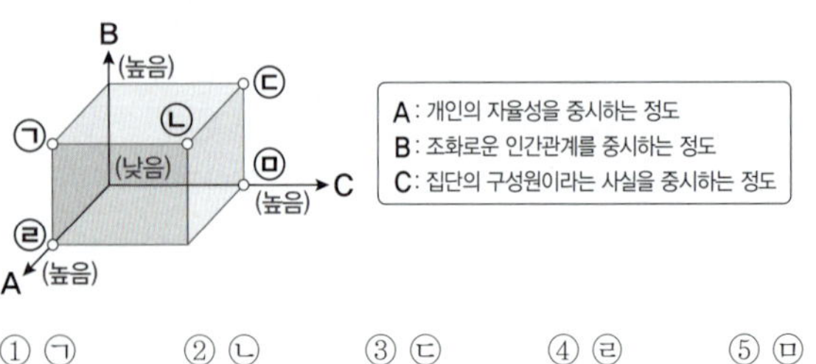

① ㉠　　② ㉡　　③ ㉢　　④ ㉣　　⑤ ㉤

(가), (나)를 종합하여 유추한 행복의 기준에 대한 설명으로 가장 적절한 것은?

> (가) 그들이 전쟁을 하고 있는 것 못지않게 나도 식량과의 전쟁을 하고 있었다. 빨리 세상이 바뀌기를 바라는 것은 이제 자유니 민주주의니 하는 이념의 문제가 아니었다. 우리 집 식량이 바닥나기 전에 먹을 것이 유통되고, 먹을 것을 살 돈이 없으면 하다못해 구호물자라도 얻어먹을 수 있는 세상이 와야 한다.
>
> (나) 초원을 따라 이동하는 유목민들은 가축이 중요한 생계유지 수단이므로 가축을 잘 기르는 것을 행복의 중요한 기준으로 여길 것이다. 이와 달리 농경 생활을 하는 사람들은 제때 씨를 뿌리고 농작물을 수확하는 것을 행복의 기준으로 여길 것이다.

① 행복의 기준은 시대와 상관없이 언제나 동일하다.
② 시대나 지역에 따라 행복의 기준이 다르게 나타난다.
③ 지배적인 종교에 따라 행복의 기준이 다르게 나타난다.
④ 평화와 정치적 안정을 되찾는 것만이 행복의 지름길이다.
⑤ 의미 있는 삶의 목표를 설정하고 추구하는 것이 행복이다.

098 하

A, B에 들어갈 내용으로 적절한 것만을 〈보기〉에서 골라 옳게 연결한 것은?

> (가) 예멘에서는 내전이 8년째 계속되고 있다. 많은 사람들이 고향을 떠나 난민으로 전락해 가족과 헤어지고 힘겨운 삶을 살고 있다. 이들에게 행복은 ______A______ 이다.
>
> (나) 중세는 그리스·로마의 고전 문화와 기독교 사상이 결합해 정신문화를 이룬 시대였다. 이로 인해 중세 사람들은 자신의 존재를 가능케 한 근원을 탐구하는 데 큰 관심을 가졌다. 그들에게 행복은 ______B______ 이었다.

〈 보기 〉

ㄱ. 육체적 쾌락을 얻는 것
ㄴ. 정치적 안정을 달성하는 것
ㄷ. 신의 은총과 구원을 받는 것
ㄹ. 조화로운 인간관계를 맺고 평범하게 사는 것

	A	B			A	B
①	ㄱ	ㄴ		②	ㄴ	ㄷ
③	ㄷ	ㄴ		④	ㄷ	ㄱ
⑤	ㄹ	ㄱ				

B 삶의 목적으로서의 행복

099 중

㉠에 대한 옳은 설명만을 〈보기〉에서 고른 것은?

(㉠)은/는 삶에서 충분한 만족감이나 기쁨을 느끼는 상태를 말한다. 이는 다른 어떤 것을 위하여 추구되는 것이 아니라, 그 자체로 추구되는 것이다.

〈 보기 〉
ㄱ. ㉠의 기준은 모든 사람에게서 동일하게 나타난다.
ㄴ. ㉠의 기준은 시대 상황이나 지역 여건의 영향을 받는다.
ㄷ. 주어진 상황에 따른 인식의 차이가 ㉠의 차이로 나타날 수 있다.
ㄹ. ㉠은 모든 사람이 추구하는 것이지만, 실현될 수 없는 이상일 뿐이다.

① ㄱ, ㄴ ② ㄱ, ㄷ ③ ㄴ, ㄷ
④ ㄴ, ㄹ ⑤ ㄷ, ㄹ

100 하

대화에서 유추할 수 있는 행복의 의미로 가장 적절한 것은?

갑: 나는 부자가 되고 싶어.
을: 너는 왜 부자가 되고 싶은데?
갑: 부자가 되면 행복하게 살 수 있으니까.
을: 그럼 부자가 되는 것은 행복을 이루기 위한 수단이구나.

① 행복은 삶의 궁극적 목적이다.
② 행복은 부자가 되는 것에 도움을 준다.
③ 행복은 다른 가치를 추구하는 수단이다.
④ 행복은 절대자에 의해 주어지는 것이다.
⑤ 행복은 물질적 조건과 완전히 무관한 것이다.

101 중

| 서술형 |

(가)에 들어갈 내용을 〈조건〉에 맞게 서술하시오.

행복힘을 느끼는 기준은 사람마다 다양하게 나타나고, 또 시대적 상황과 지역적 여건에 따라 다르게 나타나기도 한다. 그렇다면 진정한 행복이란 무엇을 의미할까? 진정한 의미의 행복은 _________________ (가)

〈 조건 〉
'삶, 궁극, 목적, 수단'을 모두 포함하여 서술할 것.

102 중

다음 사상가의 말에서 추론한 내용으로 적절한 것만을 〈보기〉에서 고른 것은?

우리는 행복을 언제나 그 자체 때문에 선택하지 결코 다른 것 때문에 선택하지는 않는다. …… 행복은 완전하고 자족적인 어떤 것으로서 행위를 통해 성취될 수 있는 것들의 목적이다.

〈 보기 〉
ㄱ. 행복은 삶의 궁극적 목적이다.
ㄴ. 행복은 행복 그 자체를 위하여 추구된다.
ㄷ. 행복을 실현하는 기준은 사람마다 다르다.
ㄹ. 행복은 상위의 목적을 이루기 위한 수단이 될 수 있다.

① ㄱ, ㄴ ② ㄱ, ㄷ ③ ㄴ, ㄷ
④ ㄴ, ㄹ ⑤ ㄷ, ㄹ

103 하

행복한 삶을 살기 위해 필요한 자세로 적절하지 <u>않은</u> 것은?

① 사회 구성원들이 바람직한 도덕적 가치에 합의하고 이를 행동에 옮긴다.
② 타인의 삶에 관심을 가지고자 노력하고 이웃에 대한 관용적 태도를 가진다.
③ 자신의 조건을 사회적 약자와 비교하여 판단하고 감각적 즐거움만을 추구한다.
④ 타인과 공동체에 해를 입히는 비도덕적 행위를 하고 있지 않은지 스스로 성찰한다.
⑤ 다른 사람의 입장에서 상황을 바라볼 줄 아는 역지사지의 마음을 가지고 이웃을 이해한다.

104 하

다음 상황을 통해 추론할 수 있는 행복에 대한 내용으로 가장 적절한 것은?

① 행복은 객관적 지표에 의해 결정된다.
② 상황에 대한 인식 차이가 행복감의 차이를 가져온다.
③ 모든 사람은 같은 상황에서 같은 크기의 행복감을 느낀다.
④ 행복감은 상황에 대한 개인의 주관적 인식과는 관련이 없다.
⑤ 개인은 다수의 사람이 선호하는 행복의 기준을 따라야 한다.

105 중

밑줄 친 ㉠~㉣에 관한 옳은 설명만을 〈보기〉에서 있는 대로 고른 것은?

> 오늘날 많은 사람이 ㉠ 객관적 요소를 행복 실현의 중요한 기준으로 꼽는다. 하지만 ㉡ 진정한 행복을 실현하기 위해서는 객관적 요소뿐만 아니라 ㉢ 주관적 요소까지 충족되어야 한다. 그래서 ㉣ '더 나은 삶 지수'나 '국민 삶의 질 지표' 등 최근의 행복 관련 지수들은 이 두 가지 요소를 통합적으로 고려하여 행복을 측정하고 있다.

〈 보기 〉

ㄱ. ㉠에 주거, 소득, 고용, 수명, 삶의 만족도 등이 있다.
ㄴ. ㉡은 삶의 질 전체가 높아질 때 실현된다.
ㄷ. ㉢에는 감정적 충족감이나 일상적 행복감 등이 있다.
ㄹ. ㉣을 통해 대한민국 국민의 삶의 질을 확인할 수 있다.

① ㄱ, ㄴ 　② ㄴ, ㄷ 　③ ㄱ, ㄹ
④ ㄱ, ㄴ, ㄷ 　⑤ ㄴ, ㄷ, ㄹ

106 상

표는 행복 관련 지수의 내용을 정리한 것이다. 이를 통해 행복의 의미를 분석한 내용으로 옳은 것만을 〈보기〉에서 고른 것은?

행복 관련 지수	주요 항목
인간 개발 지수	1인당 국민 소득, 평균 수명, 교육 수준 등
세계 행복 지수	1인당 GDP, 기대 수명, 사회적 지원, 관용 의식, 자신의 인생을 결정할 자유 등
더 나은 삶 지수	주거, 소득, 고용, 교육, 환경, 기대 수명, 시민 참여, 일과 삶의 균형, 삶의 만족도 등
국민 삶의 질 지표	주거, 소득·소비·자산, 고용·임금, 사회 복지, 건강, 교육, 문화·여가, 가족·공동체, 시민 참여, 안전, 환경, 주관적 웰빙 등

〈 보기 〉

ㄱ. 주거, 소득, 고용, 수명 등은 행복의 주관적 요소에 해당한다.
ㄴ. 행복의 주관적 요소가 충족되지 않으면 진정으로 행복을 실현하기가 어렵다.
ㄷ. 삶의 만족도나 일상생활에서 느끼는 행복감은 행복 실현의 중요한 기준은 아니다.
ㄹ. 삶의 질을 높이기 위해서는 행복의 주관적 요소와 객관적 요소가 종합적으로 충족되어야 한다.

① ㄱ, ㄴ 　② ㄱ, ㄷ 　③ ㄴ, ㄷ
④ ㄴ, ㄹ 　⑤ ㄷ, ㄹ

107 상

다음 토론의 핵심 쟁점으로 가장 적절한 것은?

> 갑: 진정한 행복을 실현하기 위해서는 주거, 소득, 고용, 수명 등과 같은 객관적 요소가 충족되어야 합니다.
> 을: 동의합니다. 다만 객관적인 요소가 아무리 잘 충족된다고 하더라도 스트레스나 상대적 박탈감 등 기타 다양한 요인에 의해 만족감이 떨어진다면 진정으로 행복하다고 말하기 어렵습니다.
> 갑: 아닙니다. 진정한 행복을 실현하기 위해서는 객관적 요소만 충족되어도 충분합니다.
> 을: 그렇지 않습니다. 진정한 행복은 어느 한 가지 요소만 충족한다고 실현되는 것이 아닙니다. 그래서 최근의 행복 관련 지수들은 객관적 요소와 더불어 개인의 주관적 만족감까지 통합적으로 고려하여 행복을 측정하고 있습니다.

① 삶의 질을 높이기 위해 환경적 요인에 주의를 기울여야 할까?
② 진정한 행복을 위해 행복의 주관적인 요소도 고려되어야 할까?
③ 행복의 기준은 시대적, 지역적 배경에 따라 달라질 수 있을까?
④ 행복한 삶을 위해서는 쾌적하고 안정적인 정주 환경이 필수적일까?
⑤ 행복을 실현하는 데 있어 삶의 만족도를 가장 중요한 요소로 삼아야 할까?

C 동서양의 행복론

108 중

다음은 동양의 행복론에 대한 내용이다. 밑줄 친 ㉠~㉤ 중 옳지 않은 것은?

> 유교에서는 ㉠ 하늘로부터 부여받은 도덕적 본성을 보존하고 함양하면서 다른 사람과 더불어 살아가며 ㉡ 인(仁)을 실현하는 것을 행복이라고 보았다. 불교에서는 ㉢ 청정한 불성(佛性)을 바탕으로 '나'라는 의식을 찾아 집착하기 위한 수행과 ㉣ 고통받는 중생을 구제하는 실천을 통해 해탈의 경지에 이르는 것을 행복이라고 보았다. 도가에서는 타고난 그대로의 본성에 따라 인위적인 것이 더해지지 않은 ㉤ 자연 그대로의 모습으로 살아가는 것을 행복이라고 보았다.

① ㉠ 　② ㉡ 　③ ㉢ 　④ ㉣ 　⑤ ㉤

109 중

밑줄 친 '그'의 입장에서 주장한 내용에 대해 옳게 응답한 것은?

> 고대 중국의 사상가인 그는 경제적으로 부유하지 않더라도 배우고 익히는 것에서 얻는 즐거움을 누리고, 본성에 따라 사람을 사랑하며, 사회적으로는 정의롭게 사는 것을 중요시하였다.

구분	주장	응답	
		예	아니요
①	최고의 선(善)은 물과 같은가?	√	
②	행복을 위해 본성을 따라야 하는가?		√
③	인(仁)이란 사랑하는 마음을 의미하는가?		√
④	만물이 원인과 결과로 서로 이어졌다고 보는가?	√	
⑤	인간은 하늘로부터 도덕적 본성을 부여받았는가?	√	

110 상

다음과 같은 입장에서 긍정의 대답을 할 질문으로 가장 적절한 것은?

> 인연(因緣)은 무상하고, 인연에 의해 생성된 현상도 무상하다. 현상은 '나'가 아니요, 나의 것도 다른 사람의 것도 아니다.
>
> 따라서 나를 속박하는 이 법(法)을 끊어 버리면 영원한 안식처에 들 것이다.

① 인연을 통해 만들어진 '나'는 다른 존재와 독립적으로 존재하는가?

② 현생에서의 선한 행위를 통해 다시 인간으로 윤회하면 고통은 종식되는가?

③ 남녀노소에 상관없이 모든 사람은 청정한 불성(佛性)을 가지고 태어나는가?

④ 삶 자체는 허무하기 때문에 현실을 부정하고 중생과 동떨어진 삶을 살아야 하는가?

⑤ 도덕적 본성인 인의예지(仁義禮智)를 실천하는 삶을 살면 깨달음에 이를 수 있는가?

111 상

다음 사상의 관점에서 학생의 질문에 대해 할 수 있는 답변으로 가장 적절한 것은?

> 물오리의 다리는 비록 짧지만 그렇다고 그것을 늘이면 걱정하게 될 것이고, 학의 다리는 비록 길지만 그렇다고 그것을 짧게 잘라 주면 슬퍼하게 될 것이다.

> • 학생: 행복하게 살기 위해서 어떻게 해야 하나요?
> • 답변: ___________________

① 생로병사의 괴로움에서 벗어나야 합니다.

② 하늘로부터 부여받은 인(仁)을 실현해야 합니다.

③ 청정한 불성(佛性)을 바탕으로 해탈의 경지에 이르러야 합니다.

④ 타고난 본성에 따라 자연 그대로의 모습으로 살아가야 합니다.

⑤ 도덕적 본성을 보존하고 함양하면서 다른 사람과 더불어 살아야 합니다.

112 중

갑, 을의 입장에 대한 옳은 설명만을 〈보기〉에서 있는 대로 고른 것은?

> 갑: 행복이란 하늘로부터 부여받은 도덕적 본성을 보존하고 함양하면서 다른 사람과 함께 살아가며 인(仁)을 실현하는 삶이다.
> 을: 행복이란 부처의 성품을 바탕으로 수행을 하고 고통받는 중생의 구제를 실천하며 깨달음을 얻는 삶이다.

〈 보기 〉

ㄱ. 갑은 유교에서 주장하는 행복론이다.

ㄴ. 갑은 인위가 더해지지 않은 자연 그대로의 모습으로 살 것을 강조한다.

ㄷ. 을은 '나'에 집착하는 수행을 통해서만 해탈에 이를 수 있다고 본다.

ㄹ. 갑과 을은 몸과 마음을 바르게 하는 수양을 통해 인간 본성을 실현할 것을 강조한다.

① ㄱ, ㄴ   ② ㄱ, ㄹ   ③ ㄴ, ㄷ

④ ㄱ, ㄴ, ㄹ   ⑤ ㄴ, ㄷ, ㄹ

113 상

갑, 을이 공통적으로 강조하는 삶의 자세로 가장 적절한 것은?

> 갑: 하늘로부터 부여받은 도덕적 본성을 보존하고 함양하면서 인(仁)을 실현해야 한다.
> 을: 청정한 불성(佛性)을 바탕으로 '나'라는 의식을 벗어버리기 위한 수행과 고통받는 중생을 구제하는 실천을 통해 해탈의 경지에 이르러야 한다.

① 신앙을 통해 신과 하나가 되려고 노력한다.
② 인간 본성을 실현하기 위해 자기 수양에 힘쓴다.
③ 물질적 가치와 정신적 가치를 조화롭게 추구한다.
④ 타인과 비교하면서 자신의 삶을 더욱 치열하게 산다.
⑤ 전쟁과 사회적 혼란에 따른 불안에서 벗어나고자 노력한다.

114 상

동양 사상가 갑, 을의 가상 대화이다. 갑에 비해 을이 강조할 내용으로 가장 적절한 것은?

> 갑: 사욕을 극복하고 예(禮)를 회복해야 행복할 수 있습니다.
> 을: 인과 예는 도(道)가 없어지자 나타난 것입니다. 무위(無爲)의 삶을 살아야 합니다.

① 하늘에서 받은 도덕적 본성을 함양한다.
② 겸허(謙虛)와 부쟁(不爭)의 삶을 살아간다.
③ 선한 본성대로 살기 위해 인(仁)을 실천해야 한다.
④ 백성을 편안하게 하기 위해 제도를 확대해야 한다.
⑤ 성인(聖人)이 되기 위해 규범과 예절을 지켜야 한다.

115 중

| 서술형 |

밑줄 친 ㉠, ㉡에서 추구한 행복론에 대해 비교하여 서술하시오.

> 동양에서는 대체로 공동체의 화합과 그것을 위한 개인의 수양을 행복의 조건으로 보았다. 이러한 큰 틀에서 ㉠ 유교, 불교, ㉡ 도가도 각기 다른 행복을 추구하였다.

[116~117] 빈출 자료 ★

다음은 동양의 행복론에 대한 설명이다. 물음에 답하시오.

> (가) 하늘로부터 부여받은 도덕적 본성을 보존하고 함양하면서 다른 사람과 더불어 살아가며 인(仁)을 실현하는 것을 행복이라고 보았다.
> (나) 청정한 불성(佛性)을 바탕으로 '나'라는 의식을 벗어 버리기 위한 수행과 고통받는 중생을 구제하는 실천을 통해 해탈의 경지에 이르는 것을 행복이라고 보았다.
> (다) 타고난 그대로의 본성에 따라 인위적인 것이 더해지지 않은 자연 그대로의 모습으로 살아가는 것을 행복이라고 보았다.

116 하

(가)~(다)에 해당하는 사상을 옳게 연결한 것은?

	(가)	(나)	(다)
①	도가	불교	유교
②	도가	유교	불교
③	불교	유교	도가
④	유교	도가	불교
⑤	유교	불교	도가

117 상

(가)~(다)의 입장으로 적절한 것만을 〈보기〉에서 있는 대로 고른 것은?

> 〈 보기 〉
> ㄱ. (가): 모든 덕의 기초인 인(仁)을 실천할 때 이상적 상태에 도달할 수 있다.
> ㄴ. (나): 인간은 타고난 본성에 따라 무위자연의 삶을 살 때 해탈의 경지에 이른다.
> ㄷ. (다): 남을 사랑하고 어질게 행동하는 삶이 행복을 위한 길이다.
> ㄹ. (가), (다): 인간 본성을 실현하는 것이 이상적인 삶이다.

① ㄱ, ㄹ 　② ㄴ, ㄷ 　③ ㄴ, ㄹ
④ ㄱ, ㄴ, ㄷ 　⑤ ㄱ, ㄷ, ㄹ

다음은 정약용의 행복론의 일부이다. 물음에 답하시오.

> 나는 행복을 두 가지로 정의한다. 하나는 외직에 나가서는 대장군의 깃발을 앞세우고 관인을 허리에 두르고, 내직에 들어와서는 비단옷에 수레를 타고 사방을 다스릴 계책을 듣는 것으로 '열복(熱福)'이다. 또 하나는 깊은 산속에서 삼베옷에 짚신을 신고, 맑은 샘물에 발을 씻고, 소나무에 기대어 시를 읊는 것으로 '청복(淸福)'이다.

118 중

윗글에 나타난 행복에 대한 해석으로 옳은 것은?

① 청복보다는 열복을 추구하는 삶을 살아야 한다.
② 열복에 도달하기 위해서는 소박한 삶을 지향해야 한다.
③ 청복을 지향하기 위해서는 권력과 명예를 추구해야 한다.
④ 열복은 직업 생활에서 자신의 역량을 발휘하며 전문성을 인정받을 때 느낄 수 있는 행복이다.
⑤ 청복은 자신의 적성에 맞는 직업을 선택하기 위해 다양한 경험을 쌓을 때 얻을 수 있는 행복이다.

119 상

윗글에 대한 옳은 해석만을 〈보기〉에서 고른 것은?

> ───── 보기 ─────
> ㄱ. 열복은 자연 속에서 시를 읊으며 느끼는 행복을 뜻한다.
> ㄴ. 열복은 관직에서 성공과 영광을 누리는 행복을 뜻한다.
> ㄷ. 청복은 외적 성공보다는 내면적인 즐거움을 추구한다.
> ㄹ. 청복은 비단옷을 입고 수레를 타며 관직에서의 권력을 누리는 행복을 뜻한다.

① ㄱ, ㄴ　　　② ㄱ, ㄷ　　　③ ㄴ, ㄷ
④ ㄴ, ㄹ　　　⑤ ㄷ, ㄹ

120 중

서양의 행복론에 대한 (가)~(마)의 필기 내용 중 옳은 것은?

> (가) 아리스토텔레스: 행복은 쾌락을 추구할 때 달성된다.
> (나) 에피쿠로스학파: 육체에 고통이 없고 마음에 불안이 없는 평온한 삶이 곧 행복한 삶이다.
> (다) 중세 시대: 신앙이 아닌 이성으로 신과 관련한 비합리적 신념을 극복하는 것이 곧 행복을 위한 길이다.
> (라) 칸트: 행복은 자신의 처지에 관한 만족으로, 도덕 법칙을 실천하지 않아도 행복을 누릴 자격을 갖출 수 있다.
> (마) 벤담: 행복은 쾌락과 관련이 없는 삶의 목적으로, 최대 다수에게 최대 행복을 가져다주는 행위를 해야 한다.

① (가)　　② (나)　　③ (다)　　④ (라)　　⑤ (마)

다음 글을 읽고 물음에 답하시오.

> 행복이 최고의 선이라는 것은 누구나 다 아는 이야기이다. 그러나 행복에 관해 좀 더 살펴볼 필요가 있는데, 그러기 위해서는 먼저 인간의 기능에 관해 알아야 한다. …… 인간은 세 가지 기능, 즉 영양 섭취와 같이 생존에 필요한 생명의 기능, 감각과 운동의 기능, 정신의 이성적 활동 기능을 지니고 있다. 이 가운데 생명의 기능은 식물에도 있으며, 감각과 운동의 기능은 동물에게도 있다.

121 하

위와 같이 주장한 서양 사상가로 옳은 것은?

① 벤담　　　　　　② 칸트
③ 소크라테스　　　④ 에피쿠로스
⑤ 아리스토텔레스

122 중

위와 같이 주장한 서양 사상가의 입장에 대한 옳은 설명만을 〈보기〉에서 있는 대로 고른 것은?

> ───── 보기 ─────
> ㄱ. 행복은 인간이 추구해야 할 최고의 선이다.
> ㄴ. 행복은 이성을 잘 발휘할 때 달성되는 것이다.
> ㄷ. 행복보다 더 상위의 목적을 찾아 실현하도록 노력해야 한다.
> ㄹ. 영양 섭취와 같이 생존에 필요한 기능만을 충족하면 진정한 행복이 실현된다.

① ㄱ, ㄴ　　　② ㄱ, ㄹ　　　③ ㄷ, ㄹ
④ ㄱ, ㄴ, ㄷ　　⑤ ㄴ, ㄷ, ㄹ

123 상

위와 같이 주장한 서양 사상가가 강조하는 행복한 삶을 위한 바람직한 자세에만 모두 '√'표를 한 학생은?

행복한 삶을 위한 바람직한 자세	갑	을	병	정	무
덕과 일치하는 정신의 활동을 추구한다.	√	√	√		
행복을 삶의 궁극적 목적으로 바라본다.	√	√		√	√
인간만의 고유한 기능인 이성을 발휘한다.	√		√	√	
세속을 떠나 자연 속에 머물며 이성을 통해 욕망을 절제한다.		√	√		√

① 갑　　② 을　　③ 병　　④ 정　　⑤ 무

124 종

다음과 같은 입장을 지닌 서양 사상가가 긍정의 대답을 할 질문으로 적절한 것만을 〈보기〉에서 있는 대로 고른 것은?

> 인간은 세 가지 기능, 즉 생존에 필요한 기능, 감각과 운동 기능, 정신의 이성적 활동 기능을 지니고 있다. 이 가운데 생명의 기능은 식물에도 있으며, 감각과 운동 기능은 동물에게도 있다. 따라서 사람만이 지닌 특별한 기능은 정신의 이성적 활동 기능이다. …… 그런데 사람의 이성적 활동은 그 활동에 알맞은 행동의 규범, 즉 덕을 가지고 수행할 때 더 잘할 수 있다.

〈 보기 〉
ㄱ. 물질적 부유함이 행복의 진정한 본질인가?
ㄴ. 행복은 덕(德)과 일치하는 영혼의 활동인가?
ㄷ. 행복은 모든 인간이 추구하는 최고의 선인가?
ㄹ. 정신의 이성적 활동 기능은 동물에게도 있는가?

① ㄱ, ㄴ   ② ㄴ, ㄷ   ③ ㄷ, ㄹ
④ ㄱ, ㄴ, ㄹ   ⑤ ㄱ, ㄷ, ㄹ

125 종

다음 서양 사상가의 주장과 일치하는 내용으로 가장 적절한 것은?

> 가장 적은 양을 필요로 하는 사람이 사치에 가장 큰 기쁨을 느낀다. 결핍 때문에 생기는 고통이 제거된다면, 단순한 음식도 우리에게 사치스러운 음식과 같은 쾌락을 준다. 그러므로 우리가 "쾌락이 목적이다."라고 말할 때, 이 말은 방탕한 자들의 쾌락이나 육체적인 쾌락을 의미하는 것은 아니다. 내가 말하는 쾌락은 몸의 고통과 마음의 혼란으로부터의 자유이다.

① 정신적 쾌락을 통해 행복을 얻을 수 있다.
② 종교적 실천을 통해 신의 구원을 받아야 한다.
③ 인간으로서 지켜야 할 도덕 법칙을 실천해야 한다.
④ 자유와 평등의 실현을 통해 행복을 실현해야 한다.
⑤ 타고난 본성에 따라 인위적인 것이 없는 자연의 모습대로 살아가야 한다.

126 종

| 서술형 |

다음 글을 읽고 물음에 답하시오.

> ㉠ 이 시기는 알렉산드로스 대왕이 사망한 기원전 323년에서 그리스가 로마에 병합된 기원전 146년까지의 기간을 말하며, 대표적 사상은 스토아학파와 ㉡ 에피쿠로스학파가 있다.

⑴ 윗글에서 밑줄 친 ㉠이 어떤 시기인지 쓰시오.

⑵ 윗글에서 밑줄 친 ㉡의 행복에 대한 관점을 서술하시오.

127 종

헬레니즘 시대의 다음 사상가가 추구하는 이상적인 삶의 태도로 적절한 것만을 〈보기〉에서 고른 것은?

> 자연 안에서 일어나는 모든 일은 자연을 지배하는 신성한 법칙에 따라 일어나는 것이다. 자신이 바라는 대로 사건이 일어나기를 바라지 말고, 사건이 일어나는 대로 자신의 바람을 맞추어야 한다.

〈 보기 〉
ㄱ. 이성에 따르는 평온함을 추구하는 삶
ㄴ. 정신적이고 지속적인 쾌락을 추구하는 삶
ㄷ. 육체에 고통이 없고 마음에 불안이 없는 삶
ㄹ. 정념에 방해받지 않고 자연의 질서를 따르는 삶

① ㄱ, ㄴ   ② ㄱ, ㄹ   ③ ㄴ, ㄷ
④ ㄴ, ㄹ   ⑤ ㄷ, ㄹ

128 상

갑, 을 사상가가 모두 긍정의 대답을 할 질문으로 가장 적절한 것은?

> 갑: 마음의 평정을 추구하라. 외적인 일로 네가 고통을 받는다면, 너를 괴롭히는 것은 그 외적인 일이 아니라 그것에 대한 너의 판단이다. 세상에 일어난 일은 일어날 수밖에 없었기 때문에 신이나 인간을 비난해서는 안 된다.
> 을: 결핍 때문에 생기는 고통이 제거된다면, 단순한 음식도 우리에게 사치스러운 음식과 같은 쾌락을 준다. 그러므로 우리가 "쾌락이 목적이다."라고 할 때 쾌락은 몸의 고통이나 마음의 혼란으로부터의 자유이다.

① 행복이란 인간에게 선천적으로 주어지는 것인가?
② 행복이란 욕구의 완전한 충족에서부터 발생하는가?
③ 행복이란 안정되고 평온한 마음 상태를 추구하는 것인가?
④ 행복이란 정신적 가치보다 물질적 가치를 우선하는 것인가?
⑤ 행복이란 필연적 법칙에 순응하고 자신의 역할에 충실하는 것인가?

129 층

갑 사상가의 입장에서 〈사례〉 속 A에게 제시할 조언으로 가장 적절한 것은?

> 갑: 행위의 옳고 그름은 행위의 결과에 의해 결정되지 않는다. 선하고 옳은 것을 추구하려는 선의지와 동기를 중시하는 의무 의식에 따른 행위만이 도덕적 가치를 지닌다.
>
> 〈 사례 〉
>
> 지하철에서 고등학생 A는 몸이 불편한 사람을 보고 자신의 자리를 양보해야 할지 고민하고 있다.

① 쾌락을 키우고 고통을 최소화하세요.
② 자신의 삶의 질과 처지를 향상시키세요.
③ 초연한 태도로 자연의 질서에 따라 사세요.
④ 자신의 욕구를 극복하고 도덕 법칙에 따라 행동하세요.
⑤ 최대 다수에게 최대 행복을 가져다주는 행위를 고려하세요.

130 상

(가)의 갑은 고대 서양 사상가, 을은 근대 서양 사상가이다. 갑, 을의 입장을 (나)의 그림으로 표현할 때 A~C에 해당하는 진술로 옳은 것만을 〈보기〉에서 고른 것은?

(가)	갑: 육체에 고통이 없고 마음에 불안이 없는 평온한 삶을 행복이라고 보았다. 을: 쾌락의 충족과 고통의 제거를 행복이라 보고 최대 다수의 최대 행복을 추구해야 한다고 보았다.
(나)	

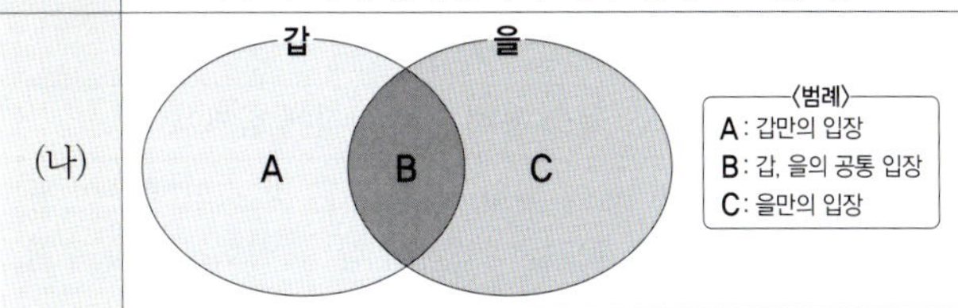

〈 보기 〉

ㄱ. A: 정신적 쾌락보다 물질적 쾌락이 바람직하다.
ㄴ. B: 행복을 결정하는 주요한 감정에는 쾌락이 있다.
ㄷ. B: 이성은 행복의 실현을 위해 어떠한 역할도 하지 못한다.
ㄹ. C: 최대 다수에게 최대 행복을 가져다주는 행동을 해 나가야 한다.

① ㄱ, ㄴ　　　　② ㄱ, ㄷ　　　　③ ㄴ, ㄷ
④ ㄴ, ㄹ　　　　⑤ ㄷ, ㄹ

131 하

㉠~㉣에 해당하는 서양 사상가를 옳게 연결한 것은?

> 서양에서는 고대 그리스부터 현대에 이르기까지 행복에 관한 다양한 논의가 이루어져 왔다. 헬레니즘 시대의 (㉠)는 육체에 고통이 없고 마음에 불안이 없는 평온한 삶을 행복이라고 보았다. 그리고 (㉡)은/는 정념에 방해받지 않는 초연한 태도로 자연의 질서에 따라 사는 것을 행복이라고 보았다. 의무론 사상가인 (㉢)는 인간으로서 마땅히 지켜야 할 도덕 법칙을 실천해야 행복을 누릴 만한 자격이 있다고 하였다. 공리주의 사상가 (㉣)은/는 행복을 쾌락이라고 여겼으며, 이를 삶의 목적으로 제시하였다.

	㉠	㉡	㉢	㉣
①	아리스토텔레스	루소	스토아학파	칸트
②	아리스토텔레스	칸트	소크라테스	스토아학파
③	아리스토텔레스	벤담/밀	소크라테스	칸트
④	에피쿠로스학파	스토아학파	칸트	벤담/밀
⑤	에피쿠로스학파	스토아학파	소크라테스	벤담/밀

132 층

다음은 사상가들의 가상 토론 내용이다. ㉠~㉤에 들어갈 주장으로 옳지 않은 것은?

> • 사회자: 참석해 주신 모든 분께 감사드립니다. 여러분이 생각하는 행복이란 무엇인지 의견을 제시해 주십시오.
> • 정약용: ＿＿＿＿＿＿＿＿＿＿ ㉠ ＿＿＿＿＿＿＿＿＿＿
> • 석가모니: ＿＿＿＿＿＿＿＿＿＿ ㉡ ＿＿＿＿＿＿＿＿＿＿
> • 아리스토텔레스: ＿＿＿＿＿＿＿＿＿ ㉢ ＿＿＿＿＿＿＿＿＿
> • 에피쿠로스학파: ＿＿＿＿＿＿＿＿ ㉣ ＿＿＿＿＿＿＿＿
> • 칸트: ＿＿＿＿＿＿＿＿＿＿ ㉤ ＿＿＿＿＿＿＿＿＿＿

① ㉠: 행복에는 성공을 뜻하는 '열복(熱福)'과 맑고 소박하게 사는 '청복(清福)'이 있습니다.
② ㉡: 생로병사의 괴로움에서 벗어난 상태를 말합니다.
③ ㉢: 자연의 질서에 따르는 이성적인 삶으로 '아파테이아'라고도 합니다.
④ ㉣: 육체에 고통이 없고 마음에 불안이 없는 상태를 말합니다.
⑤ ㉤: 인간으로서 마땅히 지켜야 할 도덕 법칙을 실천할 때 누릴 수 있습니다.

04 행복한 삶을 실현하기 위한 조건

A 질 높은 정주 환경

기출 PICK A -1

정주 환경의 의미

인간이 자리 잡고 사는 지역의 주거지와 그 주변 생활 환경을 뜻하는데, 오늘날 정주 환경에는 자연환경뿐만 아니라 사회적 환경도 포함된다.

→ 가장 중요한 인간 생존의 조건이다.

1 질 높은 ❶□□ 환경의 필요성 질 높은 정주 환경이 조성될 때 기본적인 삶의 문제를 해결함으로써 인간답고 행복한 삶을 살 수 있음
  └→ 열악한 환경에서는 쾌적하고 인간다운 삶을 살기가 어렵다.

2 질 높은 정주 환경을 조성하기 위한 노력
  └→ 사람들이 안전하고 위생적인 삶을 누리며 교육, 문화, 의료 등의 다양한 혜택을 제공받을 수 있다.

❷□□ 환경 보전	물, 대기, 토양 등이 깨끗한 자연환경을 갖추어야 함
❸□□하고 풍요로운 삶을 위한 인문환경 조성	치안, 보건·의료, 교통·통신, 문화, 학교 및 교육, 위생 등 안전하고 풍요로운 삶을 살 수 있도록 돕는 ❹□□□ 환경을 갖추어야 함

빈출 자료 PICK 『택리지』에 나타난 정주 환경의 요건 ☑ Link 145~147번 문제

사람이 살터를 정할 때 첫째는 지리(地理)가 좋아야 하고, 둘째는 생리(生利)가 좋아야 하며, 셋째는 인심(人心)이 좋아야 하고, 넷째는 산수(山水)가 좋아야 한다. 이 중 하나라도 모자라면 좋은 땅이라고 할 수 없다. 지리가 뛰어나도 생리가 부족하면 오래 살 수 없고, 생리가 좋아도 지리가 나쁘면 그 또한 오래 살 수 없다. 지리와 생리가 모두 좋아도 인심이 나쁘면 반드시 후회할 일이 생기고, 가까운 곳에 즐길 만한 산수가 없으면 마음을 풍요롭게 가꿀 수 없다. — 이중환, 『택리지』

조선 후기의 실학자 이중환은 사람이 살 만한 조건으로 지리, 생리, 인심, 산수 네 가지를 제시하였다. 지리는 배산임수와 같은 풍수지리적 명당을, 생리는 그 땅에서 생산되는 이익을, 인심은 넉넉하고 좋은 이웃 간의 정을, 산수는 빼어난 경치를 의미한다.

B 경제적 안정
  └→ 경제적으로 불안정하여 의식주와 같은 기본적인 삶의 조건이 충족되지 않으면 행복한 삶을 살기 어렵다.

기출 PICK B -1

이스털린의 역설

소득과 행복은 관련이 있지만, 소득이 증가한다고 해서 반드시 더 행복한 것은 아니다. 소득이 일정 수준에 도달하고 기본적 욕구가 충족되면 소득 증가가 행복에 큰 영향을 미치지 않을 수 있다.

미국의 경제학자 이스털린은 단기적으로 소득과 행복은 정(+)의 상관관계를 보이지만, 장기적으로는 소득 변화가 행복의 변화로 반드시 이어지는 것은 아니라는 사실을 알아냈는데, 이를 '이스털린의 역설'이라고 부른다.

1 경제적 안정의 필요성 경제적 ❺□□을 통해 기본적인 ❻□□를 유지하고 다양한 필요를 충족하여 삶의 질을 유지할 수 있으며, ❼□□ 실현의 기회를 가질 수 있음
  └→ 일정 수준 이상의 소득이 보장되어야 가능하다.

2 경제적 안정을 이루기 위한 노력

① **개인의 노력**: 적극적인 직업 탐색과 자기 계발을 통한 ❽□□ 활동 참여로 삶을 영위하는 데 필요한 소득을 마련해야 함

② **국가의 노력**

고용 안정	경제 활성화, 일자리 창출, 최저 임금 보장 등을 통해 고용 안정에 힘써야 함
❾□□ 강화	질병·사고·실업과 같은 갑작스러운 어려움에 대비, 절대 빈곤 및 소외 계층의 상대적 박탈감 해소 등을 위해 다양한 복지 제도를 마련해야 함 → 사회적 약자 구제와 경제적 ❿□□□ 해소에 기여함 └→ 예 고용 보험을 통한 실업 급여 지급 등

빈출 자료 PICK 맹자가 말하는 경제적 안정의 중요성 ☑ Link 152~154번 문제

일반 백성은 고정적인 생업[恒産]이 없으면 흔들림 없는 도덕적인 마음[恒心]도 없어집니다. 그러므로 지혜로운 왕은 백성들이 생업을 가지게 해 주되 반드시 위로는 부모를 섬기기에 충분하게 하고, 아래로는 자녀를 먹여 살릴 만하게 하여 풍년에는 언제나 배부르고, 흉년에도 죽음을 면하게 합니다. — 맹자, 『맹자』

맹자는 '유항산(有恒産) 유항심(有恒心)'을 주장하며, 현명한 군주라면 백성이 부모님을 섬기고 자식을 거두는 데 충분할 정도로 생업을 이루게 해 주어야 한다고 보았다.

C 민주주의의 발전

1 민주주의 발전의 필요성 → 자신의 정당한 권리를 보장받지 못하면 행복한 삶을 누리기 어렵다.
민주주의의 발전을 바탕으로 법과 제도를 통해 시민이 ⑪□□와
권리를 보장받을 때 각자가 원하는 삶을 살면서 행복감을 얻을 수 있음
→ 일반적으로 민주주의가 발전한 국가일수록 국민의 행복도가 높은 편이다.

2 민주주의 발전을 위한 노력

민주적 ⑫□□ 마련	의회 제도, ⑬□□ 분립 제도, 복수 정당 제도, 정치 참여 제도 등과 같은 민주적 제도를 갖추어야 함
민주적 정치 ⑭□□ 형성	시민이 책임 의식을 가지고 능동적·적극적으로 ⑮□□에 참여해야 하며, 국가 권력의 남용을 ⑯□□ 및 견제해야 함

빈출 자료 PICK   민주주의와 행복의 관계   ☑ Link 167~168번 문제

역사적으로 비참한 기근을 겪은 국가들의 사례를 분석해 보면 공통점이 있습니다. 의회에 야당 세력이 없었고, 복수 정당제에 의한 선거가 치러지지 않았으며, 언론의 자유도 없었기 때문에 잘못된 정책을 비판할 수 없었다는 점입니다. …… 정치적, 사회적 참여는 인간적 삶과 행복 또는 복지를 위해 꼭 필요한 가치를 지니고 있습니다.   — 아마르티아 센, 「센코노믹스」

제시된 글은 비참한 기근을 겪은 국가들이 공통적으로 민주적 제도를 갖추지 못하였음을 설명하며, 이를 근거로 행복한 삶을 이루기 위해 시민의 참여가 활성화되는 민주주의가 실현되어야 함을 강조하고 있다.

기출 PICK C -2

란츠게마인데(Landsgemeinde)

일 년에 한 번씩 주민들이 광장에 모여 그 고장의 법안과 정책에 대해 토론하고 중요 사항을 결정하는 직접 민주제의 한 형태로, 현재 스위스의 비교적 작은 몇몇 주에서 실시되고 있다.

D 도덕적 실천

1 도덕적 실천의 필요성 → 일상생활의 매 순간 자신이 해야 할 도덕적인 행동을 선택하여 실행하는 것
예 타인을 배려하는 것, 곤경에 처한 사람을 돕는 것 등
도덕적 실천을 통해 개인의 심리적 만족감을 높이고 사회 구성원 사이
에 ⑰□□를 형성하여 개인을 포함한 공동체 전체의 ⑱□□ 증진에 이바지할 수 있음

2 도덕적 실천을 위한 노력 → 인권이나 정의와 같은 보편적인 가치를 기준으로 행동하고, 일상에서 옳지 못한 일을 마주하면
이를 바로잡기 위해 노력하는 등 사회 공동체에 도움이 되는 일을 실천해야 한다.

도덕적 ⑲□□	자신의 행위와 삶을 되돌아보고 도덕적 관점에서 성찰함으로써 삶의 가치와 의미를 깨달아야 함
역지사지의 태도	자신의 행복뿐만 아니라 다른 사람의 행복에도 관심을 두고 ⑳□□□□이 마음으로 다른 사람의 입장과 상황을 헤아릴 수 있어야 함
사회적 약자 배려	사회적 약자의 고통에 공감하고 자발적으로 도와야 함

기출 PICK D -1

헬퍼스 하이(Helper's High)
사람들은 봉사활동을 하거나 어려운 사람을 도울 때 행복을 느끼기도 하는데, 이를 '헬퍼스 하이'라고 한다.

빈출 자료 PICK   도덕적 실천과 행복한 삶   ☑ Link 170~171번 문제

빵집을 운영하는 김○○ 씨는 매일 아침 학교에 가는 아이들에게 무료로 빵과 요구르트를 나누어 주고 있다. 그는 끼니를 챙기지 못하고 일찍 학교에 오는 아이들을 보며 가난했던 자신의 어린 시절이 떠올랐고, 아이들이 빵 하나라도 더 먹으며 밝고 건강하게 자라기를 바라는 마음에서 이 일을 시작하였다고 한다. 그는 아이들에게서 "감사합니다.", "잘 먹었습니다."라는 말을 들을 때 가장 행복하다고 말한다.

제시된 사례와 같이 자신만을 생각하는 사고방식에서 벗어나 다른 구성원들과 더불어 살아가려는 도덕적 실천을 통해 자신과 공동체 모두의 행복한 삶을 실현할 수 있다.

답 ❶ 정주 ❷ 자연 ❸ 안전 ❹ 사회적 ❺ 안정 ❻ 생계 ❼ 자아 ❽ 경제 ❾ 복지 ❿ 불평등 ⑪ 자유 ⑫ 제도 ⑬ 권력 ⑭ 문화 ⑮ 정치 ⑯ 감시
⑰ 신뢰 ⑱ 행복 ⑲ 성찰 ⑳ 역지사지

개념 확인 문제

◆ **다음 빈칸에 들어갈 알맞은 말을 쓰시오.**

133 질 높은 정주환경을 조성하려면 물, 대기, 토양 등이 깨끗한 (　　　　　)을 갖추어야 한다.

134 (　　　　　)을 통해 기본적 생계를 유지하고 다양한 필요를 충족하여 삶의 질을 유지할 수 있다.

135 경제적 안정을 위해 국가는 경제 활성화, 일자리 창출 등을 통해 (　　　　　) 안정에 힘써야 한다.

136 민주주의의 발전을 위해 의회 제도, 권력 분립 제도와 같은 (　　　　　) 제도를 갖추어야 한다.

137 행복한 삶을 실현하려면 자신의 행위와 삶을 도덕적 관점에서 되돌아보는 (　　　　　)을 바탕으로 도덕적 실천을 해야 한다.

◆ **다음 밑줄 친 부분을 옳게 고치시오.**

138 질 높은 정주 환경이 이루어질 때 구성원 사이에 신뢰를 형성하여 공동체 전체의 행복 증진에 이바지할 수 있다.

139 경제적 안정을 이루려면 자연환경을 보전하고, 안전하고 풍요로운 인문환경을 조성해야 한다.

140 고용 안정과 복지 강화는 도덕적 실천을 위한 국가적 노력에 해당한다.

141 시민이 책임 의식을 가지고 정치에 참여하는 권위적 문화가 형성될 때 시민이 행복할 수 있다.

142 민주적 제도 마련과 민주적 정치 참여 문화 형성은 질 높은 정주 환경을 위한 바탕이 된다.

난이도별 필수 기출

상 6문항
중 20문항
하 10문항

A　질 높은 정주 환경

143 중

㉠에 들어갈 용어에 대한 옳은 설명만을 〈보기〉에서 있는 대로 고른 것은?

〈 보기 〉
ㄱ. 중요한 생존 조건 중 하나이다.
ㄴ. 우리가 살아가는 터전을 둘러싼 환경이다.
ㄷ. 한 사람이 생활하고 있는 주거 환경만을 뜻한다.
ㄹ. 자연환경과 달리 사회적 환경은 포함하지 않는다.

① ㄱ, ㄴ　　② ㄱ, ㄹ　　③ ㄴ, ㄷ
④ ㄱ, ㄷ, ㄹ　　⑤ ㄴ, ㄷ, ㄹ

빈출
144 하

다음 사례들을 통해 추론할 수 있는 행복한 삶의 실현 조건으로 가장 적절한 것은?

- 필리핀 어느 강변의 빈민촌에는 나무판자로 만든 $10m^2$ 미만의 판잣집이 줄지어 있다. 실내에는 나무 바닥 아래로 강물을 따라 쓰레기가 흘러 축축하고 악취가 나서 쾌적한 삶을 살기가 어렵다.
- 면적이 $2km^2$ 정도인 인도의 다라비에는 백만여 명가량이 모여 산다. 이곳에는 화장실도 없는 집이 빼곡하게 늘어서 있는데, 침실과 작은 부엌만 있는 좁은 집에는 대개 7명 이상이 모여 산다고 한다.

① 자아실현　　② 경제적 안정
③ 도덕적 실천　　④ 민주주의의 발전
⑤ 질 높은 정주 환경

[145~147] 빈출 자료 ★

다음 글을 읽고 물음에 답하시오.

> 사람이 살터를 정할 때 첫째는 ㉠ 지리(地理)가 좋아야 하고, 둘째는 ㉡ 생리(生利)가 좋아야 하며, 셋째는 ㉢ 인심(人心)이 좋아야 하고, 넷째는 ㉣ 산수(山水)가 좋아야 한다. 이 중 하나라도 모자라면 좋은 땅이라고 할 수 없다. 지리가 뛰어나도 생리가 부족하면 오래 살 수 없고, 생리가 좋아도 지리가 나쁘면 그 또한 오래 살 수 없다. 지리와 생리가 모두 좋아도 인심이 나쁘면 반드시 후회할 일이 생기고, 가까운 곳에 즐길 만한 산수가 없으면 마음을 풍요롭게 가꿀 수 없다. – 이중환, 『택리지』

145 ⓗ

윗글을 통해 알 수 있는 사실로 가장 적절한 것은?

① 토지가 척박해도 노력에 의해 비옥하게 만들 수 있다.
② 질 높은 정주 환경이 갖추어질 때 행복한 삶을 살 수 있다.
③ 생업에 종사하는 것보다 학문을 연마하는 것이 행복한 삶이다.
④ 환경이 인간에게 영향을 주는 것이 아니라 인간이 환경에 영향을 준다.
⑤ 도덕적 사람들로 구성된 지역이라면 환경적 요소는 문제가 되지 않는다.

146 ⓒ

| 서술형 |

밑줄 친 ㉠~㉣의 의미를 각각 쓰고, ㉠~㉣에 공통적으로 나타난 행복한 삶을 실현하기 위한 조건을 서술하시오.

147 ⓢ

밑줄 친 ㉠~㉣에 대한 옳은 설명만을 〈보기〉에서 있는 대로 고른 것은?

> ┌─── 보기 ───
> ㄱ. ㉠은 배산임수의 입지로 풍수적인 길지와 관련된다.
> ㄴ. ㉡은 땅에서 생산되는 이익으로 풍부한 산물과 관련된다.
> ㄷ. ㉢, ㉣은 경제적 안정과 관련된다.
> ㄹ. ㉠~㉣은 모두 질 높은 정주 환경의 실현 조건에 해당한다.

① ㄱ, ㄴ   ② ㄱ, ㄷ   ③ ㄷ, ㄹ
④ ㄱ, ㄴ, ㄹ   ⑤ ㄴ, ㄷ, ㄹ

148 ⓒ

다음 내용에서 공통적으로 강조하는 행복한 삶의 실현 조건으로 가장 적절한 것은?

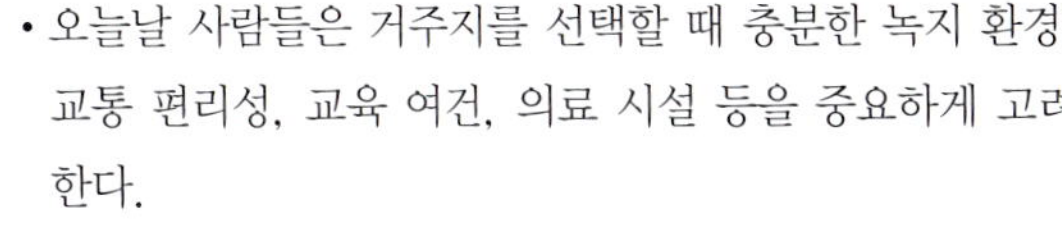

> • 오늘날 사람들은 거주지를 선택할 때 충분한 녹지 환경, 교통 편리성, 교육 여건, 의료 시설 등을 중요하게 고려한다.
> • 실학자 이중환은 풍수적으로 좋은 땅, 경제활동이 유리한 여건, 풍류를 즐길 만한 자연 경관, 좋은 인심과 풍속을 모두 갖추어야 사람이 살기 좋은 곳이라고 하였다.

① 사람들이 삶에 대해 성찰하고 도덕적 행위를 실천해야 한다.
② 국가의 경제 수준을 향상하여 국민의 삶의 질을 높여야 한다.
③ 쾌적하고 인간답게 살 수 있는 질 높은 정주 환경을 조성해야 한다.
④ 사람들이 높은 사회적 지위를 바탕으로 풍요로운 삶을 완성해야 한다.
⑤ 시민이 자발적으로 참여하고 다양한 의견을 제시하는 민주주의 사회를 건설해야 한다.

149 ⓢ

(가), (나)는 각각 전통 사회와 현대 사회의 이상적인 정주 환경에 대한 내용이다. (가), (나)에 대한 설명으로 옳지 않은 것은?

> (가) 사람이 살터로는 첫째로 지리가 좋아야 하고, 둘째는 생리가 좋아야 하며, 셋째는 인심이 좋아야 하고, 넷째로 산수가 좋아야 한다. 이 네 가지에서 하나라도 모자라면 살기 좋은 땅이 아니다.   – 이중환, 『택리지』
> (나) 최근 진행한 설문 조사에 따르면 사람들은 거주지를 선택할 때 교통 편리성, 직장과의 거리, 편의 시설 접근성, 주거·환경 쾌적성, 교육 여건 우수성 등을 중시하는 것으로 나타났다.

① (가)에서는 풍수 사상에 근거한 지리나 이웃 간의 정을 중시하고 있다.
② (나)에서는 보건 및 위생, 교육 서비스 등 사회·문화적 환경의 필요성이 새롭게 대두되고 있다.
③ (가)는 (나)와 달리 심신의 풍요를 누리게 하는 깨끗한 자연환경을 중시하고 있다.
④ 풍수지리적 관점에서 명당의 조건을 잘 제시하는 것은 (나)보다 (가)이다.
⑤ (가), (나) 모두 이상적인 정주 환경의 조건으로 안정적인 생계유지를 중시하고 있다.

다음 법령에 기반하여 행복한 삶을 위해 필요한 정주 환경을 마련하기 위한 노력으로 적절한 것만을 〈보기〉에서 고른 것은?

> • 제2조(주거권) 국민은 관계 법령 및 조례로 정하는 바에 따라 물리적·사회적 위험으로부터 벗어나 쾌적하고 안정적인 주거 환경에서 인간다운 주거 생활을 할 권리를 갖는다.
> • 제17조(최저 주거 기준의 설정) ① 국토 교통부 장관은 국민이 쾌적하고 살기 좋은 생활을 하기 위하여 필요한 최소한의 주거 수준에 관한 지표로서 최저 주거 기준을 설정·공고하여야 한다.

〈 보기 〉

ㄱ. 1인당 최소 주거 면적에 대한 기준을 철폐한다.
ㄴ. 인간다운 생활을 위한 체육·복지 시설을 마련한다.
ㄷ. 인간과 자연의 공존에 필요한 녹지 공간을 확대한다.
ㄹ. 주거 빈곤 문제를 해결하기 위한 각종 정책을 폐지한다.

① ㄱ, ㄴ ② ㄱ, ㄷ ③ ㄴ, ㄷ
④ ㄴ, ㄹ ⑤ ㄷ, ㄹ

B 경제적 안정

151 (중)

다음 기사에서 강조하는 행복한 삶을 위한 조건으로 가장 적절한 것은?

○○시는 겨울이면 생활이 더욱 어려워지는 취약 계층을 위해 12월부터 다음 해 2월까지 동절기 복지 사각 지대 집중 발굴 기간을 운영한다. 이번 중점 발굴 대상은 도움이 필요하지만 지원받지 못하고 있는 복지 소외 계층으로 쪽방, 여인숙, 고시원 등 비정형 주거 시설에 거주하는 주거 취약 계층과 실직, 질병, 장애 등으로 도움이 필요한 가구, 생계가 곤란하여 도시가스, 전기, 수도 요금 등 공공요금을 장기 체납한 가구 등이다. 시 관계자는 "겨울철은 취약 계층의 어려움이 가중되는 시기로 도움이 절실히 필요한 이웃이 있다면 관심을 가지고 ○○시 복지 정책과 또는 가까운 읍·면 행정 복지 센터로 연락 주시기 바란다."라고 당부했다.

① 재화의 고른 분배를 통한 절대적 평등 실현
② 시민의 참여가 활성화되는 정치 체제의 확립
③ 완전 고용을 위한 시민의 자발적 참여와 연대
④ 인간이 살아가는 데 필요한 기본적 문제의 해결
⑤ 시민과 정부의 역할 분담을 통한 이윤의 극대화

[152~154] 빈출 자료★

다음 글을 읽고 물음에 답하시오.

일반 백성은 고정적인 생업[恒産]이 없으면 흔들림 없는 도덕적인 마음[恒心]도 없어집니다. 그러므로 지혜로운 왕은 백성들이 생업을 가지게 해 주되 반드시 위로는 부모를 섬기기에 충분하게 하고 아래로는 자녀를 먹여 살릴 만하게 하여, 풍년에는 언제나 배부르고 흉년에도 죽음을 면하게 합니다.

152 (하)

윗글의 제목으로 가장 적절한 것은?

① 시민 참여의 활성화
② 경제적 안정의 중요성
③ 안락한 보금자리의 필요성
④ 민주적인 정치 제도의 필요성
⑤ 타인에 대한 관용적 태도의 중요성

★빈출
153 (중)

윗글이 강조하는 행복의 조건으로 가장 적절한 것은?

① 경제적 안정을 통해 자신의 필요를 충족함으로써 행복한 삶을 실현할 수 있다.
② 삶의 소중한 기억을 저장하여 정서적 유대감을 형성함으로써 행복에 기여할 수 있다.
③ 시민들이 정치적 의사를 자유롭게 표현하여 삶에 대한 만족과 행복을 느낄 수 있다.
④ 개개인이 타인의 삶에 관심을 가지려고 노력함으로써 공동체의 행복을 증진할 수 있다.
⑤ 시민들이 정치 과정에 참여함으로써 국민의 인권을 보장하고 행복감이 높아질 수 있다.

154 (상)

위와 같이 주장한 사상가의 입장으로 옳은 것만을 〈보기〉에서 있는 대로 고른 것은?

〈 보기 〉

ㄱ. 백성들의 생업 마련은 위정자의 의무이다.
ㄴ. 군주는 백성들의 경제적 안정에 힘써야 한다.
ㄷ. 경제 문제와 도덕 문제는 서로 상관관계가 없다.
ㄹ. 모든 사람은 경제적 안정 없이 도덕심을 발휘하지 못한다.

① ㄱ, ㄴ ② ㄱ, ㄹ ③ ㄴ, ㄷ
④ ㄱ, ㄷ, ㄹ ⑤ ㄴ, ㄷ, ㄹ

그래프는 미국의 어느 경제학자가 주장한 내용을 표현한 것이다. 물음에 답하시오.

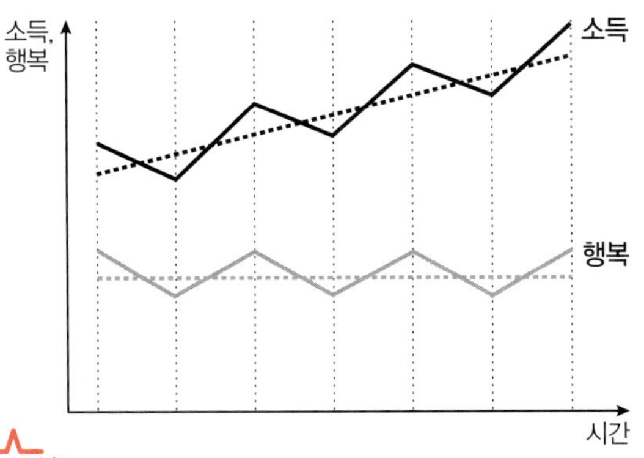

155 중

위 그래프를 통해 파악할 수 있는 내용으로 가장 적절한 것은?

① 경제적 조건은 행복한 삶을 위한 가장 중요한 요소이다.
② 인간은 더불어 살 때 행복해질 수 있는 도덕적 존재이다.
③ 민주주의가 발전한 나라들은 대체적으로 행복 지수가 높다.
④ 정치적 참여는 행복에 필요한 내재적 가치를 지니고 있다.
⑤ 장기적 추세에서는 소득과 행복도가 반드시 비례하는 것은 아니다.

156 상

| 서술형

위 그래프와 관련된 이론(현상)의 명칭을 쓰고, 그 내용을 '소득'과 '행복감'의 관계와 관련지어 서술하시오.

157 중

다음 글에 관한 옳은 분석만을 〈보기〉에서 고른 것은?

> 앵거스 디턴 교수는 동료 교수와 함께 돈과 행복의 상관관계를 연구하였다. 이들은 미국에 사는 시민 45만 명을 대상으로 설문 조사를 벌여 통계를 낸 결과, '소득이 높아질수록 삶에 대한 만족도는 계속 높아지지만, 행복감은 연봉 7만 5,000달러에서 멈춘다.'라는 결론을 내렸다.

〈 보기 〉

ㄱ. 경제적 부가 행복의 절대적 조건이다.
ㄴ. 일정 수준까지는 소득이 증가할수록 삶에 대한 만족도가 증가한다.
ㄷ. 소득이 증가할수록 사람들이 느끼는 행복감도 비례하여 무한히 증가한다.
ㄹ. 소득이 일정 수준에 도달하고 기본적 욕구가 충족되면 행복은 돈 이외의 요소에 더 큰 영향을 받을 수도 있다.

① ㄱ, ㄴ   ② ㄱ, ㄷ   ③ ㄴ, ㄷ
④ ㄴ, ㄹ   ⑤ ㄷ, ㄹ

다음을 읽고 물음에 답하시오.

> 갑: 소득이 행복과 관련이 있는 것은 맞지만, 소득이 증가한다고 해서 반드시 더 행복한 것은 아닙니다. 소득이 일정 수준에 도달하고 기본적 욕구가 충족되면, 소득이 증가해도 행복에는 큰 영향을 미치지 않습니다. 장기적으로 국가의 부가 증대하더라도 국민의 행복 수준이 이에 비례해 증가하는 것은 아닙니다.
> 을: 소득이 늘어나면 선택할 기회가 많아져 더 자유롭고 건강한 생활을 하므로 돈이 행복에 미치는 영향에는 한계가 없습니다. 부유한 국가의 국민이 가난한 국가의 국민보다 행복하고, 국가가 부유해질수록 국민의 행복 수준은 더 높아집니다.

158 중

갑의 입장에서 긍정의 대답을 할 질문은?

① 소득과 행복은 아무런 관련이 없는가?
② 소득이 증가하면 항상 행복감도 증가하는가?
③ 돈이 행복에 미치는 영향에는 한계가 없는가?
④ 국가의 부와 국민의 행복은 완전히 비례하는가?
⑤ 행복한 삶을 위해서는 일정 수준의 소득이 필요한가?

159 상

갑, 을의 입장에 대한 설명으로 가장 적절한 것은?

① 갑은 물질적 풍요가 항상 행복을 보장한다고 본다.
② 갑은 소득이 높아지면 행복감도 언제나 높아진다고 본다.
③ 을은 국가 내에서 소득과 행복이 반비례한다고 본다.
④ 갑, 을 모두 소득과 행복한 삶은 관련이 있다고 본다.
⑤ 갑은 을과 달리 완전한 행복은 물질적 조건들만 충족되면 실현된다고 본다.

160 하

경제적 안정과 삶의 질의 관계에 대한 설명으로 옳지 않은 것은?

① 물질적 조건은 인간이 행복할 수 있는 기본 토대이다.
② 국민 소득이 높다고 해서 모든 구성원의 삶의 질이 높은 것은 아니다.
③ 국민 소득이 증가하면 국민들이 느끼는 행복감은 제한 없이 비례하여 증가한다.
④ 국가의 부는 국민에게 쾌적한 환경과 질 높은 의료 및 교육 혜택을 제공하는 기초가 된다.
⑤ 경제적 안정과 더불어 빈부 격차를 줄이기 위해 다양한 사회 복지 제도를 마련해야 한다.

161 하

(가)에 들어갈 말로 가장 적절한 것은?

> 국가의 부는 국민에게 쾌적한 환경, 질 높은 의료 및 교육 혜택을 제공하는 기초가 된다. 따라서 일정 수준 이상으로 국민의 부를 늘릴 필요가 있다. 그러나 경제 성장만이 중요한 것은 아니다. 빈부 격차나 지역 격차가 커지고 소외 계층이 상대적 박탈감 및 빈곤 등으로 고통받을 우려가 있기 때문이다. 이러한 문제를 해결하려면 ________(가)________

① 경제적 안정과 함께 사회 복지 제도를 마련해야 한다.
② 분배의 형평성보다는 경제 규모의 확대를 우선해야 한다.
③ 국민 소득을 높이기 위해 가능한 모든 정책을 활용해야 한다.
③ 복지 정책에 지출되는 예산을 절약하여 생산 설비를 확충해야 한다.
⑤ 국가의 부가 증가할수록 국민 행복도는 무한대로 증가함을 알아야 한다.

162 중

다음은 어떤 학생의 서술형 평가 답안이다. 밑줄 친 ㉠~㉤ 중 옳은 것은?

> 〈서술형 평가〉
> ◎ 문제: 행복에 필요한 조건에 대한 갑, 을의 입장을 비교하시오.
>
> > 갑: 지리(地利)가 좋아도 생리(生利)가 모자라면 오래 살 수가 없고, 생리가 좋더라도 지리가 나쁘면 오래 살 곳이 못 된다. 지리와 생리가 좋으나 인심(人心)이 나쁘면 후회할 일이 생기며, 살고 있는 곳 가까이에 경치가 좋은 곳이 없으면 마음을 풍요롭게 할 수 없다.
> > 을: 지혜로운 왕은 백성들의 생업을 제정해 주되, 반드시 위로는 부모를 섬기기에 충분하게 하고 아래로는 자녀를 먹여 살릴 만하게 하여, 풍년에는 언제나 배부르고 흉년에도 죽음을 면하게 한다.
>
> ◎ 학생 답안
> 행복한 삶을 위해 갑은 ㉠ 도덕적인 삶과 성찰하는 삶을 강조하고 있고, ㉡ 경제활동에 유리한 환경인지를 따지는 것을 산수라고 칭했다. 이에 비해 을은 도덕적인 사회를 위해 ㉢ 경제적 측면보다 정치적 측면의 안정을 강조하고 있고, ㉣ 백성에게 일정한 생업인 항심(恒心)을 보장해 주는 것이 통치자의 중요한 역할이라 보았다. 한편 을의 관점을 오늘날에 적용시키면 ㉤ 고용 안정을 위해 일자리를 창출하고 복지를 확충하는 것과 관련이 있다.

① ㉠ 　② ㉡ 　③ ㉢ 　④ ㉣ 　⑤ ㉤

C 민주주의의 발전

163 중

다음 내용과 관련 깊은 행복한 삶을 위한 조건으로 가장 적절한 것은?

> A국은 1960년대까지만 해도 아시아 국가 중에서 민주주의 제도가 비교적 잘 갖추어지고, 경제 수준도 높은 국가였다. 그러나 독재 정권하에서 정경 유착, 부정부패가 심해지면서 경제도 점차 어려워졌다. 당시 대통령은 재임 동안 정치적으로 다른 의견을 내는 사람들과 언론인을 투옥했을 뿐만 아니라, 무려 100억 달러를 부정하게 모은 것으로 추정된다. A국은 해당 대통령 집권 시 발생한 채무 280억 달러에 대한 이자를 갚아야 했으며, 1인당 국민 총소득(GNI)은 2015년 기준 한국의 10분의 1 수준이다. 또한 월평균 수입이 23달러 미만인 극빈층이 전체 인구의 35% 가량을 차지하며, 고질적인 빈부 격차와 높은 범죄율 등의 문제로 고통받고 있다.

① 일자리 창출과 최저 임금의 보장
② 이웃을 배려하는 역지사지의 태도 함양
③ 질 높은 정주 환경 마련을 위한 시설 확충
④ 질 높은 교육과 건강 관리를 위한 제도의 마련
⑤ 부당한 권력의 횡포와 남용을 막을 수 있는 민주주의의 발전

164 중

(가)에 들어갈 내용으로 적절한 것만을 〈보기〉에서 있는 대로 고른 것은?

> 갑: 민주주의 지수가 높은 나라에서 행복 지수도 높게 나타났다고 합니다. 민주주의와 행복이 어떤 관련이 있기에 이런 결과가 나왔을까요?
> 을: 정치적·사회적 참여는 인간적인 삶과 행복 또는 복지를 위해 꼭 필요한 내재적 가치를 지니고 있습니다. 한마디로 ________(가)________ 때문입니다.

〈 보기 〉

> ㄱ. 시민의 정치적 의사가 잘 반영되는 민주 국가일수록 시민의 인권이 존중되기
> ㄴ. 정치 참여의 객체로서 사회의 다양한 문제를 해결하는 과정 그 자체가 만족감을 주기
> ㄷ. 정치적 의사를 자유롭게 표출하고 국민의 의사가 정책으로 산출될 때 행복이 증대되기
> ㄹ. 민주 정치가 발전한 나라일수록 시민 각자가 원하는 삶의 방식을 자유롭게 추구할 수 있기

① ㄱ, ㄴ 　　② ㄱ, ㄷ 　　③ ㄷ, ㄹ
④ ㄱ, ㄷ, ㄹ 　　⑤ ㄴ, ㄷ, ㄹ

165 상

다음 자료에 대한 옳은 분석만을 〈보기〉에서 있는 대로 고른 것은?

〈주제 탐구〉

1. 주제: 민주주의 지수와 행복 지수의 관계
2. 국가별 순위

구분	노르웨이	뉴질랜드	핀란드	토고	미얀마	아프가니스탄
세계 민주주의 지수 순위	1위	2위	5위	130위	166위	167위
세계 행복 지수 순위	8위	10위	1위	122위	126위	146위

(이코노미스트, 국제 연합, 2022)

* 세계 민주주의 지수는 선거 과정과 다양성, 정부의 기능, 정치 참여, 정치 문화, 시민의 자유 등 5개 지표에 점수를 매겨 선정한 지수이다.

〈보기〉

ㄱ. 세계 민주주의 지수 순위가 높은 국가들은 행복 지수 순위도 높은 편이다.
ㄴ. 세계 민주주의 지수 순위가 높은 국가들은 시민의 정치 참여가 활성화되어 있을 것이다.
ㄷ. 세계 민주주의 지수 순위와 세계 행복 지수 순위가 일치하지 않으므로 두 지수 간에는 관련성이 없다.
ㄹ. 세계 민주주의 지수 순위가 낮은 국가들은 정부가 시민의 요구에 반응하여 삶의 질을 향상하는 정도가 낮을 것이다.

① ㄱ, ㄴ ② ㄱ, ㄷ ③ ㄷ, ㄹ
④ ㄱ, ㄴ, ㄹ ⑤ ㄴ, ㄷ, ㄹ

166 중

| 서술형 |

다음 사례와 관련된 행복한 삶을 실현하기 위한 조건을 쓰고, 제시된 사례 이외에 시민이 정치적 의사를 표현하는 방법을 두 가지 이상 서술하시오.

〈란츠게마인데(Landsgemeinde)〉

스위스 직접 민주주의의 상징으로, 일부 주에서 매년 5월 첫째 주 일요일에 시민들이 시청사와 법정의 야외에 모여 법률과 재정 문제를 토론하고 결정한다.

(1) 행복한 삶을 위한 조건:

(2) 정치적 의사 표현 방법:

다음 글을 읽고 물음에 답하시오.

역사적으로 비참한 기근을 겪은 국가들의 사례를 분석해 보면 공통점이 있습니다. 의회에 야당 세력이 없었고, 복수 정당제에 의한 선거가 치러지지 않았으며, 언론의 자유도 없었기 때문에 잘못된 정책을 비판할 수 없었다는 점입니다. …… ㉠ 정치적 참여, 사회적 참여는 인간적 삶과 행복 또는 복지를 위해 꼭 필요한 가치를 지니고 있습니다. ─ 아마르티아 센, 「센코노믹스」

167 하

윗글을 통해 파악할 수 있는 행복한 삶의 실현 조건으로 적절한 것은?

① 민주적인 정치 참여 제도를 마련해야 한다.
② 쾌적하고 살기 좋은 정주 환경을 조성해야 한다.
③ 시민의 권리와 의무를 소수에게 전부 양도해야 한다.
④ 삶을 반성적으로 성찰하여 도덕적 행동을 실천해야 한다.
⑤ 의식주와 같은 기본적 욕구를 충족하기 위해 노력해야 한다.

168 중

윗글의 밑줄 친 ㉠을 위한 제도만을 〈보기〉에서 고른 것은?

〈보기〉

ㄱ. 선거 제도　　　　ㄴ. 사회 보장 제도
ㄷ. 최저 임금 제도　　ㄹ. 최저 주거 기준 제도

① ㄱ ② ㄴ ③ ㄷ
④ ㄴ, ㄹ ⑤ ㄱ, ㄷ, ㄹ

169 중

밑줄 친 '바람직한 시민 참여'의 사례로 적절한 것만을 〈보기〉에서 있는 대로 고른 것은?

민주주의의 핵심은 참여이며, 사회 구성원들의 적극적인 정치 참여만이 진정한 민주주의를 실현할 수 있다. 따라서 민주 사회에서는 시민이 정책 결정 과정에 자신의 의사를 적극적으로 표현하는 바람직한 시민 참여가 필요하다.

〈보기〉

ㄱ. 선거를 통해 시민의 대표를 뽑거나 공직에 직접 진출한다.
ㄴ. 자신의 견해와 일치하는 시민 단체에 가입하여 활동한다.
ㄷ. 언론 매체에 투고하거나 행정 기관에 건의 및 청원을 한다.
ㄹ. 개인적 이익을 위해 집회나 시위 등에 참여하여 물리적인 힘을 행사한다.

① ㄱ, ㄴ ② ㄱ, ㄷ ③ ㄴ, ㄹ
④ ㄱ, ㄴ, ㄷ ⑤ ㄴ, ㄷ, ㄹ

D 도덕적 실천

[170~171] 빈출 자료★

다음 사례를 읽고 물음에 답하시오.

> • 빵집을 운영하는 A 씨는 매일 아침 학교에 가는 아이들에게 무료로 빵과 요구르트를 나누어 주고 있다. 그는 끼니를 챙기지 못하고 일찍 학교에 오는 아이들을 보며 가난했던 자신의 어린 시절이 떠올랐고, 아이들이 빵 하나라도 더 먹으며 밝고 건강하게 자라기를 바라는 마음에서 이 일을 시작하였다고 한다. 그는 아이들에게서 "감사합니다.", "잘 먹었습니다."라는 말을 들을 때 가장 행복하다고 말한다.
> • B 씨는 우연히 배운 수어를 활용하여 봉사 활동을 하고 있다. 그는 한 인터뷰에서 봉사를 통해 성취감 등을 느끼게 된다고 말하며, 주위 사람에게 봉사를 적극 권하고 싶다고 하였다.

170 하

위 사례들을 종합하여 내린 결론으로 가장 적절한 것은?

① 행복한 삶을 위해 경제적 안정이 필요하다.
② 행복한 삶을 위해 도덕적 실천이 필요하다.
③ 행복한 삶을 위해 민주주의의 실현이 필요하다.
④ 행복한 삶을 위해 질 높은 정주 환경이 필요하다.
⑤ 행복한 삶을 위해 끊임없는 자기 계발이 필요하다.

171 중

위 사례들에 대한 옳은 설명만을 〈보기〉에서 있는 대로 고른 것은?

〈 보기 〉

ㄱ. 행복한 삶을 실현하기 위한 조건 중 도덕적 실천과 관련이 있다.
ㄴ. 밑줄 친 행위를 실천할 때에는 역지사지의 태도가 필요하다.
ㄷ. 타인과 더불어 살아가려는 노력은 자신과 공동체 모두의 행복을 증진할 수 있음을 보여 준다.
ㄹ. 밑줄 친 행위를 실천하기 위해서는 일정 수준 이상의 지속적인 소득 보장이 반드시 전제되어야 한다.

① ㄱ, ㄴ 　② ㄴ, ㄷ 　③ ㄱ, ㄴ, ㄷ
④ ㄱ, ㄴ, ㄹ 　⑤ ㄴ, ㄷ, ㄹ

172 하

다음 사례와 관련 깊은 행복한 삶의 실현 조건으로 가장 적절한 것은?

> 이발사 A 씨는 매주 화요일마다 동네 경로당을 찾아 어르신들에게 무료로 이발 서비스를 제공하고 있다. 그는 자신의 기술이 누군가에게 도움을 줄 수 있다는 사실에 큰 보람을 느끼며, 어르신들이 환한 얼굴로 고마움을 표현할 때마다 자신이 더 행복해진다고 말한다. A 씨는 "나눔을 실천할수록 마음이 풍요로워진다."라고 강조하며, 이 활동을 계속 이어갈 계획이다.

① 경제적 안정
② 도덕적 실천
③ 자연환경 보호
④ 민주주의의 발전
⑤ 질 높은 정주 환경의 조성

173 중

밑줄 친 '이 가문'에 대한 평가로 가장 적절한 것은?

> 이 가문은 농산물을 어느 정도 수확하면 소작료를 낮춰 소작농의 몫을 늘려 주었으며, 흉년이면 곳간을 열어 가진 것을 나누었고, 흉년에 싸게 나온 논은 사지 않았다. 그 이유는 어려운 사람들의 피 같은 땅을 헐값에 사고 싶지 않았기 때문이다.

① 타인에게 자신의 재산을 과시하며 살아가고 있다.
② 타인의 이익보다 자신의 이익을 더 우선시하고 있다.
③ 공적인 일과 사적인 일을 구분하지 못하며 살아가고 있다.
④ 다양한 방법으로 개인의 부(富)를 쌓기 위해 노력하고 있다.
⑤ 타인을 배려하며 공동체를 위한 나눔과 베풂을 실천하고 있다.

174 중

(가)에 들어갈 내용으로 가장 적절한 것은?

> 남을 돕는 사람은 자신을 타인에게 필요한 사람이라고 인식하게 되는데, 이것이 행복감을 높여 준다. 자원봉사나 기부와 같은 도덕적 실천은 사회 전체의 행복을 높일 뿐만 아니라 자신의 행복도 높일 수 있다. 그런데 어떤 학자는 "인간관계에서 보상 없이 이루어지는 도덕적 실천은 장기적으로는 자신에게 손해를 초래한다."라고 주장한다. 나는 이러한 견해가 ________ (가) ________ 하고 있다고 생각한다.

① 인간관계의 근본은 경제적 손익 관계라는 것을 간과
② 도덕적 실천이 자존감 향상에 도움을 줄 수 있음을 간과
③ 자원봉사에 참여하는 사람이 느끼는 심리적 기쁨을 강조
④ 도덕적 성찰을 통해 삶의 의미를 재발견할 수 있음을 강조
⑤ 자원봉사자들과 교류하면서 느끼는 소속감의 중요성을 강조

175 종

(가)에 들어갈 내용으로 적절한 것만을 〈보기〉에서 고른 것은?

> 도덕적으로 살아간다는 것은 자신의 삶에서 마주하는 여러 문제를 도덕적으로 사고하고 느끼며 행동하는 것을 뜻한다. 도덕적으로 바람직한 규범과 가치가 무엇인지 고민하고, 이를 일상생활에서 실천하면서 보다 나은 사람이 될 수 있고, 이 과정에서 삶의 의미와 행복을 느낄 수 있기 때문이다. 이를 위해서 우리는 ________________(가)________________

〈 보기 〉
ㄱ. 순간적인 기분과 이로움(利)에 따라 행동해야 한다.
ㄴ. 무엇이 옳은지 알면서도 실천하지 않는 일이 없도록 해야 한다.
ㄷ. 타인보다 자신만을 위할 때 더욱 행복해진다는 것을 명심해야 한다.
ㄹ. 양심의 소리에 귀를 기울이고 선하게 살아가기 위해 항상 노력해야 한다.

① ㄱ, ㄴ ② ㄱ, ㄹ ③ ㄴ, ㄷ
④ ㄴ, ㄹ ⑤ ㄷ, ㄹ

176 중

밑줄 친 ㉠~㉣에 관한 옳은 설명만을 〈보기〉에서 고른 것은?

> 행복한 삶의 구체적인 조건은 다양하지만, ㉠ 질 높은 정주 환경과 ㉡ 경제적 안정, ㉢ 민주주의의 발전, ㉣ 도덕적 실천이 대표적이라고 말할 수 있다. 그 밖에도 여가와 문화생활, 사랑과 존경을 나누는 친밀한 인간관계 등 다양한 요인을 고루 갖출 때 전반적인 삶의 질이 높아질 수 있다.

〈 보기 〉
ㄱ. ㉠을 위해 깨끗한 물, 대기와 같은 인문환경을 잘 갖추어야 한다.
ㄴ. ㉡을 위해 경제 활성화와 복지 정책을 함께 추구해야 한다.
ㄷ. ㉢의 정도와 시민의 인권 존중의 정도는 반비례 관계에 있다.
ㄹ. ㉣을 위해 인권이나 정의와 같은 보편적 가치에 따라 행동하려는 습관을 길러야 한다.

① ㄱ, ㄴ ② ㄱ, ㄷ ③ ㄴ, ㄷ
④ ㄴ, ㄹ ⑤ ㄷ, ㄹ

177 하 빈출

(가), (나)를 통해 파악할 수 있는 행복한 삶의 실현 조건을 옳게 연결한 것은?

> (가) 중국집 배달원인 김○○ 씨는 '행복한 철가방'이라고 불렸다. 그는 많지 않은 월급으로 다섯 명의 아이를 후원하고 자 본인은 고시원에서 생활하였다. 그는 누가 알아주지 않더라도 후원 아동들이 보낸 편지를 읽는 시간이 정말 행복한데, 상상만으로는 그 행복감의 의미를 전할 수 없다고 말하였다.
>
> (나) 기근을 자연재해와 같은 것으로 연결하는 사람들이 종종 있습니다. 하지만 실제로 많은 국가에서는 비슷한 자연재해를 겪거나 더욱 참혹한 재난을 당하고도 기근이 일어나지 않았습니다. 기근의 고통을 줄이기 위해 신속하게 반응하는 정부가 존재했기 때문입니다. 민주주의 국가는 선거가 이루어지고 야당과 자유 언론의 비판이 제기되기 때문에 기근 방지 노력을 하지 않을 수 없습니다.
>
> − 아마르티아 센, 『센코노믹스』

	(가)	(나)
①	경제적 안정	도덕적 실천
②	도덕적 실천	민주주의의 발전
③	도덕적 실천	질 높은 정주 환경
④	민주주의의 발전	경제적 안정
⑤	질 높은 정주 환경	민주주의의 발전

178 하

다음 중 행복한 삶과 관련된 설명으로 옳은 것은?

① 경제적 안정과 자아실현은 서로 관련이 없다.
② 행복은 다른 무엇을 이루기 위한 수단인 경우가 많다.
③ 도덕적 실천은 보편적 가치에 따르려는 노력과는 상관이 없다.
④ 주거, 소득, 고용, 수명, 교육 수준 등은 행복의 주관적 요소에 해당한다.
⑤ 시민 각자가 원하는 삶의 방식을 자유롭게 추구하기 위해서는 민주주의의 발전이 필요하다.

179

표는 시대 상황에 따른 행복의 기준을 정리한 것이다. (가)~(라)에 들어갈 내용을 〈보기〉에서 찾아 옳게 연결한 것은?

구분	행복의 기준
선사 시대	(가)
고대 그리스	철학이라는 지적 활동을 통해 지혜를 얻는 것
헬레니즘 시대	(나)
서양 중세 시대	(다)
산업화 시대	(라)
오늘날	행복의 기준이 복잡하고 다양해짐

〈 보기 〉
- ㄱ. 물질적인 기반을 갖추는 것
- ㄴ. 생존을 위해 먹을 것을 얻는 것
- ㄷ. 신앙을 통해 절대자에게 귀의하는 것
- ㄹ. 사회적 혼란에 따른 불안에서 벗어나 마음의 평온을 얻는 것

	(가)	(나)	(다)	(라)
①	ㄱ	ㄷ	ㄴ	ㄹ
②	ㄴ	ㄹ	ㄷ	ㄱ
③	ㄷ	ㄹ	ㄱ	ㄴ
④	ㄹ	ㄴ	ㄷ	ㄱ
⑤	ㄹ	ㄷ	ㄴ	ㄱ

180

다음 사례와 관련된 분석 및 추론으로 가장 적절한 것은?

- 갑이 사는 지역은 사막이어서 마실 물조차 부족하다. 그래서 오염된 물을 식수로 마시곤 하는데, 이 때문에 많은 주민이 각종 질병에 시달리고 목숨을 잃기도 한다.
- 을은 부모가 노비였기 때문에 노비로 살아가야만 하였다. 을은 주인의 명령에 복종해야 했으며, 관직에 나아가고 싶었지만 그렇게 하기가 몹시 어려웠다.

① 갑은 행복의 기준으로 질 높은 정주 환경의 조성을 요구할 것이다.
② 갑은 행복의 기준으로 삶의 체험을 통해 느끼는 주관적 만족감을 중시할 것이다.
③ 을은 개인의 행복에 미치는 사회 구조의 영향을 경시할 것이다.
④ 을은 행복의 기준으로 물질적 부나 명예와 같은 외적인 조건만을 중시할 것이다.
⑤ 갑은 을과 달리 행복의 기준을 사회적 관점에서 볼 것이다.

181

다음 글을 통해 추론할 수 있는 내용으로 적절한 것만을 〈보기〉에서 있는 대로 고른 것은?

고대 그리스인이 정의하는 행복이란 '아무런 제약이 없는 상태에서 자신의 능력을 최대한 발휘하여 탁월성을 추구하는 것'이었다. 반면 고대 중국인은 어릴 때부터 자신이 어떤 집단의 구성원, 특히 가족의 구성원이라는 점을 가장 중요한 사실로 교육받았다. 또한 자신을 주변 환경에 맞추도록 수양하는 일을 중시하였다. 따라서 중국인에게 행복이란 '화목한 인간관계를 맺고 평범하게 사는 것'이었다.

〈 보기 〉
- ㄱ. 고대 그리스인들에 비해 고대 중국인들은 개인의 자율성을 중시한다.
- ㄴ. 고대 그리스인들에 비해 고대 중국인들은 협력적 정서로부터 행복감을 느낀다.
- ㄷ. 고대 중국인들에 비해 고대 그리스인들은 인간관계를 중시한다.
- ㄹ. 고대 중국인들에 비해 고대 그리스인들은 경쟁을 통한 개인의 성취를 달성할 때 행복감을 느낀다.
- ㅁ. 현대에는 고대 중국인들이 추구하는 행복관이 고대 그리스인들이 추구하는 행복관보다 더 적합하다고 평가받는다.

① ㄱ, ㄴ ② ㄱ, ㅁ ③ ㄴ, ㄹ
④ ㄴ, ㄷ, ㄹ ⑤ ㄷ, ㄹ, ㅁ

182

진정한 의미의 ㉠을 실현하기 위한 자세로 가장 적절한 것은?

- (㉠)은/는 일반적으로 삶에서 충분한 만족감이나 기쁨을 느끼는 상태를 말한다.
- 아리스토텔레스는 (㉠)은/는 이성의 기능을 잘 발휘하여 탁월함을 실현하는 것이라고 하였다.

① 남보다 더 나은 삶을 살기 위해 끊임없이 경쟁해야 한다.
② ㉠의 주관적 요소가 아닌 객관적 요소만을 추구하며 살아가야 한다.
③ 물질적 욕망을 제거하고 정신적 가치를 지향하도록 노력해야 한다.
④ 일시적이고 감각적인 즐거움을 추구하며 진정한 의미의 ㉠을 얻기 위해 노력해야 한다.
⑤ 자신이 만족할 수 있는 본질적 가치를 선택하고 이를 목표로 하여 살아가도록 노력해야 한다.

183

밑줄 친 ㉠~㉣에 대한 옳은 설명만을 〈보기〉에서 고른 것은?

> 사람들이 중시해 온 ㉠ 행복의 기준이 시대나 지역에 상관없이 항상 같았던 것은 아니다. 서양의 헬레니즘 시대나 ㉡ 중세, 그리고 ㉢ 근대에는 각각 중시되는 행복의 기준이 달랐으며, 각 지역의 경제적·사회적·정치적 여건에 따라 요구되는 행복의 기준도 다양하였다. 한편, 행복의 기준이 다양해진 오늘날에는 삶의 목적으로서의 행복에 이르기 위해 ㉣ 객관적 요소와 주관적 요소를 조화롭게 추구할 필요가 더욱 커지고 있다.

〈보기〉

ㄱ. 기본적 욕구 충족은 ㉠의 공통된 기준에 해당한다.
ㄴ. ㉡은 이성을 강조하는 과학적 사고를 지향하였다.
ㄷ. ㉢은 사회 전반에서 신앙을 통한 행복 추구를 강조하였다.
ㄹ. ㉣의 사례는 '소득'이 있다.

① ㄱ, ㄴ   ② ㄱ, ㄹ   ③ ㄴ, ㄷ
④ ㄴ, ㄹ   ⑤ ㄷ, ㄹ

184

다음 사상에서 강조하는 행복에 대한 내용에만 모두 '√' 표시를 한 학생은?

> 만물의 상호 의존성을 바탕으로 집착을 버리고 바른 수행을 할 때 우리는 최상의 행복인 열반에 이를 수 있다.

내용＼학생	갑	을	병	정	무
만물은 원인과 결과에 의해 서로 이어져 있다.	√	√			√
'나'에 대한 고정된 의식을 벗어 버리기 위한 수행을 한다.		√	√	√	
인위적인 것이 더해지지 않은 자연 그대로의 모습으로 살아간다.			√		√
하늘로부터 부여받은 도덕적 본성을 보존하고 함양하며 살아간다.				√	√

① 갑   ② 을   ③ 병   ④ 정   ⑤ 무

185

(가)~(다)의 관점에 대한 설명으로 옳지 <u>않은</u> 것은?

> (가) 하늘로부터 부여받은 도덕적 본성을 보존하고 함양하면서 다른 사람과 더불어 살아가며 인(仁)을 실현하라.
> (나) 청정한 불성(佛性)을 바탕으로 '나'라는 의식을 벗어 버리기 위해 수행하고 고통받는 중생을 구제하는 실천을 통해 해탈의 경지에 이를 수 있다.
> (다) 타고난 그대로의 본성에 따라 인위적인 것이 더해지지 않은 자연 그대로의 모습으로 살아가라.

① (가): 사회 요직에 나아가 명성을 얻는 삶만이 가치 있는 삶이라고 생각한다.
② (나): 깨달음을 통해 열반을 지향하는 관점이다.
③ (나): 고통에서 벗어나기 위해 윤회의 굴레를 끊어야 한다고 생각한다.
④ (다): 자연의 본성을 따르는 삶을 강조하는 관점이다.
⑤ (가)~(다): 모두 개인의 수양을 강조하고 있다.

186

(가)의 갑, 을 사상가의 입장을 (나) 그림으로 탐구할 때, A~C에 들어갈 옳은 질문만을 〈보기〉에서 고른 것은?

(가)	갑: 세상에서 일어나는 일들이 네가 바라는 대로 일어나기를 요구하지 말고 오히려 일어나는 일들이 실제로 일어나는 대로 일어나기를 바라라. 을: 우리가 "쾌락이 목적이다."라고 할 때의 쾌락은 몸의 고통과 마음의 불안으로부터의 자유이다.
(나)	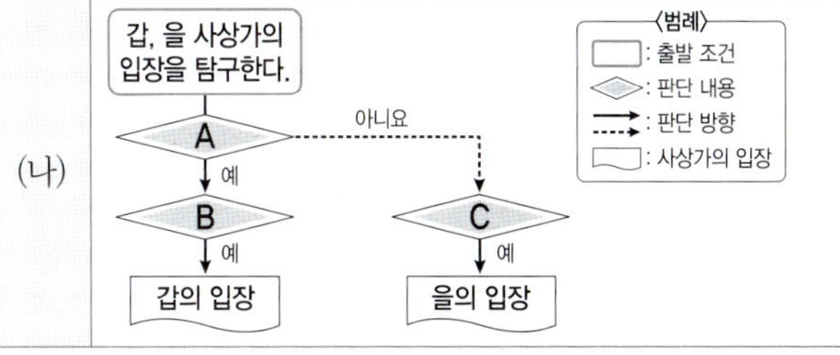

〈보기〉

ㄱ. A: 쾌락은 행복을 위한 필수 조건인가?
ㄴ. B: 안정된 마음을 '아타락시아'라고 하는가?
ㄷ. B: 정념으로부터의 해방이 행복을 가져오는가?
ㄹ. C: 지나친 육체적 쾌락의 추구는 고통을 불러오는가?

① ㄱ, ㄴ   ② ㄱ, ㄷ   ③ ㄴ, ㄷ
④ ㄴ, ㄹ   ⑤ ㄷ, ㄹ

(가)의 사상가 갑, 을의 입장을 (나) 그림으로 표현할 때, A~C에 해당하는 옳은 내용만을 〈보기〉에서 있는 대로 고른 것은?

(가)	갑: 생각하면 생각할수록 새롭고 무한한 감탄과 존경을 불러일으키는 두 가지가 있다. 그것은 하늘에 반짝이는 별과 내 마음속의 도덕 법칙이다. 을: 공리의 원리란 모든 행위에 대해 그것이 우리의 행복을 증진시키느냐 혹은 감소시키느냐에 따라 좋다거나 혹은 나쁘다고 평가하는 원리다.
(나)	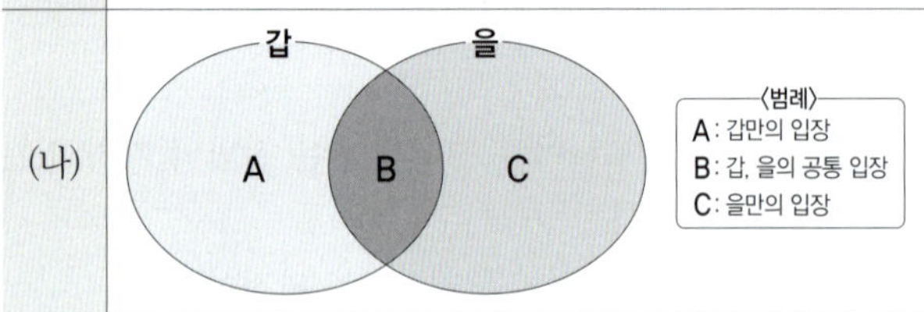

〈보기〉

ㄱ. A: 행복은 쾌락을 의미하며 삶의 목적이라고 본다.
ㄴ. A: 도덕 법칙에 따르는 것을 인간의 의무로 본다.
ㄷ. B: 인간의 기본적 권리에 대해 관심을 갖는다.
ㄹ. C: 최대 다수에게 최대 행복을 가져오는 행위를 강조한다.

① ㄱ, ㄴ   ② ㄱ, ㄷ   ③ ㄴ, ㄹ
④ ㄱ, ㄷ, ㄹ   ⑤ ㄴ, ㄷ, ㄹ

행복과 관련한 갑, 을 사상가들의 입장에 대한 옳은 설명만을 〈보기〉에서 있는 대로 고른 것은?

갑: 인간은 세 가지 기능, 즉 영양 섭취와 같이 생존에 필요한 생명의 기능, 감각과 운동의 기능, 정신의 이성적 활동 기능을 지니고 있다. 이 가운데 생명의 기능은 식물에도 있으며 감각과 운동의 기능은 동물에게도 있다.

을: 큰 도가 행해진 세상에는 천하가 모든 사람의 것이다. 사람들은 어진 이와 능한 이를 선출하여 관직을 맡게 하고, 온갖 수단을 다하여 서로 간의 신뢰와 친목을 두텁게 한다. …… 이러한 세계를 '대동(大同)'이라고 한다.

〈보기〉

ㄱ. 갑은 인간의 참된 행복은 신앙을 통해 신과 하나가 되는 것이라고 보았다.
ㄴ. 갑은 행복은 삶의 궁극적 목적이며, 이성적 기능을 발휘할 때 달성된다고 보았다.
ㄷ. 을은 다른 사람과 더불어 살아가며 인(仁)을 실현하는 것을 행복이라고 보았다.
ㄹ. 을은 타고난 그대로의 본성에 따라 인위적인 것을 배제하고 자연의 순리에 따르는 삶을 행복이라고 보았다.

① ㄱ, ㄴ   ② ㄱ, ㄹ   ③ ㄴ, ㄷ
④ ㄱ, ㄷ, ㄹ   ⑤ ㄴ, ㄷ, ㄹ

다음 교사의 질문에 옳게 답한 학생만을 있는 대로 고른 것은?

교사: A~C는 각각 생리, 지리, 산수 중 하나입니다. 『택리지』에 나타난 질 높은 정주 환경의 요건과 관련된 표를 분석해 볼까요?

〈『택리지』에 나타난 질 높은 정주 환경의 요건〉

가거지의 조건	의미	사례
A	자연 경관이 아름다운가?	
B	경제활동의 여건이 유리한가?	(가)
C	(나)	
인심	지역의 인심과 풍속이 좋은가?	(다)

갑: (가)에는 '산과 물이 조화롭게 어우러져 있다.'가 들어갈 수 있어요.
을: (나)에는 '풍수지리적 길지인가?'가 들어갈 수 있어요.
병: A는 산수, B는 생리, C는 지리에 해당해요.
정: (다)에는 '대대손손 장수와 정승이 될 만한 인재가 많이 나왔다.'가 들어갈 수 있어요.

① 갑, 을   ② 갑, 병   ③ 을, 정
④ 갑, 병, 정   ⑤ 을, 병, 정

(가), (나)를 통해 파악할 수 있는 행복한 삶의 실현 조건에 대한 설명으로 가장 적절한 것은?

(가) 맹자(孟子)가 말년에 고향에 돌아왔을 때의 일이다. 근처에 작은 나라의 왕인 문공(文公)이 맹자를 모셔 치국(治國)의 방책을 물었다. 그는 문공에게 "유항산(有恒産)이면 유항심(有恒心)입니다."라고 말하였다.

(나) 조선 후기 실학자 이중환이 쓴 『택리지』에는 사람이 살기 좋은 곳의 조건이 서술되어 있다. 여기에는 풍수적 길지에 해당하는 지리(地理), 생업을 이을 만한 경제활동의 여건이 유리한지를 보는 생리(生利), 그 마을 풍속인 인심(人心), 풍류를 즐길 만한 경치인 산수(山水)가 있다.

① (가)는 행복의 요인으로 경제적 안정을 강조한다.
② (가)는 행복에 있어 통치자의 민주적 태도를 중시한다.
③ (나)는 행복에 있어 역지사지의 마음가짐이 필요함을 강조한다.
④ (나)는 자연환경의 아름다움이 가장 중요하다고 본다.
⑤ (가), (나) 모두 도덕적 실천을 행복의 기준으로 삼는다.

191

다음 연구 결과에 대한 해석으로 옳은 것은?

2018년 미국 퍼듀 대학교의 연구 팀은 전 세계 164개국 약 171만 명을 대상으로 실시한 여론 조사의 결과를 바탕으로 개인의 소득이 정서적 행복감과 삶의 만족도에 미치는 영향을 분석하였다. 연구 결과에 따르면 개인의 연간 소득이 6만~7만 5천 달러에 이르면 정서적 행복감은 더 이상 증가하지 않았으며, 연간 소득이 약 9만 5천 달러에 이르면 삶의 만족도도 더 이상 증가하지 않았다.

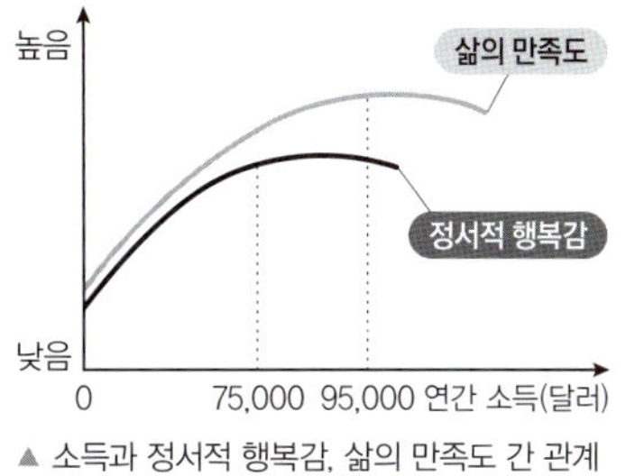

▲ 소득과 정서적 행복감, 삶의 만족도 간 관계

① 소득 증가가 정서적 행복감 증가에 미치는 영향은 한계가 있다.
② 소득 증가를 통해 정서적 행복감을 증가시키는 것은 불가능하다.
③ 연간 소득 6만 달러 미만에서는 소득 증가와 정서적 행복감이 음(−)의 상관관계에 있다.
④ 연간 소득 9만 5천 달러 초과인 경우, 소득 증가와 삶의 만족도가 양(+)의 상관관계에 있다.
⑤ 연간 소득 9만 5천 달러 초과인 경우, 소득 증가 이외에 삶의 만족도를 증가시킬 수 있는 방법은 없다.

192

다음 게임에서 말의 이동 경로로 옳은 것은?

[게임 규칙]
• 출발 지점은 A이다.
• 진술 (가)→(나)→(다)→(라)의 순서대로 진행한다.
• 진술이 타당하면 실선, 타당하지 않다면 점선으로 이동한다.

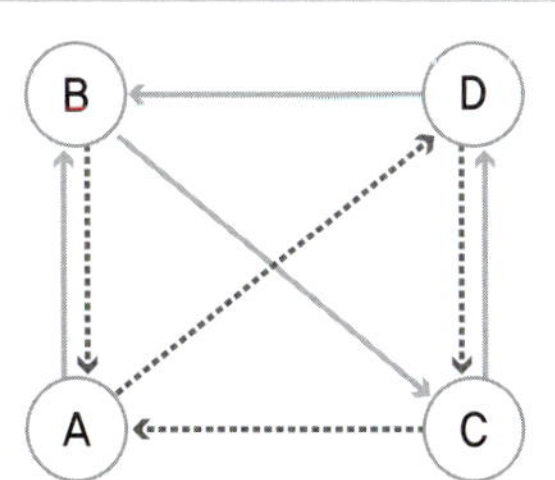

구분	진술
(가)	시민들의 정치 참여 기회를 보장하는 것은 행복의 실현을 위해 중요하다.
(나)	'무항산 무항심'은 경제적 안정 없이도 도덕적 실천이 가능하다는 것을 의미한다.
(다)	이스털린의 역설을 통해 경제적 안정은 행복과 상관이 없다는 것을 알 수 있다.
(라)	이중환의 『택리지』에 나온 가거지의 조건은 민주주의적 정치 제도의 확립을 위한 것이다.

① A → B → A → D → C ② A → B → C → A → D
③ A → B → C → D → B ④ A → D → B → C → D
⑤ A → D → C → A → B

193

학생의 답안 ㉠~㉣ 중 옳은 것만을 있는 대로 고른 것은?

〈형성 평가〉

※ 글쓴이가 지지할 주장으로 옳으면 '예', 틀리면 '아니요'에 '√'표를 하시오.

행복한 삶을 살려면 기본적인 경제적 조건과 안전한 삶의 공간이 갖추어져야 한다. 또한, 민주적 절차와 참여가 보장되어야 하며, 사회 구성원들이 올바른 가치관을 가지고 실천하는 풍토가 조성되어야 한다.

• 주장 1: 질 높은 정주 환경이 보장되어야 행복한 삶을 살 수 있다.　　　　　예 ☑ 아니요 □ …… ㉠
• 주장 2: 국민의 소득 수준과 삶의 질은 서로 관계가 없다.　　　　　예 □ 아니요 ☑ …… ㉡
• 주장 3: 행복을 실현하기 위해 국가는 시민의 정치 참여를 보장해야 한다.　　　예 □ 아니요 ☑ …… ㉢
• 주장 4: 공동체의 행복을 위해서 도덕적 가치를 실천해야 한다.　　　　　예 □ 아니요 ☑ …… ㉣

① ㉠, ㉡　　　② ㉡, ㉣　　　③ ㉢, ㉣
④ ㉠, ㉡, ㉢　　　⑤ ㉠, ㉢, ㉣

194

(가)~(다)에 나타난 '행복'에 대한 설명으로 가장 적절한 것은?

(가) 행복은 다른 사람을 배려하고 다른 사람의 행복을 진정으로 바랄 때 생긴다. 상대방에 대한 순수한 배려, 행복을 위한 마음이 진정한 행복을 가져다준다.

(나) 대기업에 다니던 ○○ 씨는 직장 생활 5년이 되는 해에 사직서를 내고, 이탈리아로 여행을 떠난 후 늘 배우고 싶어 하던 금속 공예를 배우고 돌아와 현재 금속 디자인 일을 하고 있다. ○○ 씨는 "직장을 다니던 때에 비해 소득이 절반 정도 밖에 안 되지만 내가 정말 하고 싶은 일을 하고 있어 행복하다."라고 말하였다.

(다) 맹자가 말년에 고향에 돌아왔을 때의 일이다. 근처에 작은 나라의 왕인 문공이 맹자를 모셔 치국(治國)의 방책을 물었다. 그는 문공에게 "유항산(有恒産)이면 유항심(有恒心)입니다."라고 말하였다. 이것은 '변치 않는 재산이 있으면 변치 않는 마음도 있는 법'이라는 뜻이다.

① (가) – 행복은 인간다운 덕의 실현을 통해 이루어질 수 있다.
② (나) – 행복이 '우연한 기회에 운 좋게 나에게 주어진 것'이라는 행운과 거의 같은 의미로 사용되었다.
③ (다) – 사회적 성공과 권력이 행복의 실현 조건이다.
④ (나), (다) – 과거에 비해 오늘날에는 행복의 기준으로 경제적인 조건이 가장 중요해졌다.
⑤ (가), (나), (다) – 행복의 기준은 상황과 상관없이 동일하다.

05 자연환경과 인간 생활

A 자연환경이 인간 생활에 미치는 영향

> 최근에는 자연환경의 변화로 인간 생활에 변화가 나타나기도 한다.

1 인간 생활의 토대로서의 자연환경 기후, 지형 등의 ❶☐☐ 환경은 인간 생활에 큰 영향을 끼침 → 인간은 서로 다른 자연환경에 적응하며 지역마다 고유한 생활양식을 만들어 옴

2 기후에 따른 생활양식

① 세계의 기후: 일반적으로 저위도에서 고위도로 가면서 ❷☐☐과 강수의 특성에 따라 열대 기후, 건조 기후, 온대 기후, 냉대 기후, 한대 기후 순으로 나타남

빈출 자료 PICK　세계의 기후 지역　☑ Link 211~213번 문제

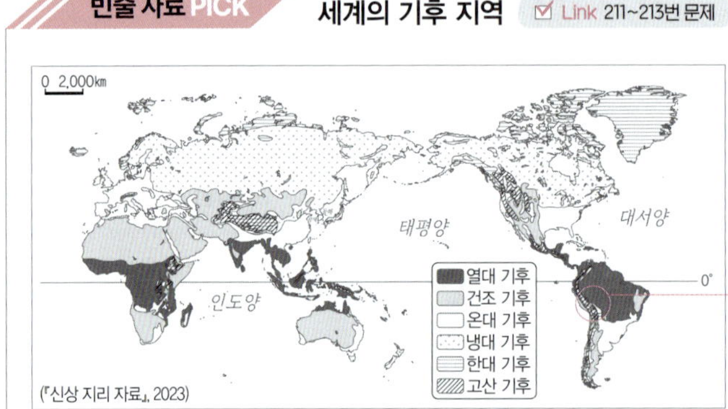

> 장기간에 걸친 대기의 종합적이고 평균적인 상태를 의미한다.

기후는 기온, 강수, 바람과 같은 기후 요소로 구성되는데, 기후 요소는 위도, 해발 고도, 수륙 분포 등 기후 요인의 영향을 받아 기후의 지역적 차이가 발생한다.

> 해발 고도가 높은 일부 지역에서는 고산 기후가 나타난다.

◀ 세계의 기후 구분

② 기후에 따른 생활양식의 차이

열대 기후	얇고 가벼운 옷차림, 향신료와 기름을 많이 사용하는 음식 발달, ❸☐☐형 가옥 구조, 고상 가옥에 거주, 벼농사 및 이동식 ❹☐☐ 농업 발달
건조 기후	• 사막 기후: 온몸을 감싸는 긴 옷차림, ❺☐벽돌집에 거주, 외래 하천이나 오아시스 주변에서 주로 밀과 대추야자 재배 • ❻☐☐ 기후: 이동식 가옥에 거주, 유목 발달
온대 기후	• 서부 유럽 지역: ❼☐☐ 농업과 목축업 발달 ┌ 포도, 올리브 등을 재배한다. • 지중해 연안 지역: 흰색 벽에 작은 창을 둔 집에 거주, 수목 농업 발달 • 동부 아시아의 계절풍 지역: ❽☐농사 발달 → 쌀을 주식으로 함
냉대 기후	밀 재배, 폐쇄적 가옥 구조, 통나무집에 거주, 침엽수림(타이가) 지역에서 ❾☐☐ 발달
한대 기후	가죽과 털을 이용한 두꺼운 옷차림, 주로 육류 섭취, ❿☐☐ 유목, 어로·수렵 생활

빈출 자료 PICK　기후 지역에 따라 다른 가옥 구조　☑ Link 217~219번 문제

▲ 열대 지역의 고상 가옥

▲ 사막 지역의 흙벽돌집

▲ 스텝 지역의 이동식 가옥

▲ 냉대 지역의 통나무집

열대 기후 지역에서는 지붕의 경사가 급하고 지면에 바닥을 띄운 고상 가옥을 짓고, 사막 기후 지역에서는 벽이 두껍고 지붕이 평평한 흙벽돌집을 짓는다. 스텝 기후 지역에서는 조립과 분해가 쉬운 이동식 가옥을 짓고, 냉대 기후 지역에서는 주변에서 구하기 쉬운 나무를 이용하여 통나무집을 짓는다.

기출 PICK A-2

기후 지역별 기온과 강수 특성

열대 기후	• 적도 주변에 분포 • 연중 기온이 높고 강수량이 많음
건조 기후	• 강수량이 매우 적음 • 연 강수량보다 연 증발량이 많음
온대 기후	• 중위도에 주로 분포 • 사계절이 뚜렷하고 기온이 온화함 → 인간 거주에 유리함
냉대 기후	• 고위도에 주로 분포 • 온대 기후에 비해 겨울이 춥고 긺 • 기온의 연교차가 큼
한대 기후	• 극지방 주변에 분포 • 연중 기온이 낮고 매우 추움

적도에서 고위도로 향하면서 단위 면적당 일사량이 점차 줄어들어 연평균 기온이 낮아진다.

3 지형에 따른 생활양식

① **세계의 지형**: 지표면에는 산지, 평야, 해안, 하천, 사막, 화산, 빙하 등 다양한 지형이 발달함 → 지형적 특성은 교통, 산업 등 인간의 생활양식에 큰 영향을 미침

② **지형에 따른 생활양식의 차이**

산지 지역	해발 고도가 높고 경사가 급해 인간 거주에 불리 → 주로 ⑪◻◻ 농사나 가축 사육, 임업·광업·관광 산업 발달, 고산 도시 발달 · 예 에콰도르의 키토, 볼리비아의 라파스 등
평야 지역	해발 고도가 낮고 평탄하여 인간 거주와 농경에 유리 → 대하천 주변 평야 지역에 인구 밀집, ⑫◻◻◻ 건설에 유리하여 대도시 발달 및 각종 산업 시설 입지
해안 지역	육지와 바다가 만나는 곳으로 인간 거주에 유리 → 어업·양식업·농업 발달, 대규모 항구와 산업 단지 조성

고기, 젖, 털, 가죽 등을 얻는다.

B 시민의 안전할 권리

1 자연재해의 종류

기후, 지형 등 자연환경의 요소들이 인간의 생활을 위협하면서 피해를 주는 현상으로, 생산 시설 및 생활공간의 파괴와 막대한 인명·재산 피해를 가져온다.

기후와 관련한 재해	• 홍수: 많은 비로 하천 등 범람 → 농경지·주택 등 침수, 집중 ⑬◻◻로 주로 발생 • ⑭◻◻: 장기간 비가 내리지 않음 → 농작물 피해, 식수 부족 등 • 태풍(열대 저기압): 강풍, 집중 호우 동반 → 시설물 침수 및 파괴 등 ⑮◻◻ 발생 • 폭설: 한꺼번에 많은 눈이 내림 → 시설물 붕괴, 교통 마비 초래 등 • 폭염: 매우 심한 더위 → 일사병 발생 위험 증가, 전력 소비량 급증 등
지형과 관련한 재해	• ⑯◻◻: 땅이 갈라지고 흔들림 → 건축물과 도로 붕괴, 지진 해일로 해안 지역 침수 • ⑰◻◻ 활동: 용암, 화산재 등 분출 → 건축물과 농작물 피해, 항공기 운항에 지장 • 산사태: 많은 양의 흙과 모래가 순식간에 흘러 내려감 → 도로나 건물 피해 발생

2 안전하고 쾌적한 환경에서 살아갈 시민의 권리

① **시민의 권리**: 안전하고 쾌적한 환경에서 살아갈 권리는 인간 ⑱◻◻◻을 보장받기 위한 기본권임 → 국가는 이를 보장하기 위해 적극적인 역할을 해야 함

② **안전하고 쾌적한 환경에서 살아가기 위한 노력**

국가적 노력	• 사전 대비: 국민의 생명과 재산을 보호하기 위한 ⑲◻◻ 제정, 재해 예방·복구·지원 관련 정책 수립, 평상시 예보 활동과 대응 훈련 시행 등 • 사후 복구: 재해 발생 시 신속한 복구 및 지원, 보상 대책 마련 등
개인적 노력	시민 스스로 ⑳◻◻에 대한 권리 인식 필요 → 재해·재난 대비 안전 교육 및 대응 훈련에 적극 참여, 국가나 지방 자치 단체에 안전 조치 요청, 피해 발생 시 정부 기관에 복구와 보상 요청 등

예 스마트 재난 관리 시스템 구축 등

예 특별 재난 지역 선포, 풍수해 보험 지원 등

빈출 자료 PICK **안전하고 쾌적한 환경에서 살 권리를 규정한 헌법 조항** ☑ Link 244~245번 문제

제34조 ⑥ 국가는 재해를 예방하고 그 위험으로부터 국민을 보호하기 위하여 노력하여야 한다.
제35조 ① 모든 국민은 건강하고 쾌적한 환경에서 생활할 권리를 가지며, 국가와 국민은 환경 보전을 위하여 노력하여야 한다.

우리나라는 헌법 제34조와 제35조를 바탕으로 「자연재해 대책법」, 「재난 및 안전 관리 기본법」, 「국민 안전 교육 진흥 기본법」 등의 법률을 제정하여 국민의 생명과 재산을 법으로 보호하고 있다.

▲ 베트남의 할롱베이

지형을 이용한 다양한 사례
• 갯벌 매립을 통한 신도시 조성
• 운송비 절감을 위한 운하 건설
• 화산 지형을 이용한 지열 발전
• 경사가 급한 산지의 낙차를 이용한 수력 발전

기출 PICK B -1

지진과 화산 활동 발생 지역

지진과 화산 활동은 환태평양 조산대와 알프스·히말라야 조산대 등 지각판의 움직임이 활발한 지역에서 주로 발생한다. 지진과 화산 활동이 빈번하게 발생하여 '불의 고리'라고 불린다.

개념 확인 문제

◆ **다음 빈칸에 들어갈 알맞은 말을 쓰시오.**

195 세계의 기후는 일반적으로 저위도에서 고위도로 가면서 열대 기후, 건조 기후, 온대 기후, 냉대 기후, (　　　　) 기후 순으로 나타난다.

196 열대 기후 지역에서는 지붕의 경사가 급하고 지면에 바닥을 띄운 집인 (　　　　)을 짓는다.

197 (　　　　) 기후 지역 중 침엽수림대가 발달한 곳에서는 임업이 발달한다.

198 대하천 주변의 (　　　　) 지역에는 인구가 밀집하며 교통로 건설에 유리하여 대도시가 발달한다.

199 시민은 안전하고 쾌적한 (　　　　)에서 살아갈 권리를 지니며, 국가는 이를 보장하기 위해 적극적인 역할을 해야 한다.

◆ **다음 밑줄 친 부분을 옳게 고치시오.**

200 <u>한대</u> 기후 지역 중 사막 지역에서는 강한 햇볕과 모래바람을 막기 위해 얇고 가벼운 옷을 입는다.

201 서부 유럽 지역에서는 작물의 재배와 가축의 사육을 함께하는 <u>수목</u> 농업이 발달한다.

202 기온이 온화하고 강수량이 풍부한 동부 아시아의 계절풍 지역에서는 <u>밀</u> 농사가 발달한다.

203 <u>해안</u> 지역은 해발 고도가 높고 경사가 급하여 인구가 희박한 편이다.

204 <u>가뭄</u>은 땅이 갈라지고 흔들리는 자연재해로 짧은 시간에 많은 건물과 도로를 붕괴시켜 막대한 피해를 준다.

난이도별 필수 기출

상 9문항
중 24문항
하 11문항

Ⓐ 자연환경이 인간 생활에 미치는 영향

★빈출
205 중

다음 글에 나타난 자연환경과 인간 생활에 대한 옳은 설명만을 〈보기〉에서 고른 것은?

> 몽골은 초원 지대가 넓게 펼쳐져 있어 풀밭을 찾아 옮겨 다니며 말, 양 등을 키우는 유목이 발달하였다. 몽골은 바다와 멀리 떨어진 내륙에 있어 해산물을 구하기 어렵고, 강수량이 적어 농업에 불리하다. 따라서 몽골 사람들은 의식주 대부분을 가축에서 얻고, 가축의 털과 가죽으로 만든 옷을 입으며, 가축의 고기와 젖을 이용한 음식을 먹는다.

〈 보기 〉

ㄱ. 기후와 지형은 의식주 생활 전반에 많은 영향을 미친다.
ㄴ. 자연환경은 인간이 살아가는 데 필요한 토대를 마련해 준다.
ㄷ. 인간은 자연환경의 제약을 극복하고 이를 변형시켜 이용한다.
ㄹ. 지역마다 자연환경이 비슷하므로 사람들의 생활양식과 발달하는 산업도 동일하게 나타난다.

① ㄱ, ㄴ　　② ㄱ, ㄷ　　③ ㄴ, ㄷ
④ ㄴ, ㄹ　　⑤ ㄷ, ㄹ

206 하　　　　　　　　　　　　| 서술형 |

저위도에서 고위도로 갈수록 기온이 낮아지는 이유를 서술하시오.

207 하

강수량에 따른 생활양식의 차이에 대한 설명으로 옳지 <u>않은</u> 것은?

① 스텝 기후 지역에서는 가축의 가죽이나 털로 집을 짓는다.
② 사막에서는 관개 시설을 이용하여 밀, 대추야자 등을 재배한다.
③ 열대 기후 지역에서는 건물의 처마가 도로 쪽으로 길게 돌출되어 있다.
④ 서안 해양성 기후 지역에서는 건조한 여름철을 잘 견디는 올리브, 포도 등을 주로 재배한다.
⑤ 지중해 연안은 여름에 강수량이 적어 맑고 푸른 하늘과 강렬한 햇볕을 즐길 수 있으며 가옥 외벽을 하얗게 칠한다.

208 하

기후에 대한 옳은 설명만을 〈보기〉에서 있는 대로 고른 것은?

─〈 보기 〉─

ㄱ. 기후 요인에는 기온, 강수, 바람 등이 있다.

ㄴ. 해발 고도가 높아질수록 대체로 기온이 높아진다.

ㄷ. 열대 기후는 한대 기후보다 낮은 위도에서 나타난다.

ㄹ. 장기간에 걸친 대기의 종합적이고 평균적인 상태를 뜻한다.

① ㄱ, ㄴ ② ㄱ, ㄷ ③ ㄷ, ㄹ
④ ㄱ, ㄴ, ㄹ ⑤ ㄴ, ㄷ, ㄹ

209 상

그래프는 세 지역의 월평균 기온과 월 강수량을 나타낸 것이다. (가)~(다) 지역에 대한 옳은 설명만을 〈보기〉에서 고른 것은?

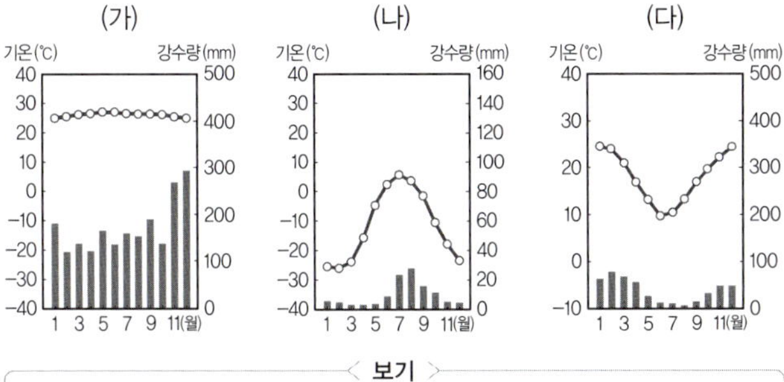

─〈 보기 〉─

ㄱ. (가) 지역은 기온의 일교차가 기온의 연교차보다 크다.

ㄴ. (나) 지역은 일 년 내내 눈과 얼음으로 덮여 있다.

ㄷ. (다) 지역은 키가 작은 풀이 자라는 초원이 나타난다.

ㄹ. (가)~(다) 지역은 모두 북반구에 위치한다.

① ㄱ, ㄴ ② ㄱ, ㄷ ③ ㄴ, ㄷ
④ ㄴ, ㄹ ⑤ ㄷ, ㄹ

210 상

지도의 A~E 지역에 대한 설명으로 옳은 것은?

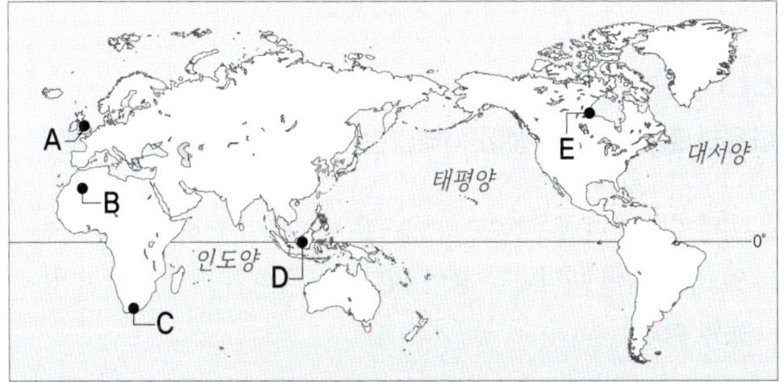

① A - 카사바, 얌 등의 식량 작물이 주로 재배된다.

② B - 순록 유목과 물고기 사냥이 주로 이루어진다.

③ C - 적도 수렴대의 영향을 받아 일 년 내내 강수량이 많다.

④ D - 다양한 종류의 상록 활엽수가 밀림을 형성한다.

⑤ E - 기후가 온화하여 벼농사가 주로 이루어진다.

[211~213] 빈출 자료 ★

지도는 세계 기후 지역의 분포를 나타낸 것이다. 물음에 답하시오.

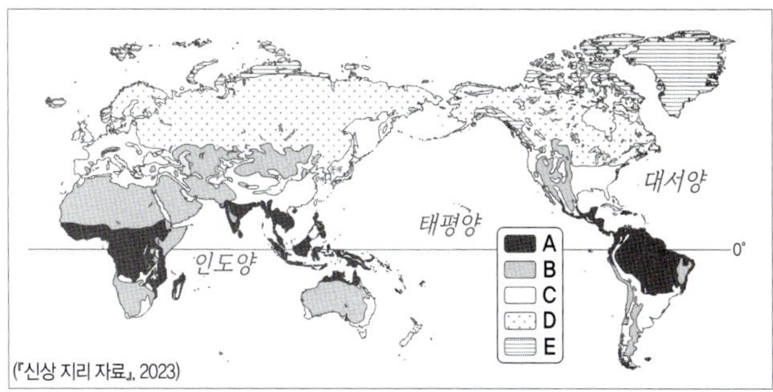

(「신상 지리 자료」, 2023)

211 하

다음과 같은 주거 문화가 나타나는 기후 지역을 지도에서 고른 것은?

지붕이 평평하고 창문이 작으며, 주변에서 쉽게 구할 수 있는 흙벽돌을 이용해 집을 짓는다.

① A ② B ③ C ④ D ⑤ E

212 중

(가), (나)와 같은 주민 생활이 나타나는 기후 지역을 지도의 A~E에서 고른 것은?

(가) 쌀을 주재료로 하여 각종 해산물이나 채소, 독특한 향신료를 넣어 만든 볶음밥을 먹는다.

(나) 연중 흐리거나 비가 내리는 날이 많아 주민들이 모자를 쓰거나 비옷을 자주 입으며, 우산을 가지고 다닌다.

	(가)	(나)		(가)	(나)		(가)	(나)
①	A	B	②	A	C	③	C	E
④	D	B	⑤	D	C			

213 중

E 기후 지역에서 볼 수 있는 생활 모습으로 적절한 것만을 〈보기〉에서 고른 것은?

─〈 보기 〉─

ㄱ. 가옥의 구조가 개방적이다.

ㄴ. 의복은 주로 동물의 가죽이나 털로 만든다.

ㄷ. 더위나 추위에 모두 적응할 수 있는 생활양식이 나타난다.

ㄹ. 고기나 날생선 위주의 식습관이 나타나고, 식량이 부족할 때를 대비하여 음식을 냉동, 훈제, 건조하여 보관한다.

① ㄱ, ㄴ ② ㄱ, ㄷ ③ ㄴ, ㄷ
④ ㄴ, ㄹ ⑤ ㄷ, ㄹ

214 중

다음 농업 방식이 나타나는 기후 지역의 특색으로 옳은 것은?

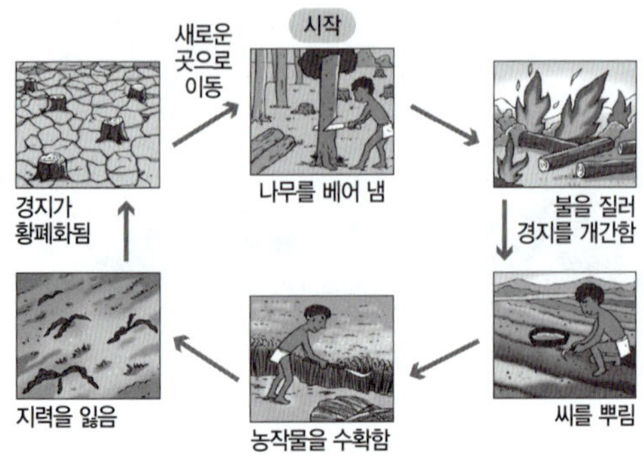

① 순록을 길러서 식량을 얻는다.
② 일사량이 많아 연중 기온이 높다.
③ 기온의 연교차가 매우 큰 지역이다.
④ 창문이 작고 폐쇄적인 가옥 구조가 나타난다.
⑤ 외부의 열기가 집 안으로 들어오는 것을 막기 위해 가옥의 벽을 하얗게 칠한다.

215 중

다음 특징이 나타나는 기후 지역의 농목업적 특성으로 옳은 것은?

의복	온몸을 휘감는 옷
주식	흙집, 평평한 지붕

① 라마, 알파카, 야크 등을 기른다.
② 산비탈에서 감자나 옥수수 등을 재배한다.
③ 기계를 이용하여 대규모로 벼농사를 짓는다.
④ 올리브 등을 재배하는 수목 농업을 주로 한다.
⑤ 외래 하천 부근에서 밀, 대추야자 등을 재배한다.

216 중

다음은 세계의 기후 지역과 관련된 수업 자료의 일부이다. (가)에 들어갈 내용으로 적절한 것은?

① 음식에 기름과 향신료를 많이 사용한다.
② 물과 풀을 찾아 옮겨 다니며 가축을 사육한다.
③ 오아시스 근처에서 밀과 대추야자를 재배한다.
④ 큰 일교차에 대비한 긴 옷과 모자를 주로 입는다.
⑤ 눈과 얼음을 이용한 임시 거처인 이글루를 짓는다.

사진은 (가), (나) 지역의 전통 가옥을 나타낸다. 물음에 답하시오.

(가)   (나)

217 하

(가), (나) 지역의 지붕 형태가 다르게 나타나는 데 영향을 미친 기후 요소로 가장 적절한 것은?

① 강수   ② 기온   ③ 바람   ④ 습도   ⑤ 식생

218 중 | 서술형 |

(가), (나) 지역의 전통 가옥이 지닌 특징을 기후와 관련지어 각각 서술하시오.

219 상

(가), (나) 지역에 대한 옳은 설명만을 〈보기〉에서 고른 것은?

보기
ㄱ. (가) 지역의 주민들은 얇고 간편한 옷을 입는다.
ㄴ. (나) 지역의 주민들은 헐렁한 옷으로 온몸을 감싼다.
ㄷ. (가) 지역은 (나) 지역보다 기온의 일교차가 크다.
ㄹ. (나) 지역은 (가) 지역보다 가옥 구조가 개방적이다.

① ㄱ, ㄴ   ② ㄱ, ㄷ   ③ ㄱ, ㄹ
④ ㄴ, ㄷ   ⑤ ㄷ, ㄹ

220 중

다음과 같은 가옥 특성이 나타나는 이유로 가장 적절한 것은?

튀니지의 시디 부 사이드의 가옥은 대부분이 흰색으로 칠해져 있고, 집들이 다닥다닥 붙어 있다. 또 벽의 두께가 두껍고 창문이 작다.

① 겨울이 길고 춥기 때문이다.
② 여름철이 고온 건조하기 때문이다.
③ 연 강수량이 500mm 미만이기 때문이다.
④ 일 년 내내 덥고 강수량이 많기 때문이다.
⑤ 월평균 기온이 15℃ 내외로 기후가 온화하기 때문이다.

221 중

밑줄 친 부분과 관련 있는 우리나라 기후의 특징으로 가장 적절한 것은?

> 우리나라 대부분 지역의 전통 가옥은 대청마루와 온돌을 모두 갖추고 있다. 또한 오늘날 백화점 등의 상업 시설과 사무실, 학교 등에는 대부분 일체형 냉난방기를 사용하고 있다.

① 연 강수량이 많다.
② 계절의 변화가 뚜렷하다.
③ 기온의 연교차보다 기온의 일교차가 크다.
④ 가장 추운 달의 평균 기온이 18℃ 이상이다.
⑤ 겨울 기온의 지역 차가 여름 기온의 지역 차에 비해 크다.

222 하

(가)에 들어갈 내용으로 적절한 것은?

> 캐나다 몬트리올에는 땅속 깊은 곳에 '언더그라운드 시티(underground city)'라고 불리는 지하 도시가 있다. 이 지하 도시는 전체 길이가 32km나 이어져 지하철역 10개, 기차역 2개, 버스 터미널 2개와 연결되어 있고, 수많은 상점이 들어서 있다. 이렇게 큰 규모의 지하 도시가 건설된 이유가 무엇일까? 바로 ______(가)______ 때문이다. 즉, 이에 대비하여 시민들이 언더그라운드 시티를 통해 이동하도록 설계된 것이다.

① 여름철 백야 현상
② 물 부족과 가뭄 현상
③ 연중 높은 기온과 습도
④ 겨울 한파와 잦은 폭설
⑤ 여름철 폭염과 집중 호우

223 중

다음은 다큐멘터리 방송 대본의 일부이다. 이 기후 지역의 특성으로 옳은 것은?

> 1년 중 9개월 이상 눈과 얼음으로 덮여 있어 생존에 필요한 물조차도 썰매를 타고 이동해야 얻을 수 있습니다. …… 유목민들과 순록들이 강을 건너기 시작합니다. 풀과 이끼를 찾아 먼 거리를 이동하는 이들에게 강은 작은 난관에 불과합니다.

① 대규모 밀 재배나 기업적 목축업이 발달하였다.
② 최근 태양광 및 태양열 발전소가 건설되고 있다.
③ 지나친 관개로 인한 토양 염류화 문제가 발생하였다.
④ 지면에 인공 열이 전달되지 않도록 지은 가옥을 볼 수 있다.
⑤ 가옥과 가옥 사이의 간격이 좁고 벽이 두꺼운 흙벽돌집이 나타난다.

224 상

㉮ 영화와 ㉯ 수필의 배경이 되는 지역의 자연환경을 비교할 때 그래프의 A, B에 해당하는 지표를 옳게 연결한 것은?

> • ㉮ 「닥터 지바고」는 우랄산맥과 시베리아 설원을 오가며 펼쳐지는 아름답고 절박한 로맨스를 그려 낸 영화이다. 영화 주인공들은 동물의 가죽과 털로 만든 코트와 모자를 착용하였다.
> • ㉯ 「하얀 마사이」에는 한 스위스 여성이 케냐의 마사이족 남성을 묘사한 다음과 같은 구절이 있다. "그 남자는 허리에서부터 무릎까지 오는 붉은색 짧은 천 하나만을 두르고 있었다. 그 대신 몸에는 많은 치장을 하고 있었다."

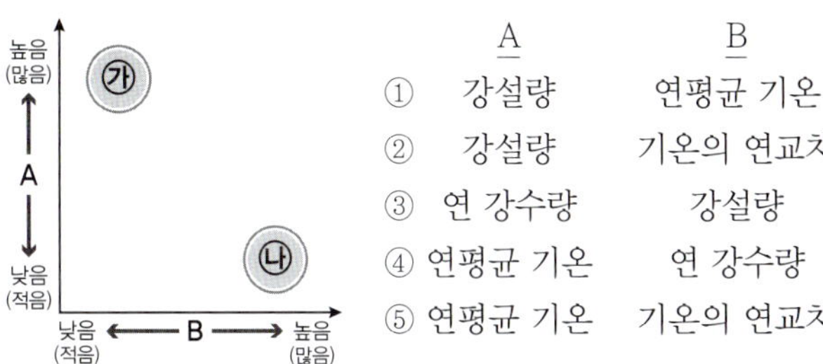

	A	B
①	강설량	연평균 기온
②	강설량	기온의 연교차
③	연 강수량	강설량
④	연평균 기온	연 강수량
⑤	연평균 기온	기온의 연교차

225 중

다음은 서로 다른 두 기후 지역의 음식 문화에 관한 글이다. 밑줄 친 ㉠~㉢과 같은 특징이 나타나는 이유로 적절한 것만을 고른 것은?

> 나시고렝은 ㉠ 인도네시아에서 많이 생산되는 쌀을 주재료로 하여 채소와 ㉡ 향신료를 넣고 기름에 볶아 만든다. 캐나다의 데번섬에서는 주민들이 ㉢ 곡물 대신 육류를 주로 섭취하며, ㉣ 날고기나 날생선 위주의 식습관이 나타난다.

특징	이유
㉠	고온 건조하여 벼농사가 활발하기 때문이다.
㉡	연중 고온 다습하여 음식이 쉽게 상하기 때문이다.
㉢	연중 습윤하고 기온이 높아 곡물이 자라기 어렵기 때문이다.
㉣	채소와 과일을 통한 비타민과 무기질의 섭취가 어렵기 때문이다.

① ㉠, ㉡
② ㉠, ㉢
③ ㉡, ㉢
④ ㉡, ㉣
⑤ ㉢, ㉣

226 _중

다음 생활 모습이 나타나는 지역을 지도의 A~E에서 고른 것은?

> 이 지역 사람들은 고산 지대에서 잘 자라는 '라마'를 길러 옷을
> 지어 입고 옷감을 만들어 판다.

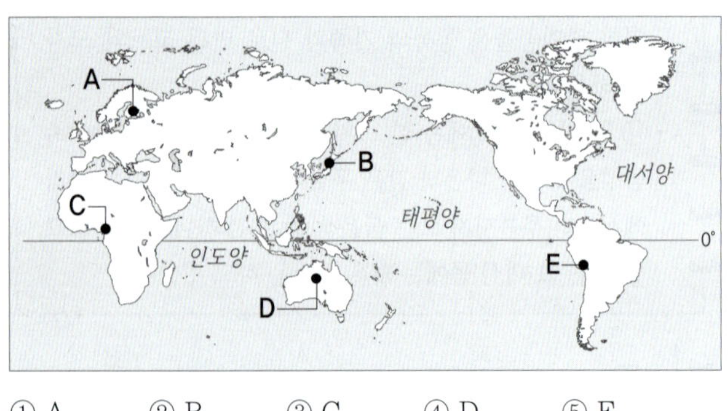

① A   ② B   ③ C   ④ D   ⑤ E

227 _하

지형과 인간 생활에 대한 옳은 설명만을 〈보기〉에서 고른 것은?

──── 보기 ────

ㄱ. 북아메리카의 대평원에서는 대규모의 기업적 밀 재배가
　　이루어지고 있다.
ㄴ. 우리나라의 제주도에는 탑 카르스트 지형을 활용한 관광
　　산업이 발달하였다.
ㄷ. 알프스 산지에서는 계절에 따라 가축을 이동하며 사육하
　　는 유목이 발달하였다.
ㄹ. 안데스 산지는 연중 봄과 같은 날씨가 나타나 일찍부터 사
　　람들이 모여 살면서 고산 도시가 발달하였다.

① ㄱ, ㄴ　　　　② ㄱ, ㄹ　　　　③ ㄴ, ㄷ
④ ㄴ, ㄹ　　　　⑤ ㄷ, ㄹ

228 _하

인터넷 게시판의 질문에 대해 옳지 <u>않은</u> 답변을 한 학생은?

질문하기
지형은 인간 생활에 어떤 영향을 주나요?

답변하기
└ 갑: 높은 산지나 사막은 교통에 장애가 됩니다.
└ 을: 라인강과 같은 하천은 지역 간 교통로로 이용됩니다.
└ 병: 지하자원이 풍부한 산지 지역에서는 광업이 발달합
　　니다.
└ 정: 산지 지역에서는 농업, 하천 중·하류에서는 임업이
　　주로 이루어집니다.
└ 무: 지열 발전, 조력 발전처럼 지형의 특성을 이용하여
　　에너지를 생산하기도 합니다.

① 갑　　② 을　　③ 병　　④ 정　　⑤ 무

229 _중

자료의 (가)~(다) 경관을 볼 수 있는 국가를 지도의 A~E에서
고른 것은?

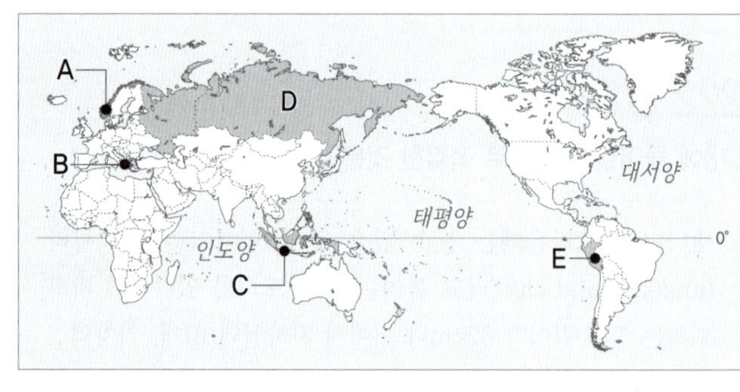

(가)	(나)	(다)
빙하에 의해 형성된 피오르 해안을 이용한 관광 산업이 발달하였고, 여름철에는 백야 현상을 볼 수 있다.	여름철 고온 건조한 기후로 햇빛이 매우 강하다. 이를 반사시키기 위해 벽이 흰색으로 칠해져 있고 가옥의 간격이 좁다.	고대 잉카 문명의 유적이 있는 곳으로, 과거부터 해발 고도가 낮은 지역보다 정주 환경이 좋아 도시가 고도로 발달하였다.

	(가)	(나)	(다)			(가)	(나)	(다)
①	A	B	C		②	A	B	E
③	B	C	D		④	C	D	E
⑤	D	C	B					

230 _중

자료에서 설명하는 지역을 지도의 A~E에서 고른 것은?

> 이곳은 에메랄드빛 바다에 석회암이 오랜 침식 작용을 받아
> 형성된 1,900여 개의 크고 작은 섬과 기암괴석이 솟아 있다.
> 경관이 한 폭의 동양화처럼 아름다우며, 그 자연적 가치를 인정받아 유네스코 세계 자연 유산으로 지정되어 있다.

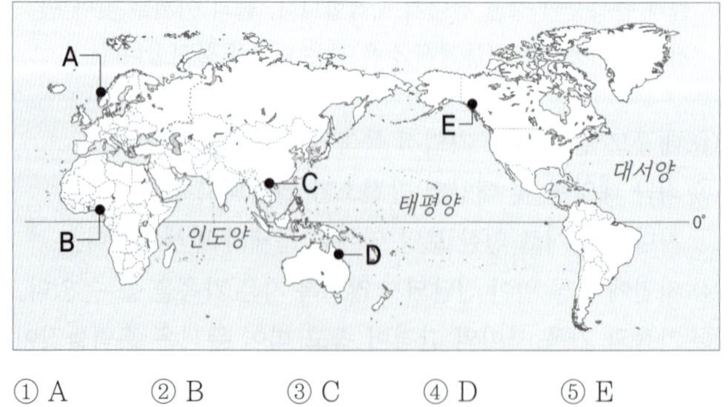

① A   ② B   ③ C   ④ D   ⑤ E

밑줄 친 '이 국가'의 자연환경을 추론한 내용으로 적절한 것은?

이 국가는 지하 온천수를 이용한 관광 산업이 발달하였으며, 지열 발전으로 에너지 사용의 40% 이상을 공급하고 있다.
◀ 지열 발전소

① 화산 지형이 발달해 있을 것이다.
② 대규모의 석탄 산지가 있을 것이다.
③ 사막 지역으로 연 강수량이 매우 적을 것이다.
④ 일 년 내내 기온이 높고 강수량이 많을 것이다.
⑤ 석회암의 용식 작용으로 형성된 지형이 발달해 있을 것이다.

빈출
232

(가)~(라) 지형에 대한 옳은 설명만을 〈보기〉에서 있는 대로 고른 것은?

(가)
▲ 튀르키예 파묵칼레

(나)
▲ 아이슬란드 간헐천

(다)
▲ 모로코 사막 지역

(라)
▲ 독일 라인강

〈 보기 〉
ㄱ. (가)는 암석의 주성분인 탄산 칼슘이 빗물이나 지하수에 녹아 형성된 카르스트 지형이다.
ㄴ. (나) 주변에는 평야 지형이 발달하여 대규모 농업이 이루어진다.
ㄷ. 과학기술의 발달로 (다)와 같은 기후 지역에서는 관개 시설을 이용한 농업이 행해지고 있다.
ㄹ. (라)에서는 하천을 이용한 운하가 교통로로 이용되고 있다.

① ㄱ, ㄴ ② ㄱ, ㄷ ③ ㄴ, ㄹ
④ ㄱ, ㄷ, ㄹ ⑤ ㄴ, ㄷ, ㄹ

233

지도의 A~E 지형에서 살아가는 주민들의 생활 모습에 대한 설명으로 옳지 않은 것은?

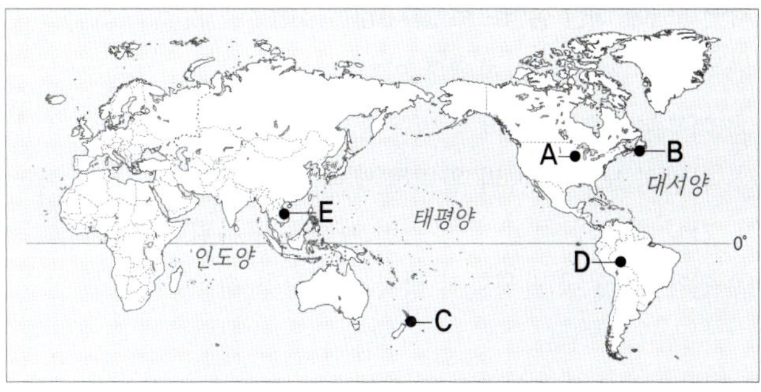

① A 지역은 대형 농기계를 이용해 대규모로 밀 농사를 짓는다.
② B 지역은 바닷가에 양식장을 만들어 해산물을 생산한다.
③ C 지역은 물, 수증기, 가스 등이 분출하는 간헐천을 활용한 관광업이 발달하였다.
④ D 지역의 사람들은 고산 지대에서 잘 자라는 라마를 길러 옷감을 만들고 판매한다.
⑤ E 지역에서는 여름철에는 서늘한 높은 산지의 초원으로, 겨울철에는 온난한 저지대 마을로 이동하며 양을 기른다.

234

다음 내용을 종합하여 작성한 보고서의 제목으로 가장 적절한 것은?

• 기후변화로 북극 빙하가 녹으면서 운항 거리가 짧은 북극 항로의 활용도가 높아졌다.
• 그린란드는 여름철 기온이 높아지면서 양배추, 상추, 감자 등의 작물 재배와 딸기, 토마토 등의 비닐하우스 재배가 가능해졌다.

① 사막화의 원인과 발생 지역
② 한대 기후의 전통적인 생활양식
③ 독특한 지형을 활용한 관광 사례
④ 자연환경에 따른 생활양식의 차이
⑤ 자연환경의 변화가 인간 생활에 미친 영향

235

| 서술형 |

밑줄 친 부분에 해당하는 사례를 두 가지 이상 서술하시오.

과학기술의 발달로 인간이 지형을 이용할 수 있는 범위가 늘어나면서 인간 생활에 지형을 이용한 다양한 사례가 나타나고 있다.

★빈출

B 시민의 안전할 권리

236 (하)

자연재해에 대한 설명으로 옳지 <u>않은</u> 것은?

① 인명과 재산상의 피해를 입힌다.

② 대부분 특정 지역에서 반복적으로 발생한다.

③ 인간의 노력에 따라 완벽하게 대처할 수 있다.

④ 기상 재해와 지질·지형 관련 재해로 구분된다.

⑤ 언제, 어떻게 발생할지 정확히 예측할 수 없다.

[237~239] 빈출 자료★

지도는 어느 자연재해의 주요 발생지를 표시한 것이다. 물음에 답하시오.

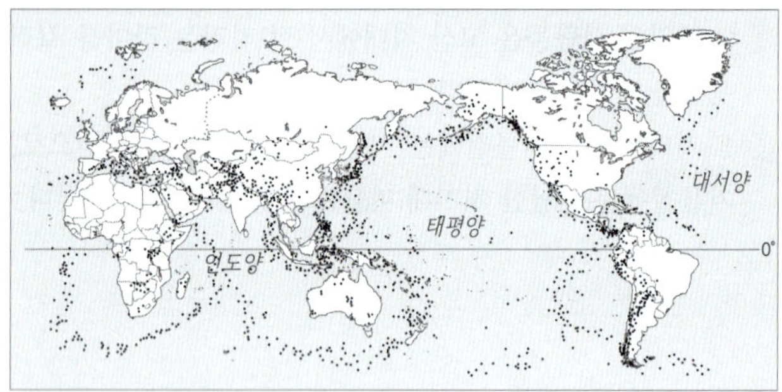

237 (하)

위 지도와 관련 깊은 자연재해로 가장 적절한 것은?

① 가뭄   ② 지진   ③ 태풍

④ 홍수   ⑤ 산사태

238 (중)

| 서술형 |

위 지도와 관련 깊은 자연재해로 인해 어떤 피해가 발생하는지 서술하시오.

239 (중)

위 지도와 관련 깊은 자연재해에 대한 옳은 설명만을 〈보기〉에 서 고른 것은?

> ── 〈 보기 〉 ──
> ㄱ. 지각판의 경계에서 주로 발생한다.
> ㄴ. 열대 해상에서 발생하며 폭풍우를 동반한다.
> ㄷ. 짧은 시간에 많은 건물이 붕괴되어 피해가 발생한다.
> ㄹ. 한꺼번에 많은 눈이 내려 교통 혼란을 초래하기도 한다.

① ㄱ, ㄴ   ② ㄱ, ㄷ   ③ ㄴ, ㄷ

④ ㄴ, ㄹ   ⑤ ㄷ, ㄹ

240 (중)

그림은 어느 자연재해 발생 시의 행동 요령을 나타낸 것이다. 이 자연재해에 대한 설명으로 옳은 것은?

▲ 학교에 있을 때는 책상 아래로 들어가 책상 다리를 잡고 몸을 보호한다.

▲ 집에 있을 때는 전기와 가스를 차단하고 문을 열어 출구를 확보한다.

① 열대 저기압에 해당한다.

② 강한 바람과 많은 비를 동반한다.

③ 무분별한 자연 개발이 주된 원인이다.

④ 기후적 요인에 의한 자연재해에 해당한다.

⑤ 지각판끼리 충돌하는 지역에서 주로 발생한다.

241 (하)

교사의 질문에 옳게 대답한 학생만을 〈보기〉에서 고른 것은?

> 교사: 화산 폭발에 대해 조사한 내용을 발표해 볼까요?

> ── 〈 보기 〉 ──
> 갑: 기후와 관련한 자연재해에 속합니다.
> 을: 항공기 운항에 지장을 주기도 합니다.
> 병: 과학기술의 발달로 정확한 예측이 가능해져 완벽한 대비를 할 수 있습니다.
> 정: 영향권에 있다면 화산재가 집안으로 들어오지 않도록 문틈과 환기구, 창문을 막아야 합니다.

① 갑, 을   ② 갑, 병   ③ 을, 병

④ 을, 정   ⑤ 병, 정

242 (상)

다음은 긴급 재난 문자의 내용이다. ㉠에 들어갈 자연재해에 대한 설명으로 옳은 것은?

> ○○일 ○○시 (㉠) 주의보 발령. 저지대 침수 주의, 해안 지대 접근 금지, 축대와 담장 점검, 바람에 날아갈 물건은 실내로 이동 등 안전에 주의하세요.

① 주로 봄철에 넓은 범위에 걸쳐 발생한다.

② 용암 분출로 인한 농작물 피해를 초래한다.

③ 무분별한 산지 개발로 발생 빈도가 높아졌다.

④ 냉방기 사용 급증을 가져와 정전 사태를 초래하기도 한다.

⑤ 저위도 해상에서 발생하여 중위도로 이동하는 열대 저기압이다.

243 중

다음 글의 ㉠~㉤에 대한 설명으로 옳지 <u>않은</u> 것은?

> 인간을 위협하는 자연현상을 자연재해라고 하는데, ㉠ 은/는 일시에 많은 비가 내릴 때 발생하고, ㉡ 은/는 오랫동안 비가 내리지 않아 발생한다. ㉢ 이/가 발생하면 땅이 갈라지고 흔들리면서 건축물과 도로 등이 붕괴되며, ㉣ 이/가 일어나면 용암과 함께 화산 가스, ㉤ 화산재 등이 분출하면서 농작물과 주거지 등을 덮치기도 한다.

① ㉠은 시가지와 농경지 침수 피해를 일으킨다.
② ㉡이 심하면 농작물이 말라 죽어 식량이 부족해진다.
③ ㉤은 항공기 운항에 지장을 초래하기도 한다.
④ 환태평양 조산대에서는 ㉢과 ㉣이 자주 발생한다.
⑤ ㉡은 기후적 요인, ㉣은 지형적 요인에 의해 발생한다.

[244~245] 빈출 자료★

다음 헌법 조항을 보고 물음에 답하시오.

> • 제34조 ⑥ 국가는 재해를 예방하고 그 위험으로부터 국민을 보호하기 위하여 노력하여야 한다.
> • 제35조 ① 모든 국민은 건강하고 쾌적한 환경에서 생활할 권리를 가지며, 국가와 국민은 환경 보전을 위하여 노력하여야 한다.

244 중

위 헌법 조항에 대한 설명으로 옳지 <u>않은</u> 것은?

① 인간의 존엄성 보장과도 관련이 있다.
② 안전권과 환경권에 관한 내용을 규정하고 있다.
③ 국가의 적극적인 역할이 필요함을 규정하고 있다.
④ 환경 파괴의 경우 국가의 책임이 없음을 규정하고 있다.
⑤ 국민 또한 스스로 권리를 보장받기 위해 노력할 필요가 있음을 규정하고 있다.

245 상

위 헌법 조항을 통해 추론한 내용으로 적절한 것만을 〈보기〉에서 있는 대로 고른 것은?

> ──── 보기 ────
> ㄱ. 국가는 지속가능한 개발을 추진해야 한다.
> ㄴ. 국가는 재난 관리 시스템을 구축해야 한다.
> ㄷ. 국민에게도 자연환경을 보호할 책임이 있다.
> ㄹ. 국가는 국민의 안전보다 자연 보호를 중시해야 한다.

① ㄱ
② ㄹ
③ ㄱ, ㄷ
④ ㄴ, ㄹ
⑤ ㄱ, ㄴ, ㄷ

246 중

밑줄 친 ㉠~㉣에 대한 옳은 설명만을 〈보기〉에서 있는 대로 고른 것은?

> 2004년 12월 26일 인도네시아 수마트라섬에서 ㉠ 초대형 지진 해일(쓰나미)이 발생해 ㉡ 25만 명이 목숨을 잃고 200만 명에 달하는 이재민이 발생했다. 재난 복구 과정에서 ㉢ 경제적 하층민이나 반정부 세력이 거주하는 지역은 다른 지역보다 복구 작업이 늦게 시작되는 등 원조를 차별하는 정책이 나타나 문제가 되기도 했다. 이후 인도네시아는 ㉣ 첨단 쓰나미 탐지 및 경보 장치를 도입하고, 국가 간에 쓰나미 정보를 공유하는 등 쓰나미 피해를 예방하고자 많은 노력을 기울이고 있다.

> ──── 보기 ────
> ㄱ. ㉠은 지각판의 충돌로 발생한 지진의 여파로 형성되었다.
> ㄴ. ㉡은 사전 예방 조치와 재해 발생 시 신속한 복구 대책 수립 등으로 피해를 최소화할 수 있다.
> ㄷ. ㉢은 기본적인 국민의 권리를 침해한 사례에 해당한다.
> ㄹ. ㉣은 시민 차원에서 할 수 있는 노력이다.

① ㄱ, ㄷ
② ㄱ, ㄹ
③ ㄴ, ㄷ
④ ㄱ, ㄴ, ㄷ
⑤ ㄴ, ㄷ, ㄹ

247 중

안전하고 쾌적한 환경에서 생활하기 위한 개인적 노력에 해당하는 사례만을 〈보기〉에서 있는 대로 고른 것은?

> ──── 보기 ────
> ㄱ. 산사태가 우려되면 시청에 안전 조치를 요청한다.
> ㄴ. 재난의 예방과 대응을 위한 국가 간 협력에 동참한다.
> ㄷ. 지진 발생 시 사전에 숙지한 행동 요령에 따라 대응한다.
> ㄹ. 스마트 재난 관리 시스템을 구축하여 이웃에게 풍수해 정보를 신속하게 알린다.

① ㄱ, ㄴ
② ㄱ, ㄷ
③ ㄴ, ㄹ
④ ㄱ, ㄷ, ㄹ
⑤ ㄴ, ㄷ, ㄹ

248 중

밑줄 친 ㉠~㉤의 내용 중 옳지 <u>않은</u> 것은?

> 인간은 ㉠ 안전하고 쾌적한 환경에서 행복을 추구하며 살아길 권리가 있나. 이 권리는 ㉡ 우리나라 헌법이 분명히 밝히고 있지는 않지만, 인간이 인간으로서 누리는 당연한 기본적 권리라 할 수 있다. 따라서 ㉢ 국가는 개인의 안전과 행복을 위해 노력할 책임이 있고, 이에 따라 ㉣ 우리나라도 「자연재해 대책법」 등의 법률을 제정하였다. 아울러 ㉤ 시민들도 재난 대응 훈련에 적극 참여하는 등 함께 노력할 의무가 있다.

① ㉠
② ㉡
③ ㉢
④ ㉣
⑤ ㉤

06 인간과 자연의 관계

A 자연을 바라보는 인간의 관점

1 인간 중심주의 자연관

① **의미**: ❶[　][　]을 가장 가치 있는 존재로 여기고 인간의 이익이나 행복을 먼저 고려하는 관점

② **특징**

이분법적 관점	인간과 자연을 분리하여 바라보는 ❷[　][　][　]적 세계관을 취함 → 오직 인간만이 이성을 지니며, 인간은 자연으로부터 독립된 존재이자 자연보다 우월한 존재로서 유일하게 본래적 가치를 지닌다고 봄
자연의 도구적 가치 강조	자연은 인간의 생존과 복지, 욕구 충족을 위한 ❸[　][　]에 불과하다고 봄 → 인간은 자연을 이용할 권리를 지닌다고 보며, 인간의 풍요로운 삶에 이바지한 정도에 따라 자연의 유용성을 평가함 → 자연을 그 자체로서 가치 있는 존재로 여기지 않고 도구적 가치만을 인정한다.

→ 자연을 개발과 극복의 대상으로 여긴다.

③ **장점**: 자연에 대한 탐구와 개발을 촉진하여 ❹[　][　][　][　]의 발전과 경제 성장을 이룸으로써 인간의 삶을 풍요롭게 함

④ **한계**: 지나친 인간 중심주의에 따른 무분별한 자연 개발로 환경 오염, 자원 고갈, 생태계 파괴와 같은 현대 사회의 ❺[　][　] 위기를 초래하였다는 비판을 받기도 함 → 자연 속에서 살아가는 인간에게도 피해를 주었다.

빈출 자료 PICK　　**인간 중심주의 사상가들의 주장**　☑ Link 261~266번 문제

- "식물은 동물의 생존을 위해서, 동물은 인간의 생존을 위해서 존재한다. …… 자연은 일정한 목적이나 의도를 위한 것이라는 우리의 믿음이 타당하다면, 그것은 다름 아닌 인간을 위한 것임에 틀림없다."
　　　　　　　　　　　　　　　　　　　　　　　　　　　　　　　　– 아리스토텔레스
- "아는 것이 힘이다. 자연이 인간에게 이롭도록 지식을 활용해야 한다. 방황하고 있는 자연을 사냥해서 노예로 만들어 인간의 이익에 봉사하도록 해야 한다."　　　　　　　　– 베이컨
- "인간은 자연의 주인이자 소유자가 될 수 있다. 인간은 정신을 소유한 존엄한 존재이지만, 자연은 의식이 없는 물질이다."　　　　　　　　　　　　　　　　　　　　　– 데카르트

베이컨, 데카르트 등의 인간 중심주의 사상가들은 인간이 지닌 이성의 힘을 강조하였으며, 자연에 관한 행위의 옳고 그름은 그 행위가 인간의 필요와 이익에 얼마나 유용한가에 달려 있다고 보았다.

---

2 생태 중심주의 자연관 → 인간 중심주의에 대한 반성으로 등장하였다.

① **의미**: 인간의 이익보다는 인간을 포함한 ❻[　][　] 전체의 균형과 안정을 먼저 고려하는 관점

② **특징** → 자연을 인간, 동물, 식물, 환경 등 다양한 구성원이 유기적으로 연결되어 있는 생태계로 인식한다.

전일론적 관점	인간을 포함한 자연 전체를 하나로 보는 ❼[　][　][　]적 관점을 취함 → 인간은 자연으로부터 독립된 존재가 아니며, 인간도 다른 생명체와 마찬가지로 자연을 구성하는 ❽[　][　]에 불과하다고 봄
자연의 내재적 가치 강조	자연은 인간에게 주는 유용성과 관계없이 그 자체로 존중받을 가치가 있다고 봄 → 자연의 어떠한 존재도 인간의 이익을 위한 ❾[　][　]으로만 고려되어서는 안 된다고 인식함

③ **장점**: 인간이 ❿[　][　][　]를 보전해야 할 의무가 있다는 점을 일깨움으로써 환경 문제를 해결하는 데 도움을 줌

④ **한계**: 생태 중심주의를 지나치게 강조하여 자연에 대한 인간의 어떤 개입도 허용하지 않고 환경 문제 해결을 위해 자연 개발을 중단해야 한다고 주장한다는 점에서 비현실적이라는 비판을 받기도 함 → 환경 ⓫[　][　][　]으로 이어질 우려가 있음

 레오폴드의 대지 윤리 ☑ Link 270~272번 문제

바람직한 대지 이용을 오직 경제적 문제로만 생각하지 말라. 낱낱의 물음을 경제적으로 무엇이 유리한 가하는 관점뿐만 아니라 윤리적, 심미적으로 무엇이 옳은가의 관점에서도 검토하라. 생명 공동체의 통합성과 안정성 그리고 아름다움의 보전에 이바지한다면, 그것은 옳다. 그렇지 않다면 그르다. − 레오폴드

생태 중심주의 사상가인 레오폴드는 생태계 전체를 하나의 유기체로 보고 공동체의 범위를 인간에서 동물, 식물, 토양, 물을 포함한 대지까지 확대하는 대지 윤리를 주장하였다. 그는 대지를 지배와 이용의 대상으로 간주하는 인간 중심주의와 달리 수많은 존재가 서로 균형을 맞추며 살아가는 공동체로 존중할 것을 강조하였다.

B 인간과 자연의 공존을 위한 노력

1 인간과 자연의 바람직한 관계

① 인간과 자연의 ⑫ □□□ 관계: 인간은 생태계를 구성하는 자연의 일부로서 다른 생명체와 밀접한 관계를 맺으며 살아가고 있음 → 인간과 자연은 ⑬ □□ 해야 하는 관계임

② 인간과 자연의 관계를 성찰하는 동양의 자연관

유교	만물이 본래적 가치를 지닌다고 보며, 인간과 자연이 조화를 이루는 천인합일(天人合一)의 경지를 지향함 하늘과 인간이 하나로 일치하는 경지를 뜻한다.
⑭ □□	모든 존재가 원인과 조건으로 연결되어 서로 영향을 주고받는다는 연기(緣起)의 원리에 따라 모든 생명을 소중히 여길 것을 강조함
도가	사람의 힘이 더해지지 않은 자연 그대로의 질서를 따르는 ⑮ □□□□(無爲自然)을 추구하며 인간과 자연의 조화를 강조함

2 인간과 자연의 공존을 위한 노력

개인적 차원	• 환경⑯ □□□인 가치관 추구: 자연을 소중히 여기는 환경친화적인 가치관을 지니고 일상생활에서 자연 보호를 적극 실천해야 함 예 자원 재활용, 대중교통 이용 등 • 생태 ⑰ □□□ 의식 정립: 미래 세대의 생존과 복지, 동식물을 포함한 생태계 전체의 보전을 함께 고려해야 함
사회적 차원	• 인간과 자연이 ⑱ □□를 이루는 개발 추진: 생태계 유지가 가능 범위에서 자연을 개발해야 함 예 생태 도시와 슬로 시티 지정, ⑲ □□ 통로 구축 등 • 생태계 ⑳ □□: 개발 과정에서 파괴된 생태계를 복원하려는 노력이 필요함 예 자연 휴식년제 도입, 갯벌 및 하천 생태계 복원 사업, 멸종 위기종 복원 사업 등

 고창 운곡 습지 마을의 생태 관광 ☑ Link 296~297번 문제

고창 운곡 습지 마을에서는 마을의 핵심 지역을 보존하고, 습지 생태 등의 측면에서 특별히 보존할 만한 가치가 있는 지역은 생태 탐방 프로그램과 같은 생태 관광 자원으로 활용한다. 이 마을은 지속가능한 관광을 추진하여 생태 관광의 발전에 이바지하였고, 그 결과 2021년 세계 관광 기구로부터 최우수 관광 마을로 선정되었다.

생태 관광은 자연환경이나 고유문화의 보전, 생태적으로 양호한 지역에 대한 관찰과 학습, 관광개이 지속가능한 관광 등을 포괄하는 개념으로, 인간의 필요와 욕구에 따라 개발이 불가피하더라도 자연 파괴를 최소화할 수 있음을 보여 주는 사례이다.

생태 도시와 생태 통로

생태 도시	인간과 자연이 조화를 이루어 공생하며, 재생 에너지를 주로 사용하는 도시
생태 통로	도루나 댐 등이 건설로 야생 동물의 서식지가 단절되는 것을 막기 위해 인공적으로 만든 길

자연 휴식년제

제주특별자치도는 오름의 탐방로가 파이거나 식생이 파괴되는 등 자연이 크게 훼손되자 피해 정도가 심한 오름에 자연 휴식년제를 시행하여 오름의 생태계를 복원하려고 노력하고 있다.

자연 휴식년제는 훼손의 우려가 있는 지역을 지정하여 일정 기간 출입을 통제하는 제도로, 인간과 자연의 공존을 위한 생태계 복원 활동에 해당한다.

답 ❶ 인간 ❷ 이분법 ❸ 도구 ❹ 과학기술 ❺ 환경 ❻ 자연 ❼ 전일론 ❽ 일부 ❾ 수단 ❿ 생태계 ⓫ 파시즘 ⓬ 유기적 ⓭ 공존 ⓮ 불교 ⓯ 무위자연 ⓰ 친화적 ⓱ 공동체 ⓲ 조화 ⓳ 생태 ⓴ 복원

개념 확인 문제

◆ **다음 빈칸에 들어갈 알맞은 말을 쓰시오.**

249 (　　　　　) 자연관은 인간을 가장 가치 있는 존재로 여기고 인간의 이익이나 행복을 먼저 고려하는 관점을 말한다.

250 인간 중심주의 자연관은 인간의 풍요로운 삶에 이바지한 정도에 따라 (　　　　　)의 유용성을 평가한다.

251 (　　　　　) 자연관은 인간을 포함한 자연 전체를 하나로 보는 전일론적 관점을 취한다.

252 생태 중심주의 자연관은 인간의 생태계 보전 의무를 일깨움으로써 (　　　　　)를 해결하는 데 도움을 준다.

253 생태 도시를 지정하는 것, 생태 통로를 구축하는 것 등은 (　　　　　) 유지가 가능한 범위에서 자연을 개발한 사례에 해당한다.

◆ **다음 밑줄 친 부분을 옳게 고치시오.**

254 인간 중심주의 자연관은 자연의 <u>내재적</u> 가치를 강조한다.

255 <u>인간</u> 중심주의 자연관은 환경 파시즘으로 이어질 우려가 있다는 비판을 받는다.

256 <u>생태</u> 중심주의 자연관은 현대 사회의 환경 위기를 초래하였다는 비판을 받기도 한다.

257 유교에서는 만물이 본래적 가치를 지닌다고 보며, 인간과 자연이 조화를 이루는 <u>무위자연</u>의 경지를 지향한다.

258 <u>도가</u>에서는 연기(緣起)의 원리에 따라 모든 생명을 소중히 여길 것을 강조한다.

난이도별 필수 기출

상 11문항
중 20문항
하 10문항

A 자연을 바라보는 인간의 관점

259 하

인간 중심주의 자연관에 대한 옳은 설명만을 〈보기〉에서 있는 대로 고른 것은?

─〈 보기 〉─

ㄱ. 인간과 자연을 이분법적 세계관으로 바라보는 관점이다.
ㄴ. 자연을 이용함으로써 인간의 삶이 더 윤택해질 수 있다고 본다.
ㄷ. 인간이 자연으로부터 독립된 존재가 아니라 자연을 구성하는 일부라고 본다.
ㄹ. 인간을 자연보다 우월하게 여기고 자연을 인간의 욕구를 충족하는 도구로 본다.

① ㄱ, ㄴ　　　② ㄱ, ㄷ　　　③ ㄷ, ㄹ
④ ㄱ, ㄴ, ㄹ　　　⑤ ㄴ, ㄷ, ㄹ

260 중

다음 사상가들이 지닌 공통된 자연관에 대한 설명으로 옳지 <u>않은</u> 것은?

• 아퀴나스: 야수를 죽이는 것이 죄라고 주장하는 사람은 오류를 범하고 있다.
• 아리스토텔레스: 식물은 동물의 생존을 위해, 동물은 인간의 생존을 위해서 존재한다.
• 베이컨: 방황하고 있는 자연을 사냥해서 노예로 만들어 인간의 이익에 봉사하도록 해야 한다.

① 인간과 자연을 이분법적으로 분리하여 바라본다.
② 자연을 인간의 생존과 행복을 위한 수단으로 여긴다.
③ 인간을 다른 자연적 존재보다 우월하고 귀한 존재로 본다.
④ 자연을 개발과 극복의 대상으로 바라보고 이용할 수 있다고 본다.
⑤ 모든 생명체는 그 자체로 도덕적 고려를 받아야 할 가치가 있다고 생각한다.

[261~263] 빈출 자료★

다음 글을 읽고 물음에 답하시오.

> 식물은 동물의 생존을 위해서, 동물은 인간의 생존을 위해서 존재한다. …… 자연은 일정한 목적이나 의도를 위한 것이라는 우리의 믿음이 타당하다면, 그것은 다름 아닌 인간을 위한 것임에 틀림없다.

261 하

위 주장과 일치하는 진술만을 〈보기〉에서 있는 대로 고른 것은?

> ─── 보기 ───
> ㄱ. 인간과 자연은 상호 의존하는 관계이다.
> ㄴ. 인간의 이성을 바탕으로 자연을 지배할 수 있다.
> ㄷ. 인간과 자연의 관계는 인간 중심으로 바라봐야 한다.
> ㄹ. 동물은 인간의 생존을 위한 수단적 가치를 가진 존재이다.

① ㄱ, ㄴ, ㄷ   ② ㄱ, ㄴ, ㄹ   ③ ㄱ, ㄷ, ㄹ
④ ㄴ, ㄷ, ㄹ   ⑤ ㄱ, ㄴ, ㄷ, ㄹ

262 중

위 주장에 나타난 자연관에 대한 비판으로 가장 적절한 것은?

① 인간이 자연에서 가장 우월하다는 점을 부정한다.
② 인간과 자연은 서로 독립적인 존재임을 간과한다.
③ 인간의 행복을 위해 자연을 이용할 수 있음을 부정한다.
④ 인간은 상호 의존적인 자연의 구성원일 뿐임을 간과한다.
⑤ 인간의 이익은 자연 그 자체의 가치보다 우선시됨을 간과한다.

263 상

위 주장과 입장이 일치하는 진술에만 모두 '○'표를 한 학생은?

내용 \ 학생	갑	을	병	정	무
인간이 가장 가치 있는 존재이다.	○	○	×	○	×
인간의 이익과 행복을 먼저 고려한다.	×	○	○	○	×
인간은 자연 전체에 도덕적 의무를 지닌다.	×	×	○	×	○
자연은 인간이 극복하고 개발해야 할 대상이다.	○	○	○	×	×
인간의 개입이 자연의 균형을 깨뜨릴 수 있다.	×	×	○	×	○

① 갑   ② 을   ③ 병   ④ 정   ⑤ 무

[264~266] 빈출 자료★

다음 글을 읽고 물음에 답하시오.

> 갑: 아는 것이 힘이다. 방황하고 있는 자연을 사냥해서 인간의 이익에 봉사하도록 해야 한다.
> 을: 우리는 자연의 주인이자 소유자가 될 수 있다. 인간은 정신을 소유한 존엄한 존재이지만, 자연은 의식이 없는 물질에 불과하다.

264 중

| 서술형 |

갑, 을 사상가를 각각 쓰고, 두 사상가가 취하는 자연관의 한계에 대해 서술하시오.

★ 빈출
265 중

갑, 을 사상가들이 긍정의 대답을 할 질문만을 〈보기〉에서 있는 대로 고른 것은?

> ─── 보기 ───
> ㄱ. 모든 존재는 내재적 가치를 지니는가?
> ㄴ. 인간만이 도덕적 지위를 지니는 존재인가?
> ㄷ. 인간의 생존과 복지에 유용한 것만이 가치를 지니는가?
> ㄹ. 인간 이외의 모든 존재는 인간의 목적을 이루기 위한 수단인가?

① ㄱ, ㄴ   ② ㄱ, ㄷ   ③ ㄷ, ㄹ
④ ㄱ, ㄴ, ㄹ   ⑤ ㄴ, ㄷ, ㄹ

266 상

갑, 을 사상가의 자연관과 일치하는 진술만을 〈보기〉에서 있는 대로 고른 것은?

> ─── 보기 ───
> ㄱ. 모든 생명은 그 자체로 본래적 가치를 지닌다.
> ㄴ. 인간과 자연의 유기적 관련성을 중시해야 한다.
> ㄷ. 인간은 이성을 지닌 존재로서 자연 만물과 구별되어야 한다.
> ㄹ. 인간의 이익을 위한 자연의 개발과 정복은 언제나 정당화된다.

① ㄱ, ㄴ   ② ㄱ, ㄷ   ③ ㄷ, ㄹ
④ ㄱ, ㄴ, ㄹ   ⑤ ㄴ, ㄷ, ㄹ

다음 글을 읽고 물음에 답하시오.

> 팜유의 최대 생산지는 인도네시아로, 원시림에 불을 놓아 만든 대규모 팜유 농장은 많은 일자리를 창출하고 수출을 통해 외화를 벌어들여 인도네시아의 경제 발전에 크게 기여하였다.

267 

윗글에 나타난 자연관에 대한 내용으로 옳은 것은?

① 자연의 내재적 가치를 강조한다.
② 자연을 인간의 이익을 위한 도구로 본다.
③ 인간은 자연 전체에 도덕적 의무를 지닌다고 본다.
④ 인간은 자연과 독립적으로 존재할 수 없다고 본다.
⑤ 인간의 개입이 자연의 균형을 깨뜨릴 수 있다고 본다.

268 중

윗글에 나타난 자연관의 한계로 적절한 것만을 〈보기〉에서 고른 것은?

〈 보기 〉
ㄱ. 자연의 본래적 가치를 인정하지 않는다.
ㄴ. 생태계 전체를 위해 개별 생명체의 가치를 경시한다.
ㄷ. 자연 보전을 위한 인간의 어떤 개입도 인정하지 않는다.
ㄹ. 인간의 자연 정복을 정당화하여 자연을 남용하고 훼손해 환경 위기를 초래한다.

① ㄱ, ㄴ　　② ㄱ, ㄷ　　③ ㄱ, ㄹ
④ ㄴ, ㄷ　　⑤ ㄷ, ㄹ

269 하

생태 중심주의 자연관에 부합하는 진술로 옳지 <u>않은</u> 것은?

① 생태계의 안정을 유지하도록 노력하여야 한다.
② 인간과 자연은 서로 끊임없이 영향을 주고받는 관계이다.
③ 자연의 어떠한 존재도 인간의 이익을 위한 수단으로만 고려되어서는 안 된다.
④ 자연에 비해 인간은 우월한 존재이고 자연은 인간의 욕구 충족을 위한 도구이다.
⑤ 생태계의 모든 것은 존재하는 이유가 있으므로 자연 그 자체의 가치를 존중해야 한다.

다음 글을 읽고 물음에 답하시오.

> 바람직한 대지 이용을 오직 경제적 문제로만 생각하지 말라. 낱낱의 물음을 경제적으로 무엇이 유리한가 하는 관점뿐만 아니라 윤리적, 심미적으로 무엇이 옳은가의 관점에서도 검토하라. 생명 공동체의 통합성과 안정성 그리고 아름다움의 보전에 이바지한다면, 그것은 옳다. 그렇지 않다면 그르다.

270 하

윗글의 주장에 대한 설명으로 가장 적절한 것은?

① 인간과 자연을 분리하여 바라본다.
② 인간은 생태계의 최상위 지위를 갖는 구성원이라고 본다.
③ 자연을 기계적 인과 법칙에 종속된 단순한 물질로 간주한다.
④ 인간을 생태계 구성원의 하나로 여기고 생태계를 포괄적으로 바라본다.
⑤ 토양, 물을 비롯한 대지는 생태계 공동체의 범위에 포함되지 않는다고 본다.

271 중

위 주장과 일치하는 진술로 적절한 것만을 〈보기〉에서 있는 대로 고른 것은?

〈 보기 〉
ㄱ. 자연을 이용함으로써 인간의 삶이 더 윤택해질 수 있다.
ㄴ. 자연의 모든 것은 존재 자체만으로 그 가치를 존중받아야 한다.
ㄷ. 인간은 자연보다 우월하며 자연은 인간의 욕구를 충족하는 도구이다.
ㄹ. 인간의 가장 중요한 의무는 생태계의 안정을 유지하기 위해 노력하는 것이다.

① ㄱ, ㄷ　　② ㄱ, ㄹ　　③ ㄴ, ㄹ
④ ㄱ, ㄴ, ㄷ　　⑤ ㄴ, ㄷ, ㄹ

272 상

| 서술형 |

위와 같은 주장을 한 사상가의 자연에 대한 관점이 무엇인지 쓰고, 이러한 관점이 지니는 한계점을 서술하시오.

다음 글을 읽고 물음에 답하시오.

> 우리는 대지의 일부분이며, 대지는 우리의 일부분이다. 들꽃은 우리의 누이이고, 순록과 말과 독수리는 우리의 형제이다. …… 세상의 모든 것은 하나로 연결되어 있다. …… 따라서 그가 거미줄에 가하는 행동은 반드시 그 자신에게 되돌아오게 마련이다.

273 ⓣ

윗글에 나타난 자연관에 대한 설명으로 옳지 <u>않은</u> 것은?

① 자연의 내재적 가치를 중시한다.
② 인간과 자연을 서로 독립된 존재로 본다.
③ 인간을 포함한 자연은 전체이자 하나로 본다.
④ 자연의 모든 존재는 서로 연결되어 있다고 인식한다.
⑤ 인간을 자연을 구성하는 하나의 구성 요소로 인식한다.

274 ⓢ

윗글에 나타난 자연관이 반영된 사례로 적절한 것만을 〈보기〉에서 고른 것은?

> ─〈 보기 〉─
> ㄱ. 홍수와 가뭄 예방을 위해 댐을 건설하였다.
> ㄴ. 간척지를 조성하기 위해 갯벌을 매립하였다.
> ㄷ. 멸종 위기에 처한 동물을 복원하는 사업을 추진하였다.
> ㄹ. 일정 기간 동안 사람들의 출입을 통제하는 자연 휴식년제를 실시하였다.

① ㄱ, ㄴ   ② ㄱ, ㄹ   ③ ㄴ, ㄷ
④ ㄴ, ㄹ   ⑤ ㄷ, ㄹ

275 ⓣ

다음 주장에 나타난 자연관에 대한 비판으로 가장 적절한 것은?

> 개체는 상호 의존적인 것들로 이루어진 공동체의 구성원이다. 대지 윤리는 그런 공동체의 범위를 넓혀 흙, 물, 식물, 동물, 곧 집합적으로 대지를 포함하는 데 있다.

① 자연을 인간의 이익이나 필요에 따라 평가한다.
② 사연 남용과 훼손을 정당화하여 생태계 전체를 위협한다.
③ 인간의 본질적 가치만 인정하고 생명체의 동등성을 무시한다.
④ 생태계 전체의 이익을 우선하여 고려하기 때문에 환경 파시즘을 초래할 수 있다.
⑤ 개별 생명체에 중점을 두고, 무생물과 생태계 등에 대한 도덕적 의무를 부정한다.

276 ⓢ

표는 어느 자연관에 대한 학생의 질문 응답지이다. 응답이 모두 옳다고 할 때, ㉠, ㉡에 들어갈 옳은 질문만을 〈보기〉에서 고른 것은?

질문	응답	
	예	아니요
자연은 그 자체로 가치를 지니고 있는가?	√	
개별 구성원의 존속이 생태계 전체의 보전보다 우선하는가?		√
㉠		√
㉡	√	

> ─〈 보기 〉─
> ㄱ. ㉠: 자연을 도덕적 고려의 대상으로 보아야 하는가?
> ㄴ. ㉠: 인간은 자연의 주인으로서 책임감을 가져야 하는가?
> ㄷ. ㉡: 생태계 전체를 도덕적으로 대우해야 하는가?
> ㄹ. ㉡: 풍족함을 누리기 위해 자연을 정복해야 하는가?

① ㄱ, ㄴ   ② ㄱ, ㄷ   ③ ㄱ, ㄹ
④ ㄴ, ㄷ   ⑤ ㄷ, ㄹ

277 ⓣ

다음 사례와 관련 있는 자연관에 대한 설명으로 옳은 것은?

> 미국의 국립 공원들은 정책적으로 자연의 있는 그대로의 모습을 보전하는 데 초점을 두고 있다. 그래서 국립 공원에서 산불이 나더라도 자연적으로 일어난 불이면 인간이 개입할 일이 아니라고 보아 웬만해서는 불을 끄기 위해 나서지 않는다.

① 자연의 도구적 가치를 강조한다.
② 인간과 자연을 분리하여 바라본다.
③ 인간과 자연을 전일론적으로 인식한다.
④ 인간의 이익이나 행복을 먼저 고려한다.
⑤ 자연을 개발과 극복의 대상으로 인식한다.

278 ⓗ

㉠에 늘어갈 용어로 가장 적절한 것은?

> (㉠)은/는 생태계 전체의 이익을 우선 고려하여 개별 구성원의 희생을 강요할 수 있다는 점에서 생태 중심주의를 비판하는 용어이다.

① 대지 윤리   ② 본래적 가치   ③ 생명 공동체
④ 선별적 포획   ⑤ 환경 파시즘

(가)의 입장에서 (나)와 같은 정책을 지지할 근거로 가장 적절한 것은?

(가)	인간은 자연의 한 구성원에 불과하다. 그러므로 우리는 자연의 가치를 인간에게 얼마나 이익이 되는가로 평가해서는 안 된다.
(나)	13세기부터 갯벌을 메워 국토를 넓혀 온 네덜란드는 2001년부터 습지 복원 사업을 추진하고 있으며, 인접한 독일과 덴마크도 함께 바덴해 갯벌 보호 국제 협약을 맺고 공동 복원을 진행해 오고 있다. 미국과 일본도 갯벌 복원 사업을 추진하고 있다.

① 자연은 인간이 정복해야 할 대상이다.
② 자연은 본래적 가치를 지니는 존재이다.
③ 자연은 인간의 풍요로운 삶을 위한 도구이다.
④ 자연은 인간에 의해 마음대로 이용될 수 있는 대상이다.
⑤ 자연은 인간과 동등하기 때문에 인간의 어떠한 개입도 허용하지 않는다.

빈출
280 중

(가)의 입장에서 (나)를 비판하는 내용으로 가장 적절한 것은?

> (가) 자연의 가치는 인간에게 얼마나 이익이 되는가로 평가해서는 안 되며, 생태계의 모든 것이 존재의 이유가 있으므로 자연 그 자체의 가치를 존중해야 한다.
> (나) 우리나라는 1960년대 이후 산업화되면서 갯벌을 농경지나 산업 단지, 염전 등으로 이용하기 위해 간척하였다.

① 갯벌의 가치를 따지기보다 경제 발전이 우선시되어야 한다.
② 갯벌에 서식하는 생명체보다 갯벌이 가지는 경제적 가치가 중요하다.
③ 갯벌은 어류의 산란장이자 철새의 서식지로서 생태적인 가치가 크다.
④ 인간과 생태계는 분리되어 있는 독립된 존재이므로 갯벌을 이용해도 된다.
⑤ 갯벌의 경제적 가치는 인간에게 이익이 되므로 어떤 식으로든 개발해야 한다.

281 중

| 서술형 |

자연을 바라보는 인간의 관점인 인간 중심주의와 생태 중심주의 특징을 각각 <u>두 가지</u> 서술하시오.

282 중

(가)의 입장에 비해 (나)의 입장이 갖는 상대적인 특징을 그림의 ㉠~㉤ 중에서 고른 것은?

> (가) 우리는 자연의 주인이자 소유자가 될 수 있다. 인간은 정신을 소유한 존엄한 존재이지만, 자연은 의식이 없는 물질이다.
> (나) 대지(大地)는 인간을 비롯한 자연의 모든 존재들이 서로 그물망처럼 얽혀 있는 공동체이다. 따라서 생태계 전체를 하나의 도덕 공동체로 보아 이를 존중해야 한다.

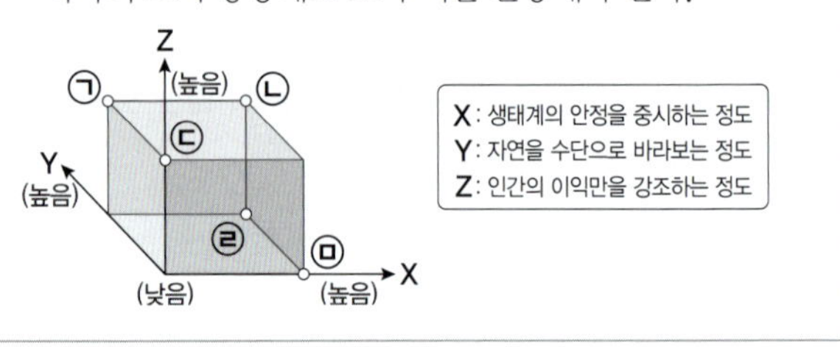

① ㉠　　② ㉡　　③ ㉢　　④ ㉣　　⑤ ㉤

빈출
283 상

(가)의 갑, 을의 입장을 (나) 그림으로 표현할 때, A~C에 해당하는 옳은 진술만을 <보기>에서 고른 것은?

(가)	갑: 바람직한 대지 이용을 오직 경제적 문제로만 생각하지 마라. 모든 물음을 경제적으로 무엇이 유리한가의 관점뿐만 아니라 윤리적·심미적으로 무엇이 옳은가의 관점에서도 검토하라. 생명 공동체의 온전성과 안정성, 그리고 아름다움의 보전에 이바지한다면 그것은 옳다. 그렇지 않다면 그것은 그르다. 을: 방황하고 있는 자연을 사냥해서 노예로 만들어 인간의 이익에 봉사하도록 해야 한다. 자연은 구속되어야 하고, 과학자의 목적은 고문을 해서라도 자연의 비밀을 밝혀내는 것이다.
(나)	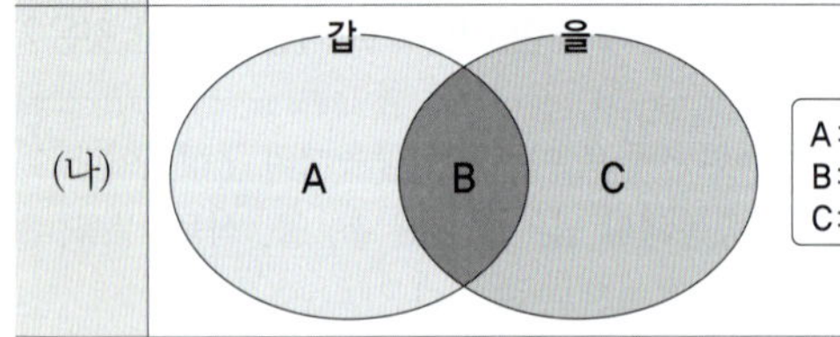

> ─ 보기 ─
> ㄱ. A: 무생물은 도덕적 고려 범위에서 제외시켜야 한다.
> ㄴ. B: 동물은 내재적인 가치를 지니는 존재이다.
> ㄷ. C: 인간과 자연을 이분법적으로 분리해서 바라보아야 한다.
> ㄹ. C: 자연에 대한 행위의 옳고 그름은 인간의 이익 증진 여부에 달려 있다.

① ㄱ, ㄴ　　② ㄱ, ㄷ　　③ ㄱ, ㄹ
④ ㄴ, ㄷ　　⑤ ㄷ, ㄹ

284 

(가), (나) 자연관의 입장에서 각 질문에 응답할 대답이 모두 옳게 짝지어진 것은?

> (가) 인간을 포함하여 생태계 전체를 도덕적으로 고려해야 하며, 인간의 이익보다 생명 공동체의 균형과 안정을 먼저 고려해야 한다.
> (나) 인간은 다른 자연의 존재들보다 우월하고 귀한 존재이므로 자연은 인간의 이익이나 필요에 따라서 평가되는 것이 바람직하다.

	질문	(가)	(나)
①	모든 생명체는 내재적 가치를 가지는가?	아니요	예
②	인간은 자연계의 한 구성 요소일 뿐인가?	아니요	예
③	동물의 고유한 가치도 인간과 마찬가지로 존중되어야 하는가?	예	예
④	생태계 전체를 위해 자연에 대한 인간의 개입을 제한해야 하는가?	아니요	예
⑤	자연 개발과 같은 인간의 행위는 전일론적 관점에서 평가해야 하는가?	예	아니요

285 (상)

(가)의 갑, 을의 관점을 (나) 그림으로 탐구할 때, A~C에 해당하는 질문만을 〈보기〉에서 있는 대로 고른 것은?

(가)	갑: 인간은 자연의 주인으로서 정신을 소유한 존엄한 존재이지만, 자연은 의식이 없는 물질입니다. 을: 인간은 생명 공동체의 한 구성원으로서 생태계의 안정을 유지할 의무가 있습니다.
(나)	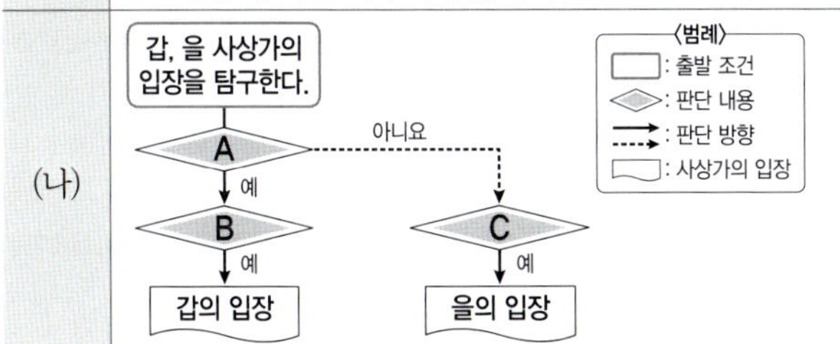

> **─── 보기 ───**
> ㄱ. A: 모든 생명은 평등한 가치와 권리를 지니는가?
> ㄴ. B: 인간과 자연을 분리하여 바라보는가?
> ㄷ. B: 인간에게 풍요로움을 가져다주는 자연의 유용성에 주목하는가?
> ㄹ. C: 동물 보호는 인간성 실현을 위한 간접적 의무인가?

① ㄱ, ㄴ ② ㄴ, ㄷ ③ ㄷ, ㄹ
④ ㄱ, ㄴ, ㄹ ⑤ ㄴ, ㄷ, ㄹ

286 (상)

갑은 긍정, 을은 부정의 대답을 할 질문으로 옳은 것은?

> 갑: 생태계 전체의 구성원인 인간은 동료나 전체 공동체에 대해 존경심을 가져야 한다. 어떤 것이 생태계 전체의 온전성 등에 기여하면 옳고, 그렇지 않으면 그르다.
> 을: 인간의 자연에 대한 지배권은 오직 기술과 학문의 발달에 달려 있다. 방황하는 자연을 사냥해서 노예로 만들어 인간의 이익에 봉사하도록 해야 한다.

① 인간은 자연의 지배자가 아니라 구성원 중 하나일 뿐인가?
② 개별 구성원의 존속이 생태계 전체의 보전보다 우선하는가?
③ 이성적으로 사고할 수 있는 인간은 도덕적 존중의 대상인가?
④ 인간 이외의 자연은 인간의 이익에 기여할 때 가치를 지니는가?
⑤ 풍요로운 삶을 위해서 인간은 자연을 관찰하고 이용해야 하는가?

287 (상)

(가), (나) 입장에 대한 설명으로 적절하지 <u>않은</u> 것은?

논제: ○○산 케이블카 설치		
입장	(가)	(나)
우리 모둠의 주장	○○산의 케이블카 예정지 일대는 멸종 위기 야생 동물인 산양의 서식지입니다. 또한, 유네스코 생물권 보전 지역, 천연 보호 구역 등으로 지정되어 있습니다.	유럽의 여러 국가에서는 산악 열차와 케이블카를 이용해 산악 관광을 정착시켜 관광 수입을 올리고 있고, 국가와 지역의 브랜드로 키워 나가고 있습니다.
우리 모둠의 반박	이곳에 케이블카를 설치하면 다른 지방 자치 단체에서도 무분별한 설치가 이루어질 것입니다.	케이블카를 이용하면 도보 등반이 어려운 노약자, 어린이도 쉽게 산에 올라 자연 경관을 즐길 수 있습니다.

① (가)는 자연의 어떤 존재도 인간의 이익을 위한 수단으로만 고려될 수 없다는 관점이다.
② (나)는 자연을 개발과 극복의 대상으로 보는 입장이다.
③ (가)는 (나)보다 전일론적 관점을 가진다.
④ (나)는 (가)보다 자연의 내재적 가치를 중요시한다.
⑤ (나)를 (가)보다 지나치게 강조할 경우 극심한 환경 문제가 나타날 수 있다.

288 상

갑, 을이 〈문제 상황〉 중 밑줄 친 ㉠에 대해 갖는 입장으로 가장 적절한 것은?

> 갑: 우리는 자연의 주인이자 소유자가 될 수 있다. 인간은 정신을 소유한 존엄한 존재지만 자연은 의식이 없는 물질이다.
> 을: 들꽃은 우리의 누이이고 순록과 말과 독수리는 우리의 형제이다. 세상의 모든 것은 하나로 연결되어 있다. 대지(大地)에 일어나는 일은 대지의 아들에게도 일어난다.
>
> 〈문제 상황〉
>
> 환경부는 경상남도가 사업 신청한 ㉠ 지리산 케이블카 사업을 반려하였다. 하지만 경상남도는 환경부의 반려에도 굴하지 않고, 사업을 보완해 지리산 케이블카 사업을 계속 추진하겠다는 입장이라 논란이 되고 있다.

① 갑은 생태계를 있는 그대로 보전하는 것을 인간의 의무라고 보기 때문에 찬성할 것이다.

② 갑은 야생 동물의 삶을 방해하고 자연을 훼손할 수 있다고 보기 때문에 반대할 것이다.

③ 을은 주변 지역이 관광 산업을 통해 경제적 발전을 이룰 수 있다고 보므로 찬성할 것이다.

④ 을은 인간이 자연의 한 구성원으로서 생태계의 안정을 유지할 의무가 있다고 보므로 반대할 것이다.

⑤ 갑, 을은 모두 인간의 행복을 위해 자연을 개발해도 된다고 여기므로 찬성할 것이다.

B 인간과 자연의 공존을 위한 노력

289 중

다음 글을 읽고 추론할 수 있는 내용으로 가장 적절한 것은?

> 꽃가루를 옮겨 꽃을 수정하게 함으로써 식량 공급에 중요한 역할을 하는 꿀벌이 멸종 위기에 처하였다. 꿀벌이 감소하는 주요 원인 중 하나는 지구 온난화에 따른 이상 기후 때문이다. 이상 기후로 꽃이 이른 시기에 피면서 꿀벌의 활동 시기와 꽃이 피는 시기에 차이가 나고, 꿀벌이 기온 변화에 적응하는 데 어려움을 겪으면서 점점 사라지는 것이다. 꿀벌이 사라지면 과일과 채소, 밀, 쌀 등 농작물의 생산량이 감소하여 인류가 식량난을 맞을 수 있다. 즉, 꿀벌이 멸종하면 생태계가 무너지면서 인류도 더 이상 먹을 것을 구하기 어려워지는 것이다.

① 자연의 변화는 인간의 생존에 위협이 될 수 없다.

② 인간은 생태계의 구성원과 유기적인 관계를 맺는다.

③ 자연의 가치는 인간의 이익과는 무관하게 평가된다.

④ 지구 온난화는 꿀벌 멸종의 원인이라고 보기 어렵다.

⑤ 꿀벌이 멸종하더라도 식량의 생산량에는 큰 변화가 없다.

290 하

다음은 어떤 학생의 수행 평가 답안이다. 밑줄 친 ㉠~㉤ 중 옳지 않은 것은?

> 〈수행 평가〉
>
> • 문제: 인간의 삶과 자연 생태계를 유기적 관계로 본 동양의 전통 사상을 비교하여 서술하시오.
> • 학생 답안: 유교에서는 ㉠ 만물이 본래적 가치를 지닌다고 보았다. 불교에서는 ㉡ 인간과 자연이 조화를 이루는 천인합일(天人合一)의 경지를 지향하고, ㉢ 연기(緣起)를 깨닫는 것을 강조하였다. 도가에서는 ㉣ 사람의 힘이 더해지지 않은 자연 그대로의 질서를 따르는 무위자연을 추구하며 ㉤ 자연의 한 부분인 인간이 자연과 조화를 이루어야 한다고 보았다.

① ㉠　　　② ㉡　　　③ ㉢　　　④ ㉣　　　⑤ ㉤

291 상

(가)~(다) 사상에 대한 설명으로 옳은 것은?

> (가) 무위자연(無爲自然)을 추구하며 인간의 욕구와 상관없이 존재하는 자연의 가치와 아름다움을 강조한다.
> (나) 인간이 하늘의 도(道)를 본받아 다른 인간과 존재를 사랑하고 어질게 행동하는 인(仁)을 베풀어야 한다.
> (다) 연기설(緣起說)에 따르면 자연 만물이 독립적으로 존재하는 것이 아니라 서로 밀접하게 관계를 맺고 있다.

① (가), (나)는 도덕적 본성을 따르는 삶을 지향한다.

② (가), (다)는 인위적인 것을 떠나 자연에 순응해야 한다고 본다.

③ (나), (다)는 만물의 상호 의존성을 자각해 자연을 지배하고자 한다.

④ (나), (다)는 천리(天理)에 따른 천인합일(天人合一)의 경지를 추구한다.

⑤ (가), (나), (다)는 모두 인간과 자연의 조화를 강조한다.

292 중

| 서술형 |

표는 동양의 자연관을 정리한 것이다. 물음에 답하시오.

사상	핵심 개념어	핵심 개념어의 의미
불교	연기(緣起)	C
A	천인합일(天人合一)	하늘과 인간이 하나로 일치하는 경지
B	무위자연(無爲自然)	사람의 힘이 더해지지 않은 그대로의 자연

⑴ A, B에 들어갈 사상을 각각 쓰시오.

⑵ C에 들어갈 적절한 내용을 서술하시오.

293 _하

다음 글의 ㉠~㉢에 들어갈 용어를 옳게 연결한 것은?

> 유교에서는 인간과 자연이 조화를 이루는 (㉠)의 경지를 추구하였다. 도가에서는 자연이 내재된 질서에 따라 스스로 알아서 자연스럽게 움직인다는 (㉡)의 원리를 바탕으로 인간과 자연이 조화를 이루어야 함을 주장하였다. 불교에서는 모든 현상이 인간과 동식물, 무생물까지 포함한 우주의 만물이 서로 그물망처럼 관련을 맺고 있는 (㉢)의 원리에 따라 움직인다고 보아 모든 생명을 중요시할 것을 강조하였다.

	㉠	㉡	㉢
①	연기	무위자연	천인합일
②	무위자연	연기	천인합일
③	무위자연	천인합일	연기
④	천인합일	연기	무위자연
⑤	천인합일	무위자연	연기

294 _중

국가에서 다음과 같은 정책들을 시행하는 이유로 가장 적절한 것은?

> • 도로나 댐을 건설할 때 동식물의 서식 환경을 단절하지 않게 하는 생태 통로를 마련한다.
> • 훼손된 탐방로나 희귀 동식물 서식 지역 중 보호의 필요성이 있는 곳을 선정하여 자연 휴식년제를 실시한다.

① 인간이 자연에 비해 우월한 존재라는 생각 때문에
② 인간이 자연의 질서에 함부로 개입하지 못하기 때문에
③ 인간이 자연을 개발과 극복의 대상으로 바라보기 때문에
④ 인간이 풍요롭고 편리한 생활을 할 수 있도록 하기 위해서
⑤ 인간에 의한 자연 개발의 부정적 영향을 최소화하기 위해서

295 _하

인간과 자연의 공존을 위한 개인적 차원에서의 노력으로 적절한 것만을 〈보기〉에서 있는 대로 고른 것은?

> ── 보기 ──
> ㄱ. 환경친화적인 가치를 추구한다.
> ㄴ. 생태계의 한 구성원임을 깨닫는다.
> ㄷ. 생태 도시와 슬로 시티를 지정한다.
> ㄹ. 책임 의식을 지니고 일상생활에서도 자연을 보호한다.

① ㄱ, ㄴ, ㄷ   ② ㄱ, ㄴ, ㄹ   ③ ㄱ, ㄷ, ㄹ
④ ㄴ, ㄷ, ㄹ   ⑤ ㄱ, ㄴ, ㄷ, ㄹ

[296~297] 빈출 자료 ★

다음 글을 읽고 물음에 답하시오.

> 고창 운곡 습지 마을에서는 마을의 핵심 지역을 보존하고, 생태 등의 측면에서 특별히 보존 가치가 있는 지역을 (㉠) 자원으로 활용한다. 이 마을은 지속가능한 관광을 통해 (㉠)의 발전에 이바지하였고, 그 결과 2021년 세계 관광 기구로부터 최우수 관광 마을로 선정되었다.

296 _하

| 주관식 |

㉠에 공통으로 들어갈 관광 방식을 쓰시오.

(   )

297 _중

위 사례를 활용한 보고서의 제목으로 가장 적절한 것은?

① 인간과 자연의 공존 사례
② 전통 마을의 문화유산 보존 사례
③ 습지 복원을 통한 농업 생산성 증대
④ 현대 도시 개발과 자연 보존의 갈등
⑤ 고대 습지와 문화유산 보존의 필요성

298 _중

다음 설명에 해당하는 도시의 정책으로 적절하지 <u>않은</u> 것은?

> 도시를 유기체로 보고 자연과 인간의 공존을 통해 보전과 개발의 조화가 이루어지는 이상적인 도시

① 자동차 없는 날을 지정한다.
② 복개된 하천을 뜯어내고 자연 하천으로 복원한다.
③ 연안 습지를 간척하여 도시의 인구 문제를 해결한다.
④ 마을 전력의 100%를 태양광과 풍력 발전으로 충당한다.
⑤ 쓰레기 분리수거를 실시하여 쓰레기의 재활용률을 높인다.

299 _중

밑줄 친 ㉠~㉢에 대한 설명으로 옳지 <u>않은</u> 것은?

> 인간과 자연의 관계를 바라볼 때는 ㉠ <u>인간 중심주의 자연관</u>과 ㉡ <u>생태 중심주의 자연관</u> 각각의 장점을 취하여 조화로운 시각을 갖추어야 하다 또한, 인간이 기본적인 삶을 유지하며 살아가기 위해서는 ㉢ <u>자연과 공존하려는 노력</u>이 필요하다.

① ㉠의 대표적인 사상가로는 데카르트가 있다.
② ㉠은 인간의 삶을 풍요롭게 하는 토대가 되었다.
③ ㉡이 지나치면 환경 파시즘으로 흐를 수 있다.
④ ㉢의 사례로 하천 생태계 복원 사업이 있다.
⑤ ㉡은 ㉠과 달리 이분법적 관점에서 자연을 바라본다.

07 환경 문제 해결을 위한 노력

A 오늘날의 다양한 환경 문제

1 환경 문제의 원인과 특징

① 원인: 산업화 과정에서 인구 급증, 무분별한 ❶◻◻과 에너지 소비, 오염 물질 배출 → 생태계 파괴로 자연의 ❷◻◻ 능력 상실

② 특징: 문제가 발생한 지역이나 국가뿐만 아니라 전 ❸◻◻적 차원의 문제로 확산됨, 피해를 복구하는 데 많은 시간과 비용이 필요함, 책임 소재를 구분하기 어려움

2 다양한 환경 문제

① 지구 ❹◻◻◻ → 지구의 평균 기온이 서서히 올라가는 현상이다.

원인	화석 연료 소비량 급증, 삼림 파괴 → 온실가스 배출량 및 대기 중 온실가스 농도 증가
영향	극지방과 고산 지대의 ❺◻◻ 감소, 해수면 상승으로 일부 해안 저지대나 섬 지역 침수, 각종 기상 이변 발생, 동식물 서식 환경 변화 등

② 산성비

원인	공장의 매연, 자동차의 배기가스 등이 빗물과 결합하여 ❻◻◻도가 높은 비가 내림
영향	삼림 파괴, 농작물 피해, 하천·호수·토양의 산성화, 건축물 부식 등

③ 사막화 → 사막 주변 지역의 식생이 파괴되어 사막으로 변화하는 현상으로, 특히 아프리카 사하라 사막 남쪽의 사헬 지대에서 심각하다.

원인	장기간의 ❼◻◻, 과도한 방목과 개간에 따른 토지 황폐화 → 자연적으로 발생하기도 하지만, 인위적인 영향도 크다.
영향	식량 생산량 감소, ❽◻ 부족 문제 발생, 황사 심화, 생태계 파괴 등

④ ❾◻◻◻ 파괴

원인	오존층 파괴 물질인 염화 플루오린화 탄소(CFCs)의 사용량 증가
영향	지상에 도달하는 ❿◻◻◻ 증가 → 피부 및 안과 질환 증가, 농작물 수확량 감소 등

⑤ 열대림 파괴

원인	농경지 및 목초지 조성을 위한 무분별한 ⓫◻◻
영향	동식물의 ⓬◻◻◻ 파괴로 생물종 다양성 감소, 지구 온난화 심화 등

⑥ 기타: 대기 오염, 해양 오염, 미세 플라스틱 등

빈출 자료 PICK   다양한 환경 문제   ☑ Link 313~314번 문제

▲ 지구 온난화에 따른 해수면 상승으로 침수 위기에 있는 가옥(키리바시)

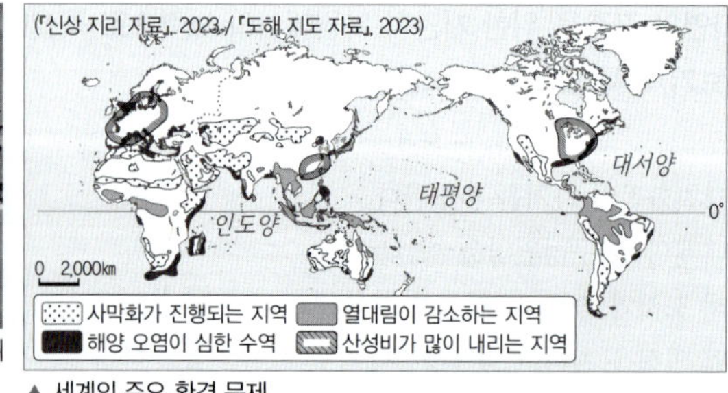

▲ 세계의 주요 환경 문제

지구 온난화를 비롯한 전 지구적 차원의 환경 문제는 인류의 생존은 물론 생태계 전반을 위협하고 있다.

1 정부의 노력 → 법과 정책을 어기면 개인이 처벌받거나 부담금을 내도록 하는 반면, 환경친화적인 활동을 하면 기업과 개인에게 혜택을 주기도 한다.

① **환경 관련 법률 및 정책 마련**: 환경과 관련한 다양한 **⓭**　　　을 제정하고 구체적인 제도와 정책을 마련하여 시행함

② **환경 보전 촉진**: 친환경 산업을 육성함, 기업이 친환경 기술과 에너지를 개발하도록 장려함, 개인에게 에너지 절약 실천 방안 등을 홍보하고 환경 교육을 활성화함

③ **국제 환경 협약 체결**: 전 지구적 차원의 환경 문제 해결을 위해 국제 환경 **⓮**　　　을 체결함

2 시민 단체의 노력 → 시민사회의 대표적 사례로, 환경 문제를 사회적으로 쟁점화한다.

① **정부와 기업의 환경 관련 활동 ⓯**　　: 정부나 기업의 활동이 환경에 나쁜 영향을 끼치지 않는지 감시하고 비판함

② **환경 관련 시민 ⓰**　　 **전개**: 시민이 친환경적 활동을 하도록 지원하기 위해 환경 보호 캠페인을 비롯한 다양한 시민운동을 전개함

→ 그린피스와 같은 시민 단체는 여러 국가의 시민 단체와 연대하여 전 지구적으로 환경 운동을 전개하고 있다.

3 기업의 노력

① **⓱**　　　 **제품 개발**: 상품 생산 시 과대 포장을 지양하고 자원 재활용이나 기술 혁신을 통해 친환경적 제품을 개발함

② **환경 ⓲**　　 **요소 최소화**: 노후화된 시설 정비 및 교체, 환경 오염 방지 시설 설치, 신·재생 에너지 사용 확대 등을 통해 생산 과정에서 환경에 미치는 부정적 영향을 최소화하고자 함

4 생태시민으로서의 개인의 노력

⓳　　 **전환적 사고 함양**	다양한 환경 문제 해결에 연대하고 실천할 수 있는 생태시민임을 깨닫고, 환경친화적인 가치관을 수립해야 함
환경친화적 생활방식 실천	일상생활에서 대중교통 이용, 재활용품 사용과 쓰레기 분리배출 생활화, 녹색 **⓴**　　 실천 등 친환경적 생활방식을 실천하고, 환경 정책에 적극 동참해야 함

빈출 자료 PICK　　**환경 문제 해결을 위한 주요 국제 환경 협약**　☑ Link 337~338번 문제

오늘날의 환경 문제는 개인이나 개별 국가의 노력만으로는 해결이 어렵기 때문에 국제적 협력과 실천이 필요하다. 이에 따라 전 지구적 차원의 환경 문제를 해결할 목적으로 국제 사회는 긴밀하게 협력하고 있으며, 많은 국가가 다양한 환경 협약을 체결하여 이행하고 있다.

→ 기업과 개인의 활동에 영향을 줄 뿐만 아니라 국가 간에 환경에 대한 책임과 의무를 부여하고 감시하는 역할을 한다.

답 ❶ 자원　❷ 자정　❸ 지구　❹ 온난화　❺ 빙하　❻ 산성　❼ 가뭄　❽ 물　❾ 오존층　❿ 자외선　⓫ 벌목　⓬ 서식지　⓭ 법률　⓮ 조약　⓯ 감시　⓰ 운동　⓱ 친환경　⓲ 오염　⓳ 생태　⓴ 소비

기출 PICK B-1

환경 문제 해결을 위한 법률 및 정책

법률	「환경 정책 기본법」과 「자연환경 보전법」 등
정책	환경 영향 평가 제도, 저탄소 녹색 성장 정책, 에너지 소비 효율 등급 표시제, 온실가스 배출권 거래제 등

대규모 개발 사업 계획을 수립할 때 환경에 미치는 영향을 미리 예측하여 평가하는 제도

기출 PICK B-2

환경 문제 해결을 위한 시민 단체의 노력

- 정부가 환경 관련 정책과 제도를 수립 및 시행하도록 촉구하며, 구체적인 방안을 제시하기도 한다.
- 기업이 오염 물질 배출물을 줄이거나 환경 보호 활동 등에 앞장서도록 유도하기도 한다.
- 시민이 환경 문제에 대한 관심과 환경 의식을 바탕으로 문제 해결을 위한 실천에 참여하도록 유도한다.

개념 확인 문제

◆ **다음 빈칸에 들어갈 알맞은 말을 쓰시오.**

300 산성비, 오존층 파괴 등의 (　　　　)는 지역이나 국가의 경계를 넘어 전 지구에 영향을 미친다.

301 (　　　　)로 극지방과 고산 지대의 빙하가 녹아 해수면이 상승하면서 일부 해안 저지대나 섬 지역이 침수 피해를 입고 있다.

302 장기간의 가뭄, 과도한 방목과 개간 등에 따른 황폐화를 원인으로 발생하는 (　　　　)로 식량 생산량이 줄고, 물 부족 문제가 발생하고 있다.

303 시민사회의 대표적 사례인 (　　　　)는 정부나 기업의 환경 관련 활동을 감시하고, 환경 보호 캠페인을 비롯한 다양한 시민운동을 전개한다.

304 개인은 다양한 환경 문제 해결에 연대하고 실천할 수 있는 (　　　　)임을 깨닫고, 환경친화적인 가치관을 수립해야 한다.

◆ **다음 밑줄 친 부분을 옳게 고치시오.**

305 염화 플루오린화 탄소(CFCs)의 사용 증가로 <u>열대림</u>이 파괴되면서 피부 질환과 눈 질환이 증가하였다.

306 사막화는 극심한 <u>홍수</u>, 과도한 방목과 개간 등을 원인으로 발생하는 환경 문제이다.

307 <u>황사</u>는 공장의 매연과 자동차의 배기가스 등이 빗물과 결합하여 내리는 것을 말한다.

308 <u>기업</u>은 환경 관련 법률을 제정하고 정책을 수립 및 시행하는 역할을 한다.

309 <u>시민 단체</u>는 환경 문제 해결을 위해 친환경적 제품을 개발하고, 제품 생산 과정에서 환경 오염 요소를 최소화하기 위해 노력해야 한다.

난이도별 필수 기출

상 6문항　중 15문항　하 11문항

A 오늘날의 다양한 환경 문제

310 하

환경 문제의 특징에 대한 옳은 설명만을 〈보기〉에서 고른 것은?

> **보기**
> ㄱ. 자연은 자정 능력이 없어 한번 훼손되면 복원이 불가능하다.
> ㄴ. 오늘날 환경 문제는 인간의 생존을 위협할 만큼 심각한 상황이다.
> ㄷ. 환경 문제의 피해를 복구하는 데 오랜 시간과 많은 노력, 비용이 든다.
> ㄹ. 환경 문제의 피해와 영향은 대부분 한 국가의 영역에 국한되는 경우가 많다.

① ㄱ, ㄴ ② ㄱ, ㄷ ③ ㄴ, ㄷ
④ ㄴ, ㄹ ⑤ ㄷ, ㄹ

[311~312] 빈출 자료★

그래프는 지구 환경의 변화를 나타낸 것이다. 물음에 답하시오.

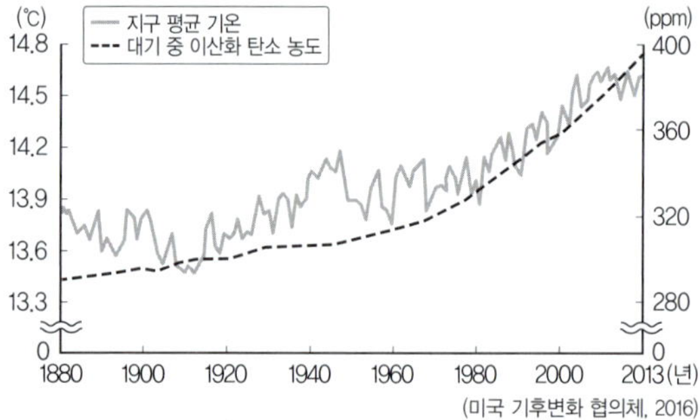

311 중 ★빈출

위와 같은 지구 환경의 변화가 나타나게 된 주요 원인으로 가장 적절한 것은?

① 산업화 이후 화석 연료의 과도한 사용
② 공장에서 배출된 오염 물질과 빗물의 결합
③ 산업 단지에서 무단으로 배출된 폐수와 폐기물
④ 이상 기후와 과도한 인간 활동에 따른 사막의 파괴
⑤ 과도한 일회용품 사용에 따른 다이옥신 배출량의 증가

312 중 | 서술형 |

위 그래프를 통해 알 수 있는 지구 환경의 변화를 설명하고, 이러한 변화가 미치는 영향을 <u>두 가지</u> 이상 서술하시오.

[313~314] 빈출 자료★

다음 자료를 보고 물음에 답하시오.

(㉠)에 따른 해수면 상승으로 남태평양의 섬나라인 투발루, 키리바시 등은 국토가 침수되고 있다.

◀ 해수면 상승으로 침수 위기에 있는 가옥(키리바시)

313 하

㉠에 들어갈 환경 문제에 대한 설명으로 옳은 것은?

① 호흡기 질환을 일으킨다.
② 도시의 건축물과 조각상을 부식시킨다.
③ 지구의 평균 기온이 점점 상승하는 현상이다.
④ 하늘이 뿌예지고 시야가 흐려져 교통에 장애를 준다.
⑤ 염화 플루오린화 탄소(CFCs)의 사용 증가가 원인이 된다.

314 중

㉠에 들어갈 환경 문제가 지속될 경우 나타날 수 있는 현상으로 가장 적절한 것은?

① 황사 현상이 완화될 것이다.
② 물 부족 문제가 발생할 것이다.
③ 건축물의 부식 현상이 심화될 것이다.
④ 피부암, 백내장 등의 발병률이 증가할 것이다.
⑤ 가뭄, 홍수 등 자연재해의 발생 빈도가 증가할 것이다.

315 상

지도는 기후변화에 따른 주요 지역의 변화를 나타낸다. ㉠~㉤에 들어갈 내용으로 옳은 것은?

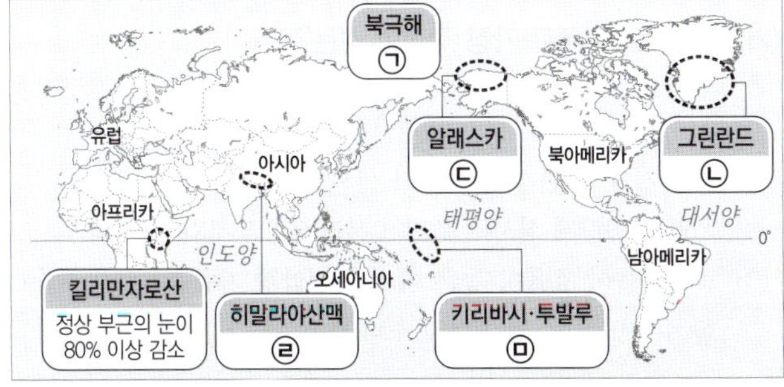

① ㉠ – 해빙(海氷)의 면적과 두께가 증가한다.
② ㉡ – 활동층의 두께가 감소한다.
③ ㉢ – 영구 동토층의 두께가 증가한다.
④ ㉣ – 빙하의 전진이 나타난다.
⑤ ㉤ – 영토가 바닷물에 잠길 위험에 처하였다.

316 하

밑줄 친 '이 환경 문제'에 관한 설명으로 가장 적절한 것은?

이 환경 문제로 인해 삼림 파괴, 건축물과 조각상 부식, 토양 오염 등의 피해가 발생하고 있다.

① 사막 주변 지역이 사막으로 변하는 것이다.
② 오존이 파괴되어 그 밀도가 낮아지는 것이다.
③ 대기 오염 물질이 빗물과 결합해 내리는 것이다.
④ 미세한 모래먼지가 바람을 타고 날아와 떨어지는 것이다.
⑤ 대기 중 온실가스 증가로 지구의 기온이 상승하는 것이다.

[317~318] 빈출 자료★

다음은 아랄해의 변화에 대한 설명이다. 물음에 답하시오.

아랄해는 세계에서 네 번째로 큰 호수였지만, 수량이 급격히 감소하면서 지금은 거의 사막으로 변하였다.

사막 위에 자리잡은 선박들 ▶ (우즈베키스탄)

317 하

위와 같은 변화에 영향을 끼친 요인으로 가장 적절한 것은?

① 토양의 염류화
② 관개 농업의 확대
③ 대규모 간척 사업
④ 첨단 산업 단지의 건설
⑤ 하천의 토사 공급량 증가

318 중

위와 같은 변화에 대한 옳은 설명만을 〈보기〉에서 있는 대로 고른 것은?

〈 보기 〉

ㄱ. 과도한 경작의 결과로 나타났다.
ㄴ. 인간 중심주의 자연관이 반영되어 나타난 결과이다.
ㄷ. 이로 인해 사막 면적이 확대되고 생물종이 감소하였다.
ㄹ. 프레온 가스의 사용 증가로 인해 발생하였으며, 피부암 및 백내장 발생률이 증가하였다.

① ㄱ, ㄷ　　　② ㄴ, ㄹ　　　③ ㄷ, ㄹ
④ ㄱ, ㄴ, ㄷ　　　⑤ ㄴ, ㄷ, ㄹ

319 (상)

(가) 지역에서 발생한 환경 문제에 대한 옳은 설명만을 〈보기〉에서 고른 것은?

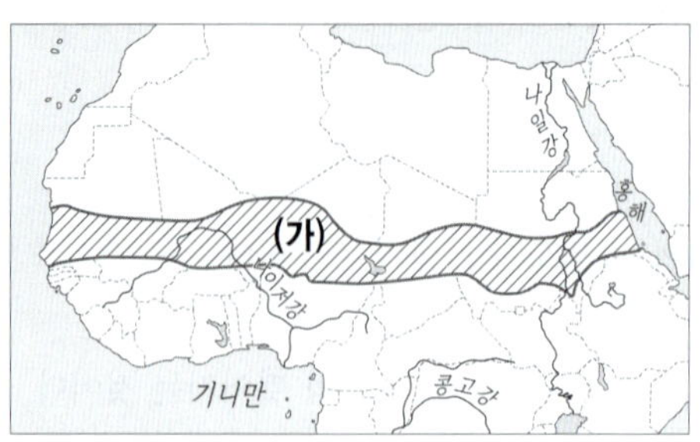

〈 보기 〉

ㄱ. 주로 사막 주변 지역에서 발생하고 있다.
ㄴ. 호수의 산성화, 구조물의 부식을 일으킨다.
ㄷ. 잦은 가뭄, 과도한 방목 등이 주요 원인이다.
ㄹ. 국제 사회는 이 문제를 해결하기 위해 몬트리올 의정서를 체결하였다.

① ㄱ, ㄴ   ② ㄱ, ㄷ   ③ ㄱ, ㄹ
④ ㄴ, ㄷ   ⑤ ㄷ, ㄹ

320 (하)

교사의 질문에 옳게 대답한 학생만을 〈보기〉에서 고른 것은?

교사: 오존층 파괴의 원인과 피해에 대해 발표해 볼까요?

〈 보기 〉

갑: 피부암과 안과 질환을 증가시킵니다.
을: 삼림을 파괴하고 건축 및 조각상을 부식시킵니다.
병: 극심한 가뭄과 과도한 목축, 농경이 주된 원인입니다.
정: 염화 플루오린화 탄소(CFCs)의 사용 증가가 주요 원인으로 작용합니다.

① 갑, 을   ② 갑, 병   ③ 갑, 정
④ 을, 정   ⑤ 병, 정

321 (하)

환경 문제와 그에 따른 영향을 옳게 짝지은 것은?

	환경 문제	영향
①	사막화	식량 생산량 감소, 황사 심화
②	산성비	빙하 면적 감소, 해수면 상승
③	열대림 파괴	피부암, 안과 질환 유발 등
④	오존층 파괴	동식물의 서식지 파괴
⑤	지구 온난화	건축물 부식, 산림 파괴 등

322 (중)

밑줄 친 ㉠~㉤에 대한 설명으로 옳지 <u>않은</u> 것은?

극심한 가뭄과 인간의 과도한 개발로 ㉠ 사막화가 확대되고, 염화 플루오린화 탄소(CFCs)의 사용 증가로 ㉡ 오존층 파괴가 나타나며, ㉢ 산성비의 피해도 증가하고 있다. 또한 무분별한 벌목과 개간, 목축 등으로 ㉣ 열대림이 파괴되고, 그로 인해 동식물의 서식지가 사라져 ㉤ 생물종 다양성이 감소하는 문제가 나타난다.

① ㉠은 건조 및 반건조 지역에서 토양이 생산 능력을 상실하고 황폐화되어 사막이 확대되는 현상을 말한다.
② ㉡은 지상의 생물체를 자외선으로부터 보호해 준다.
③ ㉢은 숲의 나무와 농경지의 작물을 말라죽게 하며, 도시의 건축물과 조각상을 부식시킨다.
④ ㉣로 인해 지구 온난화 현상이 심화되고 있다.
⑤ ㉤을 위해 몬트리올 의정서를 체결하였다.

B 환경 문제 해결을 위한 노력

323 (하)

환경 문제 해결을 위한 정부의 노력으로 적절한 것만을 〈보기〉에서 있는 대로 고른 것은?

〈 보기 〉

ㄱ. 친환경 제품을 개발하여 판매한다.
ㄴ. 친환경 사업자에게 보조금을 지급한다.
ㄷ. 환경 문제 해결을 위한 국가 간 협력에 동참한다.
ㄹ. 오염 물질 배출자를 처벌하거나 부담금을 부과한다.

① ㄱ, ㄴ   ② ㄱ, ㄹ   ③ ㄴ, ㄹ
④ ㄱ, ㄴ, ㄷ   ⑤ ㄴ, ㄷ, ㄹ

324 (중)

(가)에 들어갈 주제로 가장 적절한 것은?

주제: _______________(가)_______________
1. 자연 개발 시 환경 영향 평가 실시
2. 쓰레기 종량제 실시로 쓰레기 분리배출 의무화
3. 소비자들이 효율이 높은 에너지 절약형 제품을 쉽게 구입할 수 있도록 하는 에너지 소비 효율 등급제 시행

① 저탄소 녹색 성장의 원칙
② 자연과 인간의 조화를 통한 발전
③ 환경 문제 해결을 위한 정부의 정책
④ 에너지 소비 감소를 위한 합리적 소비
⑤ 환경 문제의 이해와 전 지구적 차원의 노력

325 중

다음 단체들의 환경 문제 해결을 위한 노력으로 옳은 것은?

> • 그린피스　　　• 지구의 벗　　　• 세계 자연 기금

① 환경 관련 제도와 정책을 마련한다.
② 신·재생 에너지 산업을 적극 육성한다.
③ 환경 협약 체결을 통해 국가 간 연대를 강화한다.
④ 환경 문제의 심각성과 환경 보전의 중요성을 홍보한다.
⑤ 친환경 제품의 개발을 위해 시설 정비와 기술에 투자한다.

326 중

다음 사례에서 환경 문제를 해결하기 위한 밑줄 친 ㉠의 노력으로 가장 적절한 것은?

> ㉠ 그린피스가 상공에 드론 300대를 띄워 밤하늘에 고래와 바다거북 등 멸종 위기의 바다 생물을 형상화하며 해양 보호 메시지를 전하였다. 이번 드론 쇼는 심각한 기상 이변이 빈번하게 일어나고 있는 현 시점에서 시민들에게 기후 조절 역할을 수행하는 바다 보호의 중요성을 알리기 위해 마련되었다.

① 환경 오염 방지 시설을 구축한다.
② 저탄소 녹색 성장 정책을 수립한다.
③ 일상생활에서 녹색 소비를 생활화한다.
④ 기술 혁신을 통해 환경친화적 제품을 개발한다.
⑤ 다양한 시민운동과 환경 보호 캠페인을 실시한다.

327 하

다음은 한 학생이 작성한 노트 필기의 일부이다. ㉠~㉤ 중 옳지 않은 것은?

> 〈주제: 환경 문제 해결을 위한 기업의 노력〉
> 1. 생산 과정
> 　(1) 생산 과정에서 배출되는 오염 물질을 정화하는 시설을 갖추어야 한다. ……………………………… ㉠
> 　(2) 전기 자동차, 에너지 고효율 가전제품 등 친환경 기술을 개발하고 친환경 상품을 생산해야 한다. ………… ㉡
> 2. 유통 과정
> 　(1) 유통 과정을 간소화해야 한다. ………………… ㉢
> 　(2) 친환경 상품을 우선 공급, 진열해야 한다. ………… ㉣
> 3. 폐기 과정
> 　(1) 포장은 가급적 많이 해야 하며, 자연 상태에서 쉽게 분해되는 재질을 사용한다. ……………………… ㉤
> 　(2) 사용 후 버려진 제품을 재활용해야 한다.

① ㉠　　② ㉡　　③ ㉢　　④ ㉣　　⑤ ㉤

328 중

(가)에 들어갈 내용으로 가장 적절한 것은?

> 미세 먼지는 눈으로 식별하기 어려운 가늘고 작은 먼지로, 도시에서 주로 발생한다. 중금속과 각종 화학 물질 등 유해 물질이 포함된 미세 먼지는 호흡기 질환과 심혈관 질환, 피부 질환 등의 원인으로 사람들의 건강을 위협하고 있다. 이에 정부, 기업, 시민 단체 등이 문제 해결을 위해 실행할 수 있는 방안들이 제시되고 있다. 예를 들어, ＿＿＿＿＿＿＿＿ (가)

① 기업은 미세 먼지 유발 업체에 과태료를 부과할 수 있다.
② 기업은 미세 먼지를 줄이는 친환경 기술을 개발할 수 있다.
③ 정부는 미세 먼지의 심각성을 알리는 시민운동을 전개할 수 있다.
④ 시민 단체는 미세 먼지 유발 제품의 판매 금지를 법제화할 수 있다.
⑤ 시민 단체는 제품 생산 과정에서 미세 먼지 배출 방지 시스템을 도입할 수 있다.

329 상

환경 문제 해결을 위한 (가), (나)의 활동에 대한 설명으로 옳은 것은? (단, (가), (나)는 각각 정부, 시민 단체, 기업 중 하나임.)

> 과도한 일회용 플라스틱 포장재를 분리 및 제거하여 제조업체나 유통업체에 반납하는 '플라스틱 어택(Plastic Attack)' 운동이 우리 사회에 변화를 불러오고 있다. 환경 문제에 관심을 가진 사람들이 자발적으로 조직한 　(가)　 은/는 길거리에 버려진 일회용 컵을 주워 해당 매장에 반납하고, 일회용품 사용 규제를 추구하는 서명 운동을 진행하였다. 이에 　(나)　 은/는 일회용 컵 보증금제를 부활시키는 등 자원 재사용과 재활용 촉진을 위한 제도를 마련하겠다고 밝혔다.

① (가)는 환경과 관련된 법을 만들고 집행한다.
② (가)는 환경 문제와 관련된 캠페인을 진행한다.
③ (나)는 이윤 추구를 위해 친환경 상품을 생산 및 유통한다.
④ (나)는 생산 과정에서 오염 물질 배출량을 줄이기 위해 시설을 정비 및 교체한다.
⑤ (가)는 환경 정책을 결정하고, (나)는 환경 문제를 사회적으로 쟁점화한다.

330 중

| 서술형 |

밑줄 친 '제 역할'에 해당하는 내용을 두 가지 서술하시오.

> 우리는 다양한 환경 문제 해결에 연대하고 실천할 수 있는 생태시민임을 깨닫고 환경 문제를 해결하기 위해 실생활에서 제 역할을 다해야 한다.

331 

환경 문제 해결을 위한 개인적 차원의 노력으로 적절하지 <u>않은</u> 것은?

① 일회용품 사용 줄이기
② 자전거와 대중교통 이용하기
③ 사용하지 않는 가전제품 플러그 뽑기
④ 에어컨과 난방기의 적정 온도 유지하기
⑤ 환경 정책 시행 과정을 감시하고 비판하기

332 중

환경 문제 해결을 위한 ㉠~㉣의 노력으로 옳지 <u>않은</u> 것은?

> 환경 문제가 전 세계적으로 점차 심각해짐에 따라 이를 해결하기 위해 ㉠ 정부, ㉡ 시민 단체, ㉢ 기업, ㉣ 개인 등은 다양한 노력을 기울이고 있다.

① ㉠ – 환경 영향 평가 제도를 실시한다.
② ㉡ – 환경 보호 캠페인을 진행한다.
③ ㉡ – 기업의 환경 오염 유발 행위를 감시한다.
④ ㉢ – 환경 관련 법과 제도를 마련한다.
⑤ ㉣ – 쓰레기 분리수거와 재활용을 생활화한다.

333 중

환경 문제를 해결하기 위한 활동 (가)~(라)의 주체를 〈보기〉에서 골라 옳게 연결한 것은?

> (가) 저탄소 녹색 성장 정책을 수립하여 온실가스 감축을 위해 노력한다.
> (나) 일상생활에서 자가용보다는 버스, 지하철과 같은 대중교통을 이용한다.
> (다) 각종 정책과 사업을 환경 보전의 측면에서 감시하며, 환경 보호 캠페인을 펼친다.
> (라) 기술 혁신을 통해 환경친화적 제품을 개발하고, 온실가스 배출량을 줄이기 위해 노력한다.

> ─〈 보기 〉─
> ㄱ. 개인   ㄴ. 기업   ㄷ. 정부   ㄹ. 시민 단체

	(가)	(나)	(다)	(라)
①	ㄱ	ㄷ	ㄴ	ㄹ
②	ㄴ	ㄷ	ㄹ	ㄱ
③	ㄴ	ㄹ	ㄷ	ㄱ
④	ㄷ	ㄱ	ㄹ	ㄴ
⑤	ㄷ	ㄹ	ㄴ	ㄱ

334 하

파리 협정(2015년)에 대한 설명으로 옳지 <u>않은</u> 것은?

① 온실가스 감축이 주요 목적이다.
② 2020년 이후의 신 기후 체제이다.
③ 교토 의정서에 비해 대상 국가가 증가하였다.
④ 선진국에만 온실가스 감축 의무를 부여하고 있다.
⑤ 개발 도상국에 대한 선진국의 지원 방안을 포함하고 있다.

335 상

다음 국제 협약과 관련된 환경 문제를 해결하기 위한 노력으로 적절한 것만을 〈보기〉에서 고른 것은?

> UN 기후변화 협약 195개 참가국은 '교토 의정서'를 대신할 '파리 협정'을 채택하였다. 이 협약에는 선진국뿐만 아니라 개발 도상국에도 온실가스 감축 의무를 부여하고 기후변화로 피해를 입는 국가를 돕는 내용도 포함되었다.

> ─〈 보기 〉─
> ㄱ. 화석 연료의 가격을 인하한다.
> ㄴ. 탄소 배출량이 적은 제품을 사용한다.
> ㄷ. 온실가스의 배출량에 대한 규제를 완화한다.
> ㄹ. 시민 단체에 가입하여 환경 오염 감시 활동을 한다.

① ㄱ, ㄴ   ② ㄱ, ㄷ   ③ ㄴ, ㄷ
④ ㄴ, ㄹ   ⑤ ㄷ, ㄹ

336 중

환경 문제와 관련한 주요 국제 협약에 대한 설명 중 옳은 진술에만 모두 '√'표를 한 학생은?

설명 \ 학생	갑	을	병	정	무
바젤 협약: 유해 폐기물의 국가 간 이동과 교역 규제		√		√	√
람사르 협약: 습지의 파괴를 막고 물새가 서식하는 습지 보호		√	√		√
기후변화 협약: 오존층 보호를 위해 염화 플루오린화 탄소의 사용 금지	√	√	√		
몬트리올 의정서: 지구 온난화 방지를 위한 이산화 탄소의 배출량 감축	√		√	√	

① 갑   ② 을   ③ 병   ④ 정   ⑤ 무

지도는 주요 국제 환경 협약을 나타낸 것이다. 물음에 답하시오.

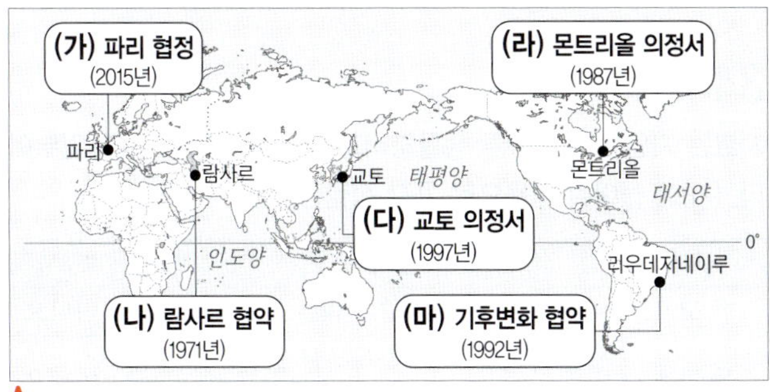

337 ⓒ

지도의 (가)~(마)에 대한 설명으로 옳은 것은?

① (가)는 사막화의 영향을 받는 나라들이 모여 사막화 방지를 위한 대책을 마련한 것이다.

② (나)는 습지의 파괴를 막고 물새가 서식하는 습지를 보호하기 위한 협약이다.

③ (다)를 통해 염화 플루오린화 탄소 사용이 금지되었다.

④ (라)는 지속가능한 생태계를 유지하기 위한 협약이다.

⑤ (마)는 유해 폐기물의 국가 간 이동과 그 처리를 통제하기 위한 협약이다.

338 ⓒ

지도의 (가)~(라)의 주요 내용으로 옳은 것만을 〈보기〉에서 고른 것은?

─〈 보기 〉─

ㄱ. (가) – 선진국과 개발 도상국 모두에 온실가스 감축 의무 부과

ㄴ. (나) – 국제적으로 중요한 습지에 관한 협약

ㄷ. (다) – 유해 폐기물의 국가 간 이동 및 처리 통제

ㄹ. (라) – 심각한 가뭄과 사막화를 겪는 국가를 지원하기 위한 협약

① ㄱ, ㄴ ② ㄱ, ㄷ ③ ㄴ, ㄷ
④ ㄴ, ㄹ ⑤ ㄷ, ㄹ

339 ⓗ

| 주관식

다음은 오존층 파괴에 대한 설명이다. (가), (나)에 들어갈 말을 각각 쓰시오.

오존층 파괴의 원인으로는 냉장고 및 에어컨의 냉매제 및 분사제로 활용되는 __(가)__ 의 사용이 원인으로 알려져 있다. 이에 대한 대책으로 국제 사회는 __(나)__ 을/를 통한 오존층 파괴 물질 배출 억제에 합의하였다.

( )

340 ⓢ

표는 환경 문제와 관련한 내용을 정리한 것이다. (가)~(마)에 들어갈 내용으로 옳지 않은 것은?

구분	원인	영향	대책
지구 온난화	(가)	극지방의 빙하 면적 감소	(나)
오존층 파괴	염화 플루오린화 탄소(CFCs) 사용	(다)	대체 냉매제 개발
열대림 파괴	(라)	동식물 서식지 파괴, 생물종 감소	열대림 자연 보호 구역 지정
산성비	자동차 배기가스의 황산화물 증가	(마)	공장·자동차에 탈황 시설 설치

① (가) – 화석 연료의 사용 증가, 삼림 파괴

② (나) – 온실가스 배출권 거래제 시행

③ (다) – 피부암, 백내장 등의 질병 유발

④ (라) – 중국과 몽골 내륙 지역의 토지 황폐화

⑤ (마) – 농작물 및 삼림 피해, 하천과 호수 오염

341 ⓢ

갑, 을의 입장에 관한 옳은 설명만을 〈보기〉에서 고른 것은?

갑: 오염 물질 배출권 거래는 환경 위기를 자유로운 시장에서 극복하기 위한 효율적인 방법이다. 개발 도상국은 사용하지 않는 배출권을 팔고 선진국은 경제적 부담이 되지 않는 적정 수준에서 배출량을 결정할 것이기 때문이다.

을: 환경 위기를 갑의 주장과 같이 시장의 논리로 접근하는 것은 바람직하지 않다. 선진국은 지불 능력이 되는 한 제한 없이 오염 물질 배출권을 사들일 것이다.

─〈 보기 〉─

ㄱ. 갑은 오염 물질 배출권 거래가 선진국에게 이익이 된다고 주장한다.

ㄴ. 갑은 오염 물질 배출권 거래가 개발 도상국에게 이익이 된다고 주장한다.

ㄷ. 갑은 을과 마찬가지로 경제적 유인을 제공하는 제도가 효율적인 제도가 될 수 있다고 주장한다.

ㄹ. 을과 달리 갑은 선진국이 온실가스 배출에 대한 문제에서 윤리적 관점을 갖고 책임을 져야 한다고 강조하고 있다.

① ㄱ, ㄴ ② ㄱ, ㄷ ③ ㄱ, ㄹ
④ ㄴ, ㄷ ⑤ ㄷ, ㄹ

342

다음은 서로 다른 기후 지역의 가옥이다. (나) 기후 지역과 비교한 (가) 기후 지역의 상대적 특징을 그림의 A~E에서 고른 것은?

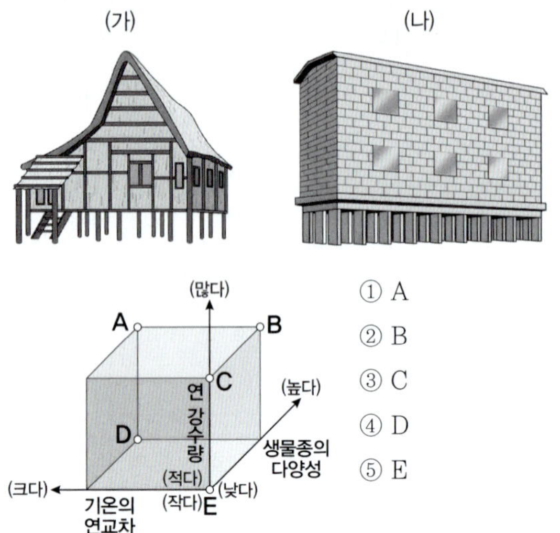

① A
② B
③ C
④ D
⑤ E

343

(가)~(라)의 생활양식이 나타나는 지역에 대한 설명으로 옳은 것은? (단, (가)~(라)는 지도에 표시된 네 지역 중 하나임.)

> (가) 지붕이 평평하고 창문은 작은 흙벽돌집이 발달한다.
> (나) '퍼(쌀국수) + 보(소고기)', '분(쌀로 만든 얇은 면) + 짜(다진 고기)'가 대표적인 음식이다.
> (다) 물과 먹이를 찾아 이동하며 순록을 사육하는 유목이 이루어진다.
> (라) 여름철 강한 일사에 대비하여 벽면을 하얗게 칠한 가옥이 발달한다.

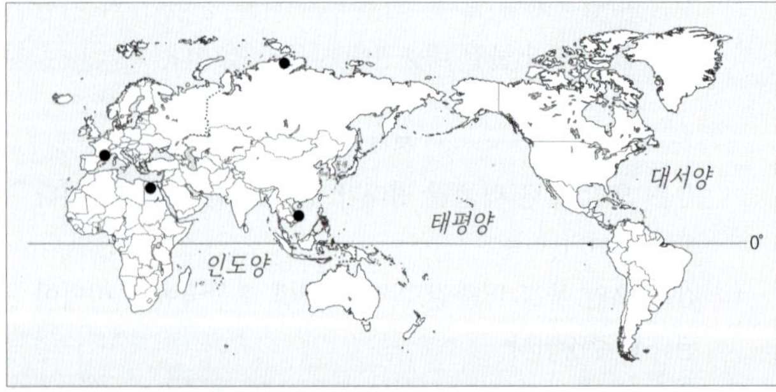

① (가)는 (나)보다 연 강수량이 많다.
② (가)는 (다)보다 고위도에 위치한다.
③ (가)는 (라)보다 기온의 일교차가 작다.
④ (나)는 (다)보다 가장 추운 달의 평균 기온이 낮다.
⑤ (나)는 (라)보다 연 강수량에서 여름철 강수량이 차지하는 비중이 높다.

344

자료는 자연환경에 따른 생활양식과 관련한 스무 고개의 일부이다. (가)에 들어갈 내용으로 가장 적절한 것은?

구분	학생	교사
한 고개	이 지역은 연 강수량이 많은 지역인가요?	아니요
두 고개	쌀을 주재료로 하여 독특한 향신료를 사용하는 음식 문화가 발달했나요?	아니요
세 고개	온몸을 완전히 감싸는 의복 문화가 발달했나요?	예
네 고개	(가)	예
다섯 고개	날고기, 날생선 등 주로 육류를 섭취하나요?	아니요

① 가옥의 지붕이 급경사인가요?
② 집의 바닥을 지면에서 띄워서 짓나요?
③ 집을 지을 때 지붕을 평평하게 짓나요?
④ 가옥의 구조는 창이 크고 개방적인가요?
⑤ 건물의 처마가 도로 쪽으로 길게 돌출되어 있나요?

345

다음 여행객이 방문한 지역을 순서대로 나열한 것은?

> 나는 이번에 우리나라에서는 볼 수 없는 자연 경관들을 많이 구경할 수 있었다. 처음 방문한 곳은 빙하 지형이 발달한 나라로 경사가 급한 산지의 낙차를 이용하여 에너지를 생산하는 수력 발전이 널리 이루어지는 국가였다. 두 번째로 방문한 곳은 석회암이 물에 녹아 만들어진 탑 모양의 봉우리가 발달한 곳이었다. '하늘에서 내려온 용'이라는 뜻의 지형을 실제로 보니 정말 용이 꿈틀거리는 듯 보였다. 마지막으로 방문한 나라는 높은 산지에 위치한 나라였다. 이 나라의 수도는 평균 해발 고도가 약 3,600m로 하늘의 별과 가장 가까운 수도라는 별명을 가지고 있다.

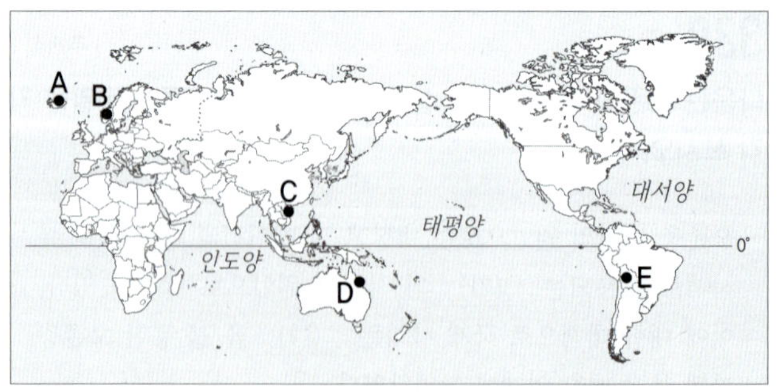

① A → C → D
② A → E → D
③ B → C → E
④ B → D → C
⑤ E → A → B

346

다음은 형성 평가 문항에 대한 어떤 학생의 답안지이다. 이 학생의 점수로 옳은 것은?

〈형성 평가〉
* 자연재해에 대한 설명이 맞으면 ○표, 틀리면 ×표 하시오.
  (단, 문항당 배점은 1점임.)

문항	내용	답안
1	태풍은 저위도에서 발생하여 중위도로 이동한다.	○
2	지진과 화산 활동은 주로 판의 경계에서 발생한다.	○
3	홍수는 다른 자연재해보다 느리게 발생하지만 피해 범위가 크다.	×
4	무분별한 산지 개발로 토양층이 약해지면 산사태의 발생 빈도가 낮아진다.	○
5	폭설이 발생하면 농경지와 주택이 침수되어 인명 및 재산 피해가 나타난다.	○

① 1점　　② 2점　　③ 3점　　④ 4점　　⑤ 5점

347

다음 헌법 조항을 실현하기 위해 국가와 국민이 노력할 수 있는 방안으로 옳지 <u>않은</u> 것은?

- 제34조 ① 모든 국민은 인간다운 생활을 할 권리를 가진다.
  ⑥ 국가는 재해를 예방하고 그 위험으로부터 국민을 보호하기 위하여 노력하여야 한다.
- 제35조 ① 모든 국민은 건강하고 쾌적한 환경에서 생활할 권리를 가지며, 국가와 국민은 환경 보전을 위하여 노력하여야 한다.

① 국가는 지진 등에 대한 대피 훈련을 정기적으로 실시한다.
② 국가는 재해 발생 시 신속하게 복구할 수 있는 대응 체계를 만든다.
③ 국민은 환경 보전 및 재해 예방을 위해 지속적 관심을 갖고 행동으로 실천한다.
④ 자연재해는 정확한 예측이 어려우므로 국가는 예방보다는 피해 복구 정책만을 수립한다.
⑤ 국가는 자연재해로 피해를 입은 지역에 대해 특별 재난 지역을 지정하여 지원금을 지급한다.

348

다음은 어느 고등학생의 수행 평가 과제물이다. 이에 대한 옳은 설명만을 〈보기〉에서 있는 대로 고른 것은?

〈수행 평가 과제물〉
◇ 제시문은 ___(가)___ 의 자연관을 지닌 사상가의 관점이다. 이 사상가의 관점에서 질문이 맞으면 '예', 틀리면 '아니요'를 쓰시오. (단, 옳은 답을 쓰면 1점, 틀린 답을 쓰면 0점임.)
◇ 제시문: 생명 공동체의 범위는 식물, 동물, 토양, 물을 포함하는 대지 전체이다. 따라서 우리는 이를 지배와 이용의 대상으로 보지 말고 공동체로 존중해야 한다.

질문	답안
자연과 인간을 전일적 관점으로 보는가?	예
(나)	아니요
자연의 도구적 가치만을 강조하는가?	(다)
자연의 본래적 가치를 존중하는가?	예
합계	(라)

〈 보기 〉
ㄱ. (가)에는 '생태 중심주의'가 들어간다.
ㄴ. 학생의 답안이 옳다면 (나)에 '인간과 자연을 이분법적으로 바라보는가?'가 들어갈 수 없다.
ㄷ. (나)에 '인간과 자연의 조화보다 항상 인간의 이익이 우선하는가?', (다)에 '예'가 들어가면 (라)는 3점이다.

① ㄱ　　　② ㄴ　　　③ ㄱ, ㄷ
④ ㄴ, ㄷ　　⑤ ㄱ, ㄴ, ㄷ

349

갑, 을의 입장을 〈보기〉에서 골라 옳게 연결한 것은?

갑: 이성은 없지만 생명이 있는 존재들을 폭력적이거나 잔혹하게 다루는 것은 인간의 자기 자신에 대한 의무에 배치되는 것이다.
을: 이성을 지닌 존재나 그렇지 않은 존재 모두 자연의 구성원 그 자체로서 동등한 가치를 지닌다.

〈 보기 〉

		인간은 생명 공동체를 존중할 직접적인 의무를 지니는가?	
		예	아니요
인간은 자연을 함부로 대하지 말아야 하는가?	예	A	B
	아니요	C	D

	갑	을		갑	을		갑	을
①	A	B	②	A	D	③	B	A
④	C	D	⑤	D	C			

350

갑은 부정, 을은 긍정의 대답을 할 질문으로 옳은 것만을 〈보기〉에서 있는 대로 고른 것은?

> 갑: 동물에 대한 우리의 의무는 인간성 실현을 위한 간접적인 도덕적 의무에 불과하다. 동물들을 잔학하게 다루는 것은 인간의 자기 자신에 대한 의무에 배치된다. 왜냐하면 이는 인간의 고통이라는 공유된 감정을 무디게 하며, 사람 간의 관계의 도덕성에 이바지할 수 있는 자연적인 소질을 약화시켜 점차 그 소질을 제거하기 때문이다.
> 을: 들꽃은 우리의 누이이고 순록과 말과 독수리는 우리의 형제이다. 세상의 모든 것은 하나로 연결되어 있다. 대지에 일어나는 일은 대지의 아들에게도 일어난다.

―〈 보기 〉―

ㄱ. 자연은 인간을 위한 수단적 가치를 갖는가?
ㄴ. 모든 생명체는 도덕적 존중의 대상이 되는가?
ㄷ. 정복 지향적 자연관으로 인간의 이익을 추구하는가?

① ㄱ   ② ㄴ   ③ ㄱ, ㄷ
④ ㄴ, ㄷ   ⑤ ㄱ, ㄴ, ㄷ

351

(가)의 갑~병의 입장을 (나) 그림으로 탐구할 때, A~D에 해당하는 적절한 질문만을 〈보기〉에서 있는 대로 고른 것은?

(가)
> 갑: 동물에 대한 우리의 의무는 인간성 실현을 위한 간접적인 도덕적 의무에 불과하다.
> 을: 지식은 힘이다. 방황하고 있는 자연을 묶어 인간에게 봉사하도록 하고 노예로 삼아야 한다.
> 병: 어떤 것이 생명 공동체의 온전함, 안정성, 아름다움을 보전하는 경향이 있다면 옳다. 그렇지 않은 경향이 있다면 그르다.

(나)
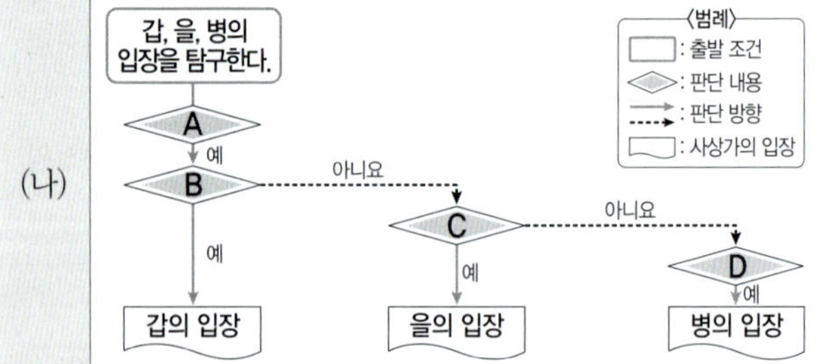

―〈 보기 〉―

ㄱ. A: 인간은 도덕적으로 존중받아야 할 존재인가?
ㄴ. B: 인간이 가장 가치 있는 존재인가?
ㄷ. C: 모든 존재는 내재적 가치를 지니는가?
ㄹ. C: 생태계의 가치는 인간에 의해 부여되는가?
ㅁ. D: 인류 행복을 위해 자연을 보전하고 관리해야 하는가?

① ㄱ, ㄹ   ② ㄴ, ㄷ   ③ ㄴ, ㅁ
④ ㄱ, ㄹ, ㅁ   ⑤ ㄴ, ㄹ, ㅁ

352

밑줄 친 '포 씨의 아들'과 같은 관점의 자연관으로 적절한 것은?

> 제나라의 전 씨가 저택 뜰에서 어떤 사람의 송별회를 열었다. 손님이 천 명이나 모여들었는데, 그중에 물고기와 기러기를 선물로 가져온 사람이 있었다. 전 씨는 고마워하면서 말했다. "아, 하늘의 은총은 참으로 깊도다. 인간을 위해 오곡을 만들고 물고기와 새를 길러 인간에게 쓰이게 해 주는구나." 둘러선 손님들이 입을 모아 전 씨의 말에 동의하였다. 그때 포 씨의 아들이 나서며 말했다. "저의 의견은 어르신과 다릅니다. 천지 만물은 모두 우리와 같은 동료입니다. 동료 사이의 귀천은 없습니다. 다만, 크고 작은 차이, 지혜와 힘의 차이에 따라 서로 잡아먹고 있을 뿐이지, 다른 것에게 사용되기 위해 만들어진 것은 아닙니다. (후략)"

① 인간과 자연을 철저히 구분해야 한다.
② 인간을 자연의 주인이자 관리자로 인식해야 한다.
③ 인간의 풍요로운 삶을 위해서라도 자연을 보호해야 한다.
④ 자연 그대로의 질서를 따르는 무위자연(無爲自然)을 추구해야 한다.
⑤ 인간은 하늘의 이치를 받아 만물을 길러 냄으로써 자연과의 조화를 추구해야 한다.

353

(A), (B) 사업과 관련된 자연관만을 〈보기〉에서 골라 옳게 연결한 것은?

> (A) 네덜란드는 국토의 대부분이 해수면보다 낮기 때문에 옛날부터 홍수와 해일 피해가 있었다. 이를 막기 위해 남서부 해안 지역에 300개의 구조물과 제방을 건설하여 바다를 막는 델타 프로젝트 사업을 진행하였다.
> (B) 네덜란드에서는 간척지를 습지 또는 갯벌로 복원하는 워터던 사업이 진행되고 있다. 제방의 일부를 허물고, 해수 유통이 가능한 배수 갑문을 설치해 바닷물을 간척지로 끌어들여 습지와 소규모 해수 운하를 건설하고 있다.

―〈 보기 〉―

ㄱ. 자연재해 예방을 위해 제방을 건설해야만 한다.
ㄴ. 간척으로 자연의 본래적 가치를 훼손해서는 안 된다.
ㄷ. 제방 건설로 악화된 수질은 기술 개발로 해결할 수 있다.
ㄹ. 간척 사업은 인간과 자연의 조화를 추구하는 생태학적인 사고와 관점에서 진행되어야 한다.

	(A)	(B)		(A)	(B)
①	ㄱ, ㄴ	ㄷ, ㄹ	②	ㄱ, ㄷ	ㄴ, ㄹ
③	ㄱ, ㄹ	ㄴ, ㄷ	④	ㄴ, ㄷ	ㄱ, ㄹ
⑤	ㄴ, ㄹ	ㄱ, ㄷ			

354

다음은 학생의 필기 노트이다. 밑줄 친 ㉠~㉤ 중 옳지 <u>않은</u> 것은?

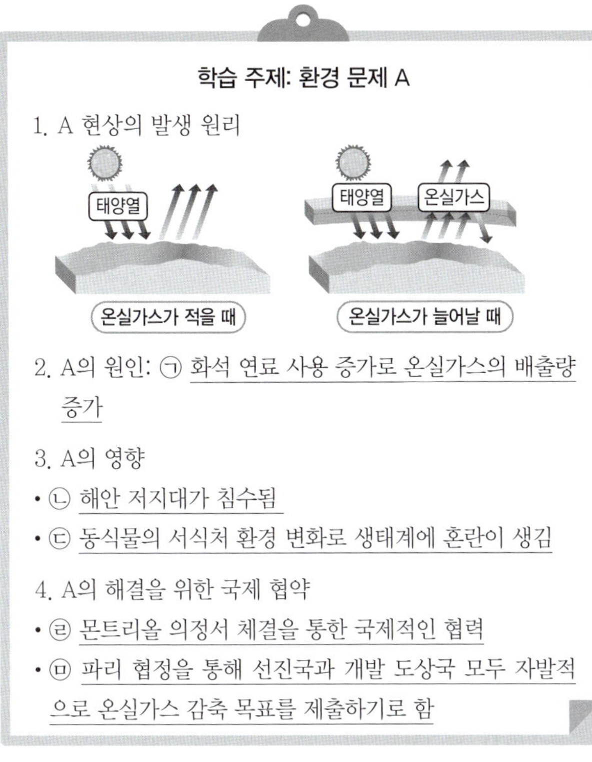

① ㉠　　② ㉡　　③ ㉢　　④ ㉣　　⑤ ㉤

355

지도는 환경 문제 A~C의 주요 피해 지역을 나타낸 것이다. 이에 대한 설명으로 옳은 것은? (단, A~C는 각각 사막화, 산성비, 열대림 파괴 중 하나임.)

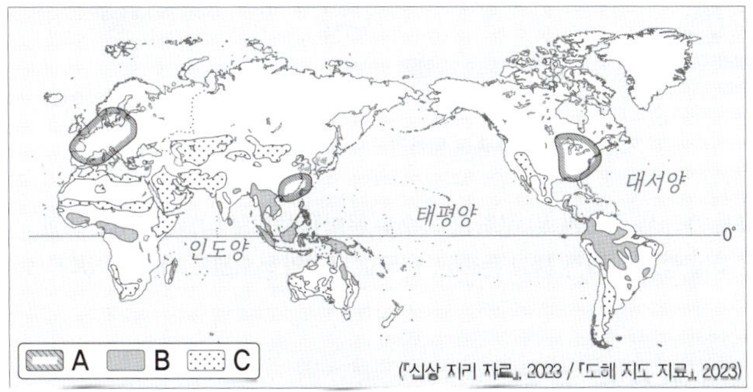

① A는 무분별한 벌목과 농경지 개간으로 발생한다.
② B를 완화하기 위해 사막화 방지 협약이 체결되었다.
③ C는 삼림 고사 및 호수 산성화를 초래한다.
④ A, B는 모두 화석 연료 사용 증가로 인한 온실가스 배출량 증가가 주된 요인이다.
⑤ 대체로 C 피해 지역은 B 피해 지역보다 연 강수량이 적다.

356

그림의 (가)~(다)에 해당하는 사례만을 〈보기〉에서 골라 옳게 연결한 것은?

〈 보기 〉

ㄱ. 환경 영향 평가 제도를 운영한다.
ㄴ. 친환경 사업자에게 보조금을 지급한다.
ㄷ. 종이컵을 비롯한 일회용품 사용을 최대한 줄인다.
ㄹ. 쉽게 분해될 수 있는 재질로 제품을 생산·판매한다.

	(가)	(나)	(다)
①	ㄱ	ㄴ, ㄹ	ㄷ
②	ㄴ	ㄱ, ㄹ	ㄷ
③	ㄱ, ㄴ	ㄷ	ㄹ
④	ㄱ, ㄴ	ㄹ	ㄷ
⑤	ㄴ, ㄹ	ㄱ	ㄷ

357

국제 환경 협약 A~H에 대한 옳은 설명만을 〈보기〉에서 있는 대로 고른 것은?

A: 런던 협약　　　　　B: 바젤 협약
C: 파리 협정　　　　　D: 교토 의정서
E: 람사르 협약　　　　F: 기후변화 협약
G: 몬트리올 의정서　　H: 사막화 방지 협약

〈 보기 〉

ㄱ. G는 유해 폐기물의 국가 간 이동 및 처리 통제를 위한 협약이다.
ㄴ. H는 아랄해 연안, 사헬 지대와 관련이 있다.
ㄷ. A와 B는 모두 폐기물과 관련된 협약이다.
ㄹ. C와 D는 모두 온실가스 배출량 감축을 위한 협약이다.
ㅁ. E와 F는 모두 C보다 나중에 체결되었다.

① ㄱ, ㄷ　　　　② ㄴ, ㅁ　　　　③ ㄱ, ㄹ, ㅁ
④ ㄴ, ㄷ, ㄹ　　　⑤ ㄴ, ㄹ, ㅁ

08 세계의 다양한 문화권

A 문화권의 형성

문화

인간이 환경과 상호 작용을 하는 과정에서 형성한 의식주, 종교, 언어 등과 같은 사회 전반의 생활양식 → 각 지역의 자연환경과 인문환경을 반영하기 때문에 지역마다 다양하게 나타난다.

점이 지대

서로 인접한 지역의 특성이 함께 섞여서 나타나는 지리적 범위이다. 대표적 사례로 유럽과 아시아 사이에 위치해 동서양의 문화가 동시에 나타나는 튀르키예의 이스탄불을 들 수 있다.

1 문화권의 의미와 특징

같은 문화권 안에서는 일반적으로 비슷한 생활양식과 문화 경관이 나타나지만, 그 안에서도 여러 가지 삶의 방식이 존재한다.

① **문화권**: 문화적 특성이 유사하게 나타나 주변의 다른 지역과 구별되는 공간 범위
② **문화권의 특징**: 오랜 기간에 걸쳐 형성됨, 인구이동이나 문화 전파 등의 영향으로 변화하기도 함, 문화권 간 경계에는 ❶ ☐☐ 지대가 나타남

2 문화권의 형성 요인

① ❷ ☐☐☐ **환경**: 기후, 지형 등이 의식주와 같은 기본적인 생활양식에 영향을 미침

의복	❸ ☐☐에 적응하기 위한 의복 문화 발달 예 열대 기후 지역에서는 얇고 통풍이 잘되는 옷, 한대 기후 지역에서는 보온에 유리한 털옷을 입는 문화가 발달함
음식	자연환경에 따라 생산되는 재료를 활용한 음식 문화 발달 예 아시아에서는 쌀, 유럽과 건조 기후 지역에서는 빵을 주식으로 하는 문화가 발달함
주거	자연환경에 따라 주변에서 쉽게 구할 수 있는 재료를 활용한 가옥 문화 발달 예 사막 지역에서는 흙, 높은 산지 지역에서는 돌로 집을 짓는 문화가 발달함

② **인문환경**: 종교, 산업, 언어 등이 ❹ ☐☐ 경관 및 사람들의 가치관에 영향을 미침

종교	불교, 이슬람교, 크리스트교 등 주로 믿는 ❺ ☐☐에 따라 문화 경관과 생활양식이 다르게 나타남 예 종교에 따라 성당, 교회, 사찰, 모스크 등 다양한 문화 경관이 발달함
산업	농경, 유목, 상공업 등 중심을 이루는 ❻ ☐☐에 따라 문화 경관과 생활양식이 다르게 나타남 예 농경 문화권에서는 주로 정착 생활을 하고 유목 문화권에서는 주로 이동 생활을 함, 상공업 중심의 문화권에서는 출퇴근 문화가 형성됨

세계 4대 종교와 인간 생활

- 크리스트교: 교회·성당·십자가·종탑 등의 문화 경관이 나타남
- 불교: 불상, 탑, 사찰 등의 문화 경관이 나타남
- 이슬람교: 돔형 지붕·첨탑·모스크 등의 문화 경관이 나타남, 돼지고기를 금기시함, 할랄 산업이 발달함
- 힌두교: 갠지스강을 신성시 여김, 소를 신성시하여 소고기를 먹지 않음

빈출 자료 PICK **세계의 음식 문화권과 종교 문화권** ☑ Link 371~372번, 377~380번 문제

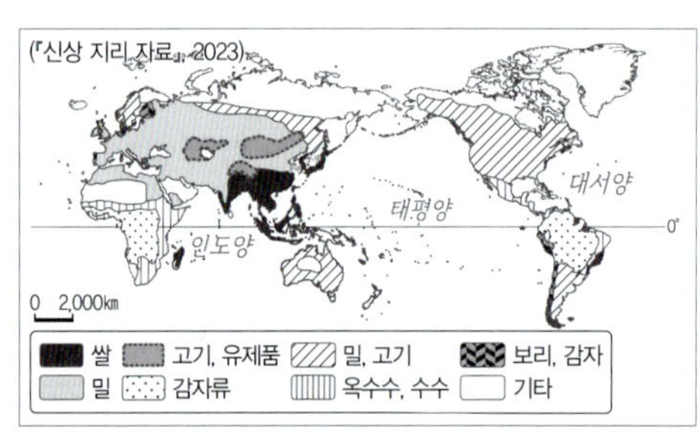

▲ 세계의 음식 문화권

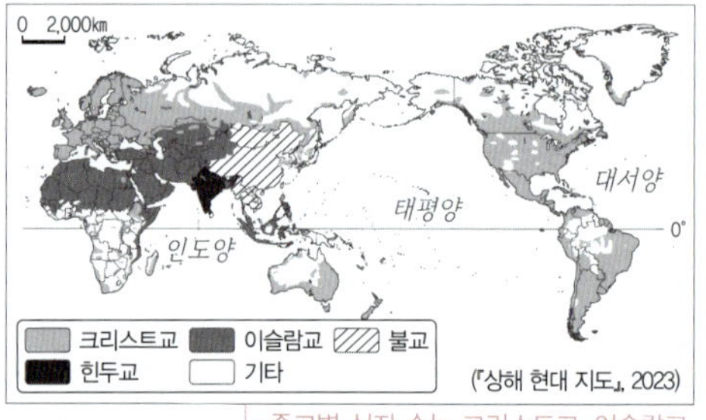

▲ 세계의 종교 문화권

종교별 신자 수는 크리스트교, 이슬람교, 힌두교, 불교 순으로 많다.

세계의 문화권은 사람들이 주로 먹는 음식에 따라 쌀 문화권, 밀 문화권, 옥수수 문화권 등으로 나눌 수 있다. 또한, 주로 믿는 종교에 따라 크리스트교 문화권, 이슬람교 문화권, 불교 문화권, 힌두교 문화권 등으로도 나눌 수 있다.

B 다양한 문화권의 특징과 삶의 방식

1 동양 문화권 계절풍의 영향으로 ❼ ☐☐☐가 발달함

동서양의 문화와 대륙과 섬 문화가 혼합되어 나타나며, 불교, 이슬람교, 크리스트교 등 여러 종교의 영향을 받았다.

동아시아 문화권	우리나라, 일본, 중국 등이 해당 → 유교와 불교문화 발달, 젓가락과 한자 사용
동남아시아 문화권	인도양과 태평양을 잇는 ❽ ☐☐의 요충지, 다양한 문화 혼재
남부 아시아 문화권	❾ ☐☐☐와 불교의 발상지, 다양한 언어·종교·민족 분포

2 건조 문화권과 아프리카 문화권

건조 문화권	북부 아프리카, 서남아시아, 중앙아시아 일대 → 주로 ❿ [　　　]를 믿고 아랍어를 사용, 전통적으로 유목과 오아시스 농업 발달
아프리카 문화권	사하라 사막 이남 중남부 아프리카 일대 → 주로 ⓫ [　] 단위로 공동체 생활, 전통적으로 수렵 및 채집 생활·이동식 ⓬ [　] 농업 발달, 유럽 식민 지배의 영향으로 잦은 분쟁 발생 및 일부 지역에서 플랜테이션 발달

3 유럽 문화권 ⓭ [　　　　　]가 생활양식에 큰 영향, 민주주의와 자본주의가 시작됨

북서 유럽 문화권	개신교와 게르만족의 비율 높음, ⓮ [　] 농업과 낙농업 발달, 산업 혁명의 발상지로 일찍 산업화를 이룸
남부 유럽 문화권	⓯ [　　]교와 라틴족의 비율 높음, 수목 농업 발달, 그리스·로마 문화의 발상지로 문화 유적이 많아 관광 산업 발달
동부 유럽 문화권	동방 정교(정교회)와 슬라브족의 비율 높음, 다른 유럽 지역에 비해 ⓰ [　] 종사자 비율 높음

4 아메리카 문화권 유럽의 문화 요소 전파, 세계 각지의 이주민들이 모여 다양한 문화 형성

앵글로아메리카 문화권	리오그란데강 북쪽 지역 → 과거 북서 유럽의 식민 지배 영향으로 주로 개신교를 믿고 ⓱ [　] 사용, 세계 경제의 중심지
라틴 아메리카 문화권	리오그란데강 남쪽 지역 → 과거 남부 유럽의 식민 지배 영향으로 주로 가톨릭교를 믿고 에스파냐어와 ⓲ [　　　]어 사용, 원주민·유럽인·아프리카인·혼혈인이 함께 살며 다양하고 독특한 문화 형성

5 오세아니아 문화권과 북극 문화권

오세아니아 문화권	오스트레일리아, 뉴질랜드, 태평양 제도 일대 → ⓳ [　] 문화의 영향으로 주로 개신교를 믿고 영어 사용, 청정한 자연환경 보존, 원주민인 애버리지니(오스트레일리아)와 마오리족(뉴질랜드)의 문화가 남아 있음
북극 문화권	북극해 연안의 유라시아 대륙과 북아메리카 북부, 그린란드 일대 → 네네츠족, 이누이트, 라프족 등이 전통적으로 ⓴ [　] 유목 및 사냥·어로 활동, 최근 현대 문명의 전파로 전통적 생활양식이 사라지고 있음

빈출 자료 PICK　　세계의 문화권　☑ Link 386~388번, 398~401번 문제

세계의 문화권은 종교, 민족, 언어, 전통적 산업 등 문화 요소를 고려하여 구분하는데, 대체로 높은 산맥이나 대하천, 사막 등의 지형에 의해 경계가 정해진다.

→ 문화권은 구분 기준에 따라 한 지역이 여러 문화권으로 나뉘기도 하고, 여러 지역이 하나의 문화권으로 묶이기도 한다.

기출 PICK B-2

건조 문화권과 아프리카 문화권의 구분

건조 문화권은 북부 아프리카와 서남아시아가 해당하며, 주로 건조 기후가 나타난다. 아프리카 문화권은 사하라 사막 이남 지역으로, 주로 열대 기후가 나타난다.

이슬람교가 건조 문화권에 미치는 영향

건조 문화권 주민들은 대다수가 이슬람교를 믿는데, 이슬람교의 교리는 주민들의 일상생활에서부터 국가의 통치에까지 큰 영향을 미친다.

기출 PICK B-4

아메리카 문화권의 구분 기준

리오그란데강을 기준으로 북쪽 지역은 앵글로아메리카 문화권, 남쪽 지역은 라틴 아메리카 문화권으로 구분된다.

IV

답 ❶ 점이　❷ 자연　❸ 기후　❹ 문화　❺ 종교　❻ 산업　❼ 벼농사　❽ 교통　❾ 힌두교　❿ 이슬람교　⓫ 부족　⓬ 화전　⓭ 크리스트교　⓮ 혼합　⓯ 가톨릭　⓰ 농업　⓱ 영어　⓲ 포르투갈　⓳ 유럽　⓴ 순록

개념 확인 문제

◆ 다음 빈칸에 들어갈 알맞은 말을 쓰시오.

358 (　　　　)은 문화적 특성이 유사하게 나타나 주변의 다른 지역과 구별되는 공간 범위를 말한다.

359 (　　　　) 문화권에서는 유교와 불교문화가 발달하고 젓가락과 한자를 사용하는 특징이 있다.

360 건조 문화권에서는 전통적으로 유목이 발달하였으며, 대추야자나 밀 등을 재배하는 (　　　　) 농업이 이루어졌다.

361 (　　　　) 문화권에서는 민주주의와 자본주의가 시작되었으며, 크리스트교가 생활양식과 사회 제도 전반에 큰 영향을 미치고 있다.

362 앵글로아메리카 문화권과 라틴 아메리카 문화권은 (　　　　)을 기준으로 구분된다.

◆ 다음 밑줄 친 부분을 옳게 고치시오.

363 사람들이 주로 믿는 종교와 중심을 이루는 산업에 따라 다양한 문화권이 형성되는 것은 문화권 형성 요인 중 <u>자연환경</u>의 영향을 받은 사례이다.

364 <u>동남아시아</u> 문화권은 힌두교와 불교의 발상지로 다양한 언어와 종교, 민족이 분포한다.

365 유럽 문화권 중 북서 유럽 문화권에서는 <u>동방 정교(정교회)</u>와 게르만족 비율이 높다.

366 앵글로아메리카 문화권에서는 과거 북서 유럽의 식민 지배 영향으로 주로 <u>에스파냐어</u>를 사용한다.

367 북극 문화권에는 원주민인 <u>애버리지니와 마오리족</u>의 문화가 남아 있다.

난이도별 필수 기출

상 6문항
중 17문항
하 11문항

A 문화권의 형성

368 중

㉠, ㉡에 대한 설명으로 옳지 <u>않은</u> 것은?

> 인간이 환경과 상호 작용을 하는 과정에서 만들어 낸 사회 전반의 생활양식을 (　㉠　)(이)라고 한다. 또한, (　㉠　)적 특성이 비교적 넓은 공간에 걸쳐 유사하게 나타나는 범위를 (　㉡　)(이)라고 한다.

① ㉠은 지역마다 다양하게 나타난다.
② 같은 ㉡ 내에서는 동일한 삶의 방식만이 공유된다.
③ ㉡은 인구이동 등의 영향을 받아 변화하기도 한다.
④ ㉡의 경계는 대체로 높은 산맥, 큰 하천 등에 의해 나뉜다.
⑤ ㉠은 문화, ㉡은 문화권이다.

빈출

369 중

문화권의 특징에 대한 옳은 진술에만 모두 '√'표를 한 학생은?

특징 ＼ 학생	갑	을	병	정	무
문화권의 경계 지역에는 점이 지대가 존재한다.	√		√	√	
문화권의 구분은 자연환경에 의해서만 결정된다.		√	√		√
동일한 문화권 내부에서는 비슷한 문화 경관을 관찰할 수 있다.	√		√		√

① 갑　　② 을　　③ 병　　④ 정　　⑤ 무

370 하　　　　| 주관식 |

㉠에 들어갈 용어를 쓰시오.

> (　㉠　)은/는 서로 인접한 지역의 특성이 함께 섞여서 나타나는 지리적 범위를 말한다. 그 대표적인 예로 튀르키예의 이스탄불을 들 수 있는데, 유럽과 아시아 사이에 있는 이스탄불에서는 동서양의 문화가 동시에 나타난다.

◀ (　㉠　)의 성격을 띠는 튀르키예

(　　　　　　　　　　)

[371~372] 빈출 자료★

지도는 세계의 음식 문화권을 나타낸 것이다. 물음에 답하시오.

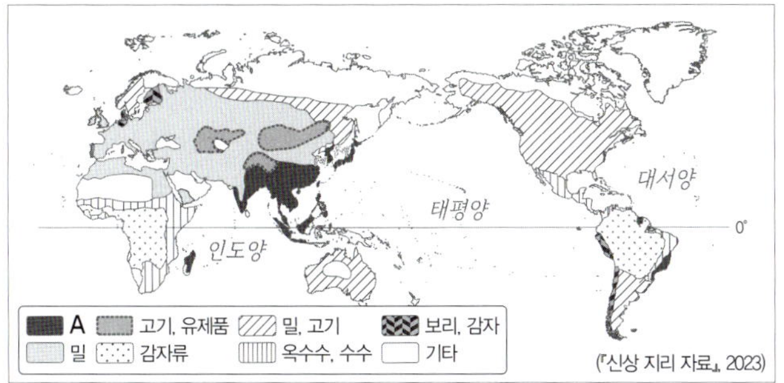

371 중

위와 같이 다양한 음식 문화권이 형성된 이유로 가장 적절한 것은?

① 언어의 차이
② 자연환경의 차이
③ 역사적 배경의 차이
④ 지역 경제력의 차이
⑤ 산업 발달 정도의 차이

372 상

A를 주식으로 하는 지역의 문화적 특징으로 적절한 것은?

① 수목 농업이 발달한다.
② 빵과 고기를 이용한 음식 문화가 발달한다.
③ 오아시스 농업 및 유목의 발달과 관련이 깊다.
④ 고온 다습한 계절풍의 영향으로 벼농사가 발달한다.
⑤ 고산 지대의 냉량한 기후에 잘 자라는 작물을 재배한다.

373 상

(가)~(다) 음식 문화가 발달한 지역을 지도의 A~C에서 고른 것은?

(가) 쌀로 만든 국수를 소뼈 등으로 만든 육수에 넣은 음식을 많이 먹는다.

(나) 옥수수로 만든 토르티야에 채소나 고기를 싸서 먹는 음식을 즐겨 먹는다.

(다) 밀가루를 사용한 국수 요리로 올리브유나 토마토 등을 이용하여 만든 음식을 즐겨 먹는다.

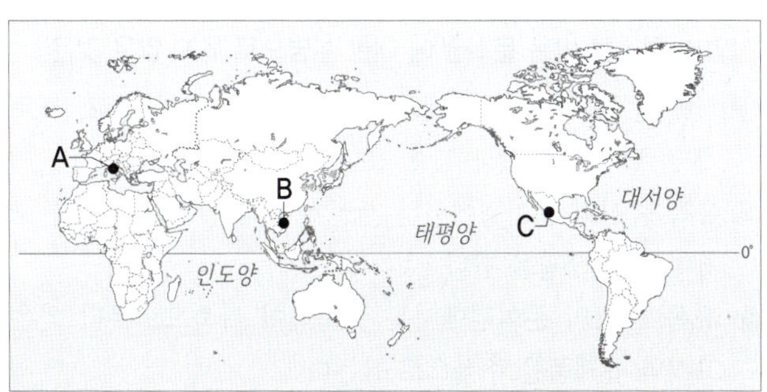

	(가)	(나)	(다)		(가)	(나)	(다)
①	A	B	C	②	A	C	B
③	B	A	C	④	B	C	A
⑤	C	A	B				

374 중

(가), (나)에 나타난 전통 가옥이 주로 분포하는 지역을 지도의 A~D에서 고른 것은?

(가) 
(나) 

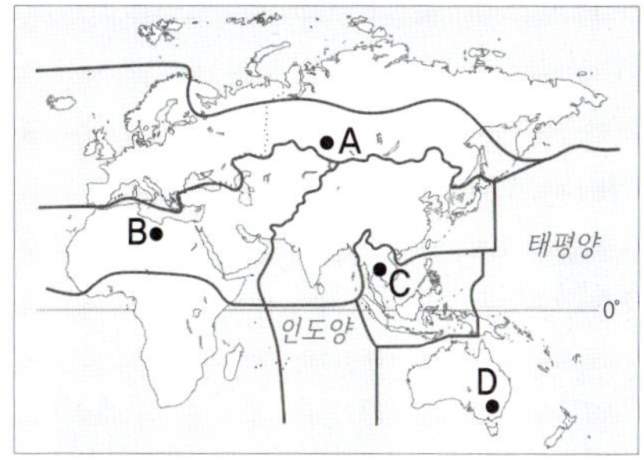

	(가)	(나)
①	A	B
②	A	C
③	B	C
④	D	A
⑤	D	C

375 하

밑줄 친 '이 종교'와 관련한 설명으로 옳은 것은?

이 종교를 믿는 사람들은 갠지스강에 몸을 담그고 자신의 묵은 죄를 씻어 내기 위해 기도한다.

① 할랄 산업이 발달하였다.
② 여러 신을 믿는 다신교이다.
③ 여성들이 히잡, 차도르 등을 착용한다.
④ 살생을 금기시하여 육류를 먹지 않는다.
⑤ 성낭이나 교회에서 결혼, 장례와 같은 의식을 치른다.

★빈출
376 중

다음과 같은 경관이 주로 나타나는 (가)~(다) 종교에 대한 옳은 설명만을 〈보기〉에서 고른 것은?

(가) 모스크, 첨탑
(나) 사찰, 불상, 탑
(다) 성당, 교회, 십자가, 종탑

〈 보기 〉

ㄱ. (가)는 하루에 다섯 번씩 메카를 향해 기도한다.
ㄴ. (나)는 석가모니의 가르침을 실천한다.
ㄷ. (다)는 쿠란의 율법에 따라 생활한다.
ㄹ. (가)~(다)는 모두 윤회 사상을 믿는다.

① ㄱ, ㄴ
② ㄱ, ㄷ
③ ㄴ, ㄷ
④ ㄴ, ㄹ
⑤ ㄷ, ㄹ

지도는 세계의 종교 문화권을 나타낸 것이다. 물음에 답하시오.

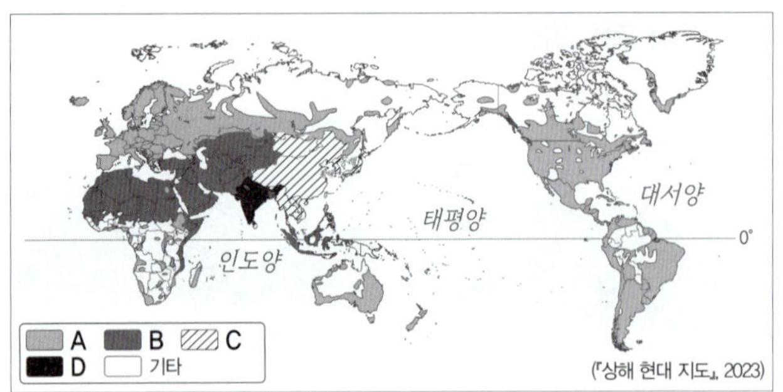

377 하

A 종교 문화권에서 나타나는 경관으로 옳은 것은?

① 
▲ 노트르담 대성당

② 
▲ 술탄 아흐메드 모스크

③ 
▲ 왓프라케오 사원

④ 
▲ 스리미낙시 사원

⑤ 
▲ 카바 신전

378 중

| 서술형 |

B, D 종교 문화권에서 나타나는 음식 문화를 비교하여 서술하시오. (단, 제시된 용어를 모두 사용할 것)

- 소고기
- 돼지고기

379 중

A~D 종교에 대한 옳은 설명만을 〈보기〉에서 고른 것은?

< 보기 >

ㄱ. A 종교는 예수를 구원자로 믿으며, 이웃 사랑을 강조한다.
ㄴ. B 종교는 살생을 금하는 교리에 따라 육식을 피한다.
ㄷ. C 종교는 아랍어로 된 쿠란을 읽고 알라신을 믿는다.
ㄹ. D 종교는 다신교이며 윤회 사상을 믿는다.

① ㄱ, ㄷ   ② ㄱ, ㄹ   ③ ㄴ, ㄷ
④ ㄴ, ㄹ   ⑤ ㄷ, ㄹ

380 상

A~D 종교에 대한 설명으로 옳은 것은?

① A 종교는 다신교이다.
② B 종교를 믿는 사람들은 술과 돼지고기를 먹지 않는다.
③ C 종교 지역에서는 십자가와 종탑 등의 경관이 나타난다.
④ D 종교는 자비와 개인의 수양 및 해탈을 강조한다.
⑤ 건조 문화권에서는 A 종교, 유럽 문화권에서는 B 종교의 비율이 높다.

381 상

(가)~(다) 설명에 해당하는 종교를 주로 신봉하는 국가를 지도의 A~E에서 고른 것은?

(가) 할랄 산업이 발달하였다.
(나) 소고기를 먹지 않는 음식 문화가 있다.
(다) 사찰, 불상, 탑, 탁발 등의 경관이 나타난다.

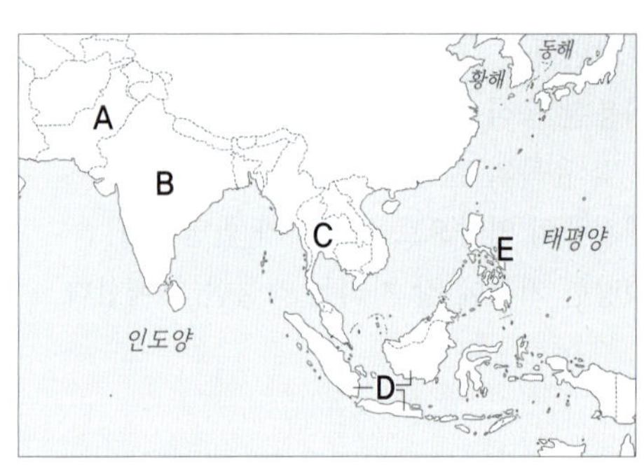

	(가)	(나)	(다)		(가)	(나)	(다)
①	A	B	C	②	A	E	D
③	C	A	E	④	D	B	A
⑤	D	E	A				

382 중

'산업의 영향을 받은 문화권'에 대한 설명으로 옳지 않은 것은?

① 상공업 중심의 문화권에서는 건물의 밀집도가 높고, 도로가 잘 발달되어 있다.
② 유목 중심의 문화권에서는 계절에 따라 일정한 지역을 오가며 이동 생활을 한다.
③ 유목 중심의 문화권에서는 유목민이 가축으로부터 얻은 고기와 유제품을 주식으로 삼는다.
④ 농경 중심의 문화권에서는 정착 생활을 하고, 협동 노동이 필요하므로 공동체 문화가 발달한다.
⑤ 상공업 중심의 문화권에서는 생산 활동을 하는 곳과 거주지가 일치하여 가정과 직장의 통합 현상이 강하다.

383 중

밑줄 친 (가), (나)의 영향을 받아 형성된 생활양식을 〈보기〉에서 모두 골라 옳게 연결한 것은?

> 문화권은 기후, 지형과 같은 (가) 자연환경과 종교, 산업과 같은 (나) 인문환경의 영향을 받아 형성된다.

─ 보기 ─

ㄱ. 덥고 습한 곳에서는 통풍이 잘되는 옷을 입고, 추운 지역에서는 보온에 유리한 털옷을 입는다.
ㄴ. 히말라야 산지, 안데스 산지, 알프스 산지의 일부 지역에서는 주위의 돌을 이용하여 집을 짓는다.
ㄷ. 유럽에서는 교회나 성당을 쉽게 볼 수 있고, 인도에서는 갠지스강에서 목욕하는 사람을 볼 수 있다.
ㄹ. 농경이 주로 이루어지는 지역에서는 정착 생활을 하고, 상공업이 발달한 지역에서는 출퇴근 문화가 형성된다.

	(가)	(나)
①	ㄱ, ㄴ	ㄷ, ㄹ
②	ㄱ, ㄷ	ㄴ, ㄹ
③	ㄴ, ㄷ	ㄱ, ㄹ
④	ㄴ, ㄹ	ㄱ, ㄷ
⑤	ㄷ, ㄹ	ㄱ, ㄴ

B 다양한 문화권의 특징과 삶의 방식

384 하

다음 내용과 관련 깊은 문화권으로 옳은 것은?

> • 벼농사　　　　　• 불교문화
> • 한자 사용　　　　• 젓가락 사용

① 건조 문화권
② 유럽 문화권
③ 동아시아 문화권
④ 아프리카 문화권
⑤ 라틴 아메리카 문화권

빈출
385 중
| 서술형 |

다음 국가들이 속한 문화권을 쓰고, 이 국가들에서 공통으로 나타나는 문화적 특징을 세 가지 이상 서술하시오.

> • 우리나라　　　• 일본　　　• 중국

[386~388] 빈출 자료★

지도는 세계의 문화권을 구분한 것이다. 물음에 답하시오.

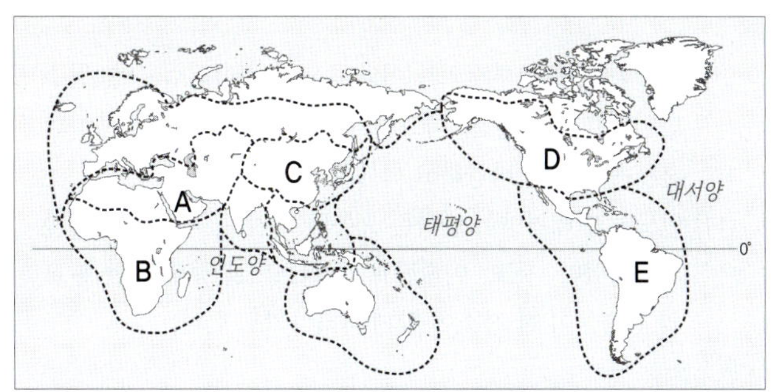

386 하

다음 내용에서 설명하는 문화권을 지도의 A~E에서 고른 것은?

> • 기후: 대부분 열대 기후가 나타남
> • 생활: 부족 중심의 생활, 민족과 언어가 다양함
> • 특징
> － 전통적으로 이동식 화전 농업 발달
> － 식민 지배의 영향으로 플랜테이션 발달

① A　　② B　　③ C　　④ D　　⑤ E

387 중

지도의 A 문화권에 대한 설명으로 옳지 <u>않은</u> 것은?

① 술을 금기시한다.
② 건조 문화권에 해당한다.
③ 주민들 대부분이 이슬람교를 믿는다.
④ 오아시스 농업과 관개 농업이 발달하였다.
⑤ 사람들은 대체로 소고기 요리보다 돼지고기 요리를 선호한다.

빈출
388 중

지도의 A~E 문화권에 대한 설명으로 옳은 것은?

① A – 유교와 불교의 영향을 받은 생활양식이 주로 나타난다.
② B – 계절풍의 영향으로 벼농사가 발달하였다.
③ C – 언어는 다르지만 한자를 공통으로 사용한다.
④ D – 주로 에스파냐어를 사용하고 가톨릭교의 비율이 높다.
⑤ E – 주로 아랍어를 사용하고 이슬람교의 비율이 높다.

389 하

(가), (나)에 해당하는 문화권을 옳게 연결한 것은?

> (가) 에스파냐, 포르투갈의 언어와 종교가 전파되었으며, 원주민인 인디오, 백인, 아프리카 흑인 그리고 이들 사이의 혼혈족이 만든 다양하고 독특한 문화가 나타난다.
>
> (나) 인도양과 태평양이 만나는 교통의 요지로, 다양한 문화가 혼합되었다. 불교, 이슬람교, 크리스트교 등 다양한 종교의 건축물이 한 장소에 함께 나타나기도 한다.

	(가)	(나)
①	동남아시아 문화권	라틴 아메리카 문화권
②	오세아니아 문화권	동남아시아 문화권
③	라틴 아메리카 문화권	동남아시아 문화권
④	라틴 아메리카 문화권	앵글로아메리카 문화권
⑤	앵글로아메리카 문화권	오세아니아 문화권

390 하

유럽 문화권에 대한 설명으로 옳은 것은?

① 북서 유럽 지역은 혼합 농업과 낙농업이 발달하였다.
② 남부 유럽 지역은 전통적으로 오아시스 농업을 해 왔다.
③ 이슬람교가 생활양식 등 생활 전반에 큰 영향을 주었다.
④ 동부 유럽 지역은 산업 혁명의 발상지로 일찍이 산업화를 이룩하였다.
⑤ 남부 유럽 지역은 개신교, 동부 유럽 지역은 가톨릭교, 북서 유럽 지역은 동방 정교(정교회)의 비중이 높다.

391 중

표는 유럽 문화권의 특징을 구분한 것이다. (가)~(다)에 해당하는 지역을 옳게 연결한 것은?

구분	우세 민족	우세 종교	주요 기후
(가)	라틴족	가톨릭교	지중해성 기후
(나)	게르만족	개신교	서안 해안성 기후
(다)	슬라브족	동방 정교	온대·냉대 기후

	(가)	(나)	(다)
①	남부 유럽 문화권	동부 유럽 문화권	북서 유럽 문화권
②	남부 유럽 문화권	북서 유럽 문화권	동부 유럽 문화권
③	동부 유럽 문화권	남부 유럽 문화권	북서 유럽 문화권
④	동부 유럽 문화권	북서 유럽 문화권	남부 유럽 문화권
⑤	북서 유럽 문화권	남부 유럽 문화권	동부 유럽 문화권

[392~393] 빈출 자료 ★

지도는 두 문화권을 나타낸 것이다. 물음에 답하시오.

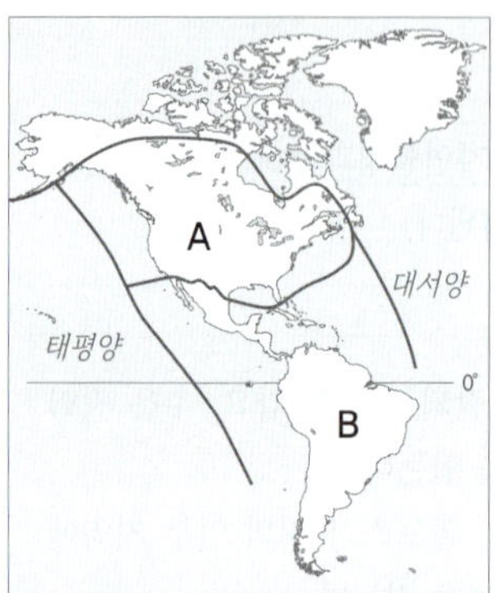

392 하

A, B 두 문화권의 경계를 이루는 기준으로 옳은 것은?

① 사하라 사막
② 타이가 지역
③ 리오그란데강
④ 히말라야산맥
⑤ 최난월 평균 기온 10℃

★빈출

393 상

| 서술형 |

A, B 문화권의 특징을 종교와 언어 측면에서 역사적 배경과 관련지어 각각 서술하시오.

394 중

다음 두 국가가 속한 문화권에 대한 설명으로 옳은 것은?

▲ 오스트레일리아   ▲ 뉴질랜드

> 청정한 환경이 보존되어 있어 관광 산업이 발달한 두 국가의 국기에 공통으로 나타난 문양이 있다. 이 문양은 영국의 국기로, 영국의 문화가 두 국가 문화에 영향을 주었음을 의미한다.

① 마오리족 등 원주민 문화가 소멸될 위기에 있다.
② 이동식 화전 농업 및 플랜테이션 농업이 발달하였다.
③ 농업은 불가능하고 순록 유목 및 수렵 생활을 주로 한다.
④ 세계적인 경제 중심지로 리오그란데강의 북쪽 지역이다.
⑤ 외세의 영향으로 언어와 종교가 다양하게 분포하고 있다.

395 하

밑줄 친 '나'가 여행 중인 문화권으로 옳은 것은?

> 나는 그린란드 일대의 북극해 연안 지역을 여행하고 있어. 이 곳에 사는 원주민들은 동물의 털이나 가죽으로 만든 두꺼운 옷을 입고, 순록을 유목하거나 물고기잡이 등을 하며 생활하고 있어. 최근에는 전통적인 생활방식을 버리고 도시로 이주하는 주민들이 늘고 있다고 해.

① 북극 문화권　　　　　② 유럽 문화권
③ 아프리카 문화권　　　④ 오세아니아 문화권
⑤ 라틴 아메리카 문화권

396 중

(가), (나) 문화권에서 생활하는 원주민만을 〈보기〉에서 있는 대로 골라 옳게 연결한 것은?

> (가) 북극 문화권　　　　　(나) 오세아니아 문화권

보기

> ㄱ. 네네츠족　　　ㄴ. 마오리족　　　ㄷ. 애버리지니

	(가)	(나)		(가)	(나)
①	ㄱ	ㄴ, ㄷ	②	ㄴ	ㄱ, ㄷ
③	ㄷ	ㄱ, ㄴ	④	ㄱ, ㄴ	ㄷ
⑤	ㄴ, ㄷ	ㄱ			

397 하

문화권의 특징에 대한 설명으로 옳은 것은?

① 유럽 문화권 – 산업 혁명의 발생지이다.
② 오세아니아 문화권 – 플랜테이션 농업이 발달하였다.
③ 라틴 아메리카 문화권 – 개신교 신자 수가 가장 많다.
④ 건조 문화권 – 주로 힌두교를 믿으며, 소를 신성시한다.
⑤ 아프리카 문화권 – 건조 지역으로 외래 하천 등을 이용한 농업이 이루어진다.

[398~401] 빈출 자료 ★

지도는 세계의 문화권을 나타낸 것이다. 물음에 답하시오.

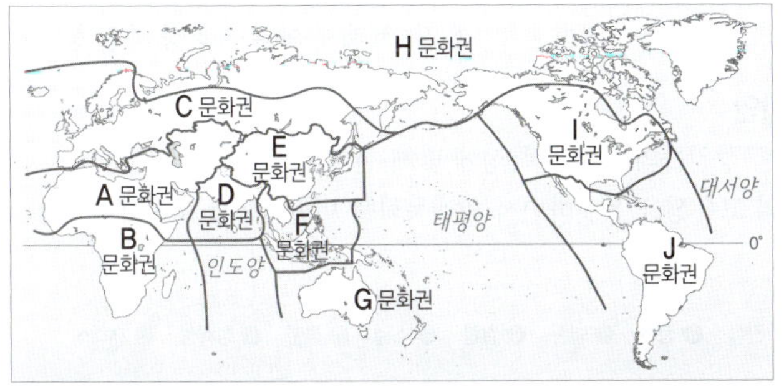

398 하

다음에서 설명하는 문화권을 지도의 A~E에서 고른 것은?

> • 산업 혁명의 발상지로 일찍이 산업화를 이룩하였다.
> • 그리스·로마 문화의 발상지로, 관광 산업이 발달하였다.

① A　　② B　　③ C　　④ D　　⑤ E

399 중

(가), (나)에 해당하는 문화권을 지도의 A~F에서 고른 것은?

| (가) | • 북부 아프리카와 서남아시아가 해당
• 이슬람교 문화 발달
• 주로 아랍어 사용 |
| (나) | • 인도와 그 주변국이 해당
• 인도와 중국 문화의 영향을 받음
• 힌두교, 불교, 이슬람교 발달 |

	(가)	(나)		(가)	(나)		(가)	(나)
①	A	B	②	A	D	③	B	E
④	C	F	⑤	E	D			

400 중

지도의 J 문화권에 대한 설명으로 옳은 것은?

① 아시아계 이주민이 인구의 대부분을 구성하고 있다.
② 주민들이 주로 오아시스 농업이나 유목 생활을 한다.
③ 유교, 불교, 한자 등의 공통된 문화적 특징이 나타난다.
④ 인디오, 백인, 흑인, 혼혈족이 만든 독특한 문화가 나타나다.
⑤ 부족 단위의 공동체 생활을 하는 주민이 많으며, 주로 토속 종교를 믿는다.

401 상

지도에 표시된 문화권에 대한 옳은 설명만을 〈보기〉에서 고른 것은?

보기

> ㄱ. B는 열대 기후 지역으로 플랜테이션 농업이 발달하였다.
> ㄴ. F에서는 주로 아랍어를 사용하며, 이슬람교를 믿는다.
> ㄷ. I는 남부 유럽의 식민 지배 영향으로 주민들은 주로 에스파냐어와 포르투갈어를 사용한다.
> ㄹ. H에서는 순록을 통해 고기, 모피, 가죽을 얻을 뿐만 아니라 각종 생활 도구를 만들기도 한다.

① ㄱ, ㄴ　　② ㄱ, ㄹ　　③ ㄴ, ㄷ
④ ㄴ, ㄹ　　⑤ ㄷ, ㄹ

09 문화 변동과 전통문화의 창조적 계승

A 문화 변동

1 문화 ❶◻◻◻ 새로운 문화 요소의 등장이나 다른 문화와의 접촉으로 문화가 변화하는 현상

└ 문화는 고정되어 있지 않고 시간의 흐름에 따라 끊임없이 변화한다.

2 문화 변동의 요인

내재적 요인	• ❷◻◻ : 이전에 존재하지 않았던 새로운 문화 요소를 만들어 내는 것 • ❸◻◻ : 이미 존재하지만 알려지지 않았던 문화 요소를 찾아내는 것
외재적 요인	• 직접 전파: 서로 다른 사회 구성원 간 직접적 ❹◻◻ 을 통해 문화 요소가 전해지는 것 • ❺◻◻ 전파: 인쇄물, 인터넷 등 매개체를 통해 간접적으로 문화 요소가 전해지는 것 • 자극 전파: 다른 사회의 문화 요소에서 아이디어를 얻어 새로운 문화 요소를 발명하는 것

└ 문화 전파라고도 한다.

3 문화 변동의 양상

① **문화 ❻◻◻** : 서로 다른 사회의 문화가 장기간 전면적으로 접촉하면서 변동이 일어나는 것

② **문화 접변에 따른 문화 변동의 양상** ┌ 문화를 수용하는 주체의 자발성에 따라 강제적 문화 접변과 자발적 문화 접변으로 구분할 수 있다.

문화 ❼◻◻	기존의 문화 요소와 다른 사회에서 전파된 문화 요소가 나란히 존재하는 현상
문화 융합	기존의 문화 요소와 다른 사회에서 전파된 문화 요소가 ❽◻◻ 하여 새로운 문화가 만들어지는 현상
문화 동화	기존의 문화 요소가 다른 사회에서 전파된 문화 체계로 흡수되어 ❾◻◻ 하는 현상

빈출 자료 PICK 문화 접변에 따른 문화 변동의 양상별 사례 ☑ Link 422~424번 문제

(가) 말레이시아에서는 국교인 이슬람교 외에도 불교, 힌두교, 크리스트교 등 다양한 종교의 기념일을 공휴일로 지정하고 있으며, 다양한 종교 경관을 쉽게 찾아볼 수 있다.

(나) 강화도에 있는 대한 성공회 강화 성당은 우리나라의 전통 한옥 양식과 서양의 기독교식 건축 양식이 결합하여 만들어진 새로운 모습의 성당이다.

(다) 아메리카 원주민은 여러 부족으로 나누어져 자신들만의 언어와 문화를 형성하였다. 그러나 유럽의 식민 지배를 받으면서 원주민 고유의 언어와 문화를 상실하고 유럽의 언어를 사용하게 되었다.

(가)는 한 사회 내에서 서로 다른 문화가 공존하는 문화 병존, (나)는 기존의 문화 요소와 외래문화 요소가 결합하여 새로운 문화가 나타나는 문화 융합, (다)는 기존 문화 요소가 새로운 문화에 흡수되거나 대체되는 문화 동화의 사례이다.

B 전통문화의 의의와 창조적 계승

1 ❿◻◻ 문화

① **의미**: 한 사회에서 오랜 기간 유지되면서 그 사회의 고유한 가치로 인정받는 문화

② **의의**: 사회 유지와 통합에 기여, 고유한 문화 ⓫◻◻◻ 유지, 세계 문화의 다양성 증진 등

└ 전통문화는 사회 구성원의 자긍심을 고취하고 국가의 이미지를 높이기도 한다.

2 전통문화의 창조적 계승 및 발전 방안

① **현대적 ⓬◻◻◻** : 전통문화를 구성원들의 요구와 특성에 맞게 현대적으로 재해석해야 함

② **외래문화의 비판적 수용**: 전통문화의 고유성을 유지하면서 외래문화를 비판적으로 수용해야 함

답 ❶변동 ❷발명 ❸발견 ❹접촉 ❺간접 ❻접변 ❼병존 ❽결합 ❾소멸 ❿전통 ⓫정체성 ⓬재해석

기출 PICK A-2

문화 변동의 요인별 주요 사례

발명	세탁기의 발명
발견	페니실린의 발견
직접 전파	인적 교류로 서양에 사탕수수가 전해진 것
간접 전파	우리나라 드라마가 인터넷을 통해 전 세계로 퍼지는 것
자극 전파	한자의 영향을 받아 이두가 만들어진 것

기출 PICK A-3

자발적 문화 접변과 강제적 문화 접변

- 자발적 문화 접변: 교역, 이주 등으로 다른 사회의 문화 요소를 자발적으로 받아들여 나타나는 문화 접변
- 강제적 문화 접변: 정복, 식민 지배 등의 상황에서 지배 사회의 문화 요소가 피지배 사회에 강제적으로 이식되어 나타나는 문화 접변

문화 접변의 성격

구분	문화 동화	문화 융합	문화 병존
자문화 정체성 상실	○	×	×
제3의 문화 형성	×	○	×
문화 다양성 실현	×	○	○

문화 접변 과정에서 문화의 고유성과 정체성을 유지하면서 문화의 다양성 증진에 이바지하도록 다른 문화를 비판적으로 수용하는 개방적이고 주체적인 태도가 필요하다.

개념 확인 문제

◆ **다음 빈칸에 들어갈 알맞은 말을 쓰시오.**

402 새로운 문화 요소의 등장이나 다른 문화와의 접촉으로 문화가 변화하는 현상을 ( )이라고 한다.

403 간접 전파는 인쇄물, 인터넷 등의 ( )를 통해 간접적으로 문화 요소가 전해지는 것을 말한다.

404 ( )은 서로 다른 사회의 문화가 장기간 전면적으로 접촉하면서 변동이 일어나는 현상을 의미한다.

405 기존의 문화 요소와 다른 사회에서 전파된 문화 요소가 결합하여 제3의 성격을 지닌 새로운 문화가 만들어지는 현상을 ( )이라고 한다.

406 전통문화의 ( ) 계승을 위해서는 전통문화를 현대적으로 재해석하고, 외래문화를 비판적으로 수용하려는 노력이 필요하다.

◆ **다음 밑줄 친 부분을 옳게 고치시오.**

407 기존에 없었던 자전거를 새롭게 만들어 낸 것은 <u>발견</u>의 사례에 해당한다.

408 직접 전파는 서로 다른 사회 구성원 간의 <u>간접적</u> 접촉을 통해 문화 요소가 전해지는 것이다.

409 말레이시아에 다양한 종교가 함께 나란히 존재하는 것은 <u>문화 동화</u>의 사례에 해당한다.

410 <u>문화 병존</u>은 기존 문화 요소가 다른 사회에서 전파된 문화 체계로 흡수되어 소멸하는 현상이다.

411 <u>외래문화</u>는 한 사회에서 오랜 기간 유지되면서 그 사회의 고유한 가치로 인정받는 문화를 뜻한다.

★★★ 난이도별 필수 기출

상 7문항
중 10문항
하 5문항

A 문화 변동

412 하

문화 변동의 요인과 사례가 옳게 연결된 것은?

① 발견 — 기존에 없던 세탁기를 새로 만든 것
② 발명 — 최초의 항생제인 페니실린을 찾아낸 것
③ 직접 전파 — 알렉산드로스 대왕에 의해 사탕수수가 서양에 전해진 것
④ 자극 전파 — 인터넷을 통해 우리나라의 드라마가 전 세계에 널리 알려진 것
⑤ 간접 전파 — 체로키족이 영어의 알파벳에서 아이디어를 얻어 체로키 문자를 만들어 낸 것

[413~414] 빈출 자료★

다음 글을 읽고 물음에 답하시오.

> (가) 신라 시대 사람들은 중국 한자의 음과 뜻을 빌려 와 이두 문자를 만들어 사용하였다.
> (나) 기존에 없던 자전거가 새로 만들어지면서 여성은 치마 대신 바지를 입게 되었고, 여성이 혼자 외출할 수 있는 문화가 확산되었다.

빈출
413 중

(가) 사례에 나타난 문화 현상에 대한 옳은 설명만을 〈보기〉에서 고른 것은?

— 보기 —
ㄱ. 내부적 요인에 의한 문화 변동이다.
ㄴ. 다른 사회의 문화 요소에서 아이디어를 얻어 새로운 문화 요소를 만들어 낸 결과이다.
ㄷ. 물질문화의 요소가 사람과 사람 간의 직접적 교류를 통해서 전달되어 형성된 문화이다.
ㄹ. 한 사회가 다른 사회와 교류하거나 접촉하는 과정에서 나타나는 문화 전파에 해당한다.

① ㄱ, ㄴ   ② ㄱ, ㄷ   ③ ㄴ, ㄷ
④ ㄴ, ㄹ   ⑤ ㄷ, ㄹ

414 상

| 서술형 |

(가), (나) 사례에 나타난 문화 변동 요인의 공통적인 특징을 한 문장으로 서술하시오. (단, (가), (나)에서 나타난 문화 변동 요인이 무엇인지 언급하여 서술할 것)

415 중

밑줄 친 ㉠~㉢에 대한 옳은 설명만을 〈보기〉에서 있는 대로 고른 것은?

> 문화 전파는 이웃하고 있는 ㉠ <u>두 문화 간의 직접적인 접촉을 통해 이루어지는 경우</u>도 있고, ㉡ <u>인쇄물이나 텔레비전을 통한 정보나 사상의 전파와 같이 매개체를 통해서 이루어지는 경우</u>도 있다. 또한 ㉢ <u>다른 사회의 문화 요소로부터 아이디어를 얻어 새로운 발명이 이루어지는 경우</u>도 있다.

보기

ㄱ. 담징이 일본에 종이와 먹의 제조법을 전한 것은 ㉠에 해당한다.
ㄴ. 한국 드라마를 통해 동남아시아에 한국 문화가 알려지게 된 것은 ㉡에 해당한다.
ㄷ. 우리의 전통 된장과 토종 감을 이용하여 감장아찌를 만들어 낸 것은 ㉢에 해당한다.
ㄹ. 현대 사회에서는 ㉠과 달리 ㉡이 급격히 줄어들고 있다.

① ㄱ, ㄴ　　　② ㄱ, ㄹ　　　③ ㄷ, ㄹ
④ ㄱ, ㄴ, ㄷ　　　⑤ ㄴ, ㄷ, ㄹ

416 중

그림은 문화 변동 요인 A~C를 분류한 것이다. 이에 대한 옳은 설명만을 〈보기〉에서 고른 것은? (단, A~C는 각각 발명, 자극 전파, 직접 전파 중 하나임.)

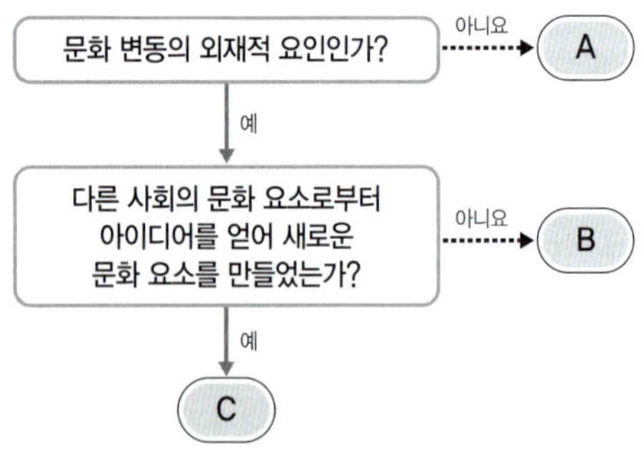

보기

ㄱ. 존재하고 있었으나 알려지지 않았던 사물이나 원리를 찾아낸 것은 B에 해당한다.
ㄴ. 외국 종교의 교리를 응용하여 신흥 종교를 창시한 사례는 C에 해당한다.
ㄷ. 외국 선교사들에 의해 차 문화가 자국에 전파된 후 최대의 차 소비국이 된 사례는 C에 해당한다.
ㄹ. A와 달리 B는 다른 사회와의 직접적인 접촉으로 인해 나타난다.

① ㄱ, ㄴ　　　② ㄱ, ㄷ　　　③ ㄴ, ㄷ
④ ㄴ, ㄹ　　　⑤ ㄷ, ㄹ

417 중

(가)~(다)에 대한 설명으로 옳은 것은?

> (가) 베트남 전쟁 이후 해외로 이주한 베트남 사람들이 쌀국수를 만들어 팔기 시작하면서 쌀국수는 많은 나라에서 흔히 즐기는 음식이 되었다.
> (나) ○○ 대학 연구진들은 무궁화 뿌리에서 폐암 세포 증식을 억제하는 신물질 2종을 찾아냈다.
> (다) 세종대왕 시기에 한글이 창제되면서 한자를 모르던 백성들 간에 문자 소통이 가능해졌다.

① (가)는 매개체를 통한 간접적인 접촉에 의해 문화 요소가 전파되는 현상이다.
② (나)는 기존에 존재하지 않았던 새로운 문화 요소를 만들어 내는 것이다.
③ (다)는 기존에 존재하고 있었지만 알려지지 않았던 것을 찾아낸 것이다.
④ (나)는 (가)와 달리 내적 요인에 의해 문화가 변동한 사례이다.
⑤ (가), (다)는 모두 외적 요인에 의해 문화가 변동한 사례이다.

418 하

다음 글과 관계 깊은 사회학적 용어로 옳은 것은?

> 서로 다른 문화 요소가 같은 사회 내에서 고유성을 유지한 채 함께 존재하는 현상을 의미한다. 일례로 우리나라에는 불교, 천주교, 개신교, 이슬람교 등이 동시에 존재한다.

① 문화 동화　　　② 문화 병존　　　③ 문화 융합
④ 문화 지체　　　⑤ 자극 전파

419 중

(가), (나)에 나타난 문화 변동 양상의 차이를 구분할 수 있는 질문으로 옳은 것은?

> (가) 남태평양 섬의 많은 부족들은 서구 사회의 문화를 접하게 되었고, 그 결과 그들 고유의 전통적인 의상 대신 서양식 의복이 그 자리를 차지하고 있다.
> (나) 과달루페 성모상은 검은 머리에 갈색 피부를 갖고 있으며 남미 전통 의상을 입고 있다. 토착신을 믿고 있던 멕시코에 가톨릭교가 들어오면서 만들어진 것이다.

① 외재적 요인에 의한 변동인가?
② 자발적 요인에 의한 변동인가?
③ 자문화의 정체성을 유지하였는가?
④ 서로 다른 문화 요소의 접촉이 있었는가?
⑤ 장기간에 걸쳐 문화 변동이 발생하였는가?

420 ⑧

다음 글과 관련한 설명으로 가장 적절한 것은?

> 기원전 4세기경 인도의 간다라 지방에서는 알렉산드로스 대왕의 동방 원정으로 서양의 문화와 인도의 문화가 만나 독특한 미술이 나타났는데, 이를 간다라 미술이라고 한다. 특히 그리스의 영향을 받은 간다라 불상은 머리카락이 물결 모양의 장발이라는 점과 눈언저리가 깊고 콧대가 우뚝한 것이 마치 서양 사람과 비슷하다.

① 사회 내적인 원인으로 문화 변동이 발생하였다.
② 문화 변동의 결과 기존 사회의 고유한 문화가 사라졌다.
③ 서로 다른 사회의 문화가 한 사회의 문화 체계 속에서 나란히 존재하는 현상이 발생하였다.
④ 한 사회의 문화가 다른 사회의 문화 체계에 흡수되어 정체성을 상실하는 현상이 나타났다.
⑤ 외래문화와 기존의 문화가 결합하여 새로운 성격을 가진 제3의 문화가 나타나는 현상이 발생하였다.

★빈출

421 ⑧

표는 문화 접변의 결과 A, B를 비교한 것이다. 이에 대한 옳은 설명만을 〈보기〉에서 고른 것은?

구분	A	B
의미	(가)	서로 다른 두 문화가 결합하여 제3의 성격을 지닌 새로운 문화를 형성함
사례	○○국에서 고유 언어와 외래 언어를 모두 공용어로 사용함	(나)
공통점	(다)	

> ─ 보기 ─
> ㄱ. (가)에는 '외래문화 요소에서 영감을 얻어 새로운 문화 요소를 만듦'이 들어갈 수 있다.
> ㄴ. (나)에는 '△△국에서 전통적인 온돌 문화와 외래의 침대 문화가 혼합된 돌침대가 만들어짐'이 들어갈 수 있다.
> ㄷ. (다)에는 '고유문화의 정체성이 남아 있음'이 들어갈 수 있다.
> ㄹ. A와 B의 구분 기준은 외래문화의 자발적 수용 여부이다.

① ㄱ, ㄴ   ② ㄱ, ㄷ   ③ ㄴ, ㄷ
④ ㄴ, ㄹ   ⑤ ㄷ, ㄹ

[422~424] 빈출 자료 ★

다음 사례들을 읽고 물음에 답하시오.

> (가) 말레이시아에서는 국교인 이슬람교 외에도 불교, 힌두교, 크리스트교 등 다양한 종교가 공존하고 있다. 말레이시아에서는 각 종교의 기념일을 공휴일로 지정하고 있으며, 다양한 종교 경관을 쉽게 찾아볼 수 있다.
> (나) 강화도에 있는 대한 성공회 강화 성당은 우리나라의 전통 한옥 양식과 서양의 기독교식 건축 양식이 결합하여 만들어진 새로운 모습의 성당이다.
> (다) 아메리카 원주민은 여러 부족으로 나누어져 자신들만의 언어와 문화를 형성하였다. 그러나 유럽의 식민 지배를 받으면서 원주민 고유의 언어와 문화를 상실하고 유럽의 언어를 사용하게 되었다.

422 ⑨

(가)~(다)에 해당하는 문화 변동의 양상을 옳게 연결한 것은?

	(가)	(나)	(다)
①	문화 동화	문화 융합	문화 병존
②	문화 병존	문화 동화	문화 융합
③	문화 병존	문화 융합	문화 동화
④	문화 융합	문화 동화	문화 병존
⑤	문화 융합	문화 병존	문화 동화

423 ⑧ | 서술형 |

(가), (나)에 해당하는 문화 변동 양상과 비교되는 (다)에 해당하는 문화 변동 양상의 문제점을 서술하시오.

★빈출

424 ⑧

문화 변동의 양상 (가)~(다)에 대한 옳은 설명만을 〈보기〉에서 있는 대로 고른 것은?

> ─ 보기 ─
> ㄱ. (가)에서는 서로 다른 사회의 문화가 한 사회 속에서 나란히 각각 존재한다.
> ㄴ. (나)는 한 사회의 문화가 다른 사회로 흡수되거나 대체되는 경우이다.
> ㄷ. (다)에서는 (가), (나)와 달리 서로 다른 문화 요소가 결합하여 제3의 문화가 형성되었다.
> ㄹ. (가), (나) 모두에서 자문화의 정체성이 유지되었다.

① ㄱ, ㄴ   ② ㄱ, ㄹ   ③ ㄴ, ㄷ
④ ㄱ, ㄷ, ㄹ   ⑤ ㄴ, ㄷ, ㄹ

그림은 문화 접변의 결과를 도식화한 것이다. 이에 대한 설명으로 옳은 것은? (단, A~C는 각각 문화 병존, 문화 융합, 문화 동화 중 하나임.)

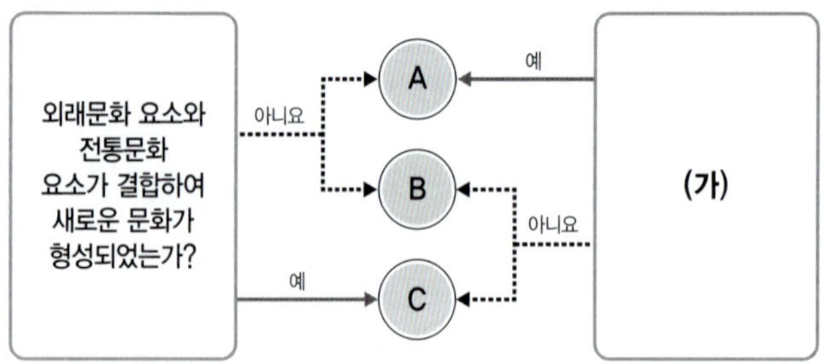

① A의 사례로 우리나라의 불고기와 서양의 피자가 결합하여 만들어진 불고기 피자와 같은 퓨전 음식을 들 수 있다.
② B가 문화 동화라면, (가)에는 '전통문화 요소가 외래문화의 체계 속으로 흡수되는가?'가 들어갈 수 있다.
③ A가 문화 동화라면, B의 사례로 우리나라에 있는 차이나타운을 들 수 있다.
④ B가 문화 병존이라면, A와 C는 문화 다양성 증진에 기여한다.
⑤ C는 A, B와 달리 자기 문화에 대한 자부심이 약할 때 나타나기 쉽다.

426 (중)

A~C국에서 나타난 문화 변동에 관한 설명으로 옳은 것은?

A국은 전쟁에서 패한 이후 B국의 지배를 받게 되었다. 이때 B국으로 건너간 많은 A국 사람들에 의해 A국의 언어가 B국으로 유입되어 B국의 언어와 함께 사용되었다. 이후 A국에서는 자국의 고유 언어와 B국의 언어를 혼합하여 만든 제3의 ○○ 언어를 사용하였고, 이것이 인터넷을 통해 C국에 전파되었다. C국에서는 문법이 쉬운 ○○ 언어를 널리 사용하게 되면서 자국의 고유 언어는 사라지게 되었다.

① B국에서는 문화 융합이 나타났다.
② C국에서는 새로운 문화 요소가 만들어졌다.
③ A, C국 모두 직접 전파에 의한 문화 변동이 나타났다.
④ B, C국에서는 강제적 문화 접변이 나타났다.
⑤ A, B국은 C국과 달리 자국의 문화 요소가 남아 있다.

자료는 문화 접변의 결과를 한 사회에서 나타날 수 있는 변화의 유형으로 도식화한 것이다. 이에 대한 옳은 설명만을 〈보기〉에서 고른 것은?

A	B	C
▲ + □	◆ + ◇	★ + ○
⬇	⬇	⬇
□	◈	★, ○

* ▲, ◆, ★은 자문화 요소이고, □, ◇, ○은 유입된 문화 요소이다.
* ◈은 ◆과 ◇이 결합되어 나타난 새로운 문화 요소이다.
* '+'는 접촉을, '⬇'는 접촉에 따른 변화를 의미한다.

〈 보기 〉

ㄱ. A의 사례로 우리나라에서 한의학과 별도로 서양 의학이 자리 잡은 것을 들 수 있다.
ㄴ. B의 사례로 미국에서 아프리카 음악과 유럽 음악의 요소가 결합하여 재즈가 등장한 것을 들 수 있다.
ㄷ. C의 사례로 필리핀에서 타갈로그어와 영어가 모두 사용되는 것을 들 수 있다.
ㄹ. B는 C와 달리 다문화 사회의 갈등 해결에 도움을 준다.

① ㄱ, ㄴ 　② ㄱ, ㄷ 　③ ㄴ, ㄷ
④ ㄴ, ㄹ 　⑤ ㄷ, ㄹ

428 (중)

밑줄 친 ㉠~㉣에 대한 설명으로 옳은 것은?

우리나라의 전통 음악인 국악은 조선 말 ㉠ 선교사들에 의해 서양 음악이 들어온 이후 많은 변화를 겪게 된다. ㉡ 대중문화에서 국악보다 서양 음악이 차지하는 비중이 커지게 되었고 대중들이 일상생활 속에서 국악을 접할 기회는 줄어들게 되었다. 하지만 최근에는 대중과의 공감을 위해 ㉢ 서양 악기가 연주하는 선율에 맞추어 판소리를 하거나, ㉣ 국악기와 서양 악기가 협연을 펼치는 등의 새로운 음악적 시도가 늘어나고 있다.

① ㉠은 자극 전파에 해당한다.
② ㉡은 문화 동화에 해당한다.
③ ㉢은 문화 융합에 해당한다.
④ ㉣은 발명에 해당한다.
⑤ ㉢, ㉣은 모두 강제적 접촉에 의한 변동 결과이다.

429 상

그림은 갑국과 을국의 접촉으로 인한 변화를 나타낸 것이다. 이에 대한 옳은 설명만을 〈보기〉에서 있는 대로 고른 것은?

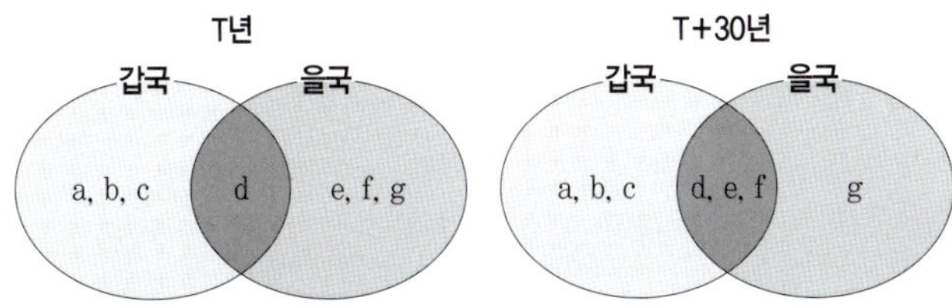

* a~g는 갑국 또는 을국에 존재하는 모든 문화 요소이다.

〈 보기 〉
ㄱ. e와 f는 갑국에서 나타난 문화 동화의 사례이다.
ㄴ. 갑국과 을국 간의 문화적 동질성이 약화되었다.
ㄷ. 을국에서 갑국으로 문화 전파가 나타났다.
ㄹ. 을국과 달리 갑국에서는 문화 요소가 증가하였다.

① ㄱ, ㄴ ② ㄱ, ㄹ ③ ㄷ, ㄹ
④ ㄱ, ㄴ, ㄷ ⑤ ㄴ, ㄷ, ㄹ

430 상

다음은 어떤 학생의 형성 평가 답안지이다. 학생이 얻을 점수로 옳은 것은?

〈형성 평가〉

◎ 아래 자료에 대한 설명이 옳으면 '예', 옳지 않으면 '아니요'에 '√'표를 하시오. (단, 문항당 배점은 1점임.)

- 갑국은 A국과 전쟁을 하던 중 A국 병사들이 입은 철제 갑옷으로부터 아이디어를 얻어 철갑을 두른 전차를 개발하였다.
- 을국의 음식인 ○○ 요리는 B국의 식민지 시절에 전래된 △△ 요리에서 유래되었다. △△ 요리에 을국의 전통 음식으로 속을 채워 먹기 시작하면서 지금과 같은 새로운 형태의 대중적인 먹거리가 탄생하였다.

1. 갑국에서는 을국에서와 달리 외재적 요인에 의한 문화 변동이 나타났다.　　예 ☑ 아니요 ☐
2. 을국에서는 문화 변동의 결과 전통문화 요소의 정체성이 유지되었다.　　예 ☐ 아니요 ☑
3. 을국에서는 전파된 외래문화 요소의 형태와 정체성이 그대로 유지되었다.　　예 ☐ 아니요 ☑
4. 갑국과 을국 모두 물질문화의 변동이 나타났다.　　예 ☑ 아니요 ☐

① 0점 ② 1점 ③ 2점 ④ 3점 ⑤ 4점

B 전통문화의 의의와 창조적 계승

431 하

| 서술형 |

㉠에 들어갈 용어를 쓰고, 그 의의를 <u>두 가지</u> 이상 서술하시오.

과거부터 오늘날까지 세대 간 전승을 통해 이어져 내려온 그 나라의 고유한 문화를 (　㉠　)(이)라고 한다.

432 하

전통문화에 대한 옳은 설명만을 〈보기〉에서 있는 대로 고른 것은?

〈 보기 〉
ㄱ. 사회적 변화를 반영하지 못하는 고정불변의 성격을 가진다.
ㄴ. 사회 구성원들 간에 유대를 강화하고 사회 통합을 유지하는 바탕이 된다.
ㄷ. 타 문화와 구별되는 문화의 정체성을 지니고 있어 구성원들에게 영향을 준다.
ㄹ. 우리나라의 경우에는 효 사상, 가부장제 등으로 대표되는 불교문화의 특징이 나타난다.

① ㄱ, ㄷ ② ㄱ, ㄹ ③ ㄴ, ㄷ
④ ㄱ, ㄴ, ㄹ ⑤ ㄴ, ㄷ, ㄹ

433 중

전통문화의 창조적 계승과 관련하여 다음 글이 시사하는 바로 가장 적절한 것은?

한국 관광 공사는 전통 음악인 판소리와 현대적인 밴드 음악을 접목하여 우리나라의 관광지를 소개하는 홍보 영상을 만들었다. 우리나라의 전통 춤, 전통 음악, 전통 복식 등을 재해석하여 현대 무용, 전자 음악과 조화를 이룬 이 영상은 우리 문화를 널리 알리는 데 활용되었고, 전 세계적으로 긍정적인 반응을 얻었다.

① 전통문화의 고유한 정체성을 훼손해서는 안 된다.
② 현대적 해석을 통해 전통문화를 재창조해야 한다.
③ 외래문화는 무조건 능동적으로 수용할 필요가 있다.
④ 외래문화의 활용 없이는 전통문화의 창조적 계승이 어렵다.
⑤ 전통문화를 잘못 계승할 경우 국가 이미지가 실추될 우려가 있다.

10 문화 상대주의와 다문화 사회

A 문화 상대주의와 보편 윤리

1 문화를 이해하는 태도

> 자문화 중심주의는 자기 문화에 대한 자부심을 느끼게 하고 사회의 결속력을 높이는 데, 문화 사대주의는 다른 사회의 발달한 문화를 수용하는 데 유용한 측면이 있다.

❶▢▢▢ 중심주의	자기 문화만이 ❷▢▢ 하다고 보며 다른 문화를 부정적으로 평가하는 태도 → 다른 문화와의 갈등을 초래할 수 있음, 국수주의나 문화 제국주의로 이어질 우려가 있음	
문화 사대주의	다른 문화를 맹목적으로 동경하고 숭상하며 자기 문화를 ❸▢▢ 평가하는 태도 → 자기 문화의 ❹▢▢▢ 을 약화할 수 있음, 타 문화를 비판적으로 수용하기 어려움	
문화 상대주의	각 문화를 그 사회의 특수한 환경, 역사적 상황, 사회적 ❺▢▢ 에서 이해하려는 태도 → 다양한 문화의 고유한 가치를 존중하여 문화 간 ❻▢▢ 을 도모할 수 있음	

> 급속한 세계화로 문화 교류가 활발한 오늘날 필요성이 더욱 커지고 있다.

빈출 자료 PICK   문화 상대주의로 본 티베트의 천장(天葬)   ☑ Link 448~449번 문제

티베트에는 사람이 죽으면 시신을 독수리의 먹이로 주는 장례 문화인 천장(天葬)이 있다. 이를 이해하려면 티베트의 독특한 환경과 문화적 맥락을 파악할 필요가 있다. 춥고 건조하여 시신이 매장되더라도 잘 썩지 않는 티베트의 기후가 그들의 장례 문화에 영향을 주었다. 또한, 천장은 시신을 먹은 새가 날아가면 죽은 사람의 영혼도 하늘을 향한다고 인식하는 티베트인들의 종교적 믿음에 배경을 두고 있다.

제시된 글에는 티베트의 장례 문화를 그 사회의 맥락을 고려하여 이해하는 문화 상대주의적 관점이 나타나 있다.

2 보편 윤리 차원에서의 문화 성찰
모든 문화를 상대주의적 태도로 바라보면 인간 ❼▢▢▢ 을 훼손하고 인권을 침해하는 문화까지도 인정될 수 있음 → 보편 윤리 차원에서 자문화와 타 문화를 ❽▢▢ 적으로 성찰하여 극단적 문화 상대주의로 이어지지 않도록 경계해야 함

> 시대와 지역을 초월하여 모든 사람이 존중하고 따라야 할 보편적인 윤리 기준 예 황금률

> 명예 살인과 같이 인류의 보편적인 가치를 훼손하는 문화까지도 존중하고 인정해야 한다는 태도

B 다문화 사회와 문화적 다양성 존중

1 다문화 사회의 양상
① 긍정적 측면: 문화 다양성 증진, ❾▢▢▢ 부족 문제 해결 및 경제 활성화에 기여 등
② 부정적 측면: 문화적 차이에 대한 이해 부족으로 ❿▢▢ 발생, 편견과 차별에 따른 갈등 발생 등

2 다문화 사회의 갈등 해결 노력
① 개인적 차원: 타 문화를 깊이 있게 이해, 관용의 자세와 문화 상대주의적 태도 함양 등
② 사회적 차원: ⓫▢▢▢ 교육 강화, 문화 다양성 존중을 위한 법·제도적 지원 확대 등

빈출 자료 PICK   다문화 정책   ☑ Link 465~466번 문제

> 동화주의는 용광로 정책, 다문화주의는 샐러드 볼 정책과 관련이 깊다.

- 동화주의: 용광로 속에 여러 가지 재료를 넣으면 재료가 녹아서 하나가 되듯이, 주류를 이루고 있는 기존 문화에 다양한 문화를 동화시키는 방식으로 사회를 통합하고자 한다.
- 다문화주의: 샐러드에 들어간 다양한 재료들이 고유의 맛과 색을 유지하면서 하나의 그릇에 담기듯이, 다양한 문화가 동등한 위치에서 함께 어우러져 조화를 이루는 방식으로 사회를 통합하고자 한다.

동화주의는 다양한 문화의 주류 문화 중심의 융합을 중시하고, 다문화주의는 다양한 문화의 공존을 중시한다.

답 ❶ 자문화 ❷ 우월 ❸ 낮게 ❹ 정체성 ❺ 맥락 ❻ 공존 ❼ 존엄성 ❽ 비판 ❾ 노동력 ❿ 갈등 ⓫ 다문화

기출 PICK A-1

문화적 차이가 나타나는 이유

한 사회를 둘러싼 각기 다른 자연환경과 인문환경이 각 사회의 독특한 문화 형성에 영향을 미치기 때문에 문화적 차이가 나타난다.

문화 이해 태도의 특징

- 자문화 중심주의, 문화 사대주의: 절대적 기준에 따라 문화의 우열을 평가할 수 있다고 봄
- 문화 상대주의: 문화의 우열을 가릴 수 없다고 보며, 문화를 이해의 대상으로 인식함

기출 PICK A-2

다양한 종교의 황금률

- "남이 너에게 해 주기를 바라는 대로 너도 다른 사람을 대하라."　— 『성경』
- "네가 원하지 않는 바를 남에게 행하지 마라." — 『논어』
- "네가 고통받은 방식으로 남에게 상처를 주지 마라." — 『우다나바르가』

기출 PICK B-1

다문화 사회

의미	서로 다른 인종, 민족, 종교, 언어 등 다양한 문화적 배경을 지닌 사람들이 함께 어우러져 살아가는 사회
형성 배경	교통·통신 기술의 발달, 문화 교류 확대 등

개념 확인 문제

◆ 다음 빈칸에 들어갈 알맞은 말을 쓰시오.

434 문화 (　　　　)는 다른 문화를 동경하고 숭상하며 자기 문화를 낮게 평가하는 태도를 말한다.

435 각 문화를 그 사회의 환경과 맥락을 고려하여 이해하는 태도인 (　　　　)는 문화 간 공존을 도모하는 데 유용하다.

436 (　　　　)는 시대와 지역을 초월하여 모든 사람이 존중하고 따라야 할 보편적인 윤리 기준을 의미한다.

437 보편 윤리 차원에서 자문화와 타 문화를 비판적으로 성찰하여 (　　　　) 문화 상대주의로 이어지지 않도록 경계해야 한다.

438 서로 다른 인종과 민족들이 어우러져 살아가는 (　　　　) 사회에서는 문화적 차이에 대한 이해 부족으로 갈등이 발생할 우려가 있다.

◆ 다음 밑줄 친 부분을 옳게 고치시오.

439 나른 분화를 맹목적으로 따르는 <u>자문화 중심주의</u>는 자기 문화의 정체성을 약화할 우려가 있다.

440 <u>문화 상대주의</u>는 국수주의로 이어질 우려가 있는 문화 이해 태도이다.

441 문화 상대주의는 각 사회의 문화를 <u>평가</u>의 대상으로 인식한다.

442 다문화 사회에서는 문화적 차이에 대한 이해 부족, 편견과 차별에 따른 <u>공존</u>이 나타날 수 있다.

443 다문화 사회의 갈등을 해결하려면 개인은 관용의 자세와 문화 <u>사대주의적</u> 태도를 함양해야 한다.

난이도별 필수 기출

상 4문항
중 16문항
하 6문항

A 문화 상대주의와 보편 윤리

444 하

다음 내용을 통해 지역마다 문화적 차이가 발생하는 이유를 추론한 것으로 가장 적절한 것은?

> • 일반적으로 더운 지방에서는 개방적 가옥 구조가 나타나고, 추운 지방에서는 폐쇄적 가옥 구조가 나타난다.
> • 서남아시아 지역 사람들은 종교적 가르침에 따라 돼지고기를 먹는 것을 금기시하지만, 남태평양 지역 사람들은 중요한 행사에서 돼지고기를 먹는다.

① 지역을 초월하여 문화의 보편성이 나타나기 때문에
② 지역에 따라 문화를 평가하는 기준이 다르기 때문에
③ 문화에 영향을 미치는 환경이 지역마다 다르기 때문에
④ 세계화로 지역 간 문화 교류가 활발해지고 있기 때문에
⑤ 지역마다 구성원들이 공유하는 보편 윤리가 다르기 때문에

445 중　　　　　　　　　　　　| 서술형 |

다음 글에서 유럽의 선교사들이 지닌 문화 이해 태도를 쓰고, 그 태도가 초래할 수 있는 문제점을 **두 가지** 이상 서술하시오.

> 유럽의 선교사들은 아마존 밀림에서 벌거벗은 채로 생활하는 자파테크족을 본 후 신체를 드러내는 것을 미개하다고 여겨 이들에게 옷을 입을 것을 강요하였다. 옷을 입게 된 원주민늘은 덥고 습한 날씨 탓에 피부병에 걸렸고, 신분을 나타내던 문신이 가려져 원주민 사회에 혼란이 발생하였다.

★빈출
446 중

밑줄 친 문화 이해 태도에 대한 설명으로 옳은 것은?

> 번화가에 나서면 영어로 표기된 간판을 손쉽게 볼 수 있다. 이러한 풍조에는 <u>영어를 쓰는 것은 고급스럽지만, 우리 언어인 한글을 쓰는 것은 촌스럽다고 여기는 태도</u>가 반영되어 있다.

① 문화 간에는 우열의 관계가 없다고 본다.
② 모든 문화는 고유한 가치를 갖는다고 본다.
③ 자기 문화의 우수성만을 지나치게 강조한다.
④ 문화를 평가하는 절대적 기준이 없다고 본다.
⑤ 주체성을 상실하여 전통문화 발전에 장애가 될 수 있다.

447 상

다음 자료에 대한 설명으로 옳지 <u>않은</u> 것은? (단, A와 B는 각각 문화 사대주의, 자문화 중심주의 중 하나임.)

A는 B와 달리 자기가 속한 사회의 문화를 낮게 평가하는 태도이다. (가)~(다)는 A와 B의 공통점과 차이점을 나타낸 것이다.

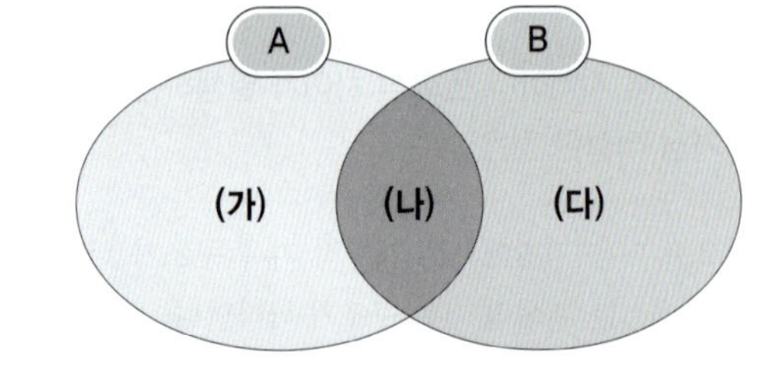

① B는 제국주의 침략을 정당화하기도 한다.
② A는 B에 비해 자문화의 정체성을 상실할 우려가 크다.
③ (가)에는 '선진 문물 수용에 불리하다.'가 들어갈 수 있다.
④ (나)에는 '문화의 우열을 평가할 수 있다고 본다.'가 들어갈 수 있다.
⑤ (다)에는 '각 문화를 우열 평가가 아닌 이해의 대상으로 간주한다.'가 들어갈 수 없다.

[448~449] 빈출 자료★

다음 글을 읽고 물음에 답하시오.

티베트에는 사람이 죽으면 시신을 독수리의 먹이로 주는 장례 문화인 천장(天葬)이 있다. 이 장례 문화를 제대로 이해하려면 티베트의 독특한 환경과 문화적 맥락을 파악할 필요가 있다. 먼저 춥고 건조하여 시신이 매장되어도 잘 썩지 않는 티베트의 기후가 그들의 장례 문화에 영향을 주었다. 또한, 천장은 시신을 먹은 새가 날아가면 죽은 사람의 영혼도 하늘을 향한다고 인식하는 티베트인들의 종교적 믿음에 배경을 두고 있다.

448 하

윗글의 필자가 지닌 문화 이해 태도로 옳은 것은?

① 문화 사대주의　　② 문화 상대주의　　③ 문화 절대주의
④ 문화 제국주의　　⑤ 자문화 중심주의

449 중

윗글의 필자가 지닌 문화 이해 태도에 대한 설명으로 옳은 것은?

① 문화의 우열을 평가할 수 있다고 본다.
② 자기 문화의 주체성을 상실할 우려가 있다.
③ 문화의 다양성을 보존하는 데 기여할 수 있다.
④ 타 문화에 대한 맥락적인 이해를 저해할 수 있다.
⑤ 타 문화와의 접촉 과정에서 문화 간 갈등을 초래하기 쉽다.

450 중

대화에서 갑, 을이 지닌 문화 이해 태도에 대한 옳은 설명만을 〈보기〉에서 고른 것은?

방송 내용: 아프리카의 A 부족은 인체에서 나오는 침도 소중한 수분으로 보기 때문에 결혼식에 참석하면 신부에게 축하의 인사로 침을 뱉는 관습이 있습니다.

갑: A 부족의 풍습은 미개한 것 같아. 저런 일은 우리나라에서는 상상도 할 수 없어.
을: A 부족의 전통과 사회적 맥락에서 보면 이해할 수 있지.

〈 보기 〉

ㄱ. 갑의 태도는 자기 문화의 정체성을 상실할 우려가 있다.
ㄴ. 을의 태도는 다문화 사회에서 문화적 다양성 보존에 기여할 수 있다.
ㄷ. 갑의 태도는 을의 태도와 달리 문화를 평가하는 절대적 기준이 없다고 본다.
ㄹ. 을의 태도는 갑의 태도와 달리 해당 사회의 역사적 배경, 자연환경 등을 먼저 살펴보아야 한다는 점을 강조한다.

① ㄱ, ㄴ　　　② ㄱ, ㄷ　　　③ ㄴ, ㄷ
④ ㄴ, ㄹ　　　⑤ ㄷ, ㄹ

451 중

대화에 나타난 문화 이해 태도에 대한 설명으로 옳은 것은? (단, A~C는 각각 자문화 중심주의, 문화 사대주의, 문화 상대주의 중 하나임.)

교사: 문화 이해 태도 A~C에 대해 설명해 볼까요?
갑: A와 B 모두 문화 간 우열이 존재한다고 봅니다.
을: A는 C와 달리 다른 사회의 문화에 대해 배타적 태도를 취할 가능성이 높습니다.
병: B는 A와 달리 ＿＿＿＿＿＿＿(가)＿＿＿＿＿＿＿는 문제가 있습니다.
교사: 세 학생 모두 잘 이해하고 있네요.

① A는 자문화에 대한 객관적 이해를 가능하게 한다.
② B는 자문화를 다른 사회에 이식하는 것을 당연시한다.
③ B는 A와 달리 자문화의 고유성을 상실할 우려가 높다.
④ C는 A와 달리 각 사회의 문화가 형성된 역사와 사회적 맥락을 경시한다.
⑤ (가)에는 '자문화와 다른 사회 문화 간 갈등을 초래할 가능성이 높다'가 들어갈 수 있다.

[452~453] 빈출 자료★

대화를 읽고 물음에 답하시오.

> • 갑: 한 사회의 문화는 그 사회의 특수한 환경과 맥락 속에서 이해해야 해.
> • 을: 내가 속한 사회의 문화를 기준으로 다른 문화에 대해 판단하는 것은 자연스럽고 올바른 태도야.
> • 병: 우리 문화보다 우월한 선진국의 문화를 적극 수용해서 낙후된 우리 문화의 수준을 향상시켜야 해.

452 (하)

갑~병이 가진 문화 이해 태도를 옳게 연결한 것은?

	갑	을	병
①	문화 사대주의	문화 상대주의	자문화 중심주의
②	문화 사대주의	자문화 중심주의	문화 상대주의
③	문화 상대주의	문화 사대주의	자문화 중심주의
④	문화 상대주의	자문화 중심주의	문화 사대주의
⑤	자문화 중심주의	문화 사대주의	문화 상대주의

453 (중)

갑~병이 가진 문화 이해 태도에 대한 설명으로 옳지 <u>않은</u> 것은?

① 갑의 태도는 다양한 문화의 고유한 가치를 존중한다.
② 갑의 태도는 문화 간 접촉과 교류가 활발한 시기에 공존을 위해서 필요한 태도이다.
③ 을의 태도는 자문화의 전통을 잃어버릴 우려가 있다.
④ 병의 태도는 문화 간 발전 수준의 차이가 존재한다고 본다.
⑤ 을과 병의 태도는 문화의 우열을 판단할 수 있다고 본다.

454 (상)

문화 이해 태도 A~C에 대한 설명으로 옳은 것은? (단, A~C는 각각 문화 사대주의, 문화 상대주의, 자문화 중심주의 중 하나이다.)

> 타 문화를 받아들임에 있어서 A는 B에 비해 수용적이지만, 자기 문화의 정체성을 보존하는 데는 B가 A보다 유리하다. 한편 문화의 다양성 신장을 위해서는 A, B보다 C가 필요하다.

① 외국 브랜드에 대한 맹목적인 선호 풍조는 A의 사례이다.
② 외국의 특정 음식에 대해 거부감은 있지만, 그들의 생활 양식으로 이해하는 것은 B의 사례이다.
③ 손으로 음식을 먹는 것을 자문화보다 열등하다고 비난하는 것은 C의 사례이다.
④ A는 국수주의에, C는 극단적 문화 상대주의에 빠질 가능성이 높다.
⑤ A, B 모두 문화에 대한 우열 비교가 불가능하다고 본다.

[455~456] 빈출 자료★

다음 글을 읽고 물음에 답하시오.

> 이라크의 유명 여성 창작자가 가족을 떠나 혼자 살았다는 이유로 아버지에게 살해당하였다. 이처럼 일부 이슬람권 사회에는 집안의 명예를 더럽혔다는 이유로 가족 구성원을 살해하는 관습인 명예 살인이 존재한다. 일부 사람들은 '명예 살인'이 생명을 침해하기에 없어져야 할 문화라고 주장하지만, 필자는 '명예 살인' 또한 그 사회의 사회적·역사적 맥락에서 형성된 고유한 생활양식이라는 점을 되새겨 보아야 한다고 생각한다.

455 (하)

윗글의 필자가 지닌 문화 이해 태도의 문제점으로 옳은 것은?

① 지나치게 다른 문화를 동경한다.
② 문화 사대주의에 빠질 우려가 높다.
③ 문화 제국주의로 빠질 우려가 높다.
④ 자신의 문화만이 우월하다고 생각한다.
⑤ 인류의 보편적 가치에 어긋나는 문화까지 인정한다.

456 (중)

윗글의 밑줄 친 '일부 사람들'이 문화 이해 태도와 관련하여 할 수 있는 주장으로 가장 적절한 것은?

① 극단적 문화 상대주의를 경계해야 한다.
② 고유문화에 대해 깊은 존경심을 표해야 한다.
③ 모든 문화를 그 사회의 맥락에서 이해해야 한다.
④ 다른 문화에 대해 어떤 판단도 하지 말아야 한다.
⑤ 열등한 문화에 대해서 비판적 태도를 가져야 한다.

457 (중)

문화를 이해할 때 ㉠과 같은 기준이 필요한 이유로 적절한 것만을 〈보기〉에서 있는 대로 고른 것은?

> "무고한 사람을 죽이지 마라.", "물건을 훔치거나 남을 속이지 마라."와 같이 모든 인간과 사회에 타당한, 객관적이고 일반적인 도덕 원리를 (㉠)(이)라고 한다.

─〈 보기 〉─

ㄱ. 극단적 문화 상대주의에 빠지는 것을 방지할 수 있다.
ㄴ. 바람직한 문화와 그렇지 않은 문화의 구분을 도와준다.
ㄷ. 새로운 문화의 창조와 발전을 위해 기존 문화를 성찰하는 데 도움이 된다.
ㄹ. 인류가 보편적으로 경계하는 문화 현상도 받아들이는 자세를 갖게 해 준다.

① ㄱ, ㄴ   ② ㄴ, ㄹ   ③ ㄷ, ㄹ
④ ㄱ, ㄴ, ㄷ   ⑤ ㄱ, ㄷ, ㄹ

458 층

다음 글에 대한 평가로 가장 적절한 것은?

> 우리 사회의 연고주의 문화는 입학, 채용 등에서 혈연, 학연, 지연 등의 배경 요소를 중시함으로써 공정성을 훼손할 수 있다. 이는 사회 정의에 어긋나므로 정당화될 수 없다.

① 극단적 문화 상대주의를 간과하였다.
② 보편 윤리 차원에서 자문화를 고찰하였다.
③ 자문화 중심주의가 지닌 문제점을 주장하였다.
④ 문화가 이해가 아닌 평가의 대상임을 강조하였다.
⑤ 우리 문화를 열등하다고 여기며 낮게 평가하였다.

B 다문화 사회와 문화적 다양성 존중

[459~460] 빈출 자료★

그래프는 국내 거주 외국인 주민 수와 비중의 변화 추이를 나타낸 것이다. 물음에 답하시오.

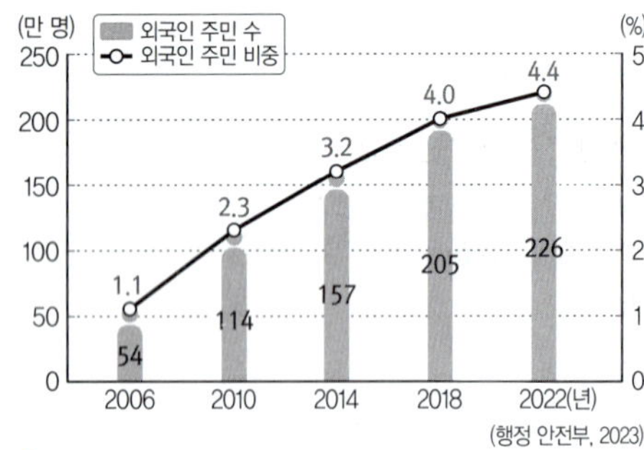

459 층

위 그래프에 대한 분석 및 추론으로 옳은 것은?

① 지역 경제가 지속적으로 침체될 것이다.
② 외국인 범죄의 발생 건수는 점차 감소할 것이다.
③ 교통·통신 기술의 발전에 따른 세계화의 결과이다.
④ 이민자들이 도시에만 몰려들어 농촌의 인력 해소에는 도움이 되지 않을 것이다.
⑤ 내국인과 외국인 간 분업이 활발히 이루어져 일자리 경쟁이 발생하지 않을 것이다.

460 상

위 그래프에 나타난 변화가 지속될 경우 나타날 수 있는 현상으로 적절하지 않은 것은?

① 노동력 부족 문제의 해소에 기여할 수 있다.
② 활발한 문화 교류를 통해 문화가 발전할 수 있다.
③ 국내 거주 외국인을 위한 법과 제도가 정비될 수 있다.
④ 문화적 차이에 관한 이해의 부족으로 갈등이 생길 수 있다.
⑤ 다양한 민족이 공존하면서 문화적 동질성이 높아질 것이다.

461 중

| 서술형 |

㉠, ㉡에 해당하는 내용을 각각 한 가지씩 서술하시오.

> 우리 사회가 다문화 사회로 변화하면서 ㉠ 긍정적 변화가 나타나기도 하지만, ㉡ 새로운 갈등이 발생하기도 한다.

(1) ㉠:

(2) ㉡:

462 하

다문화 사회의 갈등 해결을 위한 개인적 차원의 노력으로 적절한 것만을 〈보기〉에서 고른 것은?

> ──── 보기 ────
> ㄱ. 세계시민 의식을 함양한다.
> ㄴ. 문화 절대주의적 태도를 함양한다.
> ㄷ. 문화적 다양성을 인정하는 관용의 자세를 갖춘다.
> ㄹ. 서로 다른 문화의 이해를 위한 다문화 교육을 강화한다.

① ㄱ, ㄴ   ② ㄱ, ㄷ   ③ ㄴ, ㄷ
④ ㄴ, ㄹ   ⑤ ㄷ, ㄹ

463 중

A국의 다문화 정책에 대한 설명으로 가장 적절한 것은?

> A국의 이민자 통합 교육은 다양한 지역 출신 이민자들의 문화를 자국 문화에 흡수하려는 목적을 지닌다. 구체적으로 이민자들에게 자국의 언어와 역사 및 법 제도에 대한 교육을 시행하고 있다. A국은 이러한 교육을 통해 문화의 단일성을 유지하고 사회 구성원 간의 결속력을 강화함으로써 강력한 사회 통합을 추진하고 있다.

① 특정 지역의 외국인들만을 이민자로 수용하고 있다.
② 자문화와 이민자들의 문화를 분리하는 정책을 펼치고 있다.
③ 이민자들의 문화를 주류 사회의 문화와 대등한 입장에서 존중하고 있다.
④ 이민자들의 다양한 문화 정체성을 인정하면서도 주류 문화가 있어야 한다고 본다.
⑤ 이민자들이 출신국의 문화적 특성을 포기하고 주류 사회의 일원이 되도록 유도하고 있다.

464 중

다음 입장에 부합하는 우리 사회의 노력으로 적절하지 <u>않은</u> 것은?

> 외국인들의 문화를 우리 사회의 문화 중 하나로 인정하고 기존의 문화와 공존할 수 있는 방법을 찾아 나가는 것이 다문화 사회에서의 갈등을 막을 수 있는 방법이 아닐까요?

① 국제결혼 이민자를 초청하여 자국 문화를 소개하도록 한다.
② 다문화 축제를 열어 외국인과 내국인이 함께 어울릴 수 있는 기회를 제공한다.
③ 다문화 가정의 생활 모습을 대중 매체를 통해 방영함으로써 그들의 문화를 이해하도록 한다.
④ 외국인 근로자와 국내 근로자의 교류를 확대하여 서로의 문화를 이해하는 기회를 갖도록 한다.
⑤ 이주민들이 우리의 가치관과 문화에 흡수될 수 있도록 한국 문화 체험 및 한국어 교육 프로그램을 운영한다.

[465~466] 빈출 자료★

다음 글을 읽고 물음에 답하시오.

> 다문화 사회를 보는 관점 중 (㉠)은/는 다문화 사회를 용광로(Melting Pot)에 비유한다. 즉, 용광로 속에 여러 가지 재료를 넣으면 재료가 녹아서 하나가 되듯이, 주류를 이루고 있는 기존 문화에 다양한 문화를 동화시키는 방식으로 사회를 통합하고자 한다. 한편, (㉡)은/는 다문화 사회를 샐러드 볼(Salad Bowl)에 비유한다. 즉, 샐러드에 들어간 다양한 재료들이 고유의 맛과 색을 유지하면서 하나의 그릇에 담기듯이, 다양한 문화가 동등한 위치에서 함께 어우러져 조화를 이루는 방식으로 사회를 통합하고자 한다.

465 하 | 주관식 |

㉠, ㉡에 들어갈 관점을 각각 쓰시오.

(   )

466 중

㉠, ㉡에 대한 옳은 설명만을 〈보기〉에서 고른 것은?

> **― 보기 ―**
> ㄱ. ㉠은 문화 병존을 긍정적으로 인식한다.
> ㄴ. ㉡에서는 소수 집단의 문화가 경시될 우려가 있다.
> ㄷ. 관용의 정신은 ㉡의 의도가 실현되는 데 기여할 수 있다.
> ㄹ. 문화 상대주의적 태도는 ㉠보다 ㉡에 더 잘 드러나 있다.

① ㄱ, ㄴ   ② ㄱ, ㄷ   ③ ㄴ, ㄷ
④ ㄴ, ㄹ   ⑤ ㄷ, ㄹ

467 중

다문화 정책 (가), (나)에 대한 옳은 설명만을 〈보기〉에서 고른 것은?

> (가) 용광로 정책   (나) 샐러드 볼 정책

> **― 보기 ―**
> ㄱ. (가)는 (나)와 달리 문화적 동질성을 추구한다.
> ㄴ. (나)는 (가)와 달리 문화의 공존을 중시한다.
> ㄷ. (나)는 (가)와 달리 소수 집단을 주류 집단에 동화시키는 것이 목적이다.
> ㄹ. (가), (나)는 모두 문화 상대주의적 태도를 기본으로 한다.

① ㄱ, ㄴ   ② ㄱ, ㄷ   ③ ㄴ, ㄷ
④ ㄴ, ㄹ   ⑤ ㄷ, ㄹ

468 상

갑, 을의 입장에 대한 옳은 설명만을 〈보기〉에서 고른 것은?

> 갑: 샐러드에 들어간 채소와 과일들이 고유한 맛을 유지하면서도 조화롭게 어우러지듯이, 다양한 문화들이 고유성을 유지하면서 조화를 이루어야 한다.
> 을: 용광로에 들어간 여러 광물이 녹아 새로운 것으로 재탄생하듯이, 다양한 문화들이 융해되어 하나의 문화를 창출해야 한다.

> **― 보기 ―**
> ㄱ. 갑은 다양한 문화의 이질성 보존을 지향한다.
> ㄴ. 을은 주류 집단의 문화를 중심으로 한 다양한 문화의 조화를 강조한다.
> ㄷ. 갑은 다문화주의를, 을은 동화주의를 추구한다.
> ㄹ. 갑, 을은 모두 비주류 문화의 보존을 강조한다.

① ㄱ, ㄴ   ② ㄱ, ㄷ   ③ ㄴ, ㄷ
④ ㄴ, ㄹ   ⑤ ㄷ, ㄹ

469 중

다문화 사회에 대한 서술로 옳은 것만을 ㉠~㉮ 중 고른 것은?

긍정적인 면	• 문화의 통일성 강화 ················· ㉠
	• 노동력 부족 문제 해소에 기여 ·········· ㉡
발생 가능한 사회 갈등	• 문화의 이질성 축소 ················· ㉢
	• 편견으로 인한 사회적 차별 발생 ········ ㉣
사회 갈등의 해결 방안	• 이주민의 권리를 보장하는 법 축소 ········ ㉤
	• 다문화 이해 교육의 강화 ·············· ㉮

① ㉠, ㉢, ㉮   ② ㉠, ㉣, ㉮   ③ ㉡, ㉢, ㉤
④ ㉡, ㉣, ㉮   ⑤ ㉢, ㉣, ㉮

최고 수준 도전 기출

470

밑줄 친 ㉠~㉤에 대한 설명으로 옳지 <u>않은</u> 것은?

> 오래전부터 인간은 ㉠ 자연환경 속에서 살아왔다. 이렇게 인간이 환경과 상호 작용을 하면서 형성한 ㉡ 의식주, 풍습, 종교 등의 생활양식을 문화라고 한다. ㉢ 의식주, 종교, 민족, 언어 등의 문화 요소가 비슷하게 분포하는 공간적 범위는 오랜 기간 비교적 넓은 범위에 걸쳐 형성되고, 그 지역에서는 비슷한 ㉣ 문화 경관을 찾아볼 수 있다. ㉤ 문화권의 경계는 주로 산맥, 하천 등의 지형에 의해 정해지는 경우가 많다.

① ㉠ – 의식주와 같은 기본적인 생활양식에 많은 영향을 준다.
② ㉡ – 문화 경관에는 영향을 주지 않는다.
③ ㉢ – 문화권 또는 문화 지역이라고 한다.
④ ㉣ – 이슬람교 문화권의 모스크를 예로 들 수 있다.
⑤ ㉤ – 리오그란데강을 기준으로 앵글로아메리카 문화권과 라틴 아메리카 문화권을 구분하는 것을 들 수 있다.

471

다음은 세계 문화권에 관한 어떤 학생의 형성 평가 답안지이다. 학생이 얻을 점수로 옳은 것은?

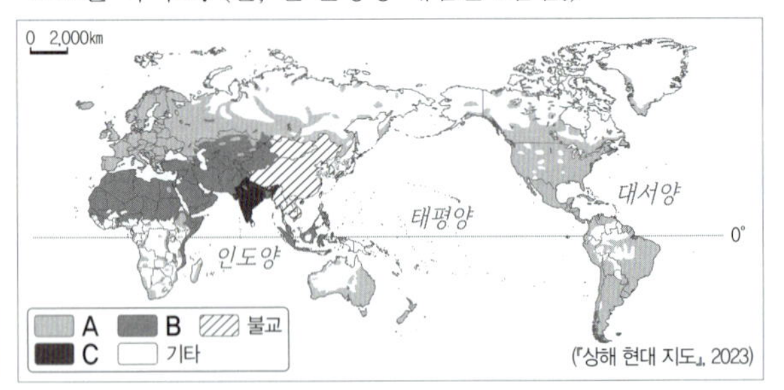

번호	문항	응답
1	주로 아랍어를 사용하는 문화권에서는 A를 믿는 사람의 비중이 가장 높다.	×
2	B를 믿는 사람이 많은 지역은 전통적으로 오아시스 농업이 발달하였다.	○
3	C를 믿는 사람이 많은 지역에서는 돼지고기를 금기시한다.	×
4	앵글로아메리카 문화권에서는 북서 유럽 문화의 전파로 A 중 개신교의 비중이 높다.	×

① 0점 ② 1점 ③ 2점 ④ 3점 ⑤ 4점

472

표는 세계의 종교별 신도 비중을 나타낸 것이다. A~D 종교에 대한 설명으로 옳은 것은?

종교	신도 비중
A	32.3%
B	24.3%
C	13.6%
D	7.0%
기타(무교 포함)	22.8%

(『신상 지리 자료』, 2023)

① A는 갠지스강을 영혼을 정화시키는 성스러운 강으로 생각한다.
② B는 모스크에서 집단 예배와 공공 행사를 하는 종교이다.
③ C는 예수가 부활하고 활동했던 예루살렘을 성지로 여기는 종교이다.
④ D는 '알라 외에 다른 신은 없고 무함마드는 그의 사도이다.'라는 신앙을 고백하는 종교이다.
⑤ A~C는 보편 종교, D는 민족 종교에 해당한다.

473

자료의 (가)~(마)에 해당하는 문화권을 지도의 A~E에서 고른 것은?

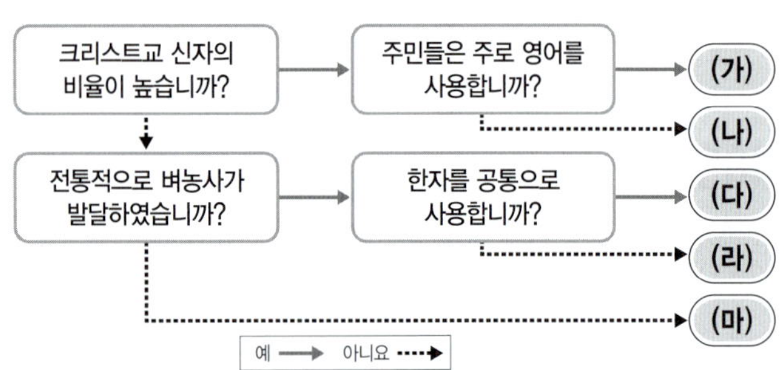

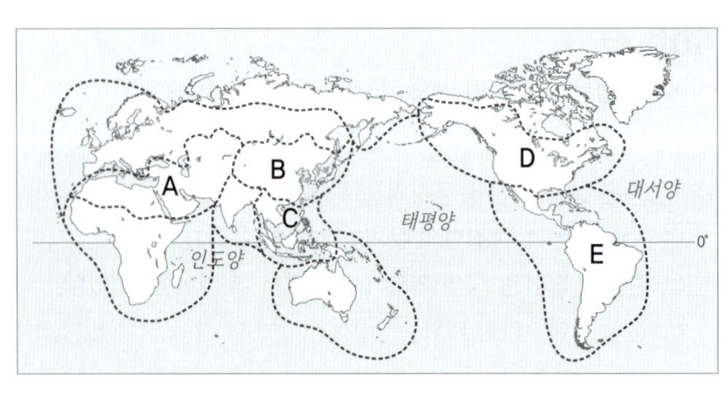

① (가) – D ② (나) – A ③ (다) – C
④ (라) – B ⑤ (마) – E

474

자료는 지리 학습 블로그의 일부이다. ㉠~㉣ 중 옳은 내용만을 있는 대로 고른 것은?

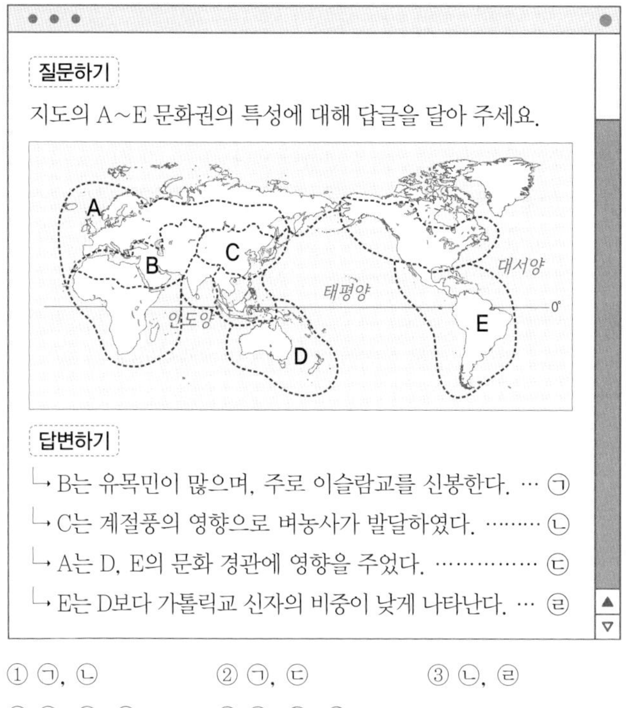

① ㉠, ㉡   ② ㉠, ㉢   ③ ㉡, ㉣
④ ㉠, ㉡, ㉢   ⑤ ㉡, ㉢, ㉣

475

지도는 세계 문화권을 나타낸 것이다. A~J에 대한 설명으로 옳은 것은?

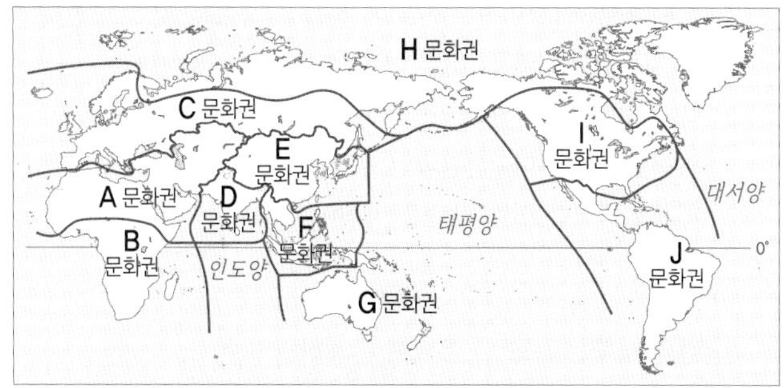

① A와 달리 H에서는 유목이 이루어진다.
② A와 B, I와 J는 자연적 요인에 의해 경계가 나뉜다.
③ C의 북서 지역은 라틴족, 남부 지역은 게르만족의 비율이 높다.
④ D, E와 달리 F는 계절풍의 영향으로 벼농사가 발달하였다.
⑤ G, I와 달리 J는 주로 영어를 사용하며, 개신교를 믿는다.

476

그림은 문화 변동의 요인을 구분한 것이다. (가)~(마)의 사례로 적절하지 않은 것은?

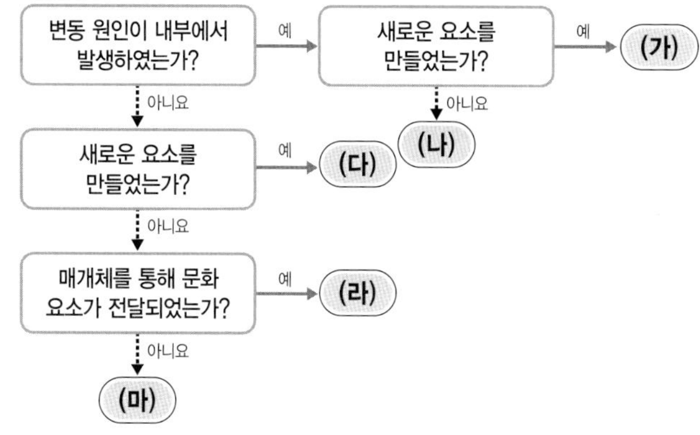

① (가): 사냥을 위해 활을 만들어 내었다.
② (나): 인류는 불을 찾아내어 어둠을 밝히고 추위를 극복하였다.
③ (다): 체로키 부족이 알파벳에서 아이디어를 얻어 새로운 문자를 개발하였다.
④ (라): 북한 이탈 주민들이 늘어나면서 북한의 고유한 음식이 널리 퍼졌다.
⑤ (마): 중국으로부터 사람들에 의해 전래된 불교는 우리의 생활에 큰 영향을 미쳤다.

477

그림은 갑국과 을국의 문화 교류와 문화 변동을 나타낸 것이다. 이에 대한 옳은 분석만을 〈보기〉에서 있는 대로 고른 것은?

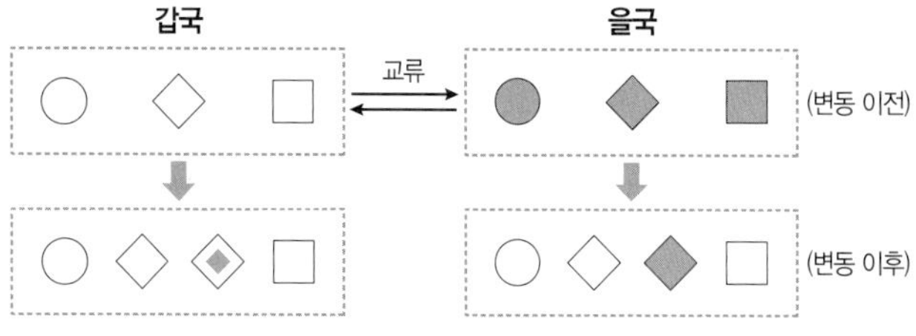

* ○와 ●는 의복 문화, ◇와 ◆는 음식 문화, □와 ■는 주거 문화이다.
** ◈는 ◇와 ◆가 혼합되어 나타난 새로운 음식 문화이다.

〈 보기 〉
ㄱ. 갑국은 내부에서 새로운 문화 요소를 찾아냈다.
ㄴ. 갑국의 의복 문화에서는 문화 동화가 나타났다.
ㄷ. 을국의 음식 문화에서는 문화 병존이 나타났다.
ㄹ. 갑국과 달리 을국의 주거 문화에서는 자문화의 정체성이 상실되었다.

① ㄱ, ㄴ   ② ㄴ, ㄷ   ③ ㄷ, ㄹ
④ ㄱ, ㄴ, ㄹ   ⑤ ㄴ, ㄷ, ㄹ

자료에 대한 분석으로 옳은 것은?

〈자료 1〉은 문화 변동의 요인을 (가)~(다)로 분류한 것이며, 〈자료 2〉는 갑국과 (가)~(다) 중 하나로 교류한 A~C국의 문화 변동 과정을 도식화한 것이다. (가)~(다)는 직접 전파, 간접 전파, 자극 전파 중 하나이며, 이외의 다른 문화 변동은 없다.

〈자료 1〉

질문	(가)	(나)	(다)
매개체를 통해 전파되는가?	예	아니요	아니요
새로운 문화 요소가 만들어졌는가?	아니요	아니요	예

〈자료 2〉

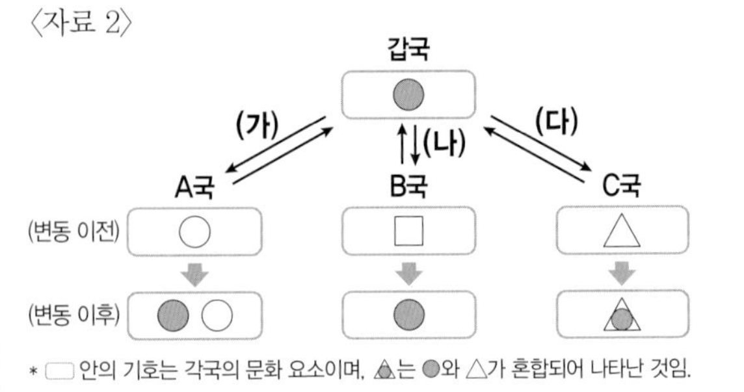

① A국에는 문화 요소의 추가 및 소멸 과정이 포함되어 있다.
② B국에 갑국의 문화 요소가 인터넷 등을 통해 널리 퍼졌다.
③ C국에서는 문화 요소의 전파와 발명이 함께 이루어졌다.
④ A국과 B국에서는 자국의 문화 요소와 갑국의 문화 요소가 병존하고 있다.
⑤ A국, B국과 달리 C국은 문화의 정체성이 소멸되었다.

479

다음 사례에 나타난 전통문화의 계승 방법으로 가장 적절한 것은?

국립 박물관에서 우리나라의 전통 문화유산을 소재로 만든 상품이 젊은 세대에게 큰 인기를 끌고 있다. 금동 미륵보살 반가사유상을 본떠 만든 소품, 은은한 푸른 빛깔과 상감 기법으로 유명한 고려청자를 활용한 휴대 전화 케이스와 무선 이어폰 케이스 등이 출시되면서 젊은 세대의 이목을 사로잡고 있다.

① 외래문화를 비판적으로 수용하여 우리의 전통 문화유산과 조화를 이루었다.
② 문화 산업을 육성하기 위해 우리 문화유산이 지닌 정체성을 과감히 포기하였다.
③ 사회 구성원들의 특성을 반영하여 우리의 전통 문화유산을 현대적 감각으로 재구성하였다.
④ 전통 문화유산 보호를 통해 문화 다양성을 증진하고자 새로운 문화 요소의 유입을 최소화하였다.
⑤ 우리의 전통 문화유산의 고유성을 그대로 유지하여 그 속에 담긴 조상들의 넋과 얼을 기릴 수 있도록 하였다.

480

갑국~정국에 나타난 문화 변동에 대한 옳은 분석만을 〈보기〉에서 고른 것은?

갑국에서는 전통적으로 내려오던 다양한 음식 재료와 조리 기법을 결합하여 A 음식이 만들어졌다. 이후 A 음식은 인터넷을 통해 을국에 소개되었는데, 을국 사람들은 A 음식의 조리 기법에 착안하여 B 음식을 만들어 냈다. 한편, 갑국의 A 음식은 갑국 선교사들을 통해 병국에 퍼졌는데, 그 과정에서 병국의 고유한 향신료가 추가되어 병국에서 C 음식이 만들어졌다. 그리고 갑국 사람들은 정국으로 이민 가는 경우가 많았는데, 정국에서는 갑국으로부터 온 이민자들에 의해 A 음식이 확산한 결과 정국의 전통 음식이 A 음식으로 대체되었다.

〈보기〉

ㄱ. 을국에서는 자극 전파로 새로운 문화 요소가 창조되었다.
ㄴ. 갑국과 병국에서는 모두 문화 융합이 나타나지 않았다.
ㄷ. 정국에서는 병국에서와 달리 외래문화 요소가 변형되지 않고 정착하였다.
ㄹ. 을국, 병국은 정국과 달리 문화 변동 결과 새로운 문화 요소를 향유하게 되었다.

① ㄱ, ㄴ   ② ㄱ, ㄷ   ③ ㄴ, ㄷ
④ ㄴ, ㄹ   ⑤ ㄷ, ㄹ

481

갑~병의 문화 이해의 태도에 대한 옳은 분석만을 〈보기〉에서 고른 것은?

교사: A국에서는 매년 돌고래 사냥 축제를 열어 수백 마리의 돌고래를 잡아 고기를 나눠 먹으며 공동체 의식을 높입니다. 이에 대해 자신의 의견을 이야기해 봅시다.
갑: 축제 중에 돌고래를 죽인다 해도 그것은 A국의 사회적 맥락이 반영된 고유한 문화이기에 존중해야 합니다.
을: 고유한 문화로 인정하기 전에 동물을 죽이는 것이 보편적인 가치를 훼손하는 것은 아닌지 검토해야 합니다.
병: 축제에서 수백 마리의 돌고래를 죽이는 A국의 관습은 야만적인 것입니다. 선진국인 우리나라의 동물 애호 정신을 배워서 A국은 이런 악습을 바꿔야 합니다.

〈보기〉

ㄱ. 갑의 태도는 문화 간 우열이 존재한다고 본다.
ㄴ. 병의 태도는 자문화의 자부심 강화에 기여할 수 있다.
ㄷ. 을에 비해 갑의 태도는 극단적 문화 상대주의로 치우칠 우려가 있다.
ㄹ. 갑에 비해 병의 태도는 문화 다양성 보존에 유리하다.

① ㄱ, ㄴ   ② ㄱ, ㄷ   ③ ㄴ, ㄷ
④ ㄴ, ㄹ   ⑤ ㄷ, ㄹ

482

갑~병이 가진 문화 이해 태도에 대한 설명으로 옳은 것은?

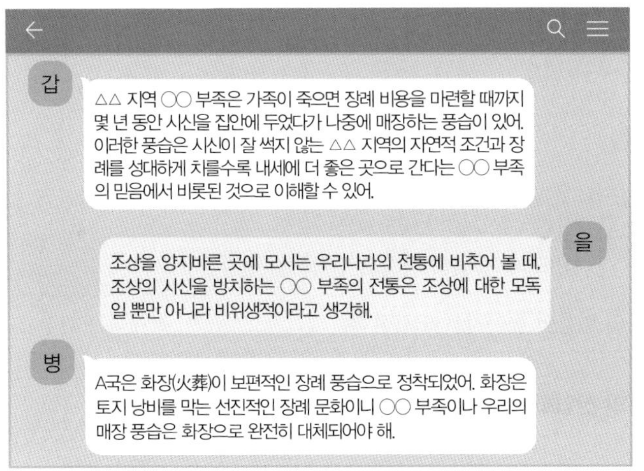

① 갑의 태도는 을의 태도에 비해 타 문화 수용에 소극적이다.
② 을의 태도는 갑의 태도에 비해 문화 다양성 확보에 유리하다.
③ 병의 태도는 을의 태도와 달리 문화 간 우열이 있다고 본다.
④ 병의 태도는 을의 태도에 비해 구성원 결속 증진에 기여한다.
⑤ 을, 병의 태도는 모두 특정 사회의 문화를 기준으로 타 문화를 평가할 수 있다고 본다.

483

자료에 대한 옳은 설명만을 〈보기〉에서 고른 것은?

〈자료 1〉은 문화 이해 태도 A~C를 비교한 것이다. 〈자료 2〉는 갑~병이 각 진술에 해당하는 문화 이해 태도를 적은 것이다.

〈자료 1〉

• 외부 문화의 수용에 가장 적극적인 것은 B이다.
• A, B는 C와 달리 문화를 우열 평가의 대상으로 여긴다.

〈자료 2〉

진술	갑	을	병
각 문화의 고유한 가치를 존중함	C	C	A
자문화의 정체성을 상실할 가능성이 높음	A	B	C
자문화를 다른 사회로 이식하는 것을 정당화할 우려가 큼	B	A	B

〈보기〉

ㄱ. 모든 진술에 대하여 옳은 답을 적은 사람은 갑이다.
ㄴ. C는 각 문화가 해당 사회의 맥락에서 고유한 의미가 있다는 생각을 전제로 한다.
ㄷ. A는 C와 달리 다른 문화와 갈등을 초래할 가능성이 높다.
ㄹ. B, C는 자기 문화의 고유한 가치를 인정한다.

① ㄱ, ㄴ　　　② ㄱ, ㄷ　　　③ ㄴ, ㄷ
④ ㄴ, ㄹ　　　⑤ ㄷ, ㄹ

484

다문화 정책과 관련된 갑과 을의 대화이다. 갑의 주장에 부합하는 다문화 정책의 사례로 적절한 것만을 〈보기〉에서 고른 것은?

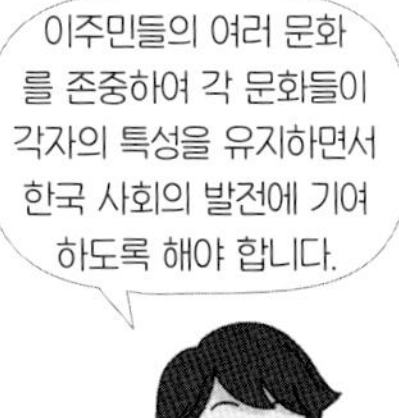

〈보기〉

ㄱ. 이주민에게 의무적으로 한국어를 학습하도록 한다.
ㄴ. 이주민에게 지원 센터에서 제공하는 한국 생활 정보를 습득하도록 강제한다.
ㄷ. 다문화 경연 대회를 주최하여 다양한 문화에 대한 한국인들의 이해를 높인다.
ㄹ. 이주민을 강사로 활용하는 다문화 체험 프로그램을 한국인을 대상으로 실시한다.

① ㄱ, ㄴ　　　② ㄱ, ㄷ　　　③ ㄴ, ㄷ
④ ㄴ, ㄹ　　　⑤ ㄷ, ㄹ

485

(가), (나)에 대한 옳은 설명만을 〈보기〉에서 있는 대로 고른 것은?

갑국은 유입되는 이주민을 수용·통합하는 방법으로 두 가지 방안을 고려하고 있다. ___(가)___ 은/는 이주민이 출신국의 언어, 문화를 완전히 포기하여 주류 사회의 성원들과 차이가 없게 되는 것을 목표로 삼는다. ___(나)___ 은/는 이주민이 그들만의 문화를 지켜 가는 것을 인정하고 장려하며, 정책 목표를 이주민 집단의 주류 사회로의 동화가 아닌 공존에 둔다.

〈보기〉

ㄱ. (가)는 용광로 이론, (나)는 샐러드 볼 이론과 관련이 있다.
ㄴ. (가)는 (나)보다 이주민의 문화 정체성을 훼손할 우려가 크다.
ㄷ. (나)는 (가)보다 자문화 중심주의 입장을 강조하고 있다.
ㄹ. (나)는 (가)에 비해 이주민의 정착, 적응, 동화를 중시한다.

① ㄱ, ㄴ　　　② ㄱ, ㄹ　　　③ ㄴ, ㄷ
④ ㄱ, ㄴ, ㄷ　　　⑤ ㄴ, ㄷ, ㄹ

11 산업화와 도시화

A 산업화·도시화에 따른 변화

1 산업화와 도시화의 의미

→ 산업화 과정에서 촌락의 인구가 일자리를 찾아 도시로 이동하는 이촌 향도 현상이 나타나면서 도시화가 촉진되었다.

산업화	농업 중심의 사회가 ❶□□·서비스업 중심의 사회로 변화하는 현상
도시화	❷□□에 거주하는 인구의 비율이 높아지고 도시적 ❸□□□□이 확대되는 현상

빈출 자료 PICK 우리나라의 산업화·도시화 과정 ☑ Link 499~500번, 501~502번 문제

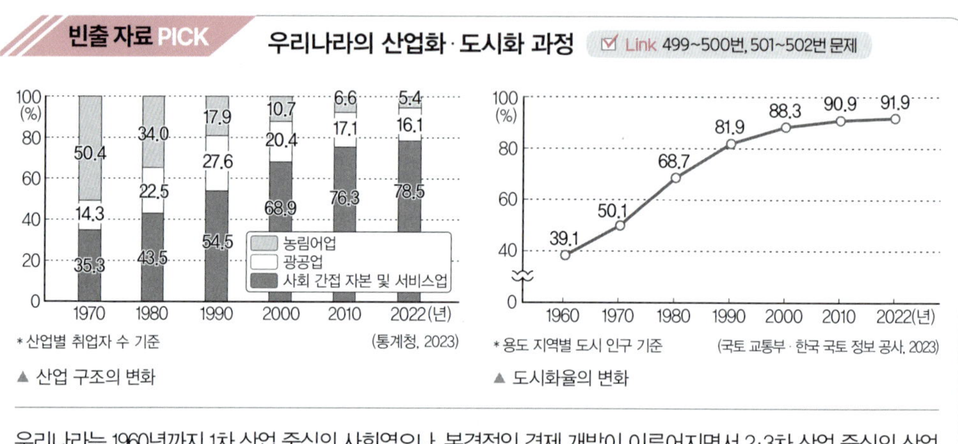

우리나라는 1960년까지 1차 산업 중심의 사회였으나, 본격적인 경제 개발이 이루어지면서 2·3차 산업 중심의 산업 구조로 변화하였다. 도시화도 급격히 나타나 2022년 기준 우리나라 전체 인구의 90% 이상이 도시에 거주한다.

→ 우리나라는 1960년대 이후 경제 개발 계획이 추진되면서 산업화와 도시화가 본격적으로 이루어졌다.

2 산업화와 도시화에 따른 생활공간의 변화

① 거주 공간의 변화

도시 내부의 변화	• ❹□□적 토지 이용: 공간의 효율적 이용을 위해 공동 주택, 고층 건물 등이 밀집함 • 기능 지역 분화: 도시가 성장하면서 접근성과 ❺□□에 따라 도시 내부가 중심 업무 지구(도심), 상업 지역, 주거 지역, 공업 지역 등 여러 ❻□□ 지역으로 분화됨
대도시권의 형성	• 대도시권 확대: ❼□□□로 대도시의 인구와 기능이 주변 지역으로 확대됨 → 대도시와 주변 지역이 하나의 생활권을 이루는 대도시권이 형성됨 • 근교 ❽□□ 확대: 도시 인접 촌락이 주거·공업 지역으로 변화함 → 도시적 경관 확대

빈출 자료 PICK 도시 내부의 지역 분화 ☑ Link 507~508번 문제

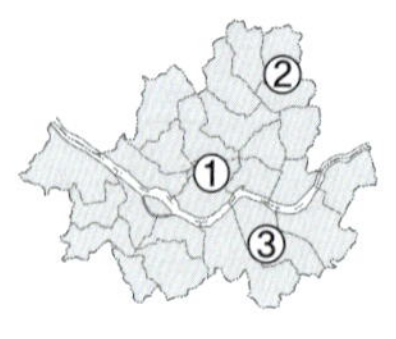

① 도심(중구) ② 주거 지역(노원구) ③ 부도심(강남구)

도심은 접근성이 높아 교통이 편리하므로 행정 기관, 대기업 본사 등이 많고 고층 건물이 밀집된다. 접근성과 지가가 낮은 도시 외곽에는 대규모 아파트 단지가 조성된다. 교통이 편리한 지역에는 부도심이 형성되기도 한다.

→ 도심의 기능을 분담한다.

② 생태환경의 변화 → 주택, 산업 시설, 자동차 등에서 오염 물질이 배출되어 생태환경이 악화된다.

지표 포장 면적 확대	아스팔트, 콘크리트 등으로 포장된 ❾□□ 면적이 늘고 녹지가 감소함
하천의 인위적 개발	도시 계획에 따라 하천을 직강화하거나 복개하는 등 인위적으로 개발함

→ 유속이 증가하며 하천 주변의 인공 제방 건설로 동식물의 서식 환경이 변화하고 생물종 다양성이 감소한다.

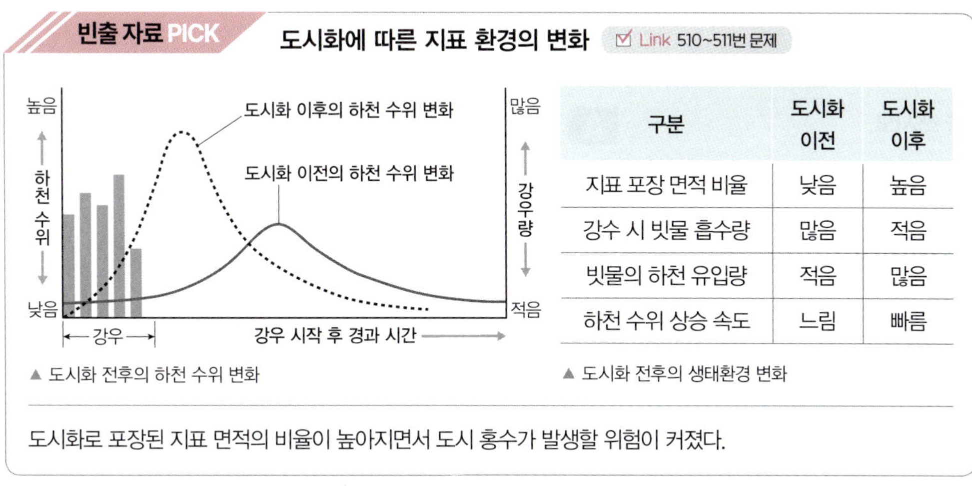

구분	도시화 이전	도시화 이후
지표 포장 면적 비율	낮음	높음
강수 시 빗물 흡수량	많음	적음
빗물의 하천 유입량	적음	많음
하천 수위 상승 속도	느림	빠름

▲ 도시화 전후의 생태환경 변화

도시화로 포장된 지표 면적의 비율이 높아지면서 도시 홍수가 발생할 위험이 커졌다.

3 산업화와 도시화에 따른 생활양식의 변화

→ 생산 활동에서 요구하는 노동력이 변화되어 새로운 직업이 출현하고 직업의 수가 증가하였다.

① **직업 분화**: 2·3차 산업 중심의 산업 구조로 변화하면서 직업이 세분화·전문화됨 → 다양한 직업 선택 가능, 직업 간 ❿ [　] 격차 심화, 도시 주민 간 이질성 증가

② **도시성 확산**: 도시적 생활양식인 도시성이 보편화됨 → 효율성과 합리성 추구, 주로 2차적 인간관계 형성으로 사회적 ⓫ [　] 약화 → 가까운 교외나 촌락으로 도시성이 확산되기도 한다.

③ ⓬ [　] **가치관 확산**: 핵가족과 1인 가구가 보편화되면서 공동체보다는 개인의 자유와 권리를 중시하는 개인주의 가치관이 확산됨 → 개인 간 경쟁 심화, 개인의 가치와 성취 중시 → 이 과정에서 공동체 의식이 약화되는 측면이 있다.

B 산업화·도시화에 따른 문제와 해결 방안

1 산업화와 도시화에 따른 문제

주택 문제	주택 부족, 집값 상승, ⓭ [　] 주택 지역 형성 등
교통 문제	교통 혼잡 발생, 도로 및 주차 공간 부족, 교통사고 및 교통 소음 증가 등
⓮ [　] 문제	산업 시설 및 가정에서 ⓯ [　] 물질 배출로 수질 오염 및 대기 오염 발생, 포장 면적 증가로 침수 피해 증가 및 열섬 현상 발생, 녹지 감소로 생물종 다양성 감소 등
사회적 문제	• 지역 격차 심화: 이촌 향도 현상 심화로 촌락의 노동력 부족 및 경제활동 위축 • 노동 문제: 실업 문제, 노사 ⓰ [　] 발생 등 • 인간 ⓱ [　] 현상: 인간이 생산 활동의 수단으로 전락하여 소외됨 • 기타: 각종 범죄 발생, 고독사 문제, 빈부 격차 심화, 공동체 의식 약화 등

→ 노동에서 얻는 만족감과 성취감이 약화된다.

2 산업화와 도시화에 따른 문제의 해결 방안

① **지역적·국가적 차원의 해결 방안**

→ 주택 문제와 교통 문제를 비롯한 다양한 도시 문제를 해결하려면 도시 기반 시설의 확충이 필요하다.

주택 문제	신도시 건설, 불량 주택 지역의 도시 ⓲ [　] 사업 추진 등
교통 문제	혼잡 통행료 부과, 공영 주차장 확대, 대중교통 확충 등
환경 문제	환경 관련 규제 강화, 생태환경 복원을 위한 ⓳ [　] 사업 추진 등
사회적 문제	국토의 ⓴ [　] 발전 추구, 실업자를 위한 직업 교육과 취업 정보 제공 확대, 노사 소통과 협력 유도, 지역 공동체 회복 전략 추진, 사회 복지 제도 확대 등

② **개인적 차원의 해결 방안**: 친환경적인 생활 방식 실천, 배려와 협력의 자세 확립, 공동체 의식 함양, 인간 존엄성 중시 등

V

기출 PICK A -3

산업화·도시화에 따른 생활 수준의 향상

산업화와 도시화로 공급되는 상품과 서비스의 양이 증가하고 도시 거주 주민의 소득이 증대되었다. 또한 쇼핑 시설, 영화관 등 다양한 상업·여가 시설이 확충되면서 생활이 편리해졌다.

기출 PICK B -1

열섬 현상

자동차나 에어컨 실외기 등에서 나오는 인공 열, 콘크리트와 아스팔트가 내뿜는 열 등으로 도시 지역의 기온이 주변 지역에 비해 높아지는 현상을 말한다.

▲ 열섬 현상 발생 모식도

개념 확인 문제

◆ **다음 빈칸에 들어갈 알맞은 말을 쓰시오.**

486 농업 중심의 사회가 공업·서비스업 중심의 사회로 변화하는 현상을 (   )라고 한다.

487 교외화로 대도시의 인구와 기능이 주변 지역으로 확대되면서 대도시와 주변 지역이 하나의 생활권을 이루는 (   )이 형성되었다.

488 산업화·도시화가 전개되는 과정에서 도시 계획에 따라 (   )을 직강화하거나 복개하는 등 인위적인 개발이 이루어졌다.

489 도시적 생활양식인 (   )이 보편화되면서 효율성과 합리성을 추구하는 문화가 나타났다.

490 이촌 향도 현상의 심화로 촌락의 노동력이 부족해지고 경제활동이 위축되는 등 (   )가 심화되었다.

◆ **다음 밑줄 친 부분을 옳게 고치시오.**

491 <u>산업화</u>는 도시에 거주하는 인구의 비율이 높아지고 도시적 생활양식이 확대되는 현상이다.

492 도시가 성장하면서 도시성과 지대에 따라 도시 내부가 여러 기능 지역으로 분화된다.

493 도시성이 확산되면서 주로 <u>1차적</u> 인간관계가 형성되었다.

494 산업화에 따른 기계화, 분업화, 자동화로 인간이 생산 활동의 수단으로 전락하는 <u>노사 갈등</u>이 나타나기도 하였다.

495 노사 소통과 협력을 유도하고 실업자를 위한 직업 교육과 취업 정보를 제공하는 것은 사회적 문제 중 <u>교통 문제</u>의 해결 방안에 해당한다.

난이도별 필수 기출

A 산업화·도시화에 따른 변화

496 중

(가), (나)에 대한 옳은 설명만을 〈보기〉에서 고른 것은?

- ___(가)___ 은/는 농림어업 중심의 사회에서 광공업 및 서비스업 중심의 사회로 변화하는 현상을 말한다.
- ___(나)___ 은/는 전체 인구 중에서 도시에 거주하는 인구 비율이 증가하는 현상을 말한다.

〈 보기 〉

ㄱ. (가)의 과정에서 3차 산업 종사자 비중이 증가한다.
ㄴ. (나)는 도시적 생활양식이 축소되는 현상이다.
ㄷ. (가) 현상이 나타남에 따라 (나) 현상은 점차 사라진다.
ㄹ. (가), (나)로 인해 개인주의적 가치관이 점차 확산된다.

① ㄱ, ㄴ   ② ㄱ, ㄷ   ③ ㄱ, ㄹ
④ ㄴ, ㄹ   ⑤ ㄷ, ㄹ

빈출
497 중

그래프는 우리나라의 산업별 종사자 비중 변화를 나타낸 것이다. (가)~(다) 산업에 대한 옳은 설명만을 〈보기〉에서 고른 것은? (단, (가)~(다)는 각각 광공업, 농림어업, 사회 간접 자본 및 서비스업 중 하나임.)

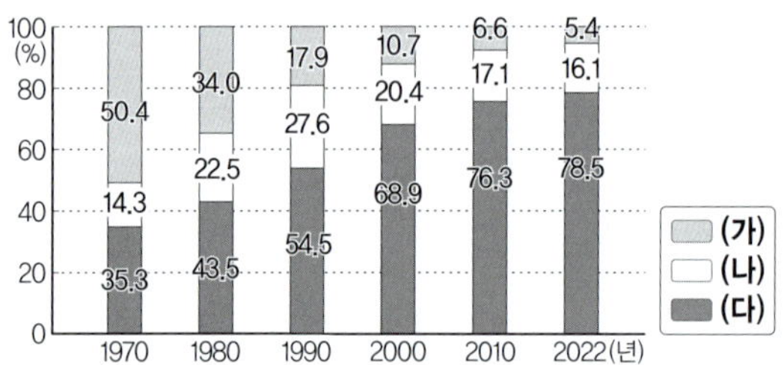

〈 보기 〉

ㄱ. 오늘날 (가) 종사자 비중이 빠르게 증가하고 있다.
ㄴ. (나)는 (다)보다 기계화, 자동화, 표준화에 불리하다.
ㄷ. 산업화는 산업 구조가 (가) 중심에서 (나), (다) 중심으로 변화하는 현상을 말한다.
ㄹ. (가)는 1차 산업, (나)는 2차 산업, (다)는 3차 산업에 해당한다.

① ㄱ, ㄴ   ② ㄱ, ㄷ   ③ ㄴ, ㄷ
④ ㄴ, ㄹ   ⑤ ㄷ, ㄹ

498 중
| 서술형 |

그래프는 도시화 단계를 나타낸 것이다. 도시화율이 가장 빠르게 증가하는 단계를 쓰고, 이 단계의 특징을 서술하시오.

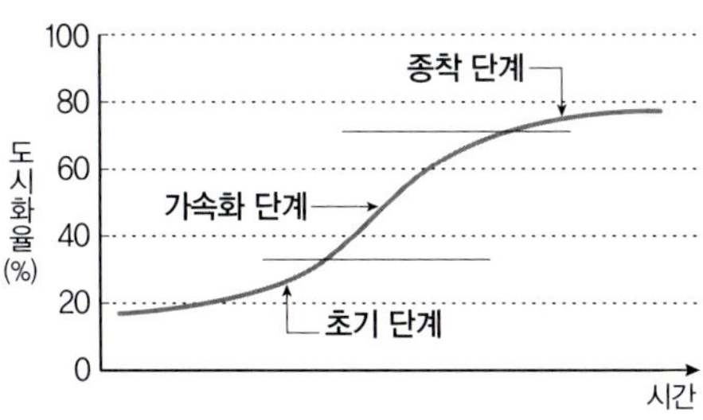

[499~500] 빈출 자료★

그래프는 우리나라 도시화율을 나타낸 것이다. 물음에 답하시오.

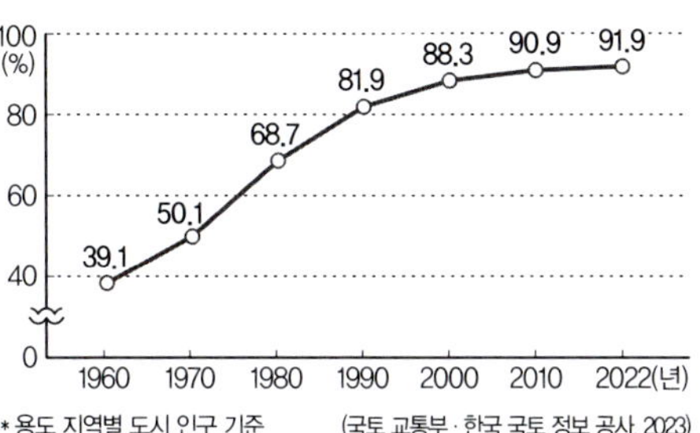

499 중

위 그래프에 대한 옳은 설명만을 〈보기〉에서 고른 것은?

< 보기 >

ㄱ. 1960년은 2010년보다 도시에 거주하는 인구가 많았다.
ㄴ. 1960~1990년에는 이촌 향도 현상이 활발하였다.
ㄷ. 도시 인구 증가율은 2010~2022년 사이가 가장 낮았다.
ㄹ. 2022년 우리나라 인구의 10명 중 9명이 촌락에 거주한다.

① ㄱ, ㄴ   ② ㄱ, ㄷ   ③ ㄴ, ㄷ
④ ㄴ, ㄹ   ⑤ ㄷ, ㄹ

500 상

위 그래프를 통해 알 수 있는 우리나라의 도시화에 대한 설명으로 옳지 않은 것은?

① 우리나라는 현재 도시화의 종착 단계에 있다.
② 1960년대에는 촌락 인구가 도시 인구보다 많았다.
③ 1970년대에는 이촌 향도 현상이 활발하게 나타났다.
④ 1970년대보다 2000년대의 도시 인구 증가율이 더 높게 나타났다.
⑤ 2022년 이후 일부 지역에서 역도시화 현상이 나타날 수 있다.

[501~502] 빈출 자료★

그래프를 보고 물음에 답하시오.

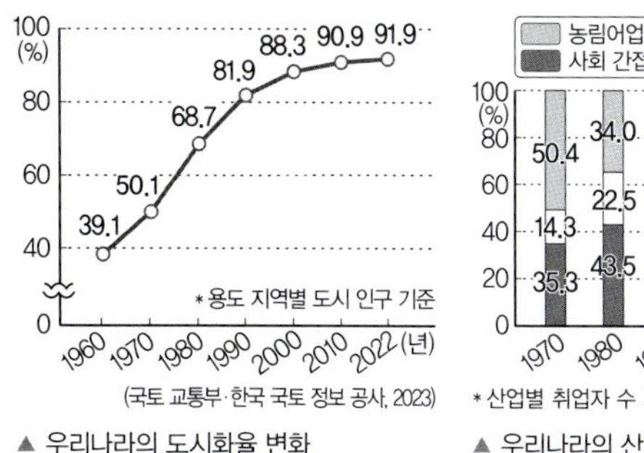

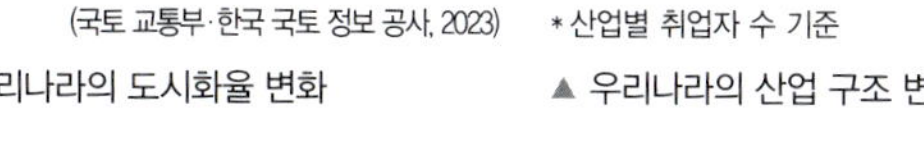

501 하 (빈출)

위 그래프에 대한 분석 및 추론으로 옳지 않은 것은?

① 1970년대에는 대부분의 사람들이 1차 산업에 종사하였다.
② 1970년대 이후에는 도시의 녹지 면적이 점차 감소하였을 것이다.
③ 1980년대 이후 도시화가 본격적으로 이루어졌다.
④ 1970~1990년대에는 이촌 향도 현상이 활발하게 일어나 2·3차 산업 종사자 비율이 상승하였다.
⑤ 2022년 우리나라 인구의 대부분은 도시에 거주하고 있다.

502 중

위 그래프와 같은 사회 변동 과정에서 나타난 거주 공간의 변화에 대한 설명으로 옳은 것은?

① 녹지 면적이 증가하였다.
② 도시의 기능이 단순화되었다.
③ 토지 이용의 집약도가 높아졌다.
④ 지표의 인공 포장 비율이 낮아졌다.
⑤ 자연 상태의 토지 면적이 증가하였다.

503 하

산업화·도시화로 인한 생활공간의 변화로 옳은 것만을 〈보기〉에서 고른 것은?

< 보기 >

ㄱ. 토지 이용의 집약도가 감소한다.
ㄴ. 시가지의 확대로 녹지 면적이 증가한다.
ㄷ. 불투수 면적이 넓어져 홍수의 발생 위험도가 증가한다.
ㄹ. 도시 내부 지역의 기능별 공간적 분화 현상이 나타난다.

① ㄱ, ㄴ   ② ㄱ, ㄷ   ③ ㄴ, ㄷ
④ ㄴ, ㄹ   ⑤ ㄷ, ㄹ

504 중

표는 우리나라의 토지 이용 변화를 나타낸 것이다. 1977년보다 2022년에 수치가 높게 나타났을 항목만을 〈보기〉에서 고른 것은?

구분	1977년	2022년	변화
임야	65,660km^2	63,427km^2	감소
논밭	22,144km^2	18,487km^2	감소
대지	1,760km^2	3,342km^2	증가
도로	1,612km^2	3,453km^2	증가

(국토 교통부, 각 연도)

─── 보기 ───
ㄱ. 촌락 인구 비중　　ㄴ. 생물종의 다양성
ㄷ. 지표의 포장 면적　　ㄹ. 3차 산업 종사자 비중

① ㄱ, ㄴ　　② ㄱ, ㄷ　　③ ㄱ, ㄹ
④ ㄴ, ㄷ　　⑤ ㄷ, ㄹ

505 중 ⭐빈출

사진은 어느 지역의 토지 이용 변화를 나타낸 것이다. 이 지역의 변화에 대한 옳은 설명만을 〈보기〉에서 있는 대로 고른 것은?

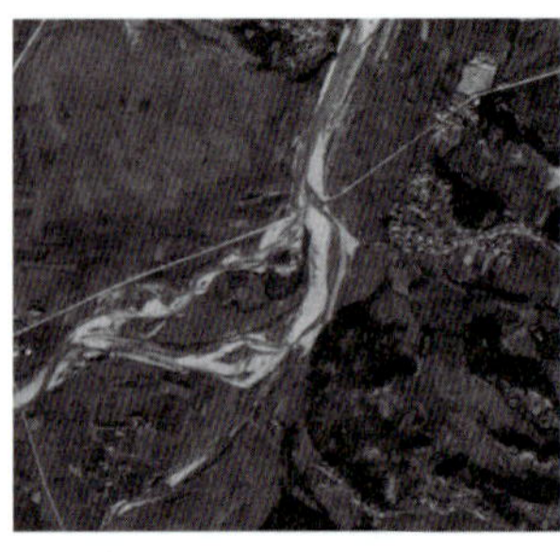

▲ 1960년대

▲ 2020년대

─── 보기 ───
ㄱ. 토지 이용이 집약적으로 이루어진다.
ㄴ. 기온이 낮아지고 상대 습도가 올라간다.
ㄷ. 주변 지역과의 상호 작용이 활발해진다.
ㄹ. 주민들 간의 유대 관계와 공동체 의식이 강해진다.

① ㄱ, ㄴ　　② ㄱ, ㄷ　　③ ㄴ, ㄹ
④ ㄱ, ㄴ, ㄷ　　⑤ ㄴ, ㄷ, ㄹ

506 상

그림은 도시 내부 구조를 나타낸 것이다. A~C에 대한 설명으로 옳은 것은?

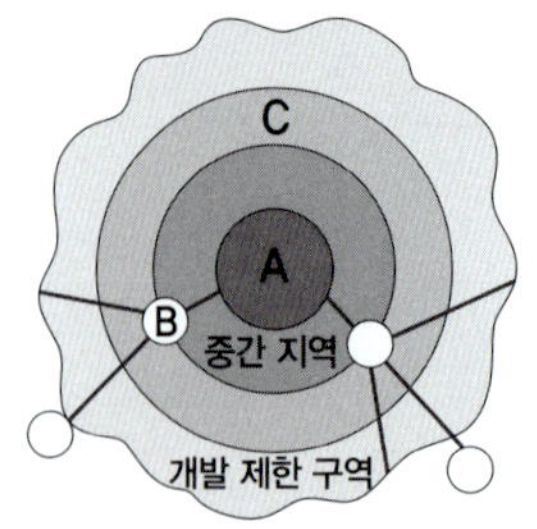

① A는 B의 기능을 분담한다.
② A는 대기업의 본사, 백화점, 주요 관청 등이 입지한다.
③ B는 지가가 저렴하고 넓은 토지가 필요한 주택, 공장, 학교 등이 분포한다.
④ C는 야간에 인구 공동화 현상이 발생한다.
⑤ C는 도시의 지나친 팽창을 막고 녹지 공간을 확보하기 위해 설정한 것이다.

[507~508] 빈출 자료⭐

사진은 도시 내부에서 볼 수 있는 두 지역의 모습이다. 물음에 답하시오.

(가) 대도시의 중심　　　　(나) 대도시 외곽의 대규모
(서울시 중구)　　　　　　아파트 단지(서울시 노원구)

507 중 ⭐빈출

(가) 지역에 비해 (나) 지역에서 높거나 강하게 나타나는 상대적 특징으로 옳지 않은 것은?

① 상주인구 밀도　　　　② 초등학교 학급 수
③ 토지 이용의 집약도　　④ 출근 시간대 유출 인구
⑤ 거주자의 평균 통근 거리

508 상

(가), (나) 지역에 대한 설명으로 옳은 것은?

① (가)는 주로 주거 및 공업 기능이 입지한다.
② (나)는 도시의 중심으로 업무 및 상업 기능이 집중된다.
③ (가)는 (나)에 비해 지가가 저렴하다.
④ (가)는 (나)에 비해 토지 이용의 집약도가 높다.
⑤ (나)는 (가)에 비해 교통이 편리하여 접근성이 높다.

509 중

다음 글에 나타난 ○○시의 변화를 그래프의 A∼E에서 고른 것은?

> 과거 농촌 지역이었던 ○○시는 인근 대도시의 대도시권에 속하는 지역으로, 대규모 아파트 단지가 형성되어 대도시로 출퇴근하는 인구가 많아졌다.

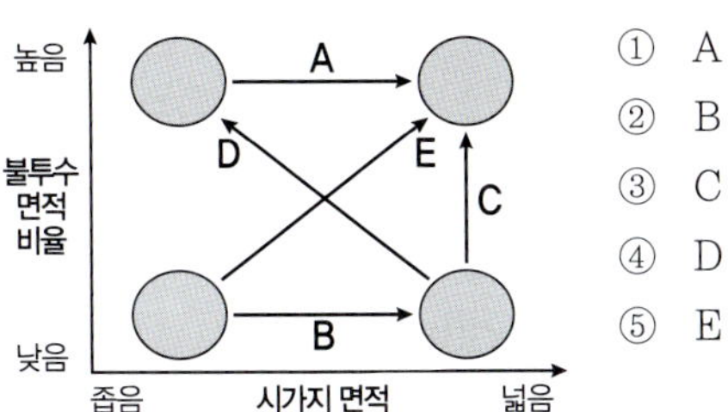

① A
② B
③ C
④ D
⑤ E

그래프는 특정 도시 지역의 하천 수위 변화를 나타낸 것이다. 물음에 답하시오. (단, A와 B는 각각 도시화 이전과 도시화 이후 중 하나임.)

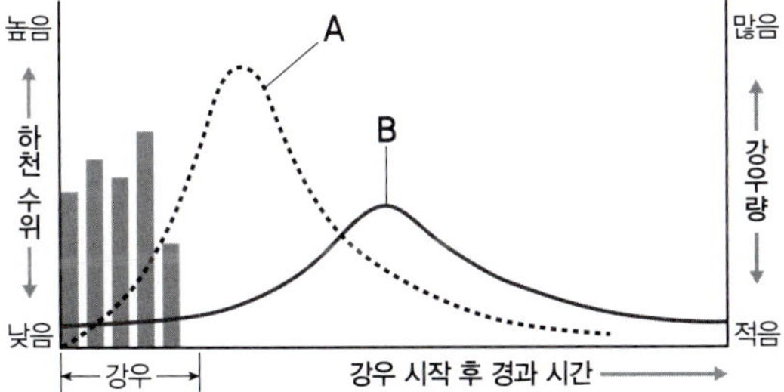

510 중

| 서술형 |

하천 수위 변화가 B에서 A로 바뀌었다고 할 때, 그 원인을 서술하시오.

★ 빈출
511 중

하천 수위 변화가 B에서 A로 바뀔 경우 나타날 수 있는 문제점으로 가장 적절한 것은?

① 열섬 현상이 심화된다.
② 생물종 다양성이 높아진다.
③ 도시 하천의 범람 가능성이 높아진다.
④ 오염 물질 증가로 대기 오염이 심화된다.
⑤ 상대 습도 감소로 도시 사막화가 발생한다.

512 하

다음은 산업화와 도시화에 따른 생활양식의 변화에 대한 글이다. 밑줄 친 ㉠∼㉤ 중 옳지 않은 것은?

> 산업화와 도시화로 도시성이 확산하였다. 도시성이란 ㉠ 도시에 거주하는 사람들이 가지는 특징적인 사고 및 행동 양식으로 ㉡ 효율성과 합리성을 추구하며 ㉢ 익명성을 띠고 주로 2차적 인간관계를 맺는 도시인의 특성을 의미한다. 도시성의 확산으로 자율성과 다양성이 존중되지만 ㉣ 사회적 유대감은 약해진다. 그리고 산업화와 도시화 과정에서 ㉤ 개인보다는 공동체를 중시하는 집단주의적 가치관이 확산되었다.

① ㉠　　② ㉡　　③ ㉢　　④ ㉣　　⑤ ㉤

(가), (나)는 서로 다른 시기의 생활양식을 나타낸 것이다. 물음에 답하시오.

(가)	1963년 갑은 초가집과 논밭이 펼쳐진 작은 마을에 사는데, 주민 대부분이 벼농사를 한다. 갑의 주요 일과는 벼를 수확하는 것인데, 이웃들과 함께 품앗이를 하기도 한다. 집에는 10남매와 부모님, 조부모님이 모여 산다.
(나)	2023년 을은 아파트와 상가가 많은 신도시에 산다. 을은 브랜드를 만드는 업무를 하는데, 다른 업무를 담당하는 사람들과 협업을 한다. 광역 버스를 타고 출근을 하며, 퇴근길에는 복합 쇼핑몰에 가서 혼자 영화를 보고 저녁도 먹는다.

513 하

(가), (나) 시기에 대한 설명으로 옳지 않은 것은?

① (가)는 산업화 이전이다.
② (가)는 (나)보다 직업의 분화 정도가 낮다.
③ (나)는 (가)보다 도시성의 정도가 높다.
④ (나)는 (가)보다 개인주의 성향이 강한 편이다.
⑤ (나)는 (가)보다 지역 공동체에서 함께 해야 할 일이 많다.

★ 빈출
514 중

(가) 시기에 비해 (나) 시기가 가지는 상대적인 특징을 그래프의 A∼E에서 고른 것은?

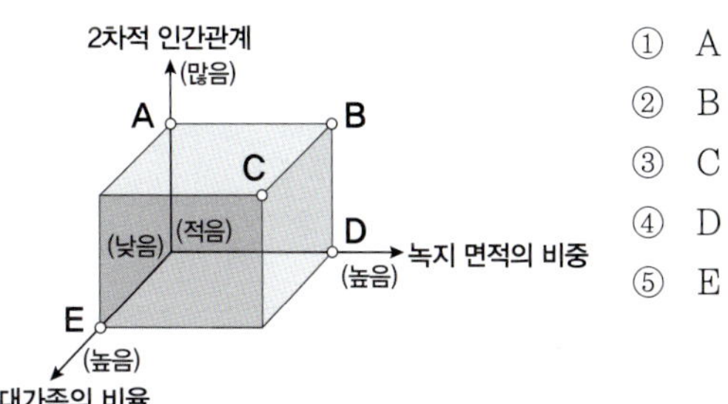

① A
② B
③ C
④ D
⑤ E

515 <상>

그래프는 우리나라 1인 가구 비율 및 가구당 구성원 수 변화를 나타낸 것이다. 이와 관련한 사회 변화로 적절한 것은?

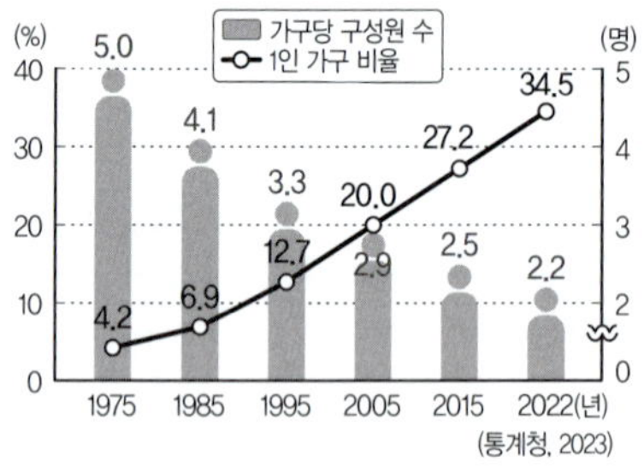

① 농업 중심의 사회가 되었다.

② 가족 노동력의 필요성이 커졌다.

③ 홀로 사는 노인 인구가 감소하였다.

④ 결혼을 하지 않거나 늦게 하려는 인구가 줄어들었다.

⑤ 개인의 자유를 중시하는 개인주의 가치관이 확대되었다.

[516~517] 빈출 자료★

그래프를 보고 물음에 답하시오.

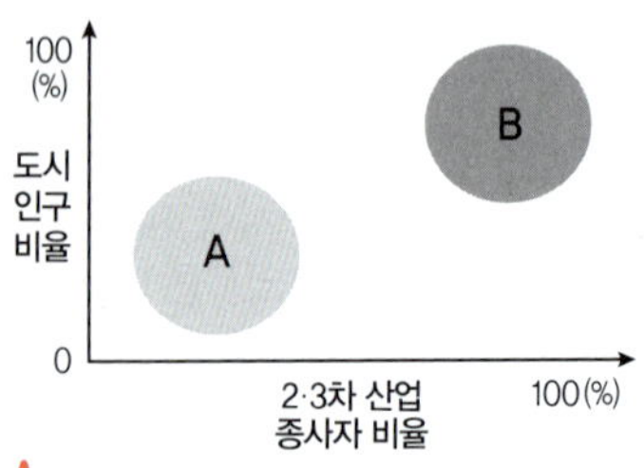

516 <하>

A에서 B로 이동했을 때 나타날 수 있는 현상이 <u>아닌</u> 것은?

① 직업의 종류가 다양해질 것이다.

② 공동체적 가치관이 확산될 것이다.

③ 도시의 주택 문제가 증가할 것이다.

④ 가구당 평균 구성원 수가 줄어들 것이다.

⑤ 도시의 토지 이용 집약도가 높아질 것이다.

517 <중>

A에서 B로 이동했을 때 나타날 수 있는 문제점만을 〈보기〉에서 고른 것은?

─── 보기 ───

ㄱ. 기계화와 자동화로 인한 생산성 저하

ㄴ. 공동체의 결속력 약화와 인간 소외 발생

ㄷ. 직업의 분화에 따른 사람들 간 동질성 증가

ㄹ. 이해타산에 기초한 형식적인 인간관계의 증가

① ㄱ, ㄴ   ② ㄱ, ㄷ   ③ ㄴ, ㄷ

④ ㄴ, ㄹ   ⑤ ㄷ, ㄹ

518 <중> ★빈출

그래프의 A, B에 들어갈 항목을 옳게 연결한 것은?

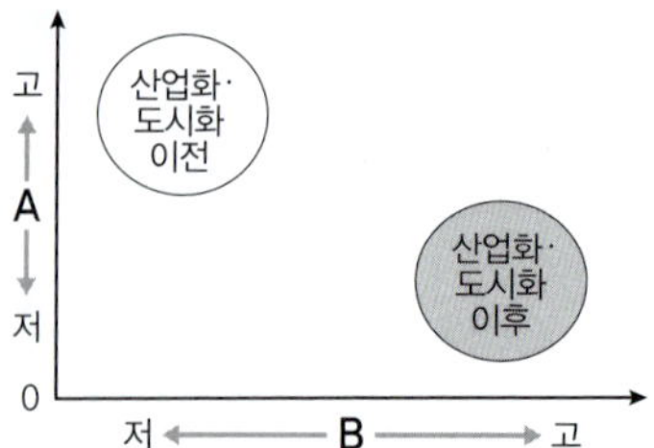

* 고(저)는 많음(적음), 높음(낮음), 넓음(좁음)을 의미함.

	A	B
①	녹지 면적	생물종의 다양성
②	직업의 종류	평균 가구원 수
③	도시 인구 비율	직업의 종류
④	평균 가구원 수	녹지 면적
⑤	평균 가구원 수	도시 인구 비율

B 산업화·도시화에 따른 문제점과 해결 방안

519 <하>

교사의 질문에 옳게 답한 학생만을 고른 것은?

① 갑, 을   ② 갑, 병   ③ 을, 병

④ 을, 정   ⑤ 병, 정

520 중

(가), (나)에 들어갈 내용을 옳게 연결한 것은?

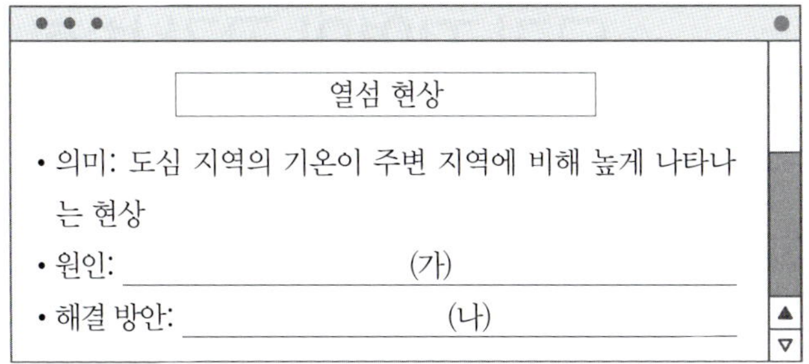

	(가)	(나)
①	건물 밀집도 감소	녹지 공간 확대
②	건물 밀집도 감소	승용차 요일제 시행
③	자동차 통행량 증가	지표면의 인공 포장 확대
④	인공 열의 배출 증가	녹지 공간 확대
⑤	인공 열의 배출 증가	지표면의 인공 포장 확대

빈출
521 중

다음은 영화의 줄거리이다. 이를 통해 알 수 있는 산업화·도시화에 따른 문제점으로 가장 적절한 것은?

> 영화 「혼자 사는 사람들」에서 혼자가 편한 진아는 기계처럼 일하고, 대부분의 시간을 이어폰을 꽂은 채 휴대 전화만 바라본다. 새로 입사한 수진은 진아와 친해지려 노력하지만 진아는 마음을 열 생각이 없다. 그러던 어느 날, 출퇴근길에 만나면 말을 걸던 옆집 남자가 아무도 모르게 혼자 죽었다는 걸 알게 되면서 진아의 마음이 복잡해진다.

① 미흡한 사회 안전망으로 인해 각종 범죄가 증가한다.
② 인구 집중으로 불량 주택 지역 형성 등의 문제가 나타난다.
③ 인간의 노구화, 주변 사람들과의 소통 감소와 같은 문제가 나타난다.
④ 노동력 부족, 경제활동 위축, 마을 공동체의 해체와 같은 문제가 나타난다.
⑤ 산업 시설 및 가정에서 배출하는 폐수와 산업 폐기물 등으로 인해 환경이 오염된다.

522 하

산업화·도시화에 따른 문제와 해결 방안이 잘못 연결된 것은?

	문제	해결 방안
①	교통 문제	공영 주차장 확대
②	노사 갈등	노사 소통과 협력 유도
③	실업 문제	사회 복지 제도 확충
④	주택 부족	신도시 건설
⑤	인간 소외 현상	혁신 도시 건설

523 하

산업화·도시화로 나타난 문제점을 해결하기 위한 개인적 차원의 방안으로 옳은 것만을 〈보기〉에서 고른 것은?

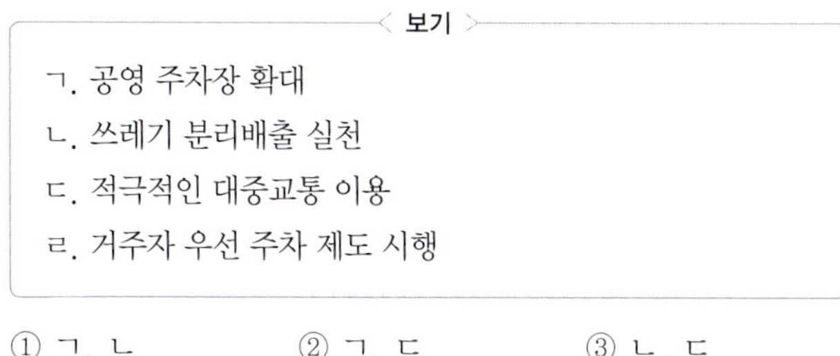

> ─〈 보기 〉─
> ㄱ. 공영 주차장 확대
> ㄴ. 쓰레기 분리배출 실천
> ㄷ. 적극적인 대중교통 이용
> ㄹ. 거주자 우선 주차 제도 시행

① ㄱ, ㄴ   ② ㄱ, ㄷ   ③ ㄴ, ㄷ
④ ㄴ, ㄹ   ⑤ ㄷ, ㄹ

524 중

표는 산업화·도시화에 따른 문제를 해결하기 위한 사회적·개인적 차원의 해결 방안을 정리한 것이다. ㉠~㉤ 중 적절하지 않은 것은?

사회적 차원	㉠ 도시 환경 개선을 위한 법률 제정 ㉡ 교통 문제를 해결하기 위한 교통 체계 개편 ㉢ 도시의 주택 공급을 위한 도시 재개발 사업 추진
개인적 차원	㉣ 사회적 약자를 위한 사회 복지 제도 확충 ㉤ 인간 소외 문제를 해소하기 위한 타인과의 연대 의식 함양

① ㉠   ② ㉡   ③ ㉢   ④ ㉣   ⑤ ㉤

빈출
525 중

(가)~(마)의 도시 문제에 대한 해결책으로 적절하지 않은 것은?

> 인구를 수용할 준비가 부족한 상황에서 도시화가 급속도로 진행되면, 여러 가지 도시 문제가 나타나게 된다. 주택 부족이나 불량 주택 난립 등의 (가) 주택 문제, 교통 혼잡이나 주차 공간 부족 등과 같은 (나) 교통 문제, 실업이나 노사 갈등으로 인한 (다) 노동 문제가 발생하기도 한다. 또한 업무의 분업화, 기계화 등으로 사람들과의 소통이 줄어들어 (라) 이기주의 문제가 확산될 수 있다. 대기 오염, 수질 오염 등의 (마) 환경 문제 역시 도시화 과정에서 생겨날 수 있다.

① (가) – 도시 재개발 사업을 추진한다.
② (나) – 대중교통 수단을 확충한다.
③ (다) – 실업자에게 실업 급여를 제공한다.
④ (라) – 물질적 가치와 경쟁을 강조한다.
⑤ (마) – 산업 폐수 정화 시설을 확충한다.

12

교통·통신과 과학기술의 발달
~ 우리 지역의 공간 변화

A 교통·통신의 발달에 따른 변화

기출 PICK A -1

교통·통신의 발달에 따른 변화

산업 혁명 이후 철도, 자동차, 비행기 등 더 빠른 교통수단이 등장하고 인공위성, 인터넷 등 새로운 통신 기술이 발달하였다. 이로 인해 사람, 물자, 정보 등의 이동이 활발해지면서 생활공간에 다양한 변화가 나타나고 있다.

1 교통·통신의 발달에 따른 생활공간의 변화

┌ 지하철과 고속 국도 등 광역 교통망이 발달한 대도시는 그 기능과 영향력이 주변 도시로 확대되면서 대도시권을 형성한다.

① **생활공간의 확대**: 시간적·공간적 ❶ [　] 이 감소하여 지역 간 접근성 향상 → 원거리 통근·통학이 가능해지는 등 개인의 ❷ [　] 공간 범위 확대, 대도시권 형성

② **경제활동 범위의 확대**: 기업 활동 범위의 확장으로 국제 범위로 ❸ [　] 분업 확대

③ **여가 공간의 확대**: 장거리 이동이 가능해져 국내외 관광객 증가, 지역 간 상호 작용 활발

④ **생태환경의 변화**: 교통·통신 시설을 구축하는 과정에서 ❹ [　] 파괴 문제 발생, 교통·통신 수단을 이용하여 생태환경 보호

예 위성 위치 확인 시스템(GPS)을 이용한 멸종 위기 동물 관리 및 보호, 헬리콥터를 이용한 산불 진압 등

빈출 자료 PICK　　교통 발달에 따른 서울 – 강릉 간 이동 시간 변화　☑ Link 541~542번 문제

현재와 같은 교통망이 구축되기 이전에는 서울에서 강릉까지 가려면 반나절에서 하루 정도의 시간이 걸렸다. 하지만, 고속 국도와 고속 철도의 개통으로 이동 시간이 크게 단축되어 이제 서울과 강릉은 하루 생활권이 되었다. 2시간대에 전국 주요 거점 간의 이동을 목표로 하는 제4차 국가 철도망 구축 계획 (2021~2030년) 사업이 완료되면 강릉과 다른 지역 간 이동 시간도 많이 줄어들 것으로 예상된다.

교통수단의 발달로 이동 소요 시간 및 비용이 줄어들면서 생활공간은 점차 넓어지고 있다.

기출 PICK A -3

빨대 효과

빨대로 음료를 빨아들이듯이 대도시가 주변 중소 도시의 인구와 각종 기능을 흡수하는 현상을 말한다.

2 교통·통신의 발달에 따른 생활양식의 변화

① **경제활동 활성화**: 국내외 전자 상거래와 금융 투자 발달 → 해외 상품 구입과 투자 보편화

② **여가 활동 및 문화 교류 증진**: 다른 지역 및 국가의 문화 체험 기회 증가 → 문화 간 상호 작용으로 새로운 문화 형성 및 전 세계적인 ❺ [　] 문화 등장

선박 평형수 처리 장치의 필요성

선박 평형수는 선박의 무게 중심을 유지하기 위해 선박 내에 채워 넣는 바닷물이다. 선박 평형수를 채우고 빼내는 과정에서 평형수에 들어 있던 해양 생물이 다른 지역으로 이동하게 되는데, 선박 평형수 처리 장치를 설치하면 각종 외래종의 유입을 막을 수 있다.

3 교통·통신의 발달에 따른 문제점과 해결 방안

① **지역 격차 심화**

┌ 교통·통신 접근성이 향상된 지역은 지역 경제가 성장하지만, 불리해진 지역은 쇠퇴하면서 지역 격차가 발생할 수 있다.

문제점	교통·통신 ❻ [　] 에 따라 지역 격차 확대 → 빨대 효과로 지역 불균형 심화
해결 방안	지역 간 ❼ [　] 발전 방안 모색 → 도시에 집중된 기능 분산, 지역 경쟁력 강화, 교통·통신 시설의 혜택에서 소외된 지역에 기반 시설 확충 등

② ❽ [　] **환경 파괴**

예 지방 중추 도시권 육성 사업, 지역 특성을 활용한 지역 축제 개최, 혁신 도시 건설 등

▲ 선박 평형수 처리 과정

문제점	교통로 건설 및 통신 시설 구축 과정에서 녹지 감소 및 야생 동물 서식지 파괴, 교통수단에서 오염 물질 배출로 환경 오염 발생, 외래 생물종 유입으로 생태계 교란 등
해결 방안	생태 통로 건설, 환경 ❾ [　] 평가 시행, 오염 물질 배출량 검사 강화 등

③ **전염병 확산**

국제 교류가 증가하였기 때문이다.

문제점	❿ [　] 수단의 발달로 전염병 전파 속도 증가, 전염병 전파 범위가 세계로 확대
해결 방안	출입국 검역 관리 강화, 각국 정부가 협력하여 전염병 예방 및 대응 체계 마련 등

B 과학기술의 발달에 따른 변화

기출 PICK B -1

제4차 산업 혁명

첨단 정보 통신 기술이 경제와 사회 전반에 융합되어 혁신적인 변화가 나타나는 차세대 산업 혁명으로, 사물 인터넷(IoT), 인공지능(AI) 등의 지식 정보 기술과 관련이 깊다.

1 과학기술의 발달에 따른 생활공간의 변화

┌ 과학기술의 발달에 따라 사회에서 지식과 정보가 가지는 중요성이 커지면서 정보 사회가 출현하게 되었다.

① **가상 공간의 형성**: 생활공간의 범위가 증강 현실 등과 같은 가상 공간까지 확대됨

② ⓫ [　] **정보 기술의 적용**: 일상생활에서 공간 정보 기술을 적용하는 경우가 많아짐

└ 예 지리 정보 시스템(GIS), 위성 위치 확인 시스템(GPS) 등

2 과학기술의 발달에 따른 생활양식의 변화

① **경제적 측면**: 전자 서명, 화상 회의 등이 가능해지면서 재택근무 등으로 업무 형태 다양화, 온라인 금융 거래와 ⑫☐☐ 상거래 활성화, 빅 데이터를 활용한 맞춤형 상품 설계 가능

② **정치적 측면**: 가상 공간을 통한 정치 참여 기회 확대 → 전자 ⑬☐☐☐☐ 실현에 기여

③ **사회·문화적 측면**: 쌍방향 ⑭☐☐ 활성화, 다양한 정보 공유 및 교환 가능, 가상 공간에서 다양한 인간관계 형성

3 과학기술의 발달에 따른 문제와 해결 방안

구분	문제점	해결 방안
정보 ⑮☐☐	정보 기기의 이용과 정보에 대한 접근에 있어 지역·계층·연령 간 격차 발생	정보 소외 계층을 위한 정보 기기 및 소프트웨어 지원, 정보화 교육 실시 등
노동 시장의 양극화	인간의 노동이 기계로 대체되면서 일자리 감소, 일자리 간 임금 및 고용 조건 격차 심화 → 사회적 불안과 갈등 심화	재취업을 위한 ⑯☐☐ 훈련 강화, 창의적 인재 육성, 노동 시장 변화에 대비한 사회 보장 시스템 개편 등
⑰☐☐ 중독	인터넷 및 스마트폰에 대한 지나친 의존에 따른 대면적 인간관계의 약화	디지털 중독의 예방과 치료를 위한 프로그램 마련 등
사이버 범죄	사이버 폭력, 사이버 금융 범죄, 해킹 등의 사이버 범죄 증가	사이버 범죄 예방 교육 시행, 개인 정보 보호 수칙 준수, ⑱☐☐ 윤리 실천 등

문제점	개인 정보의 유출, 폐회로 텔레비전(CCTV)이나 휴대 전화 위치 추적 등을 통한 감시와 통제
해결 방안	개인 정보 관리 강화, 보안 프로그램 개발, 관련 법률 마련 및 강화 등

빈출 자료 PICK

정보 소외 계층의 정보 격차 지수 ☑ Link 553~554번 문제

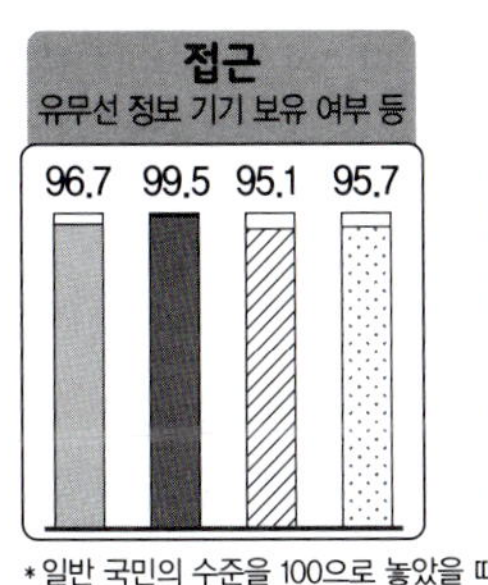

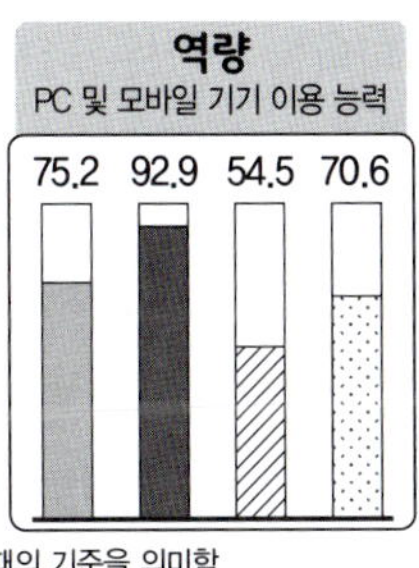

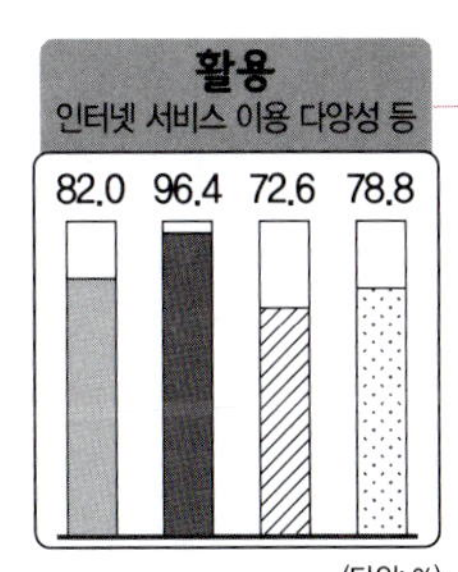

→ 이러한 정보 격차는 소득이나 부의 불평등으로 이어져 경제적·사회적 격차를 더욱 확대할 수 있다.

* 일반 국민의 수준을 100으로 놓았을 때의 기준을 의미함.

(단위: %)

☐ 장애인 ☐ 저소득층 ☐ 고령층 ☐ 농어민

(과학기술 정보 통신부·한국 지능 정보 사회 진흥원, 2023)

정부의 디지털 기기 및 서비스 보급 정책으로 정보 취약 계층의 디지털 정보화 접근 수준은 전반적으로 개선되었으나, 역량과 활용 수준은 일반 국민에 비해 여전히 낮은 편이다.

C 우리 지역의 공간 변화

1 지역의 공간 변화 ⑲☐☐은 산업화와 도시화, 교통·통신 및 과학기술의 발달에 따라 끊임없이 변화함 → 토지 이용, 산업 구조, 인구 등으로 지역의 공간 변화를 파악할 수 있음

2 지역 조사 과정 → 지역의 공간 변화를 파악하고, 이를 바탕으로 지역 문제의 원인을 분석한 후 문제 해결 방안을 모색하려면 지역 조사가 반드시 필요하다.

① **조사 주제 및 방법 선정**: 조사 목적에 맞는 조사 주제와 방법을 정하고 조사 계획을 수립함

② **지역 정보의 수집**: 실내 조사와 ⑳☐☐ 조사를 통해 지역 정보를 수집함

③ **지역 정보 분석 및 종합**: 수집한 지역 정보를 분석·종합하여 그래프나 통계 지도로 나타냄

④ **결론 도출 및 보고서 작성**: 도출한 결과를 토대로 보고서를 작성함

실내 조사	지도, 문헌, 인터넷 검색 등을 통해 정보를 수집함 → 야외 조사를 위한 사전 준비 과정도 함께 이루어짐
야외 조사	실제 지역을 답사하며 면담, 설문 조사, 관찰, 촬영 등을 통해 정보를 수집함

답 ❶ 제약 ❷ 생활 ❸ 공간적 ❹ 생태계 ❺ 보편적 ❻ 접근성 ❼ 균형 ❽ 생태 ❾ 영향 ❿ 교통 ⓫ 공간 ⑫ 전자 ⑬ 민주주의 ⑭ 소통 ⑮ 격차 ⑯ 직업 ⑰ 디지털 ⑱ 정보 ⑲ 지역 ⑳ 야외

개념 확인 문제

◆ **다음 빈칸에 들어갈 알맞은 말을 쓰시오.**

526 교통·통신 수단의 발달로 지역 간 (　　　　)이 향상되면서 개인의 생활공간이 확대되었다.

527 국내외 전자 (　　　　)와 금융 투자가 발달하면서 해외 상품 구입과 투자가 보편화되었다.

528 과학기술의 발달로 생활공간의 범위가 증강 현실과 같은 (　　　　) 공간까지 확대되고 있다.

529 정보 기기 이용과 정보에 대한 접근에 있어 지역, 계층 등 간에 발생하는 (　　　　)는 경제적·사회적 격차를 심화할 수 있다.

530 (　　　　) 과정은 '조사 주제 및 방법 선정 → 지역 정보의 수집 → 지역 정보 분석 및 종합 → 결론 도출 및 보고서 작성' 단계를 거친다.

◆ **다음 밑줄 친 부분을 옳게 고치시오.**

531 교통수단의 개통으로 주변 도시의 인구와 경제력이 대도시로 유입되는 <u>교외화</u>로 오늘날 지역 격차가 더욱 커지고 있다.

532 <u>제3차</u> 산업 혁명은 첨단 정보 통신 기술이 경제와 사회 전반에 융합되어 혁신적인 변화가 나타나는 차세대 산업 혁명을 의미한다.

533 인공지능(AI)과 로봇이 기존에 인간이 하던 일부 사무직·기능직 일자리를 대체하면서 <u>자본</u> 시장이 양극화될 우려가 있다.

534 최근 가상 공간에서의 익명성을 이용한 사이버 폭력, 해킹 등의 <u>사생활 침해</u>가 증가하고 있다.

535 지역 조사 과정 중 <u>야외</u> 조사 단계에서는 지도, 문헌, 인터넷 검색 등을 통해 정보를 수집한다.

난이도별 필수 기출

상 6문항
중 14문항
하 10문항

A 교통·통신의 발달에 따른 변화

[536~537] 빈출 자료★

그림은 교통 발달에 따른 지구의 상대적 크기 변화를 나타낸 것이다. 물음에 답하시오.

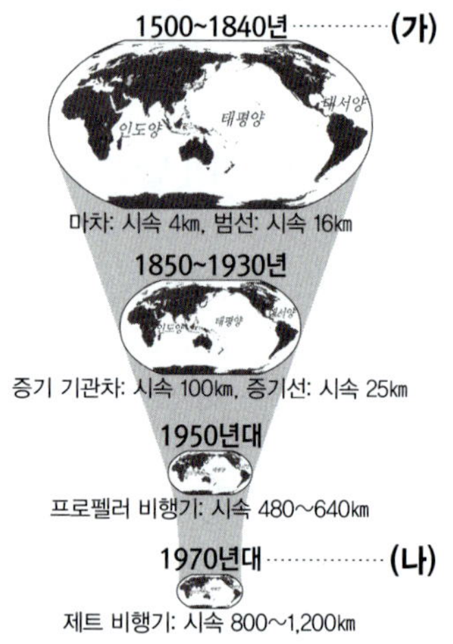

536 하

위 그림을 통해 파악할 수 있는 세계의 변화 모습으로 적절하지 <u>않은</u> 것은?

① 개인의 생활공간 범위가 확대되었다.
② 시간적·공간적 제약이 크게 확대되었다.
③ 전 세계가 '지구촌'이라고 불릴 정도로 가까워졌다.
④ 국제 교류의 확대로 세계 물류 거래량이 증가하였다.
⑤ 지역 간 교류가 증대되며 국경의 제약이 완화되었다.

★빈출
537 중

위 그림의 (가) 시기에 비해 (나) 시기가 가지는 상대적 특징을 그래프의 A~E에서 고른 것은?

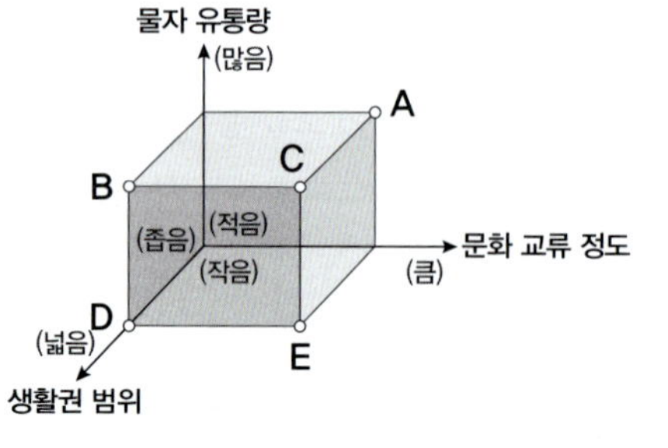

① A　　② B　　③ C　　④ D　　⑤ E

[538~540] 빈출 자료★

지도는 철도 노선과 서울로의 통근·통학권 변화를 나타낸 것이다. 물음에 답하시오.

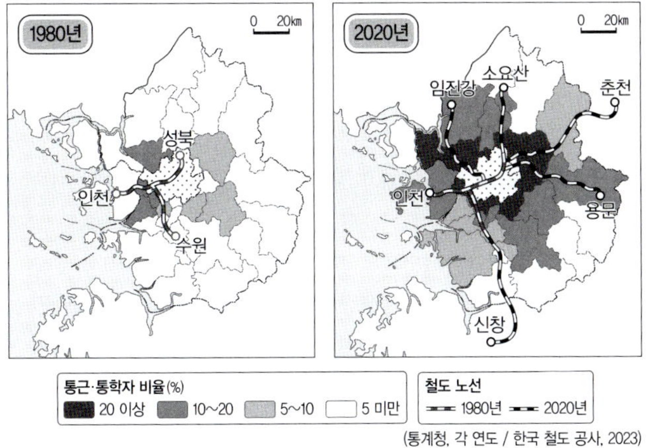

538 하

| 서술형 |

위 지도에 나타난 통근·통학권 변화에 영향을 미친 요인을 서술하시오.

539 중

위 지도에 대한 옳은 설명만을 〈보기〉에서 있는 대로 고른 것은?

――〈 보기 〉――
ㄱ. 서울의 대도시권이 확대되었다.
ㄴ. 수도권 광역 철도의 총 노선 길이가 길어졌다.
ㄷ. 1980년에 비해 2020년 춘천의 접근성이 향상되었다.
ㄹ. 1980년에 비해 2020년 서울로의 통근·통학권 범위가 축소되었다.

① ㄱ, ㄴ   ② ㄱ, ㄷ   ③ ㄴ, ㄷ
④ ㄱ, ㄴ, ㄷ   ⑤ ㄴ, ㄷ, ㄹ

540 상

위 지도에 나타난 변화가 미친 영향을 추론한 내용으로 적절하지 않은 것은?

① 수도권의 지역 간 인구이동이 활발해졌을 것이다.
② 서울 근교 농촌 내 도시적 경관이 확대되었을 것이다.
③ 서울 인구의 교외화 현상이 공간적으로 확대되었을 것이다.
④ 수도권 내 직장과 주거지의 분리 현상이 가속화되었을 것이다.
⑤ 서울로의 통근·통학자 중 수도권에 거주하지 않는 사람의 비율이 감소하였을 것이다.

[541~542] 빈출 자료★

다음 글을 읽고 물음에 답하시오.

> 현재와 같은 교통망이 구축되기 이전에는 서울에서 강릉까지 가려면 반나절에서 하루 정도의 시간이 걸렸다. 하지만 고속 국도와 고속 철도의 개통으로 이동 시간이 크게 단축되어 이제 서울과 강릉은 하루 생활권이 되었다.

541 중 빈출

윗글과 같은 변화로 나타난 현상으로 옳지 않은 것은?

① 경제활동의 범위가 확대되었다.
② 지역 간 인적 교류가 활발해졌다.
③ 서울, 강릉 등 대도시권이 확대되었다.
④ 지역 주민들의 공간적 제약이 증가하였다.
⑤ 지역 간 이동 시 소요되는 평균 시간이 단축되었다.

542 상

윗글을 통해 추론할 수 있는 서울과 강릉의 변화 모습으로 가장 적절한 것은?

① 서울의 지역 경제가 침체될 것이다.
② 강릉의 관광 산업이 점차 쇠퇴할 것이다.
③ 강릉 주민들의 생활 범위가 축소될 것이다.
④ 서울, 강릉의 도시 기능의 범위가 축소될 것이다.
⑤ 서울에서 강릉으로 통근하는 직장인이 늘어날 것이다.

543 중

지도는 거가 대교의 개통에 따른 이동 시간 변화를 나타낸 것이다. 이를 보고 추론할 수 있는 내용만을 〈보기〉에서 고른 것은?

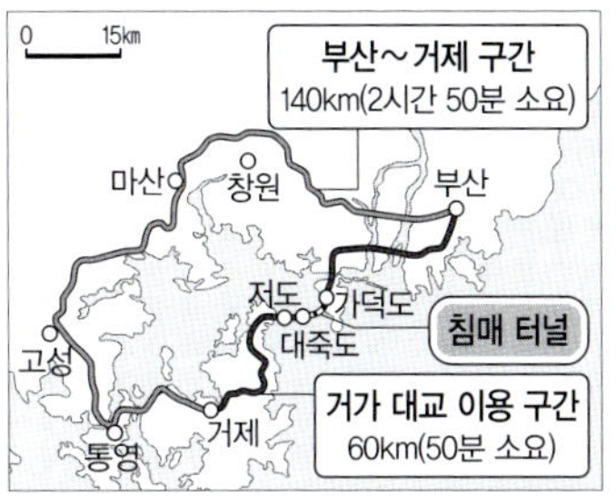

――〈 보기 〉――
ㄱ. 거제－부산 간 유동 인구가 줄어들 것이다.
ㄴ. 부산의 통근권이 거제(외곽)로 확대될 것이다.
ㄷ. 부산의 중심 업무 기능이 거제로 이동할 것이다.
ㄹ. 부산에서 통영으로 놀러가는 사람들이 늘어날 것이다.

① ㄱ, ㄴ   ② ㄱ, ㄷ   ③ ㄴ, ㄷ
④ ㄴ, ㄹ   ⑤ ㄷ, ㄹ

544 중

그래프는 온라인 쇼핑 거래액 변화를 나타낸 것이다. 이와 같은 변화에 따라 나타난 모습으로 옳지 <u>않은</u> 것은?

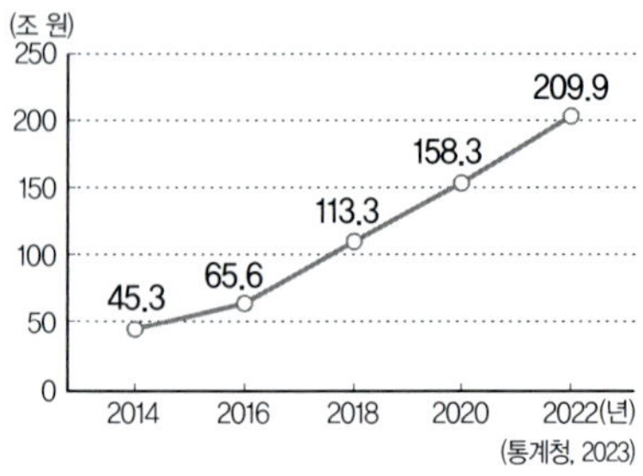

① 무점포 상점이 증가하였다.
② 상품의 유통 단계가 단순해졌다.
③ 상품을 포장·보관·분류하는 물류 센터가 증가하였다.
④ 무인 택배 시설이나 편의점 안심 택배 서비스가 등장하였다.
⑤ 상품 구매를 위한 시간적 제약은 줄어들고, 공간적 제약은 증가하였다.

545 중

(가)에 들어갈 내용으로 가장 적절한 것은?

1. 주제: 교통·통신의 발달에 따른 _________________ (가)
2. 관련 사례
 – 도로와 철도 등의 교통망과 통신 시설 등을 건설하는 과정에서 생태계가 파괴되고 동식물의 서식 환경이 악화되기도 한다.
 – 무인기(드론)를 이용하여 인간이 접근하기 어려운 지역의 생태 조사가 가능해졌고, 헬리콥터 등의 항공 수단을 이용하여 산불을 효과적으로 진압할 수 있게 되었다.

① 생태환경의 변화
② 생활공간의 확대
③ 문화 교류의 변화
④ 여가 공간의 확대
⑤ 경제활동 범위의 확대

546 하

교통·통신의 발달에 따른 일상생활에서의 변화로 적절하지 <u>않은</u> 것은?

① 기업의 경제활동 범위가 확대되었다.
② 원거리 통학, 원거리 통근을 하는 사람이 감소하였다.
③ 교통망을 구축하는 과정에서 생태계가 파괴되기도 한다.
④ 장거리 이동이 가능해짐에 따라 여가 공간이 확대되었다.
⑤ 문화 간 상호 작용이 활발해지는 과정에서 전 세계적인 보편적 문화가 등장하였다.

547 중

(가), (나)를 읽고 내릴 수 있는 결론으로 가장 적절한 것은?

(가) 강경은 조선 후기까지 금강 수운을 따라 상업이 발달하면서 대동강의 평양, 낙동강의 대구와 함께 전국 3대 시장으로 명성을 떨쳤다. 그러나 철도가 개통되고 새로운 철도와 도로가 발달하면서 충청 지방의 중심지가 천안, 대전 등지로 재편되었고 강경, 부여 등은 경제활동이 위축되고 있다.

(나) 호남선과 전라선 고속 철도의 개통으로 용산역에서 광주송정역까지의 운행 시간이 약 1시간 40분으로 줄어들면서 이용객이 대폭 증가하였다. 광주송정역은 역 이용객이 가장 많이 증가하여 고속 철도 개통의 최대 수혜역이 되었지만, 호남 고속 철도가 지나가지 않는 광주역 주변은 경제가 침체되고 있다.

① 일상생활의 공간적 제약이 확대될 것이다.
② 교통수단의 발달로 지역 격차가 발생할 것이다.
③ 교통의 발달로 지역 간 유동 인구가 감소할 것이다.
④ 다양한 교통수단의 등장으로 대도시권이 형성될 것이다.
⑤ 수상 교통이 발달한 지역일수록 접근성이 향상될 것이다.

548 하

㉠에 들어갈 용어로 옳은 것은?

교통의 발달로 지역 간에 교류가 활발해지고 있다. 이 과정에서 큰 도시가 주변 중소 도시의 인구나 경제력을 흡수하여 지역 발전에 불균형이 발생하는 (㉠)이/가 나타나기도 한다.

① 빨대 효과
② 정보 격차
③ 사생활 침해
④ 사이버 범죄
⑤ 인터넷 중독

B 과학기술의 발달에 따른 변화

549 하

㉠, ㉡에 들어갈 용어를 옳게 연결한 것은?

과학기술의 발달로 정보화가 진전되면서 (㉠)과/와 정보가 중요한 자원이 되어 부가 가치를 창출하는 사회를 맞이하였다. 최근에는 첨단 정보 통신 기술이 경제와 사회 전반에 융합되어 혁신적인 변화가 나타나는 차세대 산업 혁명인 (㉡) 산업 혁명으로 많은 변화가 나타나고 있다.

	㉠	㉡		㉠	㉡
①	노동	제1차	②	노동	제2차
③	지식	제1차	④	지식	제4차
⑤	토지	제4차			

550  중

다음은 과학기술의 발달에 따른 변화에 대한 학생들의 대화이다. 밑줄 친 ㉠~㉢에 대한 옳은 설명만을 〈보기〉에서 고른 것은?

> • 갑: 언제 어디서든 원하는 시간과 장소에서 ㉠ 인터넷을 통해 물건을 구입할 수 있게 되었어.
> • 을: 회사에 출근하지 않고 집에서 업무를 보는 ㉡ 원격 근무도 가능해졌지.
> • 병: ㉢ 인터넷을 이용한 가상 공간에 정보나 의견을 게시하면 친구들의 반응을 실시간으로 확인할 수 있기도 해.
> • 정: 인터넷을 통한 여론 수렴, 홍보 활동, 서명 운동 등이 활발해지면서 ㉣ 전자 민주주의가 실현되었어.

---- 보기 ----
ㄱ. ㉠이 활성화됨에 따라 택배 산업과 대형 물류 창고업이 쇠퇴한다.
ㄴ. ㉡을 통해 시간과 장소에 얽매이지 않고 유연한 형태의 업무가 가능해진다.
ㄷ. ㉢에서 새롭고 다양한 인간관계가 형성된다.
ㄹ. ㉣의 실현으로 개인의 정치 참여의 기회가 축소된다.

① ㄱ, ㄴ   ② ㄱ, ㄷ   ③ ㄴ, ㄷ
④ ㄴ, ㄹ   ⑤ ㄷ, ㄹ

551 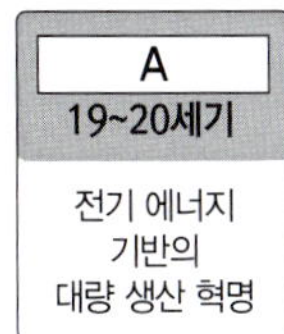 상

그림은 산업 혁명 과정의 일부를 나타낸 것이다. A, B를 비교한 내용으로 옳은 것만을 〈보기〉에서 고른 것은?

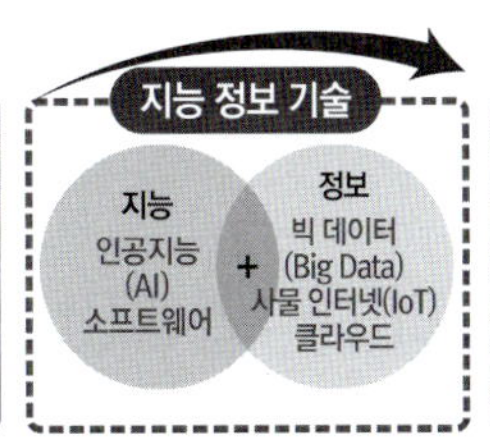
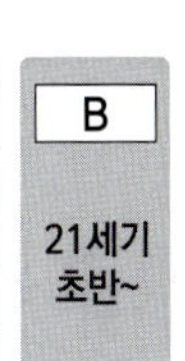

(과학기술 정보 통신부 블로그, 2023)

---- 보기 ----
ㄱ. A는 B보다 직업의 종류가 다양하다.
ㄴ. A는 B보다 부가 가치 창출에서 지식과 정보의 중요성이 더 크다.
ㄷ. B는 A보다 시공간의 제약이 적다.
ㄹ. B는 A보다 비대면 인간관계를 맺는 빈도가 높다.

① ㄱ, ㄴ   ② ㄱ, ㄷ   ③ ㄴ, ㄷ
④ ㄴ, ㄹ   ⑤ ㄷ, ㄹ

552 중

다음과 같은 현상이 일반화된 사회의 특징으로 옳지 않은 것은?

> 인터넷을 통해 전 세계에 걸쳐 친구, 친지, 동료들과 접촉할 수 있고, 여러 언어로 다양한 주제에 관해 토론할 수도 있다. 그리고 데이터베이스에서 정보를 검색하고 웹사이트나 문서를 찾아보며 필요한 생활 정보를 구할 수도 있다.

① 정보를 다루는 일이 경제활동의 중심이 된다.
② 가상 공간을 통한 비대면 업무 처리가 증가한다.
③ 평범한 개인이 지니는 영향력의 확대가 이루어진다.
④ 물품 구매를 위한 소비자의 시공간적 제약이 감소한다.
⑤ 노동 집약적인 산업에 종사하는 사람의 비율이 증가한다.

[553~554] 빈출 자료 ★

그래프는 전체 국민 대비 소외 계층의 정보 격차 지수를 나타낸 것이다. 물음에 답하시오.

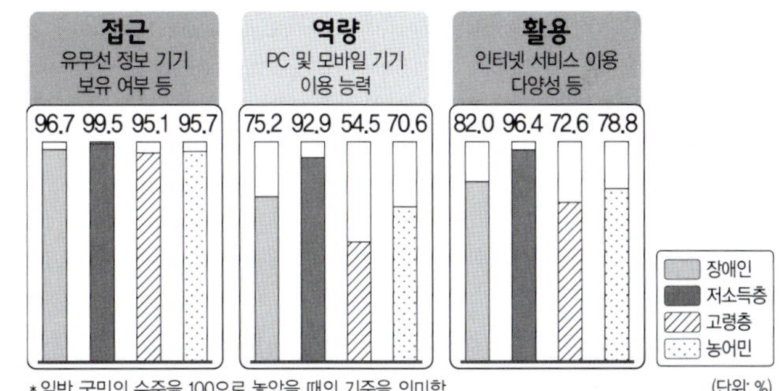

* 일반 국민의 수준을 100으로 놓았을 때의 기준을 의미함. (단위: %)
(과학기술 정보 통신부·한국 지능 정보 사회 진흥원, 2023)

553 중

위 그래프에 대한 분석으로 옳지 않은 것은?

① 저소득층은 농어민보다 정보 접근성이 높다.
② 고령층에 대한 정보 활용 방법 교육이 필요하다.
③ 도농 간 지역 격차가 정보 격차로 이어질 수 있다.
④ 농어민은 정보 소외 계층 중 정보 접근성이 가장 낮다.
⑤ 제도적 차원에서 정보 격차를 줄이려는 노력이 필요하다.

554 중

위 그래프에 나타난 문제점을 해결하기 위한 방안으로 옳은 것만을 〈보기〉에서 있는 대로 고른 것은?

---- 보기 ----
ㄱ. 정보 소외 계층에 정보 통신 기기를 제공한다.
ㄴ. 빅 데이터 활용을 선도하는 기업에 장려금을 지급한다.
ㄷ. 농어민과 고령층을 대상으로 하여 정보화 교육을 시행한다.
ㄹ. 전통 시장 등에 모든 시민이 이용할 수 있는 공공 근거리 무선망(Wi-Fi) 사업을 확대한다.

① ㄱ, ㄴ   ② ㄱ, ㄹ   ③ ㄴ, ㄹ
④ ㄱ, ㄷ, ㄹ   ⑤ ㄴ, ㄷ, ㄹ

555 (상)

(가)에 들어갈 내용으로 가장 적절한 것은?

> 국제 로봇 연맹은 한국의 2021년 산업용 로봇 밀도가 1,000대를 기록했다고 발표하였다. 로봇 밀도 1,000대는 제조업 노동자 10명당 로봇이 1대꼴로 배치되어
>
> | | |
> |---|---|
> | 대한민국 | 1,000 |
> | 싱가포르 | 670 |
> | 일본 | 399 |
> | 독일 | 397 |
> | 중국 | 322 |
>
> (단위: 대)
> 세계 평균 141
> (국제 로봇 연맹, 2022)
> ▲ 노동자 1만 명당 로봇 대수
>
> 있다는 뜻이다. 이처럼 로봇이 기존에 인간이 하던 일부 사무직이나 기능직 일자리를 대체하면서 ________ (가)

① 노동 시장의 양극화가 심화되고 있다.
② 계층 간, 지역 간 정보 격차가 심화되고 있다.
③ 플랫폼 노동자의 권익 보호가 중요해지고 있다.
④ 빨대 효과로 인한 지역 격차가 더욱 커지고 있다.
⑤ 개인 정보 유출 및 사생활 침해 사례가 늘어나고 있다.

556 (하)

다음 기사를 통해 알 수 있는 과학기술의 발달에 따른 문제점으로 옳은 것은?

> ○○경찰서에서는 인터넷 중고 거래 사이트에서 판매 사기 행각을 벌인 혐의로 10대 청소년 3명을 불구속 입건하였다. 친구 사이인 이들은 피시(PC)방에서 인터넷 거래 사이트에 '게임기, 스마트폰 등을 판매한다.'라는 허위 글을 올린 후 구매자에게 돈을 송금받아 즉시 찾은 것으로 알려졌다.

① 정보 격차   ② 디지털 중독   ③ 사생활 침해
④ 인터넷 사기   ⑤ 사이버 명예 훼손

557 (하)

과학기술의 발달에 따른 문제점과 그 해결 방안을 옳게 연결한 것은?

① 사생활 침해 – 개인 정보 관리 강화
② 정보 격차 – 인터넷 사용 시간 제한
③ 사생활 침해 – 무상 정보화 교육 실시
④ 사이버 범죄 – 정보 소외 계층에 정보 기기 제공
⑤ 디지털 중독 – 범죄 처벌을 위한 법적·제도적 장치 강화

558 (하)

교통·통신과 과학기술의 발달에 따른 문제점과 그 해결 방안이 잘못 연결된 것은?

	문제점	해결 방안
①	사생활 침해	개인 정보 도용에 대한 처벌 수준 강화
②	정보 격차 발생	정보 소외 계층을 위한 장비 제공
③	지역 격차 발생	대도시에 각종 시설을 집중시키고 이용 체계 구축
④	생태계 환경 파괴	우회 도로나 생태 통로 조성
⑤	교통 조건이 불리한 지역의 경제활동 위축	새로운 교통 기반, 시설 구축

559 (중) 빈출

교통·통신과 과학기술의 발달에 따른 생활공간과 생활양식의 변화를 옳게 설명한 학생만을 〈보기〉에서 있는 대로 고른 것은?

> ── 보기 ──
>
> 갑: 교통수단이 발달하면서 이동에 드는 시간과 비용이 줄어들어요.
> 을: 교통의 발달로 생활권이 확대되면서 장거리 출퇴근이 가능해졌어요.
> 병: 교통수단이 발달하면 물리적 거리가 감소하면서 지역 간 교류도 증대되어요.
> 정: 시간과 거리에 관계없이 많은 양의 정보 획득이 가능하고 시·공간적 제약이 약화되어요.
> 무: 인터넷을 이용하여 주민 등록 등본 등 민원서류를 발급받을 수 있고 원격 근무를 할 수 있어요.

① 갑, 을   ② 갑, 을, 병   ③ 을, 병, 정
④ 을, 정, 무   ⑤ 갑, 을, 정, 무

C 우리 지역의 공간 변화

560 (하) | 주관식 |

㉠~㉣을 지역 조사 과정의 순서대로 옳게 나열하시오.

> ㉠ 면담, 설문 조사 등을 통해 현지 정보를 수집한다.
> ㉡ 문헌, 지도, 인터넷 검색 등을 통해 정보를 수집한다.
> ㉢ 조사 목적에 맞는 조사 주제와 조사 지역을 선정한다.
> ㉣ 수집한 자료를 정리하고 지역의 문제점과 해결 방안을 포함하여 보고서를 작성한다.

(   )

561 ⟨상⟩

표는 지역의 공간 변화를 조사하기 위한 계획을 나타낸 것이다. 조사 내용에 따른 조사 항목과 방법을 옳게 계획한 모둠은?

모둠	조사 내용	조사 항목	조사 방법
1모둠	인구 분포 및 이동	전입·전출 인구 변화	관찰 및 촬영
2모둠	산업 구조와 직업 조사	행정 구역 변화	인터넷 통계 조사
3모둠	지역의 공간 변화 과정	산업별 생산액	설문 조사 및 면담
4모둠	지역 문제에 관한 주민 의식	주민의 가치관	문헌 조사
5모둠	공간 변화가 생태환경에 미친 영향	녹지 및 하천 실태	관찰 및 촬영

① 1모둠　② 2모둠　③ 3모둠　④ 4모둠　⑤ 5모둠

562 ⟨하⟩

지역 조사 과정 중 (가)에 들어갈 활동으로 옳은 것은?

① 신문 기사를 수집하고 조사 지역을 촬영한다.
② 조사 목적을 결정하고 적합한 지역을 선정한다.
③ 조사 지역을 방문하여 지역 주민들을 면담한다.
④ 도서관에서 문헌을 찾아보고 통계 자료를 검색한다.
⑤ 수집한 정보를 종합하여 도표, 주제도 등으로 표현한다.

563 ⟨중⟩

지역 조사 과정 중 (가), (나)에 대한 옳은 설명만을 〈보기〉에서 있는 대로 고른 것은?

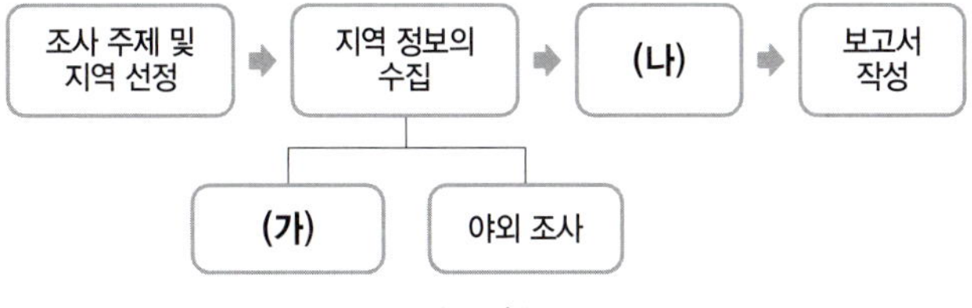

〈보기〉
ㄱ. (가)에서는 야외 조사 경로와 일정을 계획한다.
ㄴ. (가)에서는 관찰, 면담 등을 통해 지역 정보를 수집한다.
ㄷ. (나)에서는 인터넷을 이용하여 지역 정보를 수집한다.
ㄹ. (나)에서는 수집한 지역 정보를 분석하여 지도나 도표, 그래프로 작성한다.

① ㄱ, ㄴ　　② ㄱ, ㄹ　　③ ㄴ, ㄷ
④ ㄱ, ㄷ, ㄹ　　⑤ ㄴ, ㄷ, ㄹ

564 ⟨중⟩

다음은 살기 좋은 도시 만들기 프로젝트의 활동 과정을 나타낸 것이다. (가)~(라)를 지역 조사 순서에 맞게 나열한 것은?

(가) 수집한 자료를 분류 및 분석하여 교통 혼잡 문제를 해결할 수 있는 방안을 작성한다.
(나) 새로운 교통로 건설로 심화된 교통 혼잡 문제에 대한 해결 방법을 찾기로 결정한다.
(다) 시청 누리집(홈페이지)의 통계 연보에서 연도별 인구 변화와 자동차 등록 대수 변화 자료를 조사한다.
(라) 교통 혼잡 구간에 가서 실제 출퇴근 시간대와 한낮의 교통량을 조사하고, 시청에 찾아가 담당자와 면담한다.

① (가) → (다) → (나) → (라)
② (나) → (다) → (라) → (가)
③ (나) → (라) → (다) → (가)
④ (다) → (나) → (가) → (라)
⑤ (다) → (라) → (가) → (나)

565 ⟨상⟩

〈빈출〉

다음은 지역 조사 활동을 위한 모둠원들의 대화 장면이다. 이에 대한 옳은 설명만을 〈보기〉에서 있는 대로 고른 것은?

〈보기〉
ㄱ. ㉠은 지역 조사 단계 중 실내 조사에 해당한다.
ㄴ. ㉡ 단계는 주제 및 방법 선정 단계 이후에 해야 한다.
ㄷ. ㉢은 그래프, 지도 등으로 표현하는 것이 지역 정보 파악에 용이하다.
ㄹ. 일반적으로 지역 조사에서는 갑보다 을의 활동이 먼저 이루어진다.

① ㄱ, ㄴ　　② ㄴ, ㄷ　　③ ㄷ, ㄹ
④ ㄱ, ㄷ, ㄹ　　⑤ ㄴ, ㄷ, ㄹ

566

울산의 산업화·도시화 과정에 대한 글을 읽고 산업화·도시화 이후 울산의 상대적 특징을 그래프의 A~E에서 고른 것은?

> 울산광역시는 동해에 닿아 있어 항구 발달에 유리하고, 태화강, 양산천 등 하천이 흐르고 있어 용수가 풍부하여 공업 발달에 천혜의 조건을 갖추고 있었다. 이와 같은 자연 조건을 바탕으로 울산에는 대규모 공단이 들어섰고, 일자리를 찾아 외지 인구가 대거 유입되면서 작은 농어촌 마을이 급격히 팽창하여 도시화 과정을 겪게 되었다.

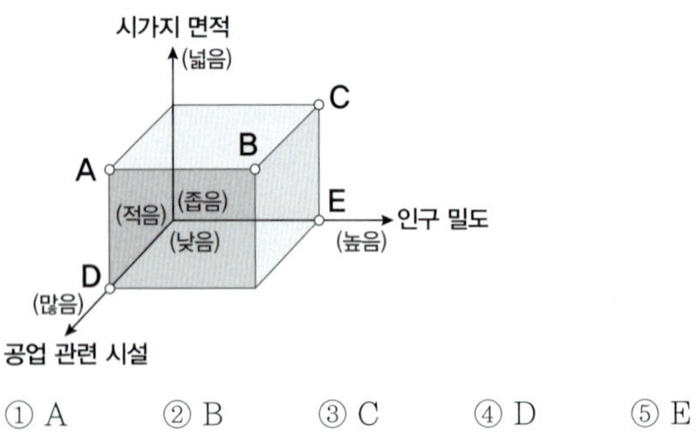

① A   ② B   ③ C   ④ D   ⑤ E

567

표는 지도에 표시된 세 구(區)의 특성을 나타낸 것이다. (가)~(다)에 대한 옳은 설명만을 〈보기〉에서 있는 대로 고른 것은?

구분	상주인구 (명)	주간 인구 지수
(가)	118,450	321.0
(나)	504,411	86.2
(다)	499,028	192.7

(통계청, 2020)

* 상주인구: 그 지역에 주소를 두고 거주하는 인구
* 주간 인구 지수: (상주인구 + 유입 인구 – 유출 인구)/상주인구 × 100

> ㄱ. (가)는 (나)보다 상업 지역의 평균 지가가 높다.
> ㄴ. (가)는 (다)보다 인구 공동화 현상이 뚜렷하다.
> ㄷ. (나)는 (다)보다 출근 시간대에 유출 인구가 많다.
> ㄹ. 거주자의 평균 통근 거리는 (가) > (나) > (다) 순으로 멀다.

① ㄱ, ㄷ   ② ㄱ, ㄹ   ③ ㄴ, ㄹ
④ ㄱ, ㄴ, ㄷ   ⑤ ㄴ, ㄷ, ㄹ

568

그래프를 보고 추론할 수 있는 생활양식의 변화 모습만을 〈보기〉에서 고른 것은?

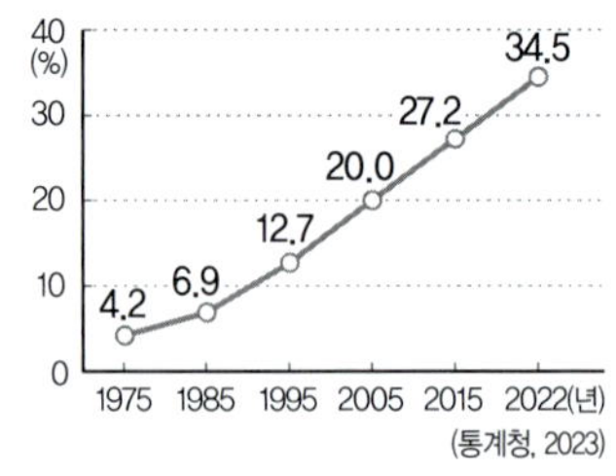

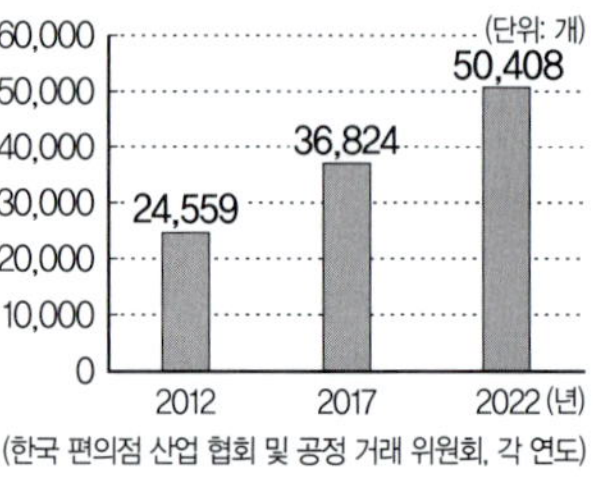

> ㄱ. 효율성과 합리성을 추구하는 경향이 강해졌다.
> ㄴ. 핵가족과 1인 가구가 보편적인 가족의 형태가 되었다.
> ㄷ. 개인의 가치와 성취를 중시하는 개인주의 가치관이 확산되었다.
> ㄹ. 사람들 간의 동질성이 높게 나타나고 직업 간 소득 수준도 비슷해졌다.
> ㅁ. 사회 공동체에 대한 의무가 중시되고, 이웃 간 유대 관계가 강화되었다.

① ㄱ, ㄴ, ㄷ   ② ㄱ, ㄴ, ㄹ   ③ ㄱ, ㄷ, ㅁ
④ ㄴ, ㄹ, ㅁ   ⑤ ㄷ, ㄹ, ㅁ

569

(가), (나)는 각기 다른 시기에 작성된 일기이다. (나)에 나타나는 사회문제와 그 해결 방안을 (가)에서 찾아 옳게 연결한 것은?

> (가) 1966년 ○○월 ○○일
> 우리 동네 감나무 집 큰딸이 결혼을 했다. 아침부터 마을 사람들이 모여 함께 음식을 장만하고, 결혼 준비를 도와주었다. 내일은 마을 청년들이 지난 장마 때 무너진 박씨 아저씨 댁의 외양간을 고쳐 주기로 했다.

> (나) 2023년 ○○월 ○○일
> 주말 아침, 아파트에 사다리차가 들어왔다. 우리 동의 누군가가 이사를 가는 것 같다. 그러나 누가 살았는지, 또 누가 이사를 오는지 나는 알 수가 없다. 다만 소란스럽지 않고 조용한 이웃이면 좋겠다.

	사회문제	해결 방안
①	인구 감소	출산 장려를 위한 복지 제도 도입
②	주택 부족	노후화된 지역의 주거 환경 개선
③	도시의 집값 상승	마을 공동체 형성을 위한 정책 도입
④	타인에 대한 무관심	공동체 의식 함양
⑤	타인에 대한 무관심	환경친화적인 삶의 태도 함양

570

밑줄 친 ㉠~㉣에 대한 옳은 설명만을 〈보기〉에서 고른 것은?

> ㉠ 자동차, 비행기와 같은 교통수단의 발달은 지역 간 이동 시간을 크게 단축시켰다. 또한 ㉡ 통신 기기와 인터넷 등 정보 통신 기술의 발달로 많은 정보를 쉽고 빠르게 공유할 수 있게 되었다. 이렇듯 ㉢ 지역 간 교류가 활발해지고 정보 획득이 쉬워짐에 따라 사람들은 세계가 좁아지고 있다고 인식하게 되었다. 교통과 통신의 발달로 지역 간 접근성이 향상되었고, ㉣ 생활공간의 범위가 확장되었으며, 사람과 물자의 교류는 더욱 확대되고 있다.

〈보기〉

ㄱ. ㉠ – 원격 근무의 활성화로 어디서나 업무 수행이 가능하다.
ㄴ. ㉡ – 사생활 침해 문제 등을 해결하기 위한 제도적 방안의 마련이 필요하다.
ㄷ. ㉢ – 다른 지역으로의 문화 확산 속도가 빨라진다.
ㄹ. ㉣ – 대도시의 영향력이 축소된다.

① ㄱ, ㄴ　　　② ㄱ, ㄷ　　　③ ㄴ, ㄷ
④ ㄴ, ㄹ　　　⑤ ㄷ, ㄹ

571

지도는 제4차 국가 철도망 구축 계획안 시행에 따른 이동 시간 변화를 나타낸 것이다. 고속 철도 개통에 따른 변화에 대한 추론으로 적절한 것만을 〈보기〉에서 있는 대로 고른 것은?

〈보기〉

ㄱ. 강릉 주민들의 생활 범위가 확대될 것이다.
ㄴ. 상원특별자치도의 항공 교통 분담률이 증가할 것이다.
ㄷ. 포항과 강릉 사이의 동식물 서식지가 파괴되었을 것이다.
ㄹ. 고속 철도가 지나가는 정차역 인근 지역의 경제활동은 쇠퇴할 것이다.

① ㄱ, ㄴ　　　② ㄱ, ㄷ　　　③ ㄴ, ㄷ
④ ㄱ, ㄴ, ㄷ　　　⑤ ㄴ, ㄷ, ㄹ

572

그래프는 일반 국민과 정보 취약 계층의 정보화 수준을 나타낸 것이다. 이에 대한 분석으로 적절하지 않은 것은?

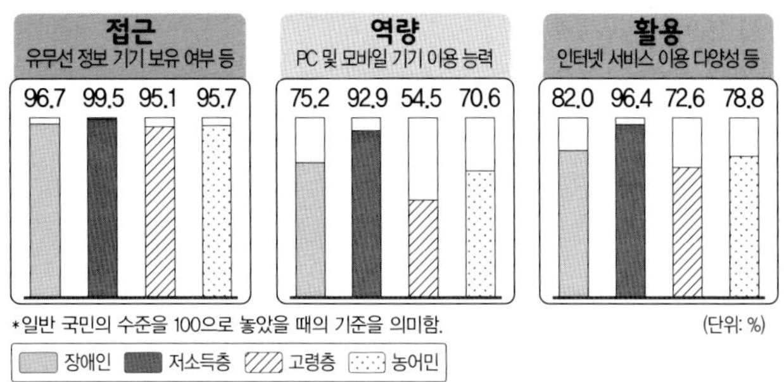

(과학기술 정보 통신부·한국 지능 정보 사회 진흥원, 2023)

① 장애인은 모든 항목에서 농어민보다 정보화 수준이 높다.
② 정보 취약 계층 간 지수 격차가 가장 큰 항목은 역량 지수이다.
③ 정보 취약 계층 중 정보화 수준이 가장 높은 계층은 저소득층이다.
④ 정보 취약 계층 중 고령층은 모든 항목에서 정보화 수준이 가장 낮다.
⑤ 일반 국민과 정보 취약 계층 간 정보화 수준 격차는 활용 지수가 역량 지수보다 크다.

573

다음은 지역 조사 과정을 나타낸 것이다. ㉠~㉤에 대한 옳은 설명만을 〈보기〉에서 고른 것은?

조사 순서	조사 방법 및 내용
조사 주제 선정	서울 도심 지역의 학교가 주거 지역으로 이전하는 배경을 조사한다.
㉠	㉢ 서울 주요 학교의 과거 주소와 현재 주소를 인터넷으로 검색한다.
㉡	㉣ 과거와 현재의 학교 주변 지역 건물의 층수와 토지 이용 현황, 지가 등을 방문 조사한다.
지역 정보 분석 및 종합	수집된 지역 정보를 토대로 ㉤ 학교 주변의 용도별 토지 이용 현황을 지도로 표현한다.
보고서 작성	보고서를 작성한다.

〈보기〉

ㄱ. ㉠은 실내 조사, ㉡은 야외 조사에 해당한다.
ㄴ. ㉢과 같은 관계 정보는 원격 탐사로 수집한다.
ㄷ. ㉣은 지리 정보 중에서 속성 정보에 해당한다.
ㄹ. ㉤은 통계 지도 중 유선도로 표현하는 것이 적절하다.

① ㄱ, ㄴ　　　② ㄱ, ㄷ　　　③ ㄴ, ㄷ
④ ㄴ, ㄹ　　　⑤ ㄷ, ㄹ

MEMO

기출 PICK

실전 대비

통합사회 1

실전 대비

통합사회 1

_____ 반 _____ 번 이름 _____________

574

다음 글에 나타난 관점에 대한 설명으로 옳은 것은?

> 커피의 원산지는 아프리카 에티오피아의 고원 지대이다. 6세기경 커피가 아라비아반도로 전파된 이후, 술이 금지된 이슬람 국가에서는 커피가 빠른 속도로 퍼져 나갔고, 이후 17세기부터 본격적으로 유럽 각지로 확산되었다.

① 도덕적 가치와 규범을 중시한다.
② 공간적 상호 작용의 양상을 파악하고자 한다.
③ 시대적 맥락에 초점을 두고 사회현상을 탐구한다.
④ 사회 구조와의 관련성 속에서 사회현상을 이해한다.
⑤ 주변 환경이 사회현상에 미치는 영향에 초점을 둔다.

575

(가)에 들어갈 제목으로 가장 적절한 것은?

> 제목: _____________ (가) _____________
> 과거에 기후변화는 변화 속도가 느렸다. 그러나 산업 혁명 이후부터 매우 빠른 속도로 평균 기온이 상승하였다. 이는 산업화 때문에 이산화 탄소, 메탄 등과 같은 온실가스의 배출량이 증가한 것과 관계 깊다고 분석할 수 있다.

① 시간적 관점으로 바라본 기후변화의 쟁점
② 기후변화를 윤리적 관점을 통해 알아보자!
③ 통합적 관점으로 알아본 기후변화의 문제점
④ 공간적 관점을 토대로 한 기후변화에 대한 보고서
⑤ 기후변화를 사회적 관점으로 바라보고 분석해 보기!

576

공간적 관점에서 아동 노동 문제를 분석할 때 필요한 질문으로 적절한 것만을 〈보기〉에서 고른 것은?

> ───〈 보기 〉───
> ㄱ. 인권 침해 여부의 판단 기준은 무엇일까?
> ㄴ. 세계 어느 곳에서 아동 노동이 이루어지고 있을까?
> ㄷ. 아동의 인권을 보호하려면 어떤 법, 제도가 필요할까?
> ㄹ. 아동 노동 문제가 발생하는 지역들의 특징은 무엇일까?

① ㄱ, ㄴ　　② ㄱ, ㄷ　　③ ㄴ, ㄷ
④ ㄴ, ㄹ　　⑤ ㄷ, ㄹ

577

스위스 지역에서 다음과 같은 문화가 발달하게 된 원인을 공간적 관점에서 파악한 진술로 가장 적절한 것은?

> 스위스에는 치즈를 녹여 먹는 퐁뒤 요리가 발달하였다. 알프스산맥이 국토 면적의 대부분을 차지하는 스위스에서는 겨울철에 폭설로 외부로 나가기 힘들 때 사람들이 집에 머물면서 치즈를 녹여 여러 가지 음식에 찍어 먹었던 것이다.

① 역사적으로 끊임없이 침략을 받아왔기 때문
② 해발 고도가 높고 겨울철 기후가 한랭하기 때문
③ 개인의 권리보다는 공동선을 우선시 여기기 때문
④ 국민의 뜻을 수렴하는 다양한 제도가 발달하였기 때문
⑤ 산업 구조가 고도화되지 않아 경제적으로 빈곤하기 때문

578

다음 글에 대해 옳게 이해한 학생만을 〈보기〉에서 있는 대로 고른 것은?

> 빠른 속도를 추구하는 정보 사회, 재미를 중요시하는 대중 사회에서 청소년이 줄임말 위주의 은어를 사용하는 것은 어쩌면 당연한 현상일 수 있다. 게다가 친구들이 모두 은어를 사용하면 그 또래 집단에 속하기 위해서라도 동일한 은어를 쓸 수밖에 없다.

> ───〈 보기 〉───
> 갑: 청소년에게 은어의 사용을 권장해야겠군.
> 을: 청소년의 은어 문화를 사회적 관점에서 접근하고 있군.
> 병: 청소년의 은어 문화를 윤리적 관점에서 접근하고 있군.
> 정: 사회 구조가 개인의 언어 사용에 영향을 미친다고 보는군.

① 갑, 을　　② 갑, 병　　③ 을, 정
④ 갑, 병, 정　　⑤ 을, 병, 정

579

우리나라의 지역 축제를 바라보는 (가), (나)의 관점을 옳게 연결한 것은?

(가)	우리나라의 지역 축제는 1995년 지방 자치 제도가 실시되면서 활성화되었다. 각 지방 자치 단체가 재정에 필요한 자금을 자체적으로 조달하고, 지역 홍보 및 지역 경제 활성화를 위한 방안으로 지역 축제를 열게 되었기 때문이다.
(나)	축제는 최대한 많은 사람이 참여하여 행복감을 느낄 수 있는 행사이다. 이를 위해 몸이 불편하거나 경제적인 이유로 축제에 참여할 수 없는 사람들을 위한 프로그램을 만든다거나, 축제로 인해 발생하는 각종 소음과 쓰레기에 시달리는 인근 지역 주민들의 입장도 고려하면서 축제를 즐겨야 한다.

	(가)	(나)
①	공간적 관점	시간적 관점
②	사회적 관점	윤리적 관점
③	시간적 관점	공간적 관점
④	윤리적 관점	공간적 관점
⑤	윤리적 관점	시간적 관점

580

다음 글이 인간, 사회, 환경의 탐구에 관하여 시사하는 점에 대한 옳은 설명만을 〈보기〉에서 있는 대로 고른 것은?

> 불교 경전인 『열반경』에는 '군맹무상(群盲撫象)'이라는 사자성어가 나온다. 무리 군(群), 소경 맹(盲), 어루만질 무(撫), 코끼리 상(像)이라는 한자를 합한 말로 '맹인 여럿이 코끼리를 만진다'는 뜻이다. 이는 자기의 좁은 주관으로 잘못 판단하는 것을 비유할 때 사용되는 말이다.

―〈 보기 〉―

ㄱ. 전문성에 바탕을 두고 특정 관점에서만 탐구해야 한다.
ㄴ. 사회현상을 종합적으로 바라보면서 각 부분의 관계를 파악해야 한다.
ㄷ. 개별적 관점만으로도 사회현상의 다양한 측면을 충분히 파악할 수 있다.
ㄹ. 통합적 관점에서 탐구할 때 비로소 사회현상의 의미를 정확히 파악할 수 있다.

① ㄱ, ㄴ   ② ㄱ, ㄷ   ③ ㄴ, ㄹ
④ ㄱ, ㄷ, ㄹ   ⑤ ㄴ, ㄷ, ㄹ

581

자료는 '커피 소비'를 여러 관점에서 살펴본 것이다. 물음에 답하시오.

> (가) 커피가 주로 재배되는 지역과 소비되는 지역은 어디일까요?
> (나) 과거에 비해 현재의 커피 소비량이 증가한 배경은 무엇일까요?
> (다) 커피 문화 확산에 영향을 준 제도와 정책은 어떤 것이 있을까요?
> (라) 커피 생산 노동자가 정당한 임금을 받을 수 있도록 하는 바람직한 소비 태도는 무엇일까요?

(1) (가)~(라)에 나타난 인간, 사회, 환경을 바라보는 관점을 각각 구분하여 쓰시오.

(2) (1)에서 구분한 관점의 탐구 방법을 각각 서술하시오.

582

자료는 지구 온난화를 바라보는 다양한 관점을 정리한 것이다. 이에 대한 옳은 설명만을 〈보기〉에서 있는 대로 고른 것은?

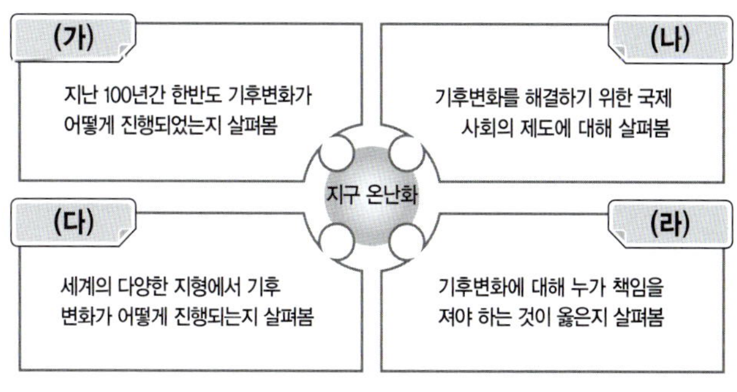

―〈 보기 〉―

ㄱ. (가)는 시대적 배경과 맥락에 초점을 두고 사회현상을 바라보는 것이다.
ㄴ. (나)는 사회적 관점에서 기후변화 문제를 파악하고자 한다.
ㄷ. (다)는 기후변화를 자연환경 요소와 연관 지어 살펴보려는 시간적 관점에 해당한다.
ㄹ. (라)는 가치 판단과 도덕규범에 초점을 두고 기후변화 문제를 바라본다.

① ㄱ, ㄷ   ② ㄴ, ㄹ   ③ ㄷ, ㄹ
④ ㄱ, ㄴ, ㄷ   ⑤ ㄱ, ㄴ, ㄹ

_____반 _____번 이름___________

583

㉠에 들어갈 관점으로 가장 적절한 것은?

> '*엘 클라시코(고전의 승부)'의 열기는 (㉠)에 따라 바라보면 이해할 수 있다. 바르셀로나가 속한 카탈루냐 지방은 15세기에 마드리드 등이 포함된 에스파냐에 통합되었지만 자치권을 유지하고 있었다. 그러나 20세기 초 독재자 프랑코가 카탈루냐 지방을 탄압하자, 카탈루냐 주민들은 독립의 욕구가 커졌고, 프랑코의 근거지였던 마드리드 지역에 대한 반감을 축구 경기로 표출하게 되었다.
>
> * 프로 축구팀인 레알 마드리드 CF와 FC 바르셀로나 간 경기

① 공간적 관점　　② 사회적 관점　　③ 시간적 관점
④ 윤리적 관점　　⑤ 통합적 관점

584

다음 내용과 부합하는 관점으로 가장 적절한 것은?

> 일본은 독도가 자국의 영토라는 왜곡된 주장을 계속해서 펼치고 있다. 하지만 독도가 대한민국의 고유 영토라는 사실은 『삼국사기』(1145년), 『팔도총도』(1531년) 등 다수의 옛 문헌과 지도에서 확인되고 있다. 과거 일본 정부도 독도가 한국의 영토라는 사실을 인정하였다. 1877년 일본의 최고 행정 기관인 태정관은 "독도는 일본과 관계없다는 사실을 명심하라."라고 분명히 지시하였다.
>
> – 동북아 역사 재단, 『우리 땅 독도를 만나다』

① 어떤 현상과 사건의 현재 모습이 있기까지의 시대적 배경과 맥락을 살펴보는 관점
② 현상이 나타난 배경을 사회 구조 및 제도의 측면에서 분석하고 대안을 살펴보는 관점
③ 다양한 현상을 위치와 장소, 분포 양상과 형성 과정, 이동과 네트워크 속에서 살펴보는 관점
④ 인간, 사회, 국가, 지구 공동체 및 환경을 개별 학문의 경계를 넘어 종합적으로 이해하려는 관점
⑤ 인간의 행위가 도덕적 차원에서 인정받기 위한 기준을 탐색하고 바람직한 삶의 모습을 살펴보는 관점

585

커피에 관한 갑~무의 대화 중 사회현상을 탐구하는 관점이 나머지와 다른 한 명은?

① 갑: 커피는 대체로 개발 도상국에서 생산하고 선진국에서 수입해.
② 을: 커피를 수입하는 국가는 대부분 소득 수준이 높은 국가들이야.
③ 병: 커피는 커피 벨트라고 불리는 남·북위 25° 사이의 지역에서 잘 자라.
④ 정: 커피 생산 과정에서 아이들이 노동 착취를 당하고 있다는 사실을 알았어.
⑤ 무: 커피는 여러 유통 단계를 거치기 때문이 여러 지역이 연계를 맺는 대표적인 작물이야.

586

밑줄 친 (가)의 관점에서 기후변화를 탐구하는 질문으로 가장 적절한 것은?

> 세상을 _____(가)_____에서 바라본다는 것은 특정한 현상이 나타나게 된 배경을 사회 구조 및 사회 제도의 측면에서 분석하고 대안을 살펴보는 것을 의미한다.

① 현재의 기후변화가 미래를 위해 바람직한가?
② 기후변화는 언제부터 나타났으며 원인은 무엇인가?
③ 기후변화는 국가별로 인간 생활에 어떤 영향을 미쳤는가?
④ 국제 사회는 기후변화를 막기 위해 어떤 협약을 체결하였는가?
⑤ 기후변화 문제를 해결하기 위해 어떤 가치관을 실천해야 하는가?

587

㉠에 들어갈 관점으로 가장 적절한 것은?

> 우리가 먹는 초콜릿은 서아프리카 아이들의 인권과 관련이 깊다. 이곳의 카카오 농장주들은 법을 어기고 싼값에 아동을 고용하고 있으며, 이 과정에서 아동을 납치하거나 사고파는 일도 벌어지고 있다. 이러한 아동 노동 문제는 인간 존엄성을 침해하는 것으로 (㉠)에서 평가되어야 한다.

① 공간적 관점　　② 시간적 관점　　③ 사회적 관점
④ 윤리적 관점　　⑤ 통합적 관점

[588~589]

다음은 기후변화와 관련한 진술이다. 물음에 답하시오.

> (가) 이산화 탄소를 비롯한 온실가스는 일부 국가에서 대량으로 배출되는 경향이 있다. 하지만, 기후 위기에 따른 피해는 온실가스를 배출한 일부 국가뿐 아니라 전 세계에서 발생한다.
>
> (나) 세계 각국은 국제 협약을 맺고 온실가스 감축을 위해 필요한 제도를 마련하고자 노력하고 있다. 이에 따라 기후변화를 막기 위해 구체적인 법과 정책의 보완도 필요한 실정이다.

588

(가), (나)에 나타난 관점을 옳게 연결한 것은?

	(가)	(나)
①	공간적 관점	사회적 관점
②	공간적 관점	윤리적 관점
③	시간적 관점	공간적 관점
④	시간적 관점	사회적 관적
⑤	사회적 관점	윤리적 관점

589

(가), (나)에 대한 설명으로 적절하지 <u>않은</u> 것은?

① (가)는 기후 위기의 피해가 미치는 영향을 공간적 관점에서 바라보고 있다.

② (나)에 제시된 국제 협약은 사회적 관점에서 기후변화 문제를 해결하려는 시도이다.

③ (나)이 관점은 도덕적, 규범적 차원에서 올바른 가치 판단을 돕는 대표적인 노력의 일환이라고 할 수 있다.

④ (가)의 문제를 해결하기 위해서 (나)를 포함한 다양한 관점에서 접근하려는 노력은 바람직하다.

⑤ (가)에서 나타나는 문제는 (나)의 국제 협약 체결과 법 제도 보완에 따라 해결의 실마리를 찾을 수도 있다.

590

| 주관식 |

밑줄 친 '이 관점'을 쓰시오.

> <u>이 관점</u>은 시간적 관점, 공간적 관점, 사회적 관점, 윤리적 관점 등을 종합적으로 고려하여 인간과 세상을 균형 잡힌 시각으로 이해하는 관점을 말한다.

(   )

591

다음 글에 나타난 사회현상의 탐구 관점과 해당 관점의 탐구 주제가 옳게 연결된 것만을 〈보기〉에서 고른 것은?

> 우리나라의 화장률은 1955년에는 5.8%에 불과했으나 2000년대 이후 급증하였다. 오늘날 화장장은 주민 복리와 편의를 위해 없어서는 안 될 중요한 공공시설이다. 그러나 주민들이 이를 자기 지역에 설치하는 것을 꺼리기 때문에 화장장을 둘러싼 지역 갈등이 일어나고 있다.

〈 보기 〉

ㄱ. 공간적 관점 – 화장장 건설을 위한 최적의 입지 조건은 무엇인가?

ㄴ. 시간적 관점 – 우리나라의 장례 문화는 역사적으로 어떻게 바뀌어 왔는가?

ㄷ. 사회적 관점 – 화장장 건설을 둘러싼 갈등을 해결하기 위해 시민으로서 지녀야 할 바람직한 태도는 무엇인가?

ㄹ. 윤리적 관점 – 화장장 건설에 따른 사회적 문제를 해결하기 위해 어떤 법과 제도가 필요한가?

① ㄱ, ㄴ   ② ㄱ, ㄷ   ③ ㄴ, ㄷ
④ ㄴ, ㄹ   ⑤ ㄷ, ㄹ

592

밑줄 친 ㉠~㉤에 대한 설명으로 옳지 <u>않은</u> 것은?

> 사물이나 현상을 관찰할 때, 그 사람이 보고 생각하는 태도나 방향 또는 처지를 관점이라고 한다. 인간, 사회, 환경을 바라보는 관점에도 여러 가지가 있는데, 대표적으로 ㉠ 시간적 관점, ㉡ 공간적 관점, ㉢ 사회적 관점, ㉣ 윤리적 관점 등이 있다. 우리는 이 모든 관점을 고려하여 보다 ㉤ 균형 있고 통합적인 관점으로 인간, 사회, 환경을 바라보는 것이 중요하다.

① ㉠은 사회현상을 시대적 배경과 맥락을 통해 살펴보는 것으로, 과거와 현재의 관계를 탐구한다.

② ㉡은 공간적 정보 및 자연환경과 인간 간의 상호 작용으로 사회를 살펴보는 것으로, 인문환경은 배제된다.

③ ㉢은 사회현상을 사회 구조와 제도의 측면에서 살펴보는 것으로, 사회 발전의 원동력을 파악할 수 있게 한다.

④ ㉣은 사회현상을 도덕적 기준에서 살펴보는 것으로, 옳고 그름의 가치 판단을 한다.

⑤ ㉤은 개별적인 관점을 넘어 근본적이고 다각적인 해결 방안의 모색을 강조한다.

_______ 반 _______ 번 이름 _______________

593

시대와 지역에 따른 행복의 기준에 대한 설명으로 옳지 <u>않은</u> 것은?

① 경제적인 안정을 누리고 있는 선진국의 국민들은 여가를 누릴 때 행복을 느끼기 쉽다.

② 헬레니즘 시대 사람들에게 행복이란 세상일에서 벗어나 마음의 평온을 얻는 것이었다.

③ 개발 도상국의 국민들에게는 경제적 빈곤에서 벗어나는 것이 행복의 기준이 될 수 있다.

④ 아리스토텔레스는 이성의 능력을 잘 발휘하여 자신의 탁월성을 따르는 것을 행복이라고 여겼다.

⑤ 인간의 기본적 권리를 강조했던 중세 시대에는 자유와 평등을 실현해야만 행복할 수 있다고 보았다.

594

다음은 어떤 학생이 작성한 형성 평가 답안지이다. 이 학생이 받을 점수로 옳은 것은?

형성 평가

다음 설명이 맞으면 ○표, 틀리면 ×표를 하시오. (단, 문항당 배점은 2점임.)

문항	답안
(1) 선진국에서는 삶의 질 향상이 행복의 기준이다.	○
(2) 행복은 객관적 요소만 충족되면 얻을 수 있다.	○
(3) 선사 시대에 행복은 행운과 같은 의미로 사용되었다.	×
(4) 행복한 삶을 실현하기 위한 조건으로 민주주의의 발전이 필요하다.	○
(5) 산업화·민주화 시기에는 신앙을 통해 신의 은총을 받고 구원을 얻는 것이 가장 중요한 행복의 기준이었다.	○

① 2점　② 4점　③ 6점　④ 8점　⑤ 10점

595

다음 표에 대한 분석으로 적절하지 <u>않은</u> 것은?

행복 관련 지수	주요 항목
세계 행복 지수	1인당 GDP, 기대 수명, 사회적 지원, 관용 의식, 자신의 인생을 결정할 자유 등
더 나은 삶 지수	주거, 소득, 고용, 교육, 환경, 기대 수명, 시민 참여, 일과 삶의 균형, 삶의 만족도 등
국민 삶의 질 지표	주거, 소득·소비·자산, 고용·임금, 사회 복지, 건강, 교육, 문화·여가, 가족·공동체, 시민 참여, 안전, 환경, 주관적 웰빙 등

① 주거, 소득, 고용, 수명 등은 객관적 요소가 된다.

② 스트레스나 상대적 박탈감 등은 주관적 요소가 된다.

③ '더 나은 삶 지수'나 '국민 삶의 질 지표'에는 주관적 만족감이 포함되지 않는다.

④ 진정한 행복을 실현하기 위해서는 삶의 만족도 같은 주관적 요소까지 충족되어야 한다.

⑤ 사회 구성원들의 삶의 질을 높이기 위해 경제적·사회적·환경적 측면에서 다양한 노력이 필요하다.

596

(가)의 입장에 비해 (나)의 입장이 가지는 상대적인 특징을 그림의 ㉠~㉤ 중에서 고른 것은?

(가) 행복은 주로 삶의 만족도, 성취감, 일상생활에서 느끼는 행복감 등을 측정함으로써 알 수 있다. 즉, 행복은 개인이 자신의 삶을 긍정적으로 평가하고 판단하는 상태이다.

(나) 행복은 주로 소득, 환경, 고용, 교육 수준, 여가 시간, 평균 수명 등을 측정함으로써 알 수 있다. 좋은 삶을 위해 필요한 것들은 대부분 보편적이고 사회마다 다르지 않다.

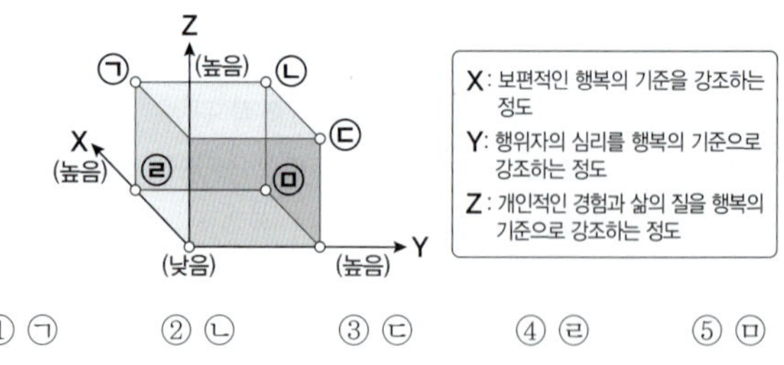

① ㉠　② ㉡　③ ㉢　④ ㉣　⑤ ㉤

597

| 서술형 |

삶의 목적으로서의 행복을 실현하기 위한 노력을 <u>두 가지</u> 이상 서술하시오.

598

갑~병의 입장에 대한 설명으로 옳은 것은?

> 갑: 만물의 상호 의존성을 바탕으로 집착을 버리고 바른 수행을 할 때 우리는 최상의 행복인 열반에 이를 수 있다.
> 을: 물처럼 살아가는 것이 가장 좋다. 물은 만물을 이롭게 하면서도 남과 다투지 않고, 여러 사람이 싫어하는 낮은 위치로 기꺼이 가기 때문이다.
> 병: 배우고 때때로 익히면 이 또한 기쁘지 않겠는가? 먼 곳에서 살고 있는 벗이 생각지도 않았는데 찾아와 주었다면, 이 또한 기쁘지 않겠는가?

① 갑은 '나'라는 의식을 벗어 버리기 위한 수행과 고통받는 중생을 구제하는 실천을 해야 한다고 본다.
② 을은 사회적 성공과 명예를 위해 학습에 정진해야 한다고 본다.
③ 을은 하늘로부터 부여받은 도덕적 본성을 보존하고 함양하면서 인(仁)을 실현해야 한다고 본다.
④ 병은 배움에서 벗어나 우정을 추구하여 즐거움을 실현해야 한다고 본다.
⑤ 병은 자신에게 주어진 것에 만족하면서 인위적인 것이 더해지지 않은 자연스러운 모습으로 살아가야 한다고 본다.

599

행복에 대한 다음 사상가의 입장으로 가장 적절한 것은?

> 행복은 탁월성에 따르는 영혼의 활동이다. …… 탁월성에 따르는 행위들은 그 자체로 즐거울 것이다. 하지만 행복은 추가로 외적인 좋음 또한 필요로 한다. 일정한 뒷받침이 없으면 고귀한 일을 행한다는 것은 불가능하거나 쉽지 않기 때문이다.

① 덕을 실천할 때 행복을 실현할 수 있다.
② 행복은 이성이 아닌 감정의 기능을 잘 발휘할 때 달성된다.
③ 도덕적인 사람이 되는 것과 행복한 사람이 되는 것은 관련이 없다.
④ 행복은 어떠한 외적인 좋음 없이도 개인 내면의 노력만으로 달성될 수 있다.
⑤ 모든 감정에 초연한 태도로 자연의 질서에 따라 살 때 행복을 달성할 수 있다.

600

모둠별 수행 평가 계획서의 (가)~(라)에 들어갈 내용으로 적절하지 <u>않은</u> 것은?

모둠별 수행 평가 계획서

· 주제: 서양의 행복론 탐구하기
· 모둠별 주제

구분	주제	조사 내용
1모둠	헬레니즘 시대 에피쿠로스학파	(가)
2모둠	헬레니즘 시대 스토아학파	(나)
3모둠	근대 의무론 사상가 칸트	(다)
4모둠	근대 공리주의 사상가 벤담과 밀	(라)

① (가) – 육체에 고통이 없고 마음에 불안이 없는 평온한 삶을 행복이라고 보았다.
② (나) – 정념에 방해받지 않는 초연한 태도로 자연의 질서에 따라 사는 것이 행복이라고 보았다.
③ (다) – 신앙을 통해 신의 은총을 얻어야 진정한 행복을 누릴 수 있다고 보았다.
④ (라) – 최대 다수에게 최대 행복을 가져다주는 행위를 할 것을 강조하였다.
⑤ (가), (나) – 전쟁과 같은 사회적 혼란 속에서 개인의 행복을 추구하였다.

601

(가)~(라)의 행복론과 관련된 내용을 옳게 연결한 것은?

> (가) 육체에 고통이 없고 마음에 불안이 없는 평온한 삶을 행복이라고 보았다.
> (나) 정념에 방해받지 않는 초연한 태도로 자연의 질서에 따라 사는 것을 행복이라고 보았다.
> (다) 타고난 본성과 인위적인 것이 더해지지 않은 자연 그대로의 모습으로 살아가는 것을 행복이라고 보았다.
> (라) 인간이 참된 행복에 도달하려면 신앙을 통해 영원하고 완전한 존재인 신과 하나가 되어야 한다고 여겼다.

	(가)	(나)	(다)	(라)
①	중세 시대	스토아학파	에피쿠로스	도가
②	스토아학파	에피쿠로스	도가	중세 시대
③	스토아학파	에피쿠로스	중세 시대	도가
④	에피쿠로스	스토아학파	도가	중세 시대
⑤	에피쿠로스	스토아학파	중세 시대	도가

602

다음 사례를 통해 알 수 있는 행복한 삶의 실현 조건으로 적절한 것만을 〈보기〉에서 있는 대로 고른 것은?

내가 사는 동네는 전쟁으로 무너진 건물과 폭발 흔적이 남아 있고, 밤이면 전기가 끊겨 불안에 떤다. 동네에는 폭발 사고가 잦아 친구의 가족 중 몇몇이 목숨을 잃었다. 내 아내는 임신 중이지만 의료 시설이 멀고 안전하지 않아 산모 검진을 받지 못하고 있다. 정부는 국민의 요구를 외면하고 있으며, 자유롭게 의견을 낼 수도 없다. 시위에 참여한 친구가 체포된 이후로는 더 이상 목소리를 내는 것이 두려워졌다. 이런 환경에서 아이가 태어나도 미래를 보장할 수 있을지 확신이 없다.

〈 보기 〉

ㄱ. 안전한 환경
ㄴ. 정치적 자유
ㄷ. 쾌적한 주거 여건
ㄹ. 도덕적 실천과 성찰하는 삶

① ㄱ, ㄴ   ② ㄱ, ㄷ   ③ ㄴ, ㄹ
④ ㄱ, ㄴ, ㄷ   ⑤ ㄴ, ㄷ, ㄹ

603

| 서술형 |

다음 글에서 강조하는 행복한 삶의 실현 조건을 쓰고, 오늘날 이를 실현하기 위한 국가적 차원의 노력을 <u>두</u> 가지 이상 서술하시오.

맹자가 말년에 고향에 돌아왔을 때의 일이다. 근처에 작은 나라의 왕인 문공(文公)이 맹자를 모셔 치국(治國)의 방책을 물었다. 그는 문공에게 "유항산(有恒産)이면 유항심(有恒心)이고, 무항산(無恒産)이면 무항심(無恒心)입니다."라고 말하였다.

604

밑줄 친 ㉠과 관련한 설명으로 옳지 <u>않은</u> 것은?

민주 국가에서는 시민이 ㉠ 민주적 제도를 통해 직접 정치에 참여하여 자신의 정치적 의사를 자유롭게 표출하고, 표출된 의사가 정치 과정에 반영되어 정책으로 실행될 때 시민이 자신의 삶에 만족하고 행복감을 느낄 가능성이 높다.

① 복수 정당 제도는 ㉠의 확대를 저지하는 요소이다.
② ㉠은 개인이 느끼는 행복감에 영향을 미칠 수 있다.
③ 국민의 권리와 의무를 보호하기 위해 ㉠이 필요하다.
④ ㉠의 예로는 의회 제도, 권력 분립 제도를 들 수 있다.
⑤ 국민의 투표권을 보장하는 이유는 ㉠을 실현하기 위함이다.

605

| 서술형 |

(가), (나)를 통해 파악할 수 있는 행복한 삶의 실현 조건이 무엇인지 각각 서술하시오.

(가) 범죄가 자주 발생하던 무섭고 좁았던 골목길이 범죄를 예방하는 환경으로 재조성되어 '소금길'로 탈바꿈하였다. 좁은 골목길이 미로처럼 엉켜 있고 낮에도 인적이 드문 골목길이 이제는 산책 명소로 변하였다.
(나) 권위주의 사회의 시민은 자신의 의견을 자유롭게 표현할 수 없고 상부에서 결정된 사항들을 단순히 따르기만 해야 한다. 정치 과정에 자신이 주인이 되어 참여할 수 없기 때문에 행복감이 낮다.

606

도덕적 실천과 행복한 삶에 대한 설명으로 옳지 <u>않은</u> 것은?

① 타인의 삶에 관심을 가지려는 노력과 이웃에 대한 관용적인 태도가 필요하다.
② 사회 구성원 모두의 행복한 삶을 실현하기 위해 도덕적 실천이 이루어져야 한다.
③ 무엇이 도덕적으로 옳은지 알고 있다면 그것을 실천하지 않아도 삶의 질이 향상된다.
④ 도덕적 실천의 예로는 역지사지의 마음을 바탕에 둔 기부나 봉사활동 등을 들 수 있다.
⑤ 자신의 삶과 사회의 모습을 반성적으로 살펴볼 때 개인과 공동체의 행복 실현이 가능해진다.

607

표는 행복한 삶의 실현 조건과 이를 실현하기 위한 구체적 요건을 정리한 것이다. (가)~(다)에 대한 옳은 설명만을 〈보기〉에서 고른 것은?

행복한 삶의 실현 조건	구체적 요건
경제적 안정	(가)
(나)	선거를 통한 정치적 의사 표현
질 높은 정주 환경	(다)

〈 보기 〉

ㄱ. (가)에는 '사회 복지 제도 확립'이 들어갈 수 있다.
ㄴ. (나)에는 '민주주의의 발전'이 적합하다.
ㄷ. (다)에는 '권력 분립 제도'가 들어갈 수 있다.
ㄹ. (가), (다)의 구체적 내용은 시대와 장소에 관계없이 동일하다.

① ㄱ, ㄴ   ② ㄱ, ㄷ   ③ ㄴ, ㄷ
④ ㄴ, ㄹ   ⑤ ㄷ, ㄹ

_____반 _____번 이름_____

608

행복에 대한 옳은 설명만을 〈보기〉에서 고른 것은?

---〈 보기 〉---
ㄱ. 행복의 조건은 복합적일 수 있다.
ㄴ. 사회와 공동체를 고려한 행복을 추구해야 한다.
ㄷ. 행복의 조건 중에는 보편적인 조건도 존재한다.
ㄹ. 행복의 기준은 자연환경이나 인문환경과는 무관하게 나타난다.
ㅁ. 행복의 기준은 사람마다 다르므로 인간의 모든 행위는 허용될 수 있다.

① ㄱ, ㄴ, ㄷ　　② ㄱ, ㄴ, ㄹ　　③ ㄱ, ㄷ, ㅁ
④ ㄴ, ㄹ, ㅁ　　⑤ ㄷ, ㄹ, ㅁ

609

다음 글을 통해 파악할 수 있는 내용으로 가장 적절한 것은?

> 정치적으로 혼란하였던 헬레니즘 시대 사람들에게 중요한 것은 마음의 평온을 얻는 것이었다. 따라서 스토아학파는 평화로운 마음의 상태를 유지하기 위해 정념에 방해받지 않고 초연한 태도로 자연의 질서에 따라 사는 것이 행복이라고 생각하였다. 반면, 중세 시대에는 신앙을 통해 신과 하나가 되는 것이 행복이라고 생각하였다.

① 지역을 초월하는 보편적인 행복의 기준을 따라야 한다.
② 현재의 즐거움을 희생하여 미래의 행복을 추구해야 한다.
③ 감각을 통한 쾌락의 충족만이 행복의 진정한 지표가 된다.
④ 시대나 사상에 따라 추구하는 행복의 기준은 다를 수 있다.
⑤ 행복의 객관적 조건을 주관적 만족감보다 우선시해야 한다.

610

| 서술형 |

(가)에 들어갈 내용을 행복의 기준과 관련지어 서술하시오.

> 고대 중국에서는 집단의 협력을 필요로 하는 농업이 중요한 생계유지 수단이었기 때문에 집단 속에서 자신의 처지에 만족하며 타인과 조화를 이루는 것이 행복의 중요한 기준이었다. 반면, 상업과 민주주의가 발달하였던 고대 그리스의 도시 국가에서는 개인이 정치적 자유를 누리며 자율성을 최대로 발휘하는 것이 행복의 중요한 기준이었다. 이처럼 같은 시대라고 하더라도 _____________ (가)

611

(가), (나) 입장에 대한 옳은 설명만을 〈보기〉에서 있는 대로 고른 것은?

> (가) 우리는 행복에 대해 관심이 많다. 이러한 행복은 주변 환경의 영향을 많이 받는다. 따라서 남보다 얼마나 더 좋은 환경에 있는지가 중요하다.
> (나) 행복은 우리의 삶에서 매우 중요하다. 이러한 행복은 나의 마음가짐에 달려 있다. 따라서 주변 여건에 대한 남들의 시선에 얽매이지 않아야 한다.

---〈 보기 〉---
ㄱ. (가)는 외적인 조건이 행복을 결정한다고 본다.
ㄴ. (가)는 타인과의 비교를 통해 행복을 느낀다고 본다.
ㄷ. (나)는 행복의 객관적 조건이 중요하다고 본다.
ㄹ. (나)는 자신의 마음가짐이 행복을 결정한다고 본다.

① ㄱ, ㄴ　　② ㄱ, ㄷ　　③ ㄷ, ㄹ
④ ㄱ, ㄴ, ㄹ　　⑤ ㄴ, ㄷ, ㄹ

612

고대 동양 사상가 갑이 A에게 해 줄 수 있는 조언으로 적절한 것만을 〈보기〉에서 고른 것은?

> 갑: 지금 가진 것에 만족할 줄 아는 미덕을 가져야 한다. 과욕보다 더 큰 죄악은 없다. 불만보다 더 큰 불행은 없다. 탐욕보다 더 큰 결점은 없다.
>
> 〈고민 상황〉
> A는 이미 가지고 있는 것들이 좀처럼 마음에 들지 않아 늘 불만족스러운 상태이며, 사람들이 선망하는 사회적 기준과 조건에 자신이 도달하지 못할까 봐 늘 불안하다.

---〈 보기 〉---
ㄱ. 욕심이 인간의 삶을 망치는 근원임을 알아야 해요.
ㄴ. 물질적 쾌락의 충족이 진정한 행복임을 알아야 해요.
ㄷ. 스스로 만족할 줄 아는 것이 진정한 행복임을 알아야 해요.
ㄹ. 현재의 삶에 만족하기만 하는 사람은 발전이 없음을 알아야 해요.

① ㄱ, ㄴ　　② ㄱ, ㄷ　　③ ㄴ, ㄷ
④ ㄴ, ㄹ　　⑤ ㄷ, ㄹ

613

밑줄 친 '나'의 행복에 관한 입장으로 가장 적절한 것은?

> 나는 행복을 두 가지로 정의한다. 하나는 외직(外職)에 나가서는 대장군의 깃발을 앞세우고 관인을 허리에 두르며 내직(內職)에 들어와서는 비단옷에 수레를 타고 사방을 다스릴 계책을 듣는 것으로 '열복(熱福)'이다. 또 하나는 깊은 산속에서 삼베옷에 짚신을 신고, 맑은 샘물에 발을 씻고, 소나무에 기대어 시를 읊는 것으로서 '청복(淸福)'이다.

① 마음의 행복보다 중요한 것은 사회적 성공으로 얻는 행복이다.
② 오직 사회적 성공을 위해 인생을 거는 것이 진정한 행복이다.
③ 행복은 주관적이므로 행복의 명확한 기준을 세우는 것은 불가능하다.
④ 행복은 주관적 요소보다 객관적 요소를 우선시할 때 비로소 완성된다.
⑤ 진정한 행복을 이루려면 사회적 성공과 마음의 평화를 함께 추구해야 한다.

614

다음과 같은 행복론을 주장한 서양 사상가의 이름과 그 사상가가 주장하는 행복의 정의를 〈조건〉의 문장 형식에 맞추어 서술하시오.

> 인간만이 지닌 특별한 기능은 정신의 이성적 활동 기능이다. 하지만, 우리가 모두 이성적 활동 능력을 갖추고 있다고 해서 똑같이 그 능력을 잘 발휘하는 것은 아니다. 똑같은 피리 연주자라도 연주를 잘하는 사람이 있고, 못하는 사람이 있는 것처럼, 이성적 활동도 사람에 따라 정도의 차이가 있게 마련이다.

> 〈 조건 〉
>
> 서양 사상가는 (   )이며, 행복은 (   )을 탁월하게 발휘하는 것이다.

615

다음은 고대 서양 사상가와의 가상 인터뷰이다. 이 사상가의 입장에서 대답할 때 (가)에 들어갈 말로 가장 적절한 것은?

> • 사상가: 우리는 옷을 필요로 하지만 그렇다고 화려한 옷을 구할 필요는 없습니다. 우리가 검소하게 옷을 입는다고 해서 어떤 고통이 발생하지 않습니다. 우리는 고통이 없고 마음의 불안이 없는 평온한 상태에서 가장 큰 만족을 누릴 수 있습니다.
> • 기자: 행복한 삶을 살기 위해서 어떻게 하는 것이 좋을까요?
> • 사상가: ________________(가)________________

① 고통과 집착을 버리기 위한 수행이 필요합니다.
② 과도한 욕심을 줄이고 소박한 삶을 지향해야 합니다.
③ 육체적이고 감각적인 욕망을 최대한 추구해야 합니다.
④ 인위적인 것을 떠나 자연의 모습 그대로 살아야 합니다.
⑤ 자연스럽지 않은 감정을 버리고 자연의 이치에 따라야 합니다.

616

다음은 동서양의 행복론이다. (가)~(다)에 대한 옳은 설명만을 〈보기〉에서 고른 것은?

> (가) 하늘로부터 부여받은 도덕적 본성을 보존하고 함양하는 것을 중요시하였다.
> (나) 행복을 쾌락이라고 여겼으며, 최대 다수에게 최대 행복을 가져다주는 행위를 강조하였다.
> (다) 인간으로서 마땅히 지켜야 할 도덕 법칙을 실천해야 행복을 누릴 만한 자격이 있다고 여겼다.

> 〈 보기 〉
>
> ㄱ. (가)의 입장에서 행복이란 '인(仁)'을 실현하여 다른 사람과 더불어 살아가는 것이다.
> ㄴ. (가)는 행복한 삶을 위해 자연을 이용하여 인간의 이익을 최대로 추구해야 한다고 보았다.
> ㄷ. (나)의 입장에서 최대 다수의 최대 행복은 도덕과 입법의 원리가 된다.
> ㄹ. (다)는 (나)와 달리 인간의 기본적 권리에 관심을 가졌다.

① ㄱ, ㄴ ② ㄱ, ㄷ ③ ㄴ, ㄷ
④ ㄴ, ㄹ ⑤ ㄷ, ㄹ

617

행복한 삶을 실현하기 위한 조건에 대한 옳은 설명만을 〈보기〉에서 있는 대로 고른 것은?

───〈 보기 〉───
ㄱ. 안전하고 위생적인 정주 환경이 갖추어져야 한다.
ㄴ. 경제적으로 기본적인 생계를 유지할 수 있어야 한다.
ㄷ. 개인적인 욕구가 도덕적 실천보다 항상 우선해야 한다.
ㄹ. 자유와 권리를 보장하는 민주적 토대가 갖추어져야 한다.

① ㄱ, ㄴ   ② ㄱ, ㄷ   ③ ㄴ, ㄷ
④ ㄱ, ㄴ, ㄹ   ⑤ ㄴ, ㄷ, ㄹ

618

| 서술형 |

다음은 조선 후기에 편찬된 지리서의 일부이다. 이 지리서에 제시된 가거지(可居志)의 조건들을 쓰고, 아래 글은 그중 어느 조건에 해당하는지 〈조건〉의 형식에 맞추어 서술하시오.

사람이 살아갈 터로는 비옥한 땅이 제일이고, 배와 수레와 사람과 물자가 모여 필요한 물건들이 서로 교류되는 곳이 그다음이다. 땅이 기름지다 함은 그 땅에 오곡이 잘 자라고, 또 면화가 잘되는 것을 말한다. 우리나라는 산이 많고 들이 적어서 수레가 다니기 불편하기 때문에 온 나라의 장사꾼들은 거의 모두가 말 등에 화물을 싣고 다닌다. 그러나 가고자 하는 곳이 먼 경우에는 노자는 많이 드는 반면 수익은 적다. 그러므로 물자의 교역에서는 배를 통한 운반이 월등히 경제적이다. 우리나라는 동·서·남방이 모두 바다로 배가 통하지 않는 곳이 없다.

───〈 조건 〉───
가거지의 조건은 ~이고, 이 글은 그중 ○○에 해당한다.

619

갑, 을이 나눈 대화의 핵심 쟁점으로 가장 적절한 것은?

갑: 소득이 행복이나 삶의 질의 개선과 관련이 있다는 점은 맞지만, 소득이 증가한다고 해서 반드시 더 행복한 것은 아닙니다. 소득이 일정 수준에 도달하면 소득이 증가해도 행복에는 큰 영향을 미치지 않습니다.
을: 소득이 늘어나면 선택할 기회가 많아져 더 자유롭고 건강한 생활을 하므로 돈이 행복에 미치는 영향에는 한계가 없습니다.

① 소득과 행복은 반비례하는가?
② 소득은 행복과 관련이 있는가?
③ 소득이 삶의 질에 영향을 주는가?
④ 소득이 행복에 미치는 영향은 한계가 있는가?
⑤ 행복한 삶을 위해 소득은 고려하지 않아야 하는가?

620

A가 밑줄 친 '나'에게 해 줄 수 있는 조언으로 적절한 것만을 〈보기〉에서 있는 대로 고른 것은?

A: 민주주의가 실현되는 행복한 삶을 이루기 위해서는 시민의 의사가 정책 결정 과정에 반영되어야 합니다.

〈사례〉
나는 지난 선거일에 여행을 다녀왔다. 내가 선거에 참여하지 않더라도 다른 시민들이 투표해 주기 때문에 나 한 명쯤은 빠져도 된다고 생각하였기 때문이다. 그래서 나는 선거에 종종 참여하지 않는다.

───〈 보기 〉───
ㄱ. 선거에 참여하지 않는 것은 시민이 마땅히 누려야 하는 사생활의 자유입니다.
ㄴ. 시민 참여는 시민의 권리 행사를 보장하는 동시에 권력 남용을 견제해 줍니다.
ㄷ. 시민 참여를 바탕으로 민주주의가 실현될 때 전체 구성원의 행복한 삶이 보장됩니다.
ㄹ. 정치는 전문가에게 전적으로 위임하는 것이 시민의 자유와 권리 보장에 더 유익합니다.

① ㄱ, ㄴ   ② ㄱ, ㄹ   ③ ㄴ, ㄷ
④ ㄱ, ㄷ, ㄹ   ⑤ ㄴ, ㄷ, ㄹ

621

다음과 같이 주장한 사상가의 입장에서 행복한 삶을 실현하기 위한 노력으로 적절한 것만을 〈보기〉에서 고른 것은?

나는 매일 나 자신의 세 가지, 즉 남을 위해서 일을 하는 데 정성을 다하였는가, 벗들과 함께 서로 사귀는 데 신의를 다하였는가, 전수받은 가르침을 실천했는가를 반성한다. 검토되지 않은 삶은 살 가치가 없다.

───〈 보기 〉───
ㄱ. 겸손한 자세로 정치 참여를 최소화한다.
ㄴ. 주변 사람들과의 관계에서 진정성을 다한다.
ㄷ. 경제적 성공을 추구함으로써 삶의 질을 유지한다.
ㄹ. 행복한 삶에 대해 성찰하고 도덕적 행위를 실천한다.

① ㄱ, ㄴ   ② ㄱ, ㄷ   ③ ㄴ, ㄷ
④ ㄴ, ㄹ   ⑤ ㄷ, ㄹ

_____ 반 _____ 번 이름 _____

622

다음 글의 밑줄 친 내용을 몽골 초원 지대에 사는 사람들의 사례에 적용해 볼 때 적절하지 <u>않은</u> 것은?

> <u>자연환경은 인간이 살아가는 데 필요한 토대를 마련해 준다.</u> 지역마다 기후, 지형 등의 자연환경과 이에 따라 발달하는 산업이 다르므로 사람들이 생활하는 모습도 다르게 나타난다.

① 가축의 분뇨를 말려 연료로 사용한다.
② 말이나 낙타를 교통수단으로 이용한다.
③ 양고기와 채소를 함께 넣어 찐 음식을 먹는다.
④ 나무로 된 뼈대에 가축의 가죽을 덮어 가옥을 만든다.
⑤ 넓게 펼쳐진 초원 지대에서 대규모로 벼농사를 짓는다.

623

| 서술형 |

밑줄 친 '이 농업'의 특징을 지역의 기후 특성과 관련지어 서술하시오.

> 오른쪽의 명화 「웨스트민스터 다리 밑 템스강」에는 습윤한 기후의 영향으로 안개가 낀 런던의 모습이 담겨 있다. 이처럼 온대 기후 지역 중 계절별 강수량이 고르게 나타나는 지역에서는 주로 <u>이 농업</u>이 발달하였다.

624

다음 학습 카드의 (가)에 들어갈 내용으로 가장 적절한 것은?

1. ◇◇ 기후 지역의 전통 생활

　• 가옥: 이글루나 이동식 천막 가옥
　• 의복: 동물의 털이나 가죽을 이용한 두꺼운 옷
　• 주민 생활: _____ (가)

① 어로 및 수렵 생활이나 순록 유목
② 이동식 화전 농업으로 카사바 재배
③ 침엽수림을 이용한 목재, 펄프 산업 발달
④ 여름철 고온 다습한 기후를 활용한 벼농사
⑤ 카카오를 대량으로 재배하는 플랜테이션 발달

625

다음 사진은 서로 다른 두 기후 지역의 음식을 나타낸 것이다. (가), (나) 지역에 대한 옳은 설명만을 〈보기〉에서 있는 대로 고른 것은?

(가) 지역의 나시고렝　　　(나) 지역의 말린 연어

> ─ 보기 ─
> ㄱ. (가)는 고온 건조한 날씨로 음식이 쉽게 상하는 것을 방지하고자 조리 과정에서 기름과 향신료를 사용하지 않는다.
> ㄴ. (나)는 식량이 부족할 때를 대비한 것이다.
> ㄷ. (가) 지역은 (나) 지역보다 가옥의 구조가 개방적이다.
> ㄹ. (가) 지역보다 (나) 지역에서 동물의 털이나 가죽으로 만든 두꺼운 옷을 입은 주민들의 모습을 쉽게 볼 수 있다.

① ㄱ, ㄴ　　② ㄱ, ㄷ　　③ ㄴ, ㄷ
④ ㄱ, ㄷ, ㄹ　　⑤ ㄴ, ㄷ, ㄹ

626

지형 경관과 형성 과정을 옳게 짝지은 것만을 〈보기〉에서 고른 것은?

> ─ 보기 ─
> ㄱ. 히말라야산맥 – 화산 활동
> ㄴ. 아이슬란드의 간헐천 – 대륙판의 충돌
> ㄷ. 베트남의 할롱베이 – 석회암의 용식 작용
> ㄹ. 미국의 그랜드 캐니언 – 하천의 침식 작용

① ㄱ, ㄴ　　② ㄱ, ㄷ　　③ ㄴ, ㄷ
④ ㄴ, ㄹ　　⑤ ㄷ, ㄹ

627

지형에 따른 생활양식에 관한 설명으로 옳지 <u>않은</u> 것은?

① 해안 지역 중 수심이 얕고 조차가 큰 곳은 항구 도시로 발달한다.
② 독특한 지형 경관이 나타나는 지역은 지형을 관광 자원으로 활용한다.
③ 평야 지역은 교통로를 건설하기에 유리하여 큰 도시로 성장할 수 있다.
④ 지하자원이 다양하고 풍부한 산지 지역에서는 광업 도시가 발달하기도 한다.
⑤ 평야 지역은 산지 지역보다 경지를 개간하기에 유리하므로 넓은 경지를 이용하여 농사를 짓는다.

628

다음은 여행 프로그램에 들어갈 사진 자료의 일부이다. 사진과 여행 주제가 옳게 짝지어진 것만을 〈보기〉에서 고른 것은?

A. 히말라야산맥	B. 베트남의 할롱베이
C. 미국의 그랜드 캐니언	D. 노르웨이의 피오르 해안

<보기>
ㄱ. A – 인간의 한계에 도전하는 세계의 산악인들
ㄴ. B – 람사르 협약에 등록된 세계 습지 체험 여행
ㄷ. C – 계곡을 따라 펼쳐지는 하천 지형 여행
ㄹ. D – 유네스코 세계 자연 유산으로 지정된 화산 지형 탐방

① ㄱ, ㄴ　　② ㄱ, ㄷ　　③ ㄴ, ㄷ
④ ㄴ, ㄹ　　⑤ ㄷ, ㄹ

629

다음의 유형에 따라 〈보기〉의 사례를 옳게 구분한 것은?

<보기>
ㄱ. 가뭄　　ㄴ. 지진　　ㄷ. 태풍
ㄹ. 폭염　　ㅁ. 산사태　　ㅂ. 화산 활동

	기후 관련 재해	지형 관련 재해
①	ㄱ, ㄴ, ㄷ	ㄹ, ㅁ, ㅂ
②	ㄱ, ㄷ, ㄹ	ㄴ, ㅁ, ㅂ
③	ㄱ, ㄹ, ㅁ	ㄴ, ㄷ, ㅂ
④	ㄴ, ㄷ, ㄹ	ㄱ, ㅁ, ㅂ
⑤	ㄷ, ㄹ, ㅂ	ㄱ, ㄴ, ㅁ

630

다음 글에서 파악할 수 있는 내용으로 적절하지 <u>않은</u> 것은?

> 국민 안전처는 「재난 및 안전 관리 기본법」에 따라 폭설과 한파의 피해를 입은 전북특별자치도, 전라남도, 제주특별자치도 지역에 재난 지원금을 긴급 지원하였다. 재난 지원금은 각종 재난으로부터 피해를 입은 주민이나 시설에 대해 국가 또는 지방 자치 단체가 복구 비용을 지원하는 것이다.

① 자연재해는 현재의 과학기술로 완전히 극복할 수 있다.
② 국민은 안전하고 쾌적한 환경에서 살아갈 권리를 지닌다.
③ 자연재해는 정확한 예측이 어렵고 재산 피해를 줄 수 있다.
④ 정부는 자연재해로 인한 피해 복구를 지원하기 위해 지원금을 지급할 수 있다.
⑤ 국가는 자연재해로부터 국민의 생명과 재산을 보호하기 위한 법률을 마련하고 있다.

631

갑, 을 사상가가 공통으로 지닌 자연관의 주장으로 적절한 것만을 〈보기〉에서 있는 대로 고른 것은?

> 갑: 인간은 정신을 소유한 존엄한 존재지만, 자연은 의식이 없는 물질이다.
> 을: 방황하고 있는 자연을 사냥해서 노예로 만들어 인간의 이익에 봉사하도록 해야 한다.

<보기>
ㄱ. 인간만이 본래적 가치를 지닌다.
ㄴ. 자연은 인간의 행복 증진을 위한 도구이다.
ㄷ. 인간은 다른 존재보다 우월하고 가치 있는 존재이다.
ㄹ. 자연은 유용성과 관계없이 그 자체로 존중받아야 한다.

① ㄱ, ㄴ　　② ㄷ, ㄹ　　③ ㄱ, ㄴ, ㄷ
④ ㄴ, ㄷ, ㄹ　　⑤ ㄱ, ㄴ, ㄷ, ㄹ

632

| 서술형 |

인간과 자연의 관계를 설명하는 다양한 관점 중 이분법적 관점 (이분법적 세계관)의 의미를 서술하시오.

633

다음 사상가의 입장에 부합하는 진술에만 모두 '√'표를 한 학생으로 옳은 것은?

> 생태계 위기를 근본적으로 해결하려면 개인적·사회적 관행을 바꾸는 정도로는 부족하며, 생태 중심적 세계관으로 전환해야 한다.

진술 \ 학생	갑	을	병	정	무
인간은 생명 공동체의 안정과 균형에 기여해야 한다.	√		√		√
인간은 자연으로부터 분리된 존재이며, 자연보다 우월한 존재이다.			√		√
자연은 그 자체로 가치를 지니며, 모든 생명은 생명의 연결망 속에 연결된다.	√		√	√	
지구상의 인간과 인간 이외의 생명의 안녕과 번영은 그 자체로서 가치를 가진다.			√	√	√

① 갑　　② 을　　③ 병　　④ 정　　⑤ 무

634

다음 문항에 대한 옳은 답안을 작성한 학생만을 있는 대로 고른 것은?

> ▶ 문항: ㉠과 ㉡의 특징을 한 문장으로 서술하시오.
>
> > 자연을 보존한다는 이유로 개발을 멈추어서는 안 되며, 인간의 이익을 위해 필요하다면 자연을 개발해야 한다는 관점은 (㉠)이다. 한편, 자연은 그 자체로 가치가 있어 영구 보전되어야 하므로 인간에게 자연을 개발할 권리가 없다는 관점은 (㉡)이다.
>
> • 갑: ㉠은 ㉡과 달리 자연은 인간의 욕구를 충족시키는 도구일 뿐이라고 본다.
> • 을: ㉡은 ㉠과 달리 생태계 전체를 하나의 유기체로 여긴다.
> • 병: ㉡은 ㉠이 환경 파시즘으로 이어질 우려가 있다고 비판한다.
> • 정: ㉠, ㉡ 모두 자연을 이용하는 과정에서 나타난 여러 환경 문제를 반성하며 등장하였다.

① 갑, 을　　② 갑, 정　　③ 병, 정
④ 갑, 을, 병　　⑤ 을, 병, 정

635

다음 사례가 시사하는 바로 가장 적절한 것은?

> 흔히 패티라고 부르는 햄버거용 소고기를 만들기 위해 소를 대량으로 사육하는데, 이 과정에서 열대림이 파괴되어 목초지가 조성된다. 이렇게 열대림이 파괴되는 과정을 '햄버거 커넥션'이라고 부른다. 열대림이 파괴되면 홍수가 자주 발생할 수 있고, 지구 온난화 현상이 심화되어 세계 곳곳에서 기상 이변이 일어날 수 있다.

① 자연은 인간을 위해 존재한다.
② 자연은 인간의 삶을 윤택하게 하는 데 쓰여야 한다.
③ 자연과 인간은 끊임없이 영향을 주고받는 관계이다.
④ 자연에 대한 인간의 어떤 개입도 허용되어서는 안 된다.
⑤ 자연의 가치는 인간에게 주는 이익에 따라 평가해야 한다.

636

(가)~(다)에 해당하는 동양의 자연관을 옳게 연결한 것은?

> (가) 만물의 상호 의존성을 자각하여 모든 생명을 소중히 여기고 자비를 베풀 것을 강조한다.
> (나) 만물이 본래적 가치를 지닌다고 보고 인간과 자연이 조화를 이루는 천인합일(天人合一)의 경지를 추구한다.
> (다) 무위자연(無爲自然)을 추구하며 인간의 의지, 욕구와 상관없이 존재하는 자연의 가치와 아름다움을 강조한다.

	(가)	(나)	(다)		(가)	(나)	(다)
①	도가	불교	유교	②	불교	도가	유교
③	불교	유교	도가	④	유교	도가	불교
⑤	유교	불교	도가				

637

밑줄 친 '에코 지능'이 가장 높은 학생으로 옳은 것은?

> 영화 「아바타」에서 나비족은 환경과 교감하며 후손의 미래를 생각하는 존재로 묘사된다. 나비족인 여주인공의 "모든 에너지는 잠시 빌린 것뿐이야. 언젠가는 돌려줘야 해."라는 대사를 통해 우리에게 필요한 에코 지능을 이해할 수 있다. 에코 지능이란 자신의 소비와 생산 활동이 지구 환경에 미칠 영향을 파악할 줄 아는 통찰력을 말한다.

① 갑: 인간은 생태계를 효율적으로 관리해야 해요.
② 을: 생태계의 경제적 가치를 높이기 위해 노력해야 해요.
③ 병: 인간과 자연의 관계를 이분법적 관점에서 봐야 해요.
④ 정: 생태계를 활용하여 과학기술을 더욱 발전시켜야 해요.
⑤ 무: 생태계의 균형을 파괴하는 인간의 무분별한 개입을 자제해야 해요.

638

㉠~㉣에 대한 옳은 설명만을 〈보기〉에서 고른 것은?

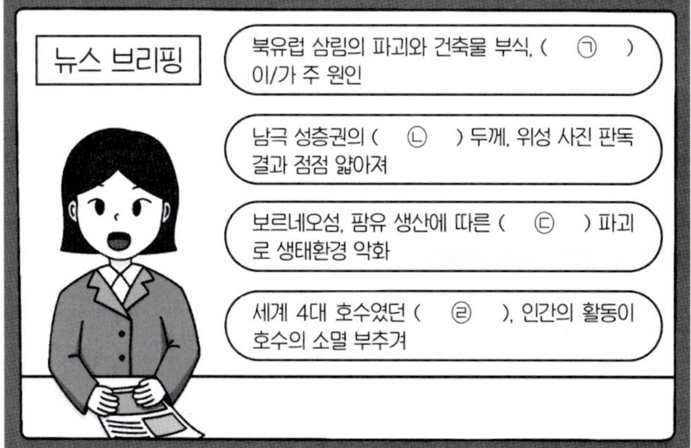

─〈 보기 〉─

ㄱ. ㉠의 주요 원인은 염화 플루오린화 탄소의 사용량 증가이다.
ㄴ. ㉡이 파괴되면 피부암 발병률이 증가한다.
ㄷ. ㉢은 공장 매연과 자동차 배기가스의 배출량 증가로 인해 빠른 속도로 파괴되고 있다.
ㄹ. ㉣의 면적 감소는 과도한 경작과 목축이 주요 원인이다.

① ㄱ, ㄴ　　② ㄱ, ㄷ　　③ ㄴ, ㄷ
④ ㄴ, ㄹ　　⑤ ㄷ, ㄹ

639

밑줄 친 사업을 추진한 목적으로 가장 적절한 것은?

우리나라의 산림청은 2007년부터 몽골 그린벨트 조림 사업을 실시하여 약 3,000ha의 땅에 나무를 심었다. 이는 황사가 심해지고 있는 것에 대한 대책 사업의 일환이다.

① 사막화 방지　　　② 지진 피해 예방
③ 홍수 피해 방지　　④ 열대림 파괴 축소
⑤ 산성비 농도 감소

640

교사의 질문에 옳게 답한 학생만을 〈보기〉에서 고른 것은?

교사: 산성비에 대해 조사한 내용을 발표해 볼까요?

─〈 보기 〉─

갑: 지형과 관련된 환경 문제에 속합니다.
을: 해안 저지대와 섬 지역 침수를 유발합니다.
병: 삼림과 농경지를 황폐화하고 건축물을 부식시킵니다.
정: 오염 물질 발생 지역과 피해 지역이 일치하지 않아 국제적 분쟁이 발생합니다.

① 갑, 을　　② 갑, 병　　③ 을, 병
④ 을, 정　　⑤ 병, 정

641

다음 글을 통해 알 수 있는 환경 문제의 해결을 위한 시민 단체의 역할을 <u>두 가지</u> 서술하시오.

국제 환경 단체인 그린피스가 화장품과 생활용품 제조에 이용된 미세 플라스틱인 '마이크로비즈'에 대한 사용 중단 및 규제 법안 제정을 촉구하며 한강에서 퍼포먼스를 벌였다. 그린피스는 미세 플라스틱이 강과 바다로 흘러 들어가 해양 오염을 유발하고, 인체에도 유해하다고 경고하며 정부에 신속한 규제를 마련해 줄 것을 요구하였다. 퍼포먼스 이후 그린피스는 마이크로비즈 규제 법제화를 요구하는 2만여 시민들의 서명을 국무총리실에 직접 전달하였다.

642

다음 협약들을 통해 추론한 내용으로 가장 적절한 것은?

• 파리 협정　　• 교토 의정서　　• 기후변화 협약

① 환경 문제는 특정 지역에 국한하여 발생한다.
② 환경 문제는 전 지구적 차원의 문제가 되고 있다.
③ 환경 문제는 책임 소재를 명확히 구분할 수 있다.
④ 환경 문제 해결을 위한 개인적 차원의 노력에 해당한다.
⑤ 환경 문제는 현세대의 이익을 미래 세대의 이익보다 우선하는 방향으로 해결하는 것이 바람직하다.

643

다음은 수행 평가 보고서의 일부이다. (가)~(마)에 들어갈 내용으로 옳은 것은?

〈수행 평가 보고서〉

조사 주제: 환경 문제의 해결을 위한 노력

환경 문제	원인	영향	관련 협약
오존층 파괴	(가)	피부암 등의 질병 유발	(나)
사막화	(다)	토양의 황폐화	사막화 방지 협약
지구 온난화	온실가스 증가	(라)	(마)

① (가) – 질소 산화물, 황산화물 배출 증가
② (나) – 파리 협정
③ (다) – 염화 플루오린화 탄소의 사용 증가
④ (라) – 빙하 면적 축소, 해수면 상승
⑤ (마) – 바젤 협약

___반 ___번 이름___________

644

그림과 같은 전통 가옥이 발달하는 기후 지역에 대한 옳은 설명만을 〈보기〉에서 고른 것은?

<보기>

ㄱ. 토양이 척박하여 이동식 경작을 한다.
ㄴ. 타이가라고 불리는 침엽수림 지대가 분포한다.
ㄷ. 다양한 종류의 나무가 우거진 밀림이 형성된다.
ㄹ. 겨울이 길고 몹시 추워 주민들이 수렵 생활을 한다.

① ㄱ, ㄴ   ② ㄱ, ㄷ   ③ ㄱ, ㄹ
④ ㄴ, ㄷ   ⑤ ㄷ, ㄹ

645

(가), (나) 지역의 주민 생활 모습에 대한 옳은 설명만을 〈보기〉에서 고른 것은?

(가) 날고기 위주의 식습관이 나타나고, 식량이 부족할 때를 대비하여 음식을 냉동하여 보관한다.
(나) 계절풍의 영향을 받아 여름철에 강수량이 매우 풍부하며, 이를 이용한 벼농사가 발달한다.

<보기>

ㄱ. (가) 지역에서는 지붕이 평평한 흙벽돌집이 발달한다.
ㄴ. (가) 지역에서는 추위에 견디기 위해 열량이 높은 육류 위주의 음식을 먹는다.
ㄷ. (나) 지역에서는 강한 햇볕과 모래바람을 막기 위해 온몸을 감싸는 헐렁한 옷을 입는다.
ㄹ. (가) 지역은 (나) 지역보다 고위도에 위치한다.

① ㄱ, ㄴ   ② ㄱ, ㄷ   ③ ㄴ, ㄷ
④ ㄴ, ㄹ   ⑤ ㄷ, ㄹ

646

| 서술형 |

다음 자료의 (가)에 들어갈 내용을 서술하시오.

사진은 몽골을 포함한 중앙아시아 초원 지대에서 볼 수 있는 전통 가옥으로, 조립과 분해가 쉬운 천막 형태를 하고 있다. 이러한 형태의 가옥이 발달하게 된 이유는 _____(가)_____

647

여행 일지에 따른 여행 경로를 지도의 A~E에서 골라 순서대로 나열한 것은?

여행 일지

- 1일차 — 두 개의 큰 섬으로 이루어진 이 나라의 북섬에서는 화산 지형을, 남섬에서는 빙하 지형을 관찰하였어.
- 6일차 — 넓은 초원에서 물과 풀을 찾아 이동하는 유목민들의 모습을 볼 수 있었어.
- 12일차 — 여기는 일년 내내 봄철과 같은 기후라서 높은 지역인데 불구하고 사람들이 많이 사는구나!

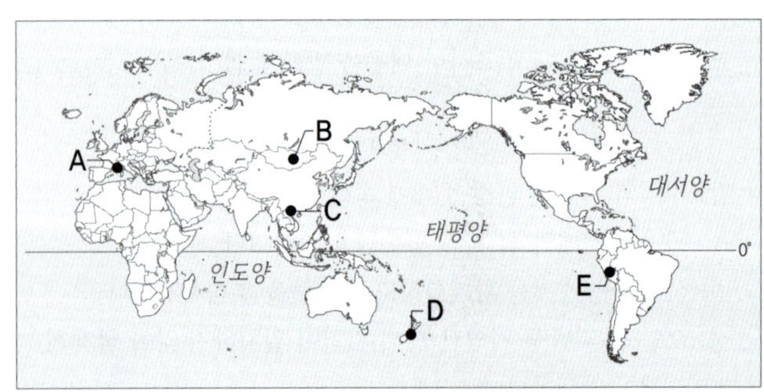

① B → A → C   ② B → C → E
③ C → D → A   ④ D → B → E
⑤ D → E → A

648

(가), (나) 지역에 대한 설명으로 옳은 것은?

(가) 아이슬란드 지열 발전	(나) 튀르키예 파묵칼레

① (가)는 판의 경계에 해당한다.
② (나)는 화산 활동에 의해 형성되었다.
③ (나)는 비옥한 평야 지대로 벼농사가 널리 이루어진다.
④ (가)는 (나)보다 석회암의 분포 비중이 높다.
⑤ (가), (나) 모두 강수량이 적어 나무가 자라기 어렵다.

[649~650]

지도를 보고 물음에 답하시오.

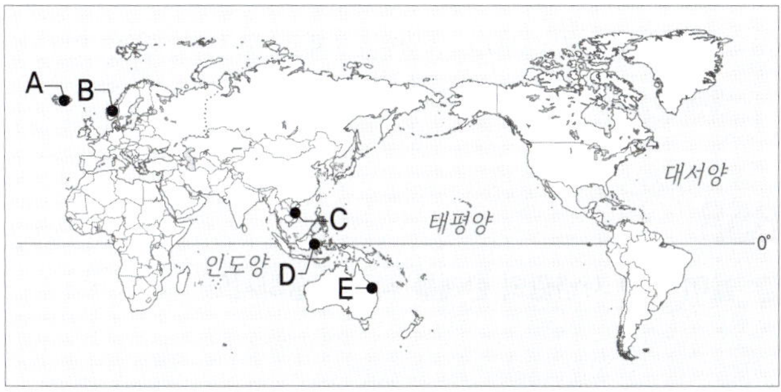

649

다음 경관을 볼 수 있는 지역을 지도의 A~E에서 고른 것은?

빙하가 녹고 해수면이 상승하면서 바닷물이 내륙 깊숙이 들어와 만들어진 좁은 협곡을 볼 수 있는 곳이다. 과거 이곳은 바이킹족의 주요 활동 무대이기도 하였다.

① A ② B ③ C ④ D ⑤ E

650

(가), (나)에 해당하는 지역을 지도의 A~E에서 고른 것은?

(가) 지역의 주요 경관	(나) 지역의 주요 경관
활발한 화산 활동에 의해 발달한 간헐천	석회암이 물에 녹아 형성된 크고 작은 섬과 기암괴석

	(가)	(나)		(가)	(나)
①	A	B	②	A	C
③	C	D	④	D	E
⑤	E	B			

651

자연재해 (가), (나)에 대한 옳은 설명만을 <보기>에서 고른 것은? (단, (가), (나)는 각각 홍수, 지진 중 하나임.)

(가) 땅이 갈라지거나 흔들리는 현상
(나) 많은 비가 내려 하천 등이 범람하는 현상

〈 보기 〉

ㄱ. (가)는 진행 속도는 느리지만 넓은 범위에서 발생하는 경우가 많다.
ㄴ. (나)는 가옥 및 농경지 침수 피해를 유발한다.
ㄷ. (나)는 (가)보다 우리나라에서 발생 빈도가 높다.
ㄹ. (가), (나) 모두 기후와 관련된 자연재해이다.

① ㄱ, ㄴ ② ㄱ, ㄷ ③ ㄴ, ㄷ
④ ㄴ, ㄹ ⑤ ㄷ, ㄹ

652

다음은 지진으로 인한 피해와 그에 대한 대응을 나타낸다. 밑줄 친 ⊙~⑩에 대한 설명으로 옳지 <u>않은</u> 것은?

2004년 12월 ⊙ 인도네시아 수마트라섬 서부 해안에서 발생한 지진의 여파로 최대 시속 900km의 ⓒ 쓰나미가 발생하였다. ⓒ 인도네시아 정부의 조기 경보 체계가 미흡하고 정부의 부패로 재난 복구 과정이 더디게 진행되며 25만 명이 목숨을 잃는 등 큰 피해가 발생하였다. 한편 2011년 3월 ② 일본 혼슈의 동북부 해안에서 초대형 쓰나미가 ⑩ 해안 지역을 휩쓸어 인명 피해, 사회 기반 시설 파괴 등으로 이어졌다. 이후 일본 정부는 재해 예방 시스템을 재정비하였다.

① ⊙은 '불의 고리'라 불리는 환태평양 조산대에 속해 있다.
② 지진 해일인 ⓒ은 지형 관련 자연재해로 분류할 수 있다.
③ ⓒ은 인도네시아 국민들의 안전권과 환경권을 침해하였다.
④ ②은 태평양판, 유라시아판, 필리핀판의 경계에 위치하여 지진의 발생 빈도가 높다.
⑤ 해저 지진으로 발생한 파도는 ⑩에 점점 가까워지면서 이동 속도가 빨라지고 파고는 높아진다.

653

다음 글에 나타난 자연을 바라보는 인간의 관점으로 옳은 것은?

자연이 인간에게 이롭도록 지식을 활용해야 한다. 방황하고 있는 자연을 사냥해서 노예로 만들어 인간의 이익에 봉사하도록 해야 한다.

① 동물 중심주의 ② 생명 중심주의 ③ 생태 중심주의
④ 인간 중심주의 ⑤ 자연 중심주의

654

다음 글에 나타난 자연을 바라보는 인간의 관점에 대한 옳은 설명만을 〈보기〉에서 고른 것은?

> 우리는 자연의 주인이자 소유자가 될 수 있다. 인간은 정신을 소유한 존엄한 존재지만, 자연은 의식이 없는 물질이다.

〈 보기 〉

ㄱ. 자연이 가진 내재적 가치를 중시한다.
ㄴ. 인간과 자연을 서로 독립된 존재로 본다.
ㄷ. 자연을 인간의 삶을 위한 수단으로 여긴다.
ㄹ. 인간과 자연은 동등한 가치를 갖는다고 본다.

① ㄱ, ㄴ   ② ㄱ, ㄷ   ③ ㄱ, ㄹ
④ ㄴ, ㄷ   ⑤ ㄷ, ㄹ

655

다음 사상가의 주장으로 가장 적절한 것은?

> 공동체의 범위는 식물, 동물, 토양, 물을 포함하는 대지 전체이다. 따라서 우리는 이를 지배와 이용의 대상으로 보지 말고 공동체로 존중해야 한다.

① 자연은 도구적 가치를 지닌다.
② 인간은 자연의 한 부분이자 우월한 존재이다.
③ 인간은 자연과 기계적으로 연결되어 독립적으로 존재한다.
④ 자연은 인간의 생명 유지에 필요한 내재적 가치만을 지닌다.
⑤ 인간은 자연을 평등한 가치와 권리를 지니는 대상으로 대우해야 한다.

656

다음 글에 나타난 자연관의 입장만을 〈보기〉에서 고른 것은?

> 천성산은 22개의 습지와 12개의 계곡이 있으며, 1급수 환경지표종인 꼬리치레도롱뇽의 대규모 서식지이기 때문에 생태적 가치가 높은 곳이다. 따라서 도롱뇽의 서식지를 파괴하는 천성산 터널 공사는 중단되어야 한다. 이에 우리는 천성산에 사는 도롱뇽을 원고로 하여 터널 공사를 중지하는 가처분 소송을 제기하고자 한다.

〈 보기 〉

ㄱ. 인간이 자연을 정복하는 것은 당연하다.
ㄴ. 인간은 자연과 조화를 이루며 살아야 한다.
ㄷ. 자연 안의 모든 생명은 인간과 평등한 존재이다.
ㄹ. 자연의 가치는 인간의 가치보다 우위에 설 수 없다.

① ㄱ, ㄴ   ② ㄱ, ㄷ   ③ ㄴ, ㄷ
④ ㄴ, ㄹ   ⑤ ㄷ, ㄹ

[657~658]

다음 글을 읽고 물음에 답하시오.

> 갑: 식물은 동물의 생존을 위해, 동물은 인간의 생존을 위해서 존재한다.
>
> 을: 어떤 것의 가치는 그것이 생명 공동체의 안정성과 아름다움의 보존에 얼마나 이바지하는가에 달려 있다.

657

갑, 을 사상가의 입장에 대한 설명으로 옳지 <u>않은</u> 것은?

① 갑은 인간이 동물을 지배하는 것을 당연한 것으로 본다.
② 을은 자연의 모든 생명은 평등한 가치를 지닌다고 본다.
③ 갑과 달리 을은 자연계의 모든 존재가 내재적 가치를 지닌다고 본다.
④ 갑은 인간의 자연에 대한 의무를, 을은 인간의 자연에 대한 권리를 중시한다.
⑤ 갑은 인간을 자연보다 우월한 존재로 보지만, 을은 인간을 생태계를 구성하는 한 부분으로 본다.

658

| 서술형 |

갑, 을이 지닌 자연관의 한계를 각각 서술하시오.

659

동양의 자연관에 관한 설명으로 옳지 <u>않은</u> 것은?

① 도가는 무위자연의 삶을 추구하였다.
② 유교에서는 천인합일의 경지를 지향하였다.
③ 불교는 모든 생명을 소중히 여길 것을 강조하였다.
④ 유교에서는 만물이 본래적 가치를 지닌다고 보았다.
⑤ 도가는 만물이 독립적으로 존재할 수 없으며, 서로 연결되어 상호 의존하고 있다는 연기를 깨달을 것을 강조하였다.

660

다음 글이 지향하는 인간과 자연의 관계로 가장 적절한 것은?

> 세계에서 가장 작은 펭귄인 '쇠푸른펭귄'의 서식지인 필립섬에는 매년 수많은 관람객이 찾아온다. 하지만 관람객은 펭귄이 다니는 흙길이 아닌 나무 통로로 이동해야 한다. 또한 의자에 앉아서 조용하게 펭귄을 바라보아야 하고, 작은 불빛에도 펭귄은 실명할 수 있어서 사진 촬영도 할 수 없다.

① 조화와 공존의 관계
② 서로를 정복의 대상으로 인식하는 관계
③ 인간의 이익을 위해 자연을 이용하는 관계
④ 자연을 지키기 위해 인간을 희생하는 관계
⑤ 우월한 존재인 인간이 자연을 도구로 인식하는 관계

661

환경 문제의 발생 원인으로 옳지 <u>않은</u> 것은?

① 과도한 농지 개간과 목축이 이루어지고 있다.
② 산업이 발달함에 따라 자원의 소비량이 급증하였다.
③ 오염 물질의 과도한 배출로 자정 능력이 증가하고 있다.
④ 산업 혁명 이후 대량 생산과 대량 소비가 이루어지고 있다.
⑤ 인구가 급격히 증가하면서 무분별한 자원 개발이 이루어졌다.

662

다음은 한 학생이 작성한 수행 평가 보고서이다. 밑줄 친 ㉠~㉢ 중 옳은 것은?

수행 평가 보고서

조사 주제: 환경 문제의 발생 원인과 영향

환경 문제	원인	영향
열대림 파괴	㉠ 염화 플루오린화 탄소의 사용량 증가	㉡ 피부암, 안과 질환 증가 등
산성비	공장 매연, 자동차 배기가스 증가	㉢ 산림 고사, 건축물의 부식 등
오존층 파괴	㉣ 바다로 유입되는 쓰레기의 양 증가, 원유 유출 사고	㉤ 극지방의 빙하 면적 축소, 해수면 상승 등

① ㉠　　② ㉡　　③ ㉢　　④ ㉣　　⑤ ㉤

663

밑줄 친 ㉠~㉢에 대한 설명으로 옳지 <u>않은</u> 것은?

오늘날 지구촌 곳곳에서 환경 오염 및 파괴가 심화되면서 생태계의 안정이 위협받고 있다. 이러한 문제를 해결하고 인간과 자연이 공존하려면 ㉠ 정부와 ㉡ 시민 단체, ㉢ 기업, 개인 모두의 노력이 필요하다.

① ㉠ – 저탄소 녹색 성장 정책을 추진한다.
② ㉠ – 국제 협약에 가입하여 국제 사회의 노력에 동참한다.
③ ㉡ – 국제적 규모의 환경 단체를 조직하여 활동한다.
④ ㉡ – 여론을 형성하여 환경 관련 정책 결정 과정에 영향을 미친다.
⑤ ㉢ – 정부가 추진하는 각종 정책과 사업을 환경 보전 측면에서 감시한다.

664

환경 문제 해결을 위해 체결된 (가), (나)에 해당하는 국제 협약을 옳게 연결한 것은?

(가) 유해 폐기물의 국가 간 이동과 교역을 규제하는 협약
(나) 선진국과 개발 도상국에 모두 온실가스 감축 의무를 부여한 기후변화 협약

	(가)	(나)
①	바젤 협약	파리 협정
②	바젤 협약	몬트리올 의정서
③	람사르 협약	파리 협정
④	몬트리올 의정서	생물 다양성 협약
⑤	생물 다양성 협약	람사르 협약

[665~666]

지도를 보고 물음에 답하시오.

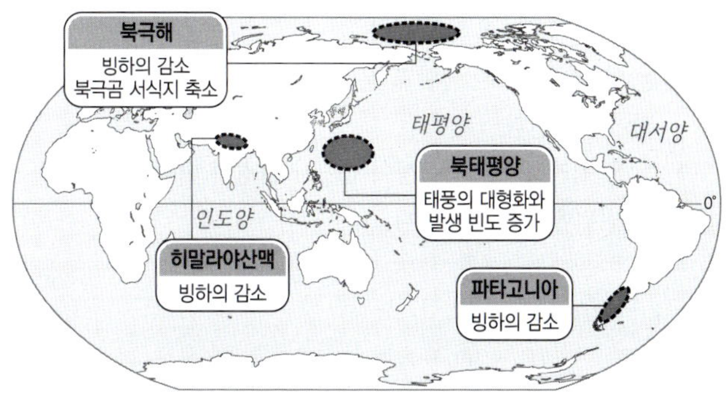

665

위 자료와 같은 현상이 지속될 경우 우리나라에서 나타날 수 있는 변화로 옳지 <u>않은</u> 것은?

① 열대야 일수가 증가할 것이다.
② 봄꽃의 개화 시기가 늦어질 것이다.
③ 하천의 결빙 일수가 감소할 것이다.
④ 첫 서리 내리는 시기가 늦어질 것이다.
⑤ 망고, 바나나 등 열대 과일의 재배 면적이 확대될 것이다.

666

위 자료와 관련된 환경 문제를 해결하기 위한 개인의 노력으로 적절한 것만을 〈보기〉에서 고른 것은?

〈 보기 〉

ㄱ. 온실가스 배출권 거래제에 참여한다.
ㄴ. 화석 연료 사용에 대한 세금을 인상한다.
ㄷ. 식생활을 개선하여 육류의 소비를 줄인다.
ㄹ. 환경친화적인 제품을 소비하고 대중교통을 이용한다.

① ㄱ, ㄴ　　② ㄱ, ㄷ　　③ ㄴ, ㄷ
④ ㄴ, ㄹ　　⑤ ㄷ, ㄹ

_______ 반 _______ 번 이름 _______

667

㉠~㉣에 대한 옳은 설명만을 〈보기〉에서 고른 것은?

인간과 환경이 상호 작용을 하는 과정에서 형성된 언어, 종교, 의식주 등의 생활양식을 ㉠ 문화라고 한다. 기후, 지형 등의 ㉡ 자연환경과 종교, 산업 등의 (㉢)이/가 지역에 따라 매우 다양하기 때문에 그 지역의 환경을 바탕으로 형성되는 문화 역시 다양하게 나타난다. 한편, (㉣)은/는 문화적 특성이 유사하게 나타나는 지표 공간을 의미한다.

〈 보기 〉

ㄱ. ㉠은 한 번 형성되면 변하지 않고 유지된다.
ㄴ. ㉡은 오세아니아의 원주민 문화가 파괴되고 있는 근본적인 원인으로 작용하고 있다.
ㄷ. ㉢의 영향으로 이슬람교 문화권에서는 모스크와 같은 경관이 나타난다.
ㄹ. ㉣은 지리적으로 접근성이 높거나 환경이 비슷한 경우 넓은 범위에 걸쳐 나타난다.

① ㄱ, ㄴ　　　② ㄱ, ㄷ　　　③ ㄴ, ㄷ
④ ㄴ, ㄹ　　　⑤ ㄷ, ㄹ

668

자료는 다큐멘터리 보고서의 일부이다. 밑줄 친 '이 종교'를 대표하는 경관으로 옳은 것은?

다큐멘터리 보고서

- 촬영 장소: 인도 갠지스강
- 주요 내레이션: 갠지스강은 이 종교의 성스러운 강이다. 많은 신자들이 강물에 몸을 담그고 그 물을 마시기 위해 이곳에 모여든다.

① 종탑과 십자가가 있는 성당
② 둥근 지붕과 첨탑이 있는 모스크
③ 승복을 입은 스님들의 탁발 행렬
④ 아라베스크 양식으로 장식된 사원
⑤ 다양한 신들을 표현한 조각상이 있는 사원

669

자료의 A~C 종교에 대한 설명으로 옳은 것은?

〈종교와 관련한 싱가포르의 공휴일(2024년)〉

2월 10~11일 구정 음력 1월 1일 중국 설날	4월 10일 하리 라야 아이딜 피트리 라마단이 끝나는 것을 기념하는 (A) 축제
5월 22일 베삭 데이 석가모니의 탄생을 기리는 (B) 축제	6월 17일 하리 라야 하지 메카 순례를 마치고 돌아오는 것을 기념하는 축제
10월 31일 디파발리 빛의 축제라고 불리는 축제	12월 25일 크리스마스 예수의 탄생을 기리는 (C) 축제

(싱가포르 노동부, 2024)

① B는 하루에 다섯 번 메카를 향하여 기도를 한다.
② C는 소를 신성시하여 소고기 먹는 것을 금기시한다.
③ C는 첨탑이 세워진 교회와 성당이 주요 경관을 이룬다.
④ A, B를 믿는 신자들은 대부분 유럽 문화권에 분포한다.
⑤ A와 C는 다신교로 갠지스강에서의 목욕을 중시한다.

670

지도는 세계의 문화권을 나타낸 것이다. A~E 문화권에 대한 옳은 설명만을 〈보기〉에서 있는 대로 고른 것은?

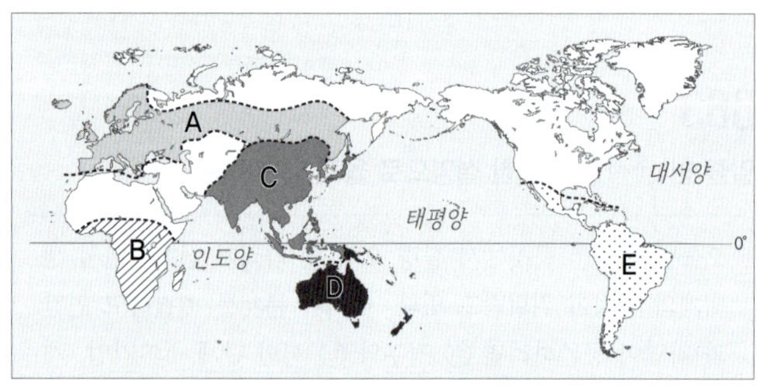

〈 보기 〉

ㄱ. A에서는 농경이 어려워 주로 순록 유목이 이루어진다.
ㄴ. B는 부족 단위의 원시 문화가 남아 있으며 플랜테이션 농업이 발달하였다.
ㄷ. C는 벼농사가 발달하였다.
ㄹ. D와 E는 모두 개신교가 우세하다.

① ㄱ, ㄴ　　　② ㄱ, ㄹ　　　③ ㄴ, ㄷ
④ ㄱ, ㄷ, ㄹ　　　⑤ ㄴ, ㄷ, ㄹ

[671~673]

지도는 세계의 문화권을 구분한 것이다. 물음에 답하시오.

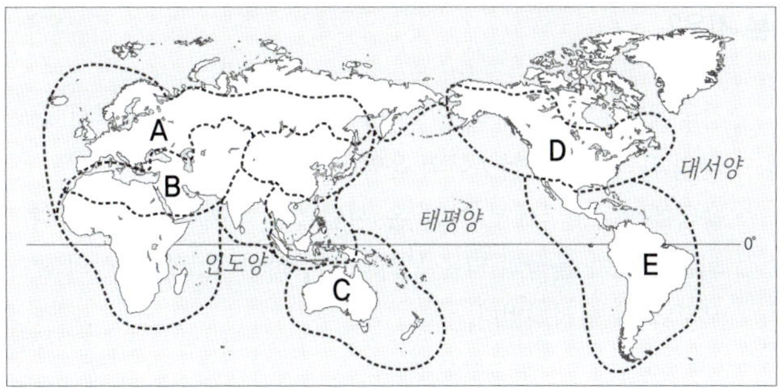

671

(가), (나)와 같은 모습이 나타나는 문화권을 지도의 A~E에서 고른 것은?

> (가) 일부 지역에서는 마오리족 등 원주민들의 독특한 문화와 전통이 남아 있다.
> (나) 과거 식민 지배를 받은 영향으로 포르투갈어와 에스파냐어를 많이 사용하며, 가톨릭교 신자의 비중이 높다.

	(가)	(나)		(가)	(나)		(가)	(나)
①	A	B	②	C	B	③	C	E
④	D	A	⑤	D	C			

672

지도의 A~E 문화권에 대한 설명으로 옳은 것은?

① A - 대부분 이슬람교를 믿는다.
② B - 이동식 화전 농업이 주로 이루어진다.
③ C - 산업 혁명의 발상지로 세계 경제의 중심지이다.
④ D - 주로 영어를 사용하고 개신교 비율이 높다.
⑤ E - 순록을 유목하거나 바다표범 등을 사냥하며 생활한다.

673

지도의 A~E 문화권에 대해 옳게 설명한 학생만을 〈보기〉에서 있는 대로 고른 것은?

> ──〈 보기 〉──
> 갑: A와 달리 B의 주민들은 음식을 먹을 때 대부분 젓가락을 사용해요.
> 을: C는 인구가 적고 비교적 개발이 늦어 청정한 자연환경을 보존하고 있어요.
> 병: D는 개신교보다 가톨릭교 신자의 비율이 높아요.
> 정: E는 주민들이 에스파냐어와 포르투갈어를 주로 사용하며, 혼혈족이 많아요.

① 갑　　　　　② 정　　　　　③ 갑, 을
④ 을, 정　　　　⑤ 갑, 병, 정

674

| 서술형 |

A, B에 해당하는 문화 변동의 내재적 요인을 쓰고, 그 사례를 각각 서술하시오.

> A는 기존에 없었던 문화 요소를 새로 만들어 내는 것이고, B는 이미 존재하고 있었지만 아직 세상에 알려지지 않은 어떤 것을 찾아내거나 알아내는 것이다.

675

다음은 문화 변동의 요인을 비교하여 구분한 것이다. A~D에 대한 설명으로 옳은 것은? (단, A~D는 각각 발견, 발명, 직접 전파, 자극 전파 중 하나임.)

> • A, C 모두 문화 변동의 내재적 요인이다.
> • A, B를 통해 기존에 없던 문화 요소가 창조된다.

① 전구를 만들어 낸 것은 A의 사례이다.
② B는 직접 전파에 해당한다.
③ 한 나라의 전통 음식이 영화를 통해 다른 나라로 확산된 것은 D의 사례이다.
④ B는 A와 달리 이미 존재하였지만 알려지지 않았던 문화 요소를 알아내는 것이다.
⑤ A, C는 B, D와 달리 한 사회의 문화 요소를 다양하게 하는 요인이다.

676

다음 게임에서 말의 최종 도착 지점으로 옳은 것은?

> ■ 게임 규칙
> 진술 (가)~(다)의 옳고 그름을 차례대로 판단하고 말을 이동한다.(단, 각 진술이 옳으면 말을 실선 화살표(→)를 따라, 옳지 않으면 점선 화살표(┈)를 따라 한 지점만 이동시킨다.)
>
> > (가) 한글 창제는 전파와 발견의 복합적 작용의 결과이다.
> > (나) 자극 전파는 다른 사회의 문화 요소에서 아이디어를 얻어 새로운 문화 요소를 발명하는 것이다.
> > (다) 인적 교류와 매개체를 통해 문화 요소가 전파되는 것은 내재적 요인에 의한 문화 변동에 해당한다.

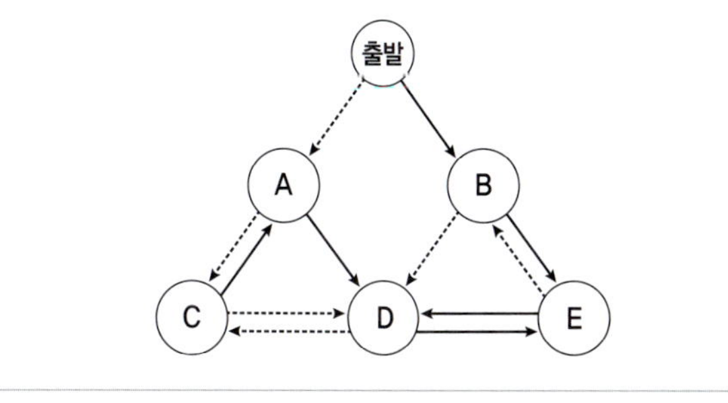

① A　　　② B　　　③ C　　　④ D　　　⑤ E

677

그림은 질문을 통해 문화 변동의 양상 A~C를 구분한 것이다. 이에 대한 옳은 설명만을 〈보기〉에서 있는 대로 고른 것은? (단, A~C는 각각 문화 동화, 문화 병존, 문화 융합 중 하나임.)

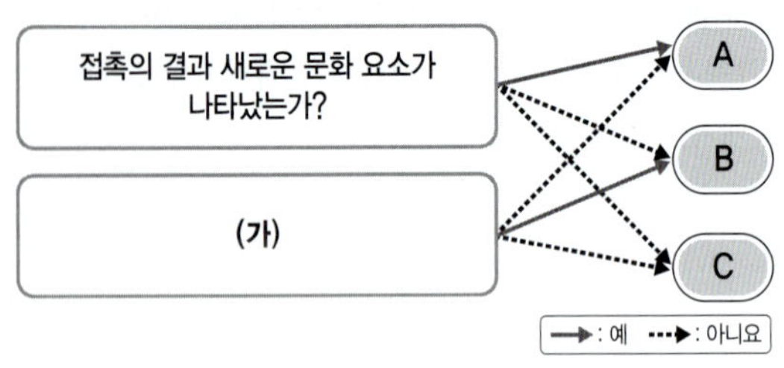

〈 보기 〉

ㄱ. C가 문화 동화라면 B의 사례로 우리 사회에 여러 종교가 공존하는 것을 들 수 있다.
ㄴ. A와 달리 B, C는 문화의 다양성을 강화시켜 준다.
ㄷ. (가)에 '서로 다른 문화가 장기간에 걸쳐 접촉하였는가?'는 들어갈 수 없다.
ㄹ. (가)가 '접촉의 결과 문화 요소가 정체성을 상실하였는가?' 라면 C는 문화 병존이다.

① ㄱ
② ㄱ, ㄷ
③ ㄴ, ㄷ
④ ㄴ, ㄹ
⑤ ㄱ, ㄷ, ㄹ

678

(가)~(다)에 나타난 문화 변동에 대한 설명으로 옳은 것은?

(가) 최근 여러 나라에서 인터넷 방송 등의 매체를 통해 한국 아이돌 그룹의 공연이나 드라마를 접한 외국인들이 한국 문화에 관심을 가지게 되면서 한국어 학습 열풍이 불고 있다.

(나) 체로키 인디언들은 백인들과 접촉하기 전까지는 고유 문자를 가지고 있지 않았다. 하지만 백인들과 접촉하면서 백인들의 문자인 알파벳에서 아이디어를 얻어 체로키 문자를 만들어 냈다.

(다) 우리나라 절에는 산신을 모시는 산신각이 있다. 산지가 많은 우리나라에서는 불교가 유입되기 전부터 토착신으로서 산신을 숭배하였는데, 중국에서 불교가 유입되면서 불교와 우리의 토착 신앙인 산신이 결합하여 사찰 내에 산신을 모시는 산신각이 생겨난 것이다.

① (가)는 직접 전파로 인한 문화 변동의 사례이다.
② (나)에는 전파와 발명의 과정이 복합적으로 나타나 있다.
③ (다)는 강제적인 문화 변동의 사례이다.
④ (가)와 달리 (다)는 발견에 의한 문화 변동의 사례이다.
⑤ (가), (다)는 외재적 요인, (나)는 내재적 요인에 의한 문화 변동의 사례이다.

679

갑국과 을국의 문화 변동에 대한 옳은 설명만을 〈보기〉에서 고른 것은?

• 갑국에서는 대중 매체를 통해 A국의 음악이 확산되면서 갑국의 음악과 더불어 A국의 음악이 유행하게 되었다.
• 을국에서는 B국에서 이민 온 사람들에 의해 전해진 B국의 의복 문화가 을국의 의복 문화와 결합하여 새로운 양식의 의복 문화가 형성되었다.

〈 보기 〉

ㄱ. 갑국에서는 문화 병존이 나타났다.
ㄴ. 갑국의 문화 변동 요인은 직접 전파이다.
ㄷ. 을국에서는 문화 융합이 나타났다.
ㄹ. 을국의 문화 변동 요인은 간접 전파이다.

① ㄱ, ㄴ
② ㄱ, ㄷ
③ ㄴ, ㄷ
④ ㄴ, ㄹ
⑤ ㄷ, ㄹ

680

㉠에 대한 옳은 설명만을 〈보기〉에서 있는 대로 고른 것은?

한 사회에서 과거에 형성되어 세대 간 전승되면서 오늘날까지 사회 구성원들의 생활에 영향을 미치고 있는 고유한 문화를 (㉠)(이)라고 한다.

〈 보기 〉

ㄱ. 현대 사회에서 ㉠은 세계 문화의 다양성 증진에 기여한다.
ㄴ. ㉠의 발전을 위해서는 새로운 문화를 수용하지 않는 것이 바람직하다.
ㄷ. ㉠을 창조적으로 계승하기 위해서는 현대 사회의 특성에 맞게 재해석해야 한다.
ㄹ. 우리나라의 ㉠에는 한복, 온돌 등의 물질문화뿐만 아니라 효(孝) 사상도 포함된다.

① ㄱ, ㄴ
② ㄱ, ㄹ
③ ㄴ, ㄷ
④ ㄱ, ㄷ, ㄹ
⑤ ㄴ, ㄷ, ㄹ

681

다음 글에서 갑이 지닌 문화 이해의 태도로 옳은 것은?

A국의 한 마을에서는 악마로부터 아기를 지키는 의식을 치르는 축제를 벌인다. B국에서 여행 온 갑은 이 광경을 본 후 원시적이고 미개한 풍습이라고 혐오감을 표현했다. 또한 B국의 전통 축제와 비교하며 자국의 문화가 최고라는 말을 덧붙였다.

① 문화 사대주의
② 문화 상대주의
③ 윤리 상대주의
④ 자문화 중심주의
⑤ 극단적 문화 상대주의

682

문화 이해 태도 (가), (나)에 대한 옳은 설명만을 〈보기〉에서 고른 것은?

> (가) 자기 문화를 가장 우월한 것으로 여기면서 자기 문화를 기준으로 다른 문화를 낮게 평가하는 태도이다.
> (나) 다른 문화를 더 우월한 것으로 믿고 동경하여 숭상하며 자기 문화를 무시하거나 낮게 평가하는 태도이다.

〈 보기 〉
ㄱ. (가)는 자기 문화에 대한 정체성을 상실할 우려가 크다.
ㄴ. (나)는 국수주의를 초래할 위험이 있다.
ㄷ. (나)는 타 문화의 비판적 수용을 어렵게 한다.
ㄹ. (가), (나)는 모두 문화의 우열을 가리려는 태도이다.

① ㄱ, ㄴ   ② ㄱ, ㄷ   ③ ㄴ, ㄷ
④ ㄴ, ㄹ   ⑤ ㄷ, ㄹ

683

그림은 문화 이해 태도 A~C를 구분한 것이다. 이에 대한 옳은 설명만을 〈보기〉에서 있는 대로 고른 것은? (단, A~C는 각각 문화 사대주의, 문화 상대주의, 자문화 중심주의 중 하나임.)

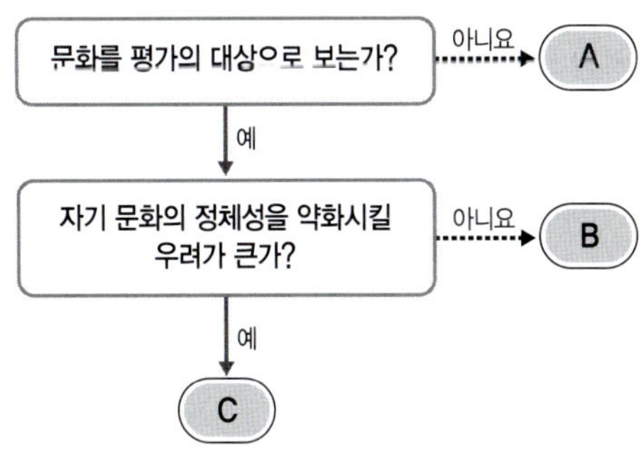

〈 보기 〉
ㄱ. A는 문화를 바라볼 때 그 사회의 맥락 속에서 파악하고자 하는 태도이다.
ㄴ. B는 다른 문화와의 갈등을 초래할 수 있다.
ㄷ. C는 사회 구성원 간의 소속감이나 일체감 강화에 도움이 된다.
ㄹ. A는 문화 사대주의, B는 자문화 중심주의, C는 문화 상대주의 태도이다.

① ㄱ, ㄴ   ② ㄱ, ㄹ   ③ ㄷ, ㄹ
④ ㄱ, ㄴ, ㄷ   ⑤ ㄴ, ㄷ, ㄹ

684

(가)에 대한 옳은 설명만을 〈보기〉에서 고른 것은?

> 전족은 발이 작아야 미인으로 여겨 발을 작게 만들고자 어릴 때부터 가죽이나 천으로 발가락을 묶어 자라지 못하게 하던 중국의 옛 풍습이다. 이러한 문화까지도 이해하자는 주장은 _______(가)_______(으)로, 바람직하지 않은 문화 이해 태도이다.

〈 보기 〉
ㄱ. 보편 윤리에 어긋난다.
ㄴ. 극단적 문화 상대주의에 해당한다.
ㄷ. 문화를 비판적으로 성찰할 수 있게 해 준다.
ㄹ. 고유한 문화적 가치를 존중하여 문화를 발전시킨다.

① ㄱ, ㄴ   ② ㄱ, ㄷ   ③ ㄴ, ㄷ
④ ㄴ, ㄹ   ⑤ ㄷ, ㄹ

685

다음 기사와 다른 관점에서 다문화 사회를 바라보고 있는 것은?

> 다문화 가정의 자녀는 한국어를 배우면서 부모의 모국어도 자연스럽게 접할 수 있는 경우가 많다. 두 가지 언어를 구사할 수 있게 되면 가족 구성원 간의 소통에 도움을 주기도 하고, 학교와 가정 간 의사소통을 원활하게 해 준다. 또한 세계화 시대에 다양한 언어를 구사할 수 있다는 점은 국가 경쟁력을 높이는 데 큰 이점으로 작용할 수 있다.

① 외국인 근로자가 유입되면서 노동력 부족 문제를 해소할 수 있다.
② 다양한 언어와 문화가 어우러진 글로벌 인재 양성에 큰 도움이 될 수 있다.
③ 외국인 지원을 위한 사회적 비용이 증가하여 내국인의 불만이 커질 수 있다.
④ 국제결혼 이민자들은 젊은 사람이 적은 농어촌 지역에 활력을 불어넣고 있다.
⑤ 다양한 배경을 가진 사람들이 유입되면서 풍요로운 문화가 형성되어 문화의 다양성이 강화될 수 있다.

686

| 주관식 |

A, B에 해당하는 이론을 각각 쓰시오.

> 다문화 사회의 이민자 정책에 관한 이론에는 A 이론과 B 이론이 있다. A 이론은 여러 민족의 다양한 문화를 하나로 녹여 그 사회의 주류 문화에 동화시키고자 하는 관점이며, B 이론은 각 문화의 고유한 맛이 나타날 수 있도록 다양한 인종과 문화가 함께 어울리는 문화를 만들자는 관점이다.

(　　　　　　　　　　　　)

_____반 _____번 이름___________

687

문화와 문화권에 대한 옳은 설명만을 〈보기〉에서 고른 것은?

────〈 보기 〉────
ㄱ. 문화권의 범위와 국가의 경계는 항상 일치한다.
ㄴ. 한 문화권 안에서는 유사한 생활양식이 나타난다.
ㄷ. 문화권은 한 번 고정되면 변하지 않는 특징이 있다.
ㄹ. 문화는 인간이 환경과 상호 작용을 하면서 형성한 생활양식을 말한다.

① ㄱ, ㄴ　　　② ㄱ, ㄷ　　　③ ㄴ, ㄷ
④ ㄴ, ㄹ　　　⑤ ㄷ, ㄹ

688

(가) 종교에 대한 옳은 설명만을 〈보기〉에서 고른 것은?

▲ 알제리 국기

▲ 튀르키예 국기

▲ 리비아 국기

　_____(가)_____ 종교를 신봉하는 위 세 국가의 국기에는 공통점이 있다. 창시자가 하늘로 올라가 신을 만나고 내려와 종교를 선포한 이 날 밤을 기념하여 달과 별이 종교의 상징이 되었고, 이들 국기에도 표현되어 있다.

────〈 보기 〉────
ㄱ. 신자들은 매일 다섯 번씩 성지를 향해 예배를 드린다.
ㄴ. 성스럽게 여기는 갠지스강에서 목욕하는 종교 의식을 행한다.
ㄷ. 신체 노출을 금기시하여 여성 신자들은 차도르, 히잡 등을 착용한다.
ㄹ. 깨달음의 경지에 이르지 못하면 다시 태어난다는 윤회 사상을 믿고 있다.

① ㄱ, ㄴ　　　② ㄱ, ㄷ　　　③ ㄴ, ㄷ
④ ㄴ, ㄹ　　　⑤ ㄷ, ㄹ

689

(가)~(다)와 같은 종교 경관이 주로 나타나는 지역에 대한 설명으로 옳은 것은?

(가)　　　　(나)　　　　(다)

▲ 쉐지곤 파고다

▲ 쾰른 대성당

▲ 스리미낙시 사원

① (가) – 메카를 성지로 여긴다.
② (가) – 예수를 구원자로 믿는다.
③ (나) – 알라의 말씀이 담긴 쿠란의 가르침을 따른다.
④ (나) – 살생을 금지하는 교리에 따라 육식을 금기시하고 채식 위주의 식사를 한다.
⑤ (다) – 소를 신성시하여 소고기 섭취를 금기시한다.

690

밑줄 친 ㉠~㉢에 해당하는 문화권에 대한 옳은 설명만을 〈보기〉에서 있는 대로 고른 것은?

주민 경제생활의 기반이 되는 산업에 따라서도 문화권을 구분할 수 있다. 크게 농경이 주로 이루어지는 ㉠ 농경 문화권과 유목이 중심이 되는 ㉡ 유목 문화권, 그리고 ㉢ 상공업이 발달한 지역으로 구분할 수 있다.

────〈 보기 〉────
ㄱ. ㉠에서는 협동 노동이 바탕이 된 공동체 문화가 발달하였다.
ㄴ. ㉡에서는 복장이나 가옥이 신속한 이동이 가능한 방향으로 발달하였다.
ㄷ. ㉡에서는 ㉢과 달리 직장과 거주지가 분리되어 출퇴근 문화가 나타난다.
ㄹ. 도시적 생활양식은 ㉠~㉢ 중 ㉠에서 가장 잘 나타난다.

① ㄱ, ㄴ　　　② ㄱ, ㄷ　　　③ ㄴ, ㄹ
④ ㄱ, ㄷ, ㄹ　　　⑤ ㄴ, ㄷ, ㄹ

691

(가), (나)에 해당하는 문화권을 지도의 A~E에서 고른 것은?

(가)	유교와 불교의 영향을 받은 생활양식이 나타나며, 언어는 다르지만 한자를 사용하는 공통점이 있다.
(나)	유럽인의 유입으로 원주민인 애버리지니와 마오리족의 문화가 약화되거나 파괴되고 유럽 문화가 이식되었다.

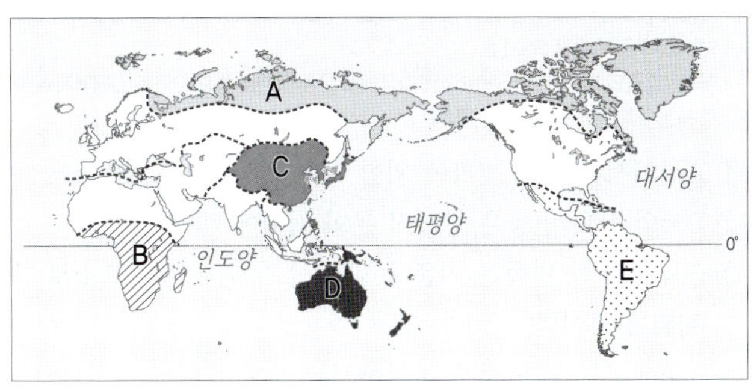

	(가)	(나)		(가)	(나)		(가)	(나)
①	A	B	②	B	D	③	C	D
④	D	E	⑤	E	A			

692

지도의 (가) 문화권과 비교한 (나) 문화권의 상대적 특징을 그림의 A~E에서 고른 것은?

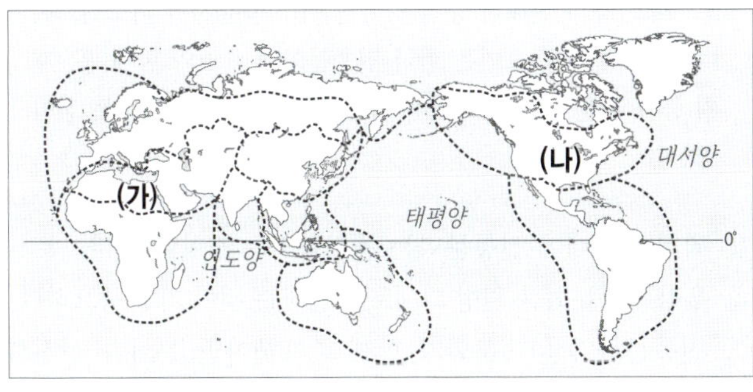

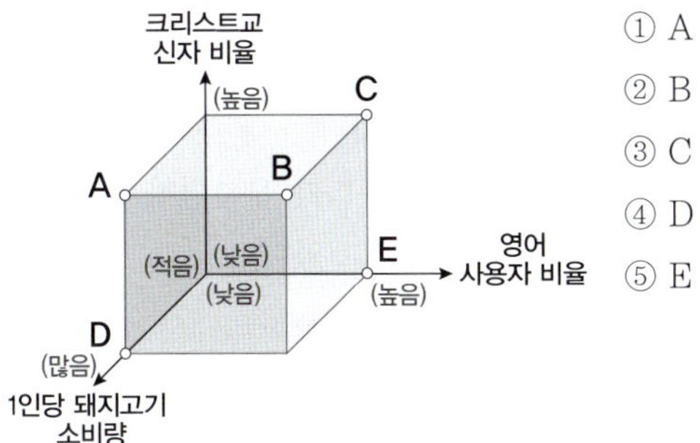

693

| 서술형 |

밑줄 친 ㉠~㉢에 해당하는 문화권의 특징을 종교와 민족 측면에서 비교하여 서술하시오.

유럽 문화권은 크리스트교가 생활양식 전반에 영향을 주었으며, 크게 ㉠ 북서 유럽 문화권, ㉡ 남부 유럽 문화권, ㉢ 동부 유럽 문화권으로 구분할 수 있다.

694

표는 문화 변동의 요인 A~C를 구분한 것이다. 이에 대한 옳은 설명만을 〈보기〉에서 고른 것은? (단, A~C는 각각 발견, 간접 전파, 자극 전파 중 하나임.)

구분	A	B	C
다른 사회의 영향을 받아 이루어지는가?	예	예	아니요
외부 요소에서 아이디어를 얻어 발명이 이루어지는가?	아니요	예	아니요

〈 보기 〉

ㄱ. A는 간접적 매개체를 통해 이루어진다.
ㄴ. B의 예로 알파벳에서 아이디어를 얻어 체로키 문자가 창조된 것을 들 수 있다.
ㄷ. C의 예로 자전거의 등장을 들 수 있다.
ㄹ. C는 A와 달리 이전에 존재하지 않았던 것을 만들어 내는 것이다.

① ㄱ, ㄴ ② ㄱ, ㄷ ③ ㄴ, ㄷ
④ ㄴ, ㄹ ⑤ ㄷ, ㄹ

695

문화 변동 요인 A~D의 사례가 옳게 연결된 것만을 〈보기〉에서 있는 대로 고른 것은? (단, A~D는 각각 발명, 직접 전파, 간접 전파, 자극 전파 중 하나임.)

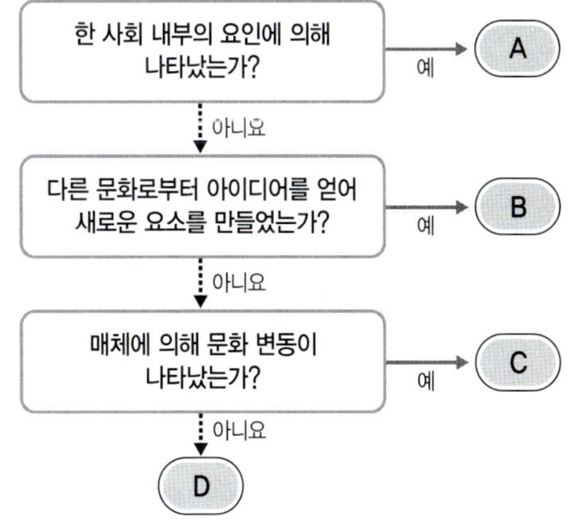

〈 보기 〉

ㄱ. A - 세종대왕에 의해 한글이 창조된 사례
ㄴ. B - 외국의 요리 방식에서 아이디어를 얻어 새로운 음식 문화를 만들어 낸 사례
ㄷ. C - 고려 말 원나라에 사신으로 갔던 문익점에 의해 목화가 우리나라로 전파된 사례
ㄹ. D - 인터넷을 통해 한류 문화가 브라질에 전파된 사례

① ㄱ ② ㄷ ③ ㄱ, ㄴ
④ ㄱ, ㄷ ⑤ ㄴ, ㄷ, ㄹ

696

다음 사례에 나타난 문화 접변의 결과를 쓰고, 그 의미를 서술하시오.

> 1900년대 강화도에 세워진 대한 성공회 강화 성당은 전통적인 한옥의 모습 속에 영국의 문화적인 요소들이 적절히 조화된 모습을 보이고 있다.

[697~698]

다음 사례들을 읽고 물음에 답하시오.

> (가) 재즈는 미국 흑인이 즐기던 아프리카 음악의 감각에 유럽 전통 음악의 멜로디와 연주 기법 등이 결합한 것이다.
> (나) 근대 이후 아프리카의 많은 부족은 서양 열강에 의해 오랜 기간 식민 통치를 받는 과정에서 자신들의 전통 종교를 상실하고 유럽 여러 나라의 종교를 받아들였다.
> (다) 다른 나라에 정착한 많은 한민족은 다른 나라에서 생활하며 정착지의 언어나 식생활을 누리면서도 동시에 우리나라 고유의 언어나 식생활도 잊지 않고 즐기곤 한다.

697

(가)~(다) 사례에 나타난 문화 변동의 양상을 옳게 연결한 것은?

① (가) - 문화 동화
② (가) - 문화 융합
③ (나) - 문화 병존
④ (나) - 문화 융합
⑤ (다) - 문화 동화

698

문화 변동의 양상 (가)~(다)에 대한 옳은 설명만을 〈보기〉에서 고른 것은?

> ──── 보기 ────
> ㄱ. 라이스버거는 (가)의 사례에 해당한다.
> ㄴ. 우리나라에서 교회와 절이 나란히 있는 것은 (나)의 사례에 해당한다.
> ㄷ. 한글, 컴퓨터의 발명은 (다)의 사례에 해당한다.
> ㄹ. (나)와 달리 (가), (다)는 고유문화의 정체성이 유지된다.

① ㄱ, ㄴ
② ㄱ, ㄹ
③ ㄴ, ㄷ
④ ㄴ, ㄹ
⑤ ㄷ, ㄹ

699

표는 갑국과 A~C국의 음식 문화 요소 교류 양상을 나타낸 것이다. 이에 대한 설명으로 옳은 것은?

구분	갑국	A국	B국	C국
교류 이전	○	●	◆	■
교류 이후	○	○	◆○	◉

* 각각의 기호는 서로 다른 음식 문화 요소를 의미하며, ◉은 ○과 ■이 결합하여 나타난 제3의 음식 문화 요소임.

** A국은 갑국의 드라마를 통해, B국은 갑국에서 온 유학생을 통해, C국은 갑국에서 온 이주 노동자를 통해 음식 문화가 전파됨.

① A국에서는 직접 전파에 의한 문화 변동이 나타났다.
② B국의 문화 변동은 강제적 문화 접변에 해당한다.
③ C국의 문화 변동은 기존 문화 요소가 외래문화 요소로 대체된 결과이다.
④ A국에서는 문화 병존, B국에서는 문화 융합이 나타났다.
⑤ B국과 C국은 A국과 달리 자문화의 정체성이 유지되었다.

700

다음 글을 읽고 내린 결론으로 가장 적절한 것은?

> '난타'는 우리나라의 고유 리듬이자 소리인 사물놀이와 피아노, 재즈 등의 현대적 공연 양식을 접목한 뮤지컬 퍼포먼스이다. 난타의 성공 요인은 한국 전통문화의 요소와 함께 흥, 재치 등과 같은 인류의 보편적 심성이 잘 어우러져 있다는 점이 꼽힌다.

① 세계화 시대에 전통문화는 동질화되는 경향이 있다.
② 우리 전통문화를 원형 그대로 보존하는 것이 가장 중요하다.
③ 전통문화와 외래문화가 함께 존재해야만 문화가 선진화될 수 있다.
④ 전통문화의 본질적인 요소를 유지하면서 외래문화를 주체적으로 재해석하는 노력이 필요하다.
⑤ 교통·통신의 발달과 함께 외래문화가 무분별하게 유입되어 우리 문화의 정체성이 훼손되고 있다.

701

다음 사례들에 공통으로 나타난 문화 이해 태도를 쓰고, 그 의미를 서술하시오.

> • 오늘날 우리 사회에는 외국어를 섞어 표현해야 품격이 있는 것처럼 여기는 풍조가 나타나고 있다.
> • 조선 시대 몇몇 신하들은 한글이 창제될 때 독자적인 문자를 갖는 것은 오랑캐가 되는 것과 같은 것이므로 중국의 한자를 계속 사용해야 한다고 주장하였다.

702

다음 글에 나타난 문화 이해 태도의 입장에 해당하는 내용에만 모두 '√'표를 한 학생은?

> 문화를 올바르게 이해하려면 각 문화 간의 차이를 인정하고 상호 존중해야 한다. 이때 수많은 삶의 방식과 가치를 담고 있는 문화 속에 있는 가치를 긍정하는 태도가 필요하다. 왜냐하면 각자의 삶을 영위하기 위해 각 문화가 설정한 가치를 인정해야 하며, 각각의 풍습이 자신이 따르는 규칙과 비록 다르다 할지라도 인정하는 자세가 필요하기 때문이다.

입장 ＼ 학생	갑	을	병	정	무
특정 문화가 갖는 고유한 의미를 이해해야 한다.	√	√		√	
다양한 문화를 서로 비교하여 우열을 가려야 한다.			√	√	√
다양한 문화를 통합하여 보편 문화를 만들어야 한다.	√		√		√
다양한 문화의 정체성을 인정하고 그 나름의 의미를 존중해야 한다.		√		√	√

① 갑　　② 을　　③ 병　　④ 정　　⑤ 무

703

문화 이해의 태도 A~C에 대한 옳은 진술만을 〈보기〉에서 있는 대로 고른 것은? (단, A~C는 각각 자문화 중심주의, 문화 사대주의, 문화 상대주의 중 하나임.)

질문 ＼ 태도	A	B	C
각 사회가 지니고 있는 문화의 고유한 의미와 가치를 인정하는가?	예	아니요	아니요
자기 문화가 우월하다는 믿음을 바탕으로 타 문화를 판단하는가?	아니요	아니요	예

〈 보기 〉

> ㄱ. A는 B와 달리 문화의 다양성을 보존하는 데 기여할 수 있다.
> ㄴ. B는 C와 달리 선진 문물의 수용은 용이하나 자문화의 정체성을 상실할 우려가 있다.
> ㄷ. C는 B와 달리 문화의 우열을 정하는 기준이 존재한다고 본다.
> ㄹ. C는 A, B와 달리 문화를 평가의 대상으로 본다.

① ㄱ, ㄴ　　② ㄱ, ㄷ　　③ ㄷ, ㄹ

④ ㄱ, ㄴ, ㄹ　　⑤ ㄴ, ㄷ, ㄹ

704

갑의 문화 이해 태도를 비판하기 위한 논거로 가장 적절한 것은?

> 갑은 동남아시아의 일부 지역에서는 성인식 과정에서 다른 부족 사람의 목숨을 빼앗는 풍습이 있었다는 내용의 책을 읽었다. 책을 읽은 갑은 어떤 문화가 그 사회의 사회적 맥락에서 형성된 것이라면 고유한 가치와 의미를 인정해야 한다고 생각하였다.

① 문화 요소들은 전체와 연결되어 기능한다.
② 모든 문화에 적용되는 보편적인 가치가 존재한다.
③ 문화는 야만의 단계에서 문명의 단계로 진화한다.
④ 문화를 평가하는 절대적 기준은 존재하지 않는다.
⑤ 문화적 특성은 환경에 적응하는 과정에서 형성된다.

705

다문화 사회에서의 갈등을 해결하기 위한 사회적 차원의 노력으로 적절한 것만을 〈보기〉에서 있는 대로 고른 것은?

〈 보기 〉

> ㄱ. 다문화 교육 강화
> ㄴ. 세계시민 의식 함양
> ㄷ. 다른 문화를 깊이 이해하도록 노력
> ㄹ. 관련 법률 정비 및 사회적 지원책 확대

① ㄱ　　　② ㄱ, ㄹ　　　③ ㄴ, ㄹ

④ ㄱ, ㄴ, ㄷ　　⑤ ㄴ, ㄷ, ㄹ

706

다음 대화와 관련한 옳은 설명만을 〈보기〉에서 있는 대로 고른 것은?

> • 교사: 프랑스에서는 공립 학교에서 히잡 착용을 금지하는 법안이 추진되고 있습니다. 어떻게 생각하시나요?
> • 갑: 저는 반대입니다. 이유는 ＿＿＿＿＿ (가) ＿＿＿＿＿ 입니다.
> • 을: 저는 찬성입니다. 이유는 ＿＿＿＿＿ (나) ＿＿＿＿＿ 입니다.

〈 보기 〉

> ㄱ. 갑은 용광로 이론, 을은 샐러드 볼 이론에 근거하여 주장할 것이다.
> ㄴ. 갑, 을은 모두 소수 문화의 다양성을 인정하는 입장이다.
> ㄷ. (가)에는 '다양한 문화가 평등하게 인정되어야 하기 때문'이 들어갈 수 있다.
> ㄹ. (나)에는 '모든 학생이 하나의 문화 속에서 통합을 이루어야 하기 때문'이 들어갈 수 있다.

① ㄱ, ㄴ　　② ㄴ, ㄷ　　③ ㄷ, ㄹ

④ ㄱ, ㄷ, ㄹ　　⑤ ㄴ, ㄷ, ㄹ

_______반 _______번 이름___________

707

그림은 우리나라의 산업별 취업자 비율과 도시 인구 비율 변화를 나타낸 것이다. (가) 시기와 비교한 (나) 시기의 특징으로 옳지 않은 것은? (단, (가), (나)는 각각 1970년과 2022년 중 하나임.)

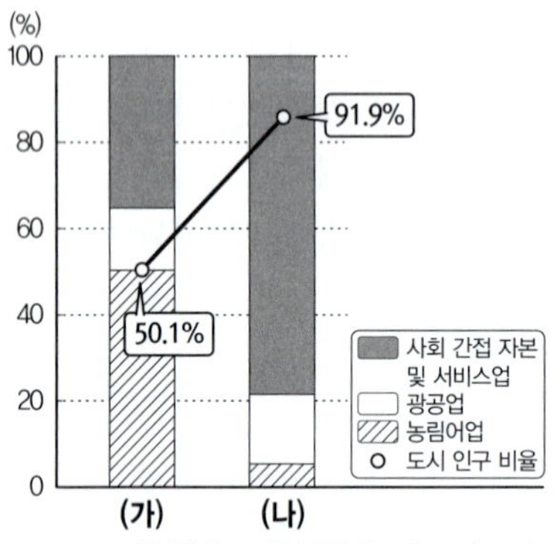

① 직업의 종류가 다양하다.
② 건물의 평균 층수가 높다.
③ 개인주의적 가치관이 뚜렷하다.
④ 핵가족과 1인 가구의 비중이 높다.
⑤ 지표의 포장 면적이 좁고 녹지의 면적은 넓다.

708

자료는 우리나라의 토지 이용 변화를 나타낸 것이다. 1977년과 비교한 2022년의 상대적 특징을 그림의 A~E에서 고른 것은?

구분	1977년	2022년	
임야	65,660㎢	63,427㎢	3.4% 감소 ↓
논밭	22,144㎢	18,487㎢	16.5% 감소 ↓
대지	1,760㎢	3,342㎢	89.9% 증가 ↑
도로	1,612㎢	3,453㎢	114% 증가 ↑

(국토 교통부, 각 연도)

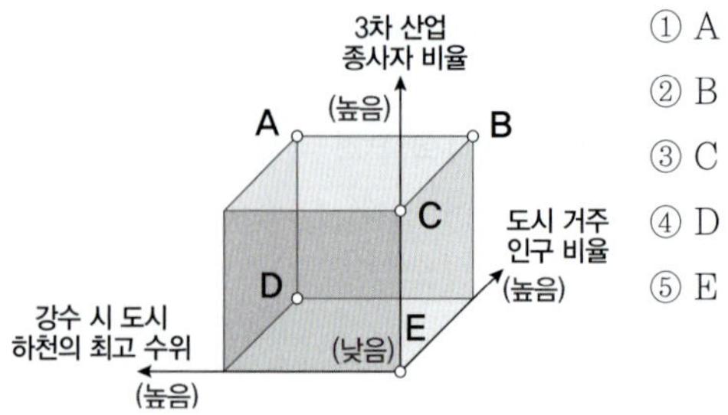

① A
② B
③ C
④ D
⑤ E

709

도시 내부 구조에 관한 설명으로 옳지 않은 것은?

① 인구 공동화 현상은 위성 도시에서 주로 나타난다.
② 접근성이 높아지면 지가와 지대는 대체로 증가한다.
③ 도시 인구가 증가하면 집약적인 토지 이용이 나타난다.
④ 도시가 성장하면 상업, 주거, 공업 기능의 분화가 일어난다.
⑤ 부도심은 도심의 기능을 분담하여 교통의 요지에 형성된다.

710

다음 문제를 해결하기 위한 방안으로 적절하지 않은 것은?

> 시가지 면적의 확대로 녹지 면적이 감소하고 도시 표면이 콘크리트나 아스팔트로 덮이면서 빗물이 토양에 흡수되지 못하여 도시 홍수가 일어나고, 열섬 현상이 심화되었다.

① 도심에 녹지를 확보하기 위해 공원을 조성한다.
② 건물 옥상에 정원을 설치하여 녹지 공간을 마련한다.
③ 녹지 공간을 보존하기 위해 개발 제한 구역을 설정한다.
④ 복개 하천을 복구하여 하천의 수질 및 생태계를 복원한다.
⑤ 불투수성 블록을 설치하여 빗물의 토양 유출을 증가시킨다.

711

산업화와 도시화에 따른 생활양식의 변화에 대한 설명으로 옳지 않은 것은?

① 1인 가구가 증가한다.
② 직업의 분화가 이루어진다.
③ 개인주의적 가치관이 확산된다.
④ 도시 주민들 간의 동질성이 높아진다.
⑤ 노동 시간은 줄어들고 여가 시간이 늘어난다.

712

밑줄 친 ㉠~㉢에 대한 옳은 설명만을 〈보기〉에서 있는 대로 고른 것은?

> • 최근 경제 트렌드로 ㉠ 1코노미가 주목받고 있다. 숫자 1과 이코노미(Economy)의 합성어인 1코노미를 지향하는 사람들은 단체와 조직을 우선시하는 삶에 피곤함을 느껴 혼자만의 소비 생활을 즐긴다. 하지만 ㉡ 누리 소통망(SNS)에 기반한 사회적 관계를 유지하고 있기에 심리적으로 혼자가 아니라고 여긴다.
> • 최근 ㉢ 공동체 주택이 주목받고 있다. 공동체 주택이란 주민들 간의 친밀한 교류를 통해 다양한 분야에서 협력적인 생활을 하는 주거 형태를 말한다. 주민들은 공동의 규약을 마련하여 주거 공간을 공유하고 주거 비용, 육아 문제 등을 공동으로 해결하며 살아간다.

> ── 보기 ──
> ㄱ. ㉠의 배경으로는 핵가족화와 1인 가구의 증가가 있다.
> ㄴ. ㉡은 익명성에 기반을 둔 2차적 인간관계의 비중이 높다.
> ㄷ. ㉢은 개인주의적 가치관을 더욱 확산시키는 경향이 있다.
> ㄹ. ㉠, ㉢은 모두 교통의 발달로 등장한 생활양식이다.

① ㄱ, ㄴ ② ㄱ, ㄷ ③ ㄴ, ㄷ
④ ㄴ, ㄹ ⑤ ㄷ, ㄹ

713

밑줄 친 ㉠~㉣에 대한 옳은 설명만을 〈보기〉에서 고른 것은?

> 목포와 압해도를 잇는 압해 대교의 개통에 이어 압해도와 암태도를 연결하는 ㉠ 천사 대교의 개통으로 기존에 압해도와 암태도 간 1시간 걸리던 뱃길을 자동차로 10분 만에 갈 수 있게 되었다. 이에 따라 암태도를 찾는 ㉡ 관광객들이 늘어나면서 신안군에 대한 인지도가 높아졌고, 신안군의 특산물인 천일염의 ㉢ 인터넷 판매도 늘어났다. 그러나 ㉣ 관광객 증가로 여러 피해도 나타나고 있다.

> ── 보기 ──
> ㄱ. ㉠으로 암태도와 목포 간의 접근성이 낮아졌다.
> ㄴ. ㉡으로 인해 암태도 식당의 매출이 증가하였을 것이다.
> ㄷ. ㉢의 등장으로 물품 구매의 시공간적 제약이 커졌다.
> ㄹ. ㉣의 사례로 쓰레기 투기 증가를 들 수 있다.

① ㄱ, ㄴ ② ㄱ, ㄷ ③ ㄴ, ㄷ
④ ㄴ, ㄹ ⑤ ㄷ, ㄹ

714

| 서술형 |

밑줄 친 노력이 필요한 이유를 교통·통신의 발달에 따른 문제의 해결 방안과 관련지어 서술하시오.

> 선박 평형수는 선박의 무게 중심을 유지하기 위해 선박 내에 채워 넣는 바닷물을 말한다. 선박 평형수를 채우고 빼내는 과정에서 평형수에 들어 있던 해양 생물이 다른 지역으로 이동하게 된다. 이때 선박 평형수 처리 장치를 설치하면 각종 외래종의 유입을 막을 수 있다.

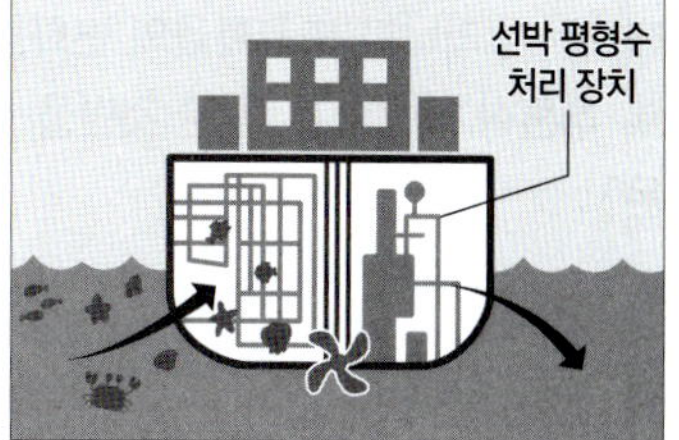

▲ 선박 평형수 처리 과정

715

㉠에 들어갈 내용으로 가장 적절한 것은?

> 사회적 약자를 위한 배리어 프리 무인 단말기의 보급이 확대되고 있다. 배리어 프리 무인 단말기는 시각 장애인들을 위한 음성 인식 및 음성 안내 기능, 점자 입출력 장치, 적외선 감지기를 이용한 자동 높이 조절 기능으로 휠체어 사용자 및 어린이에게 편의성을 제공한다. 사용자의 다양한 환경을 배려할 수 있는 배리어 프리 무인 단말기는 (㉠) 해결에 큰 도움이 될 것이다.

① 빨대 효과 ② 정보 격차 ③ 사이버 범죄
④ 인터넷 중독 ⑤ 인간 소외 현상

716

다음은 지역 조사 과정을 나타낸 것이다. ㉠~㉣에 해당하는 활동을 옳게 연결한 것만을 〈보기〉에서 있는 대로 고른 것은?

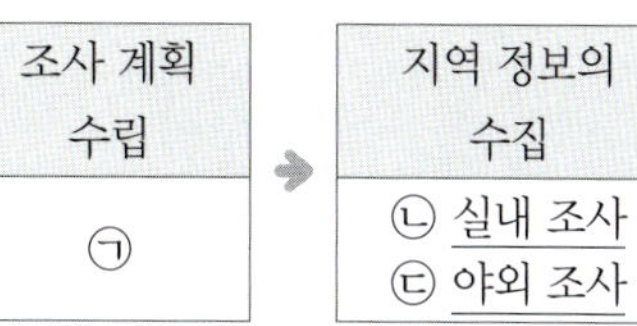

조사 계획 수립	지역 정보의 수집	지역 정보의 분석과 결론 도출
㉠	㉡ 실내 조사 ㉢ 야외 조사	㉣

> ── 보기 ──
> ㄱ. ㉠ – 조사 목적과 주제, 조사 지역을 선정한다.
> ㄴ. ㉡ – 지역 주민을 만나 면담하고 설문 조사를 한다.
> ㄷ. ㉢ – 통계, 문헌 조사 등을 통해 지역 정보를 수집한다.
> ㄹ. ㉣ – 수집한 지역 정보를 도표나 통계 지도로 표현한다.

① ㄱ, ㄴ ② ㄱ, ㄹ ③ ㄴ, ㄷ
④ ㄱ, ㄷ, ㄹ ⑤ ㄴ, ㄷ, ㄹ

___반 ___번 이름_________

717

그래프는 우리나라 도시화율의 변화를 나타낸 것이다. 이를 바탕으로 추론한 내용으로 옳은 것만을 〈보기〉에서 있는 대로 고른 것은?

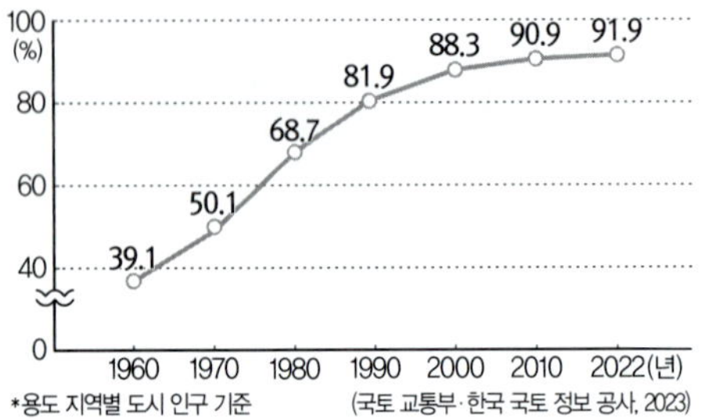

───〈 보기 〉───

ㄱ. 1960년에는 촌락 인구가 도시 인구보다 많았다.

ㄴ. 1960년은 2022년보다 지표의 포장 면적 비율이 낮았을 것이다.

ㄷ. 1960년은 2022년보다 1차 산업 종사자의 비중이 높았을 것이다.

ㄹ. 2000~2010년은 1970~1980년보다 도시 인구 증가율이 높다.

① ㄱ, ㄴ　　　② ㄱ, ㄹ　　　③ ㄷ, ㄹ
④ ㄱ, ㄴ, ㄷ　　　⑤ ㄴ, ㄷ, ㄹ

718

그래프는 지도에 표시된 두 구(區)의 통근·통학 소요 시간별 인구 비율을 나타낸 것이다. A, B 지역에 대한 설명으로 옳은 것은?

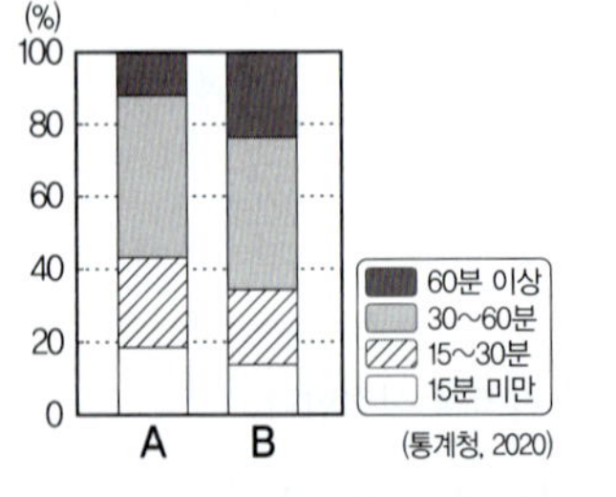

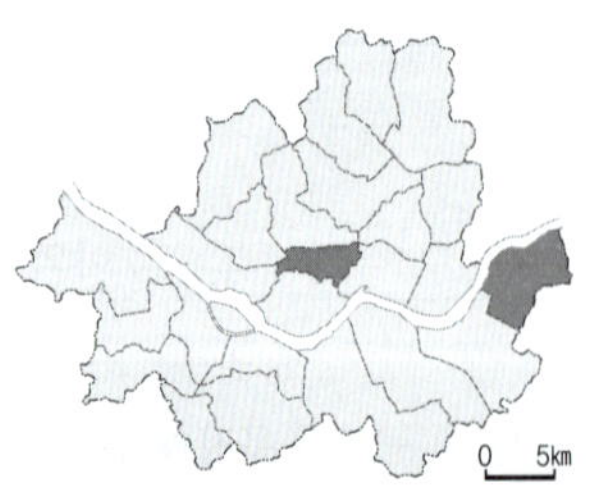

① A는 상주인구가 주간 인구보다 많다.

② B는 인구 공동화 현상이 나타난다.

③ A는 B보다 접근성이 좋고 지대가 높다.

④ A는 B보다 업무용 건물의 평균 높이가 낮다.

⑤ B는 A보다 퇴근 시간대 유출 인구가 많다.

719

다음은 한 부산 시민의 일기이다. 밑줄 친 ㉠~㉤을 통해 알 수 있는 산업화·도시화에 따른 변화로 옳지 않은 것은?

> 나는 혼자 부산의 한 ㉠ 아파트에서 산다. 매일 아침 ㉡ 지하철을 타고 출근하는데, 항상 사람들로 붐빈다. 나는 오전 9시부터 자동차 공장에서 일을 한다. ㉢ 나는 부품을 조립하고 동료는 품질 검사를 하고 있다. 퇴근 후에는 ㉣ 편의점에 들러 도시락을 사서 집에서 혼자 먹었다. 내일은 퇴근 후에 영화를 보고 ㉤ 대형 마트에 들러야겠다.

① ㉠ – 제한된 공간을 효율적으로 이용하기 위해 고층 건물을 많이 짓는다.

② ㉡ – 교통의 발달로 주거지에서 직장으로 이동하는 거리가 짧아졌다.

③ ㉢ – 분업화로 생산 공정이 다양해지고 전문화되었다.

④ ㉣ – 대체로 24시간 영업을 하며 도시인에게 편의를 제공하여 이용객이 증가하고 있다.

⑤ ㉤ – 대량 생산된 제품을 대량 소비할 수 있는 공간으로 도시적 생활양식을 잘 보여 준다.

720

그래프는 하천 수위 변화를 나타낸 것이다. (가) 시기와 비교한 (나) 시기의 특징을 그림의 A~E에서 고른 것은? (단, (가), (나)는 도시화 이전과 도시화 이후 중 하나임.)

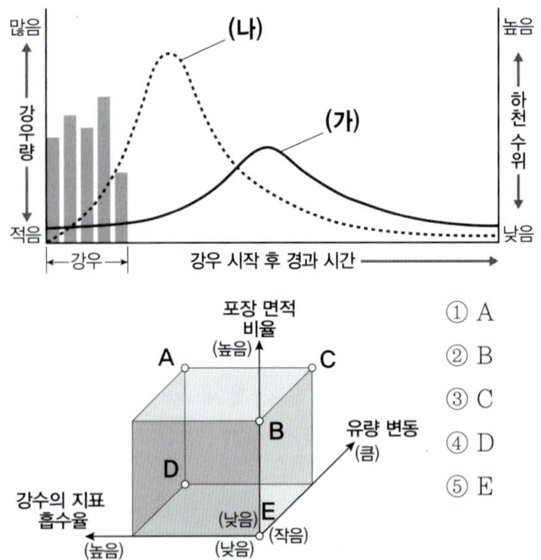

① A

② B

③ C

④ D

⑤ E

721

밑줄 친 ㉠~㉤에 해당하는 도시 문제를 해결하기 위한 방안으로 가장 적절한 것은?

> 도시에 인구와 기능이 집중하면서 각종 도시 문제가 발생하였다. 주택 부족 등의 ㉠ 주택 문제와 교통 혼잡 등의 ㉡ 교통 문제 등이 대표적이다. 산업화로 생산 과정의 자동화가 이루어졌지만, 이로 인해 ㉢ 인간 소외 현상이 나타나기도 하였다. 또한, ㉣ 환경 문제, ㉤ 노동 문제 등도 더욱 심화되고 있다.

① ㉠ – 대중교통 확충, 교통 시스템 보완
② ㉡ – 노후화된 지역의 주거 환경 개선
③ ㉢ – 대중교통 이용, 쓰레기 분리배출 실천
④ ㉣ – 인간 존엄성 중시
⑤ ㉤ – 재취업 기회 제공, 최저 임금제 시행

722

(가)에 들어갈 학생의 답변으로 적절하지 <u>않은</u> 것은?

> 교사: 경춘선 복선 전철, 도시 간 특급 열차(ITX)의 개통으로 서울–춘천 간 교통수단이 확충되었습니다. 두 지역에 나타날 수 있는 변화에 대해 의견을 나누어 볼까요?
> 학생: _______________ (가) _______________

① 춘천 시민의 여가 공간 범위가 축소될 것입니다.
② 춘천으로 오는 당일치기 관광객이 늘어날 것입니다.
③ 춘천의 유명 맛집은 손님이 많아져 매출이 늘어날 것입니다.
④ 춘천에서 서울에 있는 백화점을 찾는 고객이 늘어날 것입니다.
⑤ 서울–춘천 간 철도 교통의 여객 수송 분담률이 증가할 것입니다.

723

다음 글에서 파악할 수 있는 교통·통신의 발달에 따른 문제점을 해결하기 위한 방안으로 가장 적절한 것은?

> 1817년 인도의 풍토병이던 콜레라가 해상 경로를 통해 동남아시아, 중국, 일본으로 확산되었고, 조선에는 4년 후인 1821년에 전파되었다. 반면, 코로나바이러스 감염증–19는 2019년 12월 중국 우한시에서 처음 보고되었는데, 한 달 후인 2020년 1월에 우리나라에서 최초로 확진자가 발생하였다.

① 각종 개발 시 환경 영향 평가를 의무화한다.
② 선박 평형수 처리 장치의 설치를 의무화한다.
③ 출입국 과정에서 검역 관리 절차를 강화한다.
④ 의료 시설이 낙후한 지역에 대한 지원을 늘린다.
⑤ 동물들이 자유롭게 다닐 수 있는 생태 통로를 만든다.

724

다음 생활양식들이 일상화되는 사회에서 나타날 변화로 적절한 것만을 〈보기〉에서 있는 대로 고른 것은?

> • 로봇을 통한 건강 관리
> • 증강 현실 기술을 활용한 가구 배치
> • 사물 인터넷을 이용한 가전제품 제어
> • 인공지능 기술을 활용한 고객 응대 서비스 운영

〈 보기 〉
ㄱ. 쌍방향 소통이 늘어날 것이다.
ㄴ. 가상 공간을 활용한 정치 활동이 활발해질 것이다.
ㄷ. 물품 구매에서 대면 거래의 비중이 늘어날 것이다.
ㄹ. 빅 데이터를 활용한 고객 맞춤형 설계가 늘어날 것이다.

① ㄱ, ㄷ 　　② ㄱ, ㄹ 　　③ ㄴ, ㄹ
④ ㄱ, ㄴ, ㄹ 　　⑤ ㄴ, ㄷ, ㄹ

[725~726]

다음은 지역 조사 과정을 나타낸 것이다. 물음에 답하시오.

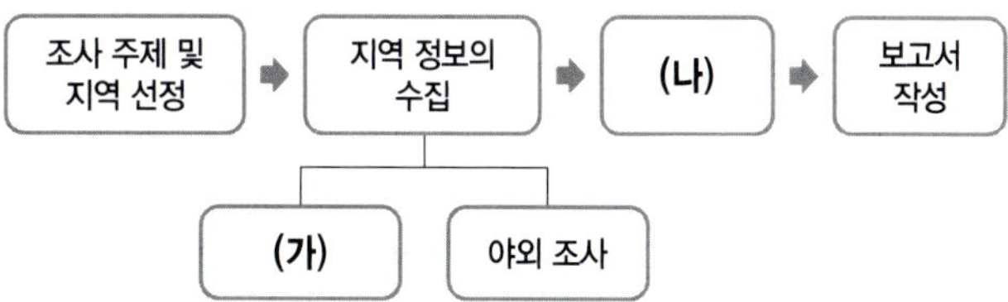

725

| 주관식 |

(가), (나)에 해당하는 지역 조사 과정을 각각 쓰시오.

(　　　　　　　　　　)

726

다음은 '○○ 전통 시장의 활성화 방안 모색'을 주제로 한 조사 과정이다. (가), (나) 단계에 해당하는 활동만을 〈보기〉에서 있는 대로 골라 옳게 연결한 것은?

〈 보기 〉
ㄱ. ○○ 전통 시장 답사 일자 및 경로를 선정하고 설문지를 작성한다.
ㄴ. ○○ 전통 시장의 위치, 교통망, 상점 수 등을 인터넷을 활용해 조사한다.
ㄷ. ○○ 전통 시장을 방문하여 이용자를 대상으로 이용 횟수, 만족도 등을 설문 조사를 한다.
ㄹ. ○○ 전통 시장 이용자의 만족도, 업종별 상점 현황을 분석하여 도표나 그래프로 표현한다.

	(가)	(나)		(가)	(나)
①	ㄱ	ㄴ, ㄷ	②	ㄴ	ㄱ, ㄹ
③	ㄹ	ㄱ, ㄴ	④	ㄱ, ㄴ	ㄹ
⑤	ㄴ, ㄹ	ㄷ			

MEMO

완자

기출 PICK

정답과 해설

통합사회 1

visang

정답과 해설

통합사회 1

개념 확인 문제   6쪽

001 시간적   002 역사적   003 지역   004 사회적
005 윤리적   006 사회적   007 공간적   008 사회 구조
009 도덕적 가치   010 공간적

난이도별 필수 기출   6쪽~11쪽

011 ④	012 ①	013 ③	014 ④	015 ②
016 ②	017 ①	018 ①	019 ④	
020 해설 참조	021 ②	022 ③	023 ②	024 ③
025 ③	026 ⑤	027 해설 참조	028 ④	029 ④
030 ③	031 ⑤	032 ①	033 ③	034 ①
035 ③	036 ①	037 ⑤	038 ⑤	

011 시간적 관점은 시대적 배경과 역사적 맥락에 초점을 두고 사회현상을 살펴보는 관점이다. 우리가 접하는 사건이나 상황은 과거의 역사적 사건과 인과 관계를 맺고 있으며, 오늘날 인류의 정신적·물질적 토대는 오랫동안 축적된 역사의 결과물이다. 따라서 우리는 시간적 관점을 통해 과거를 돌아보고 오늘날 사회현상이 일어나는 이유와 결과를 추론할 수 있으며, 이를 바탕으로 우리 사회의 변화 방향을 예측할 수 있다.
바로알기 | 갑. 지역의 자연환경과 인문환경의 특징을 파악할 수 있도록 도움을 주는 것은 공간적 관점에 해당한다. 정. 한 개인의 사고방식과 행위를 이해하기 위해 그가 속한 사회의 구조를 이해할 필요가 있다고 보는 것은 사회적 관점에 해당한다.

012 햄버거가 등장하게 된 시대적 배경을 조사하고, 시기별 이산화 탄소 농도 변화를 정리하는 것은 시간적 관점에서 사회현상을 살펴보는 것이다. ① 시간적 관점은 역사적 배경과 시대적 맥락에 초점을 두고 사회현상과 사회문제를 이해한다. 즉, 사회적 관점은 과거의 사회현상을 분석하고 인간 활동의 연속성과 변화를 파악하며, 과거의 경험을 바탕으로 현재와 미래를 이해하는 관점이다.
바로알기 | ②는 윤리적 관점, ③은 사회적 관점, ④, ⑤는 공간적 관점에 대한 설명이다.

013 ㉠에 들어갈 관점은 시간적 관점이다. 제시된 글은 인도와 파키스탄이 국기 하강식에서 서로 자존심 대결을 펼치는 상황을 두 국가의 역사적 배경과 관련지어 설명하고 있다.

014 시간적 관점은 현재의 사회현상이 나타나게 된 시대적 배경을 살펴봄으로써 당시의 시대적 상황을 이해할 수 있도록 돕는다.
바로알기 | ㄱ. 다양한 학문과의 연관성을 고려하여 사회현상을 살펴보는 것은 시간적, 공간적, 사회적, 윤리적 관점을 모두 고려하는 통합적 관점에 해당한다. ㄷ은 윤리적 관점에 해당한다.

015 ② 시간적 관점은 어떤 현상이 나타나기까지의 역사적 배경과 시대적 맥락에 초점을 두고 인간과 세상을 이해하는 관점이다. 따라서 시간적 관점의 핵심 질문으로는 '특정 사회현상은 과거부터 현재까지 어떻게 변화해 왔는가?'가 가장 적절하다.

바로알기 | ①은 사회적 관점, ③, ⑤는 윤리적 관점, ④는 공간적 관점의 핵심 질문에 해당한다.

016 제시된 글은 산업 혁명 이후 지표면의 평균 온도 변화 과정을 시간의 흐름에 따라 살펴봄으로써 미래에 지표 온도가 변화하게 될 방향을 시간적 관점에서 탐구하고 있다. ㄱ, ㄷ. 시간적 관점은 사회현상을 시대적 배경과 맥락에 초점을 두고 바라보며, 과거를 통해 사회현상이 일어나는 이유를 알고 앞으로의 변화 양상을 예상할 수 있도록 하는 관점이다.
바로알기 | ㄴ은 공간적 관점, ㄹ은 사회적 관점에 대한 설명이다.

017 공간적 관점은 '왜 그곳인가?'라는 의문을 가지고 지표에 나타나는 인간 활동을 설명하는 관점으로, 이러한 관점에서 사회현상을 살펴보려면 장소와 지역, 공간적 상호 작용 등 공간 정보에 대한 이해가 필요하다.
바로알기 | ㄷ. 공간 정보에서 장소는 사람들이 의미 있게 만들어 온 공간이기는 하지만, 장소에 대한 생각은 사람마다 다를 수 있다. ㄹ. 공간 정보에서 장소와 지역, 공간적 상호 작용은 시간과 상황, 사람들의 삶의 모습이 변화하면서 달라질 수 있다.

018 다양한 현상을 위치와 장소, 분포 양상, 이동과 네트워크 등 공간적 요소를 통해 살펴보는 것은 공간적 관점이다. ① 공간적 관점에서 기후변화를 탐구한다면 기후변화에 따른 지역별 영향을 조사하는 것이 가장 적절한 탐구 방법이다.
바로알기 | ② 기후변화 문제를 해결하려는 국제적 노력에 대한 조사는 국제적인 제도나 정책을 탐구하는 사회적 관점에 해당한다. ③은 시간적 관점, ④, ⑤는 도덕적 가치 판단과 관련된 윤리적 관점에 해당한다.

019 제시된 글은 커피의 작물적 특징을 공간적 관점에서 바라봄으로써 커피가 생산되는 기후와 커피의 가공, 유통 단계를 분석하고 있다. ①, ② 공간적 관점에서 장소는 사람들이 의미 있게 만들어 온 공간을 의미하고, 지역은 다른 지역과 구분되는 고유한 특성을 가진 공간에 해당한다. ③ 공간적 관점을 이해하기 위해서는 장소와 지역, 공간적 상호 작용 등의 공간 정보에 대한 이해가 필요하다. ⑤ 공간 정보인 장소와 지역, 공간적 상호 작용은 일정한 것이 아니라 끊임없이 변화하면서 새로운 모습을 만들어 간다.
바로알기 | ④ 인구, 물자, 정보 등은 지역의 경계를 넘어 이동하면서 관계를 형성한다.

✓ 개념 보충

장소, 지역, 공간적 상호 작용

장소	공통된 특성이 있는 여러 장소가 모여 형성된 더 넓은 범위의 공간
지역	다른 지역과 구분되는 고유한 특성을 가진 공간
공간적 상호 작용	서로 다른 공간 사이에서 영향을 주고받는 사람, 재화, 정보 등의 흐름

020 **모범 답안** 공간적 관점. 공간적 관점은 장소와 지역, 공간적 상호 작용에 중점을 두고 사회현상을 살펴보는 관점이다.

021 제시된 글은 일본이 지역 특성에 따라 학교에서 사용하지 않는 교실을 활용하고 있음을 설명하므로, 인간, 사회, 환경을 바라보는 공간적 관점이 나타나 있다. ㄱ. 공간적 관점은 인간, 사회, 환경의 문제를 위치, 장소 등 공간적 맥락에서 이해하므로 서로 다른 지역의 공통점과 차이점을 이해하는 데 도움을 준다. ㄷ. 공간적 관점은 인간 생

활과 사회현상에 미치는 자연환경과 인문환경의 영향, 인간과 사회 그리고 환경이 상호 작용하는 방식 등을 파악하는 데 도움을 준다.
바로알기 | ㄴ은 사회적 관점, ㄹ은 윤리적 관점에 대한 설명이다.

022 제시된 글은 사회적 관점에서 개인의 행동과 사회 제도가 밀접한 관련이 있기 때문에, 사회문제를 해결할 때 개인의 의식을 바꾸거나 법과 제도를 도입하여 사회 구조에 변화를 주는 방법을 활용할 수 있음을 주장하고 있다. ㄴ, ㄷ. 사회적 관점은 인간이 사회적으로 정해진 방식으로 행동하려 한다는 것과 인간이 자신을 둘러싼 사회 구조의 영향을 많이 받는다는 것을 전제로 한다.
바로알기 | ㄱ은 시간적 관점, ㄹ은 공간적 관점의 전제이다.

> **✔ 개념 보충**
>
> **사회적 관점을 바탕으로 사회문제를 해결하기 위한 과정**
> 사회문제의 발생 → 구성원의 의식 및 가치관의 변화 → 새로운 법과 제도의 도입 → 사회 구조의 변화 → 사회문제의 해결

023 제시된 글은 「교육 환경 보호에 관한 법률」과 같은 법 제도가 학교 앞 주변 환경의 변화에 영향을 주고 있음을 나타낸다. 이처럼 사회 제도가 우리 생활에 영향을 미치는 모습을 탐구하는 것은 사회적 관점이므로, 밑줄 친 ○○에 들어갈 말은 '사회'이다.

024 ③ 사회적 관점은 사회 구조와 사회 제도가 개인과 사회에 미치는 영향을 고려하여 분석함으로써 정책의 대안을 마련하는 데 도움을 준다.
바로알기 | ① 지역, 장소 등을 중심으로 현상을 바라보는 것은 공간적 관점이다. ② 종합적 이해를 통해 통찰력을 기를 수 있는 것은 통합적 관점이다. ④ 사회적 관점은 오늘날 인류의 정신적·물질적 토대를 파악하는 것과는 관련이 적다. ⑤ 현상이 일어난 원인과 변화 방향을 예측할 수 있는 것은 시간적 관점이다.

025 제시된 글은 법 개정으로 우리나라 학생들의 정치 참여 기회가 확대되었음을 보여 준다. 즉, 사회적 관점에서 사회 제도에 속하는 법이 학생 개인의 행동과 의식에 미치는 영향을 강조한 것이다. ㄷ, ㄹ. 사회적 관점에 따르면 개인은 사회적으로 정해진 방식으로 행동하거나 기대되는 행위를 선택하게 되고, 사회 구조나 사회 제도의 영향을 받아 다른 구성원과 안정된 사회적 관계를 유지하게 된다.
바로알기 | ㄱ. 사회 구조는 한 사회에서 개인이 일정한 행동을 하도록 정형화된 사회적 관계의 틀이므로 쉽게 변하지 않고 비교적 안정적으로 유지된다. ㄴ은 사회 구조에 대한 설명이다. 사회 제도는 사회 구성원의 욕구를 충족하고 사회의 문제를 해결하기 위해 만들어진 공식적인 절차 및 규범 체계이다.

> **✔ 개념 보충**
>
> **사회 구조와 사회 제도**
>
> | 사회 구조 | 사회적 관계를 맺는 방식이 굳어져 일정한 틀을 갖춘 상태 |
> |---|---|
> | 사회 제도 | 사회적 행동을 일정한 방향으로 이끌어 주는 조직화된 관행과 절차 |

026 제시된 글에서는 쓰레기장 건립을 둘러싸고 갈등이 나타나고 있다. 따라서 사회 구조와 사회 제도의 영향력을 중심으로 사회현상을 탐구하고 대안을 살펴보는 사회적 관점에서 탐구할 수 있는 활동으로는 쓰레기장 건립 예정지 주민을 위한 보상 제도가 있는지 알아보는 것이 가장 적절하다.
바로알기 | ①은 공간적 관점, ②, ③은 시간적 관점, ④는 윤리적 관점에서 탐구할 수 있는 활동으로 적절하다.

027 **모범 답안** 기후변화에 대해 더 많은 책임이 있는 선진국이 책임의 주체가 되어 기후변화 문제를 해결하고자 적극적으로 노력해야 한다.

028 (가)는 윤리적 관점에 대한 설명이다. 윤리적 관점은 도덕적 가치 판단과 규범을 토대로 사회현상을 설명하고 평가하고자 한다. 따라서 (나)의 우리나라 고령화 현상의 심화와 관련하여 ㉠에 들어갈 주요 탐구 과제는 노인 부양에 대한 책임 의식과 가치관의 변화 파악하기가 가장 적절하다.
바로알기 | ①은 사회 제도의 영향력을 고려하는 사회적 관점, ②는 지역 간의 차이를 이해함으로써 사회현상을 파악하는 공간적 관점, ③, ⑤는 특정 현상과 관련된 과거 자료를 수집하여 과거와 현재의 관계를 탐구하는 시간적 관점과 관련 깊은 탐구 과제이다.

029 제시된 글은 전기차 배터리 제조에 동원되고 있는 아동 노동의 열악한 상황이 도덕적 기준에서 평가되어야 함을 강조하고 있다. 따라서 도덕적 가치와 규범을 고려하여 사회현상을 살펴보는 윤리적 관점이 나타나 있음을 알 수 있다.

030 윤리적 관점은 도덕적 가치 판단을 통해 인간의 행위를 평가하고, 규범적 방향성을 고려하여 사회현상을 살펴보는 관점이다. 이러한 관점에서는 아동 노동 문제에 대해 누구나 인간다운 삶을 누릴 수 있도록 하기 위해 해결해야 하는 문제로 볼 것이다.
바로알기 | ① 아동 노동 문제는 일부 지역만의 특수한 문제가 아니며, 윤리적 관점에도 부합하지 않는 진술이다. ②는 시간적 관점, ④는 공간적 관점, ⑤는 사회적 관점의 진술이다.

031 교사가 제시한 주장은 온실가스 배출에 대한 현세대의 책임을 언급하고 있으므로, 윤리적 관점을 중시하고 있음을 알 수 있다. ⑤ 윤리적 관점에서는 사회현상의 탐구에서 인간 행위의 규범적 방향성을 고려하는 것을 중시한다.
바로알기 | ①은 시간적 관점, ③은 공간적 관점, ④는 사회적 관점에 대한 설명이다.

032 자율 주행 자동차가 상용화되었을 때 한 사람의 운전자와 여러 사람의 보행자 중 누구를 보호하도록 설계되어야 하는지의 문제는 우리 사회가 지향해야 할 도덕적 가치와 윤리적 규범을 중시하는 윤리적 관점에서 제기할 수 있는 문제이다. ① 윤리적 관점은 인간의 행위를 도덕적 기준에서 탐색하고 바람직한 가치와 규범을 지향하는지 등을 살펴보는 관점이다.
바로알기 | ②는 사회적 관점, ③, ⑤는 시간적 관점, ④는 공간적 관점에 대한 설명이다.

033 1. 윤리적 관점은 도덕적 가치와 도덕규범을 바탕으로 사회현상을 해석하고 문제점을 찾아 바람직한 삶의 모습을 살펴보는 것으로, 다양한 동서양 윤리 이론을 활용하여 탐구할 수 있다. 2. 시간적 관점은 현재 우리 삶의 모습에 영향을 미친 과거의 자취를 따라가서 그때의 상황과 역사적 사실을 찾고, 이를 현재와 관련지어 의미를 부여하는 것을 말한다. 따라서 시간적 관점을 통해 사회의 변화 양상을 예상할 수 있다. 5. 공간적 관점은 자연현상과 인간의 상호 작용에 관심을 가지고 인간 생활과 사회현상을 위치, 장소, 지역, 이동, 분포 유형, 지역 간 네트워크 등의 공간적 맥락에서 살펴보는 것을 말한다.
바로알기 | 3. 여러 지역 간의 유사점과 차이점을 알 수 있는 관점은 공간적 관점이다. 4. 사회현상을 역사적 배경과 시대적 맥락에 초점을 두고 바라보는 관점은 시간적 관점이다.

034 '어디에서'와 '왜 그곳인가'라는 의문에서 시작하여 인간 생활과 사회현상을 위치, 장소, 지역, 이동, 분포 유형, 지역 간 네트워크 등의 공간적 맥락에서 살펴보는 것은 (가) 공간적 관점에 해당한다. 사회 구조와 사회 제도의 영향력에 초점을 두고 인간과 세상을 이해하는 관점은 (나) 사회적 관점에 해당한다.

035 갑은 층간 소음 문제를 도시의 주된 주거 양식을 중심으로 탐구함으로써 공간적 관점에서 바라보고 있다. 을은 층간 소음 문제를 이웃 간의 배려, 가족 이기주의 등의 도덕적 가치를 중심으로 탐구함으로써 윤리적 관점에서 바라보고 있다. ㄴ. 갑은 공간적 관점에서 인간의 삶에 영향을 미치는 환경을 탐구 대상으로 바라보고 있다. ㄹ. 을은 윤리적 관점에서 사회의 규범적 방향 설정과 바람직한 삶을 살기 위한 성찰에 주목한다.

바로알기 | ㄱ. 사회문제를 시대적 배경과 관련 짓는 것은 시간적 관점에 해당한다. ㄷ. 사회 제도와 사회 구조의 영향을 고려하여 사회현상을 살펴보는 것은 사회적 관점에 해당한다.

036 제시된 자료는 우리나라의 고령화 현상을 분석한 것이다. (가)는 젊은 층의 유출로 인해 격차가 나타나는 농촌 지역과 도시 지역의 고령 인구 비율을 비교하고 있으므로 공간적 관점을 강조하고 있다. (나)는 고령화의 심화로 나타나는 노인 부양 부담을 줄이기 위한 제도적 장치의 필요성이 커지고 있음을 설명하고 있으므로 사회적 관점을 강조하고 있다.

037 우리나라의 한옥에 대해 (가)는 공간적 관점, (나)는 사회적 관점, (다)는 윤리적 관점을 취하고 있다. ①, ② (가)는 공간적 관점에서 각 지역이나 국가의 기후에 따라 가옥 구조가 달라질 수 있으며, 한옥을 이해하기 위해서는 다른 나라의 자연환경과 인문환경에 관심을 가져야 한다고 본다. ③ (나)는 사회적 관점에서 한옥의 사회 구조적 의미가 사회 구성원에 미친 영향을 이해해야 한다고 본다. ④ (다)는 윤리적 관점에서 한옥을 통해 전통 윤리 사상과 가치관을 파악해야 한다고 본다.

바로알기 | ⑤ 시대적 배경에 따라 한옥이 변화한 양상을 살펴보아야 한다고 보는 것은 시간적 관점이므로 (가), (나)에 대한 설명으로 적절하지 않다.

038 ㄷ. 공정 무역이 이루어지는 지역의 위치와 자연적·인문적 환경의 특징을 알아보고자 하는 것은 장소, 지역, 공간적 상호 작용에 중점을 두고 인간과 세상을 이해하는 공간적 관점에서 탐구할 수 있는 질문으로 적절하다. ㄹ. 생산지 주민들의 삶과 환경 보호라는 바람직한 가치관을 위해 공정 무역이 이루어져야 하지 않을지 고찰하는 것은 도덕적 가치와 윤리적 규범을 바탕으로 인간과 세상을 이해하는 윤리적 관점에서 탐구할 수 있는 질문으로 적절하다.

바로알기 | ㄱ. 공정 무역을 증진하는 법과 제도가 무엇인지 알아보고자 하는 것은 사회적 관점에서 탐구할 수 있는 질문으로 적절하다. ㄴ. 공정 무역과 관련한 역사적 사례를 찾아보고자 하는 것은 시간적 관점에서 탐구할 수 있는 질문으로 적절하다.

02 인간, 사회, 환경을 보는 통합적 관점

개념 확인 문제 13쪽

039 통합적   **040** 복잡   **041** 사회   **042** 계획
043 해결 방안 모색 및 선정   **044** 종합   **045** 탐구 계획 수립
046 ○   **047** ×   **048** ○

난이도별 필수 기출 13쪽~17쪽

049 ④	**050** ⑤	**051** ⑤	**052** ⑤	
053 해설 참조	**054** ③	**055** ④	**056** ②	
057 해설 참조	**058** ④	**059** ①	**060** ④	**061** ①
062 ②	**063** ⑤	**064** ④	**065** ③	**066** ②
067 ④	**068** 해설 참조	**069** ⑤		

049 제시된 글에서는 사회현상을 탐구할 때 어느 하나의 관점이 아니라 여러 측면에서의 관점을 종합적으로 적용하여 살펴보는 자세가 필요함을 주장하고 있으므로 통합적 관점을 강조하고 있다. ④ 통합적 관점에서 다양한 요인을 종합적으로 고려하여 사회현상을 깊이 있게 이해하고자 노력하는 과정을 통해 인간과 사회에 대한 통찰력을 기를 수 있다.

바로알기 | ①, ③ 통합적 관점은 학문의 경계를 허물고 여러 관점에서 종합적으로 사회현상을 바라볼 것을 강조한다. ②, ⑤ 통합적 관점은 다양한 관점을 종합적으로 적용할 때 사회문제에 대한 근본적이고 다각적인 해결 방안을 찾을 수 있다고 본다.

050 제시된 글은 인간이 가진 문제는 어느 한 분야의 지식만으로 해결하기가 어렵기 때문에 여러 측면의 다양한 관점에서 문제를 바라보아야 한다고 주장하고 있다. 따라서 ㉠에 들어갈 관점은 통합적 관점이다.

051 ⑤ 통합적 관점은 개별 학문의 경계를 넘어 다양한 학문의 측면에서 사회현상을 종합적으로 이해하는 관점이다.

바로알기 | ①은 시간적 관점, ②는 공간적 관점, ③은 사회적 관점, ④는 윤리적 관점과 관련한 내용이다.

052

옛날 어떤 왕이 코끼리를 한 마리 끌고 와서 눈이 보이지 않는 사람들에게 만져 보도록 한 후 그들이 만진 것이 무엇과 비슷한지 물었다. 그러자 코끼리의 상아를 만진 사람은 무와 같다고 하였고, 다리를 만진 사람은 절구 같다고 하였으며, 꼬리를 만진 사람은 새끼줄 같다고 하였다. 이 말을 들은 왕은 "너희들의 말이 완전하게 틀린 것은 아니지만, 그것이 코끼리를 정확하게 설명하였다고는 할 수 없다."라고 하였다.

제시된 글은 어느 한 부분만을 분석하여 사회현상을 파악해서는 안 되고, 현상을 다면적으로 보아야 한다는 통합적 관점의 중요성을 보여 준다. ㄴ, ㄹ. 통합적 관점은 사회현상을 파악할 때에는 일부분이 아닌 전체를 볼 줄 아는 시각을 가져야 한다고 보며, 사회현상에 있어 인간, 사회, 환경의 상호 유기적인 관계를 인식하고 이를 종합적으로 이해해야 한다고 본다.

053 **모범 답안** 통합적 관점. 개별적 관점으로는 사회현상의 복잡하고 다면적인 의미를 파악하기 어려운 데 비해, 통합적 관점을 취하면 사회현상을 종합적으로 이해하고 사회문제에 대한 근본적이고 다각적인 해결 방안을 찾을 수 있기 때문이다.

054 병. 윤리적 관점은 다양한 사회현상을 도덕적 가치와 도덕규범에 따라 평가하고 사회가 나아갈 바람직한 방향을 제시한다. 정. 통합적 관점은 하나의 사회현상을 역사적 배경과 시대적 맥락에 초점을 두는 시간적 관점, 장소와 지역을 비롯한 공간적 상호 작용에 중점을 두는 공간적 관점, 사회 구조나 제도의 영향력에 초점을 두는 사회적 관점, 도덕적 가치와 규범을 고려하는 윤리적 관점을 종합적으로 고려하여 살펴보는 것을 말한다.
바로알기 | 갑. 시간적 관점은 과거를 돌아봄으로써 오늘날 사회현상이 일어나는 이유와 결과를 추론할 수 있게 해 준다. 을. 공간적 관점은 인문환경과 자연환경이 인간의 생활에 미치는 영향을 중심으로 탐구한다.

055 인간, 사회, 환경의 탐구와 관련하여 (가)는 윤리적 관점, (나)는 공간적 관점, (다)는 사회적 관점, (라)는 시간적 관점에 해당한다.

056 제시된 글은 사회현상이 다양한 요인의 영향을 받아 발생하기 때문에 시간적, 공간적, 사회적, 윤리적 관점을 활용하여 통합적으로 살펴봐야 한다고 주장하고 있다. 따라서 제시된 글의 입장에서는 개별 학문의 경계를 넘어 사회현상을 종합적으로 이해해야 하고, 사회문제를 해결하기 위해 다양한 관점에서 살펴보아야 한다고 주장할 것이다.
바로알기 | 두 번째 진술. 어느 하나의 관점만으로 심층적인 연구를 하는 것은 통합적 관점이라고 볼 수 없다. 네 번째 진술. 복잡한 사회현상을 여러 가지 측면으로 분석하는 것이 불가능하다는 주장은 통합적 관점을 적용하는 것이 불가능하다는 것을 의미한다.

057 **모범 답안** 통합적 관점을 적용할 때는 일반적으로 '(다) 탐구 주제 및 탐구 목적 설정 → (나) 탐구 계획 수립 → (라) 자료 수집 및 분석 → (가) 해결 방안 모색 및 선정'의 과정을 거친다.

058 ① 감염병의 원인이 어떻게 변화해 왔는지를 살펴보는 것은 시간적 관점에서 탐구할 질문에 해당한다. ② 감염병이 대륙별로 어떤 경로를 거쳐 전파되었는지를 살펴보는 것은 공간적 관점에서 탐구할 질문에 해당한다. ③ 인권과 평등은 인간이 지향하는 도덕규범이다. 즉, 감염병이 인권과 평등에 어떤 영향을 미치고 있는지를 살펴보는 것은 윤리적 관점에서 탐구할 질문에 해당한다. ⑤ 감염병에 대응하기 위한 국제 사회의 제도적 노력을 살펴보는 것은 사회적 관점에서 탐구할 질문에 해당한다.
바로알기 | ④ 감염병 발생지의 분포 현황을 살펴보는 것은 공간적 맥락을 중시하는 공간적 관점에서 탐구할 질문에 해당한다.

059 ㄱ. 65세 이상 인구 비율의 추이를 분석하는 것은 시간의 흐름에 따라 노인 인구가 어떻게 변해 왔는가를 알아보는 것이므로 시간적 관점의 탐구 주제에 해당한다. ㄴ. 농촌과 도시의 노인 생활 실태를 비교하는 것은 노인이 서로 다른 두 지역이 자연환경과 인문환경에 어떻게 적응하는지를 알아보는 것이므로 공간적 관점의 탐구 주제에 해당한다.
바로알기 | ㄷ. 세대별 노인 공경 의식이 차이 나는지를 조사하는 것은 노인 공경이라는 가치관에 대한 세대별 인식 차이를 알아보는 것이므로 윤리적 관점의 탐구 주제에 해당한다. ㄹ. 노인 복지를 위한 정책 및 예산을 분석하는 것은 사회 제도와 관련되므로 사회적 관점의 탐구 주제에 해당한다.

060 제시된 글은 통합적 관점에서 기후변화를 분석한 것이다. ㉠은 시간적 관점에서 산업 혁명 이후부터 시간의 흐름에 따른 기온의 상승을 살펴보고 있다. ㉡은 공간적 관점에서 투발루 등의 섬나라가 겪고 있는 해수면 상승의 문제를 살펴보고 있다. ㉢은 사회적 관점에서 기후변화 문제를 해결하기 위한 국제적 차원의 협약을 살펴보고 있다. ㉣은 윤리적 관점에서 선진국과 개발 도상국을 둘러싼 기후변화의 책임 문제를 살펴보고 있다. ㄴ. ㉡에 드러나는 관점인 공간적 관점은 지표에 나타나는 인간 활동을 설명하는 관점이다. ㄷ. ㉢에 드러나는 관점인 사회적 관점은 개인이 사회 구조와 사회 제도의 영향을 많이 받는다는 것을 전제로 하는 관점이다.
바로알기 | ㄱ. 장소와 지역, 공간적 상호 작용 등에 관한 이해를 바탕으로 하는 관점은 ㉡에 드러나는 관점인 공간적 관점에 해당한다.

✔ 개념 보충

통합적 관점에서 살펴본 기후변화

시간적 관점	공간적 관점
기후변화는 언제부터 나타났으며, 원인은 무엇일까?	기후변화가 환경과 인간 생활에 어떤 영향을 미쳤을까?
사회적 관점	**윤리적 관점**
국제 사회는 기후변화를 막기 위해 어떤 제도적 노력을 할까?	기후변화에 대한 책임은 누구에게 있을까?

---

061 ㉣에서 드러나는 관점은 윤리적 관점이다. ② 교통 혼잡의 원인을 운전자의 교통질서 의식에서 찾는 것은 운전자의 행위에 대해 도덕적 가치 판단을 내리는 것이므로 윤리적 관점과 관련 있다. ③ 공정 무역을 통해 커피 생산자에게 정당한 임금을 보장해야 한다는 것은 윤리적 기준을 제시하는 것이므로 윤리적 관점과 관련 있다. ④ 공익과 사익의 갈등을 공정하게 조절하는 방법을 고려하여 바람직한 사회의 방향성을 찾는 것은 윤리적 관점과 관련 있다. ⑤ 출산 문제와 관련한 규범적인 가치 판단을 하는 것은 윤리적 관점과 관련 있다.
바로알기 | ①은 고령화 사회로의 변화에 따른 노년층의 실업 문제를 사회 제도적 측면에서 바라보고 있으므로 사회적 관점과 관련 있다.

062 갑. 시간적 관점은 역사적 배경과 시대적 맥락을 중시하는 관점이다. 산업화와 도시화에 따른 화석 연료 사용량의 증가 추이를 조사하는 것은 지구 온난화 문제의 시대적 맥락을 파악하는 데 용이한 활동이므로, 시간적 관점으로 탐구하기에 적절한 내용이다. 병. 사회적 관점은 사회 구조와 사회 제도의 영향력을 중시하는 관점이다. 개별 국가의 기후변화 관련 법과 정책은 사회 제도에 포함되므로, 이를 살펴보는 것은 사회적 관점으로 탐구하기에 적절한 내용이다.
바로알기 | 을. 인간이 자연의 주인이라는 자연관이 바람직한지 알아보는 것은 윤리적 관점으로 탐구하기에 적절한 내용이다. 정. 국가 간 산업화 정도의 차이를 살펴보는 것은 공간적 관점으로 탐구하기에 적절한 내용이다.

063 ㄷ. 인공지능 채팅 서비스의 활성화에 대비한 관련 법령 및 정책은 사회 제도에 해당하므로, 제시된 활동은 사회적 관점의 탐구와 관련이 깊다. ㄹ. 인공지능 채팅 서비스가 만들어 낼 수 있는 가짜 뉴스에 대처하는 바람직한 태도는 도덕규범과 관련되므로, 제시된 활동은 윤리적 관점의 탐구와 관련이 깊다.
바로알기 | ㄱ. 국가별 인공지능 채팅 서비스 사용 인구 현황은 지역 간 차이가 반영되므로, 제시된 활동은 공간적 관점의 탐구와 관련이 깊다. ㄴ. 인공지능 채팅 서비스의 연도별 발달 과정은 시대적 맥락을 파악하기에 용이하므로, 제시된 활동은 시간적 관점의 탐구와 관련이 깊다.

064 (가)는 아동 노동 착취를 보편적인 윤리 기준인 인권 보호 측면에서 비판하는 것이므로 윤리적 관점, (나)는 축구의 발전 과정을 시간의 흐름에 따라 시기별로 정리하는 것이므로 시간적 관점, (다)는 사회 제도에 속하는 프로 축구와 관련한 법이나 제도를 탐구하는 것이므로 사회적 관점, (라)는 겨울에 축구 리그를 운영하는 국가의 기후, 즉 자연환경과 같은 공간적 맥락을 살펴보는 것이므로 공간적 관점에서 수행한 탐구 활동이다. ㄱ. 윤리적 관점에서는 도덕적 가치와 윤리적 규범을 바탕으로 인간 행위가 도덕적 차원에서 인정받기 위한 기준을 탐색한다. ㄷ. 사회적 관점은 개인이나 집단에 미치는 정책적·사회 구조적 영향력을 고려하여 사회현상을 살펴보는 것이다. ㄹ. 공간적 관점은 사회현상을 위치와 장소, 분포 패턴과 이동, 네트워크 등의 공간적 맥락을 고려하여 살펴보는 것이다.
바로알기 | ㄴ. 사회 구조나 제도가 개인이나 집단에 미치는 영향을 살펴보는 것은 사회적 관점에 해당한다.

065 도심 교통 혼잡 문제와 관련하여 ㉠은 시간적 관점, ㉡은 공간적 관점, ㉢은 윤리적 관점, ㉣은 사회적 관점에서 문제를 탐구하고 있다. ①, ②, ④ 시간적 관점은 시대적 배경과 맥락을 살펴보고 현재와 연관 지어 의미를 부여하는 것이고, 공간적 관점은 공간에 대한 이해를 토대로 사회현상을 살펴보는 것이며, 사회적 관점은 개인이 사회 구조나 제도의 영향을 많이 받는다는 점을 고려해 문제를 파악하는 것이다. ⑤ 통합적 관점에 따르면, 사회현상을 탐구할 때는 시간적, 공간적, 사회적, 윤리적 관점을 모두 고려하는 것이 바람직하다.
바로알기 | ③ ㉢은 윤리적 관점으로, 사실의 문제가 아닌 가치의 문제에 주목하여 개인과 사회의 방향성을 모색한다.

066 (가)는 주요 커피 생산국들의 지리적 위치를 말하고 있으므로 공간적 관점, (나)는 커피 생산자의 인권에 관심을 가지므로 윤리적 관점, (다)는 커피 생산지가 확산된 역사적 배경을 살펴보는 것이므로 시간적 관점, (라)는 서구의 음식 문화와 커피 전문점 확산과 같은 사회 구조의 변동 등을 강조하므로 사회적 관점에 해당한다. ① 공간적 관점은 인간 생활과 사회현상을 위치, 장소, 지역, 이동, 분포 유형, 지역 간 네트워크 등의 공간적 맥락에 대한 이해를 바탕으로 살펴본다. ③ 시간적 관점은 역사적 배경과 시대적 맥락을 바탕으로 인간과 세상을 살펴보는 관점이다. ④ 사회적 관점은 특정한 사회현상이 나타나게 된 배경을 사회 구조나 제도, 정치, 경제 등의 측면에서 이해하는 관점이다. ⑤ 시간적 관점, 공간적 관점, 사회적 관점, 윤리적 관점을 종합적으로 살펴봄으로써 통합적 관점에서 커피 문화를 이해할 수 있다.
바로알기 | ② 윤리적 관점은 어떤 것이 바람직한지에 대한 판단이 필요한 가치문제에 주목하여 바람직한 사회의 방향성을 모색한다.

067 A는 사회적 관점, B는 공간적 관점, C는 윤리적 관점, D는 시간적 관점에 해당한다. ㄴ. 쓰레기 매립지가 될 지역들의 유사성과 차이점을 분석하는 것은 공간적 관점에 해당한다. ㄹ. 과거의 유사한 사례를 살펴봄으로써 기피 시설에 대한 갈등의 변화 방향을 유추하는 것은 시간적 관점에 해당한다.
바로알기 | ㄱ. 사회적 관점은 사회 구조와 사회 제도의 영향력을 바탕에 둔 사회현상의 분석을 강조한다. 지역적 특수성을 근거로 한 사회현상의 분석을 강조하는 관점은 공간적 관점이다. ㄷ. 윤리적 관점은 문제를 해결하기 위해 만들어진 사회 규범의 방향성을 고려하여 사회현상을 살펴본다.

068 **모범 답안** (1) A: 사회적 관점, B: 공간적 관점, C: 윤리적 관점
(2) 다문화 사회에 대한 정책은 언제부터 수립되었으며, 어떻게 변화해 왔는가?

069 저출생·고령화 현상과 관련하여 A는 시간적 관점, B는 공간적 관점, C는 사회적 관점, D는 윤리적 관점에서 탐구하기 위한 질문에 해당한다. ㄷ. 사회적 관점은 사회 구조나 사회 제도가 인간의 행위에 영향을 미친다는 전제를 바탕에 두고 인간, 사회, 환경을 바라본다. ㄹ. 윤리적 관점은 도덕적 가치와 규범을 바탕으로 한 사회가 나아가야 할 바람직한 방향을 모색하는 데 도움을 준다.
바로알기 | ㄱ. 지역이나 공간이 사회현상에 미치는 영향을 파악하는 데 도움을 주는 것은 공간적 관점이다. ㄴ. 사회현상을 역사적 배경과 시대적 맥락을 통해 살펴보는 것은 시간적 관점이다.

070 ①	**071** ②	**072** ④	**073** ④	**074** ⑤
075 ②	**076** ④	**077** ⑤		

070 제시된 글은 현재 우리나라의 저출생 현상을 시간의 흐름 속에서 파악하고자 하므로, 시간적 관점에 해당한다. 시간적 관점은 과거의 사실과 사건을 찾고, 이를 현재와 관련지어 의미를 부여하는 관점이다. 즉, 시간적 관점은 역사적 배경과 시대적 맥락을 중심으로 사회현상을 살펴보며, 과거를 돌아봄으로써 현재에 대응함은 물론 미래의 변화도 예측할 수 있다.
바로알기 | 첫 번째 진술. 개인은 사회 구조나 사회 제도의 영향을 받아 일정하게 행동한다고 전제하는 것은 사회적 관점에 해당한다. 네 번째 진술. 위치와 장소, 분포 양상과 형성 과정, 이동과 네트워크 등의 공간적 맥락을 중시하는 것은 공간적 관점에 해당한다.

071 갑은 커피 생산 과정에서 발생하는 아동 노동 착취 방지와 생산자의 정당한 이익 보장이라는 도덕적 가치를 고려하며 문제를 탐구하고 있다. 을 또한 커피를 구매할 때 불우한 이웃을 배려함으로써 바람직한 사회의 방향을 제시하며 문제를 탐구하고 있다. 이를 통해 갑, 을이 모두 인간의 욕구와 내면의 양심을 기준으로 도덕적 가치 판단을 하며, 시공간을 초월한 보편적 규범을 바탕으로 사회현상을 바라보는 윤리적 관점에서 문제를 인식하고 있음을 알 수 있다.
바로알기 | ㄴ은 공간적 관점, ㄷ은 시간적 관점에 대한 설명이다.

072 (가)는 시대적 맥락과 관련하여 1인 가구 증가 현상을 탐구하므로 시간적 관점에 해당한다. (나)는 사회 구조나 사회 제도를 바탕에 두고 1인 가구 증가 현상을 탐구하므로 사회적 관점에 해당한다. (가) 시간적 관점의 탐구 주제에는 우리나라 장례 문화가 시대적으로 어떤 영향을 받아 변화해 왔는지를 탐구하는 것(ㄴ)이 해당한다. (나) 사회적 관점의 탐구 주제에는 화장장 건설에 따른 사회적 문제를 해결하기 위해 어떤 법과 정책이 필요한지 살피는 것(ㄹ)이 해당한다.
바로알기 | ㄱ은 공간적 관점, ㄷ은 윤리적 관점의 탐구 주제에 해당한다.

073 ㄱ. 다양한 현상을 분포 양상과 형성 과정을 중심으로 파악하는 것은 공간적 관점이다. A가 사회적 관점이면 (가)의 질문에 '아니요'로 답하는 질문이 들어가야 하므로 주어진 질문이 들어갈 수 있다. ㄴ. 시대적 배경과 맥락을 토대로 사회현상을 이해하는 것은 시간적 관점이다. B가 윤리적 관점이면 (나)의 질문에 '아니요'로 답하는 질문이 들어가야 하므로 주어진 질문이 들어갈 수 있다. ㄷ. 사회의 규범적 방향을 설정하는 데 도움을 주는 것은 윤리적 관점이다. 따라서 (나)의 질문에 '예'라고 답하게 되는 A는 윤리적 관점이다.

바로알기 | ㄹ. 개별 행위체의 행동을 이해하기 위해 사회 제도의 영향을 연구하는 것은 사회적 관점이다. 따라서 주어진 질문이 (다)에 들어가면 '예'로 답하게 되는 B는 사회적 관점이어야 한다. 즉, B는 공간적 관점이 될 수 없다.

074 갑은 문화적 관점에서 청소년의 은어 사용이 가져오는 긍정적 측면에 대해 진술하고 있다. 을은 사회 구조적 관점에서 청소년의 은어 사용의 원인을 사회 구조와 의사소통 환경의 변화에서 찾고 있다. 이를 고려할 때 갑, 을은 모두 청소년 은어 사용 문제를 이해하기 위해 노력하는 모습을 보이고 있음을 알 수 있다.
바로알기 | ① 갑은 청소년 은어 사용에 긍정적 측면도 있음을 주장하고 있다. ② 역사적 배경에 집중하여 사회현상에 접근하는 것은 시간적 관점이다. 갑의 주장은 시간적 관점과 직접적인 관련이 없다. ③ 청소년 은어 사용 문제가 일시적일 수 있다고 보는 것은 갑이다. ④ 을은 청소년 은어 사용 문제와 관련된 사회 구조적 측면에 주목한다.

075 제시된 글은 의사가 환자에게 영향을 미치는 다양한 원인을 살핀 후 병의 원인을 파악하는 것처럼 사회현상을 이해할 때에도 인간, 사회, 환경이 서로 영향을 주고받으며 밀접하게 관련되어 있다는 전제를 바탕으로 통합적으로 살펴보아야 한다고 본다.

✔ **개념 보충**

개별적 관점의 한계와 통합적 관점의 필요성

개별적 관점의 한계	통합적 관점
사회현상에 담긴 복잡하고 다면적인 의미 파악 곤란 →	• 사회현상에 대한 종합적 이해 증진 • 사회문제의 근본적 해결책 모색 가능 • 인간과 사회에 대한 통찰력 함양

076 (가)는 시간적 관점, (나)는 공간적 관점에서 기후변화를 살펴보고 있고, (다)는 사회적 관점에서 기후변화에 대처하는 국제적 노력을 설명하고 있다. ㉠ 산업 혁명 이후 화석 연료 사용량 급증으로 인해 온실가스 배출량이 증가하였고, ㉢ 파리 협정에서는 선진국과 개발 도상국 모두가 책임을 분담하는 형태로 온실가스 감축 의무를 부과하였다.
바로알기 | ④ 교토 의정서는 선진국을 대상으로 이산화 탄소 감축 의무를 부과한 것이다.

077 A는 반려동물의 유기가 증가한 시기를 강조하므로 시간적 관점, B는 반려동물이 유기되는 지역을 강조하므로 공간적 관점, C는 반려동물을 대하는 바람직한 태도를 강조하므로 윤리적 관점, D는 반려동물 유기 예방을 위한 제도적 장치를 강조하므로 사회적 관점에서 제기한 질문이다. ㄷ. 윤리적 관점은 도덕적 가치와 윤리적 규범을 기준으로 삼아 개인과 사회가 어떤 가치와 규범을 지향해야 하는지를 살펴본다. ㄹ. 사회적 관점은 개인이 사회 구조나 사회 제도의 영향을 받는다는 점을 전제로 하여 개인의 행위와 사회현상을 이해한다.
바로알기 | ㄱ. 공간 정보에 관한 이해가 필요한 관점은 공간적 관점이다. ㄴ. 사회현상의 역사적 배경과 시대적 맥락을 살펴보는 관점은 시간적 관점이다.

개념 확인 문제 　　　　22쪽

078 행복	**079** 그리스	**080** 긍정적	**081** 인(仁)
082 이성	**083** 중세	**084** 인문환경	**085** 목적
086 도가	**087** 에피쿠로스학파		

난이도별 필수 기출 　　　22쪽~31쪽

088 ④	**089** ④	**090** ②	**091** 해설 참조	**092** ②
093 ②	**094** ⑤	**095** ③	**096** ④	**097** ②
098 ②	**099** ③	**100** ①	**101** 해설 참조	**102** ①
103 ③	**104** ②	**105** ⑤	**106** ④	**107** ②
108 ③	**109** ⑤	**110** ③	**111** ④	**112** ②
113 ②	**114** ②	**115** 해설 참조	**116** ②	**117** ①
118 ④	**119** ③	**120** ②	**121** ⑤	**122** ①
123 ①	**124** ②	**125** ①	**126** 해설 참조	**127** ②
128 ③	**129** ③	**130** ④	**131** ④	**132** ③

088 제시된 글은 시대에 따라 달라지는 행복의 기준을 제시하고 있다. 헬레니즘 시대에는 마음의 평온을 얻는 것이, 중세에는 신의 구원을 통해 천국에 가는 것이, 근대에는 자유와 평등을 실현하는 것이 행복의 기준이었다는 것을 통해 행복의 기준은 시대적 상황에 따라 다르게 나타난다는 것을 알 수 있다.

089 밑줄 친 '이것'은 행복이다. ㄱ, ㄴ. 행복은 시대 상황이나 지역 여건에 따라서 다르게 인식될 수 있고, 고대 그리스 철학자 소크라테스는 행복이 진정한 앎을 추구할 때 달성될 수 있다고 보았다. ㄷ. 헬레니즘 시대에는 사회적 혼란에 따른 불안에서 벗어나 마음의 평화를 누리는 것을 행복이라고 보았다.
바로알기 | ㄹ. 철학이라는 지적 활동을 통해 얻는 지혜와 덕의 결과를 행복이라고 본 것은 고대 그리스 시대이다.

090 ㄱ. 고대 그리스 시대에는 탁월한 이성적 능력을 발휘해 덕을 완성하고 이를 통해 행복을 성취할 수 있다고 보았다. ㄷ. 중세 시대에는 신의 구원을 통해 행복을 달성할 수 있다고 보았다.
바로알기 | ㄴ. 인간의 권리를 보호하고 자유와 평등을 실현하는 것은 근대부터 중시되었던 행복의 기준이다. ㄹ. 혼란한 시대적 배경으로 인해 마음의 평온이 행복의 기준이 되었던 시대는 헬레니즘 시대이다.

091 모범 답안 ㉠: 신앙을 통해 신의 은총을 받고 구원을 얻는 것, ㉡: 개인의 기본권을 보장받고 물질적 풍요로움을 확보하는 것

092 (가)는 공업화로 인한 물질적 풍요가 인간에게 행복을 가져다줄 수 있다고 보고, (나)는 물질적 행복보다는 오히려 정신적인 만족감이나 기쁨과 같은 주관적 요소가 인간에게 행복을 가져다줄 수 있다고 본다. ㄴ. (나)에 따르면 물질적 행복보다 정신적 만족이 중요하므로, 돈 이외에도 삶을 풍요롭게 만드는 행복의 요소를 찾고자 노력해야 한다. ㄷ. 제시된 내용에 따르면 (가)는 물질적 풍요, (나)는 정신적 만족을 중시하므로, (가), (나)에서 나타나는 행복의 기준은 서로 다르다는 것을 알 수 있다.

바로알기 | ㄱ. (가)에 따르면 행복의 기준은 공업화가 가져다주는 물질적인 행복이다. **ㄹ.** (가), (나)는 물질적 행복과 정신적 행복에 대해 논하고 있지만, 지역별 행복의 기준을 제시하고 있지는 않다.

093 제시된 글은 사막 지역이나 북유럽 지역의 자연환경과 기후에 따라 행복의 기준이 달라질 수 있음을 서술하고 있다. 이를 통해 제시된 글이 행복의 기준을 공간적 관점에서 바라보고 있음을 알 수 있다.
바로알기 | ㄴ. 제시된 글은 경제적 가치에 대해서는 언급하지 않고 있다. **ㄷ.** 제시된 글은 공간적 관점에서 행복의 기준을 바라보고 있다. 시대에 따른 행복의 기준을 탐구하는 것은 시간적 관점에 해당된다.

094 제시된 글은 부유한 국가에서 추구하는 행복의 기준과 가난한 국가에서 추구하는 행복의 기준이 다름을 서술하고 있다. 부유한 국가에서는 소득 불평등 해소, 문화생활 향유 등이 행복의 기준이 되지만, 가난한 국가에서는 정치적 안정, 빈곤 탈출이 행복의 기준이 된다. 이를 통해 ⑤ 각국이 처한 상황과 추구하는 방향에 따라 행복의 기준이 달라질 수 있음을 알 수 있다.

095 제시된 글은 자연환경에 따라 행복의 의미가 달라질 수 있음을 서술하고 있다. 고대 중국인들은 농경에 적합한 중국의 자연환경으로 인해 서로 협력하면서 화목한 인간관계를 맺고 사는 것을 행복한 삶이라고 인식하였다. 반면 고대 그리스인들은 수렵, 목축에 적합한 그리스의 자연환경으로 인해 아무런 제약 없이 자신의 능력을 최대한 발휘하며 탁월성을 추구하는 것을 행복한 삶이라고 인식하였다. 이를 통해 행복은 지역적 여건의 영향을 받는다는 것을 알 수 있다.

096 (가) 고대 중국인은 개인보다는 집단의 구성원으로서 다른 구성원과 조화를 이루며 살아가는 것을 행복으로 인식하였다. (나) 고대 그리스인은 개인의 자율성을 중시하며, 아무런 제약 없이 자신의 능력을 발휘할 수 있는 것을 행복으로 인식하였다. 따라서 (가)에 비해 (나)의 입장이 지니는 상대적 특징은 'A: 개인의 자율성을 중시하는 정도'가 높고, 'B: 조화로운 인간관계를 중시하는 정도'는 낮으며, 'C: 집단의 구성원이라는 사실을 중시하는 정도'는 낮으므로, ㉣에 해당한다.

097 (가)에서는 전쟁으로 인한 열악한 시대적 환경, (나)에서는 유목이나 농경 생활처럼 삶의 방식에 영향을 주는 지역적 특성이 행복의 기준에 영향을 주고 있다. 따라서 (가), (나)를 종합할 때 시대나 지역적 여건에 따라 행복의 기준이 다르게 나타난다는 것을 알 수 있다.
바로알기 | ① 제시문을 통해 행복의 기준은 시대적 상황을 비롯하여 행복에 영향을 주는 여러 요소에 의해 변화될 수 있음을 알 수 있다. ③, ⑤ (가), (나)를 종합하여 내린 행복의 기준과는 관련이 없다. ④ 평화와 정치적 안정을 되찾는 것은 (가)에서는 행복의 기준이 될 수 있지만, (나)의 행복의 기준과는 관련이 없다.

098 (가)에서는 내전과 같은 정치적 혼란을 겪고 있으므로, 정치적 안정을 달성하여 가족과 평범한 일상을 누리는 것이 행복의 기준이 될 수 있다. 따라서 A에는 ㄴ이 해당한다. (나)에서는 정신적, 종교적 배경에 바탕을 두고 존재의 근원을 탐구하고자 하였으므로, 신의 은총과 구원을 받는 것이 행복의 기준이 될 수 있다. 따라서 B에는 ㄷ이 해당한다.

099 ㉠에 들어갈 말은 행복이다. 행복의 기준은 시대적 상황이나 지역적 여건의 영향을 받으며, 주어진 상황에 따른 개개인의 인식 차이가 행복의 차이로 나타날 수 있다.

바로알기 | ㄱ. 행복은 삶에서 충분한 만족감이나 기쁨을 느끼는 상태이므로 행복의 기준은 개개인마다 다를 수 있다. **ㄹ.** 행복은 모든 사람이 추구하는 것이며, 현실에서 실현 가능한 것이다.

100 갑, 을의 대화를 통해 부유함과 같은 물질적 조건은 삶의 궁극적 목적이 아니며, 행복이 삶의 궁극적인 목적임을 알 수 있다.
바로알기 | ② 행복이 부자가 되는 데 도움을 주는 것이 아니라, 부유함이 행복에 도움이 되는 수단이다. ③ 행복은 다른 가치를 추구하는 수단이 아닌 궁극적인 목적이다. ④는 제시된 글에서 유추할 수 없는 내용이다. ⑤ 부유함이 행복을 이루기 위한 수단이 되기도 하므로 행복이 물질적 조건과 완전히 무관하다고 할 수는 없다.

101 **모범 답안** 다른 것을 추구하기 위한 수단이 아닌 그 자체로 선택하고 추구하는 삶의 궁극적이고 최종적인 목적이다.

102 제시된 글은 아리스토텔레스의 주장이다. 아리스토텔레스는 행복은 다른 것을 위한 수단이 아닌 그 자체로 추구되어야 하는 것으로서 행복을 삶의 궁극적 목적으로 설정해야 한다고 보았다.
바로알기 | ㄷ. 제시된 글을 통해 추론할 수 없는 내용이다. 아리스토텔레스는 행복의 실현 기준이 사람마다 주관적으로 다르다고 보지 않았으며, 인간의 고유한 기능인 이성을 잘 발휘하여 덕을 실천할 때 행복할 수 있다고 보았다. **ㄹ.** 행복은 어떤 다른 목적을 이루기 위한 수단이 아니라 그 자체로 궁극적인 목적이 된다.

103 행복한 삶을 실현하기 위해서는 도덕적으로 바람직한 규범과 가치에 대해 고민하고 이를 생활에서 실천해야 한다. 이를 위해 사회 구성원들이 도덕적 가치에 합의하고 이를 행동에 옮기며, 타인의 삶에 관심을 가지려는 노력과 이웃에 대한 관용적 태도를 지녀야 한다. 또한 타인과 공동체에 해를 입히는 비도덕적 행동을 하지 않도록 스스로를 성찰하며, 다른 사람의 입장에서 상황을 바라보는 마음을 가지고 이웃을 이해해야 한다.
바로알기 | ③ 자신의 조건을 사회적 약자와 비교하여 판단하고 감각적인 즐거움만을 추구하는 것은 행복한 삶을 위한 자세로 적절하지 않다.

104 그림은 동일한 상황에 대한 개인의 인식이 상이할 수 있음을 보여 준다. 이를 통해 상황에 대한 인식의 차이가 행복감의 차이를 가져온다고 추론할 수 있다.

105 ㄴ, ㄷ. 진정한 행복은 삶의 질 전체가 높아질 때 실현될 수 있으며, 이를 위해서는 객관적 요소뿐만 아니라 감정적 충족감이나 일상적 행복감 등의 주관적 요소까지 충족되어야 한다. ㄹ. 오늘날에는 행복을 측정할 수 있는 '더 나은 삶 지수'나 '국민 삶의 질 지표' 등을 통해 대한민국 국민의 삶의 질을 측정해 보고 확인할 수 있다.
바로알기 | ㄱ. 주거, 소득, 고용, 수명 등은 행복의 객관적 요소에 속하지만, 삶의 만족도는 행복의 주관적 요소에 속한다.

✔ 개념 보충

행복의 주관적 요소와 객관적 요소

객관적 요소	주거, 소득, 고용, 수명, 안전 등
주관적 요소	개인이 느끼는 삶에 대한 만족감이나 행복감 등

106 삶의 만족도나 주관적 웰빙 등 행복의 주관적 요소는 진정한 행복을 실현하는 데 중요한 요인이 되며, 표에서 볼 수 있듯이 삶의 질을 높이기 위해서는 행복의 객관적 요소부터 주관적 요소까지 종합적으로 충족되어야 한다.

107 갑과 을은 모두 진정한 행복의 실현을 위해 행복의 객관적 요소가 충족되어야 한다는 점에 동의를 하고 있지만, 행복의 주관적 요소까지 만족되어야 하는가에 대해서는 상이한 입장을 보이고 있다. 따라서 토론의 핵심 쟁점으로는 '진정한 행복을 위해 행복의 주관적인 요소도 고려되어야 할까?'가 적절하다.

108 유교에서는 ㉠ 하늘로부터 부여받은 도덕적 본성을 보존하고 함양하면서, ㉡ 인(仁)을 실현하는 것을 행복이라고 보았다. 불교에서는 ㉣ 고통받는 중생을 구제하는 실천을 통해 해탈의 경지에 이르는 것을 행복이라고 보았다. 도가에서는 ㉤ 자연 그대로의 모습으로 살아가는 것을 행복이라고 보았다.

109 밑줄 친 '그'는 경제적 이득보다는 타고난 도덕적 선함과 배움의 즐거움을 따라야 한다고 주장한 공자이다. ⑤ 공자는 인간의 도덕적 본성은 하늘로부터 온 것이며 그것에 따라 살 때 행복할 수 있다고 보았다.

110 제시된 글은 불교의 연기설에 대한 설명이다. 불교에서는 이 세상의 모든 현상과 존재가 원인과 조건에 의해 생겨나므로 어떤 존재와 현상도 독립적일 수 없다는 연기설을 주장한다. ③ 불교에서는 모든 사람이 청정한 불성을 가지고 태어난다고 본다.

111 제시된 글은 도가 사상가 장자의 주장이다. 장자는 타고난 그대로의 본성에 따라 인위적인 것을 더하지 않는 자연 그대로의 상태가 가장 바람직하다고 본다. 따라서 장자의 관점에서 학생의 질문에 답한다면, 타고난 본성에 따라 자연 그대로의 모습으로 살아가야 한다고 할 것이다.

112 갑은 유교, 을은 불교에서 말하는 행복의 의미를 강조하고 있다. 갑은 도덕적 본성을 보존하고 타인과 더불어 살아가는 삶을 행복이라고 본다. 을은 청정한 불성을 깨닫고 '나'라는 의식을 버림으로써 윤회의 고통에서 벗어나는 삶을 행복이라고 본다. ㄹ. 갑, 을은 공통적으로 수양을 통해 인간이 가진 본성을 실현해야 함을 강조한다.

113 행복에 관하여 갑은 유교의 관점을, 을은 불교의 관점을 취하고 있다. 갑은 자기 수양을 통해 인간 본성을 잘 보존하면서 다른 사람에게 인(仁)을 실천해야 한다고 본다. 을은 청정한 불성을 실현하기 위한 수행과 고통받는 중생을 구제하는 실천을 강조한다. 따라서 갑, 을은 모두 인간 본성을 실현하기 위해 자기 수양에 힘써야 한다고 주장함을 알 수 있다.

114 갑은 유교 사상가인 공자, 을은 도가 사상가인 노자이다. ② 갑에 비해 을은 자연 가운데 으뜸인 물이 가진 속성을 본받아 겸허와 부쟁의 삶을 살아가야 한다고 강조한다.

115 **모범 답안** 유교에서는 하늘로부터 부여받은 도덕적 본성을 보존하고 함양하면서 좋은 사람들과 교류하며 인(仁)을 실현하는 것을 행복으로 보았다. 반면, 도가에서는 이러한 삶을 인위적인 삶이라고 비판하면서 타고난 본성에 따라 자연 그대로의 모습으로 살아가는 것을 행복으로 보았다.

116 (가)는 유교, (나)는 불교, (다)는 도가이다. 유교는 도덕적 본성을 보존하고 함양하여 다른 사람과 더불어 살아가며 인(仁)을 실현하는 것을 행복이라고 보았다. 불교는 불성을 바탕으로 '나'라는 의식을 벗어 버리기 위한 수행과 중생을 구제하는 실천을 통해 해탈의 경지에 이르는 것을 행복이라고 보았다. 도가는 타고난 본성에 따라 인위적인 것이 더해지지 않은 자연 그대로의 모습으로 살아가는 것이 행복이라고 보았다.

✔ 개념 보충

동양의 행복론

유교	하늘로부터 부여받은 도덕적 본성을 보존하고 함양하면서, 다른 사람과 더불어 살아가며 인(仁)을 실현하는 것
불교	청정한 불성을 바탕으로 '나'라는 의식을 벗어버리기 위해 수행하며, 고통받는 중생을 구제하는 실천을 통해 해탈의 경지에 이르는 것
도가	타고난 본성에 따라 인위적인 것이 더해지지 않은 자연 그대로의 모습으로 살아가는 것(무위자연의 삶)

117 ㄱ. 유교는 모든 덕의 기초를 인(仁)으로 보고, 인을 실천할 때 이상적 상태에 도달할 수 있다고 본다. ㄹ. 유교는 인간의 본성을 도덕적인 것으로 보고, 도가는 인간의 본성을 자연적인 것으로 본다. 이처럼 유교와 도가는 인간의 본성에 대해서는 다르게 보았지만, 공통적으로 인간이 타고난 자신의 본성을 실현할 때 이상적 삶에 도달할 수 있다고 보았다.

118 제시된 글에서 정약용이 말하는 열복은 현실적인 성공과 출세를 뜻하고, 청복은 마음의 평화를 의미한다. 정약용은 열복도 중요하지만, 하늘이 몹시 아껴 잘 주지 않으려는 청복이야말로 진정한 행복이라고 주장하였다. ④ 열복은 직업 생활에서 자신의 역량을 발휘하여 전문성을 인정받을 때 느끼는 행복이다.

바로알기 | ① 정약용은 열복보다 청복이 진정한 행복이라고 보았다. ② 열복은 세속에서 말하는 성공과 출세를 뜻한다. ③ 청복이 아니라 열복을 지향하기 위해서 권력과 명예를 추구해야 한다. ⑤ 자신의 적성에 맞는 직업을 선택하기 위해 다양한 경험을 쌓을 때 얻을 수 있는 행복은 열복이다.

119 ㄴ, ㄷ. 제시된 글에 따르면 사회적 성공과 영광을 누리는 행복은 열복이고, 소박한 삶을 통해 내면에서의 즐거움을 누리는 행복은 청복임을 알 수 있다.

바로알기 | ㄱ. 자연 속에서 시를 읊으며 느끼는 행복은 청복과 관련된다. ㄹ. 비단옷과 수레, 권력과 같은 사회적 성공은 열복과 관련된다.

120 ② (나) 에피쿠로스학파는 육체에서의 고통과 마음에 불안이 없는 상태, 즉 아타락시아(ataraxia)에 도달할 때 인간이 진정한 행복을 누릴 수 있다고 보았다.

바로알기 | ① (가) 아리스토텔레스는 행복이 이성을 추구할 때 달성될 수 있다고 보았다. ③ (다) 중세 시대에는 신앙심을 바탕으로 신의 구원과 은총을 받는 것을 행복으로 여겼다. ④ (라) 칸트는 인간으로서 마땅히 지켜야 할 도덕 법칙을 실천한 사람이 행복을 누릴 자격을 갖출 수 있다고 보았다. ⑤ (마) 벤담은 행복은 곧 쾌락이라고 보았다.

121

> 행복이 최고의 선이라는 것은 누구나 다 아는 이야기이다. 그러나 행복에 관해 좀 더 살펴볼 필요가 있는데, 그러기 위해서는 먼저 인간의 기능에 관해 알아야 한다. …… 인간은 세 가지 기능, 즉 영양 섭취와 같이 생존에 필요한 생명의 기능, 감각과 운동의 기능, 정신의 이성적 활동 기능을 지니고 있다. 이 가운데 생명의 기능은 식물에도 있으며, 감각과 운동의 기능은 동물에게도 있다.
>
>

제시된 내용을 주장한 서양 사상가는 아리스토텔레스이다. 아리스토텔레스는 인간만이 지닌 기능인 정신의 이성적 활동을 통해 탁월성을 발휘하는 것이 최고선인 행복이라고 보았다.

122 아리스토텔레스는 행복에 대해 최고선이자 궁극적인 목적으로서 인간만이 가진 기능인 이성적 활동을 통해 덕을 탁월하게 발휘할 때 달성된다고 본다.

바로알기 | ㄷ. 아리스토텔레스는 행복이 최고의 선이기 때문에 행복보다 더 상위의 목적은 없다고 본다. ㄹ. 아리스토텔레스는 영양 섭취와 같은 생존에 필요한 기능은 식물이나 동물에게도 있는 것이므로 이러한 기능만으로는 진정한 행복에 도달할 수 없다고 본다.

123 아리스토텔레스는 덕과 일치하는 정신의 활동을 통해 행복에 이를 수 있다고 보았고, 행복을 삶의 궁극적인 목적이라고 보았다. 또한 생명의 기능과 감각·운동의 기능은 인간이 아닌 존재에게도 있지만, 이성의 기능은 인간만의 고유한 기능이므로 행복한 삶을 위해서는 이성의 기능을 발휘해야 한다고 보았다.

바로알기 | 네 번째 진술. 아리스토텔레스는 현실의 삶을 중시하였으므로 세속을 떠나 자연 속에 머물며 이성을 통해 욕망을 절제해야 한다고 보지 않았다.

124 인간의 기능을 세 가지로 분류하고, 그 가운데 인간만의 고유한 기능인 정신의 이성적 활동 기능을 잘 발휘할 때 덕을 갖출 수 있다고 주장한 사상가는 아리스토텔레스이다. ㄴ, ㄷ. 아리스토텔레스는 행복은 덕(德)과 일치하는 영혼의 활동이며, 모든 인간이 추구하는 최고의 선이자 궁극적인 목적이라고 보았으므로, 제시된 질문에 긍정의 대답을 할 것이다.

바로알기 | ㄱ. 아리스토텔레스는 물질적 부유함을 부정하지는 않으나, 물질적 부유함이 행복의 본질이라고 보지는 않았다. ㄹ. 아리스토텔레스는 정신의 이성적 활동 기능을 인간만이 지니는 고유한 기능으로 보았다.

125 제시된 글은 정신적 쾌락을 통해 몸의 고통과 마음의 불안이 없는 아타락시아(ataraxia)를 추구하는 에피쿠로스의 주장이다. 에피쿠로스는 결핍 때문에 생기는 고통을 제거하고 정신적 쾌락을 통해 행복을 얻을 수 있다고 주장하였다.

바로알기 | ② 종교적 실천을 통한 신의 구원을 강조하는 것은 중세의 행복론이다. ③은 서양 근대 사상가인 칸트 등의 주장이다. ④ 자유와 평등의 실현을 통해 행복을 실현해야 함을 주장하는 것은 근대의 행복론이다. ⑤는 동양의 도가의 입장이다.

126 **모범 답안** (1) 헬레니즘 시대

(2) 에피쿠로스학파는 몸에 고통이 없고 마음에 불안이 없는 평온한 삶을 행복이라고 보았다.

127 제시된 글은 헬레니즘 시대의 스토아학파의 주장이다. 스토아학파는 정념에 방해받지 않는 초연한 태도로 자연의 질서에 따라 사는 것을 행복이라 주장하였고, 자연 안의 모든 일은 이미 결정되어 있으므로 자연에 순응하는 삶을 살아야 한다고 강조하였다. ㄱ, ㄹ. 스토아학파는 이성을 따르는 평온한 삶을 추구했으며, 정념에 방해받지 않고 자연의 질서를 따르며 살 것을 주장하였다.

바로알기 | ㄴ, ㄷ. 정신적이고 지속적인 쾌락을 추구하는 삶과 육체에 고통이 없고 마음에 불안이 없는 삶은 헬레니즘 시대의 에피쿠로스학파가 강조하는 삶의 자세이다.

✔ 개념 보충

헬레니즘 시대의 행복론

에피쿠로스학파	스토아학파
• 행복: 육체에 고통이 없고 마음에 불안이 없는 평온한 삶	• 행복: 정념에 방해받지 않는 초연한 태도로 자연의 질서에 따라 사는 삶
• 욕구를 추구하는 적극적 쾌락이 아닌 고통을 제거하는 소극적 쾌락 추구	• 자연 안의 모든 일은 결정되어 있으므로 그것을 바꿀 수 없다고 주장
• 쾌락을 통해 평온한 삶 추구	• 이성을 통해 평온한 삶 추구

128 갑은 스토아학파, 을은 에피쿠로스학파의 입장을 취하고 있다. 스토아학파는 흔들리지 않는 마음의 상태인 아파테이아(apatheia)를 추구하며, 자연 안에 일어나는 일이 결정되어 있음을 받아들여야 한다고 주장한다. 에피쿠로스학파는 몸에 고통이 없고 마음에 불안이 없는 상태인 아타락시아(ataraxia)를 추구하며, 정신적 쾌락을 지향해야 한다고 주장한다. 스토아학파와 에피쿠로스학파는 모두 '행복이란 안정되고 평온한 마음 상태를 추구하는 것인가?'라는 질문에 긍정의 대답을 할 것이다.

129 갑은 이성이 세운 도덕 법칙을 행위의 동기로 삼아 의무로 따를 때 그 행위가 비로소 도덕적이라고 보며, 이러한 도덕적 행위의

동기를 선의지라고 부른 칸트이다. ④ 칸트는 인간의 욕구나 경향성이 도덕 법칙을 따르는 데 방해가 되는 경우, 이를 극복해야 한다고 보았다.

바로알기 | ① 칸트에게 도덕을 판단하는 기준은 쾌락과 고통이 아닌 이성이다. ② 삶의 질과 처지의 향상은 도덕적 행위의 실천과는 관계가 없다. ③은 스토아학파, ⑤는 공리주의가 조언할 내용이다.

130 갑은 고대 서양 사상가인 에피쿠로스, 을은 근대 서양 사상가인 벤담이다. ㄴ. 두 사상가 모두 행복을 결정하는 주요한 감정으로 쾌락을 제시하였으므로, B에 들어갈 진술로 적절하다. ㄹ. 에피쿠로스는 '육체의 고통과 마음의 불안'을 없애기 위해서는 공적인 삶에 참여하지 않아야 한다고 보았다. 즉, 최대 다수의 최대 행복은 에피쿠로스가 아닌 벤담만의 주장에 해당하므로, C에 들어갈 진술로 적절하다.

바로알기 | ㄱ. 에피쿠로스에 따르면 정신적 쾌락보다 물질적 쾌락을 추구할 때 쾌락의 역설에 빠질 가능성이 높다. 즉, 제시된 진술은 A에 들어갈 진술로 적절하지 않다. ㄷ. 에피쿠로스는 쾌락의 역설을 피하기 위해 만족을 추구해야 할 욕구를 정확하게 분별하는 것이 필요하다고 주장하며, 이를 위해서는 이성의 기능이 필요하다고 본다. 벤담도 쾌락이 행복을 위해 중요하지만, 최대 다수의 최대 행복을 계산하는 과정에서 이성의 기능이 필요하다고 본다. 즉, 두 사상가 모두 행복 실현을 위해 이성이 일정한 역할을 한다고 보므로, 제시된 진술은 B에 들어갈 진술로 적절하지 않다.

131 ㉠은 에피쿠로스학파, ㉡은 스토아학파, ㉢은 칸트, ㉣은 벤담과 밀이다. 에피쿠로스학파는 정신적 쾌락을 통해 몸에 고통이 없고 마음에 불안이 없는 상태를 추구하였고, 스토아학파는 정념에서 벗어나 이성을 통해 흔들리지 않는 마음의 상태를 추구하였다. 칸트는 자신의 처지에 만족하며 도덕 법칙을 실천하며 살아갈 것을 강조하였고, 벤담과 밀은 최대 다수에게 최대 행복을 가져다주는 행위를 할 것을 강조하였다.

132 ㉠ 정약용은 행복을 세속적 성공으로 얻을 수 있는 열복과 소박하게 살면서 얻을 수 있는 청복으로 나누었고, ㉡ 불교에서는 생로병사의 고통에서 벗어나 '나'라는 의식을 벗어 버림으로써 해탈에 이르는 것을 행복이라 보았다. ㉣ 에피쿠로스학파는 전쟁과 사회적 불안에서 벗어나 육체에 고통이 없고 마음에 불안이 없는 상태를 추구하였고, ㉤ 칸트는 인간으로서 마땅히 지켜야 할 도덕 법칙을 실천하는 사람은 행복을 누릴 자격이 있다고 보았다.

바로알기 | ㉢ 자연의 질서에 따르는 이성적인 삶으로 흔들리지 않는 마음의 상태인 '아파테이아'를 추구한 것은 스토아학파이다.

개념 확인 문제 34쪽

133 자연환경	**134** 경제적 안정	**135** 고용	**136** 민주적
137 도덕적 성찰	**138** 도덕적 실천	**139** 질 높은 정주 환경	
140 경제적 안정	**141** 민주	**142** 민주주의의 발전	

난이도별 필수 기출 34쪽~41쪽

143 ①	**144** ⑤	**145** ②	**146** 해설 참조	**147** ④
148 ③	**149** ③	**150** ②	**151** ④	**152** ②
153 ①	**154** ①	**155** ⑤	**156** 해설 참조	**157** ④
158 ⑤	**159** ④	**160** ③	**161** ①	**162** ⑤
163 ⑤	**164** ④	**165** ②	**166** 해설 참조	**167** ①
168 ①	**169** ④	**170** ②	**171** ③	**172** ②
173 ①	**174** ②	**175** ④	**176** ④	**177** ②
178 ⑤				

143 ㉠은 정주 환경이다. 정주 환경은 우리가 살아가는 터전을 둘러싼 환경이며, 가장 중요한 생존 조건에 해당한다.

바로알기 | ㄷ, ㄹ. 정주 환경은 한 사람이 살고 있는 주거 환경뿐만 아니라 깨끗한 자연환경, 안전하고 풍요로운 사회적 환경 등을 모두 포함한다.

✔ 개념 보충

질 높은 정주 환경의 요인

자연환경	깨끗한 물, 대기, 토양 등
인문환경	안락한 주거 환경, 안전하고 풍요로운 사회적 환경(치안 서비스, 보건 및 위생 서비스, 교육·문화 서비스 등), 발달된 교통·통신 시설 등

144 제시된 사례들은 열악한 주거 시설에서 거주하는 사람들의 모습을 보여 준다. 이 사례들을 통해 행복한 삶을 실현하기 위해서는 쾌적하고 인간다운 삶을 유지할 수 있는 질 높은 정주 환경이 조성되어야 함을 추론할 수 있다.

145

유리한 경제활동의 여건 · 풍수적 길지 · 지역의 인심과 풍속

사람이 살터를 정할 때 첫째는 ㉠ 지리(地理)가 좋아야 하고, 둘째는 ㉡ 생리(生利)가 좋아야 하며, 셋째는 ㉢ 인심(人心)이 좋아야 하고, 넷째는 ㉣ 산수(山水)가 좋아야 한다. 이 중 하나라도 모자라면 좋은 땅이라고 할 수 없다. 지리가 뛰어나도 생리가 부족하면 오래 살 수 없고, 생리가 좋아도 지리가 나쁘면 그 또한 오래 살 수 없다. 지리와 생리가 모두 좋아도 인심이 나쁘면 반드시 후회할 일이 생기고, 가까운 곳에 즐길 만한 산수가 없으면 마음을 풍요롭게 가꿀 수 없다.

· 아름다운 지연 경관

– 이중환, 『택리지』

제시된 글은 조선 후기 실학자인 이중환의 저서 『택리지』의 일부분이다. 이중환은 주거를 선정하는 기준으로 풍수적으로 좋은 땅인지를 살펴보는 '지리', 경제활동이 유리한지를 살펴보는 '생리', 지역의 인심과 풍속이 좋은지를 살펴보는 '인심', 자연 경관이 아름다운지를 살펴보는 '산수'를 들고 있다. 이를 통해 질 높은 정주 환경이 갖추어질 때 행복한 삶을 살 수 있다는 것을 알 수 있다.

146 [모범 답안] ㉠ 지리는 풍수지리적 명당, ㉡ 생리는 그 땅에서 생산되는 이익, ㉢ 인심은 넉넉하고 좋은 이웃 간의 정, ㉣ 산수는 빼어난 경치를 의미하는데, 이는 공통적으로 행복한 삶의 실현 조건 중 질 높은 정주 환경과 관련된다.

147 제시된 글에서 이중환은 질 높은 정주 환경을 실현하기 위해 ㉠ 지리(地理), ㉡ 생리(生利), ㉢ 인심(人心), ㉣ 산수(山水)를 제시하고 있다. ㄱ, ㄴ. 지리는 배산임수와 같은 풍수지리적 길지와 관련되며, 생리는 그 땅에서 생산되는 이익으로 풍부한 산물과 같은 경제활동의 여건과 관련된다.
바로알기 | ㄷ. 경제적 안정과 관련된 것은 생리이다.

148 첫 번째 내용에 제시된 녹지 환경, 교통 편리성, 교육 여건, 의료 시설과 두 번째 내용에 제시된 풍수, 경제적 여건, 자연 경관, 인심과 풍속은 모두 질 높은 정주 환경의 요건에 해당한다. 따라서 제시된 내용에서는 공통적으로 행복한 삶을 위한 질 높은 정주 환경의 조성을 강조하고 있음을 알 수 있다.

149 (가)는 『택리지』의 내용으로 지리, 생리, 인심, 산수를 질 높은 정주 환경의 요건으로 제시하고 있다. (나)는 현대 사회에서 중시되는 정주 환경의 요건으로, 교통 편리성, 직장과의 거리, 편의 시설 접근성, 주거·환경 쾌적성, 교육 여건 우수성 등을 제시하고 있다. ① (가)에서는 풍수 사상에 근거한 좋은 땅인 '지리'와 이웃 간의 정인 '인심'을 중시하고 있다. ② (나)에서는 보건 및 위생, 교육 서비스 등 안전하고 풍요로운 사회·문화적 환경의 필요성을 제시하고 있다. ④ 풍수지리적 명당의 조건은 (가)의 '지리'에 잘 나타나 있다. ⑤ (가)는 '생리'를 통해, (나)는 '직장과의 거리'를 통해 안정적인 생계유지를 중요한 조건으로 꼽고 있다.
바로알기 | ③ (가)에서는 '산수'를 통해 빼어난 자연환경의 아름다움을 강조하고 있으며, (나) 역시 '주거·환경 쾌적성'을 통해 깨끗한 자연환경을 중시하고 있다.

150 제시된 법령들은 국민의 쾌적하고 인간다운 삶을 위한 정주 환경 조성을 목적으로 삼고 있다. 법령에 근거하여 인간다운 생활을 위한 체육·복지 시설을 마련하고, 인간과 자연의 공존을 위한 녹지 공간을 확대하여 질 높은 정주 환경을 조성함으로써 국민의 행복한 삶에 기여할 수 있다.
바로알기 | ㄱ. 1인당 최소 주거 면적은 국민의 쾌적한 삶을 위한 최저 주거 기준으로서 철폐의 대상이 아니다. ㄹ. 주거 빈곤 문제는 질 높은 정주 환경의 조성을 위한 정책 마련을 통해 해결해야 할 문제이다.

151 제시된 기사는 겨울철에 경제적 어려움을 겪고 있는 취약 계층을 위해 다양한 정책과 제도, 이웃에 대한 관심이 필요함을 강조하고 있다. 이를 통해 우리는 행복한 삶을 위한 조건으로 경제적 안정이 반드시 필요함을 알 수 있다. 따라서 ④ 경제적 측면에서 인간이 살아가기 위해 필요한 기본적인 문제를 해결해야만 행복한 삶을 실현할 수 있음을 알 수 있다.

152 제시된 글은 '항산'이 있어야 '항심'이 있다는 맹자의 주장이다. 항산은 경제적 안정을 가능하게 하는 고정적인 생업이며, 항심은 흔들림 없는 도덕적인 마음이다. 맹자는 이러한 주장을 통해 경제적 안정이 도덕적인 삶을 위해서 얼마나 중요한지에 대해 강조하고 있다.

153 제시된 글은 맹자의 주장이다. 항산은 삶을 유지할 수 있는 경제적인 안정을, 항심은 도덕적인 마음을 의미한다. 유교에서는 도덕적인 삶을 가장 이상적인 삶으로 인식했으므로 도덕적 삶과 행복한 삶은

일맥상통한다. 따라서 제시된 글이 강조하는 행복의 조건으로 가장 적절한 것은 경제적 안정을 통해 자신의 필요를 충족함으로써 행복한 삶을 실현하는 것이다.

154 제시된 글에서 맹자는 경제적 안정과 도덕적 삶이 밀접한 관련이 있음을 주장하고 있다. 따라서 백성들의 생업을 마련해 주는 것은 정치를 담당하고 있는 사람의 의무라는 주장과 군주는 백성들의 경제적 안정에 힘써야 한다는 주장이 맹자의 생각과 일치한다고 볼 수 있다.
바로알기 | ㄷ. 맹자는 경제 문제가 해결되어야만 도덕적 삶도 가능하다고 주장하고 있으므로, 경제 문제와 도덕이 밀접한 관련이 있다고 본다. ㄹ. 맹자가 항산이 있어야 항심이 있다고 주장한 것은 일반 백성의 경우에 해당한다. 이와 달리 선비의 경우에는 일정한 생업이 없어도 도덕적인 마음을 간직할 수 있다고 주장하였다.

155 제시된 그래프를 통해 단기적으로 소득과 행복은 정(+)의 상관관계를 보이지만, 장기적 추세에서는 소득과 행복이 비례 관계를 유지하지 않는다는 것을 알 수 있다.

156 [모범 답안] 그래프는 미국의 경제학자 이스털린이 주장한 '이스털린의 역설'을 나타낸다. 이스털린은 단기적으로는 소득이 증가하면 행복감이 증가하나, 장기적으로는 소득이 일정 수준에 도달하면 더 이상 행복감에 영향을 미치지 않을 수도 있다고 주장하였다.

157 제시된 글은 돈과 행복의 상관관계에 대한 연구 내용이다. 이를 통해 일정 수준까지 소득이 증가할수록 삶에 대한 만족도는 증가하나, 소득이 일정 수준에 도달하면 행복이 돈 이외의 요소에 더 큰 영향을 받을 수도 있음을 알 수 있다.
바로알기 | ㄱ. 제시된 글은 일정한 수준까지 소득 수준이 높아지면 소득이 더 이상 행복감에 영향을 미치지 않을 수도 있다는 것을 보여 줌으로써 경제적 부가 행복의 절대적 조건이 아님을 알려 준다. ㄷ. 제시된 글에 따르면 어느 수준까지는 소득이 증가할수록 사람들이 느끼는 행복감이 이에 비례하여 나타나지만, 일정 수준이 지나면 소득과 행복감은 비례하여 나타나지 않는다.

158 갑은 소득과 행복이 관련이 있기는 하지만, 반드시 비례하는 것은 아님을 강조하고 있다. 소득이 일정 수준에 도달하여 기본적 욕구가 충족되면, 소득은 더 이상 행복에 큰 영향을 미치지 않는다는 것이다. 따라서 갑의 입장에서는 '행복한 삶을 위해서는 일정 수준의 소득이 필요한가?'라는 질문에 긍정의 대답을 할 것이다.
바로알기 | ① 갑은 소득과 행복이 관련이 있다고 본다. ② 갑은 일정 수준의 소득에 도달하고 나면 소득이 증가해도 행복감이 증가하지 않는다고 본다. ③ 갑은 돈이 행복에 미치는 영향에 한계가 있다고 본다. ④ 갑은 국가의 부가 증대하더라도 국민의 행복 수준이 이에 완전히 비례하여 증가하는 것은 아니라고 본다.

159 갑은 소득과 행복은 관련이 있지만, 소득이 증가한다고 해서 행복이 반드시 증가하는 것은 아니라고 본다. 을은 소득의 증가와 행

복의 증가는 비례하므로 국가가 부유해질수록 국민의 행복 수준도 더 높아진다고 본다. 이처럼 갑, 을은 모두 소득과 행복한 삶은 관련이 있다고 본다.
바로알기 | ① 갑은 물질적 풍요가 행복을 위해 필요하다고 생각하지만, 항상 행복을 보장한다고 보지는 않는다. ② 갑은 경제적 소득이 높아져도 소득이 일정 수준에 도달하면 더 이상 행복에 큰 영향을 미치지 않는다고 본다. ③ 을은 국가 내에서 소득의 증가와 행복이 비례한다고 본다. ⑤ 갑에 비해 을은 완전한 행복이 물질적 조건들만 충족되면 실현될 수 있다고 본다.

160 경제적 안정과 삶의 질은 밀접한 관계를 맺고 있다. ① 경제적 안정이 행복한 삶을 위한 충분조건이라고는 할 수 없지만, 경제적 안정은 인간이 행복할 수 있는 기본 토대가 된다. ② 국가의 부의 수준이 높고, 국민 소득이 높다고 해서 모든 구성원의 삶의 질이 높은 것은 아니다. ④ 국가의 부를 기초로 국민에게 쾌적한 환경과 질 높은 의료 및 교육 혜택을 제공하는 것이 가능하다. ⑤ 경제적 안정을 넘어 사회 내의 빈부 격차를 줄이기 위해 실업 급여, 사회 보험 등 다양한 복지 제도를 마련해야 한다.
바로알기 | ③ 국민 소득의 증가에 비례하여 국민의 행복감이 제한 없이 증가하는 것은 아니다. 경제적 안정 외에도 민주주의의 발전, 도덕적 실천 등 다양한 요인이 행복한 삶에 영향을 미친다.

161 제시된 글은 국가의 부가 국민에게 질 높은 정주 환경을 제공하는 기초가 되기 때문에 부를 일정 수준으로 유지하는 것은 중요하지만, 빈곤으로 인한 취약 계층의 어려움도 해소해야 함을 강조하고 있다. 따라서 (가)에는 경제적 안정과 함께 사회 복지 제도도 마련되어야 한다는 말이 들어갈 수 있다.

162 갑은 『택리지』를 쓴 이중환으로 인간이 살기에 적합한 곳은 '지리', '생리', '산수', '인심'을 갖추고 있어야 함을 주장한다. 을은 맹자로 바른 정치를 하는 왕은 백성들에게 일정한 생업인 '항산'을 마련해 주어, 도덕적인 마음인 '항심'을 가질 수 있도록 해야 함을 주장한다. ⑤ 을의 관점을 오늘날에 적용하면 개인이 도덕적이며 행복한 삶을 살도록 하기 위해서는 우선 고용 안정을 위한 일자리 창출과 복지 확충이 이루어져야 한다고 볼 것이다.
바로알기 | ① 갑은 행복한 삶을 위한 조건으로 질 높은 정주 환경을 제시하고 있다. ② 갑은 경제활동에 유리한 환경인지를 따지는 것은 '생리'라고 칭하였다. ③ 을은 항심의 실현을 위해 항산이라는 경제적 안정을 강조하고 있다. ④ 을은 백성에게 일정한 생업인 '항산'을 보장해 주는 것을 통치자의 중요한 역할이라고 본다.

163 제시된 글의 A국은 이전에는 아시아 국가 중에서 민주주의 제도가 비교적 잘 갖추어지고 경제 수준도 높았으나, 독재 정권에 의한 정경 유착, 부정부패가 심해지면서 경제적 어려움과 빈부 격차, 높은 범죄율로 고통받고 있다. 이를 통해 부당한 권력의 횡포와 남용을 막을 수 있는 민주주의의 발전이 행복한 삶을 위한 중요한 조건임을 알 수 있다.

164 갑, 을의 대화를 통해 민주주의의 실현이 인간의 행복을 실현하는 중요한 요인임을 알 수 있다. 이를 통해 시민의 정치적 의사가 잘 반영되는 민주 국가가 시민의 인권을 존중할 수 있다는 것과 정치적 의사를 자유롭게 표출하고 이것이 정책에 반영될 때 행복이 증대된다는 것, 민주 정치가 발전한 나라일수록 시민 각자가 원하는 삶을 살 수 있다는 것 등 정치적·사회적 참여가 행복과 관련한 내재적 가치를 지님을 추론할 수 있다.

바로알기 | ㄴ. 민주주의 지수가 높은 나라에서는 시민이 정치 참여의 객체가 아니라 정치 참여의 주체로서 사회의 다양한 문제를 해결하는 과정 속에서 만족감을 느낄 수 있다.

165 ㄱ. 세계 민주주의 지수 순위가 높은 노르웨이, 뉴질랜드, 핀란드는 세계 행복 지수 순위도 상대적으로 높다는 점을 알 수 있다. ㄴ. 자료에 제시된 세계 민주주의 지수의 산출 방식에 대한 설명에 따르면 '정치 참여'가 세계 민주주의 지수에 포함되어 있다. 따라서 세계 민주주의 지수 순위가 높은 국가들은 시민의 정치 참여가 활성화되어 있을 것으로 볼 수 있다. ㄹ. 세계 민주주의 지수에는 '정부의 기능'이 포함되어 있는데, 이를 통해 세계 민주주의 지수 순위가 낮은 국가들은 정부가 시민의 요구에 반응해 삶의 질을 향상하는 정도가 낮을 것으로 볼 수 있다.
바로알기 | ㄷ. 제시된 자료에 따르면 세계 민주주의 지수 순위가 높은 국가는 세계 행복 지수 순위도 높은 편이고, 세계 민주주의 지수 순위가 낮은 국가는 세계 행복 지수 순위도 낮은 편임을 파악할 수 있다. 따라서 두 지수에 따른 등수가 정확히 일치하지는 않더라도 세계 민주주의 지수와 세계 행복 지수는 어느 정도 상관관계가 있음을 파악할 수 있다.

166 모범 답안 (1) 민주주의의 발전
(2) 선거, 정당이나 이익 집단 활동, 시민 단체 활동 등이 있다.

167 제시된 글에서는 행복한 삶을 위한 실현 조건 중 민주주의의 발전을 강조하고 있는데, 민주적인 정치 참여 제도의 발전이 권력 간의 견제나 잘못된 정책에 대한 비판을 가능하게 하여 국민이 비참한 삶의 형태에 빠지지 않도록 할 수 있다고 주장하고 있다.
바로알기 | ②, ④, ⑤ 정주 환경, 도덕적 실천, 기본적 욕구의 만족은 제시된 글과 관련이 없다. ③ 시민의 권리와 의무를 소수에게 전부 양도할 경우 민주주의가 발전하기 어렵다.

168 민주주의의 발전을 위해서는 정치적 참여가 필수적인데, 시민의 정치적 참여를 보장하는 대표적인 제도로는 선거 제도가 있다.
바로알기 | ㄴ, ㄷ은 경제적 안정과 관련한 제도이다. ㄹ은 질 높은 정주 환경의 조성과 관련한 제도이다.

169 제시된 글은 시민이 행복한 삶을 꾸려 나가기 위해서는 시민의 참여를 활성화하여 민주주의를 실현해 나가야 한다고 본다. 따라서 민주주의를 실현하려면 자신의 견해와 일치하는 시민 단체에 가입하여 활동하거나, 언론 매체에 투고 또는 행정 기관에 건의 및 청원 활동을 하고 선거를 통해 시민의 대표를 선출하거나 공직에 진출하는 등 바람직한 시민 참여 활동이 필요하다.
바로알기 | ㄹ. 개인의 이익을 위한 집회나 시위에 참여하는 것은 민주 시민의 권리라고 할 수 있지만, 집회나 시위에 참여하여 물리적인 힘을 행사하는 것은 바람직한 시민 참여의 모습이라고 보기 어렵다.

170 제시된 사례에서 A 씨와 B 씨는 자발적으로 타인을 돕는 도덕적 행동을 실천함으로써 행복감을 느끼고 있다. 따라서 제시된 사례들을 통해 행복한 삶을 위해서는 도덕적 실천이 필요함을 알 수 있다.

171 제시된 사례는 행복한 삶을 실현하기 위한 조건 중 도덕적 실천과 관련되어 있다. 이에 따르면 남을 도울 때는 타인의 입장이 되어 보는 역지사지의 자세가 필요하며, 타인과 더불어 살아가려는 노력이 자신과 공동체 모두에게 행복을 가져다줄 수 있다.
바로알기 | ㄹ. 제시된 사례들을 통해 관련 내용을 파악할 수 없으며, 남을 돕기 위해서 일정 수준 이상의 소득 보장이 반드시 전제되어야 하는 것은 아니다.

172 이발사 A 씨는 동네 어르신들께 무료 이발 서비스를 제공하고 있으며, 이 과정에서 자신의 마음이 더욱 풍요로워져 행복한 감정을 느끼고 있다. 따라서 제시된 사례는 도덕적 실천이 행복한 삶에 기여하는 사례임을 알 수 있다.

173 밑줄 친 '이 가문'은 얼마든지 이익을 추구할 수 있는 상황에서도 자신의 이익만을 추구하지 않고, 타인을 배려하며 타인과 공동체를 위해 나눔과 베풂을 실천하고 있다.

174 제시된 글의 '나'는 남을 돕는 행위가 자신을 타인에게 필요한 사람이라 느끼게 해 주어 행복감을 높여 준다고 본다. 반면, '어떤 학자'는 도덕적 실천이 장기적으로 자신에게 손해를 초래하게 된다고 본다. 따라서 나는 어떤 학자의 견해에 대해 도덕적 실천이 자존감 향상에 도움을 줄 수 있음을 간과하고 있다고 비판할 수 있다.

175 제시된 글은 도덕적 삶을 통해서 삶의 의미와 행복을 느낄 수 있음을 주장한다. 이처럼 도덕적 규범과 가치가 무엇인지 고민하고 이를 일상에서 실천하면서 보다 나은 사람이 될 수 있는데, 이를 위해 우리는 무엇이 옳은지 안다면 반드시 실천으로 옮겨야 하고, 양심의 소리에 귀 기울이며 선하게 살아가기 위해 노력해야 한다.
바로알기 | ㄱ. 도덕적으로 살아가기 위해서는 순간적인 기분이나 이로움이 아니라 바람직한 규범과 가치에 따라 행동해야 한다. ㄷ. 자신만을 위한 삶이 아닌 타인을 배려하고 돕는 삶을 통해 더 행복해진다는 것을 알아야 한다.

176 ㄴ. 경제적 안정을 위해 경제 활성화와 함께 안정적인 복지 정책을 추구해야 한다. ㄹ. 도덕적 실천을 위해 인권, 정의와 같은 보편적 가치에 따라 행동해야 한다.
바로알기 | ㄱ. 질 높은 정주 환경을 위한 깨끗한 물, 대기와 같은 것들은 인문환경이 아니라 자연환경에 해당한다. ㄷ. 민주주의의 발전은 시민의 자유와 평등, 인권의 존중을 전제로 가능하므로 민주주의의 발전 정도와 시민의 인권 존중 정도는 비례 관계에 있다.

✔ 개념 보충

행복한 삶을 위해 필요한 조건

질 높은 정주 환경	• 필요성: 쾌적하고 인간다운 삶 유지 • 요건: 깨끗한 자연환경, 안전하고 풍요로운 사회적 환경
경제적 안정	• 필요성: 인간의 기본적 생계유지 및 필요 충족 • 요건: 고용 안정, 복지 강화
민주주의의 발전	• 필요성: 시민의 기본적 자유와 권리 보장 • 요건: 민주적 정치 제도, 시민의 적극적 정치 참여
도덕적 실천	• 필요성: 공동체 구성원 모두의 행복 추구 • 요건: 도덕적 성찰, 역지사지의 태도, 사회적 약자 배려

177 (가)는 타인을 도움으로써 느끼는 만족감이 행복에 지대한 영향을 미친다는 것을 강조하고 있다. (나)는 민주주의가 실현된 국가가 그렇지 못한 국가보다 국가적인 어려움에 신속하게 반응해 재난을 보다 효율적으로 해결할 수 있다고 본다. 따라서 행복의 조건 가운데 (가)를 통해서는 도덕적 실천의 중요성을, (나)를 통해서는 민주주의 발전의 필요성을 알 수 있다.

178 행복한 삶을 위해서는 질 높은 정주 환경, 경제적 안정, 민주주의의 발전, 도덕적 실천 등 다양한 요소가 필요하다. 이 가운데 시민 각자가 원하는 삶의 방식을 자유롭게 추구하기 위해서는 민주주의의 발전이 필요하다.
바로알기 | ① 경제적 안정은 기본적 생계유지를 위해 필요하지만, 삶의 여유를 바탕으로 자아실현의 기회를 갖기 위해서도 필요하다. ② 행복은 다른 무엇을 이루기 위한 수단이 아니라 삶의 궁극적인 목적이다. ③ 도덕적 실천은 보편적 가치에 따르려는 노력을 통해 가능하다. ④ 주거, 소득, 고용, 수명, 교육 수준 등은 행복의 객관적 요소에 해당한다.

179 ②	180 ①	181 ③	182 ⑤	183 ②
184 ①	185 ①	186 ⑤	187 ⑤	188 ③
189 ⑤	190 ①	191 ①	192 ①	193 ①
194 ①				

179 (가) 선사 시대에는 식량이 부족하여 생존을 위해 먹을 것을 얻는 것(ㄴ)이 행복의 기준이 되었고, (나) 전쟁과 같은 사회적 혼란이 심화되었던 헬레니즘 시대에는 사회적 혼란에 따른 불안에서 벗어나 마음의 평온을 얻는 것(ㄹ)이 행복의 기준이 되었다. (다) 서양 중세 시대에는 신앙을 통해 절대자에게 귀의하는 것(ㄷ)이 행복의 기준이 되었고, 생산 능력이 향상되었으나 빈부 격차 또한 심했던 (라) 산업화 시대에는 물질적인 기반을 갖추는 것(ㄱ)이 행복의 기준이 되었다.

180 갑은 사막 지역이라는 자연환경에 의해 물 부족과 각종 질병에 시달리고 있다. 을은 신분 제도라는 사회 구조로 인해 자신의 주장을 펼치거나 꿈을 이루기 어려운 상황에 처해 있다. ① 갑은 깨끗한 물을 이용할 수 있는 자연적 조건을 추구함으로써 행복의 기준으로 질 높은 정주 환경의 조성을 요구할 것이다.
바로알기 | ② 갑은 행복의 기준으로 주관적 만족감보다는 주거 환경과 같은 객관적 요소를 더 강조할 것이다. ③ 을은 개인의 행복에 사회 구조가 큰 영향을 미친다고 볼 것이다. ④ 을은 행복의 기준으로 개인이 원하는 것을 자유롭게 할 수 있는 사회 구조를 요구할 것이다. ⑤ 갑은 행복의 기준을 공간적 관점에서, 을은 사회적 관점에서 볼 것이다.

181 제시된 글에서는 고대 그리스인과 고대 중국인의 삶을 비교하여 서술함으로써 주어진 환경에 따라 행복의 기준이 달라질 수 있음을 설명하고 있다. 이에 따르면, 고대 그리스인에 비해 고대 중국인은 협력적 정서로부터 행복감을 느낀다. 반면, 고대 중국인에 비해 고대 그리스인들은 경쟁을 통한 개인의 성취를 달성할 때 행복감을 느낀다.
바로알기 | ㄱ. 개인의 자율성을 중시하는 것은 고대 그리스인이다. ㄷ. 인간관계를 중시하는 것은 고대 중국인이다. ㅁ. 어떤 행복관이 현대에 더 적합한지는 상황과 기준에 따라 달라질 수 있다.

182 ㉠에 들어갈 말은 '행복'이다. 행복의 진정한 의미를 실현하기 위해서는 자신이 만족할 수 있는 본질적 가치를 목표로 설정하고, 이를 추구하며 살아갈 필요가 있다.
바로알기 | ① 남들과 비교하기보다는 자신이 스스로 삶의 기준을 세우고, 이를 달성하기 위해 노력하는 것이 중요하다. ② 진정한 행복을 위해서는 행복의 주관적 요소와 객관적 요소를 조화롭게 추구해야 한다. ③ 행복을 위해 물질적 욕망을 제거하는 것이 무조건 바람직하다고 볼 수는 없다. ④ 진정한 의미의 행복은 일시적이고 감각적인 즐거움을 넘어서며 비교적 장기간에 걸쳐 삶 전체를 통해 느끼는 지속적이고 정신적인 즐거움이다.

183 ㄱ. ㉠ 행복의 기준은 시대나 상황에 따라 달라지지만, 기본적 욕구 충족은 공통된 기준이 된다. ㄹ. ㉣ 행복의 객관적 요소에는

주거, 소득, 고용, 수명 등이 있다.

바로알기 | ㄴ, ㄷ. ⓒ 중세의 행복의 기준은 신앙을 통해 신의 구원을 받는 것이었고, ⓔ 근대의 행복의 기준은 자유와 평등을 통해 개인의 기본권을 보장받는 것이었다.

184 제시된 내용은 불교의 사상이다. 불교는 만물이 원인과 결과에 의해 서로 연결되어 있어 '나'라는 의식도 고정된 실체가 아니기에 이것에 집착하지 않는 바른 수행을 할 때 최상의 행복인 열반에 들 수 있다고 주장한다.

바로알기 | 내용 3. 인위적인 것이 없는 자연 그대로의 모습으로 살아가야 함을 주장하는 것은 도가의 사상이다. 내용 4. 인간이 하늘로부터 도덕적인 본성을 부여받았다고 주장하는 것은 유교의 사상이다.

185 (가)는 유교, (나)는 불교, (다)는 도가 사상이다. 유교는 도덕성의 보존과 실천을 강조하고, 불교는 깨달음을 통해 고통에서 벗어나고 해탈해야 한다고 본다. 도가는 인위적인 제도나 규범에서 벗어나 자연적 본성에 따르는 삶을 강조한다. 또한 유교, 불교, 도가는 모두 행복한 삶을 위한 개인의 수양을 강조한다.

바로알기 | ① 유교에서는 사회 요직에 나아가 명성을 얻는 것도 중요하게 생각하지만, 인간이 본래 가진 도덕성을 보존하며 다른 사람과 더불어 인(仁)을 실천하는 삶 역시 중시한다.

186 갑은 스토아학파, 을은 에피쿠로스학파의 입장을 취한다. 갑은 정념에 방해받지 않는 초연한 태도로 자연의 질서에 따라 사는 것을 행복이라고 보고, 을은 육체에 고통이 없고 마음에 불안이 없는 평온한 삶을 행복이라고 본다. 을은 행복하기 위해 쾌락이 필요하다고 보지만, 지나친 쾌락의 추구는 고통을 불러올 수 있다고 본다.

바로알기 | ㄱ은 갑은 부정, 을은 긍정의 대답을 할 질문이다. ㄴ. 아타락시아는 을이 주장하는 것이다. 갑이 주장하는 마음의 안정은 '아파테이아'라고 한다.

187 (가)의 갑은 칸트, 을은 벤담이다. 갑은 자신의 처지에 만족하는 것이 행복이며, 인간으로서 마땅히 지켜야 할 도덕 법칙을 실천해야 한다고 보았다. 을은 쾌락이 행복이며, 최대 다수에게 최대 행복을 가져다주는 행위를 해야 한다고 보았다. ㄴ. 도덕 법칙에 따르는 것을 인간의 의무로 보는 것은 갑만의 입장에 해당된다. ㄷ. 갑, 을 모두 근대 사상가라는 점에서 인간의 기본적 권리에 관심을 갖는다. ㄹ. 최대 다수에게 최대 행복을 가져오는 행위를 강조하는 것은 을만의 입장이다.

바로알기 | ㄱ. 행복을 쾌락으로 인식하고 삶의 목적이라고 보는 것은 을만의 입장에 해당되므로 C에 들어가야 한다.

188 갑은 아리스토텔레스, 을은 공자이다. 갑은 행복을 삶의 궁극적인 목적이라고 보고, 인간의 이성적 기능을 잘 발휘할 때 행복에 도달할 수 있다고 주장하였다. 을은 하늘로부터 부여받은 도덕적 본성을 보존하고 다른 사람과 더불어 살아가며 인(仁)을 실현하는 것이 행복이라고 보았다.

바로알기 | ㄱ. 신앙을 통해 신과 하나가 되는 것을 행복으로 여긴 것은 중세 시대의 행복의 기준에 해당한다. ㄹ. 무위자연의 삶을 행복으로 여긴 것은 도가의 행복론에 해당한다.

189 표에서 A는 산수, B는 생리, C는 지리에 해당된다. 을. 지리는 풍수지리적 명당을 뜻하므로, (나) '풍수지리적 길지인가?'는 지리의 의미와 관련한 내용으로 적합하다. 정. 역사적으로 특정 지역에서 인재들이 많이 나오는 것은 그 지역의 사회적 분위기와 밀접한 관련이

있으므로, (다) '대대손손 장수와 정승이 될 만한 인재가 많이 나왔다.'는 인심의 사례로 적합하다.

바로알기 | 갑. '산과 물이 조화롭게 어우러져 있다.'는 산수의 사례에 해당된다.

190 (가)는 맹자의 주장을 통해 행복한 삶의 실현 조건으로 경제적 안정의 중요성을 강조한다. (나)는 행복한 삶의 실현 조건으로 질 높은 정주 환경을 강조하며, 지리(地理), 생리(生利), 인심(人心), 산수(山水)가 적절하게 마련되어야 행복한 삶을 살 수 있다고 본다.

191 연구 결과를 통해 연간 소득이 정서적 행복감 증가에 일정 수준까지는 영향을 미치지만, 연간 소득이 6만~7만 5천 달러에 이르면 정서적 행복감이 더 이상 증가하지 않음을 알 수 있다. 이를 바탕으로 소득 증가가 정서적 행복감 증가에 미치는 영향은 한계가 있음을 알 수 있다.

바로알기 | ② 일정 수준까지는 소득 증가를 통해 정서적 행복감을 증가시킬 수 있다. ③ 연간 소득 6만 달러 미만에서는 소득 증가와 정서적 행복감이 양(+)의 상관관계에 있다. ④ 그래프에 따르면 연간 소득 9만 5천 달러 초과 구간에서 소득이 높아질수록 삶의 만족도가 계속 증가하지는 않으므로, 소득 증가와 삶의 만족도가 양(+)의 상관관계에 있다고 볼 수 없다. ⑤ 연간 소득이 9만 5천 달러를 초과하는 경우 소득과 삶의 만족도 사이의 상관관계가 약해지므로, 소득 증가가 삶의 만족도 증가에 큰 영향을 미치지 못한다.

192 시민의 정치 참여 기회 보장은 민주주의 제도를 발전시켜 행복을 실현하는 데 기여할 수 있으므로 (가)의 서술은 옳다. 무항산 무항심은 일정한 생업인 항산이 없으면 변하지 않는 도덕적 마음인 항심이 없다는 뜻으로, 도덕적 실천을 위해서는 경제적 안정이 뒷받침되어야 함을 의미하기에 (나)의 서술은 옳지 않다. 이스털린의 역설에 따르면 경제적 안정을 통해 기본적인 필요가 충족되는 선까지는 경제적 요소가 행복에 긍정적 영향을 미치므로 (다)의 서술은 옳지 않다. 이중환의 『택리지』에 나온 가거지의 조건은 민주주의적 정치 제도의 확립보다는 질 높은 정주 환경의 확보를 위한 것이므로 (라)의 서술은 옳지 않다. 따라서 게임에서 말의 이동 경로는 'A → B → A → D → C'로 나타난다.

193 제시된 글은 행복한 삶을 실현하기 위해서 필요한 조건들을 제시하고 있다. 주장 1. 질 높은 정주 환경이 보장되어야 행복한 삶을 살 수 있으므로 긍정의 대답이 적절하다. 주장 2. 행복한 삶을 위해서는 경제적 안정이 필요하다. 즉, 국민의 소득 수준과 삶의 질은 밀접한 관계가 있으므로 부정의 대답이 적절하다. 따라서 학생의 답안 중 옳은 것은 ㉠, ㉡이다.

바로알기 | 주장 3. 행복을 실현하기 위해서는 민주주의가 실현되어야 하므로 국가가 시민의 정치 참여를 보장해야 한다. 따라서 긍정의 대답이 적절하다. 주장 4. 행복을 실현하기 위해서는 공동체의 행복을 위해 도덕적 가치를 실천해야 한다. 따라서 긍정의 대답이 적절하다.

194 (가)는 타인에 대한 배려와 관심이 진정한 행복을 가져다준다고 본다. 이를 통해 행복은 인간다운 덕의 실현을 통해 이루어질 수 있음을 알 수 있다. (나)는 경제적 안정보다 삶에 대한 만족감이 더 중요한 행복의 기준이 될 수 있다고 본다. (다)는 경제적인 안정이 보장될 때 도덕적 실천도 가능하다는 맹자의 주장을 서술하고 있다.

바로알기 | ②는 선사 시대의 행복의 기준이다. ③ (다)는 행복의 실현 조건으로 최소한의 생계 보장과 도덕성의 함양을 주장한다. ④ (나)를 통해 행복의 기준이 경제적 안정에서 삶에 대한 만족감으로 변화되고 있음을 알 수 있다. ⑤ 행복의 기준은 시대나 상황에 따라 달라진다.

개념 확인 문제

48쪽

195 한대	**196** 고상 가옥	**197** 냉대	**198** 평야
199 환경	**200** 건조	**201** 혼합	**202** 벼농사
203 산지	**204** 지진		

난이도별 필수 기출

48쪽~55쪽

205 ①	**206** 해설 참조	**207** ④	**208** ③	**209** ②
210 ④	**211** ②	**212** ②	**213** ④	**214** ②
215 ⑤	**216** ②	**217** ①	**218** 해설 참조	**219** ①
220 ②	**221** ②	**222** ④	**223** ④	**224** ①
225 ④	**226** ⑤	**227** ②	**228** ②	**229** ②
230 ③	**231** ①	**232** ④	**233** ⑤	**234** ⑤
235 해설 참조	**236** ③	**237** ②	**238** 해설 참조	**239** ②
240 ⑤	**241** ②	**242** ④	**243** ④	**244** ④
245 ⑤	**246** ④	**247** ②	**248** ②	

205 　기후, 지형, 토양, 식생 등 자연환경은 인간의 의복·음식·주거 문화에 많은 영향을 미친다. 몽골 주민들은 생활에 필요한 의식주의 재료를 자연환경에서 얻고 있다. 이들은 나무와 동물의 털이나 가죽을 이용하여 집을 만들고, 넓은 초원 지대에서 가축을 이용한 음식을 먹고 옷을 입는다. 이처럼 자연환경은 인간이 살아가는 데 필요한 토대를 마련해 준다.
바로알기 | ㄷ. 제시된 글은 인간이 자연환경의 제약을 극복하기보다는 자연에 적응하며 살아가는 것을 보여 준다. ㄹ. 신대륙의 초원 지대에서는 몽골과 달리 유목이 아닌 방목이 주로 이루어지는 것처럼 지역마다 자연환경이 비슷하더라도 생활양식과 발달하는 산업이 다르게 나타난다.

206 　[모범 답안] 지구는 둥글기 때문에 저위도에서 고위도로 갈수록 단위 면적당 일사량이 점차 줄어들어 기온이 낮아진다.

207 　① 건조 초원에서는 유목, 방목이 주로 이루어지며 가축의 가죽이나 털로 집을 짓는다. ② 사막에서는 물을 이용하는 시설인 관개 시설을 이용하여 밀, 대추야자 등을 재배한다. ③ 열대 기후 지역은 연 강수량이 많아 건물의 처마를 도로 쪽으로 길게 돌출시켜 비를 적게 맞도록 한다. ⑤ 지중해 연안은 여름에 고온 건조한 지중해성 기후가 주로 나타나 주민들은 여름철 뜨거운 햇볕을 막기 위해 가옥 외벽을 하얗게 칠한다.
바로알기 | ④ 건조한 여름철을 잘 견디는 올리브, 포도 등을 재배하는 수목 농업이 주로 이루어지는 곳은 지중해성 기후 지역이다.

208 　ㄷ. 열대 기후는 저위도, 한대 기후는 고위도에 주로 나타나는 기후이다. 따라서 열대 기후는 한대 기후보다 낮은 위도에서 나타난다. ㄹ. 기후는 장기간에 걸친 대기의 종합적이고 평균적인 상태를 의미하며, 대개 30년간의 기후 값을 통계 내어 산출한다.
바로알기 | ㄱ. 기온, 강수, 바람은 기후 요소에 해당한다. 기후 요인에는 위도, 해발 고도, 수륙 분포 등이 있다. ㄴ. 해발 고도가 높아질수록 대체로 지표면으로부터 흡수되는 열의 양이 줄어들면서 기온이 낮아진다.

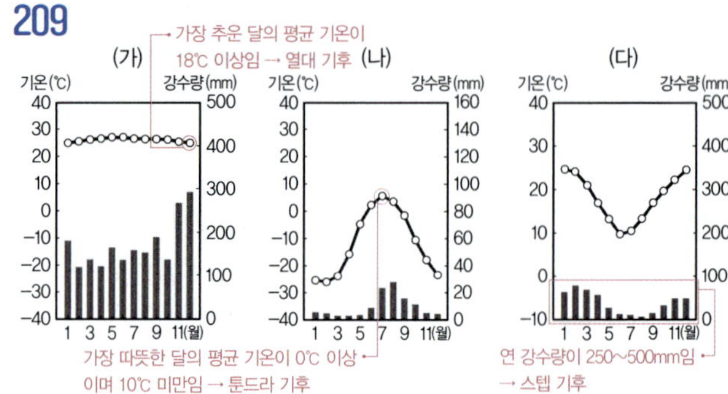

ㄱ. (가) 열대 기후 지역은 연중 기온이 높아 기온의 일교차가 기온의 연교차보다 큰 것이 특징이다. ㄷ. (다) 스텝 기후 지역은 키가 작은 풀이 자라나 있는 초원인 스텝이 나타난다.
바로알기 | ㄴ. 일 년 내내 눈과 얼음으로 덮여 있는 기후는 빙설 기후이다. (나) 툰드라 기후 지역은 짧은 여름 동안 평균 기온이 0℃ 이상으로 올라가며 이때 작은 풀과 이끼 등이 자란다. ㄹ. (다) 지역은 1월 평균 기온이 7월 평균 기온보다 높으므로 남반구에 위치한다.

210 　④ D는 적도 부근에 위치하여 열대 우림 기후가 나타난다. 열대 우림 기후 지역에는 일 년 내내 잎이 푸른 상록 활엽수를 비롯한 다양한 종류의 나무들이 빽빽하게 들어선 밀림이 형성되어 있다.
바로알기 | ① A는 서안 해양성 기후가 나타나는 지역으로, 카사바·얌 등의 식량 작물은 주로 열대 기후 지역에서 재배된다. ② B는 건조 기후가 나타나는 지역으로, 순록 유목과 물고기 사냥은 주로 한대 기후 지역에서 이루어진다. ③ C는 온대 기후가 나타나는 지역으로, 적도 수렴대의 영향을 받아 일 년 내내 강수량이 많은 기후는 적도 주변에서 나타나는 열대 우림 기후이다. ⑤ E는 냉대 기후가 나타나는 지역으로, 겨울이 길고 추워 벼농사를 짓기에 불리하다. 기후가 온화하여 벼농사가 주로 이루어지는 지역은 온대 기후 지역이다.

211 　제시된 지도의 A는 열대 기후, B는 건조 기후, C는 온대 기후, D는 냉대 기후, E는 한대 기후이다. 지붕이 평평하고 창문이 작으며, 흙벽돌을 이용해 집을 짓는 곳은 건조 기후 지역(B)이다. 건조 기후 중에서도 연 강수량이 250mm 이하인 사막 기후 지역에서는 강수량이 매우 적어 주변에서 구하기 쉬운 재료인 흙을 이용한 흙벽돌집을 주로 짓는다. 사막 기후 지역의 가옥은 기온의 일교차가 매우 크고 일사가 강해 벽이 두껍고 창문이 작은 것이 특징이다.

212 　(가)는 열대 기후가 나타나는 동남 및 남부 아시아 지역에서 볼 수 있다. 이 지역은 벼농사가 주로 이루어져 쌀을 주재료로 하는 볶음밥이 발달해 있다. 인도네시아의 나시고렝, 타이의 카오팟처럼 향신료를 사용한 볶음밥 요리가 발달한 이유는 고온 다습한 기후에서 음식이 쉽게 상하는 것을 방지하기 위해서이다. (나)는 온대 기후 중 연중 강수량이 고르게 나타나는 서안 해양성 기후 지역에서 볼 수 있다. 이 지역은 흐리고 비가 내리는 날이 많아 비옷, 우산 등을 가지고 다니는 사람들이 많다. 따라서 (가)는 A, (나)는 C이다.

213 　E는 한대 기후 지역이다. 겨울이 길고 몹시 추운 한대 기후 지역은 나무가 자라기 어려워 땔감이 부족하다. 이러한 이유로 이곳의 주민들은 날고기나 날생선 위주의 식습관이 나타나고 식량이 부족할 때를 대비해 음식을 냉동, 훈제, 건조하여 보관한다. 한대 기후 중 툰드라 기후 지역의 주민들은 주로 순록을 유목하며, 순록의 털과 가죽으로 만든 옷을 입는다.
바로알기 | ㄱ. 가옥의 구조가 개방적인 곳은 열대 기후 지역이다. ㄷ.

더위나 추위에 모두 적응할 수 있는 생활양식은 온대와 냉대 기후 지역에서 주로 나타난다.

214 제시된 그림은 열대 기후 지역에서 주로 이루어지는 이동식 화전 농업을 나타낸 것이다. 일사량이 많아 연중 기온이 높은 열대 기후 지역은 토양이 척박해 불을 질러 경지를 개간하며 이후 경지의 토양이 척박해지면 새로운 곳에 화전을 만들어 이동한다.

바로알기 | ①은 한대 기후 지역에 대한 설명이다. ③ 열대 기후 지역은 일 년 내내 기온이 높아 기온의 연교차가 매우 작다. ④ 열대 기후 지역은 창문이 크고 개방적인 가옥 구조가 나타난다. ⑤ 지중해 주변의 지중해성 기후 지역에서는 여름철 뜨거운 햇볕을 막기 위해 가옥의 벽을 흰색으로 칠한다.

215 제시된 기후 지역은 온몸을 휘감는 옷을 입고, 지붕이 평평하고 흙으로 만든 집에서 거주하는 것으로 볼 때 사막 기후 지역이다. ⑤ 사막 기후 지역에서는 오아시스와 외래 하천 부근에서 밀, 대추야자 등을 재배한다.

바로알기 | ① 안데스산맥에서는 고산 지역에 잘 적응하는 라마·알파카를 주로 기르며, 히말라야산맥에서는 야크 등을 주로 기른다. ② 건조 기후 지역에서는 감자, 옥수수보다는 밀, 대추야자 등을 주로 재배한다. ③ 벼농사는 고온 다습한 기후가 나타나는 아시아의 계절풍 지대에서 주로 이루어진다. ④ 지중해 주변에서는 고온 건조한 여름을 견딜 수 있는 뿌리가 깊고 잎이 두꺼운 올리브, 오렌지 등을 주로 재배한다.

216 전통 가옥으로 사진과 같은 이동식 가옥이 나타나는 곳은 건조 기후 중 스텝 기후 지역이다. ② 초원이 발달한 스텝 기후 지역에서는 물과 풀을 찾아 옮겨 다니며 가축을 사육하는 유목이 주로 이루어진다.

바로알기 | ① 고온 다습한 기후로 인해 음식에 기름과 향신료를 많이 사용하는 곳은 열대 기후 지역이다. ③ 건조 기후 지역 중 사막이 발달한 곳에서는 오아시스 근처에서 밀과 대추야자를 재배한다. ④ 큰 일교차에 대비한 긴 옷과 모자를 주로 입는 곳은 고산 기후 지역이다. ⑤ 한대 기후 지역은 기온이 낮고 지표면이 눈과 얼음으로 덮여 있어 눈과 얼음을 이용한 임시 거처인 이글루를 짓는다.

217 (가)는 열대 기후 지역에서 볼 수 있는 고상 가옥, (나)는 건조 기후 지역에서 볼 수 있는 흙벽돌집이다. 연 강수량이 많은 열대 기후 지역에서는 비가 잘 흘러내리도록 지붕의 경사를 급하게 만들며, 연 강수량이 적은 건조 기후 지역에서는 지붕을 평평하게 짓는다. 따라서 (가), (나) 지역의 지붕 형태가 다르게 나타나는 것은 강수 때문이다.

✓ 개념 보충

세계의 기후 지역별 전통 가옥

열대 기후 지역	고상 가옥, 개방적 가옥 구조
건조 기후 지역	사막 기후의 흙벽돌집, 몽골 초원의 게르
온대 기후 지역	지중해 주변의 열기를 막기 위한 흰색 가옥
냉대 기후 지역	침엽수를 이용한 통나무집
한대 기후 지역	고상 가옥, 폐쇄적 가옥 구조

218 **모범 답안** (가) 열대 기후 지역에서는 지표면의 열기와 습기를 차단하기 위해 바닥을 지면에서 띄운 고상 가옥을 짓는다. (나) 건조 기후 지역에서는 기온의 일교차를 조절하고 뜨거운 바람을 막기 위해 벽이 두껍고 창문은 작은 흙벽돌집을 짓는다.

219 (가) 열대 기후 지역에 사는 주민들은 덥고 습한 날씨 때문에 얇고 간편한 옷을 즐겨 입는다. (나) 건조 기후 지역의 주민들은 큰 기온의 일교차에 대비하고 뜨거운 햇볕과 모래바람으로부터 몸을 보호하기 위해 온몸을 감싸는 헐렁하고 긴 옷을 입는다.

바로알기 | ㄷ. (가) 열대 기후 지역은 일 년 내내 더운 날씨가 지속되어 기온의 일교차가 작다. (나) 건조 기후 지역은 일사량이 많고 습도가 매우 낮아 기온의 일교차가 크다. 따라서 (가) 지역은 (나) 지역보다 기온의 일교차가 작다. ㄹ. (가) 열대 기후 지역은 덥고 습한 날씨를 견디기 위해 단순하고 개방적인 가옥 구조가 발달하였다.

220 북부 아프리카에 위치한 튀니지의 시디 부 사이드는 지중해성 기후가 나타나 여름철이 고온 건조하다. 이 때문에 뜨거운 햇볕을 막기 위해 가옥이 흰색으로 칠해져 있으며 벽이 두껍고 창문이 작다. 또한 골목마다 그늘을 만들기 위해 가옥이 다닥다닥 붙어 있다.

바로알기 | ① 겨울이 길고 추운 기후는 냉·한대 기후이다. ③ 연 강수량이 500mm 미만인 기후는 건조 기후이다. ④ 일 년 내내 덥고 강수량이 많은 기후는 열대 기후이다. ⑤ 일 년 내내 월평균 기온이 15℃ 내외의 온화한 날씨는 주로 열대 고산 지역에서 나타난다.

221 우리나라 전통 가옥의 대청마루는 더운 여름을 시원하게 나기 위한 구조이며, 온돌은 추운 겨울을 따뜻하게 나기 위한 구조이다. 일체형 냉난방기는 여름에는 에어컨, 겨울에는 난방기로 사용할 수 있다. 이처럼 우리나라에서 대청마루와 온돌, 일체형 냉난방기가 발달한 이유는 우리나라가 계절의 변화가 뚜렷한 냉·온대 기후 지역에 속해 더위와 추위에 모두 적응할 수 있는 생활양식이 나타나기 때문이다.

222 캐나다는 고위도에 위치해 냉대 및 한대 기후가 나타나 겨울철에 한파와 폭설이 자주 발생한다. 이러한 기후 특성으로 겨울철에는 지상에서 이동하거나 생활하기 불편해 캐나다 몬트리올에는 대규모의 지하 도시가 건설되어 있다.

223 '1년 9개월 이상 눈과 얼음으로 덮여 있어', '순록', '풀과 이끼를 찾아' 등을 통해 다큐멘터리 방송 대본의 주제가 툰드라 기후 지역에 대한 것임을 알 수 있다. ④ 툰드라 기후 지역에서는 겨울철에 얼어 있던 땅이 여름철에 녹아 건축물이 붕괴되는 것을 막기 위해 지표면으로부터 가옥 바닥을 띄워서 지은 고상 가옥을 볼 수 있다.

바로알기 | ① 대규모 밀 재배와 기업적 목축업은 신대륙의 스텝 기후 지역에서 주로 이루어진다. ② 태양광 및 태양열 발전소는 일사량이 풍부한 건조 기후 지역이나 여름이 고온 건조한 지중해성 기후 지역에 주로 건설되고 있다. ③ 건조 기후 지역에서는 지나친 관개로 인해 토양 내의 담수 공급이 충분하지 않아 토양에 염분이 축적되는 염류화 문제가 나타난다. ⑤ 가옥 간의 간격을 좁게 해 그늘을 만들고 벽이 두꺼운 흙벽돌집을 볼 수 있는 곳은 사막 기후 지역이다.

224 ㉮ 「닥터 지바고」의 배경인 러시아는 냉대 및 한대 기후가 주로 나타난다. ㉯ 「하얀 마사이」의 배경인 케냐는 열대 기후가 주로 나타난다. 그래프의 A는 냉대 및 한대 기후 지역, B는 열대 기후 지역에서 높게 나타나는 항목이다. 냉대 및 한대 기후 지역은 열대 기후 지역보다 강설량이 많고, 기온의 연교차가 크다. 열대 기후 지역은 냉대 및 한대 기후 지역보다 연평균 기온이 높고, 연 강수량이 많다. 따라서 A에는 강설량, B에는 연평균 기온이 들어갈 수 있다.

225 인도네시아는 고온 다습한 열대 기후가 주로 나타나 음식이 쉽게 상하지 않도록 향신료를 많이 사용하며 기름에 볶거나 튀긴 요리가 발달하였다. 캐나다의 데번섬은 겨울이 길고 몹시 추운 한대 기후

가 나타나 채소와 과일을 재배하기 어렵다. 따라서 한대 기후 지역에 사는 사람들은 날고기나 날생선을 먹어 부족한 비타민과 무기질을 섭취한다.
바로알기 | ㉠ 벼는 성장기에 고온 다습한 기후가 나타나는 아시아의 계절풍 기후 지역에서 주로 재배된다. ㉢ 캐나다의 데번섬은 추위가 심한 한대 기후가 나타나 곡물이 잘 자라지 않기 때문에 주민들은 육류를 주로 섭취한다.

226 라마를 길러 옷을 지어 입고 옷감을 만들어 파는 지역은 안데스산맥에 위치한 고산 지대(E)이다. 안데스 산지에 사는 사람들은 일교차가 크고 햇빛이 강하여 '판초'라는 겉옷을 입는다.
바로알기 | ① A는 북부 유럽에 위치한 핀란드로 냉대 기후가 주로 나타난다. ② B는 일본으로 화산 지형이 발달해 있다. ③ C는 아프리카 적도 주변에 위치해 열대 기후가 주로 나타난다. ④ D는 오스트레일리아의 서부 내륙 지역으로 건조 기후가 주로 나타난다.

227 ㄱ. 북아메리카의 대평원에서는 대규모의 기업적 밀 재배가 이루어진다. 몽골과 같은 구대륙의 초원 지역에서는 유목이 주로 이루어지며, 미국·오스트레일리아와 같은 신대륙의 초원 지역에서는 대규모의 밀 재배 및 방목이 주로 이루어진다. ㄹ. 안데스 산지는 연중 봄과 같은 온화한 기후가 나타나 일찍부터 사람들이 모여 살면서 에콰도르의 키토와 같은 고산 도시가 발달하였다. 안데스 산지에 위치한 마추픽추는 잉카 문명의 대표적인 유적지이다.
바로알기 | ㄴ. 탑 카르스트 지형을 활용한 유명한 관광지는 베트남의 할롱베이이다. 우리나라의 제주도는 화산 지형이 발달해 있다. ㄷ. 알프스 산지 지역은 여름철에는 서늘한 높은 산지의 초원으로, 겨울철에는 온난한 저지대 마을로 이동하며 양이나 소를 사육하는 이목이 발달하였다.

228 갑. 히말라야산맥, 안데스산맥처럼 높은 산지나 사하라 사막과 같은 사막은 교통에 장애가 된다. 을. 라인강처럼 하천은 수운으로 이용되거나 지역 간 교통로로 이용된다. 병. 지하자원이 풍부한 산지 지역에서는 자원을 채굴하는 광업이 발달한다. 무. 화산 지형에서 주로 이루어지는 지열 발전, 조차가 큰 지역에서 이루어지는 조력 발전처럼 지형의 특성을 이용하여 에너지를 생산하기도 한다.
바로알기 | 정. 산지 지역에서는 주로 밭농사나 임업, 목축업 등이 발달하고, 하천 중·하류의 평야 지역에서는 농업이 주로 이루어진다.

229 (가)는 '피오르 해안', '여름철 백야 현상' 등을 통해 북반구에 위치하며 빙하 지형이 발달한 노르웨이임을 알 수 있다. (나)는 '여름철 고온 건조한 기후', '벽이 흰색으로 칠해져 있고', '가옥 간격이 좁다' 등을 통해 지중해성 기후가 나타나는 그리스임을 알 수 있다. (다)는 '마추픽추', '도시가 고도로 발달하였다' 등을 통해 안데스산맥에 위치한 페루임을 알 수 있다. 따라서 (가)는 A, (나)는 B, (다)는 E이다.
바로알기 | C는 인도네시아, D는 러시아이다.

230 제시된 자료는 베트남의 할롱베이를 설명한 것으로, 이는 지도의 C에 해당한다. 할롱베이는 석회암이 용식 작용을 받아 형성된 탑 카르스트가 발달해 있다.
바로알기 | ①, ⑤ A는 노르웨이 서부 해안, E는 캐나다 서부 해안이다. 이곳에는 빙하의 침식으로 형성된 U자곡이 해수면 상승으로 바닷물에 잠겨 형성된 좁고 깊은 만인 피오르 해안이 발달해 있다. ② B는 나이지리아의 해안으로, 하천의 퇴적 작용에 의해 형성된 삼각주가 발달해 있다. ④ D는 오스트레일리아 북동부 해안으로, 이곳에는 그레이트배리어리프로 유명한 산호초 해안이 발달해 있다.

231 밑줄 친 '이 국가'는 아이슬란드이다. 아이슬란드는 해양판과 해양판이 분리되면서 형성된 해령에 위치해 화산 지형이 발달해 있다. 이로 인해 아이슬란드에서는 지하 온천수를 이용한 관광 산업이 발달하였고, 지열 발전이 활발하게 이루어진다.

✔ **개념 보충**

화산 지형과 주민 생활

지열 발전	뜨거운 지하 온천수를 이용하여 전기를 생산함 예 뉴질랜드, 아이슬란드 등
관광 산업	간헐천, 온천 등을 이용한 관광 산업이 발달함 예 미국, 일본 등
광업	구리, 주석, 유황, 금 등이 산출됨 예 칠레의 구리 광산 등

232 ㄱ. (가) 튀르키예 파묵칼레는 석회암의 주성분인 탄산 칼슘이 빗물이나 지하수에 의해 녹는 용식 작용으로 형성되는 카르스트 지형이다. ㄷ. 오늘날 과학기술의 발달로 (다)와 같은 건조 기후 지역에서는 현대식 스프링클러를 설치하여 지하수를 퍼 올려 대규모 관개 농업을 하는 곳이 있다. ㄹ. (라) 독일 라인강은 계절에 따른 수위 변화가 작고 유량이 풍부하여 교통로로 이용되고 있다.
바로알기 | ㄴ. 간헐천은 뜨거운 물과 증기를 주기적으로 분출하는 온천으로 화산 지형에서 주로 볼 수 있으므로, (나) 아이슬란드 간헐천 주변에는 화산 지형이 발달해 있다.

233 ① A는 미국 대평원으로, 이 지역의 주민들은 끝없이 펼쳐진 평원에서 대형 농기계를 이용해 밀 농사를 짓는다. ② B는 미국 매사추세츠의 굴 양식장이다. 이 지역 주민들은 바닷가에 양식장을 만들고 굴과 같은 해산물을 재배한다. ③ C는 뉴질랜드의 북섬으로, 이곳은 간헐천을 이용한 관광 산업이 발달해 있다. ④ D는 페루로, 안데스산맥의 고산 지역 사람들은 라마, 알파카를 길러 옷감을 만들고 판매한다.
바로알기 | ⑤ E는 베트남으로, 할롱베이와 같은 지역에는 석회암이 용식 작용을 받아 형성된 카르스트 지형이 발달해 있다. 여름철에는 서늘한 높은 산지의 초원으로, 겨울철에는 온난한 저지대 마을로 이동하며 양을 사육하는 이목은 주로 알프스 산지에서 이루어진다.

234 북극 빙하가 녹아 북극 항로의 활용도가 높아지고, 그린란드에서 여름철 기온이 높아져 작물 재배와 비닐하우스 재배가 가능해진 것은 자연환경이 변화하면서 인간 생활도 변화하고 있음을 보여 준다. 따라서 보고서의 제목은 '자연환경의 변화가 인간 생활에 미친 영향'이 가장 적절하다.

235 【모범 답안】 갯벌 매립을 통한 신도시 조성, 운송비 절감을 위한 운하 건설, 화산 지형을 이용한 지열 발전, 경사가 급한 산지의 낙차를 이용한 수력 발전 등이 있다.

236 인간을 위협하는 자연 현상인 자연재해가 일어나면 많은 인명과 재산상의 피해가 발생하며, 피해를 복구하는 데에도 많은 비용과 시간이 든다. 자연재해는 기상 재해와 지질·지형 관련 재해로 나눌 수 있으며, 기후, 지형과 관련하여 나타나므로 대부분 특정 지역에서 반복적으로 발생한다. 자연재해는 오늘날의 과학기술 수준으로도 언제, 어디서 발생할지 정확히 예측하기는 어렵다.
바로알기 | ③ 자연재해는 기후, 지형 등의 자연환경 요소들로 인해 발생하는 현상이기 때문에 인간의 노력으로 완벽하게 대처하기는 어렵다.

237 제시된 지도에는 지각판의 경계인 환태평양 조산대와 알프스·히말라야 조산대 등이 표시되어 있는데, 이처럼 지각판의 움직임이 활발한 지역에서 주로 발생하는 자연재해는 지진이다.

238 [모범 답안] 지진이 발생하면 건축물과 도로가 붕괴되고, 지진 해일로 해안 지역이 침수되는 등의 피해가 발생한다.

239 제시된 지도는 지진의 주요 발생지를 표시한 것이다. 지진은 지각판과 지각판이 부딪치거나 갈라지는 지각판의 경계에서 주로 발생한다. 지진은 건물과 도로 등의 시설을 붕괴시켜 짧은 시간에 많은 사상자와 재산 피해를 일으킨다.
바로알기 | ㄴ은 열대 저기압, ㄹ은 폭설(대설)에 대한 설명이다.

240 제시된 그림은 지진 발생 시 행동 요령을 나타낸 것이다. ⑤ 지진은 알프스·히말라야 조산대와 환태평양 조산대처럼 지각판끼리 충돌하는 판의 경계 부분에서 주로 발생한다.
바로알기 | ①, ② 강한 바람과 많은 비를 동반하는 재해는 열대 저기압으로, 우리나라에서는 태풍이라고 부른다. ③ 지진은 일반적으로 판과 판이 부딪치면서 발생하는 자연현상이다. ④ 지진은 지형적 요인에 의한 자연재해에 해당한다.

241 화산이 폭발하면 화산재가 함께 분출되기 때문에 화산 폭발의 영향권에 있는 경우 집안을 폐쇄하여 화산재가 집안으로 들어오지 못하게 해야 한다. 화산재는 대체로 넓은 범위에 피해를 주는데, 심할 경우 항공기 운항에 지장을 주기도 한다.
바로알기 | 갑. 화산 폭발은 지형과 관련한 자연재해에 속한다. 병. 과학기술의 발달로 화산 폭발의 시기와 영향을 어느 정도 예측할 수는 있지만, 완벽히 대비하는 데에는 한계가 있다.

242 저지대 침수를 유발하고, 강한 바람을 동반하는 것으로 볼 때 ㉠은 태풍이다. 태풍은 적도 부근의 바다에서 발달하는 열대 저기압으로, 강풍과 집중 호우를 동반하여 풍수해를 일으킨다.
바로알기 | ① 주로 건조한 봄철에 넓은 범위에 걸쳐 발생하는 자연재해는 가뭄이다. ② 용암, 화산재 등의 분출로 농작물 피해를 가져오는 자연재해는 화산 폭발이다. ③ 태풍은 기후와 관련한 재해이므로, 무분별한 산지 개발로 발생 빈도가 높아졌다고 보기는 어렵다. ④ 폭염이 발생하면 냉방기 사용량이 급증하면서 정전 사태가 벌어지기도 한다.

243 ㉠은 홍수, ㉡은 가뭄, ㉢은 지진, ㉣은 화산 활동이다. 홍수는 시가지와 농경지의 침수 피해를 일으킨다. 가뭄이 발생하면 농작물이 말라 죽어 식량이 부족해지기도 하며, 화산 활동에 의해 화산재가 분출되면 가시거리가 짧아져 항공기 운항에 지장을 초래한다. 홍수와 가뭄은 기후적 요인, 지진과 화산 활동은 지형적 요인에 의해 발생하는 자연재해이다.
바로알기 | ④ 환태평양 조산대에서는 지진과 화산 활동이 자주 발생한다. 홍수는 동아시아와 동남아시아의 대하천 유역, 열대 저기압이 자주 통과하는 지역 등에서 자주 발생한다.

☑ **개념 보충**

자연재해별 피해와 피해 완화를 위한 대책

구분	피해	대책
홍수	가옥 및 농경지 침수	수리 시설 확충, 다목적 댐과 보 건설
가뭄	농작물 고사, 산불 발생	
태풍	강풍으로 시설물 파손, 많은 비로 산사태·하천 범람	정확한 태풍 진로 예측 시스템 마련
폭설	도로와 항공 교통 마비, 축사 및 비닐하우스 붕괴	신속한 제설 작업, 시설물 보강
지진	건축물과 도로 붕괴, 지진 해일로 해안 지역 침수	지진 예측 시스템 도입, 내진 설계 강화

244 제시된 헌법 제34조 6항은 안전할 권리, 제35조 1항은 쾌적한 환경에서 살 권리를 보장하고 있다. 모든 국민은 안전하고 쾌적한 환경에서 살아갈 권리를 지니고 있으므로, 우리나라는 헌법 제34조와 제35조를 바탕으로 법률을 제정하여 국민의 생명과 재산의 보호를 법적으로 보장하고 있다.
바로알기 | ④ 우리나라는 헌법을 통해 재해에 대해 국가의 적극적인 개입이 필요하며 기본권 보장을 위한 국가적 책임이 있음을 강조하고 있다.

245 ㄱ, ㄷ. 헌법 제35조 1항에서는 국가와 국민이 환경 보전을 위하여 노력하여야 함을 명시하였다. 따라서 국가는 지속가능한 개발을 추진해야 하며, 국민 역시 자연환경을 보전하고자 힘써야 한다. ㄴ. 헌법 제34조 6항에서 국가는 재해 예방과 재해로부터의 국민 보호를 위해 노력해야 한다고 하였으므로, 국가는 재난 관리 시스템을 구축하여 재해에 대비해야 한다.
바로알기 | ㄹ. 제시된 헌법 조항들을 통해 국가가 국민의 안전과 자연 보호를 위해 노력해야 함을 알 수 있지만, 국민의 안전보다 자연 보호를 중시해야 한다는 내용은 추론할 수 없다.

246 ㄱ. 지각판이 충돌하면서 발생한 지진이 해양에서 발생하면 급격한 지각 변동으로 인해 수면에 파동이 생기는데 이를 지진 해일(쓰나미)이라고 한다. ㄴ. 자연재해로 인한 피해는 사전 예방 조치와 신속한 복구 대책 수립 등으로 최소화할 수 있다. ㄷ. 모든 국민은 건강하고 쾌적한 환경에서 생활할 권리를 가진다. 따라서 재난 복구 과정에서 경제적 하층민과 반정부 세력을 차별하는 원조 정책은 국민의 기본적인 권리를 침해한 사례에 해당한다.
바로알기 | ㄹ. ㉣은 시민 차원보다는 국가 차원에서 할 수 있는 노력이다.

247 안전하고 쾌적한 환경 속에서 살아가기 위해서는 시민들도 스스로 권리를 보장받기 위해 노력해야 한다. 재해 대비 안전 교육 및 대응 훈련에 적극적으로 참여하고, 재해 발생 시 사전에 숙지한 행동 요령에 따라 대응할 수 있어야 한다. 또한 산사태와 같은 자연재해가 발생할 것으로 예상이 되면 시청이나 지방 자치 단체에 알려 안전 조치가 취해질 수 있도록 요청해야 한다.
바로알기 | ㄴ, ㄹ은 국가적 차원에서 노력해야 하는 사례에 해당한다.

248 모든 국민은 안전하고 쾌적한 환경에서 살아갈 권리를 지니고 있다. 이에 우리나라는 「재난 및 안전 관리 기본법」, 「자연재해 대책법」 등의 법률을 제정하여 국민의 생명과 재산의 보호를 법적으로 보장하고 있다. 아울러 안전하고 쾌적한 환경 속에서 살아가기 위해서 시민들도 재해·재난 대비 안전 교육 및 대응 훈련에 적극적으로 참여하고 안전에 대한 권리를 인식하는 등의 노력이 필요하다.
바로알기 | ② 우리나라의 헌법 제34조와 헌법 제35조에서는 국민이 재해로부터 보호받을 권리를 보장하고 있다.

개념 확인 문제
58쪽

249 인간 중심주의 **250** 자연 **251** 생태 중심주의
252 환경 문제 **253** 생태계 **254** 도구적 **255** 생태
256 인간 **257** 천인합일 **258** 불교

난이도별 필수 기출
58쪽~65쪽

259 ④ 260 ⑤ 261 ④ 262 ④ 263 ②
264 해설 참조 265 ⑤ 266 ③ 267 ② 268 ③
269 ④ 270 ④ 271 ③ 272 해설 참조 273 ②
274 ⑤ 275 ④ 276 ④ 277 ⑤ 278 ⑤
279 ② 280 ③ 281 해설 참조 282 ⑤ 283 ⑤
284 ⑤ 285 ② 286 ① 287 ④ 288 ④
289 ② 290 ② 291 ⑤ 292 해설 참조 293 ⑤
294 ⑤ 295 ② 296 생태 관광 297 ① 298 ③
299 ⑤

259 인간 중심주의 자연관은 인간을 가장 가치 있는 존재로 여기고, 인간의 이익이나 필요에 따라 자연의 가치를 평가하는 관점이다. ㄱ. 인간 중심주의 자연관은 인간과 자연을 서로 분리해서 바라보는 이분법적 세계관을 추구한다. ㄴ, ㄹ. 인간 중심주의 자연관에 따르면 인간은 자연보다 우월한 존재로서 인간을 위한 도구인 자연을 이용함으로써 삶을 더 윤택하게 할 수 있다.
바로알기 | ㄷ. 인간 중심주의 자연관은 인간이 자연으로부터 독립된 존재라고 본다. 인간도 자연을 구성하는 일부라고 보는 것은 생태 중심주의 자연관의 특징이다.

260 아퀴나스는 인간을 위해서 동물을 죽이는 것은 죄가 되지 않는다고 보고, 아리스토텔레스는 자연의 모든 존재는 인간의 생존을 위해 존재하는 것이라고 본다. 또한 베이컨은 자연을 정복하고 자연을 인간의 노예로 만들어 인간의 이익을 극대화해야 한다고 본다. 이들은 모두 인간 중심주의 자연관을 지니며, 자연을 인간의 이익을 위한 대상으로 바라보고 있다. ①, ②, ③, ④ 인간 중심주의 자연관은 인간과 자연을 이분법적으로 분리하여 바라보며, 자연을 인간의 생존과 행복 및 욕구 충족을 위한 수단으로 인식한다. 또한 인간을 다른 존재보다 우월하고 귀한 존재로 여기며, 자연을 개발과 극복의 대상으로 바라보고 이용할 수 있다고 본다.
바로알기 | ⑤ 모든 생명체가 그 자체로 도덕적 고려를 받아야 할 가치가 있다고 보는 것은 생태 중심주의 자연관의 입장이다.

261 제시된 글은 인간 중심주의 자연관을 취하는 아리스토텔레스의 주장이다. 아리스토텔레스는 모든 존재는 일정한 목적을 가지고 있는데, 자연이 존재하는 목적은 인간을 위한 것이라고 본다. 또한 인간의 이성을 바탕으로 자연을 지배할 수 있다고 보고, 동물을 포함한 모든 자연은 인간의 생존을 위한 수단적 가치를 지닌 존재라고 본다.
바로알기 | ㄱ. 아리스토텔레스는 인간 중심주의 자연관을 취하고 있으므로 인간과 자연을 분리하여 바라본다. 인간과 자연을 상호 의존하는 관계로 보는 것은 생태 중심주의 자연관의 특징이다.

262 인간 중심주의 자연관을 취하는 아리스토텔레스는 식물은 동물을 위해서 또 동물은 인간을 위해서 존재한다고 보아 인간이 생태계 가장 높은 곳에 있다고 주장한다. 이러한 입장은 인간과 자연의 상호 의존성을 바탕으로 인간 역시 자연의 일부일 뿐이라고 주장하는 생태 중심주의로부터 비판을 받을 수 있다.
바로알기 | ① 인간 중심주의는 인간을 가장 가치 있는 존재로 보며, 자연보다 우월하다고 주장한다. ②, ③ 인간 중심주의는 인간과 자연을 상호 독립적인 것으로 바라보며, 인간의 행복을 위해 자연을 이용할 수 있다고 본다. ⑤ 인간 중심주의는 자연의 내재적 가치를 부정하며, 자연의 가치보다 인간의 이익을 우선시한다.

263 인간 중심주의 자연관을 취하는 아리스토텔레스는 인간을 가장 가치 있는 존재라고 보고, 인간의 이익이나 행복을 먼저 고려한다. 또한 자연을 개발함으로써 인간의 풍요로운 삶이 가능하기 때문에 자연을 극복해야 할 대상이라고 본다. 따라서 아리스토텔레스의 입장과 일치하는 내용을 모두 고른 학생은 을이다.
바로알기 | 세 번째 진술. 인간이 자연 전체에 도덕적 의무를 지닌다고 보는 입장은 생태 중심주의 자연관에 해당한다. 다섯 번째 진술. 인간의 개입이 자연의 균형을 깨뜨릴 수 있으므로 인간이 함부로 자연에 개입해서는 안 된다고 보는 입장은 생태 중심주의 자연관에 해당한다.

264 **모범 답안** 갑: 베이컨, 을: 데카르트. 두 사상가가 취하는 인간 중심주의 자연관은 자연 정복을 정당화하여 자연을 훼손하고 환경을 파괴하였다는 한계가 있다.

265 갑은 베이컨, 을은 데카르트로 두 사상가는 공통적으로 인간 중심주의 자연관을 취한다. 베이컨은 자연을 개발하여 인간의 이익을 위해 활용해야 한다고 보며, 데카르트는 인간이 자연의 주인이자 소유자라고 보고 인간과 같은 정신을 가지지 못한 자연은 인간을 위해 존재하는 물질일 뿐이라고 주장한다. 따라서 두 사상가는 ㄴ. '인간만이 도덕적 지위를 지니는 존재인가?'라는 질문에 긍정의 대답을 할 것이며, ㄷ. '인간의 생존과 복지에 유용한 것만이 가치를 지니는가?'라는 질문에 긍정의 대답을 할 것이다. 또한 ㄹ. '인간 이외의 모든 존재는 인간의 목적을 이루기 위한 수단인가?'라는 질문에도 역시 긍정의 대답을 할 것이다.
바로알기 | ㄱ. 갑, 을은 인간만이 내재적 가치를 지닌 존재라고 보기 때문에 '모든 존재는 내재적 가치를 지니는가?'라는 질문에 부정의 대답을 할 것이다.

266 제시된 글은 인간 중심주의 자연관을 취하는 베이컨과 데카르트의 주장이다. 인간 중심주의 자연관은 인간을 자연으로부터 독립된 존재이자 가장 가치 있는 존재로 여기고, 인간의 이익이나 필요에 따라 자연의 가치를 평가하는 관점이다.
바로알기 | ㄱ. 인간 중심주의 자연관에서는 인간 외의 생명은 인간을 위한 도구적 가치만을 지닌다고 본다. ㄴ. 인간 중심주의 자연관에서는 이분법적으로 인간과 자연을 분리하여 바라본다.

267 제시된 글은 열대 과일 팜에서 나오는 팜유가 인간의 삶에 경제적으로 기여하는 다양한 측면에 대해 서술하고 있다. 이에 따르면 팜유는 다양한 상품의 생산에 활용될 뿐만 아니라, 팜유의 생산 과정에서 일자리가 창출되어 인도네시아 경제 발전에 크게 기여하고 있다고 본다. 따라서 제시된 글에서는 자연에서 추출된 팜유를 인간에게 경제적 이익을 주는 도구로 인식하고 있음을 알 수 있다.
바로알기 | ①, ③, ④, ⑤는 생태 중심주의 자연관에 해당하는 내용이다.

268 인간 중심주의 자연관은 인간의 이익이나 필요에 따라 자연의 가치를 평가하며, 산업화·도시화 과정에서 환경을 훼손하였다는 비판을 받는다. 즉, 자연의 본래적 가치를 인정하지 않고 자연을 인간을 위한 수단으로만 바라보았으며, 인간의 자연 정복을 정당화함으로써 자연을 남용하고 훼손하여 환경 위기를 초래하였다는 한계를 지닌다.

바로알기 | ㄴ. 생태계 전체를 위해 개별 생명체의 가치를 경시한다는 것은 생태 중심주의 자연관이 받는 비판에 해당한다. ㄷ. 인간 중심주의 자연관은 인간이 자신의 이익을 위해 자연에 개입할 수 있다고 본다.

269 생태 중심주의 자연관은 인간의 이익보다 자연 전체의 균형과 안정을 먼저 고려하는 관점이다. ①, ② 생태 중심주의 자연관에서는 인간이 생태계의 안정을 유지하기 위해 노력해야 한다고 보고, 인간과 자연을 이분법적 관계가 아니라 서로 끊임없이 영향을 주고받는 관계라고 본다. ③, ⑤ 생태 중심주의 자연관은 생태계 모든 존재의 본래적 가치를 존중하며, 자연의 어떠한 존재도 인간의 이익을 위한 수단으로만 고려되어서는 안 된다고 본다.

바로알기 | ④ 자연에 비해 인간을 우월한 존재로 보고 자연을 인간의 욕구 충족의 도구로 보는 관점은 인간 중심주의 자연관이다.

> ✓ **개념 보충**
>
> **생태 중심주의 자연관**
>
> | 전일론적 관점 | · 인간을 포함한 자연 전체를 하나로 바라봄
· 모든 생명체는 자연의 일부이며, 인간도 자연을 구성하는 일부라고 인식함 |
> | --- | --- |
> | 자연의 내재적
가치 강조 | 자연은 인간과 무관하게 그 자체로 본래적 가치를 지님 |

270

> 바람직한 대지 이용을 오직 경제적 문제로만 생각하지 말라. 낱낱의 물음을 경제적으로 무엇이 유리한가 하는 관점뿐만 아니라 윤리적, 심미적으로 무엇이 옳은가의 관점에서도 검토하라. 생명 공동체의 통합성과 안정성 그리고 아름다움의 보전에 이바지한다면, 그것은 옳다. 그렇지 않다면 그르다.
>
> — 인간도 자연의 한 부분이라고 봄

제시된 글은 생태 중심주의 사상가인 레오폴드의 주장이다. 레오폴드는 인간을 포함한 자연 전체를 하나로 인식하며, 인간 또한 생태계 구성원의 하나로 여기고 생태계를 포괄적으로 바라본다.

바로알기 | ①, ②, ③은 인간 중심주의 자연관에 해당한다. ⑤ 레오폴드는 토양, 물을 비롯한 대지를 생태계 공동체의 범위에 포함할 것을 강조하는 대지 윤리를 주장하였다.

271 레오폴드는 생태 중심주의 자연관을 주장하였으므로 생태 중심주의에 해당하는 진술을 골라야 한다. 생태 중심주의 자연관은 자연의 모든 존재는 존재만으로도 본래적 가치를 지니며, 그 가치를 존중받아야 한다고 보고, 인간의 가장 중요한 의무를 생태계의 안정을 유지하는 것이라고 여긴다.

바로알기 | ㄱ, ㄷ은 인간 중심주의 자연관에 해당하는 진술이다.

272 [모범 답안] 제시된 주장을 한 사상가는 레오폴드로, 그는 생태 중심주의 자연관을 주장한다. 생태 중심주의 자연관을 지나치게 강조할 경우 생태계 보전을 위해 인간의 어떤 개입도 허용하지 않아 비현실적이라는 한계가 있으며, 환경 파시즘으로 이어질 우려가 있다.

273 제시된 글에는 생태 중심주의 자연관이 나타나 있다. 생태 중심주의 자연관은 자연이 본래적으로 가진 내재적 가치를 중시하며, 인

간을 포함한 자연을 하나의 전체로 바라보는 전일론적 관점을 지향한다. 또한 자연의 모든 존재들이 유기적으로 연결되어 있다고 보고, 인간을 자연의 구성 요소 중 하나로 인식한다.

바로알기 | ② 인간과 자연을 서로 독립된 존재로 보는 것은 인간 중심주의 자연관의 이분법적 관점이다.

274 ㄷ, ㄹ. 멸종 위기에 처한 동물을 복원하는 사업이나 인간에 의해 환경이 훼손되지 않도록 자연 휴식년제를 실시하는 것은 모두 자연 전체의 균형과 안정을 고려하는 생태 중심주의 자연관이 부각된 사례라고 할 수 있다.

바로알기 | ㄱ, ㄴ. 홍수나 가뭄 예방을 위해 댐을 건설하거나 간척지를 조성하기 위해 갯벌을 매립하는 것은 자연 그대로를 유지하는 것이 아니라, 인간의 편의나 이익을 위해 자연을 활용하는 것이므로 생태 중심주의 자연관이 부각된 사례로 적절하지 않다.

275 제시된 글은 생태 중심주의 관점에서 대지 윤리를 주장한 레오폴드의 진술이다. 레오폴드가 주장하는 생태 중심주의 자연관은 지나치게 강조할 경우 모든 인간 활동을 허용할 수 없으므로 비현실적이라는 비판과 함께 생태계 전체의 이익을 우선하여 고려하기 때문에 환경 파시즘을 초래할 수 있다는 비판을 받는다.

바로알기 | ①, ②, ③은 인간 중심주의 자연관의 문제점이다. ⑤ 생태 중심주의 자연관은 무생물과 생태계 등에 대한 도덕적 의무를 강조하므로 생태 중심주의에 대한 비판으로 적절하지 않다.

276 표에 제시된 질문인 '자연은 그 자체로 가치를 지니고 있는가?'에 긍정의 대답을, '개별 구성원의 존속이 생태계 전체의 보전보다 우선하는가?'에 부정의 대답을 한 것으로 볼 때, 생태 중심주의 자연관에 대한 질문 응답지임을 알 수 있다. 따라서 ㉠에는 생태 중심주의 자연관의 입장에서 부정의 대답을 할 질문이, ㉡에는 긍정의 대답을 할 질문이 들어가야 한다. ㄴ. 인간은 자연의 주인으로서 책임 의식을 가져야 한다는 것은 인간 중심주의에 해당하므로, 생태 중심주의 입장에서 부정의 대답을 할 질문으로 적절하다. ㄷ. 생태계 전체를 도덕적으로 대우해야 한다는 것은 생태 중심주의 입장에서 긍정의 대답을 할 질문으로 적절하다.

바로알기 | ㄱ. 자연을 도덕적 고려의 대상으로 보아야 한다는 것은 생태 중심주의 입장에서 긍정의 대답을 할 내용이므로, 부정의 대답이 들어가야 할 ㉠에 적절하지 않다. ㄹ. 풍족함을 누리기 위해 자연을 정복해야 한다는 것은 인간 중심주의 입장에 해당하므로, 생태 중심주의 입장에서 긍정의 대답이 들어가야 할 ㉡에 적절하지 않다.

> ✓ **개념 보충**
>
> **자연의 내재적 가치와 수단적 가치**
>
> | 자연의
내재적 가치 | 자연적 존재가 그것을 평가하는 인간의 목적이나 인식과는 상관없이 스스로 갖고 있는 가치 |
> | --- | --- |
> | 자연의
수단적 가치 | 자연적 존재가 그것을 평가하는 인간의 목적을 달성하는 데 도움이 될 때 갖는 가치. 수단적 가치라는 표현은 도구적 가치라고도 표현할 수 있음 |

277 제시된 글은 자연 그대로의 보전을 강조하는 미국의 국립 공원 정책에 대해 서술하고 있다. 이 정책은 인간이 자연에 인위적으로 개입하는 것보다 자연 스스로의 자정 작용으로 자연의 균형과 안정을 유지하는 것이 중요하다고 본다. 이를 통해 미국의 국립 공원 정책이 인간과 자연을 전일론적으로 인식하는 생태 중심주의 자연관을 지향한다는 것을 알 수 있다.

바로알기 | ①, ②, ④, ⑤는 인간 중심주의 자연관에 대한 설명이다.

278 ㉠에 들어갈 용어는 환경 파시즘이다. 생태 중심주의 자연관은 생태계 전체의 이익을 우선 고려하여 개별 구성원의 희생을 강요할 수 있다는 점에서 환경 파시즘으로 이어질 수 있다는 비판을 받는다.

279 (가)는 인간이 생명 공동체의 구성원으로서 생태계 전체의 안정을 유지해야 할 도덕적 의무를 갖는다고 보는 생태 중심주의 자연관의 입장이다. (나)는 세계 여러 나라에서 이루어지고 있는 습지 및 갯벌 복원 사업을 제시하고 있다. (가)의 입장에서는 (나)의 정책에 대해 자연이 본래적 가치를 지니는 존재라는 점을 지지할 근거로 제시할 것이다.
바로알기 | ①, ③, ④는 인간 중심주의 자연관의 입장이다. ⑤는 생태 중심주의 자연관이 받을 수 있는 비판에 해당한다.

280 (가)는 자연이 인간의 이익과 상관없이 자연 그 자체로서의 내재적 가치를 지닌다는 생태 중심주의 자연관의 입장이다. (나)에는 산업화 이후 우리나라에서 행해진 갯벌 간척 사업이 제시되어 있다. (가)의 관점에서는 (나)에 대해 갯벌이 가지는 어류 산란장과 철새 서식지 등의 생태적 가치를 간과하고 있다고 비판할 수 있다.
바로알기 | ①, ②, ④, ⑤는 인간 중심주의 자연관의 입장이다.

281 〔모범 답안〕 인간 중심주의는 인간과 자연이 분리되어 있다고 보는 이분법적 관점을 토대로, 인간을 위한 자연의 도구적 가치를 강조한다. 생태 중심주의는 인간을 포함한 자연 전체를 하나로 바라보는 전일론적 관점을 토대로, 자연 그 자체가 가진 본래적 가치를 강조한다.

282 (가)는 인간을 자연의 주인이라고 인식하는 데카르트의 입장, (나)는 인간을 생명 공동체의 구성원이라고 인식하는 레오폴드의 입장이다. (가)의 입장에 비해 (나)의 입장이 갖는 상대적 특징은 'X: 생태계의 안정을 중시하는 정도'가 높고, 'Y: 자연을 수단으로 바라보는 정도'는 낮으며, 'Z: 인간의 이익만을 강조하는 정도'도 낮으므로 ㉢에 해당한다.

283 (가)의 갑은 레오폴드, 을은 베이컨이다. 레오폴드는 인간과 자연을 전일론적 관점에서 바라보며 자연이 가진 본래적 가치를 강조한다. 반면, 베이컨은 인간과 자연을 이분법적 관점에서 바라보며 자연이 가진 도구적 가치를 강조한다. 따라서 인간과 자연을 이분법적 관점으로 분리해서 바라보아야 한다는 것과 자연에 대한 행위의 도덕성은 인간의 이익 증진 여부로 평가되어야 한다는 것은 베이컨의 입장에만 해당하는 C에 들어가야 적절하다.
바로알기 | ㄱ. 레오폴드는 무생물을 포함한 대지까지로 도덕적 고려의 범위를 확장한다. ㄴ. 동물이 내재적 가치를 지니는 존재라고 본 것은 자연 그 자체에 본래적 가치가 있다고 주장하는 레오폴드의 입장에만 해당하므로 A에 들어가야 한다.

284 (가)는 인간에게 생태계 전체의 균형과 안정을 고려할 의무가 있음을 강조하는 생태 중심주의 자연관, (나)는 인간이 자연의 다른 존재보다 우월하며 자연은 인간을 위한 도구적 가치만을 지닌다고 강조하는 인간 중심주의 자연관이다. ⑤ '자연 개발과 같은 인간의 행위는 전일론적 관점에서 평가해야 하는가?'라는 질문에 (가)는 긍정의 대답인 '예', (나)는 부정의 대답인 '아니요'로 대답할 것이다.
바로알기 | ①, ②, ③, ④의 질문에 (가)는 긍정, (나)는 부정의 대답을 할 것이다.

285 (가)의 갑은 인간만이 의식을 가진 존엄한 존재이며, 자연의 주인이라고 보는 데카르트, 을은 인간이 생명 공동체의 구성원으로서

생태계의 안정을 유지할 의무가 있다고 보는 레오폴드이다. ㄴ. 데카르트는 인간과 자연을 이분법적 관점에서 분리해서 보기 때문에 '인간과 자연을 분리해서 바라보는가?'라는 질문에 긍정의 대답을 할 것이다. ㄷ. 데카르트는 자연을 개발하여 인간에게 이익을 가져와야 한다고 주장하므로 '인간에게 풍요로움을 가져다주는 자연의 유용성에 주목하는가?'라는 질문에 긍정의 대답을 할 것이다.
바로알기 | ㄱ. '모든 생명은 평등한 가치와 권리를 지니는가?'라는 질문에 인간의 우월성을 강조하는 데카르트는 부정의 대답을, 자연의 내재적 가치를 강조하는 레오폴드는 긍정의 대답을 할 것이다. ㄹ. '동물 보호는 인간성 실현을 위한 간접적 의무인가?'라는 질문에 긍정의 대답을 할 사상가는 인간 중심주의 자연관을 취하는 칸트이다.

✔ **자료 보충**

동물은 비록 이성은 없을지라도 살아 있는 피조물임을 고려할 때, 동물을 폭력적으로 잔인하게 다루는 것은 인간 자신에 대한 의무를 훨씬 더 심각하게 거스르는 것이다. 그래서 인간은 이러한 것을 삼가야 할 의무를 지니고 있다. 왜냐하면 이는 인간의 고통이라는 공유된 감정을 무디게 하며, 사람 간의 관계의 도덕성에 참으로 이바지할 수 있는 자연적인 소질을 약화시키고 점차 그 소질을 제거하기 때문이다. …… 다시 말해서, 이러한 동물을 생각할 때 직접적인 의무로 고려되지만, 그것은 언제나 인간 자신에 대한 일종의 의무일 뿐이다. ─ 칸트, 「윤리 형이상학」

286 갑은 레오폴드, 을은 베이컨이다. 갑은 인간이 생태계의 구성원으로서 생태계의 안정을 유지할 의무가 있다고 보고, 을은 인간이 자연의 주인으로서 자연을 정복하고 개척하여 인간의 이익을 위해 활용해야 한다고 본다. ① '인간은 자연의 지배자가 아니라 구성원의 하나일 뿐인가?'라는 질문에 대해 갑은 긍정, 을은 부정의 대답을 할 것이다.
바로알기 | ②, ④, ⑤에 대해 갑은 부정, 을은 긍정의 대답을 할 것이다. ③에 대해 갑, 을 모두 긍정의 대답을 할 것이다.

287 ○○산 케이블카 설치에 대해 (가)는 개발보다는 자연을 먼저 생각하자는 입장이고, (나)는 개발이 가져올 경제적 이익과 편익을 먼저 생각하자는 입장이다. (가)는 전일론적 관점을 기초로 자연의 내재적 가치를 중시하고, 자연을 인간을 위한 수단으로만 대해서는 안 된다고 본다. (나)는 자연을 개발과 극복의 대상으로 보고 있다.
바로알기 | ④ 자연의 내재적 가치를 중시하는 것은 (가)이다.

288 갑은 정신을 소유한 인간이 물질적 존재인 자연보다 우월하다고 보는 인간 중심주의, 을은 자연을 인간과 동등한 공동체의 구성원이라고 인식하는 생태 중심주의의 입장이다. 〈문제 상황〉의 ㉠은 인간의 경제적 이익을 위해 자연을 개발하려는 사업이다. 따라서 ㉠에 대해 을은 인간이 자연의 구성원으로서 생태계의 안정을 유지할 의무가 있음을 강조하며 반대할 것이다.
바로알기 | ① 갑은 생태계 보전보다 인간의 이익을 중시한다. ② 갑은 인간의 경제적 이익을 위해 동물의 삶을 방해하거나 자연을 훼손하는 것을 허용한다. ③ 을은 관광 산업을 통해 이룰 경제적 발전보다 생태계 전체의 균형과 안정을 중시한다. ⑤ 인간의 행복을 위해 자연을 개발해도 된다고 여기는 것은 갑만의 입장에 해당한다.

289 제시된 글에서는 지구 온난화로 꿀벌이 사라지고 있으며, 이로 인해 무너진 생태계가 인간의 생존에 위협이 될 수 있음을 말하고 있다. 이를 통해 인간이 꿀벌과 같은 생태계의 구성원들과 상호 유기적 관계에 있음을 알 수 있다.
바로알기 | ① 제시된 글에는 지구 온난화에 따른 자연의 변화가 인간의 생존에 악영향을 미칠 수 있다는 내용이 드러나 있다. ③ 제시된 글

에서는 인간의 생존을 위해서 자연환경의 보존이 필요하다고 주장하였으므로, 자연의 가치를 어느 정도 인간의 이익과 관련지어 평가하였음을 알 수 있다. ④ 제시된 글에서는 지구 온난화를 꿀벌 멸종의 원인 중 하나로 들고 있다. ⑤ 제시된 글에서는 꿀벌의 멸종이 과일과 채소 등의 생산량 감소로 이어진다고 보고 있으므로, 꿀벌의 멸종으로 식량의 생산량이 줄어드는 변화가 나타날 것임을 예측할 수 있다.

290 동양의 유교에서는 ㉠ 만물이 본래적 가치를 지니고 있다고 보고, 불교에서는 ㉢ 만물이 서로 연결되어 상호 의존하고 있다는 연기를 깨달을 것을 강조한다. 도가에서는 ㉣ 자연 그대로의 질서에 따르는 무위자연의 삶을 추구하며, ㉤ 자연의 한 부분인 인간이 자연과 조화를 이루어야 한다고 본다.
바로알기 | ㉡ 인간과 자연이 조화를 이루는 천인합일의 경지를 지향하는 것은 유교의 자연관이다.

291 (가)는 도가, (나)는 유교, (다)는 불교의 사상이다. 동양의 사상인 도가, 유교, 불교는 모두 인간과 자연의 조화를 중시하는 친환경적 자연관을 갖고 있었다는 공통점이 있다.
바로알기 | ① 도가와 유교는 모두 본성을 따르는 삶을 지향하지만, 유교와 달리 도가는 본성이 도덕적이라고 보지 않는다. ② 인위를 배척하고 자연을 지향하는 것은 도가만의 자연관이다. ③ 유교와 불교는 모두 자연을 지배할 것을 주장하지 않는다. ④ 천리에 따른 천인합일을 지향하는 것은 유교만의 자연관이다.

> **✔ 개념 보충**
>
> **동양의 자연관**
> 인간과 자연의 관계를 성찰하며 인간과 자연의 조화를 추구함
>
> | | |
> |---|---|
> | 유교 | 만물이 본래적 가치를 지닌다고 보고, 천인합일(天人合一)의 경지를 지향함 |
> | 불교 | 연기(緣起)를 깨달아 모든 생명을 소중히 여기고 자비를 베풀 것을 강조함 |
> | 도가 | 무위자연(無爲自然)을 추구하며 자연의 한 부분인 인간과 자연의 조화를 강조함 |

292 모범 답안 (1) A: 유교, B: 도가
(2) C에 들어갈 내용으로는 '만물이 서로 연결되어 상호 의존하며 존재'가 적절하다.

293 유교의 입장에서 자연과 인간이 조화를 이루는 경지는 ㉠ 천인합일이고, 인위적인 것을 떠나 자연이 본래 가진 내재된 질서를 따라야 한다는 도가의 원리는 ㉡ 무위자연이다. 만물의 상호 의존성을 바탕으로 생명 중시 사상에 영향을 준 불교의 사상은 ㉢ 연기이다.

294 국가에서 생태 통로를 마련하고 자연 휴식년제를 시행하는 이유는 인간에 의한 자연 개발의 부정적 영향을 최소화하여 인간과 자연의 공존과 조화를 추구하기 위해서라고 할 수 있다.

> **✔ 개념 보충**
>
> **인간과 자연의 공존을 위한 노력**
>
> | | |
> |---|---|
> | 개인적 차원 | • 생태계의 한 구성원으로서 환경친화적 가치 추구
• 미래 세대와 생태계 전체를 도덕적으로 고려하는 생태 공동체 의식 정립 |
> | 사회적 차원 | • 인간과 자연이 조화를 이루는 개발 추구: 생태 도시와 슬로 시티 지정, 생태 통로 건설
• 생태계 복원 활동: 자연 휴식년제 도입, 갯벌 및 하천 생태계 복원 사업 시행 |

295 인간과 자연의 공존을 위해서는 사회적 차원의 노력과 함께 개인적 차원의 노력이 필요하다. 각 개인은 삶에서 환경친화적인 가치를 추구해야 하며, 자신이 생태계의 한 구성원임을 깨달으며 살아가야 한다. 또한 책임 의식을 지니고 일상생활에서도 자연을 보호해야 한다.
바로알기 | ㄷ. 생태 도시와 슬로 시티를 지정하는 것은 개인적 차원이 아니라 사회적 차원에서 할 수 있는 노력이다.

296 생태적으로 특별히 보존 가치가 있는 지역의 자원을 활용하여 지속가능한 관광을 하는 것을 보아 ㉠은 생태 관광에 해당한다. 생태 관광은 생태적으로 양호한 지역에 대한 관찰과 학습, 관광객의 지속가능한 관광 등을 포괄하는 개념으로, 인간의 필요와 욕구에 따라 개발이 불가피하더라도 자연 파괴를 최소화할 수 있음을 보여 주는 사례이다.

297 제시된 생태 관광은 보존 가치를 지닌 생태 지역을 관광 자원으로 활용해 인간의 이익과 자연의 보존이라는 두 가지 목적을 동시에 달성한 사례이다. 따라서 제시된 사례를 활용한 보고서의 제목으로 '인간과 자연의 공존 사례'가 가장 적절하다.
바로알기 | ② 제시된 사례는 문화유산의 보존보다는 생태 지역의 보존 사례이다. ③ 습지 복원이 농업 생산성과 연관되어 있다는 내용은 제시된 사례에서 찾을 수 없다. ④ 제시된 사례는 현대 도시 개발과 자연 보존의 조화 사례에 해당된다. ⑤ 제시된 사례는 문화유산의 보존과는 관련이 적다.

298 제시된 글은 인간과 자연환경이 조화를 이루며 공생할 수 있는 체계를 갖춘 지속가능한 도시인 생태 도시에 대해 설명하고 있다. 이와 관련해서 ① 대기 오염을 해결하기 위해 자동차 없는 날을 지정하는 것, ② 자연 하천 복원 사업을 실시하는 것, ④ 태양광과 풍력 발전을 활용하여 전력을 수급하는 것, ⑤ 쓰레기 재활용을 확대하는 것 등 다양한 도시 정책을 펼칠 수 있다.
바로알기 | ③ 연안 습지를 간척하여 도시의 인구 문제를 해결할 경우에는 인간의 이익을 위해 자연을 훼손하게 되는데, 이는 생태 도시의 정책과 상반되는 것이다.

299 ① 인간 중심주의의 대표 사상가로는 데카르트, 베이컨 등이 있다. ② 인간 중심주의 자연관은 산업화와 도시화에 정당성을 부여해 인간의 삶을 풍요롭게 하는 데 기여하였다. ③ 생태 중심주의가 지나칠 경우 생태계 전체의 선을 위해 인간이 포함된 개별 생명체의 선을 희생시킬 수 있다는 환경 파시즘으로 이어질 수 있다. ④ 하천 생태계 복원 사업은 대표적인 자연과 인간의 공존 노력 사례에 해당한다.
바로알기 | ⑤ 인간 중심주의 자연관은 생태 중심주의 자연관과 달리 인간과 자연을 분리하여 바라보는 이분법적 관점에서 자연을 바라본다.

개념 확인 문제 68쪽

300 환경 문제　　301 지구 온난화　　302 사막화　　303 시민 단체
304 생태시민　　305 오존층　　306 가뭄　　307 산성비
308 정부　　309 기업

난이도별 필수 기출 68쪽~73쪽

310 ③	311 ①	312 해설 참조	313 ③	314 ⑤
315 ⑤	316 ③	317 ②	318 ④	319 ②
320 ③	321 ①	322 ⑤	323 ⑤	324 ③
325 ④	326 ⑤	327 ⑤	328 ②	329 ②
330 해설 참조	331 ⑤	332 ④	333 ④	334 ④
335 ④	336 ⑤	337 ②	338 ①	

339 (가): 염화 플루오린화 탄소(CFCs), (나): 몬트리올 의정서
340 ④　　341 ①

310 환경 문제는 한번 발생하면 피해를 복구하는 데 오랜 시간이 걸리고 많은 노력과 비용이 들며, 인간의 생존을 위협할 수 있을 정도로 그 피해 정도가 크다.
바로알기 | ㄱ. 자연은 본래 어느 정도의 오염 물질을 스스로 정화하는 자정 능력을 가지고 있다. ㄹ. 환경 문제는 발생한 지역이나 국가를 넘어 인접한 국가와 전 지구에 광범위한 영향을 미칠 정도로 피해 규모가 크다.

311 제시된 그래프를 보면 대기 중 이산화 탄소 농도가 증가함에 따라 지구 평균 기온이 상승하고 있음을 알 수 있다. 이는 이산화 탄소 등의 온실가스 증가로 인해 지구 온난화 현상이 심해지고 있음을 보여 준다. ① 이산화 탄소 등의 온실가스 농도가 증가하는 원인은 산업화 이후 석탄이나 석유 등의 화석 연료의 사용이 많아졌기 때문이다.
바로알기 | ② 공장에서 배출된 오염 물질과 빗물이 결합해 산성비가 내린다. ③ 산업 단지에서 무단으로 배출된 폐수와 폐기물은 수질 오염과 토양 오염의 주요 원인이다. ④ 이상 기후는 지구 온난화에 따른 피해이고, 과도한 방목과 개간 등으로 사막화가 심화되고 있다. ⑤ 다이옥신은 대표적인 환경 호르몬으로 암 등의 각종 질병을 유발한다.

312 모범답안 제시된 그래프를 통해 지구 온난화 현상이 심화하고 있음을 알 수 있다. 지구 온난화의 영향으로는 빙하 감소, 해수면 상승에 따른 저지대 침수, 기상 이변 발생, 동식물 서식 환경 변화 등이 있다.

313 해수면 상승에 따른 해안 저지대의 침수를 초래하는 환경 문제임을 고려할 때 ㉠은 지구 온난화이다. ③ 지구 온난화는 이산화 탄소, 메탄 등의 온실가스 배출량이 증가하면서 지구의 평균 기온이 상승하는 현상이다.
바로알기 | ① 호흡기 질환을 일으키는 대표적인 환경 문제에는 황사가 있다. ② 도시의 건축물과 조각상을 부식시키는 환경 문제는 산성비이다. ④ 하늘이 뿌예지고 시야가 흐려져 교통 장애를 유발하는 환경 문제는 스모그이다. ⑤ 염화 플루오린화 탄소(CFCs)는 오존층을 파괴하며 이로 인해 피부 및 눈 질환 증가, 농작물 수확량 감소의 문제가 나타난다.

314 ⑤ 지구 온난화 현상이 지속되면 세계 곳곳에서 각종 기상 이변이 발생하여 가뭄, 홍수, 태풍, 폭설 등 자연재해의 발생 빈도가 증가할 것이다.
바로알기 | ① 지구 온난화가 지속되면 황사 현상이 심화될 것이다. ② 는 사막화에 따른 피해이다. ③은 산성비에 따른 피해이다. ④는 오존층 파괴에 따른 피해이다.

315 지구 온난화로 빙하가 녹은 물이 바다로 흘러들어 해수면이 상승하고 있다. 이로 인해 키리바시, 투발루와 같은 섬 국가는 영토가 바닷물에 잠기고 있거나 잠길 위험에 처해 있다.
바로알기 | ① 지구 온난화로 북극해는 해빙(海氷)이 녹으면서 그 면적과 두께가 감소하고 있다. ② 그린란드는 지구 온난화로 연평균 기온이 상승하면서 여름철에 일시적으로 녹는 활동층의 두께가 증가하고 있다. ③ 알래스카 역시 그린란드와 마찬가지로 활동층의 부피는 증가하고, 여름에도 녹지 않고 얼어 있는 영구 동토층의 두께가 감소하고 있다. ④ 지구 온난화로 히말라야산맥과 같은 고산 지대에서는 빙하 면적이 감소하는 빙하의 후퇴가 나타나고 있다.

316 밑줄 친 '이 환경 문제'는 산성비이다. ③ 산성비는 공장이나 화력 발전소에서 배출되는 매연, 자동차에서 나오는 배기가스 등의 대기 오염 물질이 비와 섞여 내리는 것이다.
바로알기 | ① 사막 주변 지역이 사막으로 변하는 것은 사막화이다. ② 오존이 파괴되어 그 밀도가 낮아지는 것은 오존층 파괴이다. ④ 미세한 모래먼지가 바람을 타고 날아와 떨어지는 것은 황사이다. ⑤ 대기 중 온실가스 증가로 지구의 기온이 상승하는 것은 지구 온난화이다.

317 중앙아시아의 아랄해 주변에서는 1960년대 이후 대규모 목화 재배를 위한 관개 농업이 이루어졌다. 이후 아랄해에 도달하는 하천의 수량이 급속히 감소하면서 사막화 현상이 나타나고 있다.

318 중앙아시아의 아랄해 주변 지역에서는 토양이 황폐화되어 점차 사막으로 변하는 사막화 현상이 나타나고 있다. ㄱ. 아랄해는 과도한 방목이나 개간 등의 영향을 받아 호수의 물이 줄어들면서 점점 사막으로 변하고 있다. ㄴ. 아랄해의 사막화 현상은 인간의 이익이나 필요에 따라 자연의 가치를 평가하면서 자연을 인간의 욕구를 충족하는 도구로 이용하는 인간 중심주의 자연관이 반영되어 나타난 결과이다. ㄷ. 사막화 현상으로 사막 면적이 확대되고, 삼림과 초원의 훼손으로 생태계의 균형이 파괴되면서 생물종이 감소하고 있다.
바로알기 | ㄹ. 프레온 가스의 사용 증가로 발생하는 환경 문제는 오존층 파괴로 이는 피부암, 백내장 등 질병 발생률의 증가를 일으킨다.

319 제시된 지도의 (가) 지역은 사하라 사막 남쪽의 가장자리에 위치한 사헬 지대이다. 사헬 지대는 오늘날 세계에서 사막화 현상이 가장 빠르게 진행되고 있다. ㄱ. 사막화 현상은 주로 사막 주변 지역에서 발생하고 있다. ㄷ. 사막화는 장기간의 가뭄, 과도한 방목이나 개간 등이 주요 원인이다.
바로알기 | ㄴ. 호수의 산성화, 구조물의 부식을 일으키는 환경 문제는 산성비이다. ㄹ. 사막화 현상을 해결하기 위해 국제 사회는 사막화 방지 협약을 체결하였다. 몬트리올 의정서는 오존층 파괴를 막기 위해 염화 플루오린화 탄소(CFCs)를 비롯한 오존층 파괴 물질의 생산 및 사용을 규제하는 환경 협약이다.

320 오존층 파괴는 염화 플루오린화 탄소(CFCs)의 사용 증가가 주된 원인으로 작용하는 환경 문제로, 지상에 도달하는 자외선을 증가시켜 피부암과 안과 질환을 증가시키는 피해를 가져온다.

321 ① 사막화로 경작지가 황폐화되면 식량 생산량이 감소하여 기근 문제가 발생할 수도 있다. 또한 사막화로 사막의 면적이 증가하면서 모래먼지가 바람을 타고 이동하는 황사 현상이 심화된다.

322 ① 사막화는 건조 및 반건조 지역에서 토양이 생산 능력을 상실하고 황폐화되어 사막이 확대되는 현상으로, 극심한 가뭄과 인간의 과도한 경작지 개발로 발생한다. ② 오존층은 자외선을 흡수하여 지상의 생물체를 자외선으로부터 보호하는 역할을 한다. ③ 산성비는 숲의 나무와 농경지의 작물을 말라죽게 하고 하천과 호수를 오염시키며, 도시의 건축물과 조각상을 부식시킨다. ④ 열대림 파괴로 인해 온실가스를 흡수하는 자연의 능력이 줄면서 지구 온난화 현상이 심화되고 있다.

323 정부는 환경 오염 발생을 규제하는 측면에서 오염 물질을 배출하는 사업자 또는 소비자를 처벌하거나 부담금을 부과하기도 한다. 또한 환경 오염을 예방하는 측면에서 친환경 사업자에게 국가 보조금을 지급하기도 한다. 이 밖에도 정부는 기후변화와 같은 전 지구적 차원의 환경 문제 해결을 위한 국가 간 협력에 동참하고 있다.

324 정부는 환경 문제 해결을 위해 환경과 관련한 법과 제도를 마련하여 시행하는데, 환경 영향 평가 제도가 대표적이다. 또한 정부는 쓰레기 종량제를 실시하고 있으며, 쓰레기를 분리해서 배출하는 것을 의무로 규정하고 있다. 그 밖에도 에너지 소비 효율 등급 표시제 등을 시행하여 친환경 제품에 관한 정보를 소비자에게 제공하기도 한다. 따라서 (가)에는 '환경 문제 해결을 위한 정부의 정책'이 가장 적절하다.

325 그린피스, 지구의 벗, 세계 자연 기금은 대표적인 시민 단체이다. 이들은 환경 문제의 심각성과 환경 보전의 중요성을 홍보하고, 시민을 대상으로 환경 보호 실천 방안을 교육하는 등 정부와 기업, 개인이 환경친화적인 행위를 하도록 이끈다.

326 제시된 글에서 시민 단체인 그린피스는 시민에게 바다 보호의 중요성을 알리기 위해 드론 쇼를 개최하였다. 이처럼 시민 단체는 시민운동과 환경 보호 캠페인을 통해 시민의 참여를 독려하는 역할을 한다.

327 기업은 생산 과정에서 환경 오염을 일으킬 수 있기 때문에 배출되는 오염 물질을 정화하는 시설을 갖추어야 하며, 환경 오염을 일으키지 않거나 최소화하도록 돕는 친환경 제품을 생산해야 한다. 기업은 상품 유통 과정을 간소화하여 유통 단계에서 사용되는 화석 연료를 줄이기 위해 노력해야 한다. 또한 소비자들이 친환경 제품을 더욱 쉽게 이용하도록 판매점에 친환경 상품을 우선 공급하거나 진열해야 한다.

328 (가)에는 미세 먼지를 줄이기 위한 각 주체들의 다양한 활동이 들어가야 한다. ② 기업은 미세 먼지를 줄이는 친환경 기술을 개발함으로써 미세 먼지로 인해 발생하는 여러 문제점을 줄일 수 있다.

329 (가)는 환경 문제에 관심을 가진 사람들이 자발적으로 조직한 단체인 시민 단체이고, (나)는 일회용컵 보증금제와 같은 정책을 마련하고 시행하는 정부이다. ② (가) 시민 단체는 시민의 참여를 독려할 목적으로 환경 문제와 관련된 캠페인을 진행한다.

330 [모범 답안] 생태시민으로서 생태전환적 사고를 함양하고 환경친화적인 가치관을 수립해야 한다. 또한 녹색 소비를 실천하는 등 친환경적 생활방식을 실천해야 한다.

331 환경 문제 해결을 위해 개인은 일회용품 사용 줄이기, 자전거와 대중교통 이용하기, 사용하지 않는 가전제품 플러그 뽑기, 에어컨과 난방기의 적정 온도 유지하기, 물 아껴 쓰기 등 에너지와 자원 절약을 실천해야 한다.

332 전 지구적 차원의 환경 문제를 해결하기 위해 정부는 각종 개발 사업이 시행되기 전에 환경에 미치게 될 영향을 미리 예측하고 평가하는 환경 영향 평가 제도를 실시하고 있다. 시민 단체는 정부와 기업이 환경 오염을 유발하는 행위를 하지 않도록 감시하거나 환경 보호 캠페인을 전개하고 있다. 개인은 일상생활에서 쓰레기 분리수거, 재활용을 생활화해야 한다.

333 (가)의 저탄소 녹색 성장 정책 수립은 정부의 노력에 해당한다. 정부는 환경과 관련된 법률을 제정하고 정책을 수립한다. (나)처럼 개인은 일상생활에서 자원과 에너지를 절약해야 한다. (다)처럼 정부와 기업의 활동을 감시하고 환경 보호 캠페인을 펼치는 것은 시민 단체의 노력에 해당한다. (라)의 환경친화적 제품 개발은 기업의 노력에 해당한다. 기업은 상품의 생산, 유통 및 폐기 과정에서 환경 오염을 줄이기 위해 노력해야 한다.

334 국제 연합(UN) 기후변화 협약의 195개 당사국은 2015년 12월 12일에 2020년 이후 새로운 기후변화 체제 수립을 위한 최종 합의문인 '파리 협정'을 채택하였다. 파리 협정은 195개 협약 당사국 모두가 참여하여 2020년을 시작으로 2050년까지 지구촌 온실가스 배출량을 '0'으로 만들겠다는 것을 목표로 한다.
바로알기 | ④ 선진국에게만 온실가스 감축 의무를 부여한 교토 의정서와는 달리 파리 협정은 선진국뿐만 아니라 개발 도상국에게도 온실가스 감축 의무를 부여하였다.

335 파리 협정은 지구 온난화 문제를 해결하기 위해 온실가스 배출량을 감축하는 내용을 담고 있다. ㄴ. 지구 온난화를 해결하기 위해서는 온실가스인 이산화 탄소의 배출량이 적은 제품을 사용해야 한다. ㄹ. 그린피스와 같은 시민 단체에 가입하여 정부나 기업 등 다른 주체의 활동이 환경 오염을 일으키지 않는지 감시함으로써 온실가스의 배출량을 줄일 수 있다.
바로알기 | ㄱ. 석유, 석탄, 천연가스와 같은 화석 연료의 가격을 인하하면 화석 연료 소비가 증가하여 온실가스의 배출이 늘어나게 된다. ㄷ. 지구 온난화 문제를 해결하기 위해서는 이산화 탄소, 메탄 등 온실가스의 배출량 규제를 완화하는 것이 아니라 강화해야 한다.

336 바젤 협약은 유해 폐기물의 국가 간 이동에 관한 규제를 위한 환경 협약이다. 람사르 협약은 물새의 주요 서식지인 습지의 보호와 지속가능한 이용을 목적으로 하는 환경 협약이다.
바로알기 | 세 번째 진술. 기후변화 협약은 지구 온난화를 방지하기 위한 협약이다. 네 번째 진술. 몬트리올 의정서는 오존층 파괴를 막기 위한 환경 협약이다.

✔ 개념 보충

주요 국제 환경 협약

기후변화 협약	지구 온난화 방지를 위한 온실가스 배출량 규제
람사르 협약	습지의 보호와 지속가능한 이용을 위한 노력
몬트리올 의정서	오존층 파괴 물질의 생산 및 사용 규제
바젤 협약	유해 폐기물의 국가 간 이동 및 처리 통제
사막화 방지 협약	사막화 방지 및 피해 국가 지원
생물 다양성 협약	생물종 보호 및 생태계 다양성 유지

337 ② 람사르 협약은 물새의 주요 서식지인 습지의 보호와 지속가능한 이용을 목적으로 하는 환경 협약이다.
바로알기 | ① 파리 협정은 선진국과 개발 도상국 모두에게 온실가스 감축 의무에 동참하도록 독려하여 지구 온난화를 방지하기 위한 협약이다. ③ 교토 의정서는 지구 온난화를 방지하기 위해 미국, 유럽 등 선진국 38개국의 온실가스 감축 목표를 구체적으로 제시한 협약이다. ④ 몬트리올 의정서는 오존층 파괴를 막기 위한 환경 협약이다. ⑤ 기후변화 협약은 지구 온난화를 방지하기 위한 협약이다.

338 ㄱ. 파리 협정은 온실가스 감축을 위한 협약으로 교토 의정서와는 달리 선진국과 개발 도상국 모두에 온실가스 감축 의무를 부과하였다. ㄴ. 람사르 협약은 물새 서식지로서 국제적으로 중요한 습지에 관한 협약으로 습지 자원의 보전 및 현명한 이용을 위한 기본 방향을 제시하였다.
바로알기 | ㄷ. 교토 의정서는 기후변화 협약에 따른 선진국의 온실가스 감축 목표를 규정하였다. 유해 폐기물의 국가 간 이동 및 처리를 통제하는 협약은 바젤 협약이다. ㄹ. 몬트리올 의정서는 오존층 파괴 물질의 생산 및 사용을 규제하기 위한 협약이다. 심각한 가뭄과 사막화를 겪는 국가를 지원하기 위한 협약은 사막화 방지 협약이다.

339 염화 플루오린화 탄소(CFCs)의 배출량이 증가하면 오존층이 파괴된다. 이러한 문제를 해결하기 위해 국제 사회는 오존층 파괴 물질의 생산 및 사용을 규제하는 몬트리올 의정서를 채택하였다.

340 ① 화석 연료의 사용 증가, 삼림 파괴, 무분별한 농경지 확대 등으로 지구의 평균 기온이 상승하는 지구 온난화가 발생하고 있다. ② 지구 온난화 현상을 해결하기 위해 온실가스의 배출 허용량을 정해 주고 남거나 모자랄 때 사고팔 수 있도록 하는 제도인 온실가스 배출권 거래제가 시행되고 있다. ③ 자외선을 흡수하는 오존층의 파괴로 자외선 투과율이 증가하여 피부 및 눈 질환이 늘고 있다. ⑤ 산성비는 농작물과 삼림 피해, 하천과 호수 오염, 건축물과 조각상 부식을 일으킨다.
바로알기 | ④ 무분별한 벌목과 개간, 목축 등으로 열대림이 파괴되고 있다. 중국과 몽골 내륙 지역의 토지 황폐화는 사막화에 따른 영향에 해당한다

341 오염 물질 배출권 도입에 대해 갑은 환경 위기를 시장 논리로 극복할 수 있다는 입장이고, 을은 환경 위기를 시장 논리로 접근하는 것은 바람직하지 않다는 입장이다. ㄱ, ㄴ. 갑은 오염 물질 배출권 거래가 부족한 배출권을 살 수 있는 선진국과 사용하지 않는 배출권을 팔 수 있는 개발 도상국 모두에게 이익이 된다고 주장한다.
바로알기 | ㄷ. 을은 경제적 유인을 제공하는 오염 물질 배출권 거래제가 환경 위기 극복에 효율적인 제도라고 생각하지 않는다. ㄹ. 갑과 달리 을은 선진국이 온실가스 배출에 대한 문제에서 윤리적 관점을 갖고 책임을 져야 한다고 강조하고 있다.

최고 수준 도전 기출 | 05~07강 |　　　　74쪽~77쪽

342 ②	343 ⑤	344 ③	345 ③	346 ③
347 ④	348 ③	349 ③	350 ②	351 ①
352 ④	353 ②	354 ④	355 ⑤	356 ④
357 ④				

342 (가)는 열대 기후 지역에서 볼 수 있는 고상 가옥, (나)는 한대 기후 지역에서 볼 수 있는 고상 가옥이다. (가) 열대 기후 지역은 (나) 한대 기후 지역보다 연 강수량이 많고, 다양한 종류의 식물과 동물이 서식하여 생물종의 다양성이 높다. 또한 (가) 열대 기후 지역은 (나) 한대 기후 지역보다 연중 기온이 높아 최난월 평균 기온에서 최한월 평균 기온을 뺀 기온의 연교차가 작다. 이는 그림의 B에 해당한다.

343 (가) 지붕이 평평하고 창문이 작은 흙벽돌집은 사막이 발달하는 건조 기후 지역의 전통 가옥이다. (나) 쌀로 만든 퍼보, 분짜 등의 전통 음식이 발달하는 곳은 열대 기후 지역에 속한 베트남이다. (다) 낮은 기온으로 농경이 어려워 순록을 유목하는 곳은 고위도의 한대 기후 지역이다. (라) 지중해 연안 온대 기후 지역은 여름철이 고온 건조하기 때문에 강한 일사에 대비하여 가옥의 벽면을 하얗게 칠한다. ⑤ 벼는 여름철에 기온이 높고 강수량이 많은 곳에서 주로 재배된다. 따라서 (나) 열대 기후 지역은 (라) 여름철이 고온 건조한 온대 기후 지역보다 연 강수량에서 여름철 강수량이 차지하는 비중이 높다.
바로알기 | ① (가) 건조 기후 지역은 연 강수량이 적어 수목이 자라기 어려운 곳으로 (나) 열대 기후 지역보다 연 강수량이 적다. ② (가) 건조 기후 지역은 (다) 한대 기후 지역보다 저위도에 위치한다. ③ (가)

건조 기후 지역은 대기가 건조하고 기온의 변화가 크므로, (라) 온대 기후 지역보다 기온의 일교차가 크다. ④ 저위도 부근의 (나) 열대 기후 지역은 고위도 지역의 (다) 한대 기후 지역보다 가장 추운 달의 평균 기온이 높다.

344 해당 지역은 연 강수량이 적고 온몸을 완전히 감싸는 의복 문화가 발달하였으므로 건조 기후 지역이다. 따라서 (가)에 들어갈 질문은 '집을 지을 때 지붕을 평평하게 짓나요?'가 될 수 있다.

바로알기 | ①, ⑤ 가옥의 지붕이 급경사인 곳은 열대 기후 지역이다. 열대 기후 지역 중에서도 연 강수량이 많은 곳은 건물의 처마를 도로 쪽으로 길게 돌출시켜 통행 시에 비를 맞지 않도록 한다. ② 열대 기후 지역에서는 지면의 뜨거운 열기를 피하기 위해 집의 바닥을 지면에서 띄워서 짓는다. 한대 기후 지역에서는 기온이 영상으로 올라가면서 토양층이 녹을 때 가옥이 붕괴되지 않도록 집의 바닥을 지면에서 띄워서 짓는다. ④ 창이 크고 개방적인 가옥 구조가 나타나는 곳은 열대 기후 지역이다.

345 지도의 A는 아이슬란드, B는 노르웨이, C는 베트남, D는 오스트레일리아, E는 볼리비아의 한 지역이다. 여행객이 처음 방문한 곳은 빙하 지형의 큰 낙차를 이용하여 수력 발전이 널리 이루어지는 국가인 아이슬란드(A) 혹은 노르웨이(B)이다. 두 번째로 방문한 곳은 '하늘에서 내려온 용'이란 뜻의 탑 카르스트 지형이 발달한 베트남의 할롱베이(C)이다. 마지막으로 방문한 곳은 평균 해발 고도가 약 3,600m로 하늘의 별과 가장 가까운 수도라는 별명을 갖고 있는 안데스 산지에 위치한 도시이자 볼리비아의 수도인 라파스(E)이다. 따라서 여행객은 'B → C → E' 순으로 방문하였다.

346 1. 저위도에서 발생하여 중위도로 이동하는 열대 저기압을 태풍이라고 하므로, 정답은 '○'이다. 2. 지진과 화산 활동은 주로 판의 경계에서 판의 이동에 의해 발생하므로, 정답은 '○'이다. 3. 다른 자연재해보다 느리게 발생하지만 피해 범위가 넓은 것은 가뭄이므로, 정답은 '×'이다. 4. 무분별한 산지 개발로 토양층이 약해지면 산사태의 발생 빈도가 높아지므로, 정답은 '×'이다. 5. 농경지와 주택의 침수를 유발하는 자연재해는 **폭설**이 아닌 홍수이므로, 정답은 '×'이다. 따라서 학생은 1번, 2번, 3번 문항에 옳게 답하였으므로 학생의 점수는 3점이다.

347 헌법에 명시된 것처럼 인간은 안전하고 쾌적한 환경에서 살아갈 권리를 가진다. 이를 위해 국가는 평상시 예보 활동과 대피 훈련 등을 정기적으로 실시하여 자연재해로 인한 피해를 최소화하고, 재해 발생 시 신속하게 복구할 수 있는 대응 체계를 갖추어야 한다. 또한 자연재해의 피해가 발생하면 즉각적인 복구와 함께 자연재해로 피해를 입은 지역을 특별 재난 지역으로 지정하여 지원금을 지급하는 등의 적극적인 노력을 기울여야 한다. 한편 국민은 환경 보존 및 재해 예방을 위해 재해·재난 대비 안전 교육 및 대응 훈련에 적극적으로 참여해야 한다.

바로알기 | ④ 자연재해는 대비를 소홀히 하면 그 피해가 커지기 때문에 국가는 자연재해의 양상을 파악하여 그에 맞는 정확한 예보 **체계를** 구축하고, 예측 가능한 재해에 대해서는 대비를 철저하게 해야 한다.

348 제시문의 사상가는 레오폴드이다. 레오폴드는 생명 공동체를 인간에서 생태계 전체로 확장해 존중의 대상으로 보아야 한다고 보았다. ㄱ. 레오폴드의 입장은 (가) 생태 중심주의에 해당된다. ㄷ. 레오폴드는 인간과 자연의 조화를 중시하는 생태 중심주의 입장이며, 자연의 도구적·수단적 가치만을 강조하지 않고 본래적 가치를 인정한다. 즉 첫 번째, 두 번째, 네 번째 질문이 맞게 되므로, (라)는 3점이 된다.

바로알기 | ㄴ. 레오폴드는 전일론적 관점에서 자연과 인간을 이분법적으로 보는 태도를 경계한다. 따라서 '아니요'로 답한 학생의 답안이 옳다면 (나)에는 제시된 질문이 들어갈 수 있다.

> **✔ 자료 보충**
>
> **전일주의(전일론)**
> 전일주의 또는 전일론이라 불리는 입장은 종과 생태계 전체로서 자연을 바라보는 관점이다. 레오폴드는 대표적인 전일주의 관점의 생태 중심주의 사상가이다.
> "대지는 단순한 토양이 아니며, 식물, 동물과 서로 연결되어 흐르는 에너지의 원천이다. 이러한 생명 공동체는 통합성과 안정성, 아름다움을 보전하려고 한다."
> ─ 레오폴드

349 갑은 칸트, 을은 레오폴드이다. 갑은 인간성을 유지하기 위해서 인간 외의 존재들을 고려해야 한다는 인간 중심주의 자연관을 취한다. 을은 인간의 이익보다 자연 전체의 균형과 안정을 먼저 고려하는 생태 중심주의 자연관을 취한다. 갑은 인간성 보존을 위해서 생명 공동체를 존중해야 한다고 주장하며, 인간에게는 생명 공동체를 존중할 간접적 의무만 있다고 본다. 을은 인간에게 생명 공동체를 존중할 직접적 의무가 있다고 본다. 반면 자연에 대해 갑은 간접적 의무, 을은 직접적 의무를 취한다는 점을 다르지만, 갑, 을은 모두 자연을 함부로 대해서는 안 된다고 본다. 따라서 갑은 B, 을은 A에 해당한다.

350 갑은 인간 중심주의 관점을 갖고 있는 칸트의 입장, 을은 북미 원주민 부족인 수(Sioux)족의 추장인 시애틀 추장의 입장이다. 갑은 인간이 동물에게 어떠한 의무를 지니고 있긴 하지만, 그 의무조차 인간이 자신이 갖고 있는 인간성을 실현하기 위한 수단이라고 보고 있다. 따라서 인간이 동물과 관련해 가진 의무는 간접적 의무일 뿐이라고 서술하고 있다. 반면, 을은 자연을 인간의 소유물이 아닌 인간과 연결된 생명체로 보고 있다. ㄴ. 갑은 인간만이 도덕적 대우의 대상이며 인간 이외의 생명체는 직접적으로 존중의 대상이 될 수 없다고 본다. 반면, 을은 모든 생명체는 형제와 같은 것이라고 주장하며 도덕적 존중의 대상이 된다고 본다. 따라서 주어진 질문에 갑은 부정, 을은 긍정의 대답을 하게 된다.

바로알기 | ㄱ. 갑은 을과 달리 인간 중심주의 자연관을 갖고 있어서 자연이 인간의 목적을 위한 수단적 가치를 갖고 있다고 본다. 따라서 주어진 질문에 갑은 을과 달리 긍정의 대답을 하게 된다. ㄷ. 정복 지향적 자연관은 갑과 달리 을의 입장에서 거부된다. 따라서 주어진 질문에 갑은 긍정, 을은 부정의 대답을 하게 된다.

> **✔ 자료 보충**
>
> **정복 지향적 자연관**
> 자연을 정복해 인간의 물질적 삶을 향상시키는 것을 지향하는 자연관을 정복 지향적 자연관이라고 한다. 대표적인 사상가로는 근대 서양 사상가인 베이컨이 있다.
> "인간에게는 자연을 이용할 수 있는 권한과 능력이 있다. 과학의 목적은 자연을 정복해 인간의 물질적 생활을 향상시키는 데 있다. 이를 위해 인간은 자연이 어떻게 작동하는지 알고, 자연을 이용할 수 있어야 한다." ─ 베이컨

351 (가)의 갑은 칸트, 을은 베이컨, 병은 레오폴드이다. 갑, 을은 인간이 자연과 구별되는 우월한 존재라고 인식하는 인간 중심주의 자연관을 취한다. 병은 모든 생명체는 자연의 일부이며, 인간도 자연을 구성하는 일부라고 인식하는 생태 중심주의 자연관을 취한다. 따라서 A에는 갑, 을, 병 모두 긍정의 대답을 할 질문, B에는 갑이 긍정의 대답을 할 질문, C에는 을이 긍정의 대답을 할 질문, D에는 병이 긍정의 대답을 할 질문이 들어가야 한다. ㄱ. 갑, 을, 병 모두 인간은 도덕적으로 존중받아야 할 존재라고 본다. 따라서 갑, 을, 병이 모두 긍정의 대답을 할 질문에 해당한다. ㄹ. 을은 생태계의 가치가 인간에 의해,

병은 그 자체로 부여된다는 입장을 취한다. 따라서 을이 긍정, 병이 부정의 대답을 할 질문에 해당한다.
바로알기 | ㄴ. 갑, 을 모두 인간이 가장 가치 있는 존재라고 보기 때문에 B에 들어갈 질문으로 적절하지 않다. ㄷ. 을은 인간만이 내재적 가치를 지닌다고 보기 때문에 C에 들어갈 질문으로 적절하지 않다. ㅁ. 병은 자연이 그 자체로 본래적 가치를 지닌다고 보기 때문에 D에 들어갈 질문으로 적절하지 않다.

352 제시된 글에서 '포 씨의 아들'은 생명체를 선물로 받아 기뻐하는 사람에게 자연의 존재들이 인간과 같은 동료이며 귀천이 없이 모두 고귀한 존재임을 주장하고 있다. 이를 통해 포 씨의 아들이 인간과 자연의 조화를 추구하며, 만물이 모두 평등하다고 보는 도가의 자연관을 취하고 있음을 알 수 있다. ④ 도가에서는 사람의 힘이 더해지지 않은 자연 그대로의 질서를 따르는 무위자연을 추구하며, 자연의 한 부분인 인간과 자연의 조화를 강조한다.
바로알기 | ①, ②는 인간과 자연을 분리해서 바라보는 인간 중심주의 자연관에 해당한다. ③은 궁극적으로 인간을 위해 자연을 보호해야 한다고 주장하므로, 일종의 인간 중심주의 자연관에 해당한다. ⑤는 자연과의 조화를 추구하고는 있으나 자연을 인간이 길러 낼 대상으로 보고 있으므로 포 씨 아들의 관점으로 적합하지 않다.

353 (A) 사업은 인위적으로 구조물과 제방을 세워 자연재해를 방지하고자 한다. 따라서 (A) 사업은 인간 중심주의 자연관을 바탕으로 자연재해를 방지하기 위해서는 제방 건설이 필요하며, 제방 건설로 인한 문제는 다시 기술 개발을 통해 해결할 수 있다고 볼 것이다. (B) 사업은 개발을 위해 진행되었던 간척지를 다시 습지나 갯벌로 복원하여 자연 그대로의 모습을 되살리고자 한다. 따라서 (B) 사업은 생태 중심주의 자연관을 바탕으로 자연의 본래적 가치를 훼손해서는 안 되며, 간척 사업과 같은 개발도 자연과의 조화를 추구하는 생태적 관점에서 진행되어야 한다고 볼 것이다.

354 환경 문제 A는 지구 온난화이다. 지구 온난화는 화석 연료의 사용 증가로 이산화 탄소를 비롯한 온실가스의 배출량이 늘어난 것이 주요 원인이다. 이로 인해 해안 저지대가 침수되고 동식물의 서식처 환경 변화가 나타나는 등의 문제가 발생하고 있다. 국제 사회는 지구 온난화를 해결하기 위해 2015년 파리 협정을 체결하였다. 파리 협정은 선진국뿐만 아니라 개발 도상국 모두 온실가스 감축 의무에 동참하도록 독려하는 국제 협약이다.
바로알기 | ㄹ 몬트리올 의정서는 오존층 파괴 물질의 사용을 규제하는 국제 협약이다.

355 지도의 A는 산성비, B는 열대림 파괴, C는 사막화 피해 지역을 나타낸 것이다. ⑤ 사막화(C) 피해 지역은 대개 사막 주변 지역으로 연 강수량이 적은 반면, 열대림 파괴(B) 지역은 열대림이 발달하는 곳으로 연 강수량이 많다. 따라서 사막화(C) 피해 지역은 열대림 파괴(B) 지역에 비해 대체로 연 강수량이 적다.
바로알기 | ① 산성비는 화석 연료 사용으로 배출된 질소 산화물 및 황산화물이 비에 녹아내려 발생한다. ② 사막화 방지 협약은 사막화(C)를 완화하기 위해 체결되었다. ③ 삼림 고사 및 호수 산성화를 초래하는 환경 문제는 산성비(A)이다. ④ 산성비(A)는 화석 연료 사용이 주된 발생 요인이지만, 열대림 파괴(B)는 무분별한 벌목과 농경지 개간이 주된 발생 요인이다.

356 환경 문제를 해결하기 위해 (가) 정부는 환경 영향 평가 제도를 시행하고, 친환경 사업자에게 보조금을 지급함으로써 환경 오염을 예방하거나 최소화하고자 한다. (나) 기업은 쉽게 분해될 수 있는 재질로 제품을 생산함으로써 상품의 생산, 유통, 폐기의 전 과정에서 환경 오염을 줄일 수 있도록 해야 한다. (다) 개인은 일회용품 사용을 최대한 줄여야 한다.

✔ 개념 보충

환경 문제 해결을 위한 노력

정부	• 국제 환경 협약 체결 및 이행 ⒠ 지구 온난화 방지를 위한 기후 변화 협약 체결 등 • 환경 관련 법과 제도의 마련 및 시행 ⒠ 저탄소 녹색 성장 정책, 환경 영향 평가 제도, 쓰레기 종량제 등
시민 단체	정부의 환경 정책이나 기업의 활동 감시 및 비판, 환경 보호 캠페인 전개 등
기업	오염 물질 배출 최소화, 친환경 제품 생산, 신·재생 에너지 사용 확대 노력 등
개인	환경친화적인 생활방식 실천, 환경 관련 법 준수 노력, 환경 윤리 의식 제고 등

357 ㄴ. 아랄해 연안, 사헬 지대는 사막화가 발생하고 있는 지역으로 사막화 방지 협약(H)과 관련이 있다. ㄷ. 런던 협약(A)은 폐기물의 해양 투기 방지, 바젤 협약(B)은 유해 폐기물의 국가 간 이동과 교역을 규제하는 협약으로 모두 폐기물과 관련된 협약이다. ㄹ. 파리 협정(C)과 교토 의정서(D)는 모두 지구 온난화 완화를 위해 온실가스 배출량 감축을 목표로 하는 협약이다.
바로알기 | ㄱ. 유해 폐기물의 국가 간 이동 및 처리 통제를 위한 협약은 바젤 협약(B)이다. ㅁ. 파리 협정(C)은 2015년에 체결된 협약으로 1971년 체결된 람사르 협약(E), 1992년 체결된 기후변화 협약(F)보다 나중에 체결되었다.

개념 확인 문제   80쪽

358 문화권   359 동아시아   360 오아시스   361 유럽
362 리오그란데강   363 인문환경   364 남부 아시아
365 개신교   366 영어   367 오세아니아

난이도별 필수 기출   80쪽~85쪽

368 ②	369 ①	370 점이 지대	371 ②	372 ④
373 ④	374 ②	375 ②	376 ①	377 ①
378 해설 참조	379 ②	380 ②	381 ①	382 ⑤
383 ①	384 ③	385 해설 참조	386 ②	387 ⑤
388 ③	389 ③	390 ①	391 ②	392 ③
393 해설 참조	394 ①	395 ①	396 ①	397 ①
398 ③	399 ②	400 ④	401 ②	

368 ㉠은 문화, ㉡은 문화권이다. ① 문화는 각 지역의 자연환경과 인문환경을 반영하기 때문에 지역마다 다양하게 나타난다. ③ 문화권은 고정된 것이 아니며, 인구이동이나 문화 전파 등을 통해 변화하기도 한다. ④ 문화권의 경계는 대체로 산맥이나 큰 하천 등의 자연환경을 기준으로 나뉜다.
바로알기 | ② 같은 문화권 내에서는 삶의 방식이 비슷하게 나타나지만, 그 안에서도 여러 가지 삶의 방식이 존재한다.

369 문화권과 문화권이 만나는 곳에는 점이 지대가 나타나므로, 첫 번째 내용은 옳은 설명이다. 문화권의 구분은 기후, 지형과 같은 자연환경뿐만 아니라 종교, 산업과 같은 인문환경에 의해 결정되기도 하므로, 두 번째 내용은 옳지 않은 설명이다. 동일한 문화권에서는 비슷한 생활양식과 문화 경관이 나타나므로, 세 번째 내용은 옳은 설명이다. 따라서 문화권의 특징에 대한 옳은 설명에만 표시한 학생은 갑이다.

370 ㉠에 들어갈 용어는 점이 지대이다. 동서양의 문화가 동시에 나타나는 튀르키예처럼 서로 다른 문화권이 만나는 지역에서는 두 지역의 특색이 공존하는 점이 지대가 나타난다.

371 각 지역에서 주로 먹는 음식은 대개 기후나 지형과 같은 자연환경의 영향을 받는데, 어떤 음식을 주로 먹느냐에 따라 쌀 문화권, 밀 문화권, 옥수수 문화권 등 다양한 문화권이 형성된다. 즉, 자연환경의 차이 때문에 다양한 음식 문화권이 형성된다고 볼 수 있다.

372 A는 쌀이다. 쌀을 주식으로 하는 아시아에서는 고온 다습한 계절풍 기후와 하천 주변의 비옥한 평야로 인해 벼농사가 유리하다.
바로알기 | ①은 남부 유럽, ②는 건조 기후 지역과 유럽, ③은 건조 기후 지역, ⑤는 남아메리카의 고산 지역에서 발달한 문화와 관련 깊은 설명이다.

373 (가)에서 설명하는 음식인 쌀국수는 벼농사가 발달한 동양 문화권의 베트남에서 즐겨 먹으므로, B에 해당한다. (나)에서 설명하는 음식인 타코는 옥수수를 많이 재배하는 멕시코에서 즐겨 먹으므로, C에 해당한다. (다)에서 설명하는 음식인 파스타는 밀 농사가 발달한 유럽 문화권에서 즐겨 먹으므로, A에 해당한다.

374 (가) 타이가의 침엽수를 이용한 통나무집이 주로 분포하는 지역은 연교차가 큰 냉대 기후 지역으로 A에 해당한다. (나) 열기와 습기를 피하기 위한 고상 가옥이 주로 분포하는 지역은 열대 기후 지역으로 C에 해당한다.

375 밑줄 친 '이 종교'는 힌두교이다. 힌두교는 수많은 신을 인정하고 숭배하는 다신교이다.
바로알기 | ① 할랄은 이슬람 율법에 따라 이슬람교도가 먹고 사용할 수 있도록 허용된 제품으로, 이슬람교 문화권에서 할랄 산업이 발달하였다. ③은 이슬람교, ④는 불교, ⑤는 크리스트교와 관련한 설명이다.

376 (가)는 이슬람교, (나)는 불교, (다)는 크리스트교이다. ㄱ. 이슬람교도는 성지인 메카의 카바 신전을 향해 하루 다섯 번 기도한다. ㄴ. 불교는 석가모니의 가르침을 전하고 실천하며, 개인의 깨달음을 얻기 위한 수행과 자비를 중시한다.
바로알기 | ㄷ. 크리스트교는 하느님을 유일신으로 섬기고 그의 아들 예수를 구원자로 믿으며 성당이나 교회에서 예배를 드린다. 쿠란의 율법에 따라 생활하는 것은 이슬람교이다. ㄹ. 이슬람교, 불교, 크리스트교 중 불교만이 윤회 사상을 믿는다.

377 A는 크리스트교 지역에 해당한다. ① 프랑스 파리에 있는 노트르담 대성당은 크리스트교 문화권에서 나타나는 대표적인 종교 경관이다.
바로알기 | ②, ⑤ 튀르키예의 술탄 아흐메드 모스크와 사우디아라비아의 메카 대사원의 카바 신전은 이슬람교 문화권, ③ 타이의 왓프라케오 사원은 불교 문화권, ④ 인도의 스리미낙시 사원은 힌두교 문화권에서 나타나는 대표적인 종교 경관이다.

378 **모범 답안** B는 이슬람교 지역, D는 힌두교 지역이다. 이슬람교는 술과 돼지고기를 먹는 것을 금기시하는 반면, 힌두교는 소를 신성시하여 소고기를 먹는 것을 금기시한다.

379 ㄱ. 크리스트교(A)는 예수를 구원자로 믿으며 이웃 사랑을 강조하는 종교로, 일상생활에서는 기도가 일상화되어 있다. ㄹ. 힌두교(D)는 여러 신을 인정하는 다신교로, 윤회 사상을 믿으며 선행과 고행을 통한 수련을 중시한다.
바로알기 | ㄴ. 살생을 금하는 교리에 따라 육식을 피하는 것은 불교(C)와 관련한 설명이다. ㄷ. 아랍어로 된 쿠란을 읽고 알라신을 믿는 것은 이슬람교(B)와 관련한 설명이다.

380 A는 크리스트교, B는 이슬람교, C는 불교, D는 힌두교이다. ② 이슬람교(B)를 믿는 사람들은 알라의 말씀이 담긴 쿠란의 가르침에 따라 술과 돼지고기를 먹지 않는다.
바로알기 | ① 크리스트교(A)는 하느님을 유일신으로 섬긴다. ③ 십자가와 종탑 등의 경관이 나타나는 것은 크리스트교(A)이다. ④ 자비와 개인의 수양 및 해탈을 강조하는 것은 불교(C)이다. ⑤ 건조 문화권에서는 이슬람교(B)를 믿는 사람의 비율이 높고, 유럽 문화권에서는 크리스트교(A)를 믿는 사람의 비율이 높다.

381 (가)는 이슬람교, (나)는 힌두교, (다)는 불교에 대한 설명이다. 지도의 A~E 중 이슬람교를 주로 신봉하는 국가는 파키스탄(A)과 인도네시아(D)이고, 힌두교를 주로 신봉하는 국가는 인도(B)이며, 불교를 주로 신봉하는 국가는 타이(C)이다.
바로알기 | E는 필리핀으로 크리스트교를 주로 신봉한다.

382 ① 상공업 중심의 문화권에서는 건물의 밀집도가 대체로 높은 편이며, 일상적인 이동이 많아서 도로가 잘 발달하였다. ②, ③ 유목 중심의 문화권에서는 유목민들이 양, 염소, 말 등을 이끌고 물과 풀을 찾아 이동 생활을 하며, 음식 재료를 대부분 가축으로부터 얻는다. ④ 농경 중심의 문화권에서는 사람들이 한곳에 모여 정착 생활을 하고, 농사를 위한 협동 노동이 필요하므로 공동체 문화가 발달한다.
바로알기 | ⑤ 상공업 중심의 문화권에서는 공장, 상점, 사무실 등 생산 활동을 하는 곳과 주거지가 분리되어 있어 출퇴근 문화가 형성된다.

383 ㄱ은 기후, ㄴ은 지형에 따라 생활양식이 다르게 나타난 것이므로, (가) 자연환경의 영향을 받아 형성된 생활양식이다. ㄷ은 종교, ㄹ은 산업에 따라 생활양식이 다르게 나타난 것이므로, (나) 인문환경의 영향을 받아 형성된 생활양식이다.

384 제시된 내용과 관련 깊은 문화권은 동아시아 문화권이다. 동아시아 문화권은 우리나라, 중국, 일본을 아우르는 지역으로 불교, 한자 등의 공통된 문화적 특징이 나타난다. 또한 벼농사가 활발하여 쌀을 주식으로 먹으며, 젓가락을 사용한다.

385 [모범 답안] 제시된 국가들이 속한 문화권은 동양 문화권 중 동아시아 문화권이다. 동아시아 문화권은 한자와 젓가락을 사용하며, 유교와 불교문화가 발달한 것 등의 특징이 있다.

386 제시된 내용에서 설명하는 문화권은 아프리카 문화권(B)이다. 아프리카 문화권은 사하라 사막 이남의 중남부 아프리카 일대로, 대부분 지역에서 열대 기후가 나타난다. 또한 부족 단위의 공동체 문화가 발달하였으며, 민족과 언어가 다양하게 나타난다. 전통적으로 이동식 화전 농업이 이루어져 왔지만, 식민 지배의 영향으로 일부 지역에서는 플랜테이션이 발달하였다.
바로알기 | A는 건조 문화권, C는 동아시아 문화권, D는 앵글로아메리카 문화권, E는 라틴 아메리카 문화권이다.

387 A는 건조 문화권이다. 건조 문화권은 북부 아프리카와 서남아시아 지역이 해당된다. 전통적으로 유목과 오아시스 농업을 해 왔으며, 주민들 대부분이 이슬람교를 믿어 술을 금기시하는 등 일상생활에서도 엄격한 계율이 적용된다.
바로알기 | ⑤ 주로 이슬람교를 믿는 건조 문화권에서는 사람들이 돼지고기 요리를 금기시한다.

388 A는 건조 문화권, B는 아프리카 문화권, C는 동아시아 문화권, D는 앵글로아메리카 문화권, E는 라틴 아메리카 문화권이다. ③ 동양 문화권은 속해 있는 국가들이 사용하는 언어는 서로 다르지만, 공통적으로 한자를 사용한다는 특징이 있다.
바로알기 | ① 건조 문화권의 주민 대부분은 이슬람교를 믿으며 일상생활뿐만 아니라 국가 통치도 이슬람교의 엄격한 계율을 따른다. 유교와 불교의 영향을 받은 생활양식이 주로 나타나는 지역은 동아시아 문화권이다. ② 동아시아 문화권이 포함된 동양 문화권은 계절풍의 영향으로 벼농사가 발달한다. ④ 앵글로아메리카 문화권은 과거 북서 유럽의 식민 지배를 받은 영향으로 주민들이 주로 영어를 사용하고 개신교의 비율이 높다. ⑤ 라틴 아메리카 문화권은 과거 남부 유럽의 식민 지배를 받은 영향으로 주민들이 주로 에스파냐어를 사용하고 가톨릭교의 비율이 높다.

389 (가)는 라틴 아메리카 문화권, (나)는 동남아시아 문화권이다. 라틴 아메리카 문화권은 남부 유럽의 식민 지배 영향으로 주로 에스파냐어와 포르투갈어를 사용하며, 다양한 문화와 인종이 나타난다. 동남아시아 문화권은 교통의 요충지로 동서양 문화와 원주민 문화 등 다양한 문화가 혼재되어 있다.

390 ① 북서 유럽 지역은 서안 해양성 기후를 바탕으로 혼합 농업과 낙농업이 발달하였다.
바로알기 | ② 남부 유럽 지역은 지중해성 기후를 바탕으로 수목 농업이 발달하였다. 전통적으로 오아시스 농업이 발달한 지역은 건조 문화권이다. ③ 유럽 문화권에서는 크리스트교가 생활양식과 사회 제도 전반에 큰 영향을 주었다. ④ 산업 혁명의 발상지로 일찍이 산업화를 이룩한 지역은 북서 유럽 지역이다. ⑤ 남부 유럽 지역은 가톨릭교, 동부 유럽 지역은 동방 정교(정교회), 북서 유럽 지역은 개신교의 비중이 높다.

391 라틴족과 가톨릭교의 비율이 높고 지중해성 기후가 나타나는 (가)는 남부 유럽 문화권에 해당한다. 게르만족과 개신교의 비율이 높고 서안 해양성 기후가 나타나는 (나)는 북서 유럽 문화권에 해당한다. 슬라브족과 동방 정교(정교회)의 비율이 높고 온대 기후와 냉대 기후가 나타나는 (다)는 동부 유럽 문화권에 해당한다.

392 A는 앵글로아메리카 문화권, B는 라틴 아메리카 문화권에 해당한다. 아메리카 문화권은 리오그란데강을 기준으로 북쪽 지역은 북서 유럽의 식민 지배 영향을 받은 앵글로아메리카 문화권, 남쪽 지역은 남부 유럽의 식민 지배 영향을 받은 라틴 아메리카 문화권으로 구분된다.

✔ **개념 보충**

아메리카 문화권

구분	앵글로아메리카 문화권	라틴 아메리카 문화권
차이점	• 주로 영어를 사용 • 주로 개신교를 믿음	• 주로 에스파냐어와 포르투갈어를 사용 • 주로 가톨릭교를 믿음
공통점	유럽의 문화가 전파됨, 인종 구성이 다양함	

393 [모범 답안] 앵글로아메리카 문화권은 과거 북서 유럽의 식민 지배를 받은 영향으로 주로 개신교를 믿고 영어를 사용한다. 라틴 아메리카 문화권은 과거 남부 유럽의 식민 지배를 받은 영향으로 주로 가톨릭교를 믿고 에스파냐어와 포르투갈어를 사용한다.

394 오스트레일리아와 뉴질랜드가 속한 문화권은 오세아니아 문화권이다. 오세아니아 문화권은 최근 문화 전파로 애버리지니, 마오리족 등의 원주민 문화가 소멸할 위기에 처해 있다.
바로알기 | ②는 아프리카 문화권, ③은 북극 문화권, ④는 앵글로아메리카 문화권과 관련 깊은 설명이다. ⑤ 오세아니아 문화권은 영국을 중심으로 한 유럽 문화가 전파되어 주로 영어를 사용하며 크리스트교(개신교)를 믿는다.

395 그린란드 일대의 북극해 연안 지역은 북극 문화권에 해당한다. 이 지역에 사는 네네츠족, 이누이트, 라프족 등은 전통적으로 순록을 유목하거나 사냥을 하면서 생활하며, 추위를 막기 위해 동물 가죽으로 옷, 장갑, 천막의 덮개 등을 만들어 사용한다. 최근에는 현대 문명의 전파로 전통적 생활양식이 사라지고 있다.

396 (가) 북극 문화권에는 네네츠족(ㄱ), 이누이트, 라프족 등이 사냥, 어로, 순록 유목 등을 하며 생활하고 있다. (나) 오세아니아 문화권에는 뉴질랜드의 마오리족(ㄴ)과 오스트레일리아의 애버리지니(ㄷ) 등 원주민들의 독특한 문화와 전통이 남아 있다.

397 ① 유럽 문화권 중 북서 유럽 지역은 산업 혁명의 발상지로 일찍이 산업화를 이룩하였다.

바로알기 | ② 아프리카 문화권과 동남아시아 문화권에서 플랜테이션 농업이 발달하였다. ③ 라틴 아메리카 문화권은 개신교 신자 수보다 가톨릭교 신자 수가 더 많다. ④, ⑤ 건조 문화권은 주로 이슬람교를 믿고 돼지고기를 먹는 것을 금기시하며, 건조 지역으로 외래 하천을 이용한 농업이 이루어진다. 남부 아시아 문화권에 속하는 인도에서 주로 힌두교를 믿으며, 소를 신성시한다.

398 산업 혁명의 발상지로 일찍이 산업화를 이룩한 곳은 북서 유럽 지역이고, 그리스·로마 문화의 발상지로 관광 산업이 발달한 곳은 남부 유럽 지역이므로 제시된 특징이 나타나는 문화권은 유럽 문화권(C)이다.

바로알기 | A는 건조 문화권, B는 아프리카 문화권, D는 남부 아시아 문화권, E는 동아시아 문화권이다.

399 (가)는 건조 문화권(A)에 해당한다. 건조 문화권은 북부 아프리카와 서남아시아가 해당되며, 주민 대부분이 이슬람교를 믿으며 아랍어를 사용한다. (나)는 남부 아시아 문화권(D)에 해당한다. 남부 아시아 문화권은 인도와 그 주변 국가인 파키스탄, 방글라데시, 스리랑카 등이 해당되며, 인도에서는 주로 힌두교를 믿고 주변 국가에서는 주로 이슬람교와 불교를 믿는다.

400 라틴 아메리카 문화권(J)은 원주민인 인디오와 백인, 아프리카 흑인 그리고 그들 사이의 혼혈족으로 구성되어 독특한 문화를 형성한다.

바로알기 | ②는 건조 문화권, ③은 동아시아 문화권, ⑤는 아프리카 문화권과 관련 깊은 설명이다.

401 ㄱ. 아프리카 문화권(B)은 주로 열대 기후가 나타나며, 식민 지배의 영향으로 일부 지역에서는 플랜테이션이 발달하였다. ㄹ. 북극 문화권(H)에 사는 네네츠족, 이누이트, 라프족 등은 순록을 유목하거나 물개잡이를 하고, 동물의 가죽으로 만든 두꺼운 옷을 입는다.

바로알기 | ㄴ. 주로 아랍어를 사용하며, 이슬람교를 믿는 문화권은 건조 문화권(A)이다. ㄷ. 앵글로아메리카 문화권(I)은 주민들이 주로 영어를 사용한다. 남부 유럽의 식민 지배 영향으로 주민들이 주로 에스파냐어와 포르투갈어를 사용하는 문화권은 라틴 아메리카 문화권(J)이다.

개념 확인 문제 · 87쪽

402 문화 변동 · **403** 매개체 · **404** 문화 접변 · **405** 문화 융합
406 창조적 · **407** 발명 · **408** 직접적 · **409** 문화 병존
410 문화 동화 · **411** 전통문화

난이도별 필수 기출 · 87쪽~91쪽

412 ③	**413** ④	**414** 해설 참조	**415** ①	**416** ④
417 ④	**418** ②	**419** ③	**420** ⑤	**421** ③
422 ③	**423** 해설 참조	**424** ②	**425** ③	**426** ⑤
427 ③	**428** ③	**429** ③	**430** ③	
431 해설 참조	**432** ③	**433** ②		

412 ③ 알렉산드로스 대왕에 의해 사탕수수가 서양에 전해진 것은 사회 구성원 간 접촉에 의해 문화 요소가 전파된 것이므로 직접 전파의 사례이다.

바로알기 | ①은 발명, ②는 발견, ④는 간접 전파, ⑤는 자극 전파의 사례이다.

413 신라 시대에 중국 사람들과 교류하는 과정에서 한자가 들어온 것이므로, 문화의 접촉에 의한 문화 전파에 해당한다. 또한 중국에서 통용되는 한자에서 아이디어를 얻어 이두 문자를 만들어 낸 것이므로, 자극 전파에 해당한다.

바로알기 | ㄱ. 중국에서 한자가 전파되어 문화가 변화한 것이므로, 외부적 요인에 의한 문화 변동이다. ㄷ. 한자라는 문자, 즉 비물질문화의 요소가 인적 교류를 통해 직접 전파되어 형성된 문화이다.

414 모범 답안 (가)는 자극 전파, (나)는 발명에 해당하는데, 자극 전파와 발명은 모두 기존에 없던 문화 요소를 창조한다는 공통점이 있다.

415 ㉠은 직접 전파, ㉡은 간접 전파, ㉢은 자극 전파이다. ㄱ. 담징이 직접 일본에 건너가 종이와 먹의 제조법을 전한 것은 직접 전파(㉠)에 해당한다. ㄴ. 한국 드라마라는 매개체를 통해 한국 문화가 동남아시아에 전파된 것은 간접 전파(㉡)에 해당한다.

바로알기 | ㄷ. 우리의 전통 된장과 토종 감은 외래문화가 아니므로, 이것을 결합하여 감장아찌를 만들어 낸 것은 자극 전파(㉢)에 해당하지 않는다. ㄹ. 현대 사회에서는 문화 교류의 확대로 직접 전파와 간접 전파가 모두 증가하고 있다.

416 발명은 문화 변동의 내재적 요인이므로 A에 해당한다. 직접 전파와 달리 자극 전파는 다른 사회의 문화 요소로부터 아이디어를 얻어 새로운 문화 요소를 만들어 내므로 B는 직접 전파, C는 자극 전파이다. ㄴ. 외국 종교의 교리를 응용하여 신흥 종교를 창시한 사례는 문화 전파와 발명이 결합된 것이므로 자극 전파에 해당한다. ㄹ. 발명은 다른 사회와의 접촉 없이 나타나지만, 직접 전파는 다른 사회와의 직접적인 접촉으로 인해 나타난다.

바로알기 | ㄱ. 존재하고 있었으나 알려지지 않았던 사물이나 원리를 찾아낸 것은 발견에 해당한다. ㄷ. 외국 선교사들에 의해 차 문화가 자국에 전파된 후 최대 차 소비국이 된 사례는 직접 전파(B)에 해당한다.

417 ④ (나)는 발견의 사례로, 직접 전파라는 외적 요인에 의해 문화가 변동한 (가)와 달리 내적 요인에 의해 문화가 변동한 사례이다.
바로알기 | ① (가)는 베트남 사람들을 통한 직접적인 접촉에 의해 문화 요소가 전파된 경우이다. ②, ③ (나)는 기존에 존재하고 있었지만 알려지지 않았던 것을 찾아낸 발견, (다)는 기존에 존재하지 않았던 새로운 문화 요소를 만들어 낸 발명에 해당한다. ⑤ (가)는 외적 요인인 직접 전파, (다)는 내적 요인인 발명에 의해 문화가 변동한 사례이다.

418 제시된 글은 문화 병존과 관계 깊다. 문화 병존은 기존의 문화 요소와 다른 사회에서 전파된 문화 요소가 공존하는 현상을 말한다.

419 (가)에서 남태평양 섬의 많은 부족의 전통문화가 외래문화인 서구 사회의 문화로 대체된 것은 문화 동화, (나)에서 멕시코의 토착 신앙과 외래문화인 가톨릭교의 결합으로 과달루페 성모상이 새롭게 등장한 것은 문화 융합의 사례이다. ③ 문화 동화는 고유문화의 정체성을 상실하는 반면, 문화 융합은 고유문화의 정체성이 유지된다. 따라서 문화 동화와 문화 융합은 자문화의 정체성 유지 여부를 기준으로 구분할 수 있다.
바로알기 | ①, ④ 문화 동화와 문화 융합은 모두 외재적 요인에 의한 변동에 해당한다. ② (가), (나)의 문화 변동이 자발적 요인에 의한 변동인지는 제시된 내용만으로 알 수 없다. ⑤ 문화 동화와 문화 융합은 대체로 장기간에 걸쳐 발생하는데, (가), (나)에서 장기간에 걸쳐 문화 변동이 발생하였는지는 제시된 내용만으로 알 수 없다.

> **✔ 개념 보충**
>
> **문화 융합의 의의**
> 문화 융합은 특정 사회의 구성원들이 전통문화를 바탕으로 외래문화 요소를 해석하고, 재구성하여 정착시킨다는 점을 보여 준다. 따라서 문화 융합은 다른 사회의 문화 요소를 받아들일 때 자신의 문화적 정체성을 상실하지 않으면서 새로운 문화 요소를 창조하는 문화 변동 양상이라고 할 수 있다.

420 제시된 글은 서양의 문화와 인도의 고유문화가 합쳐지면서 간다라 미술이라는 독특한 미술 문화가 새롭게 나타났음을 보여 준다. 이를 통해 외래문화와 기존의 문화가 결합하여 새로운 성격의 문화가 형성되는 문화 융합이 발생하였음을 알 수 있다.
바로알기 | ① 문화 융합은 사회 외적인 원인으로 발생하는 문화 변동이다. ② 문화 변동으로 나타난 간다라 미술에는 인도의 고유문화가 남아 있다. ③은 문화 병존, ④는 문화 동화와 관련한 설명이다.

421 A는 문화 병존, B는 문화 융합이다. ㄴ. △△국에서 고유문화인 온돌 문화와 외국의 침대 문화가 결합하여 돌침대라는 새로운 문화가 만들어진 것은 문화 융합의 사례이므로, (나)에는 제시된 내용이 들어갈 수 있다. ㄷ. 문화 병존과 문화 융합은 문화 변동 이후에도 고유문화의 정체성이 유지되므로, (다)에는 제시된 내용이 들어갈 수 있다.
바로알기 | ㄱ. 외래문화 요소에서 영감을 얻어 새로운 문화 요소를 만드는 것은 자극 전파의 의미이므로, (가)에는 제시된 내용이 들어갈 수 없다. ㄹ. 문화 병존과 문화 융합은 모두 자발적 문화 접변을 통해 나타날 수 있으므로, 외래문화의 자발적 수용 여부를 기준으로 문화 병존과 문화 융합을 구분할 수 없다.

422 (가)는 서로 다른 사회의 문화가 각각의 정체성을 유지하면서 한 사회의 체계 안에 나란히 존재하는 문화 병존, (나)는 기존 문화의 요소가 외래문화 요소와 결합하여 제3의 성격을 지닌 문화를 형성하는 문화 융합, (다)는 한 사회의 문화가 다른 사회의 문화 체계 속에 흡수되어 정체성을 상실하는 문화 동화의 사례이다.

423 **모범 답안** (가) 문화 병존과 (나) 문화 융합과 달리 (다) 문화 동화는 한 사회의 전통문화가 사라짐으로써 문화적 정체성이 상실될 수 있고, 이로 인해 문화적 다양성이 훼손될 우려가 있다는 문제점이 있다.

424 ㄱ. 문화 병존은 기존 문화 요소와 다른 사회의 문화 요소가 각각의 고유성을 유지한 채 한 사회 속에서 나란히 존재한다. ㄹ. 문화 병존과 문화 융합은 모두 문화 변동 후에도 자문화의 정체성이 유지된다.
바로알기 | ㄴ. 한 사회의 문화가 다른 사회로 흡수되거나 대체되는 것은 문화 동화에 대한 설명이다. ㄷ. 문화 병존, 문화 동화와 달리 문화 융합에서 서로 다른 문화 요소가 결합하여 제3의 문화가 형성된다.

425 외래문화 요소와 전통문화 요소가 결합하여 새로운 문화가 형성된 것은 문화 융합이므로, A와 B는 각각 문화 병존과 문화 동화 중하나이고 C는 문화 융합이다. ③ A가 문화 동화라면, B는 문화 병존이다. 우리나라에 있는 차이나타운은 우리나라의 문화와 중국의 문화가 고유성을 유지하며 공존하는 것이므로 문화 병존의 사례이다.
바로알기 | ① 불고기 피자와 같은 퓨전 음식은 한 나라의 전통 음식과 외래 음식이 결합하여 새로운 음식 문화가 만들어진 것이므로 문화 융합의 사례이다. ② B가 문화 동화라면, A는 문화 병존이다. 전통문화 요소가 외래문화의 체계 속으로 흡수되는 것은 문화 동화의 특징이므로 제시된 질문은 (가)에 들어갈 수 없다. ④ B가 문화 병존이라면 A는 문화 동화이다. 문화 동화는 자기 문화의 정체성을 상실하게 된다는 점에서 문화 융합과 달리 문화 다양성 증진에 기여하지 못한다. ⑤ 문화 융합은 문화 변동 이후에도 자문화의 정체성을 유지한다는 점에서 자기 문화에 대한 자부심이 약할 때 나타난다고 볼 수 없다.

426 ⑤ A, B국은 각각 문화 융합, 문화 병존이 나타났으므로 문화 동화가 나타난 C국과 달리 자국 언어 문화의 요소가 남아 있다.
바로알기 | ① B국에서는 A국의 언어와 B국의 언어가 함께 존재했으므로 문화 병존이 나타났다. ② C국에서 새로운 문화 요소가 만들어졌다는 내용은 제시되어 있지 않다. ③ A국은 사람들의 접촉에 의해 언어가 전파되었으므로 직접 전파에 의한 문화 변동이 나타났지만, C국은 인터넷을 통해 ○○ 언어가 전파되었으므로 간접 전파에 의한 문화 변동이 나타났다. ④ B국과 C국에서 사람들이 특정 언어를 강제로 사용하였다는 내용은 없으므로, 강제적 문화 접변이 나타나 있지 않다.

427

→ 유입된 문화 요소만 유지 → 문화 동화	→ 새로운 문화 요소 창조 → 문화 융합	→ 서로 다른 문화 요소 공존 → 문화 병존
A	B	C
▲ + □	◆ + ◇	★ + ○
⬇	⬇	⬇
□	◈	★, ○

문화 접변의 결과 A는 자문화 요소는 사라지고 유입된 문화 요소만 남았으므로 문화 동화, B는 자문화 요소와 유입된 문화 요소가 결합된 새로운 문화 요소가 나타났으므로 문화 융합, C는 자문화 요소와 유입된 문화 요소가 공존하므로 문화 병존이다. ㄴ. 문화 융합은 자국의 고유문화에 외래문화가 결합하여 제3의 문화가 탄생하는 것으로서, 그 사례로 미국에서 아프리카 음악과 유럽 음악의 요소가 결합된 재즈가 등장한 것을 들 수 있다. ㄷ. 문화 병존은 자국의 고유문화와 외래문화가 함께 존재하는 것으로서, 그 사례로 필리핀에서 고유의 언어인 타갈로그어와 외래어인 영어가 모두 사용되는 것을 들 수 있다.
바로알기 | ㄱ. 우리나라에서 한의학과 별도로 서양 의학이 자리 잡은 것은 문화 병존(C)의 사례이다. ㄹ. 문화 융합과 문화 병존은 모두 자문화와 외래문화가 함께 정체성을 유지하는 것이므로 다문화 사회의 갈등 해결에 도움이 된다.

428 ③ 서양 악기가 연주하는 선율에 맞추어 판소리를 하는 것은 우리나라의 전통 음악인 국악과 서양 음악이 결합하여 새로운 제3의 문화가 창조된 것이므로 문화 융합에 해당한다.

바로알기 | ① 선교사들의 직접적 교류를 통해 서양 음악이 우리나라에 전파된 것은 직접 전파에 해당한다. ② 대중문화에서 국악보다 서양 음악이 차지하는 비중이 늘었다고 해서 국악이 소멸된 것은 아니므로 문화 동화로 볼 수 없다. ④ 국악기와 서양 악기가 협연을 펼치는 것은 외재적 요인에 의한 문화 변동의 사례로서 발명에 해당하지 않는다. ⑤ 서양 악기 연주에 맞추어 판소리를 하는 것과 국악기와 서양 악기가 협연을 펼치는 것이 강제적 접촉에 의한 것인지는 제시된 내용만으로 파악할 수 없다.

429 ㄷ. T년에 갑국의 문화 요소는 a, b, c, d였는데, T+30년에는 을국에만 있던 문화 요소 e, f도 갑국 사람들이 향유하게 되었다. 즉, 을국에서 갑국으로 문화 전파가 나타났다. ㄹ. 갑국은 문화 요소가 T년에 4개(a, b, c, d)에서 T+30년에 6개(a, b, c, d, e, f)로 증가한 반면, 을국은 문화 요소가 T년과 T+30년 모두 4개(d, e, f, g)로 유지되었다. 즉, 을국과 달리 갑국에서는 문화 요소가 증가하였다.

바로알기 | ㄱ. e와 f의 전파로 인해 갑국의 특정 문화 요소가 소멸한 것은 아니므로, e와 f는 갑국에서 나타난 문화 동화의 사례로 볼 수 없다. ㄴ. 갑국과 을국이 공통으로 향유하는 문화 요소는 T년에는 d뿐이었지만, T+30년에는 d, e, f로 늘어났다. 따라서 갑국과 을국 간의 문화적 동질성이 강화되었다.

430 1. 갑국에서는 A국에서 전파된 철제 갑옷에서 아이디어를 얻어 전차를 발명하였으므로, 외재적 요인인 자극 전파에 의한 문화 변동이 나타났다. 을국에서도 자국의 요리와 식민지 시절 전래된 B국의 요리가 결합하여 새로운 요리가 만들어졌으므로, 외재적 요인인 직접 전파에 의한 문화 변동이 나타났다. 따라서 옳은 답은 '아니요'이다. 2. 을국의 음식인 ○○ 요리는 B국의 △△ 요리에 을국의 전통 음식으로 속을 채운 것이므로 문화 변동의 결과 을국의 전통문화 요소가 유지되었다. 따라서 옳은 답은 '예'이다. 3. 을국은 B국에서 전파된 △△ 요리를 그대로 사용한 것이 아니라 자국의 음식 문화와 결합하여 새로운 ○○ 요리를 만들었으므로, 전파된 외래문화 요소의 형태와 정체성이 그대로 유지되지 않았다. 따라서 옳은 답은 '아니요'이다. 4. 갑국에서는 전차, 을국에서는 요리라는 물질문화의 변동이 나타났다. 따라서 옳은 답은 '예'이다. 학생은 문항 3과 문항 4에 옳게 답하였으므로, 학생이 얻을 점수는 2점이다.

431 **모범 답안** 전통문화. 전통문화는 사회 유지와 통합에 기여하며, 문화의 고유성을 유지하고 세계 문화의 다양성을 증진하는 데 이바지한다.

432 ㄴ. 전통문화는 타인과 공동체에 대한 배려를 통해 사회 구성원 간 유대를 강화하고 사회를 유지 및 통합하는 데 중요한 역할을 한다. ㄷ. 전통문화에 담겨 있는 고유한 정신과 가치는 구성원의 사고방식이나 행동 양식에 많은 영향을 준다.

바로알기 | ㄱ. 전통문화는 고정불변한 것이 아니며, 현실적 여건과 시대적 변화에 맞게 재창조되기도 한다. ㄹ. 우리나라의 경우 효 사상, 가부장제 등으로 대표되는 유교 문화의 특징이 나타난다.

433 제시된 글은 우리 전통문화인 판소리를 현대 무용, 전자 음악 등 현대적인 감각에 맞게 재구성한 홍보 영상이 세계인의 긍정적 반응을 이끌었음을 나타낸다. 이는 전통문화의 창조적 계승을 위해 우리 전통문화를 현대적으로 해석하여 재창조해야 함을 시사한다.

10 문화 상대주의와 다문화 사회

개념 확인 문제 93쪽

난이도별 필수 기출 93쪽~97쪽

444 첫 번째 사례에서는 기후의 영향으로 더운 지방과 추운 지방의 가옥 구조가 다르게 나타났고, 두 번째 사례에서는 일부 지역에서 종교적 가르침에 따라 먹는 음식을 금기시하여 음식 문화가 다르게 나타났다. 이를 통해 문화에 영향을 미치는 환경이 지역마다 다르기 때문에 지역마다 문화적 차이가 발생함을 파악할 수 있다.

445 **모범 답안** 자문화 중심주의. 자문화 중심주의는 다른 문화와의 갈등을 초래할 수 있으며, 국수주의로 이어지거나 문화 제국주의를 정당화할 우려가 있다.

446 영어를 높게 평가하면서 우리 한글을 부정적으로 평가하는 문화 이해 태도는 문화 사대주의이다. ⑤ 문화 사대주의는 자기 문화에 대한 주체성을 상실하게 하여 자국 전통문화의 존속이나 발전을 어렵게 할 수 있다.

바로알기 | ① 문화 사대주의는 더 문화기 자기 문화보다 우수하다고 여기므로, 문화 간에는 우열의 관계가 있다고 본다. ②는 문화 상대주의에 대한 설명이다. ③은 자문화 중심주의에 대한 설명이다. ④ 문화 사대주의는 문화를 평가하는 절대적 기준이 있다고 본다.

447 문화 사대주의는 자문화 중심주의와 달리 자기 문화를 낮게 평가하므로 A는 문화 사대주의, B는 자문화 중심주의이다. ① 자문화 중심주의는 지나칠 경우 다른 민족에 대한 차별이나 제국주의 침략을 정당화하기도 한다. ② 문화 사대주의는 자문화를 낮게 평가한다는 점에서 자문화 중심주의에 비해 자문화의 정체성을 상실할 우려가 크다. ④ (나)에는 문화 사대주의와 자문화 중심주의의 공통점이 들어가야 한다. 문화 사대주의와 자문화 중심주의는 모두 문화에 우열이 있어 특정 문화를 우수하거나 열등하다고 평가할 수 있다고 보므로, 제시된 내용은 (나)에 들어갈 수 있다. ⑤ (다)에는 자문화 중심주의만의 특징이 들어가야 한다. 그런데 자문화 중심주의는 각 문화를 이해의 대상이 아닌 우열 평가의 대상으로 간주하므로, 제시된 내용은 (다)에 들어갈 수 없다.

바로알기 | ③ (가)에는 문화 사대주의만의 특징이 들어가야 한다. 그런데 문화 사대주의는 타 문화를 우수한 것으로 생각한다는 점에서 선진 문물 수용에 유리하므로, 제시된 내용은 (가)에 들어갈 수 없다.

448 제시된 글의 필자는 티베트의 장례 문화를 티베트의 독특한 환경과 문화적 맥락에서 파악하고 있으므로, 문화 상대주의적 태도를 지니고 있음을 알 수 있다.

449 ③ 문화 상대주의는 타 문화에 대한 이해를 촉진함으로써 문화의 다양성을 보존하는 데 기여할 수 있다.
바로알기 | ① 문화 상대주의는 모든 문화는 나름의 가치를 지니므로 우열을 평가할 수 없다고 본다. ② 자기 문화의 주체성을 상실할 우려가 있는 문화 이해 태도는 문화 사대주의이다. ④ 문화 상대주의는 타 문화에 대한 맥락적인 이해를 촉진할 수 있다. ⑤ 문화 상대주의는 문화 간의 이해와 소통을 확대함으로써 타 문화와의 접촉 과정에서 발생할 수 있는 문화 간 갈등을 줄이는 데 도움을 준다.

450 갑은 A 부족의 문화를 열등한 것으로 여기므로 자문화 중심주의, 을은 A 부족의 문화를 나름의 가치를 지닌 고유문화로 인식하므로 문화 상대주의의 입장을 취하고 있다. ㄴ. 문화 상대주의는 다양한 문화가 공존하는 다문화 사회에서 타 문화를 올바르게 이해하도록 함으로써 문화적 다양성을 보존하는 데 기여할 수 있다. ㄹ. 문화 상대주의는 자문화 중심주의와 달리 해당 사회의 문화를 제대로 이해하기 위해 그 사회의 역사적 배경과 자연환경 등을 고려해야 함을 강조한다.
바로알기 | ㄱ. 자문화 중심주의는 사회 구성원의 자부심을 높여 결속력을 강화함으로써 자기 문화의 정체성을 유지하는 데 기여한다. ㄷ. 자문화 중심주의는 문화를 평가하는 절대적 기준이 있다고 보지만, 문화 상대주의는 문화를 평가하는 절대적 기준이 없다고 본다.

451 문화 간 우열이 존재한다고 보는 것은 자문화 중심주의와 문화 사대주의의 특징이고, 다른 문화에 대해 배타적 태도를 취할 가능성이 높은 것은 자문화 중심주의의 특징이다. 따라서 A는 자문화 중심주의, B는 문화 사대주의, C는 문화 상대주의이다. ③ 자문화의 우수성을 강조하는 자문화 중심주의와 달리 문화 사대주의는 타 문화에 비해 자문화를 무시하므로, 자문화의 고유성을 상실할 우려가 높다.
바로알기 | ① 자문화에 대한 객관적 이해를 가능하게 하는 것은 문화 상대주의의 특징이다. ② 문화 사대주의는 자기 문화보다 다른 문화를 더 우월한 것으로 평가한다는 점에서 자문화를 다른 사회에 이식하는 것을 당연시한다고 보기 어렵다. ④ 문화 상대주의는 자문화 중심주의와 달리 각 사회의 문화가 형성된 역사와 사회적 맥락을 중시한다. ⑤ 문화의 우열을 평가한다는 점에서 자문화와 다른 사회 문화 간 갈등을 초래할 가능성이 높은 것은 자문화 중심주의와 문화 사대주의의 공통적인 특징이다. 따라서 (가)에는 제시된 내용이 들어갈 수 없다.

452 갑은 한 사회의 문화를 이해할 때 그 사회의 특수한 환경과 맥락을 고려해야 한다고 보므로, 문화 상대주의의 입장을 가지고 있다. 을은 자신이 속한 사회의 문화를 기준으로 다른 문화를 평가하고자 하므로, 자문화 중심주의의 입장을 가지고 있다. 병은 자신이 속한 사회의 문화보다 다른 사회의 문화를 우수한 것으로 평가하므로, 문화 사대주의의 입장을 가지고 있다.

453 ① 문화 상대주의는 각 사회의 문화는 그 나름의 가치를 지닌다고 인식하므로, 다양한 문화의 고유한 가치를 존중한다. ② 문화 상대주의는 문화 간 접촉과 교류가 활발한 오늘날 문화 간 공존을 위해 필요한 태도이다. ④ 문화 사대주의는 자기 문화보다 타 문화를 우수한 것으로 여기므로, 문화 간에 발전 수준의 차이가 존재한다고 본다. ⑤ 자문화 중심주의와 문화 사대주의는 문화를 평가의 대상으로 인식하므로, 문화의 우열을 판단할 수 있다고 본다.

454 A는 문화 사대주의, B는 자문화 중심주의, C는 문화 상대주의이다. ① 외국 브랜드에 대한 맹목적인 선호 풍조는 타 문화를 자기 문화에 비해 우월하다고 여기는 것이므로 문화 사대주의의 사례이다.
바로알기 | ② 외국의 특정 음식을 그들의 생활양식으로 이해하는 것은 특정 문화를 그 사회의 입장에서 이해하는 것이므로 문화 상대주의의 사례이다. ③ 다른 문화를 자문화보다 열등하다고 비난하는 것은 자문화 중심주의의 사례이다. ④ 국수주의에 빠질 가능성이 높다는 비판을 받는 문화 이해 태도는 자문화 중심주의이다. ⑤ 문화 사대주의와 자문화 중심주의는 모두 문화에 대한 우열 비교가 가능하다고 본다.

> **✓ 개념 보충**
>
> **국수주의와 문화 제국주의**
> 자문화 중심주의는 국수주의나 문화 제국주의로 연결되어 다른 문화와 갈등을 빚을 수 있다. 국수주의는 자기 나라의 역사나 문화에 대한 우월감을 바탕으로 다른 나라의 역사, 문화 등을 배척하는 것을 말하는데, 지금도 일부 국가들이 정치, 종교 등의 이유로 특정 국가의 상품이나 문화 유입을 거부하는 경우가 있다. 문화 제국주의는 정치, 경제 등에서 지배적 위치에 있는 나라가 문화적으로도 다른 나라를 지배하는 것을 말하는데, 오늘날에도 자본, 기술과 결합한 일부 강대국의 문화가 영화, 드라마, 노래 등을 통해 공격적으로 전파되면서 다른 나라의 문화를 잠식하고 지배하는 경우가 많다.

455 제시된 글의 필자는 인권을 침해하는 풍습인 '명예 살인' 역시 그 고유한 가치를 인정해야 한다고 주장하므로, 극단적 문화 상대주의의 태도를 지니고 있음을 알 수 있다. 극단적 문화 상대주의는 인간 존엄성과 같은 인류의 보편적 가치에 어긋나는 문화까지도 인정한다는 문제점을 가지고 있다.

456 밑줄 친 '일부 사람들'은 '명예 살인'이 생명을 침해하는 악습이므로 없어져야 한다고 주장하는데, 이는 인류의 보편적 가치까지 무시하는 극단적 문화 상대주의를 경계해야 함을 강조하는 것이다.

457 ㉠은 보편 윤리이다. 새로운 문화의 창조와 발전을 위해서는 기존 문화에 대한 성찰이 필요한데, 보편 윤리의 관점에서 문화를 성찰하면 바람직한 문화와 바람직하지 않은 문화를 구분할 수 있다. 또한 보편 윤리의 관점에서 문화를 바라보면 여러 기본적 인권의 내용을 존중할 수 있기 때문에 극단적 문화 상대주의에 빠지는 것을 방지할 수 있다.
바로알기 | ㄹ. 보편 윤리는 인류가 보편적으로 경계하는 문화 현상은 받아들여서는 안 된다는 자세를 갖게 해 준다.

458 제시된 글은 우리 사회의 연고주의가 공정성을 훼손할 수 있다고 보았는데, 이는 사회 정의라는 보편 윤리 차원에서 자문화를 고찰한 것에 해당한다.

459 제시된 그래프는 국내 거주 외국인 주민의 수와 비중이 점차 증가하고 있음을 나타낸다. 이처럼 우리 사회에 이주민이 급속도로 증가하게 된 것은 교통수단의 발달과 정보 통신 기술의 발전에 따른 세계화의 결과로 볼 수 있다.
바로알기 | ① 외국인 이주민의 경제활동 참여가 늘어나면서 지역 경제가 활성화되고 산업 전반의 생산성이 향상될 것이다. ② 제시된 그래프만으로는 외국인 범죄의 발생 건수의 변화 추이를 파악할 수 없다. ④ 제시된 그래프만으로 이민자들이 도시에만 몰려들었는지는 알 수 없으며, 국제결혼 이주민은 농어촌의 인력난 해소에 도움을 주는 경향

이 있다. ⑤ 외국인 주민 수가 지속적으로 늘어난 것을 고려할 때 내국인과 외국인이 일자리를 두고 경쟁을 벌이는 문제가 발생할 수 있다.

460 다문화 사회로의 변화로 우리 사회에서 외국인 근로자들이 저출생·고령화에 따른 노동력 부족 문제를 해소하는 데 기여할 수 있고, 새로운 문화들의 유입으로 문화 교류가 활발해져 문화 발전이 촉진될 수 있다. 한편, 다양한 문화가 유입되면서 문화적 차이에 관한 무지와 이해의 부족으로 갈등이 발생할 수 있으며, 이러한 갈등을 해결하기 위한 노력으로 국내에 거주하는 이주민의 권리 보장을 위한 법과 제도가 정비될 수 있다.
바로알기 | ⑤ 다양한 민족이 공존하면 문화는 다양해지기 때문에 문화적 동질성이 낮아질 수 있다.

461 **모범 답안** (1) 다문화 사회로 변화하면서 문화의 다양성이 증가하고 있으며, 외국인 노동자와 국제결혼 이주민의 유입은 저출생·고령화에 따른 인구 문제 해소에 기여하고 있다.
(2) 다문화 사회로 변화하면서 문화적 차이에 관한 이해의 부족으로 갈등이 생길 수 있고, 이주민에 대한 사회적 편견이 인권 침해로 이어져 갈등이 생길 수 있다.

462 다문화 사회의 갈등 해결을 위한 개인적 차원의 노력으로 다른 민족의 문화를 인정하고 포용하는 세계시민 의식을 함양해야 하며, 다른 문화에 관하여 편견이나 차별적인 태도를 버리고 문화적 차이를 인정하는 관용의 자세를 갖추어야 한다.
바로알기 | ㄴ. 문화 절대주의적 태도는 문화의 우열을 가린다는 점에서 문화 간 갈등을 유발할 수 있다. 따라서 다른 문화를 그 사회의 입장에서 이해하고 존중하는 문화 상대주의적 태도를 함양해야 한다. ㄹ. 다문화 교육을 강화하는 것은 다문화 사회의 갈등 해결을 위한 사회적 차원의 노력이다.

463 제시된 사례에서 A국의 다문화 정책은 이민자들의 문화를 자국 문화에 흡수하려는 목적을 지니므로 용광로 이론에 근거한 동화주의 관점과 관련이 깊다. 즉, A국의 다문화 정책은 이민자들이 출신국의 언어를 비롯한 문화적 특성을 포기하고 주류 사회의 일원이 되도록 유도하고 있다.
바로알기 | ① A국이 특정 지역의 외국인들만을 이민자로 수용하고 있다는 내용은 제시된 시례에 나타나 있지 않다. ② A국은 자문화와 이민자들의 문화를 분리하려는 정책이 아닌 이민자들의 문화를 자국민의 문화에 동화시키려는 정책을 펼치고 있다. ③ A국은 이민자들의 문화를 존중하기보다는 주류 사회의 문화에 동화시키고자 한다. ④ A국이 이민자들의 문화를 주류 문화에 흡수하려는 것으로 볼 때 이민자들의 다양한 문화 정체성을 인정한다고 보기 어렵다.

464 제시된 글은 서로 다른 문화의 공존을 추구하고 있으므로, 샐러드 볼 이론을 강조하는 입장이다. 국제결혼 이민자의 자문화 소개, 다문화 축제 개최, 외국인 근로자와 국내 근로자의 교류 확대 등은 샐러드 볼 이론의 입장에서 다양한 문화를 서로 이해하는 기회를 제공하여 문화 간 갈등을 해소하려는 노력에 해당한다.
바로알기 | ⑤ 이주민들을 우리의 가치관과 문화에 동화시키려는 용광로 이론에 가까운 다문화 정책이다.

465 ㉠은 다양한 문화의 주류 문화 중심의 융합를 중시하는 동화주의, ㉡은 다양한 문화의 공존을 중시하는 다문화주의에 해당한다.

466 ㄷ. 다문화주의는 주류 문화와 다른 소수 문화도 포용하고자 하므로, 다름에 대한 관용의 정신이 깃들어 있다. ㄹ. 문화 상대주의적

태도는 문화 간 융합을 중시하는 동화주의보다 문화 간 공존을 중시하는 다문화주의에 더 잘 반영되어 있다.
바로알기 | ㄱ. 동화주의는 이민자 문화를 그대로 받아들이지 않으므로, 문화 병존을 긍정적으로 인식한다고 볼 수 없다. ㄴ. 다문화주의는 다양한 문화의 공존을 추구하므로, 소수 집단의 문화 역시 경시되지 않고 인정받을 수 있다.

467 ㄱ. 용광로 정책은 여러 민족의 다양한 문화를 하나로 녹여 그 사회의 주류 문화에 동화시키고자 하므로 샐러드 볼 정책과 달리 문화적 동질성을 추구한다. ㄴ. 샐러드 볼 정책은 다양한 인종과 문화가 함께 어울리는 문화를 만들고자 하므로 문화의 공존을 중시한다.
바로알기 | ㄷ. 샐러드 볼 정책은 소수 집단을 주류 집단과 대등한 입장에서 존중하고자 한다. 소수 집단을 주류 집단에 동화시키는 것이 목적인 정책은 용광로 정책이다. ㄹ. 샐러드 볼 정책은 문화 상대주의적 태도를 기본으로 하지만, 용광로 정책은 자문화 중심주의적 태도를 기본으로 한다.

468 갑은 다양한 문화를 인정하는 샐러드 볼 이론, 을은 다양한 문화의 융합을 강조하는 용광로 이론의 입장을 취한다. ㄱ. 갑은 다양한 문화가 자문화의 고유성을 유지할 것을 강조하므로 문화의 이질성 보존을 지향한다. ㄷ. 갑은 서로 다른 문화를 인정하고 존중하는 다문화주의를 추구한다. 반면, 을은 다양한 문화를 융합하여 주류 문화로 재탄생할 것을 강조하는 동화주의를 추구한다.
바로알기 | ㄴ. 을은 다양한 문화가 자문화의 특성을 포기하고 주류 집단의 문화에 동화될 것을 강조한다. ㄹ. 갑은 비주류 문화의 보존을 강조하지만, 을은 비주류 문화의 보존을 강조하지 않는다.

✓ **개념 보충**

용광로 정책과 샐러드 볼 정책

용광로 정책	다양한 문화를 그 사회의 주류 문화에 동화시키는 정책 → 다양한 문화를 융합하여 하나의 정체성을 갖는 국가를 만들고자 함
샐러드 볼 정책	다양한 문화를 최대한 보장함으로써 서로 다른 문화가 각각의 정체성을 유지하면서 조화를 이루는 국가를 만들고자 함

469 ㉠ 다문화 사회는 저출생 고령회 현상으로 나타나는 중소기업이나 농어촌 지역의 노동력 부족 문제 해소에 이바지한다. ㉣ 다문화 사회에서는 피부색, 언어, 국적의 차이에서 비롯된 편견과 차별이 갈등으로 이어지기도 한다. ㉮ 다문화 사회에서의 갈등 해결을 위해 서로 다른 문화를 이해할 수 있도록 하는 다문화 이해 교육을 확대하여 문화적 차이에 따른 갈등을 예방할 수 있도록 해야 한다.
바로알기 | ㉡ 다문화 사회로의 변화로 문화의 통일성은 약화되고, 문화의 다양성은 강화된다. ㉢ 다문화 사회에서는 문화의 이질성이 확대되면서 문화적 차이에 관한 무지와 이해 부족으로 갈등이 발생할 수 있다. ㉲ 다문화 사회에서의 갈등 해결을 위해 이주민의 권리를 보장하는 법을 확대하는 등 이주민을 위한 사회적 지원책을 강화해야 한다.

최고 수준 도전 기출 | 08~10강 | 98쪽~101쪽

470 ②	**471** ④	**472** ②	**473** ①	**474** ④
475 ②	**476** ④	**477** ③	**478** ③	**479** ③
480 ②	**481** ③	**482** ⑤	**483** ③	**484** ⑤
485 ①				

470 ① 기후나 지형과 같은 자연환경은 의복, 음식, 주거 등 기본적인 생활양식에 많은 영향을 준다. ③ ㉢은 문화권 또는 문화 지역으로서 문화적 특성이 유사하게 나타나는 지표 공간을 의미한다. ④ 문화 경관은 어떤 장소에 특정 문화를 가진 사람들이 만들어 놓은 지역의 문화적 특성으로, 이슬람교 문화권에서 예배하는 사원인 모스크를 그 예로 들 수 있다. ⑤ 문화권의 경계는 지형에 의해 정해지는 경우가 많은데 리오그란데강을 기준으로 이북 지역은 앵글로아메리카 문화권, 이남 지역은 라틴 아메리카 문화권으로 구분하는 것이 이에 해당한다.
바로알기 | ② 의식주, 풍습, 종교와 같은 문화 요소들은 문화 경관이 형성되는 데 영향을 준다.

471 A는 크리스트교, B는 이슬람교, C는 힌두교이다. 1. 주로 아랍어를 사용하는 건조 문화권에서는 크리스트교가 아닌 이슬람교를 믿는 사람의 비중이 가장 높으므로 옳은 답은 '×'이다. 2. 이슬람교 신자가 많은 건조 문화권에서는 전통적으로 오아시스 농업이 발달하였으므로 옳은 답은 '○'이다. 3. 힌두교 신자가 많은 지역에서는 돼지고기가 아닌 소고기를 금기시하므로 옳은 답은 '×'이다. 4. 앵글로아메리카 문화권에서는 과거 북서 유럽의 식민 지배 영향을 받아 크리스트교 중 개신교의 비중이 높으므로 옳은 답은 '○'이다. 문항 1, 2, 3에 옳은 응답을 하였으므로 학생이 얻을 점수는 3점이다.

472 A는 크리스트교, B는 이슬람교, C는 힌두교, D는 불교이다. ② 이슬람교 분포 지역에서는 중앙의 둥근 지붕이 발달한 사원인 모스크를 볼 수 있으며, 모스크에서 집단 예배와 공공 행사가 진행된다.
바로알기 | ① 갠지스강을 영혼을 정화시키는 성스러운 강으로 생각하는 종교는 힌두교이다. ③ 예수가 부활하고 활동했던 곳인 예루살렘을 성지로 여기는 종교는 크리스트교이다. ④ 알라를 유일신으로 섬기고 무함마드를 성인으로 추앙하며 신앙 고백을 비롯한 신앙 실천의 다섯 가지 의무를 지키며 살아가는 종교는 이슬람교이다. ⑤ 크리스트교, 이슬람교, 불교는 전 인류를 포교 대상으로 삼고 교리를 전파하는 보편 종교에 해당하고, 힌두교는 일부 민족의 범위 내에서 교리를 전파하는 민족 종교에 해당한다.

473 ① (가)는 크리스트교 신자의 비율이 높고 주민들은 주로 영어를 사용하는 문화권이므로, 미국과 캐나다가 포함된 앵글로아메리카 문화권(D)에 해당한다.
바로알기 | ② (나)는 크리스트교 신자의 비율은 높지만 주민들은 주로 영어를 사용하지 않는 문화권이므로, 주민들이 주로 포르투갈어나 에스파냐어를 사용하는 라틴 아메리카 문화권(E)이 해당한다. ③ (다)는 크리스트교 신자의 비율이 높지 않고 전통적으로 벼농사가 발달하였으며, 한자를 공통으로 사용하는 문화권이므로, 중국, 한국, 일본이 속한 동아시아 문화권(B)이 해당한다. ④ (라)는 크리스트교 신자의 비율이 높지 않고 전통적으로 벼농사가 발달하였으며, 한자를 공통으로 사용하지 않는 문화권이므로, 동남아시아 문화권(C)이 해당한다. ⑤ (마)는 크리스트교 신자의 비율이 높지 않고 전통적으로 벼농사가 발달하지 않은 문화권이므로, 건조 문화권(A)이 해당한다.

474 A는 유럽 문화권, B는 건조 문화권, C는 동아시아 문화권, D는 오세아니아 문화권, E는 라틴 아메리카 문화권이다. ㉠ 건조 문화권은 전통적으로 유목이 발달하여 유목민이 많으며, 주민 대부분이 이슬람교를 믿고 있어 일상생활에서도 이슬람교의 엄격한 계율이 적용된다. ㉡ 동아시아 문화권은 계절풍의 영향으로 여름철 기온이 높고 강수량이 풍부하여 벼농사가 발달하였다. ㉢ 영국을 중심으로 한 유럽 문화가 전파되어 오세아니아 문화권의 문화 경관에 영향을 주었고, 포르투갈과 에스파냐는 식민 지배를 통해 라틴 아메리카 문화권의 문화 경관에 영향을 주었다.
바로알기 | ㉣ 라틴 아메리카 문화권은 포르투갈과 에스파냐의 식민 지배를 받은 영향으로 가톨릭교 신자의 비중이 높게 나타난다. 이에 비해 오세아니아 문화권은 영국의 영향으로 개신교 신자의 비중이 높게 나타난다.

475 A는 건조 문화권, B는 아프리카 문화권, C는 유럽 문화권, D는 남부 아시아 문화권, E는 동아시아 문화권, F는 동남아시아 문화권, G는 오세아니아 문화권, H는 북극 문화권, I는 앵글로아메리카 문화권, J는 라틴 아메리카 문화권이다. ② 건조 문화권과 아프리카 문화권은 사하라 사막, 앵글로아메리카 문화권과 라틴 아메리카 문화권은 리오그란데강이라는 자연적 요인에 의해 경계가 나뉜다.
바로알기 | ① 건조 문화권과 북극 문화권 모두에서 유목이 이루어진다. ③ 북서 유럽 지역은 게르만족의 비율이 높고, 남부 유럽 지역은 라틴족의 비율이 높다. ④ 남부 아시아 문화권, 동아시아 문화권, 동남아시아 문화권은 모두 계절풍의 영향으로 여름철 기온이 높고 강수량이 풍부하여 벼농사가 발달하였다는 공통점이 있다. ⑤ 오세아니아 문화권과 앵글로아메리카 문화권은 주로 영어를 사용하고 개신교를 믿는다. 이와 달리 라틴 아메리카 문화권은 주로 포르투갈어와 에스파냐어를 사용하고 가톨릭교를 믿는다.

476 문화 변동의 내재적 요인 중 새로운 요소를 만들어 내는 (가)는 발명이므로, (나)는 발견이다. 문화 변동의 외재적 요인 중 새로운 요소를 만들어 내는 (다)는 자극 전파이고, 매개체를 통해 문화 요소가 전달되는 (라)는 간접 전파이므로, (마)는 직접 전파이다. ① 사회 내부에서 사냥을 위해 활이라는 새로운 요소를 만들어 낸 것은 발명의 사례이다. ② 이미 존재하고 있었으나 알려지지 않았던 불을 찾아낸 것은 발견의 사례이다. ③ 체로키 부족이 외래문화로서 전파된 알파벳에서 아이디어를 얻어 새로운 문자를 개발한 것은 자극 전파의 사례이다. ⑤ 인적 교류를 통해 중국으로부터 불교가 전래된 것은 직접 전파의 사례이다.
바로알기 | ④ 북한 이탈 주민과의 직접적 접촉에 의해 북한의 고유한 음식이 널리 퍼진 것은 직접 전파의 사례이다.

477 ㄷ. 문화 변동 이후 을국에는 갑국의 음식 문화와 을국의 음식 문화가 함께 존재하므로, 을국의 음식 문화에서는 문화 병존이 나타났다. ㄹ. 문화 변동 이후 갑국의 주거 문화는 그대로 유지된 반면, 을국의 주거 문화는 소멸되었다. 따라서 갑국과 달리 을국의 주거 문화에서는 자문화의 정체성이 상실되었다.
바로알기 | ㄱ. 갑국에는 을국과의 교류 과정에서 갑국의 음식 문화와 을국의 음식 문화가 결합된 새로운 음식 문화가 나타났다. 즉, 갑국은 내부에서 새로운 문화 요소를 찾아낸 것이 아니라 외부와의 접촉에 근거하여 새로운 문화 요소를 만들어 낸 것이다. ㄴ. 문화 변동 이후 갑국에는 갑국의 의복 문화는 그대로 유지되었으므로, 갑국의 의복 문화에서는 문화 동화가 나타나지 않았다.

478 간접 전파는 매개체를 통해 이루어지고, 자극 전파는 새로운 문화 요소가 만들어진다. 따라서 (가)는 간접 전파, (나)는 직접 전파, (다)는 자극 전파이다. ③ C국에서는 다른 사회의 문화 요소에서 아이디어를 얻어 문화 요소를 만들어 내는 자극 전파를 통해 새로운 문화 요소가 나타났으므로, 문화 요소의 전파와 발명이 함께 이루어졌다.

바로알기 | ① 문화 변동 후 A국에는 자국의 문화 요소와 갑국의 문화 요소가 함께 존재한다. 즉, 문화 요소의 추가 과정은 포함되어 있지만, 소멸 과정은 포함되어 있지 않다. ② B국은 갑국의 문화 요소가 사람을 통해 직접 전파되었다. ④ A국에서는 자국의 문화 요소와 갑국의 문화 요소가 병존하고 있다. 이와 달리 B국에서는 갑국의 문화 요소만 존재하고, 자국의 문화 요소는 소멸되었다. ⑤ 문화 병존이 나타난 A국과 문화 융합이 나타난 C국은 자문화의 정체성이 유지되었지만, 문화 동화가 나타난 B국은 자문화의 정체성이 소멸되었다.

479 제시된 글은 젊은 세대의 특성을 반영하여 만든 전통 문화유산이 젊은 세대의 인기를 끌고 있음을 보여 준다. 즉, 사회 구성원들의 특성을 고려하여 전통 문화유산을 현대적으로 재구성함으로써 우리의 전통문화를 창조적으로 계승한 것임을 알 수 있다.

480 ㄱ. 을국에서는 갑국 A 음식의 조리 기법에 아이디어를 얻어 B 음식이 만들어졌으므로, 자극 전파로 새로운 문화 요소가 창조되었다. ㄷ. 정국에서는 외래문화 요소인 갑국의 A 음식이 변형되지 않고 정착하였지만, 병국에서는 외래문화 요소인 갑국의 A 음식이 변형되어 C 음식으로 정착하였다.

바로알기 | ㄴ. 갑국의 A 음식은 외래문화의 접촉 없이 내부에서 자체적으로 발명된 것이므로, 문화 융합이 나타나지 않았다. 반면, 병국에서는 전래된 갑국의 A 음식에 병국 고유의 향신료가 추가되어 C 음식이 만들어졌으므로 문화 융합이 나타났다. ㄹ. 문화 변동으로 B 음식이 만들어진 을국과 C 음식이 만들어진 병국뿐만 아니라 A 음식이 유입된 정국에서도 새로운 문화 요소를 향유하게 되었다.

481 A국의 돌고래 사냥 축제에 대해 갑은 문화 상대주의의 입장, 을은 보편 윤리를 중시하는 입장, 병은 자문화 중심주의의 입장을 취하고 있다. ㄴ. 자문화 중심주의는 자기 문화의 우월성을 강조하므로 자문화의 자부심 강화에 기여할 수 있다. ㄷ. 모든 문화를 문화 상대주의적 태도에서 바라볼 경우 인권, 생명과 같은 보편 윤리가 무시되어 극단적 문화 상대주의로 치우칠 우려가 있다.

바로알기 | ㄱ. 문화 상대주의는 각 문화를 그 사회의 특수한 환경과 역사적 상황, 사회적 맥락에서 이해하고자 하므로, 문화 간 우열이 존재하지 않는다고 본다. ㄹ. 자문화 중심주의는 다른 사회의 문화를 경시하므로 문화 상대주의에 비해 문화 다양성 보존에 불리하다.

482 갑은 문화 상대주의, 을은 자문화 중심주의, 병은 문화 사대주의의 태도를 갖고 있다. ⑤ 자문화 중심주의는 자기 문화를 기준으로 다른 문화를 낮게 평가하고, 문화 사대주의는 다른 문화를 기준으로 자기 문화를 낮게 평가한다. 즉, 자문화 중심주의와 문화 사대주의는 모두 특정 사회의 문화를 기준으로 타 문화를 평가할 수 있다고 본다.

바로알기 | ① 문화 상대주의는 특정 사회의 문화를 그 사회의 입장에서 이해하므로, 자문화 중심주의에 비해 타 문화 수용에 적극적이다. ② 자문화 중심주의는 자문화의 우수성을 강조하고 타 문화를 비하하므로, 문화 상대주의에 비해 문화의 다양성 확보에 불리하다. ③ 자문화 중심주의와 문화 사대주의는 모두 문화 간에 우열이 존재한다고 본다. ④ 자문화 중심주의가 문화 사대주의에 비해 소속 구성원의 결속력을 높이는 데 기여한다.

483

<자료 1>은 문화 이해 태도 A~C를 비교한 것이다. <자료 2>는 갑~병이 각 진술에 해당하는 문화 이해 태도를 적은 것이다.

<자료 1>

- 외부 문화의 수용에 가장 적극적인 것은 B이다. → 문화 사대주의
- A, B는 C와 달리 문화를 우열 평가의 대상으로 여긴다. → 자문화 중심주의, 문화 사대주의

<자료 2>

진술	갑	을	병
모든 문화의 고유한 가치를 존중함 → 문화 상대주의	C	C	A
자문화의 정체성을 상실할 가능성이 높음	A	B	C
자문화를 다른 사회로 이식하는 것을 정당화할 우려가 큼 → 자문화 중심주의 (문화 사대주의)	B	A	B

(을 = 모두 옳은 답변)

외부 문화 수용에 가장 적극적인 문화 이해 태도는 문화 사대주의이고, 문화를 우열 평가의 대상으로 삼는 문화 이해 태도는 자문화 중심주의와 문화 사대주의이다. 따라서 A는 자문화 중심주의, B는 문화 사대주의, C는 문화 상대주의이다. ㄴ. 문화 상대주의는 각 문화가 해당 사회의 특수한 환경과 사회적 맥락에서 고유한 의미가 있다는 생각을 전제로 한다. ㄷ. 자문화 중심주의는 타 문화를 낮게 평가한다는 점에서 다른 문화와 갈등을 초래할 가능성이 높다.

바로알기 | ㄱ. 자료 2의 첫 번째 진술은 문화 상대주의, 두 번째 진술은 문화 사대주의, 세 번째 진술은 자문화 중심주의에 대한 내용이다. 따라서 모든 진술에 대하여 옳은 답을 적은 사람은 을이다. ㄹ. 문화 상대주의는 자기 문화를 비롯한 모든 문화의 고유한 가치를 인정하지만, 문화 사대주의는 자문화를 경시하고 타 문화를 중시하므로 자기 문화의 고유한 가치를 인정하지 않는다.

484 갑은 이주민들의 고유문화를 존중하고자 하는 샐러드 볼 정책을, 을은 이주민들의 고유문화를 주류 문화에 동화시키고자 하는 용광로 정책을 주장하고 있다. ㄷ. 다문화 경연 대회를 주최하는 것은 이주민의 다양한 문화에 대한 이해를 넓히는 기회가 되므로 갑의 주장에 부합한다. ㄹ. 이주민을 강사로 활용하는 다문화 체험 프로그램을 실시할 경우 이주민이 자신의 문화에 대해 자부심을 가지고 생활할 수 있으므로 갑의 주장에 부합한다.

바로알기 | ㄱ. 이주민에게 의무적으로 한국어를 학습하도록 하는 것은 이주민의 고유문화보다 주류 문화인 한국 문화를 강조하는 것이므로 을의 주장에 부합한다. ㄴ. 이주민에게 한국 생활 정보를 습득하도록 강제하는 것은 이주민이 주류 문화에 편입하는 것을 강조하는 것이므로 을의 주장에 부합한다.

485 (가)는 문화의 동질성을 추구하는 정책이므로 용광로 이론과 관계가 깊고, (나)는 문화의 공존을 중시하는 정책이므로 샐러드 볼 이론과 관계가 깊다. ㄴ. (가)는 여러 민족의 다양한 문화를 그 사회의 주류문화에 동화시키고자 하므로, 문화 다양성을 중시하는 (나)에 비해 이주민의 문화 정체성을 훼손할 우려가 크다.

바로알기 | ㄷ. (나)는 이주민의 고유문화를 존중하고자 하므로, (가)에 비해 문화 상대주의의 입장을 강조하고 있다. ㄹ. 동화주의를 강조하는 (가)는 다문화주의를 강조하는 (나)에 비해 이주민의 정착, 적응, 동화를 중시한다.

개념 확인 문제 104쪽

486 산업화 487 대도시권 488 하천 489 도시성
490 지역 격차 491 도시화 492 접근성 493 2차적
494 인간 소외 현상 495 노동

난이도별 필수 기출 104쪽~109쪽

496 ③	497 ⑤	498 해설 참조	499 ③	500 ④
501 ③	502 ③	503 ⑤	504 ⑤	505 ②
506 ②	507 ③	508 ④	509 ⑤	
510 해설 참조	511 ③	512 ⑤	513 ⑤	514 ①
515 ⑤	516 ②	517 ④	518 ⑤	519 ③
520 ④	521 ③	522 ⑤	523 ③	524 ④
525 ④				

496 (가)는 산업화, (나)는 도시화이다. ㄱ. 농림어업 중심의 사회에서 광공업, 서비스업 중심의 사회로 변화하는 산업화 과정에서 3차 산업 종사자 비중이 증가한다. ㄹ. 산업화와 도시화로 개인의 가치와 성취 및 자유와 권리를 강조하는 개인주의적 가치관이 확산된다.
바로알기 | ㄴ, ㄷ. 도시화는 도시적 생활양식이 확산하는 현상으로, 일반적으로 산업화와 함께 나타난다.

497 2022년 기준 산업별 종사자 비중이 가장 낮은 (가)는 농림어업, 산업별 종사자 비중이 가장 높은 (다)는 사회 간접 자본 및 서비스업, (나)는 광공업이다. ㄷ. 산업화는 산업 구조가 (가) 농림어업 중심에서 (나) 광공업과 (다) 사회 간접 자본 및 서비스업 중심으로 변화하는 현상이다. ㄹ. (가) 농림어업은 1차 산업, (나) 광공업은 2차 산업, (다) 사회 간접 자본 및 서비스업은 3차 산업에 해당한다.
바로알기 | ㄱ. 1970년 이후 (가) 농림어업 종사자 비중은 꾸준하게 감소하고 있다. ㄴ. (나) 광공업은 다른 산업이나 일반 소비자에게 재화와 서비스를 제공하는 활동인 (다) 사회 간접 자본 및 서비스업보다 기계화, 자동화, 표준화에 유리하다.

498 **모범 답안** 가속화 단계. 가속화 단계는 이촌 향도 현상이 활발하게 나타나 빠른 속도로 도시화가 진행된다.

✓ 개념 보충

도시화 단계

초기 단계	• 도시화율이 낮음 • 농업 중심의 사회로 1차 산업 종사자 비율이 가장 높음
가속화 단계	• 산업화에 따른 이촌 향도 현상이 나타남 • 도시화율이 급속하게 증가함
종착 단계	• 도시화율이 높고 도시화율의 증가 속도가 둔화됨 • 서비스 산업 중심의 사회로 3차 산업 종사자 비율이 가장 높음

499 ㄴ. 1960년의 도시화율은 40%가 되지 않았으나 1990년에는 도시화율이 80%를 넘어섰다. 따라서 1960~1990년에는 활발한 이촌 향도 현상으로 도시화율이 급격하게 증가하였다. ㄷ. 2010~2022년 사이에 도시 인구 증가율은 1%이므로 제시된 기간 중 도시 인구 증가율이 가장 낮다.

바로알기 | ㄱ. 1960년에는 도시화율이 39.1%로 도시보다 촌락에 거주하는 인구가 많았다. 2010년에는 도시화율이 90.9%로 대부분의 인구가 도시에 거주하고 있다. 따라서 1960년은 2010년보다 도시에 거주하는 인구가 적다. ㄹ. 2022년 기준 우리나라의 도시화율은 91.9%이므로 우리나라 인구 10명 중 9명 이상이 도시에 거주한다.

500 ① 우리나라는 현재 인구의 대부분이 도시에 거주하는 도시화 종착 단계에 해당한다. ② 1960년대는 도시화율이 50% 미만으로 촌락에 거주하는 인구가 도시에 거주하는 인구보다 많았다. ③ 1970년대는 도시화율이 급격히 증가한 것으로 보아 산업화에 따른 이촌향도 현상이 활발하게 나타났다. ⑤ 도시화의 종착 단계에서는 도시 인구가 촌락으로 이동하는 역도시화 현상이 일부 지역에서 나타난다.
바로알기 | ④ 1970년대에는 도시화율이 50.1%에서 68.7%로 증가하였고, 2000년대에는 도시화율이 88.3%에서 90.9%로 증가하였다. 따라서 1970년대가 2000년대보다 도시 인구 증가율이 높았다.

501 제시된 도시화율 변화 그래프를 통해 우리나라는 도시화가 고도로 진행되었음을 알 수 있다. 산업 구조 변화 그래프를 통해 우리나라는 1차 산업의 비중이 점차 줄고 3차 산업의 비중이 늘어남을 알 수 있다. ① 1970년대는 대부분의 인구가 촌락에 거주하며 1차 산업에 종사하였다. ② 산업화·도시화의 심화로 1970년대 이후 주택, 도로 등이 늘어나면서 시가지 면적이 증가하고 녹지 면적이 감소하였다. ④ 1970~1990년대에는 도시화율이 급격히 상승하였다. 이는 이촌 향도 현상에 따른 것으로, 이로 인해 2·3차 산업 종사자 비율이 상승하였다. ⑤ 2022년 현재 우리나라 인구 10명 중 9명은 도시에 거주하고 있다.
바로알기 | ③ 우리나라는 1960년대에 경제 개발 계획이 추진되면서 도시화가 본격적으로 이루어졌다.

502 산업화와 도시화로 촌락에서 도시로 이동하는 인구가 증가하면서 도시의 인구 밀도가 높아졌다. 이에 따라 제한된 공간을 효율적으로 이용하기 위해 고층 건물이 들어서는 등 토지를 집약적으로 이용하게 되었다.
바로알기 | ① 산업화·도시화에 따른 시가지 개발로 녹지 면적이 감소하였다. ② 도시가 성장하면서 도시의 기능이 산업·주거·서비스 등 기능별로 분화되었다. ④ 콘크리트, 아스팔트 등 지표의 인공 포장 비율이 높아졌다. ⑤ 산림과 농경지 등 자연 상태의 토지 면적이 감소하였다.

503 ㄷ. 산업화·도시화로 도시는 녹지 면적이 감소하고, 콘크리트 건물이나 아스팔트 도로 등의 포장 면적이 증가하게 된다. 인공 상태의 지표면은 빗물을 제대로 흡수하지 못한다. 이러한 불투수 면적이 넓어지면 짧은 시간 안에 빗물이 한꺼번에 하천으로 흘러들어 홍수의 발생 위험도가 증가한다. ㄹ. 도시화로 도시의 규모가 커지게 되면 도시 내부는 상업·업무 지역, 주거 지역, 공업 지역 등으로 기능별 공간적 분화 현상이 나타난다.
바로알기 | ㄱ. 산업화·도시화로 도시 인구가 증가하면 제한된 도시의 공간을 효율적으로 이용하기 위해 고층 빌딩과 아파트가 들어서는 등 토지 이용의 집약도가 증가한다. ㄴ. 산업화·도시화로 시가지가 확대되면 농경지, 산림과 같은 자연 상태의 녹지 면적은 감소한다.

504 제시된 표를 보면 우리나라는 1977년보다 2022년에 임야, 논밭과 같은 자연 상태의 녹지 면적은 감소한 반면 대지, 도로와 같은 인공적인 포장 면적은 증가하였다. 이를 통해 2022년은 1977년에 비해 산업화·도시화의 수준이 높다는 것을 알 수 있다. 따라서 2022년은

1977년에 비해 지표의 포장 면적과 3차 산업 종사자 비중 항목의 수치가 높게 나타났을 것이다.
바로알기 | ㄱ, ㄴ. 촌락 인구 비중과 생물종의 다양성은 2022년보다 1977년에 수치가 높게 나타나는 항목이다.

505 제시된 사진을 보면 1960년대와 비교할 때 2020년대는 임야와 논밭의 면적이 감소하고 대지와 도로의 면적이 증가하였다. 이는 산업화·도시화에 따른 것이다. ㄱ. 산업화·도시화로 도시에 많은 사람이 집중하면서 제한된 공간을 효율적으로 이용하기 위해 토지 이용이 집약적으로 이루어진다. ㄷ. 산업화·도시화로 교통이 발달하고 도시의 기능이 커지면서 주변 지역에도 영향을 미치게 된다. 이로 인해 주변 지역과의 상호 작용이 활발해진다.
바로알기 | ㄴ. 산업화·도시화로 도시 내부는 냉난방 시설과 자동차 등에서 인공 열이 많이 발생할 뿐만 아니라 콘크리트 구조물이나 아스팔트 도로가 자연 상태의 토지보다 더 많은 열을 흡수하기 때문에 기온이 높아지고 상대 습도는 낮아진다. ㄹ. 산업화·도시화로 사회는 전반적으로 공동체보다는 개인을 강조하는 경향이 커져 주민들 간의 유대 관계와 공동체 의식이 약해진다.

506 제시된 그림의 A는 도심, B는 부도심, C는 주변(외곽) 지역이다. ② A 도심은 접근성이 높고 교통이 편리하여 행정·금융 기관, 백화점, 대기업의 본사 등이 모여 있어 상업 및 업무 기능이 발달해 있다.
바로알기 | ① B 부도심은 A 도심의 기능을 분담한다. ③ 지가가 저렴하고 넓은 토지가 필요한 주택, 공장, 학교 등이 분포하는 곳은 C 주변(외곽) 지역이다. ④ 야간에 인구 공동화 현상이 발생하는 곳은 A 도심이다. ⑤ 도시의 지나친 팽창을 막고 녹지 공간을 확보하기 위해 설정하는 것은 개발 제한 구역이다.

✔ **개념 보충**

도시 내부 구조

도심	• 접근성이 높고 교통이 편리함 • 행정·금융 기관, 백화점, 대기업의 본사 등이 모여 있어 상업 및 업무 기능이 발달해 있음 • 도심의 주거 기능 약화로 인구 공동화 현상이 발생함
부도심	• 도심과 주변 지역을 연결하는 교통이 편리한 곳에 위치함 • 도심의 일부 기능을 분담함
주변(외곽) 지역	• 넓은 부지를 필요로 하는 대규모 주거 단지, 공장 등이 입지함 • 농촌 경관이 일부 남아 있기도 하며, 주변 지역 바깥으로는 개발 제한 구역을 지정하기도 함

507 (가)는 접근성이 좋고 지대가 높아 업무 기능이 집중된 도심, (나)는 접근성이 떨어져 주거 기능이 집중된 주변(외곽) 지역이다. 외곽 지역은 도심에 비해 주거 기능 집중도가 높아 상주인구 밀도가 높고 초등학교 학급 수가 많다. 반면, 업무 기능은 미약하기 때문에 출근 시간대 유출 인구가 많고 거주자의 평균 통근 거리가 멀다.
바로알기 | ③ 토지 이용의 집약도는 평균 지가가 비싼 (가) 도심이 (나) 외곽 지역보다 높다.

508 제시된 사진의 (가)는 서울의 도심에 해당하는 중구, (나)는 서울의 주변(외곽) 지역에 해당하는 노원구이다. ④ (가) 도심은 (나) 외곽 지역에 비해 접근성이 높고 교통이 편리하여 지가가 비싸므로 토지 이용의 집약도가 높다.
바로알기 | ①, ② (가) 도심은 접근성이 높아 업무 및 상업 기능, (나) 외곽 지역은 주거 및 공업 기능이 입지한다. ③, ⑤ 교통이 편리하여 접근성이 높은 (가) 도심은 (나) 외곽 지역보다 지가가 비싸다.

509 제시된 글에서 ○○시는 과거 농촌 지역이었으나 대규모 아파트 단지가 형성되는 등 산업화·도시화가 진행되었다. 이로 인해 주택, 공장, 도로 등이 늘어나면서 시가지의 면적은 증가하고, 콘크리트나 아스팔트와 같이 물이 흡수되지 못하는 불투수 면적 또한 증가하게 된다. 따라서 ○○시는 과거에 비해 시가지 면적은 넓어지고, 불투수 면적 비율이 높아지는 E의 변화가 나타났다.

510 【모범 답안】 하천 수위가 높아진 이유는 도시화의 진행으로 녹지 면적이 감소하고 포장 면적이 늘면서 지표 흡수량이 줄어들고 지표 유출량은 늘어났기 때문이다.

511 도시화가 진행되면 포장 면적이 늘면서 지표 흡수량은 줄고, 지표 유출량이 늘어나 하천으로 유입되는 빗물의 양은 늘고 유입되는 시간은 빨라진다. 따라서 강우 시작 후 하천의 최고 수위는 높아지고, 최고 수위에 도달하는 시간이 짧아진 A는 도시화 이후, B는 도시화 이전이다. ③ 하천의 최고 수위가 높아지고, 최고 수위에 도달하는 시간은 짧아지게 되면 하천의 유량이 빠르게 높아지면서 도시 하천의 범람 가능성이 높아진다.

512 산업화와 도시화 과정에서 도시성이 확산되면서 효율성과 합리성을 추구하는 경향의 사람들이 늘어났다. 또한, 익명성에 바탕을 두고 수단적이고 간접적인 2차적 인간관계를 맺는 사람들이 많아지면서 사회적 유대감이 약해졌다.
바로알기 | ㅁ 산업화와 도시화로 개인의 가치와 성취, 자유와 권리를 중요시하는 성향이 강해지면서 공동체보다 개인을 중시하는 개인주의 가치관이 확산되었다.

513 (가)는 산업화 이전, (나)는 산업화 이후의 생활양식에 해당한다. ① (가)의 '초가집, 벼농사, 품앗이, 10남매와 부모님 및 조부모님이 모여 사는 대가족'과 같은 내용에서 산업화 이전 농촌 지역의 생활양식을 엿볼 수 있다. 따라서 (가)는 산업화 이전에 해당한다. ② (나) 시기는 (가) 시기보다 산업이 고도화되면서 직업이 분화되고 전문성이 증가하였다. 따라서 (가) 시기는 (나) 시기보다 직업의 분화 정도가 낮다. ③ (나) 시기는 (가) 시기보다 도시에 거주하는 사람들이 가지는 특징적인 사고 및 행동 양식인 도시성이 확산되어 그 정도가 높다. ④ 산업화와 도시화로 공동체보다는 개인을 강조하는 경향이 커졌다. 이에 따라 (나) 시기는 (가) 시기보다 개인의 자유와 권리를 중시하는 개인주의 성향이 강한 편이다.
바로알기 | ⑤ 대부분의 사람들이 2·3차 산업에 종사하는 (나) 시기는 대부분의 사람들이 1차 산업에 종사하는 (가) 시기에 비해 지역 공동체에서 함께 해야 할 일이 적다.

514 (나) 시기는 (가) 시기에 비해 산업화·도시화로 2차적 인간관계가 많아지고 대가족의 비율은 낮아지며 녹지 면적의 비중은 낮아졌다. 이는 그래프의 A에 해당한다.

515 제시된 그래프는 가구당 구성원 수는 줄고 있는 반면, 1인 가구 비율은 증가하고 있음을 보여 준다. 산업화·도시화로 사회는 전반적으로 공동체보다는 개인을 강조하는 경향이 커졌다. 이에 따라 개인의 자유와 권리를 중요시하는 개인주의 가치관이 확대되었다.

516 제시된 그래프의 A는 도시 인구 비율과 2·3차 산업 종사자 비율이 낮으며, B는 도시 인구 비율과 2·3차 산업 종사자 비율이 높다. 따라서 A에서 B로의 이동은 산업화·도시화에 따른 변화이다. 산업화와 도시화에 따른 이촌 향도 현상으로 도시의 인구 밀도가 높아졌다.

이에 따라 도시의 토지 이용 집약도는 높아지고, 주택 문제가 증가하고 있다. 또한 산업화 과정에서 직업의 종류가 다양해지고, 가족의 형태가 핵가족화 되면서 가구당 평균 구성원 수가 줄어들고 있다.
바로알기 | ② 산업화·도시화로 가족이나 지역 공동체에서 함께 해결해야 하는 일이 줄어들면서 공동체적 가치관 대신 개인주의 가치관이 확산될 것이다.

517 ㄴ. 산업화·도시화로 개인주의가 확산되면서 공동체의 결속력이 약화되고 있다. 또한 인간의 풍요로운 생활을 위해 만든 물질이 오히려 인간을 지배하는 인간 소외가 사회문제로 대두되고 있다. ㄹ. 산업화·도시화로 자신의 이익만을 중요시하는 이해타산에 기초한 형식적 인간관계가 증가하고 있으며, 타인에 대해서 무관심해지는 사회문제가 나타나고 있다.
바로알기 | ㄱ. 산업화에 따른 기계화와 자동화로 생산성은 과거에 비해 높아지고 있다. ㄷ. 산업화로 직업이 분화되면서 사람들 간 이질성이 증가하고 있다.

518 제시된 그래프의 A는 산업화·도시화 이전, B는 산업화·도시화 이후에 높게 나타나는 항목이다. 산업화·도시화 이전에는 평균 가구원 수가 많았고 녹지 면적이 넓었으며 생물종의 다양성이 높았다. 산업화·도시화 이후에는 도시 인구 비율이 높아졌고 직업의 종류가 많아졌다. 따라서 A에는 평균 가구원 수, B에는 도시 인구 비율이 들어갈 수 있다.

519 을. 열섬 현상의 원인은 도시 내부의 냉난방 시설과 자동차 등에서 나오는 인공 열이다. 병. 이촌 향도로 도시 인구가 급증하면서 주택 부족, 집값 상승, 불량 주택과 같은 주택 문제가 나타나고 있다.
바로알기 | 갑. 도시화로 아스팔트와 같이 물이 쉽게 흡수되지 못하는 불투수 면적이 증가하면서 짧은 시간 안에 빗물이 한꺼번에 하천으로 흘러들어 홍수가 자주 발생하고 있다. 정. 인간 소외 현상은 인간의 풍요로운 생활을 위해 만든 물질이 오히려 인간을 지배하는 것으로, 이로 인해 노동에서 얻게 되는 만족감과 성취감이 약화되고 있다.

520 열섬 현상은 냉난방 시설과 자동차 등에서 배출되는 인공 열이 증가하면서 발생한다. 도시의 열섬 현상을 완화하기 위한 방안으로는 녹지 공간 확대, 생태 하천 조성 등이 있다.
바로알기 | ③, ⑤ 지표면의 인공 포장이 확대되면 낮 동안 지상에 쌓인 열을 더 많이 흡수하게 되어 열섬 현상의 원인이 된다.

521 제시된 내용을 통해 인간 소외 현상이 나타나고 있음을 알 수 있다. 산업화·도시화 이후 생산 과정의 자동화가 이루어졌지만 이로 인해 인간을 마치 기계의 일부처럼 여기는 경향이 나타났다. 또한 타인에 대한 무관심이 사회 전체에 팽배해지면서 주변 사람들과의 소통이 줄어들었다.

522 교통 문제는 공영 주차장을 확대하여 주차 공간을 마련함으로써 해결할 수 있고, 노사 갈등은 노동자와 사용자 간 평화로운 소통과 협력을 유도함으로써 해결할 수 있다. 또한 실업 문제는 고용 보험과 같은 사회 복지 제도의 확충을 통해 해결할 수 있고, 주택 문제는 신도시 건설을 통해 주택 공급을 늘려 해결할 수 있다.
바로알기 | ⑤ 혁신 도시 건설은 수도권에 있는 공공기관을 다른 지역으로 이전시켜 공공기관을 중심으로 지역의 활성화를 도모하기 위한 정책으로서 인간 소외 현상이 아닌 수도권과 다른 지역 간의 격차를 해소하기 위한 방안이다.

523 산업화와 도시화로 나타난 문제점을 해결하기 위해 개인적 차원에서는 대중교통 이용, 쓰레기 분리 배출 등을 실천해야 한다.
바로알기 | ㄱ, ㄹ. 공영 주차장 확대, 거주자 우선 주차 제도 시행 등은 사회적 차원의 해결 방안에 해당한다.

524 산업화와 도시화로 발생하는 문제점을 해결하기 위해서는 우선 사회적 차원에서 도시 환경 개선, 교통 체계 개편, 도시 재개발 사업 추진을 위한 법률 제정 등의 노력을 해야 한다. 개인적 차원에서는 타인과의 연대 의식을 함양하면서 인간 소외에 따른 문제를 극복해 나가야 한다.
바로알기 | ㄹ 사회적 약자를 위한 사회 복지 제도 확충은 개인적 차원의 해결 방안이 아닌 사회적 차원의 해결 방안에 해당한다. 정부는 빈곤층, 장애인 등의 소외 계층이 최소한의 인간다운 삶을 영위할 수 있도록 사회 안전망을 구축해야 한다.

525 ① 주택 문제를 해결하기 위해서는 불량 주택 밀집 지역에 도시 재개발 사업을 추진해 낙후된 생활 환경을 개선해야 한다. ② 교통 혼잡과 같은 교통 문제를 해결하기 위해서는 대중교통 수단을 확충해야 한다. ③ 노동 문제의 해결을 위해서는 실업자에게 실업 급여 제공, 최저 임금제 시행 등이 필요하다. ⑤ 수질 오염과 같은 환경 문제를 해결하기 위해서는 산업 폐수 정화 시설을 확충해야 한다.
바로알기 | ④ 이기주의 문제를 해결하기 위해서는 물질적 가치와 경쟁 대신에 타인과 더불어 살아가려는 의식을 강조할 필요가 있다.

교통·통신과 과학기술의 발달
~우리 지역의 공간 변화

개념 확인 문제
112쪽

526 접근성　　**527** 상거래　　**528** 가상　　**529** 정보 격차
530 지역 조사　　**531** 빨대 효과　　**532** 제4차　　**533** 노동
534 사이버 범죄　　**535** 실내

난이도별 필수 기출
112쪽~117쪽

536 ②	**537** ③	**538** 해설 참조	**539** ④	**540** ⑤
541 ④	**542** ⑤	**543** ④	**544** ⑤	**545** ①
546 ②	**547** ②	**548** ①	**549** ④	**550** ③
551 ⑤	**552** ⑤	**553** ④	**554** ④	**555** ①
556 ④	**557** ①	**558** ③	**559** ⑤	
560 ⓒ → ⓛ → ⊙ → ⓔ	**561** ⑤	**562** ②	**563** ②
564 ②	**565** ⑤			

536 제시된 그림은 교통수단의 발달로 이동에 걸리는 시간 거리가 크게 줄어들어 지구의 상대적 크기가 축소되었음을 보여 준다. 교통의 발달로 사람과 물자의 이동이 편리해짐에 따라 개인의 생활공간 범위가 확대되었다. 또한 전 세계적으로 상품의 이동이 자유로워져 세계 물류 거래량이 증가하였다. 이로 인해 지역 간 교류가 증대되어 국경의 제약이 완화되었고, 전 세계가 긴밀하게 교류하는 지구촌 사회가 되었다.
바로알기 ┃ ② 교통의 발달에 따라 시간적·공간적 제약이 줄어들었다.

537 (가) 시기에 비해 (나) 시기는 교통의 발달로 원료와 상품 등의 물자 유통량이 많아지고, 인구와 기능이 주변 지역으로 확산되어 생활권의 범위가 넓어지며 문화 교류가 많아진다. 이는 그래프의 C에 해당한다.

538 **모범 답안** 수도권의 철도 노선이 확대되면서 지역 간 이동에 소요되는 시간이 감소하여 서울로의 통근·통학권이 확대되었다.

539 제시된 지도를 보면 2020년은 1980년에 비해 수도권의 광역 철도 노선이 춘천, 용문, 신창 등으로 확대되면서 경기도에서 서울로의 통근·통학자 비율이 높아졌다. 이처럼 교통의 발달로 서울과 주변 지역 간의 접근성이 높아지면, 서울의 인구와 기능이 주변 지역으로 확산되어 서울의 대도시권이 확대된다.
바로알기 ┃ ㄹ. 수도권의 철도 노선이 연장되면서 1980년에 비해 2020년 서울로의 통근·통학권의 범위가 확대되었다.

540 수도권의 광역 철도 노선이 확대되면서 수도권의 지역 간 접근성이 향상되어 인구이동이 활발해지고, 장거리 출퇴근이 가능해지면서 수도권 내 직장과 주거지의 분리 현상이 가속화되었다. 또한 서울 인구의 교외화 현상이 공간적으로 확대되면서 서울 근교 농촌 내 도시적 경관이 확대되었다.
바로알기 ┃ ⑤ 강원특별자치도 춘천역과 충청남도 아산의 신창역까지 철도 노선이 확대되면서 서울로의 통근·통학자 중 수도권에 거주하지 않는 사람의 비율이 증가하였을 것이다.

541 교통·통신의 발달로 지역 간 이동 시 소요되는 평균 시간이 단축되면서 서울, 강릉과 같은 대도시의 통근 및 통학이 가능한 공간 범위인 대도시권이 확대되었다. 또한 교통·통신의 발달로 기업의 활동 범위가 확대되었고, 지역 간 접근성이 향상되면서 인적 교류가 활발해지고 물자 수송량이 증가하고 있다.
바로알기 ┃ ④ 교통의 발달로 이동에 소요되는 시간이 감소하면서 사람들의 이동 가능한 거리가 증가하였다. 따라서 지역 주민들의 공간적 제약은 감소하였다.

542 제시된 글은 교통 발달에 따른 서울─강릉 간 이동 시간 변화에 대해 다루고 있다. ⑤ 고속 국도와 고속 철도의 발달로 서울과 강릉 간 이동에 소요되는 시간이 단축되면서 서울에서 강릉으로 통근하는 직장인이 늘어날 것이다.
바로알기 ┃ ① 서울─강릉 간 이동 소요 시간이 줄어들면서 서울의 백화점, 종합 병원 등을 이용하는 강릉 사람들이 증가하여 서울의 지역 경제는 활성화될 것이다. ② 서울에서 강릉으로 이동하는 데 소요되는 시간이 줄어들면서 강릉을 방문하는 사람들이 늘어나 강릉의 관광 산업은 성장할 것이다. ③ 고속 국도와 고속 철도를 통해 서울과 강릉을 이동하는 시간이 줄어들면서 강릉 주민들의 생활 범위가 확대될 것이다. ④ 교통의 발달로 서울, 강릉의 도시 기능의 범위는 주변 지역으로 확대될 것이다.

543 제시된 지도를 보면 부산과 거제를 연결하는 거가 대교가 개통되면서 부산과 거제 간 통행 거리와 이동 시간이 과거에 비해 줄어들었다. 이로 인해 거제에서 부산으로 통근하는 사람들이 늘어나 부산의 통근권이 거제로 확대될 것이다. 또한 부산에서 거제를 거쳐 통영으로 이동하는 시간 역시 감소하게 되면서 부산에서 통영으로 놀러가는 사람들이 늘어날 것이다.
바로알기 ┃ ㄱ. 거가 대교의 개통으로 거제와 부산 간 이동 시간이 줄어들기 때문에 거제─부산 간 유동 인구가 증가할 것이다. ㄷ. 교통의 발달로 대도시가 주변 중소 도시의 인구와 각종 기능을 흡수하는 빨대 효과로 부산의 중심 업무 기능이 더욱 강화될 것이다.

544 제시된 그래프는 온라인 쇼핑 거래액이 지속적으로 증가하는 모습을 보여 준다. 전자 상거래는 대체로 일정한 상점 없이 생산사와 소비자가 직접 거래할 수 있는 무점포 상점에서 이루어지므로 상품의 유통 단계가 단순한 편이다. 이러한 소비 특성이 보편화되면서 교통이 편리한 곳에 유통 제품을 포장·보관·분류하는 물류 센터도 늘어나고 있다. 또한 지하철역, 편의점에 설치된 무인 택배 주문함을 통해 택배를 받는 무인 택배 시설이나 편의점 안심 택배 서비스가 등장하였다.
바로알기 ┃ ⑤ 온라인 쇼핑을 통해 언제 어디서나 물건을 구매할 수 있게 되어 상품 구매를 위한 시·공간적 제약이 감소하고 있다.

545 교통·통신이 발달하는 과정에서 생태계가 파괴되어 동식물의 서식 환경이 나빠지기도 하였으나, 무인기(드론)와 헬리콥터를 통해 생태환경을 유지하기도 한다. 이는 교통·통신의 발달로 생태환경이 변화하고 있음을 나타낸다.

546 교통·통신의 발달로 기업의 경제활동 범위가 확대되었고, 장거리 이동이 가능해짐에 따라 국내 여행 및 해외 여행객이 증가하여 여가 공간이 세계 곳곳으로 확대되었다. 또한 문화 간 상호 작용으로 새로운 문화가 형성되며, 전 세계적인 보편적 문화도 등장하였다. 한편, 교통망과 통신 시설을 구축하는 과정에서 삼림이 파괴되고 동물의 이동 통로가 단절되는 등 생태계가 파괴되기도 한다.

547 (가)는 육상 교통의 발달로 강경의 교통 조건이 불리해지면서 지역 경제의 중심지가 변화하였음을 보여 준다. (나)는 고속 철도의 개통으로 고속 철도 정차역 주변은 경제가 활성화되고 기존 교통로 일대의 지역은 경제가 침체되고 있음을 보여 준다. 따라서 (가), (나)를 통해 교통수단의 발달이 지역 경제에 영향을 미쳐 지역 격차가 발생할 수 있음을 알 수 있다.

548 ㉠은 빨대 효과이다. 교통의 발달로 지역 간에 교류가 활발해지고 있다. 이 과정에서 빨대로 컵의 음료를 빨아들이듯이 대도시가 주변 중소 도시의 인구와 경제력, 각종 기능을 흡수하는 빨대 효과가 나타나 지역 격차가 커지기도 한다.

549 정보 사회는 부가 가치 창출에서 지식(㉠)과 정보가 중요한 자원이 되는 사회이다. 첨단 정보 통신 기술이 경제, 사회 전반에 융합되어 혁신적인 변화가 나타나는 차세대 산업 혁명은 제4차(㉡) 산업 혁명이다.

550 ㄴ. 원격 근무로 시간과 장소에 얽매이지 않고 유연한 형태의 업무가 가능해지면서 효율적으로 업무를 처리할 수 있게 되었다. ㄷ. 인터넷을 이용한 가상 공간은 권위주의적 인간관계가 아닌 수평적 인간관계를 맺는 것이 가능하며, 이 공간에서 개성과 다양한 가치의 존중이 이루어지면서 새롭고 다양한 인간관계가 형성되고 있다.

551 A는 전기 에너지 기반의 대량 생산 혁명인 제2차 산업 혁명, B는 지식과 정보를 기반으로 한 제4차 산업 혁명을 의미한다. ㄷ, ㄹ. 제4차 산업 혁명 시기는 제2차 산업 혁명 시기보다 간접적 접촉이 주로 이루어져 비대면 인간관계를 맺는 빈도가 높으며, 교통과 통신망의 발달로 시공간의 제약이 적다.

552 제시된 글은 정보 통신 기술을 활용하여 지식과 정보를 통해 부가 가치를 창출하는 정보 사회의 특징을 보여 준다. 정보 사회에서는 정보를 수집하고 분석하는 일이 경제활동의 중심이 된다. 인터넷이나 휴대 전화를 이용하여 물건을 구매할 수 있게 되면서 물품 구입을 위한 소비자의 시·공간적 제약이 줄어들었고, 원격 근무와 온라인 화상 회의처럼 가상 공간을 통한 비대면 업무 처리가 증가하였다. 또한 정보 사회에서는 인터넷과 누리 소통망(SNS)을 통해 개인이 가진 정보, 가치관 등이 타인에게 주는 영향력이 커지는 등 평범한 개인이 지니는 영향력이 확대된다.

553 ① 저소득층의 정보 접근 지수는 99.5, 농어민의 정보 접근 지수는 95.7이다. 따라서 저소득층은 농어민보다 정보 접근성이 높다. ② 고령층의 정보 활용 지수는 72.6에 불과하다. 따라서 고령층을 위한 정보 활용 방법의 교육이 필요하다. ③ 농어민의 정보 접근 지수는 95.7, 정보 역량 지수는 70.6, 정보 활용 지수는 78.8로 일반 국민에 비해 정보화 수준이 낮아 도농 간 지역 격차뿐만 아니라 정보 격차 역시 나타나고 있다. ⑤ 제시된 그래프에서 알 수 있듯이 지역 간, 계층 간, 연령 간 정보에 접근할 수 있는 환경의 차이로 인한 정보 격차가 나타나고 있다. 따라서 제도적 차원에서 정보 격차를 줄이기 위한 노력이 필요하다.

554 제시된 그래프는 정보 기기의 이용과 접근에서 일반 국민과 정보 소외 계층 간의 차이가 발생하여 정보 격차가 나타나고 있음을 보여 준다. 이러한 정보 격차 문제를 해결하기 위해서는 정보 통신 기기를 구매하기 어려운 정보 소외 계층에 정보 통신 기기를 제공하고, 정보 통신 기기 사용에 어려움을 겪는 농어민과 고령층 등을 대상으로 정보화 교육을 시행해야 한다. 또한 공공 근거리 무선망(Wi-Fi) 사업을 확대하여 전통 시장, 보건소 등 모든 시민이 이용하는 장소에 무료로 쓸 수 있는 무선 인터넷 구역을 넓혀야 한다.

555 제시된 글은 제조업에서 로봇이 상용화되고 있음을 나타낸다. 이처럼 과학기술의 발달에 따른 자동화 시스템의 도입으로 인간의 노동이 기계로 대체되면서 일부 사무직이나 기능직 일자리가 감소하고 노동 시장의 양극화가 심화되고 있다.

556 컴퓨터 등을 악용하여 가상 공간에서 행해지는 모든 범죄를 사이버 범죄라고 한다. 제시된 사례는 인터넷에서 허위 판매 글을 올려 다른 사람의 돈을 받아 가로챈 것으로, 인터넷 사기에 해당한다.

557 최근 개인의 정보가 정보화 기기에 노출되면서 자신의 행동이나 기록이 다른 사람에게 노출되는 사생활 침해 사례가 늘고 있다. 이를 해결하기 위해서는 개인 정보에 대한 관리를 강화해야 한다.

과학기술의 발달에 따른 문제의 해결 방안

디지털 중독	디지털 중독 예방 및 치료 프로그램 마련, 인터넷과 스마트폰 등의 사용 시간 미리 정하기
사생활 침해	개인 정보 관리 강화, 정보 보안 프로그램 개발, 「개인 정보 보호법」, 「정보 통신 보호법」 등 관련 법률 마련
사이버 범죄	사이버 범죄 예방 교육 시행, 개인 정보 보호 수칙 준수, 정보 윤리 실천
정보 격차	정보 기기 및 소프트웨어 지원, 정보화 교육 강화

558 ① 사생활 침해 문제를 해결하기 위해서는 개인 정보에 대한 관리를 강화하고 개인 정보 도용에 대한 처벌 수준을 높이는 등의 법적 장치가 필요하다. ② 정보 격차 문제를 해결하기 위해서는 정보 소외 계층에게 장비와 소프트웨어 등을 제공해야 한다. ④ 새로운 도로와 철도를 건설하는 과정에서 생태환경의 파괴를 최소화하기 위해 도로 건설 시 우회 도로나 생태 통로를 만들어야 한다. ⑤ 교통 조건이 불리한 지역의 경제활동 위축 문제를 해결하기 위해서는 새로운 교통 기반 시설을 구축해야 한다.

바로알기 | ③ 교통·통신의 발달에 따른 지역 격차를 해결하기 위해서는 지방 중추 도시권 육성 사업, 지역 특성을 활용한 지역 축제 개최 등을 통해 지역 경쟁력을 강화해야 한다.

559 갑. 교통수단이 발달함에 따라 이동에 소요되는 시간과 비용이 감소하였다. 을. 교통의 발달로 생활권이 확대되면서 장거리 출퇴근이 가능해졌다. 정. 과학기술의 발달로 많은 양의 정보를 신속하고 정확하게 얻을 수 있게 되었다. 무. 과학기술의 발달로 행정 기관을 직접 방문하지 않고도 인터넷으로 필요한 민원 서류를 신청하고 발급받을 수 있게 되었다. 또한 원격 근무 등을 통해 시간과 장소의 제약 없이 효율적으로 일할 수 있게 되었다.

바로알기 | 병. 교통수단이 발달하더라도 두 지점 사이의 실제 거리인 물리적 거리는 감소하지 않는다.

560 지역 조사를 할 때는 우선 조사 주제와 지역, 방법을 선정하고 지역에 대한 정보를 수집한다(ⓒ). 지역에 대한 정보는 인터넷 등을 통해 다양한 문헌 자료와 통계 자료 등을 수집하여 미리 파악한다(ⓛ). 그리고 현장에 나가 지역 주민과의 면담, 설문 조사, 관찰, 실측 등을 통해 미리 파악한 정보를 확인하고 새로운 정보를 얻는다(ⓘ). 이렇게 정보 수집이 끝나면, 자료를 정리한 후 그래프, 통계 지도, 표 등으로 표현하여 보고서를 작성한다(ⓔ). 보고서에는 조사 방법과 지역의 공간 변화 및 문제점, 해결 방안 등을 간결하고 체계적으로 기술한다.

561 ⑤ '공간 변화가 생태환경에 미친 영향'을 조사하기 위해서는 해당 지역을 방문하여 녹지 및 하천 실태를 관찰하고 촬영하는 것이 적절하다.

바로알기 | ① '인구 분포 및 이동'을 조사하기 위해 전입·전출 인구 변화를 조사할 때는 관찰 및 촬영이 아닌 문헌 조사 및 인터넷 통계 검색을 통한 정보 수집이 적절하다 ② '산업 구조와 직업 조사'를 위해서는 행정 구역 변화가 아닌 지역의 산업별 생산액, 산업별 종사자(취업자) 수를 조사하는 것이 적절하다. ③ '지역의 공간 변화 과정'을 살펴보기 위해 산업별 생산액을 조사할 때는 설문 조사 및 면담이 아닌 문헌 조사 및 인터넷 통계 검색을 통한 정보 수집이 적절하다. ④ '지역 문제에 관한 주민 의식'을 조사하기 위해 주민의 가치관을 조사할 때는 문헌 조사가 아닌 지역 주민들을 대상으로 설문 조사 또는 면담을 실시하는 것이 적절하다.

562 지역 조사 과정에서 가장 먼저 이루어져야 할 (가)는 조사 목적을 결정하고 적합한 지역을 선정하는 것이다.

바로알기 | ① 신문 기사 수집과 조사 지역의 촬영은 지역 정보 수집에 해당한다. ③ 지역 주민 면담은 지역 정보 수집 중 야외 조사에 해당한다. ④ 도서관에서의 문헌 조사와 통계 자료 검색은 지역 정보 수집 중 실내 조사에 해당한다. ⑤ 수집한 정보를 종합하여 도표, 주제도 등으로 표현하는 것은 지역 정보 분석에 해당한다.

지역 정보의 수집 방법

실내 조사	• 문헌 자료 및 인터넷 검색을 통한 정보 수집 등 • 야외 조사를 위한 설문지 작성, 사전 경로 파악 등
야외 조사	실내 조사만으로는 불충분하거나 직접 정보를 수집해야 할 때 시행 → 주민 면담, 설문 조사, 사진 촬영, 관찰, 측량 등

563 (가)는 실내 조사, (나)는 지역 정보 분석 및 종합 단계에 해당한다. 실내 조사 단계에서는 야외 조사를 위한 사전 준비 과정도 함께 이루어진다. 지역 정보 분석 및 종합 단계에서는 수집이 완료된 지역 정보를 정리한 후 그래프, 통계 지도, 도표 등으로 작성한다.

바로알기 | ㄴ. 관찰, 면담 등을 통해 지역 정보를 수집하는 것은 야외 조사 단계에 해당한다. ㄷ. 인터넷을 이용하여 지역 정보를 수집하는 것은 실내 조사 단계에 해당한다.

564 (가)는 수집한 자료를 분석하고 교통 혼잡 문제의 해결 방안을 작성하였으므로 '지역 정보의 분석 및 보고서 작성' 단계에 해당한다. (나)는 새로운 교통로 건설로 심화된 교통 혼잡 문제의 해결 방법을 찾아보기로 결정하였으므로 '조사 주제 선정' 단계에 해당한다. (다)는 시청 누리집의 통계 연보에서 자료를 수집하였으므로 '실내 조사' 단계에 해당한다. (라)는 교통 혼잡 구간에서 자료를 수집하고 관계자와 면담하였으므로 '야외 조사'에 해당한다. 따라서 지역 조사는 '(나) → (다) → (라) → (가)' 순으로 이루어져야 한다.

565 ㄴ. ⓛ은 지역 정보 수집 단계에 해당하며, 이는 주제 및 방법 선정 단계 이후에 이루어져야 한다. ㄷ. 수집한 정보는 사용 목적에 따라 다양한 그래프, 통계 지도로 나타내는 것이 지역 정보 파악에 용이하다. ㄹ. 갑의 활농은 지역 정보 수집 방법 중 야외 조사에 해당하며, 을의 활동은 지역 정보 수집 방법 중 실내 조사에 해당한다. 지역 조사는 일반적으로 실내 조사가 먼저 이루어지고 이후 야외 조사가 이루어진다. 야외 조사는 실내 조사만으로는 불충분하거나 직접 정보를 수집해야 할 때 시행한다.

바로알기 | ㄱ. ⓘ은 면담으로 지역 조사 단계 중 야외 조사에 해당한다.

566 산업화·도시화 과정에서 울산은 대규모 공단이 들어서면서 공업 관련 시설이 많아졌고, 일자리를 찾아 외지 인구가 대거 유입되어 인구 밀도가 높아졌다. 이 과정에서 주택, 공장, 도로 등이 늘어나면서 시가지 면적이 넓어졌다. 따라서 산업화·도시화 이후 울산의 상대적 특징은 그래프의 B에 해당한다.

567 지도에 표시된 세 구는 노원구, 중구, 강남구이다. 중구는 접근성이 좋아 업무 기능이 집중되고 주거 기능은 미약한 도심이다. 따라서 상주인구가 가장 적고 주간 인구 지수는 가장 높은 (가)는 중구이다. 노원구는 도시 외곽에 위치하여 접근성이 낮기 때문에 주거 기능이 밀집하지만 업무 기능은 미약한 외곽 지역이다. 따라서 상주인구가 많고, 주간 인구 지수는 가장 낮은 (나)는 노원구이다. 강남구는 주거 기능과 업무 기능이 모두 발달한 부도심이다. 따라서 상주인구가 두 번째로 많으면서 주간 인구 지수도 높은 (다)는 강남구이다. ㄱ. 업무 기능이 발달한 (가) 중구는 주거 기능이 발달한 (나) 노원구보다 상업 지역의 평균 지가가 높다. ㄴ. 주거 기능이 미약한 (가) 중구는 부도심인 (다) 강남구보다 상주인구가 감소하는 현상인 인구 공동화 현상이 뚜렷하다. ㄷ. 업무 기능이 미약한 (나) 노원구는 업무 기능이 발달한 (다) 강남구보다 출근 시간대 유출 인구가 많다.

바로알기 | ㄹ. 거주자의 평균 통근 거리는 업무 기능이 집중된 도심이 가장 가깝고, 업무 기능이 미약한 외곽 지역이 가장 멀다. 따라서 거주자의 평균 통근 거리는 (나) 노원구 > (다) 강남구 > (가) 중구 순으로 멀다.

568 제시된 그래프는 1인 가구의 비율과 편의점 수가 증가하고 있음을 보여 주고 있다. 이는 산업화와 도시화에 따른 변화이다. 산업화와 도시화로 개인의 가치와 성취를 중시하는 개인주의 가치관이 확산되고, 핵가족과 1인 가구가 보편적인 가족의 형태가 되었다. 또한 도시성이 확산되어 효율성과 합리성을 추구하는 경향이 강해졌다.

바로알기 | ㄹ. 산업화가 진행됨에 따라 직업이 분화되고 전문화되면서 사람들 간의 이질성이 높게 나타나고 직업 간 소득 수준의 차이가 커졌다. ㅁ. 산업화와 도시화가 진행되면서 사회 공동체에 대한 의무보다는 개인의 자유가 중시되고 이웃 간 유대 관계가 약화되었다.

569 (가)는 산업화·도시화 이전, (나)는 산업화·도시화 이후에 작성된 일기이다. (나)의 일기를 보면 옆집에 누가 사는지 모를 만큼 타인에 대한 무관심이 증대되고 있다. 이를 해결하기 위해서는 (가)의 일기처럼 인간의 존엄성을 중시하고 타인과 더불어 살아가려는 공동체 의식의 함양이 필요하다.

570 ㄴ. 정보 통신 기술의 발달이 개인 정보 유출, 폐회로 텔레비전(CCTV)이나 휴대 전화 위치 추적 등을 통한 사생활 침해 문제를 가져왔다. 이를 해결하기 위해서는 「정보 통신 보호법」, 「개인 정보 보호법」 등과 같은 제도적 방안의 마련이 필요하다. ㄷ. 교통·통신의 발달로 지역 간 교류가 활발해지면서 다양한 문화를 교류할 수 있게 되었고, 다른 지역으로의 문화 확산 속도가 빨라지고 있다.

바로알기 | ㄱ. 원격 근무의 활성화는 교통수단의 발달에 따른 현상이 아니라 인터넷과 같은 통신 수단의 발달에 따른 현상이다. ㄹ. 교통·통신의 발달로 사람들의 생활공간의 범위가 확장되면서 대도시의 영향력이 확대되고 있다.

571 ㄱ. 제4차 국가 철도망 구축으로 이동 소요 시간과 비용이 감소하여 강릉 주민들의 생활 범위가 확대될 것이다. ㄷ. 포항과 강릉 사이에 철도망을 구축하는 과정에서 삼림 파괴로 인해 동식물 서식지가 파괴되었을 것이다.

바로알기 | ㄴ. 고속 철도 개통으로 강릉으로 이동하는 데 소요되는 시간이 감소하면서 철도를 이용하는 사람들이 증가하고, 항공기를 이용하는 사람들이 감소할 수 있다. 즉, 강원특별자치도의 항공 교통 분담률이 감소할 수 있다. ㄹ. 고속 철도가 지나가는 정차역 인근 지역은 유동 인구가 늘어나 경제활동이 활성화될 것이다.

572 ① 접근 지수는 장애인 96.7, 농어민 95.7이고 역량 지수는 장애인 75.2, 농어민 70.6이며 활용 지수는 장애인 82.0, 농어민 78.8이다. 따라서 장애인은 모든 항목에서 농어민보다 정보화 수준이 높다. ② 각 지수의 가장 높은 수치와 가장 낮은 수치 간 격차는 접근 지수에서 4.4이고, 역량 지수에서 38.4이며, 활용 지수에서 23.8이다. 따라서 정보 취약 계층 간 지수 격차가 가장 큰 항목은 역량 지수이다. ③ 저소득층은 접근 지수, 역량 지수, 활용 지수 모두에서 정보 취약 계층 중 지수 값이 가장 크다. ④ 고령층은 접근 지수, 역량 지수, 활용 지수 모두에서 정보화 수준이 가장 낮다.

바로알기 | ⑤ 일반 국민과 정보 취약 계층 간 정보화 수준 격차는 일반 국민의 정보화 수준(100)에서 각 정보 소외 계층의 지수를 뺀 것으로 계산할 수 있다. 장애인, 저소득층, 고령층, 농어민 모두 일반 국민과 정보화 격차를 비교하면 역량 지수 격차가 활용 지수 격차보다 크게 나타난다. 즉, 일반 국민과 정보 취약 계층 간 정보화 수준 격차는 활용 지수가 역량 지수보다 작다.

573 ㄱ. 조사 주제 선정 이후에 이루어져야 하는 ㉠은 실내 조사, 실내 조사 이후에 이루어지는 ㉡은 야외 조사에 해당한다. ㄷ. ㉣은 지리 정보의 유형 중 장소나 현상의 인문적·자연적 특성을 나타내는 정보이므로 속성 정보에 해당한다.

바로알기 | ㄴ. 서울 주요 학교의 과거 주소와 현재 주소는 지리 정보의 유형 중 공간 정보에 해당한다. 인공위성, 항공기를 이용한 원격 탐사는 사막이나 극지방처럼 인간이 접근하기 힘들거나 넓은 지역의 조사에 적절하다. ㄹ. 학교 주변의 토지 이용 현황은 도형 표현도로 표현하는 것이 적절하다. 유선도는 사람과 물자의 이동을 표현하는 데 적절하다.

✔ **개념 보충**

지리 정보의 유형

공간 정보	어떤 장소나 현상의 위치 및 형태에 대한 정보
속성 정보	장소나 현상의 인문적·자연적 특성을 나타내는 정보
관계 정보	다른 장소나 지역과의 상호 작용 및 관계를 나타내는 정보

실전 대비 해설

574 ③	575 ①	576 ④	577 ②	578 ③
579 ②	580 ③	581 해설 참조	582 ⑤	

574 제시된 글은 커피가 전 세계로 전파된 과정을 시대순으로 설명하고 있으므로 시간적 관점이 나타나 있다. ③ 시간적 관점은 역사적 배경과 시대적 맥락에 초점을 두고 사회현상을 탐구하는 관점이다.
바로알기 | ①은 윤리적 관점, ②, ⑤는 공간적 관점, ④는 사회적 관점에 대한 설명이다.

575 제시된 글은 산업 혁명 이후 대기 중 이산화 탄소의 농도가 증가하면서 대기의 평균 기온이 빠르게 상승하였음을 서술하고 있다. 이러한 이산화 탄소의 농도 변화는 산업 혁명 이후 증가한 온실가스 배출량과 밀접한 관계가 있다. 이처럼 시간의 흐름에 따른 이산화 탄소 농도와 평균 기온의 변화에 대해 분석하고 있으므로, 이에 가장 적절한 제목은 '시간적 관점으로 바라본 기후변화의 쟁점'이다.

576 공간적 관점은 인간 생활과 사회현상을 위치와 장소, 분포 유형과 형성 과정, 이동과 네트워크 등의 공간적 맥락에서 살펴보는 것이다. 따라서 공간적 관점에서 아동 노동 문제를 분석한다면, '세계 어느 곳에서 아동 노동이 이루어지고 있을까?'(아동 노동의 세계적 분포 정도), '아동 노동 문제가 발생하는 지역들의 특징은 무엇일까?'(아동 노동의 위치와 장소) 등의 질문을 할 수 있다.
바로알기 | ㄱ은 아동 노동의 인권 침해 정도를 도덕적 가치에 따라 판단하는 것이므로 윤리적 관점에서 분석할 때 필요한 질문이다. ㄷ은 아동 노동을 막기 위한 사회 제도에 대해 묻는 것이므로 사회적 관점에서 분석할 때 필요한 질문이다.

577 제시된 글은 스위스의 음식 문화에 대해 서술하고 있다. 공간적 관점에서 볼 때 스위스에서 퐁뒤 요리가 발달한 원인은 해발 고도가 높고 겨울철 기후가 한랭하기 때문이다.
바로알기 | ①은 시간적 관점, ③은 윤리적 관점, ④, ⑤는 사회적 관점과 관련한 진술로, 제시된 글과는 관련이 적다.

578 제시된 글은 청소년의 은어 사용의 원인을 빠른 속도를 추구하고 재미를 중시하는 사회적 요인에서 찾고 있으며, 청소년들의 문화가 은어 사용을 불가피하게 만든다고 주장한다. 즉, 사회 구조가 개인에게 영향을 미친다고 보는 사회적 관점에서 청소년의 은어 사용의 원인을 찾고 있는 것이다.
바로알기 | 갑의 진술은 제시된 글의 주장과 관련 없는 내용이다.

579 (가)는 우리나라의 지역 축제를 지방 자치 제도라는 사회 제도의 측면에서 바라보고 있으므로 사회적 관점에 해당한다. (나)는 우리나라의 지역 축제에 많은 사람이 참여하여 행복감을 느낄 수 있어야 함을 강조한다. 즉, 축제가 추구해야 할 가치와 방향을 제시하고 있으므로 윤리적 관점에 해당한다.

580 제시된 글은 자기 관점만을 중시하면 현상을 정확하게 이해할 수 없다는 점을 강조하고 있다. 이는 인간, 사회, 환경의 탐구에 있어 통합적 관점에서 사회현상을 종합적으로 바라보며 각 부분의 관계를 파악해야 함을 시사한다.

581 **모범 답안** (1) (가): 공간적 관점, (나): 시간적 관점, (다): 사회적 관점, (라): 윤리적 관점
(2) (가): 인간과 사회, 인간과 자연이 상호 작용하는 방식을 탐구한다. (나): 특정 현상과 관련된 과거의 자료를 수집한다. (다): 설문 조사 등을 통해 사회 구성원에게 영향을 미치는 사회 구조나 사회 제도의 영향력을 파악한다. (라): 도덕적 가치 판단과 규범을 토대로 다양한 사회현상을 설명하고 평가한다.

582 (가)는 시간적 관점, (나)는 사회적 관점, (다)는 공간적 관점, (라)는 윤리적 관점이다. (가)는 시간적 관점으로 시대적 배경과 맥락에 초점을 두고 사회현상을 바라보며, (나)는 사회적 관점에서 기후변화 문제를 파악한다. 또한 (라)는 윤리적 관점으로 가치 판단과 도덕규범에 초점을 두고 기후변화 문제를 바라본다.
바로알기 | ㄷ. (다)에서 기후변화를 자연환경 요소와 연관 지어 살펴보는 것은 맞지만, 이는 공간적 관점에 해당하는 진술이다.

실전 대비	I. 통합적 관점 2회	124쪽~125쪽

583 ③	584 ①	585 ④	586 ④	587 ④
588 ①	589 ③	590 통합적 관점		591 ①
592 ②				

583 ㉠에 들어갈 관점은 시간적 관점이다. 제시된 글은 과거 독재자에 의해 탄압받았던 바르셀로나가 독재자의 근거지였던 마드리드 지역에 반감을 가질 수밖에 없었던 이유를 20세기 초의 역사를 통해 살펴보며 엘 클라시코를 설명하고 있다.

584 제시된 글은 『삼국사기』, 『팔도총도』 등의 역사 문헌과 지도, 독도가 한국의 영토라는 사실에 대한 과거 일본 정부의 인정 등의 역사적 사실을 근거로 독도가 대한민국의 영토임을 주장하고 있다. 따라서 제시된 글의 내용과 부합하는 관점은 특정 현상과 관련된 과거의 자료를 수집하여 과거와 현재의 관계를 탐구하는 시간적 관점이다. ① 시간적 관점은 어떤 현상과 사건의 현재 모습이 있기까지의 시대적 배경과 역사적 맥락을 살펴보는 관점이다.
바로알기 | ②는 사회적 관점, ③은 공간적 관점, ④는 통합적 관점, ⑤는 윤리적 관점에 대한 설명이다.

585 갑, 을, 병, 무는 모두 공간적 관점에서 커피의 생산과 이동 등을 탐구하고 있다.
바로알기 | ④ 커피 생산 과정에서 아이들이 노동 착취를 당하고 있다는 주장은 도덕적 가치를 바탕으로 사회현상을 평가하는 윤리적 관점에 해당된다.

586 밑줄 친 (가)는 사회 구조 및 사회 제도의 측면에서 분석하고 대안을 살펴보는 것이므로 사회적 관점이다. ④ 국제 사회가 기후변화를 막기 위해 체결한 협약은 사회 제도이므로, 제시된 질문은 사회적 관점에서 탐구할 때 필요한 질문에 해당한다.
바로알기 | ①, ⑤는 윤리적 관점, ②는 시간적 관점, ③은 공간적 관점에서 탐구할 때 필요한 질문에 해당한다.

587 ㉠에 들어갈 관점은 윤리적 관점이다. 제시된 글은 초콜릿 생산에 동원되고 있는 아동 노동의 열악한 상황이 도덕적 기준에서 평가되어야 함을 강조하고 있다.

588 (가)는 기후 위기가 발생하는 지역의 탐구에 초점을 두고 있으므로 공간적 관점에 해당한다. (나)는 기후변화에 대응하기 위한 제도와 국내 법 제도 보완의 필요성을 설명하고 있으므로 사회적 관점에 해당한다.

589 ①, ② (가)는 공간적 관점에서 지역을 중심으로 기후 위기가 전 세계적으로 나타남을 보여 주며, (나)의 국제 협약은 사회적 관점에서 기후변화 문제를 해결하려는 시도이다. ④ (가)의 문제를 해결하기 위해 (나)의 사회적 관점을 포함하여 공간적 관점, 윤리적 관점 등 다양한 관점에서 접근하고자 노력해야 한다. ⑤ (가)에 나타난 전 지구적 차원의 기후 위기는 (나)에서 제시된 국제 협약 체결과 법 및 정책의 보완에 따라 해결의 실마리를 찾을 수 있다.
바로알기 | ③ (나)의 관점은 사회적 관점이다. 도덕적, 규범적 차원에서 올바른 가치 판단을 돕는 것은 윤리적 관점에 해당한다.

590 밑줄 친 '이 관점'은 통합적 관점이다. 통합적 관점에서 인간, 사회, 환경을 탐구할 때 사회현상 이면에 있는 다양하고 복잡한 문제의 근본적인 해결 방안을 찾을 수 있다.

591 제시된 글은 화장장을 둘러싼 지역 갈등 문제를 서술하고 있다. ㄱ. 공간적 관점에서는 화장장 건설에 최적의 입지 조건이 무엇인지 탐구해 볼 수 있다. ㄴ. 시간적 관점에서는 우리나라의 장례 문화가 역사적으로 어떻게 변화되어 왔는지를 탐구해 볼 수 있다.
바로알기 | ㄷ. 화장장 건설을 둘러싼 갈등을 해결하기 위해 시민으로서 지녀야 할 바람직한 태도가 무엇인지 탐구하는 것은 윤리적 관점이다. ㄹ. 화장장 건설에 따른 사회적 문제를 해결하기 위해 어떤 법과 제도가 필요한지 탐구하는 것은 사회적 관점이다.

592 시간적 관점은 시대적 배경과 맥락을 통해 인간, 사회, 환경을 살펴보는 것이고, 사회적 관점은 인간, 사회, 환경을 사회 구조와 제도적인 측면에서 살펴보는 것이며, 윤리적 관점은 사회현상을 옳고 그름의 가치 판단을 토대로 살펴보는 것이다. 통합적 관점은 개별 관점들만 강조할 때 발생할 수 있는 위험성을 극복하고자 근본적이고 다각적인 해결 방안을 모색하는 것이다.
바로알기 | ② 공간적 관점의 탐구 대상에는 자연환경뿐만 아니라, 언어, 종교, 민족 등의 인문환경까지 모두 포함된다.

<table>
<tr><td>실전 대비</td><td colspan="3">Ⅱ. 인간, 사회, 환경과 행복 1회</td><td>126쪽~128쪽</td></tr>
<tr><td>593 ⑤</td><td>594 ②</td><td>595 ③</td><td colspan="2">596 ④</td></tr>
<tr><td>597 해설 참조</td><td>598 ①</td><td>599 ①</td><td>600 ③</td><td>601 ④</td></tr>
<tr><td>602 ④</td><td>603 해설 참조</td><td>604 ①</td><td>605 해설 참조</td><td>606 ③</td></tr>
<tr><td>607 ①</td><td></td><td></td><td></td><td></td></tr>
</table>

593 ①, ③ 경제적인 안정을 누리고 있는 선진국의 국민들은 여가를 누릴 수 있는 것을 행복이라고 느끼기 쉽고, 개발 도상국의 주민들에게는 경제적 빈곤에서 벗어나는 것이 행복의 기준이 될 수 있다. ②, ④ 고대 그리스의 아리스토텔레스는 이성의 능력을 잘 발휘하여 자신의 탁월성을 따르는 것을 행복이라고 생각하였고, 혼란한 시기였던 헬레니즘 시대 사람들에게 행복이란 세상일에서 벗어나 마음의 평온을 얻는 것이었다.
바로알기 | ⑤ 인간의 기본적 권리를 강조하고 자유와 평등을 행복의 기준으로 여긴 시기는 중세 시대가 아니라 근대 시대이다.

594 (1) 선진국에서는 일반적으로 삶의 질 향상이 행복의 기준이 된다. (2) 행복은 객관적 요소와 함께 주관적 요소까지 충족되어야 얻을 수 있다. (3) 선사 시대에는 사나운 짐승이나 자연재해를 피하고, 생존을 위해 먹을 것을 얻는 것을 행복이라 생각하였고, 이는 '우연한 기회에 운 좋게 나에게 주어진 것'이라는 행운과 같은 의미로 사용되었다. (4) 행복한 삶을 실현하기 위한 여러 조건 중 하나로 민주주의의 발전이 필요하다. (5) 산업화·민주화 시기에는 물질적 풍요로움을 획득하고 인간의 기본권을 보장받는 것을 중시하였다. 따라서 (1), (4)만 맞는 답이므로 학생이 받을 점수는 4점이다.

595 ①, ② 주거, 소득, 고용, 수명 등은 객관적으로 수치화할 수 있는 객관적 요소가 되며, 스트레스나 상대적 박탈감 등은 삶의 만족도 측면에 포함되는 주관적 요소가 된다. ④ 진정한 행복을 위해서는 객관적 요소와 함께 삶의 만족도와 같은 주관적 요소도 충족되어야 한다. ⑤ 사회 구성원들의 삶의 질을 높이기 위해 경제적·사회적·환경적 측면에서 다양한 노력을 기울여 행복을 실현해야 한다.
바로알기 | ③ '더 나은 삶 지수'에는 시민 참여, 일과 삶의 균형, 삶의 만족도와 같은 주관적 만족감이 포함되어 있으며, '국민 삶의 질 지표'도 여가, 공동체, 시민 참여, 주관적 웰빙 등 개인의 주관적 만족감을 제시하고 있다.

596 (가)는 행복의 주관적 기준, (나)는 행복의 객관적 기준에 대한 설명이다. 과거에는 소득, 고용, 교육 수준 등 객관적 요소가 삶의 중요한 요소였으나, 최근에는 삶의 만족감, 성취감 등 주관적 요소도 행복에 많은 영향을 미치는 것으로 나타나고 있다. (가)에 비해 (나)의 입장이 가지는 상대적 특징은 'X: 보편적인 행복의 기준을 강조하는 정도'는 높고, 'Y: 행위자의 심리를 행복의 기준으로 강조하는 정도'와 'Z: 개인적인 경험과 삶의 질을 행복의 기준으로 강조하는 정도'는 낮으므로 ㉣에 해당한다.

597 **모범 답안** 삶의 목적으로서의 행복을 이루기 위해서는 자기 삶에 대해 성찰하고 긍정적인 삶의 태도를 가져야 한다. 또한, 일시적이고 감각적인 즐거움보다는 지속적이고 정신적인 즐거움을 추구해야 하며, 행복에 필요한 객관적 요소와 주관적 요소를 조화롭게 추구해야 한다.

598 갑은 석가모니, 을은 노자, 병은 공자이다. ① 석가모니는 '나'라는 의식조차 집착하지 말고 이러한 집착에서 벗어나기 위해 수행해야 하며, 나와 남을 구별하지 않는 경지에 이르러 고통받는 중생을 구제해야 한다고 보았다.
바로알기 | ② 사회적 성공과 명예 그리고 학습을 통해 지식을 쌓는 과정은 모두 노자가 인위적인 것으로 규정하며 반대하는 삶의 태도이다. ③ 노자는 하늘로부터 인간이 도덕적 본성을 부여받았다고 보지 않았으며, 유교에서 주장하는 인(仁) 또한 인간의 자연적 본성이 무너져 나타나게 된 인위적 도덕이라고 주장한다. ④ 공자는 배움이 주는 즐거움을 행복의 중요한 요소로 여긴다. ⑤ 인위적인 것이 더해지지 않은 자연스러운 모습으로 살아가야 한다는 것은 공자가 아닌 노자가 추구하는 이상적 삶의 모습이다.

599 제시된 글은 아리스토텔레스의 주장이다. 아리스토텔레스는 탁월성이 행복에 중요한 요소라고 주장하며, 덕을 실천할 때 행복을 실현할 수 있다고 보았다.
바로알기 | ② 아리스토텔레스는 이성을 인간만이 가진 고유한 기능으로 여겼으며, 인간이 행복하기 위해서는 이성의 발휘가 필수적이라고 보았다. ③ 도덕적인 것과 관련된 덕의 발휘도 인간 고유의 기능인 이성을 발휘하는 것과 관계되어 있기 때문에 아리스토텔레스에게 행복

한 사람은 곧 도덕적인 사람이다. ④ 제시된 글에 따르면 아리스토텔레스는 행복을 위해 외적인 좋음도 필요하다고 주장하였다. ⑤ 제시된 글에 따르면 아리스토텔레스는 탁월성에 따르는 활동이 즐거움을 산출한다고 보았다. 따라서 아리스토텔레스가 모든 감정에 초연해야 한다고 주장하는 것은 아니라는 점을 알 수 있다.

600 ①, ②, ⑤ 전쟁과 사회적 혼란이 끊이지 않던 헬레니즘 시대의 에피쿠로스학파는 육체에 고통이 없고 마음에 불안이 없는 평온한 삶을, 스토아학파는 정념에 방해받지 않고 초연한 태도로 자연의 질서에 따르는 삶을 행복으로 여겼다. ④ 근대 공리주의 사상가인 벤담과 밀은 쾌락을 충족하고 고통을 제거하는 것을 행복으로 여기며, 최대 다수의 최대 행복을 추구하였다.
바로알기 | ③ 칸트는 인간으로서 마땅히 지켜야 할 도덕 법칙을 실천하는 사람은 도덕성을 완성해 행복을 누릴 만한 자격을 갖추게 된다고 보았다. 신앙을 통해 신의 은총을 얻어야 진정한 행복을 누릴 수 있다고 본 것은 중세 시대 신학자들의 입장이다.

601 (가)는 사회적 혼란에서 벗어나 정신적 쾌락을 통해 마음의 평온을 추구하였던 에피쿠로스의 입장이다. (나)는 자연의 질서에 순응하며 정념에서 벗어난 초연한 태도를 추구하였던 스토아학파의 입장이다. (다)는 인위적인 것이 가해지지 않은 자연 그대로의 모습을 추구하였던 도가의 주장이다. (라)는 인간의 참된 행복이 신의 은총과 구원을 통해서만 가능하다고 보았던 중세 시대의 행복론이다.

602 제시된 사례에서는 '전쟁의 위험', '무너진 건물과 폭발 흔적이 있는 동네', '의사 표현의 억압' 등과 같은 행복을 저해하는 요소를 찾을 수 있다. 이를 고려할 때 안전한 환경, 정치적 자유, 쾌적한 주거 여건 등이 행복한 삶의 실현 조건으로 필요하다는 점을 알 수 있다.

603 모범 답안 경제적 안정. 오늘날 국가는 경제적 안정을 이루기 위해 경제 활성화와 일자리 창출 등을 통해 고용 안정에 힘써야 하며, 다양한 복지 제도를 마련해야 한다.

604 민주적 제도는 국민의 권리와 의무를 보호하여 개인이 행복감을 느끼며 살아갈 수 있도록 돕는다. 이러한 민주적 제도의 예로는 선거 제도, 의회 제도, 권력 분립 제도 등이 있다.
바로알기 | ① 복수 정당 제도는 두 개 이상의 정당이 존재하고, 경쟁을 통한 정권 교체가 가능하도록 하는 제도로, 국민의 다양한 의사를 반영할 수 있도록 함으로써 민주주의를 실현하는 데 기여한다.

605 모범 답안 (가)를 통해서는 행복한 삶을 위해 질 높은 정주 환경이 조성되어야 함을 알 수 있고, (나)를 통해서는 행복한 삶을 위해 민주주의의 발전이 이루어져야 함을 알 수 있다.

606 도덕적 실천은 개인뿐 아니라 공동체 구성원 모두의 행복을 실현하기 위해 필요하다. 도덕적 실천을 위해서는 자신의 행동과 삶을 도덕적 측면에서 살펴보는 도덕적 성찰이 필요하며, 관용적 태도를 가져야 한다. 이러한 도덕적 실천의 예로는 기부나 봉사활동을 들 수 있다.
바로알기 | ③ 무엇이 옳은지 단순히 아는 것을 넘어 도덕적인 삶을 실행에 옮기는 도덕적 실천을 할 때 비로소 개인의 삶의 질 향상과 공동체의 행복 실현에 기여할 수 있다.

607 ㄱ. 사회 복지 제도는 국민의 경제적 안정을 위한 요건에 해당하므로, '사회 복지 제도 확립'은 (가)에 들어갈 수 있다. ㄴ. 선거를 통한 정치적 의사 표현은 행복한 삶의 실현 조건 중 민주주의의 발전의 구체적 요건에 해당하므로, '민주주의의 발전'은 (나)에 적합하다.

바로알기 | ㄷ. 권력 분립 제도는 질 높은 정주 환경이 아닌 민주주의의 발전을 위해 보장되어야 할 제도이므로, (다)에는 '권력 분립 제도'가 들어갈 수 없다. ㄹ. 경제적 안정과 질 높은 정주 환경의 구체적 요건은 시대나 장소에 따라 변할 수 있다.

<table>
<tr><td colspan="5">실전 대비　　Ⅱ. 인간, 사회, 환경과 행복 2회　　129쪽~131쪽</td></tr>
<tr><td>608 ①</td><td>609 ④</td><td>610 해설 참조</td><td>611 ④</td><td>612 ②</td></tr>
<tr><td>613 ⑤</td><td>614 해설 참조</td><td>615 ②</td><td>616 ②</td><td>617 ④</td></tr>
<tr><td>618 해설 참조</td><td>619 ④</td><td>620 ③</td><td>621 ④</td><td></td></tr>
</table>

608 ㄱ, ㄴ. 행복의 조건은 복합적일 수 있으며, 행복을 추구할 때는 사회와 공동체를 고려해야 한다. ㄷ. 행복의 조건 중에는 의식주, 신체적·정신적 건강 등의 보편적인 조건도 존재한다.
바로알기 | ㄹ. 개인을 둘러싸고 있는 자연환경이나 인문환경은 행복에 영향을 미치는 중요한 기준이 된다. ㅁ. 사람마다 행복의 기준이 다르다고 해서 비도덕적인 인간의 행위까지 허용되는 것은 아니다.

609 제시된 글은 헬레니즘 시대 스토아학파의 행복의 기준과 중세 시대 사람들의 행복의 기준에 대해 언급하고 있는데, 이를 통해 시대나 사상에 따라 행복의 기준이 다를 수 있음을 확인할 수 있다.
바로알기 | ①, ②, ③, ⑤ 스토아학파의 행복관이나 중세 시대의 행복관과는 관련 없는 내용이다.

610 모범 답안 지역적 여건에 따라 행복의 기준이 달라질 수 있다.

611 (가)는 외적인 조건인 주변 환경이 행복을 결정한다고 보고, 남보다 얼마나 더 좋은 환경에 있는지가 중요하다고 본다. 이를 통해 (가)는 타인과의 비교를 통해 행복을 느낀다고 본다. 반면, (나)는 주변 여건보다는 자신의 마음가짐이 행복을 결정한다고 본다.
바로알기 | ㄷ. (나)는 행복이 개인의 마음가짐에 달려 있다고 주장하고 있으므로, 행복의 객관적 조건보다는 주관적 조건이 더 중요하다고 볼 것이다.

612 제시문의 갑은 노자이다. ㄱ, ㄷ. 노자의 입장에서는 A에게 욕심이 인간의 삶을 망칠 수 있으므로 과욕을 경계하고, 스스로 만족할 줄 알아야 한다는 조언을 해 줄 수 있다.
바로알기 | ㄴ. 노자는 물질적 쾌락에 빠지는 것을 경계하였다. ㄹ. 노자는 스스로 만족하는 태도를 긍정적으로 보았다.

613 밑줄 친 '나'는 정약용이다. 정약용은 사회적 성공인 열복과 마음의 평화인 청복 모두 행복으로 규정하였으며, 진정한 행복을 위해 열복과 청복을 함께 추구해야 한다는 입장이다.
바로알기 | ①, ② 정약용은 마음의 행복도 추구해야 한다는 입장이다. ③ 정약용은 열복과 청복이라는 명확한 행복의 기준을 제시하고 있다. ④ 제시된 글에서 정약용은 행복의 주관적 요소와 객관적 요소를 모두 제시하고 있으나, 이 중 주관적 요소보다 객관적 요소를 우선시할 때 행복이 완성된다고 주장하지는 않는다.

614 모범 답안 서양 사상가는 아리스토텔레스이며, 행복은 이성을 탁월하게 발휘하는 것이다.

615 가상 인터뷰를 하는 사상가는 에피쿠로스이다. 에피쿠로스는 육체적이고 감각적인 욕망을 추구할수록 더욱 고통스러운 쾌락의 역

설에 빠질 수 있다고 우려하며, 과도한 욕심을 줄이고 정신적 만족을 추구해야 한다고 주장하였다.

바로알기 | ①은 불교, ④는 도가, ⑤는 스토아학파의 입장이다.

616 (가)는 유교, (나)는 공리주의, (다)는 칸트의 입장이다. ㄱ. 유교의 입장에서 행복이란 사람에 대한 사랑인 '인(仁)'을 실현하여 타인과 조화롭게 어울려 사는 것을 의미한다. ㄷ. 공리주의 입장에서 공리의 원리인 '최대 다수의 최대 행복'은 도덕의 원리이자 입법의 기준이 된다.

바로알기 | ㄴ. 유교는 자연과 인간의 조화로운 관계를 강조하였다. ㄹ. 칸트와 공리주의 모두 근대 시기를 배경으로 한다는 점에서 인간의 기본적 권리에 관심을 가졌다.

617 행복한 삶을 실현하기 위해서는 안전하고 위생적인 정주 환경이 조성되어야 하고, 기본적인 생계를 유지할 수 있는 경제적 안정을 이루어야 하며, 자유와 권리를 보장하기 위한 민주적 토대가 마련되어야 한다.

바로알기 | ㄷ. 개인과 사회가 모두 행복한 삶을 실현하기 위해서는 항상 개인의 욕구 충족만을 지향하기보다는 사회적 약자를 배려하고 관용의 자세로 타인의 입장을 이해하는 도덕적 실천을 우선시해야 할 필요가 있다.

618 **모범 답안** 가거지의 조건은 지리, 생리, 인심, 산수이고, 이 글은 그중 생리에 해당한다.

619 제시된 대화에서 갑은 소득이 일정 수준에 도달하면 소득이 더 이상 행복에 큰 영향을 미치지 않는다고 주장하는 반면, 을은 소득이 행복에 미치는 영향에는 한계가 없다고 주장하고 있다. 이를 종합할 때 '소득이 행복에 미치는 영향은 한계가 있는가?'가 갑과 을이 나눈 대화의 핵심 쟁점이 된다고 볼 수 있다.

바로알기 | ①, ⑤는 갑, 을이 모두 부정할 질문이다. ②, ③은 갑, 을이 모두 긍정할 질문이다.

620 제시된 글의 A는 민주주의 실현을 위해서는 시민의 정치 참여가 중요함을 강조하고 있다. 한편, 〈사례〉의 '나'는 정치 참여의 주요 방법인 선거에 참여하지 않았다. 따라서 A는 '나'에게 시민 참여는 시민의 권리 실현 및 권력 남용의 견제를 위해 필요하며, 시민 참여를 바탕으로 민주주의가 실현될 때 전체 구성원의 행복한 삶이 보장된다는 조언을 할 수 있다.

바로알기 | ㄱ. A는 시민의 정치 참여를 강조하므로 선거에 참여하는 것이 시민의 의무라고 주장할 것이다. ㄹ. 정치를 전문가에게 전적으로 위임하는 것은 시민의 정치 참여를 주장하는 A의 관점과 부합하지 않는다.

621 제시된 글은 소크라테스의 입장으로 타인과 신뢰를 쌓고 자신의 삶을 성찰할 것을 강조하고 있다. 이러한 입장을 고려할 때 행복한 삶을 실현하려면 개인이 도덕적 행위를 실천하고 도덕적 성찰을 해 나가야 하며, 진심을 다해 주변 사람들과 관계를 맺어 사회적 신뢰를 형성하고자 노력할 필요가 있다.

바로알기 | ㄱ, ㄷ. 제시된 글에서 소크라테스가 행복한 삶을 실현하기 위한 노력으로 정치 참여의 최소화나 경제적 성공의 추구를 강조하였다고 보기는 어렵다.

622 ⑤	623 해설 참조	624 ①	625 ⑤	626 ⑤
627 ①	628 ②	629 ②	630 ①	631 ③
632 해설 참조	633 ③	634 ①	635 ③	636 ③
637 ⑤	638 ④	639 ①	640 ⑤	
641 해설 참조	642 ②	643 ④		

622 몽골은 연 강수량이 적고 초원 지대가 넓게 펼쳐져 있어 가축을 데리고 물과 풀을 찾아 이동하며 생활하는 유목이 발달하였다. 몽골의 유목민들은 키우는 말이나 낙타를 교통수단으로 이용하고, 가축의 분뇨를 말려 연료로 사용한다. 또한 양고기와 채소를 불에 달궈진 돌과 함께 넣어 쪄 낸 음식을 먹는다. 그리고 나무로 된 뼈대에 동물의 털로 짠 천이나 가죽을 덮어서 만든 이동식 천막인 '게르'라고 하는 전통 가옥을 짓고 산다.

바로알기 | ⑤ 벼는 성장기에 고온 다습한 환경에서 잘 자라는 작물로, 벼농사는 아시아의 계절풍 기후 지역에서 주로 이루어진다. 몽골은 건조 기후가 주로 나타나 벼농사를 짓기에 불리하다.

623 **모범 답안** 북서 유럽 지역은 온대 기후 지역 중 계절별 강수량이 고르고 여름철이 서늘한 지역이다. 그래서 이 지역에서는 여름철이 서늘하고 습한 지역에서 잘 자라는 풀을 이용한 가축 사육과 곡물 및 사료 작물 재배를 함께하는 혼합 농업이 주로 이루어진다.

624 이글루나 이동식 천막 가옥에서 거주하며, 동물의 털이나 가죽을 이용한 두꺼운 옷을 입고 생활하는 지역은 한대 기후 지역이다. ① 한대 기후 지역에서는 기온이 낮아 농사를 짓기가 어렵기 때문에 주로 어로 및 수렵 생활을 하거나 순록을 유목한다.

바로알기 | ②, ⑤ 카카오를 대량으로 재배하는 플랜테이션과 숲을 태워 농사를 짓는 이동식 화전 농업은 열대 기후 지역에서 이루어진다. ③ 침엽수림을 이용한 목재, 펄프 산업은 냉대 기후 지역에서 주로 발달한다. ④ 여름철 고온 다습한 기후를 활용한 벼농사는 열대 및 온대 기후의 계절풍 기후 지역에서 이루어진다.

625 (가) 지역의 나시고렝은 열대 기후 지역에서 볼 수 있으며, (나) 지역의 말린 연어는 한대 기후 지역에서 볼 수 있다. ㄴ. (나) 한대 기후 지역은 농업에 불리해 식량이 부족할 때를 대비하여 음식을 냉동, 훈제, 건조하여 보관한다. ㄷ. (가) 열대 기후 지역은 (나) 한대 기후 지역에 비해 연중 기온이 높아 가옥의 구조가 단순하고 개방적이다. ㄹ. (나) 한대 기후 지역은 추운 날씨 때문에 주민들이 동물의 가죽이나 털로 만든 두꺼운 옷을 주로 입는다.

바로알기 | ㄱ. (가) 열대 기후 지역의 나시고렝은 고온 다습한 날씨에 상하지 않게 하려고 기름에 볶거나 향신료를 많이 사용해 만든다.

626 ㄷ. 베트남의 할롱베이는 석회암의 주성분인 탄산 칼슘이 이산화 탄소를 포함한 빗물이나 지하수에 용식되어 형성되었다. ㄹ. 미국의 그랜드 캐니언은 콜로라도강과 강한 바람이 오랜 시간 동안 콜로라도고원을 침식하면서 형성되었다.

바로알기 | ㄱ. 히말라야산맥은 아시아판과 인도판이 충돌하면서 형성되었다. ㄴ. 아이슬란드는 대서양 해령에서 발생한 화산 활동으로 형성되어 간헐천과 같은 화산 지형이 발달해 있다.

627 산지 지역 중 지하자원이 다양하고 풍부한 곳은 광업 도시가 발달하기도 한다. 평야 지역은 산지 지역보다 경지를 개간하기에 유리

하므로, 넓은 경지를 이용하여 농사를 짓는다. 또한 평야 지역은 교통로를 건설하기에 유리하여 큰 도시로 성장하기도 한다. 카르스트 지형처럼 독특한 지형 경관이 나타나는 지역은 지형을 관광 자원으로 활용한다.

바로알기 | ① 해안 지역 중 수심이 얕고 조차가 큰 곳은 갯벌이 분포해 있어 항구 도시 발달에 불리하다.

628 ㄱ. 히말라야산맥은 신기 습곡 산지로 에베레스트산과 같은 험준한 산지가 많아 세계의 많은 산악인들이 찾고 있다. ㄷ. 미국의 그랜드 캐니언은 콜로라도강의 침식 작용으로 형성된 협곡이 발달해 있다.

바로알기 | ㄴ. 베트남의 할롱베이는 석회암이 물에 용식되어 형성된 탑 카르스트가 발달해 있다. 람사르 협약은 갯벌과 같은 습지를 보호하기 위한 협약이다. ㄹ. 노르웨이의 피오르 해안은 빙하 지형이다.

629 장기간 비가 내리지 않는 가뭄(ㄱ), 강풍과 집중 호우를 동반하는 태풍(ㄷ), 매우 심한 더위인 폭염(ㄹ)은 기후 관련 재해에 해당한다. 땅이 갈라지고 흔들리는 지진(ㄴ), 많은 양의 흙과 모래가 순식간에 흘러 내려가는 산사태(ㅁ), 용암과 화산재 등이 분출하는 화산 활동(ㅂ)은 지형 관련 재해에 해당한다.

630 제시된 글은 정부가 자연재해로 인한 인명 및 재산상의 피해를 지원·보상하기 위해 재난 지원금을 지급하고 있음을 강조하고 있다. 자연재해는 언제, 어떻게 발생할지 정확히 예측하기가 어렵고, 발생할 경우 인명과 재산상 막대한 피해를 입힐 수 있다. 한편, 모든 국민은 안전하고 쾌적한 환경에서 살아갈 권리를 지닌다. 따라서 정부는 재해를 예방하고 그 위험으로부터 국민을 보호하기 위해 노력하며, 자연재해로 인한 피해가 발생하면 피해 복구를 위해 지원금을 지급하고 있다.

바로알기 | ① 자연재해는 기후, 지형 등의 자연환경 요소들로 인해 발생하는 현상이기 때문에 오늘날의 과학기술 수준으로도 완전히 극복하기 어렵다.

631 갑은 데카르트, 을은 베이컨이다. 갑은 자연이 의식을 지니지 않은 기계와 같은 존재라고 보고, 인간이 자연의 주인이라고 본다. 을은 인간이 자연을 정복하여 인간에게 이롭도록 자연을 최대한 활용해야 한다고 본다. 이를 통해 갑, 을 모두 인간 중심주의 자연관을 취하고 있음을 알 수 있다. 인간 중심주의 자연관에서는 인간만이 본래적 가치를 지니고 있으며, 자연은 인간의 풍요로운 삶과 행복 증진을 위한 도구에 불과하다고 본다. 또한 다른 존재들과는 달리 오직 인간만이 우월하고 가치 있는 존재라고 인식한다.

바로알기 | ㄹ. 자연의 유용성과 관계없이 오직 자연 그 자체를 존중해야 한다는 입장은 자연의 본래적 가치를 강조하는 생태 중심주의 자연관에 해당한다.

632 **모범 답안** 이분법적 관점은 인간과 자연을 분리하여 바라보며, 인간을 자연과 구별되는 우월한 존재로 인식하는 관점이다.

633 제시된 글은 생태 중심주의 자연관에 근거한 네스의 주장이다. 네스는 인간 삶의 질적 변화를 통해 생명 공동체의 안정과 균형에 기여해야 한다고 본다. 이러한 관점에서 자연을 그 자체로 가치 있는 존재로 인식하며, 인간과 인간 이외의 생명의 안녕과 번영을 중시한다.

바로알기 | 두 번째 진술. 생태 중심주의 자연관은 인간도 자연의 일부로 인식하므로 인간과 자연을 둘로 분리하여 바라보지 않으며, 인간을 자연보다 우월한 존재로 여기지 않는다.

634 ㉠은 자연을 바라볼 때 인간의 이익이나 행복을 먼저 고려하는 인간 중심주의 자연관, ㉡은 생태계 그 자체의 가치를 존중해야 한다고 여기는 생태 중심주의 자연관이다. 갑. 인간 중심주의 자연관은 생태 중심주의 자연관과 달리 자연은 인간의 생존과 복지, 욕구를 충족하기 위한 도구에 불과하다고 본다. 을. 생태 중심주의 자연관은 인간 중심주의 자연관과 달리 인간을 포함한 자연 전체를 하나로 보는 전일론적 관점을 취한다.

바로알기 | 병. 환경 파시즘은 생태 중심주의가 극단적 형태로 빠질 때 도달할 우려가 있는 상태를 말한다. 즉, 인간 중심주의 자연관이 아닌 생태 중심주의 자연관이 환경 파시즘으로 이어질 우려가 있다는 비판을 받는다. 정. 인간 중심주의 자연관에 따라 자연을 이용하는 과정에서 여러 환경 문제가 발생하였고, 이에 대한 반성으로 생태 중심주의 자연관이 등장하였다.

635 제시된 글은 인간이 무심코 먹는 햄버거 하나가 열대 우림을 파괴하고, 지구 온난화 현상을 심화시켜 기상 이변을 초래할 수 있음을 경고하고 있다. 이처럼 자연과 인간은 끊임없이 영향을 주고받는 관계에 있으므로 인간의 욕구나 이익만을 추구할 것이 아니라, 자연과 공존할 수 있는 방안을 모색해야 한다는 것을 알 수 있다.

바로알기 | ①, ②, ⑤는 모두 자연이 인간의 이익을 위해 존재한다고 보는 관점이므로 제시된 글의 관점과 반대된다. ④ 제시된 글은 인간을 위해 자연을 훼손하는 것에 대해 경고하고 있지만, 그렇다고 해서 자연에 대한 인간의 모든 개입을 허용해서는 안 된다고 주장하고 있지는 않다.

636 (가)는 만물이 연결되어 있다는 연기의 원리를 통해 만물의 상호 의존성을 깨달아 자비를 실천해야 한다는 불교의 자연관이다. (나)는 만물의 본래적 가치를 인정하며 인간과 자연의 조화를 추구하는 유교의 자연관이다. (다)는 인위적이지 않은 자연 그대로의 모습을 추구하는 도가의 자연관이다.

637 제시된 글에서는 영화를 사례로 들어 에코 지능의 중요성을 설명하고 있다. 에코 지능은 자신의 소비와 생산 활동이 지구 환경에 미칠 영향을 파악하는 통찰력과 관련된 지능이다. 갑~무 중 에코 지능이 가장 높은 학생은 생태계의 균형을 파괴하는 인간의 무분별한 개입을 자제해야 한다고 주장한 학생인 '무'이다.

바로알기 | ①, ②, ③, ④는 모두 생태계의 효율적 관리, 생태계의 경제적 가치, 생태계 활용 등을 주장하며 인간 중심주의 자연관을 취하고 있기 때문에 에코 지능이 높다고 볼 수 없다.

638 제시된 자료의 ㉠은 산성비, ㉡은 오존층, ㉢은 열대림, ㉣은 아랄해이다. ㄴ. 오존층은 태양에서 방출하는 자외선을 흡수하여 지표 생명체를 보호하는 역할을 한다. 오존층이 파괴되면 자외선 투과량이 증가하여 피부암, 백내장 등의 질병 발병률이 증가한다. ㄹ. 아랄해는 대규모 목화 재배를 위한 지나친 관개 농업으로 인해 아랄해에 유입하는 하천의 유량이 줄면서 그 면적이 감소하고 있다.

바로알기 | ㄱ. 공장이나 화력 발전소에서 배출되는 매연과 자동차에서 나오는 배기가스 등의 대기 오염 물질이 빗물과 결합해 산성비가 내린다. ㄷ. 열대림은 벌목과 농경지 확대로 인해 빠른 속도로 파괴되고 있다. 공장 매연과 자동차 배기가스의 배출량 증가는 산성비의 주된 발생 원인이다.

639 환경 문제로 인한 피해와 영향은 일부 국가에만 국한되지 않고 다른 나라에까지 영향을 미친다. 우리나라에서는 몽골의 사막화에

따른 황사 피해가 심해지고 있다. 이에 산림청은 몽골의 사막화를 막기 위해 나무 심기 행사인 몽골 그린벨트 조림 사업을 실시하였다.

640 병. 산성비로 인해 삼림과 농경지가 산성화되면서 황폐화되고, 특히 산성 물질에 약한 대리석으로 이루어진 건축물은 부식되기도 한다. 정. 산성비는 오염 물질이 바람을 타고 이동한 후에 비에 녹아내리면 오염 물질을 배출하지 않은 지역에서 피해가 발생하기도 하는데, 이로 인해 국제적 분쟁이 나타나기도 한다.

바로알기 | 갑. 산성비는 기후와 관련된 환경 문제에 속한다. 을. 해안 저지대와 섬 지역 침수를 유발하는 환경 문제는 지구 온난화이다.

641 **모범 답안** 시민 단체는 서명 운동 등을 통해 환경 문제를 사회적으로 쟁점화하고 시민의 참여를 이끌어 환경 문제를 해결하기 위해 노력한다. 또한 정부의 환경 정책이나 기업의 활동을 감시 및 비판하고 있다.

642 파리 협정, 교토 의정서, 기후변화 협약은 모두 온실가스 배출을 줄이기 위해 체결된 국제 협약에 해당한다. 이를 통해 오늘날 환경 문제는 국경을 넘어 전 지구적 차원의 문제가 되고 있으며, 문제 해결을 위해 국제적 노력이 필요함을 추론할 수 있다.

바로알기 | ①, ③ 환경 문제는 전 세계 곳곳에서 발생하며, 책임 소재를 명확히 구분하기 어렵다. ④ 제시된 협약들은 환경 문제 해결을 위한 국제적 협력 사례에 해당한다. ⑤ 환경 문제는 현세대의 이익과 미래 세대의 이익을 모두 고려하는 방향으로 해결하는 것이 바람직하다.

643 ④ 지구의 평균 기온이 높아지는 현상인 지구 온난화가 가속화되면서 빙하의 면적이 축소되고 해수면이 상승하고 있다.

바로알기 | ① 질소산화물, 황산화물의 배출 증가는 산성비의 원인이다. ② 파리 협정은 지구 온난화와 관련된 협약이다. 오존층 파괴와 관련된 협약에는 몬트리올 의정서가 있다. ③ 염화 플루오린화 탄소의 사용 증가는 오존층 파괴의 원인이다. 사막화는 극심한 가뭄, 과도한 목축과 농경 등을 원인으로 발생한다. ⑤ 바젤 협약은 유해 폐기물의 국가 간 이동과 교역을 규제하는 협약이다. 지구 온난화와 관련된 협약으로는 교토 의정서, 파리 협정 등이 있다.

<table>
<tr><td colspan="5">실전 대비   Ⅲ. 자연환경과 인간 2회   136쪽~139쪽</td></tr>
<tr><td>644 ②</td><td>645 ④</td><td>646 해설 참조</td><td>647 ④</td><td>648 ①</td></tr>
<tr><td>649 ②</td><td>650 ②</td><td>651 ③</td><td>652 ⑤</td><td>653 ④</td></tr>
<tr><td>654 ④</td><td>655 ⑤</td><td>656 ③</td><td>657 ④</td><td></td></tr>
<tr><td>658 해설 참조</td><td>659 ⑤</td><td>660 ①</td><td>661 ③</td><td>662 ③</td></tr>
<tr><td>663 ⑤</td><td>664 ①</td><td>665 ②</td><td>666 ⑤</td><td></td></tr>
</table>

644 제시된 그림의 전통 가옥은 바닥이 지면으로부터 떨어져 있고 지붕의 경사가 급하다. 또한 나무를 주요 재료로 하며 창문이 큰 개방적인 구조가 나타난다. 이러한 전통 가옥은 열대 기후 지역에서 주로 볼 수 있다. ㄱ. 열대 기후 지역은 경작지의 토양이 척박해지면 새로운 곳에 화전을 만들어 이동하는 형태의 농업 방식인 이동식 경작이 발달하였다. ㄷ. 열대 기후, 특히 열대 우림 기후는 연 강수량이 많아 다양한 종류의 나무가 우거진 밀림(우림)이 형성된다.

바로알기 | ㄴ. 타이가라고 불리는 침엽수림 지대는 냉대 기후 지역에 분포한다. ㄹ. 겨울이 길고 몹시 추워 주민들이 수렵 생활을 하는 기후는 한대 기후이다.

645 (가)는 한대 기후 지역, (나)는 열대 기후와 온대 기후의 계절풍 지역이다. ㄴ. 한대 기후 지역은 겨울이 매우 춥고 길기 때문에 추위를 견디기 위해 열량이 높은 육류 위주의 음식을 먹는다. ㄹ. 기온이 낮은 한대 기후 지역은 계절풍의 영향을 받는 지역에 비해 고위도에 위치한다.

바로알기 | ㄱ, ㄷ. 지붕이 평평한 흙벽돌집이 발달하고, 강한 햇볕과 모래 바람을 막기 위해 온 몸을 감싸는 헐렁한 옷을 입는 곳은 건조 기후 지역이다.

646 **모범 답안** 초원 지대에서는 가축과 함께 풀과 물을 찾아 이동하는 유목이 주로 이루어지기 때문이다.

647 1일차에 방문한 북섬에서는 화산 지형, 남섬에서는 빙하 지형을 관찰할 수 있는 곳은 뉴질랜드(D)이다. 6일차에 방문한 넓은 초원에서 물과 풀을 찾아 이동하는 유목민을 볼 수 있는 곳은 초원이 발달하는 건조 기후가 나타나는 몽골(B)이다. 12일차에 방문한 일년 내내 봄철과 같은 기후가 나타나는 곳은 고산 기후 지역인 페루(E)이다. 따라서 여행 경로는 'D → B → E' 순서로 나타난다.

648 ① 판의 경계에 위치하는 아이슬란드는 화산 활동이 활발한 곳으로 뜨거운 마그마의 열을 이용한 지열 발전이 이루어진다.

바로알기 | ② 파묵칼레는 카르스트 지형의 일종으로 석회암이 이산화탄소를 포함한 빗물이나 지하수에 녹아서 형성된다. ③ 카르스트 지형이 발달하는 석회암 지대에서는 벼농사가 이루어지기 어렵다. ④ 석회암의 분포 비중은 카르스트 지형의 일종인 파묵칼레가 화산 활동이 활발한 아이슬란드보다 높다. ⑤ 강수량이 적어 나무가 자라기 어려운 지역은 건조 기후 지역으로, 두 지역 모두 건조 기후 지역에 해당하지 않는다.

649 ② 빙하가 녹고 해수면이 상승하면서 바닷물이 내륙 깊숙이 들어와 만들어진 좁은 협곡은 피오르 해안이다. 노르웨이(B)의 서쪽 해안은 과거 빙하에 덮였던 곳으로 피오르 해안이 발달한다.

바로알기 | ① A는 판의 경계에 해당하는 아이슬란드이다. ③ C는 카르스트 지형의 일종인 탑 카르스트가 발달하는 베트남의 할롱베이이다. ④ D는 적도가 지나는 곳에 위치한 인도네시아의 열대 기후 지역이다. ⑤ 오스트레일리아 북동부 해안에 해당하는 E에서는 산호에 의해 만들어진 대보초 해안을 볼 수 있다.

650 (가) 활발한 화산 활동에 의해 발달한 온천을 볼 수 있는 곳은 판의 경계에 위치한 아이슬란드(A)이다. (나) 석회암이 물에 녹아 형성된 카르스트 지형의 일종인 탑 카르스트가 발달하는 곳은 베트남의 할롱베이(C)이다.

651 (가)는 지진, (나)는 홍수이다. ㄴ. 홍수는 하천 등의 범람을 일으켜 가옥 및 농경지 침수 피해를 유발한다. ㄷ. 지진은 판의 경계 지역에서 주로 발생하는데, 우리나라는 판의 경계로부터 다소 떨어진 곳에 있어 큰 규모의 지진은 자주 발생하지 않는 편이다. 반면, 우리나라는 여름철에 강수가 집중되어 홍수의 발생 빈도는 높은 편이다.

바로알기 | ㄱ. 진행 속도가 느리지만 넓은 범위에서 발생하는 자연재해는 가뭄이 대표적이다. ㄹ. 홍수는 기후와 관련된 자연재해이지만, 지진은 지형과 관련된 자연재해이다.

652 ① 인도네시아는 태평양판을 둘러싸고 신기 습곡 산지가 연속적으로 분포하여 지진과 화산 활동이 활발해 '불의 고리'라 불리는 환태평양 조산대에 속해 있다. ② 지진 해일인 쓰나미는 지진에 의해

발생하는 현상으로 지형 관련 자연재해에 해당한다. ③ 제시된 글에 따르면 쓰나미 발생과 관련하여 인도네시아는 조기 경보 체계가 미흡하고, 정부의 부패로 재난 복구 과정이 원활하지 않았다. 따라서 인도네시아 정부는 인도네시아 국민들이 건강하고 쾌적한 환경에서 생활할 권리인 안전권과 환경권을 침해하였다고 볼 수 있다. ④ 일본은 태평양판, 유라시아판, 필리핀판의 경계에 위치해 지진이 자주 발생하며 화산 활동이 활발하다.

바로알기 | ⑤ 해저 지진으로 발생한 파도는 수심이 깊은 곳에서는 이동 속도가 빠르고 파고는 낮지만, 수심이 얕은 해안 지역에서는 이동 속도가 느려지고 파고는 높아진다.

653 제시된 글은 베이컨의 주장이다. 베이컨은 인간을 가장 가치 있는 존재로 여기고 인간의 이익이나 필요에 따라 자연의 가치를 평가하는 인간 중심주의 자연관을 취한다.

✓ **개념 보충**

인간 중심주의 자연관

이분법적 관점	인간을 자연으로부터 독립된 존재이자 자연보다 우월한 존재라고 인식함
자연의 도구적 가치 강조	자연은 인간의 풍요로운 삶을 위해 존재하는 수단에 불과하며, 인간은 자연을 이용할 권리를 지닌다고 인식함

654 제시된 글은 인간 중심주의 자연관을 강조한 데카르트의 주장이다. 데카르트는 인간이 자연과 달리 정신을 소유한 존엄한 존재이며, 자연보다 우월한 존재라고 본다. ㄴ, ㄷ. 데카르트는 인간과 자연을 서로 독립된 존재로 바라보며, 자연을 인간의 삶을 위한 수단으로 여긴다.

바로알기 | ㄱ, ㄹ. 생태 중심주의 자연관에 대한 설명이다.

655 제시된 글은 생태 중심주의 사상가 레오폴드의 주장이다. 레오폴드는 공동체의 범위를 식물, 동물, 토양, 물을 포함하는 대지 전체로 확대해야 한다는 대지 윤리를 주장한다. 이러한 관점에서 레오폴드는 인간이 자연의 지배자가 아닌 생명 공동체의 구성원이라고 본다. 따라서 레오폴드는 인간이 자연을 인간과 평등한 가치와 권리를 지니는 대상으로 대우해야 한다고 볼 것이다.

바로알기 | ① 레오폴드는 자연이 본래적 가치를 지닌다고 본다. ② 레오폴드는 인간이 자연의 한 부분이라고 보지만, 자연보다 우월한 존재라고 보지는 않는다. ③ 인간과 자연이 독립적으로 존재한다고 보는 것은 이분법적 관점을 취하는 인간 중심주의 자연관의 입장이다. ④ 레오폴드는 자연이 인간의 어떤 필요와도 무관하게 그 자체로 가치를 지닌다고 본다.

656 제시된 글에서는 인간의 이익보다 생태적 가치를 우선시하여 천성산의 터널 공사를 중단하고 꼬리치레도롱뇽의 서식지를 보존해야 한다고 주장한다. 이를 통해 인간은 자연과 조화를 이루면서 살아가야 하며, 자연 안의 모든 생명은 인간과 평등한 존재라고 보는 입장임을 추론할 수 있다.

바로알기 | ㄱ, ㄹ. 인간의 자연 정복을 정당화하고, 자연의 가치가 인간의 가치보다 우위에 설 수 없다고 주장하는 것은 인간 중심주의 자연관에 해당한다.

657 갑은 아리스토텔레스, 을은 레오폴드이다. 갑은 자연 안의 모든 존재는 목적을 가지고 있는데, 식물은 동물을 위해, 동물은 인간의 생존이라는 목적을 위해 존재한다고 본다. 을은 생명 공동체의 범위를 식물, 동물, 토양, 물을 포함하는 대지로 확대하여 생명 공동체를

도덕적으로 고려해야 한다고 본다. ① 갑은 동물이 인간의 생존을 위해 존재하므로 인간이 동물을 지배하는 것은 당연하다고 본다. ② 을은 인간을 비롯한 자연의 모든 생명이 평등한 가치를 지닌다고 본다. ③ 갑은 인간만이 내재적 가치를 지닌다고 보지만, 을은 자연의 모든 존재가 내재적 가치를 지닌다고 본다. ⑤ 갑은 인간을 자연보다 우월한 존재로 보지만, 을은 인간이 생명 공동체의 한 구성원일 뿐이라고 본다.

바로알기 | ④ 갑은 인간이 가진 자연에 대한 권리를, 을은 인간이 가진 자연에 대한 의무를 중시한다.

658 **모범 답안** 갑이 지닌 인간 중심주의 자연관은 무분별한 자연 개발과 자원 남용을 정당화하여 현대 사회의 환경 위기를 초래하였다는 비판을 받기도 한다. 을이 지닌 생태 중심주의 자연관은 비현실적이라는 비판을 받기도 하며, 환경 파시즘으로 이어질 우려가 있다는 한계가 있다.

659 동양에서는 인간과 자연의 조화를 추구하는 자연관을 지향하였다. ① 도가에서는 자연 그대로의 질서를 따르는 무위자연의 삶을 추구하였다. ②, ④ 유교에서는 만물이 본래적 가치를 지닌다고 보며, 인간과 자연이 조화를 이루는 천인합일의 경지를 지향하였다. ③ 불교에서는 연기(緣起)를 깨달아 모든 생명을 소중히 여기며 자비를 베풀 것을 강조하였다.

바로알기 | ⑤ 만물이 독립적으로 존재할 수 없으며, 상호 의존적으로 연결되어 있다는 연기를 강조하는 것은 불교이다.

660 제시된 글은 인간이 쇠푸른펭귄이라는 동물과 공존하려는 다양한 노력을 제시하고 있다. 자연과 공존하고자 노력하는 인간의 모습을 통해 제시된 글이 인간과 자연이 조화와 공존의 관계를 이루어야 한다고 보고 있음을 알 수 있다.

661 산업 혁명 이후 산업이 발전하고 인구가 늘면서 자원의 소비량도 증가하였다. 그 과정에서 자연환경이 훼손되고, 과도한 농지 개간과 목축이 이루어지면서 다양한 환경 문제가 나타나고 있다.

바로알기 | ③ 자연은 어느 정도의 오염 물질을 스스로 정화하는 능력인 자정 능력이 있으나, 오늘날 오염 물질의 과도한 배출로 자정 능력이 감소 또는 상실되면서 환경 문제가 발생하고 있다.

662 ⓒ 산성비가 내리면 산림이 고사하고 호수가 산성화되며, 건축물이 부식되는 등의 피해가 나타난다.

바로알기 | ㉠, ㉡ 염화 플루오린화 탄소 사용량 증가는 오존층 파괴의 원인에 해당한다. 오존층이 파괴되면 지상에 도달하는 자외선이 증가하여 피부암, 안과 질환 등이 증가한다. ㉣ 바다로 유입되는 쓰레기의 양 증가, 원유 유출 사고는 해양 오염의 원인에 해당한다. ㉤ 극지방 빙하 면적 축소, 해수면 상승 등은 지구 온난화의 영향에 해당한다.

663 ①, ② 정부는 환경 문제 해결을 위해 저탄소 녹색 성장 정책을 추진하고, 다양한 국제 협약에 가입하여 국제 사회의 노력에 동참한다. ③, ④ 시민 단체는 환경 문제 해결을 위해 여론을 형성하여 환경 관련 정책 결정 과정에 영향을 미치며, 그린피스 등 국제적 규모의 환경 단체를 조직하여 활동한다.

바로알기 | ⑤ 정부가 추진하는 각종 정책과 사업을 환경 보전 측면에서 감시하는 것은 기업이 아닌 시민 단체의 역할에 해당한다.

664 (가)는 유해 폐기물의 국가 간 이동과 교역을 규제하기 위해 체결된 바젤 협약이다. (나)는 선진국과 개발 도상국 모두에 온실가스 감축 의무를 부여하는 기후변화 협약인 파리 협정이다.

바로알기 | ②, ③, ④, ⑤ 몬트리올 의정서는 오존층 파괴 물질의 생산 및 사용 규제, 람사르 조약은 국제적으로 중요한 습지 보호, 생물 다양성 협약은 생물종 보호를 목적으로 체결된 국제 협약이다.

665 제시된 자료는 지구 온난화에 따른 영향을 나타내고 있다. ① 지구 온난화로 일 최저 기온이 25℃ 이상인 열대야 발생 일수가 증가하고 있다. ③, ④ 지구 온난화로 겨울 시작일이 늦어지면서 하천의 결빙 일수가 감소하고, 첫 서리 내리는 시기가 늦어지고 있다. ⑤ 지구 온난화로 감귤과 같은 난대성 작물의 재배 지역이 확대됨과 동시에 열대 과일의 재배 면적도 확대될 것이다.
바로알기 | ② 지구 온난화로 우리나라의 연평균 기온이 상승하면서 겨울 기간이 짧아지고 봄의 시작 시기가 빨라지고 있다. 이로 인해 벚꽃과 같은 봄꽃의 개화 시기가 빨라질 것이다.

666 제시된 자료와 관련한 환경 문제는 지구 온난화이다. 지구 온난화 문제를 해결하기 위해 우리는 환경친화적인 제품을 소비하고 대중교통을 이용해야 한다. 또한 육류 소비를 줄이려는 노력도 필요하다. 육류 소비의 증가로 동물 사육지, 사료용 곡물 재배 농지를 개척하기 위해 열대림이 파괴되고 있다. 열대림이 파괴되면 대기 중 이산화탄소 농도가 증가하여 지구 온난화가 가속화되기 때문이다.
바로알기 | ㄱ. 온실가스 배출권 거래제 참여는 기업의 노력에 해당한다. ㄴ. 화석 연료 사용에 대한 세금 인상은 정부의 노력에 해당한다.

실전 대비 **Ⅳ. 문화와 다양성** 1회   140쪽~143쪽

667 ⑤	668 ⑤	669 ③	670 ③	671 ③
672 ④	673 ④	674 해설 참조	675 ①	676 ③
677 ⑤	678 ②	679 ②	680 ④	681 ④
682 ⑤	683 ①	684 ①	685 ③	

686 A: 용광로 이론, B: 샐러드 볼 이론

667 ㄷ. ⓒ은 인문환경이다. 이슬람교 문화권에서는 둥근 지붕의 모스크와 같은 경관이 나타나는데, 이는 인문환경의 요소 중 종교의 영향을 받은 것에 해당한다. ㄹ. ⓔ은 문화권이다. 문화권은 문화적 특성이 비교적 유사하게 나타나는 공간으로서 지리적으로 접근성이 높거나 환경이 비슷한 경우 넓은 범위에 걸쳐 나타난다.
바로알기 | ㄱ. 문화는 환경이나 가치관 등에 따라 끊임없이 변화한다. ㄴ. 오세아니아의 원주민 문화는 점차 파괴되고 있는데, 그 원인으로는 자연환경적 요소보다는 유럽 문화의 전파라는 인문환경적 요소가 크게 작용하고 있다.

668 밑줄 친 '이 종교'는 힌두교이다. ⑤ 힌두교는 다양한 신을 믿는 다신교로, 힌두교 사원 곳곳에 다양한 신의 모습을 정교하게 조각하여 표현해 놓고 있다.
바로알기 | ①은 크리스트교, ②, ④는 이슬람교, ③은 불교의 대표적인 경관에 해당한다.

669 A는 이슬람교, B는 불교, C는 크리스트교이다. ③ 크리스트교를 믿는 지역에서는 첨탑이 세워진 교회와 성당이 주요 경관을 이룬다.
바로알기 | ① 하루에 다섯 번 메카를 향하여 기도를 하는 것은 이슬람교와 관련한 설명이다. ②, ⑤ 다신교로 갠지스강에서의 목욕을 중시하는 것과 소를 신성시하여 소고기 먹는 것을 금기시하는 것은 힌두교와 관련한 설명이다. ④ 이슬람교를 믿는 신자들은 건조 문화권, 불교

를 믿는 신자들은 동양 문화권에 주로 분포한다. 유럽 문화권에는 크리스트교를 믿는 신자들이 주로 분포한다.

670 A는 유럽 문화권, B는 아프리카 문화권, C는 동양 문화권, D는 오세아니아 문화권, E는 라틴 아메리카 문화권이다. ㄴ. 아프리카 문화권은 부족 중심의 공동체 문화가 발달하였으며, 일부 지역에서는 유럽 식민 지배의 영향으로 플랜테이션 농업이 발달하였다. ㄷ. 동양 문화권은 계절풍의 영향을 많이 받아 벼농사가 발달하였다.
바로알기 | ㄱ. 농업 발달에 불리하여 주로 수렵 및 순록 유목 등이 이루어지는 곳은 북극 문화권이다. ㄹ. 오세아니아 문화권은 개신교가 우세하지만, 라틴 아메리카 문화권은 가톨릭교가 우세하다.

671 (가) 오스트레일리아의 애버리지니, 뉴질랜드의 마오리족 등 원주민들의 독특한 문화와 전통이 남아 있는 곳은 오세아니아 문화권으로 C에 해당한다. (나) 과거 포르투갈과 에스파냐의 식민 지배를 받은 영향으로 대체로 포르투갈어와 에스파냐어를 많이 사용하며, 가톨릭교 신자의 비중이 높은 곳은 라틴 아메리카 문화권으로 E에 해당한다.

672 A는 유럽 문화권, B는 건조 문화권, C는 오세아니아 문화권, D는 앵글로아메리카 문화권, E는 라틴 아메리카 문화권이다. ④ 앵글로아메리카 문화권은 리오그란데강 북쪽 지역으로, 과거 북서 유럽의 식민 지배를 받은 영향으로 주로 영어를 사용하고 개신교를 믿는다.
바로알기 | ① 주민 대부분이 이슬람교를 믿는 곳은 건조 문화권이다. ② 이동식 화전 농업이 주로 이루어지는 곳은 아프리카 문화권이다. ③ 산업 혁명의 발상지로 세계 경제의 중심지인 곳은 유럽 문화권이다. ⑤ 농경이 어려워 순록을 유목하거나 바다표범 등을 사냥하며 생활하는 곳은 북극 문화권이다.

673 을. 오세아니아 문화권은 오스트레일리아, 뉴질랜드, 태평양 제도 일대로 인구가 적고 비교적 개발이 늦어 청정한 자연환경을 보존하고 있다. 정. 라틴 아메리카 문화권은 남부 유럽의 식민 지배를 받은 영향으로 주로 에스파냐어와 포르투갈어를 사용하며, 원주민, 유럽인, 아프리카인과 혼혈족으로 구성되어 있어 여러 문화가 나타난다.
바로알기 | 갑. 음식을 먹을 때 대부분 젓가락을 사용하는 곳은 동양 문화권이다. 병. 앵글로아메리카 문화권은 과거 북서 유럽의 식민 지배를 받은 영향으로 주로 개신교를 믿는다.

674 **모범 답안** A: 발명, B: 발견. 발명의 사례로 자동차나 컴퓨터를 새로 만들어 낸 것을 들 수 있고, 발견의 사례로 페니실린을 찾아낸 것을 들 수 있다.

675 문화 변동의 내재적 요인인 A, C는 각각 발견과 발명 중 하나이고, 새로운 문화 요소를 창조하는 A, B는 각각 발명과 자극 전파 중 하나이다. 따라서 A는 발명, B는 자극 전파, C는 발견, D는 직접 전파이다. ① 전구를 만들어 낸 것은 기존에 없던 문화 요소를 새롭게 만들어 낸 것이므로 발명의 사례이다.
바로알기 | ③ 한 나라의 전통 음식이 영화를 통해 다른 나라로 확산된 것은 간접 전파의 사례이다. ④ 이미 존재하였지만 알려지지 않았던 문화 요소를 알아내는 것은 발견이다. ⑤ 발명, 발견, 자극 전파, 직접 전파는 모두 한 사회의 문화 요소를 다양하게 하는 요인이다.

676 (가) 한글 창제는 한 사회 내부에서 문화 요소가 발명된 것이다. 즉, (가)는 옳지 않은 진술이므로 말은 A로 이동한다. (나) 자극 전파는 다른 사회에서 전파된 문화 요소에서 아이디어를 얻어 새로운 문화 요소를 발명하는 것이다. 즉, (나)는 옳은 진술이므로 말은 D로 이동한다. (다) 인적 교류와 매개체를 통한 문화 요소의 전파는 외재적

요인에 의한 문화 변동에 해당한다. 즉, (다)는 옳지 않은 진술이므로 말은 최종적으로 C에 도착한다.

677 접촉의 결과 새로운 문화 요소가 나타나는 것은 문화 융합이다. 따라서 A는 문화 융합이고, B, C는 각각 문화 병존과 문화 동화 중 하나이다. ㄱ. C가 문화 동화라면 B는 문화 병존이다. 우리 사회에 여러 종교가 공존하는 것은 기존의 문화 요소와 전파된 다른 사회의 문화 요소가 나란히 존재하는 것이므로 문화 병존의 사례이다. ㄷ. 문화 동화와 문화 병존은 대개 장기간에 걸친 접촉의 결과로 나타나며, 제시된 질문만으로는 문화 동화와 문화 병존을 구분할 수 없다. 따라서 제시된 질문은 (가)에 들어갈 수 없다. ㄹ. 접촉의 결과 문화 요소가 정체성을 상실한 것은 문화 동화이다. 따라서 주어진 질문이 (가)에 들어가면 B는 문화 동화, C는 문화 병존이 된다.
바로알기 | ㄴ. 문화 동화와 달리 문화 병존, 문화 융합은 문화의 다양성을 강화시켜 준다.

678 ② (나)에서 체로키 인디언들이 백인들에 의해 전파된 알파벳에서 아이디어를 얻어 체로키 문자를 만들어 낸 것은 자극 전파의 사례로, 전파와 발명의 과정이 복합적으로 나타나 있다.
바로알기 | ① (가)는 인터넷 방송 등의 매개체를 통해 다른 사회의 문화가 전파된 것이므로, 간접 전파로 인한 문화 변동의 사례이다. ③ (다)에는 문화 변동 과정에서 다른 문화를 강제적으로 받아들였다는 내용이 나타나 있지 않다. ④ (가), (다)는 모두 문화 전파에 의한 문화 변동의 사례이다. ⑤ (가)~(다)는 모두 외재적 요인에 의한 문화 변동의 사례이다.

679 ㄱ. 갑국에서는 갑국의 고유 음악과 A국의 음악이 함께 유행하였으므로 문화 병존이 나타났다. ㄷ. 을국에서는 을국의 의복 문화와 B국의 의복 문화가 결합하여 새로운 의복 문화가 형성되었으므로 문화 융합이 나타났다.
바로알기 | ㄴ. 갑국에서는 대중 매체라는 매개체를 통해 A국의 음악이 확산되었으므로 갑국의 문화 변동 요인은 간접 전파이다. ㄹ. 을국에서는 B국에서 이민 온 사람들에 의해 B국의 의복 문화가 전파되었으므로 을국의 문화 변동 요인은 직접 전파이다.

680 ㉠은 전통문화이다. ㄴ. 현대 사회에서는 나름의 의의가 있는 각 사회의 독특한 전통문화가 모여 세계 문화의 다양성 증진에 기여한다. ㄷ. 전통문화를 창조적으로 계승하려면 현대 사회의 특성을 면밀히 살펴보고 현대 사회 구성원들의 요구와 특성에 맞게 재해석해야 한다. ㄹ. 우리나라의 전통문화에는 한복, 온돌 등의 물질문화뿐만 아니라 유교 문화의 영향으로 나타난 효(孝) 사상도 포함된다.
바로알기 | ㄱ. 전통문화의 발전을 위해서는 새로운 문화를 수용하여 전통문화의 단점을 보완해 나가는 것이 바람직하다.

681 갑은 자국인 B국의 문화는 우수한 것으로 여기면서 A국의 축제 문화를 미개하다고 낮게 평가하였으므로, 자문화 중심주의적 태도를 가지고 있음을 알 수 있다.

682 (가)는 자문화 중심주의, (나)는 문화 사대주의이다. ㄷ. 문화 사대주의는 다른 문화를 맹목적으로 동경하며 받아들이고자 한다는 점에서 타 문화를 비판적으로 수용하기 어렵게 한다는 문제점이 있다. ㄹ. 자문화 중심주의와 문화 사대주의는 모두 특정한 문화를 절대적인 기준으로 삼아 문화의 우열을 가릴 수 있다고 본다.
바로알기 | ㄱ. 자문화 중심주의는 자기 문화의 우월성을 강조하므로 자기 문화에 대한 정체성을 상실할 우려가 크다고 보기 어렵다. ㄴ.

문화 사대주의는 자기 문화를 열등한 것으로 여기는 반면, 타 문화를 높게 평가한다는 점에서 국수주의를 초래할 위험이 있다고 보기 어렵다. 국수주의로 이어질 우려가 있는 것은 자문화 중심주의이다.

683 자문화 중심주의와 문화 사대주의는 문화 상대주의와 달리 문화를 평가의 대상으로 본다. 또한, 문화 사대주의는 자문화 중심주의와 달리 자기 문화의 정체성을 약화시킬 우려가 크다. 따라서 A는 문화 상대주의, B는 자문화 중심주의, C는 문화 사대주의이다. ㄱ. 문화 상대주의는 다른 사회의 문화를 바라볼 때 그 사회의 특수한 환경과 사회적 맥락 속에서 파악하고자 하는 태도이다. ㄴ. 자문화 중심주의는 자기 문화만 우월하다고 보면서 다른 문화를 부정적으로 평가하므로, 다른 문화와의 갈등을 초래할 수 있다.
바로알기 | ㄷ. 사회 구성원 간의 소속감이나 일체감 강화에 도움이 되는 것은 자문화 중심주의의 특징이다.

684 (가)는 극단적 문화 상대주의이다. 전족과 같은 문화도 그 가치를 인정해야 한다는 극단적 문화 상대주의의 주장은 생명 존중과 같은 보편 윤리에 어긋난다.
바로알기 | ㄷ. 극단적 문화 상대주의를 추구할 경우 모든 문화를 그 나름의 가치가 있는 것으로 존중하게 되므로, 문화를 비판적으로 성찰하기 어렵다. ㄹ. 극단적 문화 상대주의는 인권 등 인류의 보편적 가치를 침해하는 문화까지도 인정한다는 점에서 문화의 발전을 저해한다.

685 제시된 기사는 다문화 가정 자녀가 두 가지 언어를 구사하는 것이 이점으로 작용할 수 있음을 강조하므로, 다문화 사회를 긍정적인 관점에서 바라보고 있음을 알 수 있다. 다문화 사회로 변화하면서 외국인 근로자와 국제결혼 이민자들이 늘어 노동력 부족 문제가 일부 해소된다는 것, 다양한 문화 교류를 통해 글로벌 인재를 양성하고 문화의 다양성이 강화될 수 있다는 것은 다문화 사회를 바라보는 긍정적 관점에 해당한다.
바로알기 | ③은 다문화 사회를 바라보는 부정적 관점에 해당한다.

686 A는 문화의 동질성을 추구하는 용광로 이론이고, B는 문화의 다양성과 공존을 중시하는 샐러드 볼 이론이다.

실전 대비	IV. 문화와 다양성 2회			144쪽~147쪽
687 ④	688 ②	689 ⑤	690 ①	691 ③
692 ②	693 해설 참조	694 ①	695 ③	
696 해설 참조	697 ②	698 ②	699 ⑤	700 ④
701 해설 참조	702 ②	703 ①	704 ②	705 ②
706 ③				

687 ㄴ. 문화권은 자연환경과 인문환경의 영향을 받아 형성되기 때문에 한 문화권 안에서는 생활양식이 유사하게 나타난다. ㄹ. 문화는 인간이 환경과 상호 작용을 하면서 형성한 의식주, 풍습, 종교, 언어 등의 생활양식을 말한다.
바로알기 | ㄱ. 문화권은 비교적 넓은 지표 공간에 걸쳐 형성되므로, 그 범위가 국가의 경계와 일치하지 않는 경우가 많다. ㄷ. 문화권은 고정되어 있지 않고 인구이동, 문화 전파 등을 통해 끊임없이 변화한다.

688 (가) 종교는 이슬람교이다. 이슬람교도들은 하루에 다섯 번씩 메카를 향해 기도하는 등의 계율을 지킨다. 또한 이슬람 문화권의 여성들은 천으로 얼굴과 몸 등을 가리고 생활한다.

바로알기 | ㄴ은 힌두교와 관련한 설명이다. ㄹ. 불교와 힌두교에서 윤회 사상을 믿는다.

689 (가)는 미얀마의 불교 사찰, (나)는 독일의 크리스트교 성당, (다)는 인도의 힌두교 사원이다. ⑤ 힌두교는 소를 신성시하여 소고기 섭취를 금기시한다.
바로알기 | ① 메카를 성지로 여기는 것은 이슬람교이다. ② 예수를 구원자로 믿는 것은 크리스트교이다. ③ 알라의 말씀이 담긴 쿠란의 가르침을 따르는 것은 이슬람교이다. ④ 살생을 금지하는 교리에 따라 육식을 금기시하고 채식 위주의 식사를 하는 것은 불교이다.

690 ㄱ. 농경 문화권에서는 주로 정착 생활을 하며, 농사를 지을 때에는 많은 노동력이 필요하기 때문에 공동체 문화가 형성된다. ㄴ. 유목 문화권에서는 가축의 먹이와 물을 찾아 일정 지역을 오가는 이동 생활을 하기 때문에 복장이나 가옥이 신속한 이동이 가능한 방향으로 발달하였다.
바로알기 | ㄷ, ㄹ. 직장과 거주지가 분리되어 출퇴근 문화가 나타나고, 밀집한 도시 경관과 도시적 생활양식이 나타나는 곳은 상공업이 발달한 지역이다.

691 (가) 유교와 불교문화가 나타나고 한자를 사용하는 문화권은 우리나라, 중국, 일본 등이 속한 동아시아 문화권으로 C에 해당한다. (나) 유럽 문화의 전파로 마오리족 등 기존 원주민의 문화가 사라지고 있는 문화권은 오스트레일리아, 뉴질랜드, 태평양 제도 일대를 아우르는 오세아니아 문화권으로 D에 해당한다.

692 (가)는 건조 문화권, (나)는 앵글로아메리카 문화권이다. 건조 문화권은 주민들이 대부분 아랍어를 사용하고 이슬람교를 믿는데, 이슬람교는 교리에 따라 돼지고기를 금기시한다. 반면, 앵글로아메리카 문화권은 북서 유럽의 영향을 받아 주로 영어를 사용하고 개신교를 믿는다. 이를 종합하면 앵글로아메리카 문화권은 건조 문화권에 비해 크리스트교 신자 비율과 영어 사용자 비율이 높고, 1인당 돼지고기 소비량이 많다. 이는 그림의 B에 해당한다.

693 모범 답안 북서 유럽 문화권은 개신교와 게르만족의 비율이 높고, 남부 유럽은 가톨릭교와 라틴족의 비율이 높으며, 동부 유럽 문화권은 동방 정교(정교회)와 슬라브족의 비율이 높다.

694 간접 전파와 자극 전파는 발견과 달리 다른 사회의 영향을 받아 이루어지는 것이며, 자극 전파는 발견과 간접 전파와 달리 외부 요소에서 아이디어를 얻어 발명이 이루어지는 것이다. 따라서 A는 간접 전파, B는 자극 전파, C는 발견이다. ㄱ. 간접 전파는 인터넷, 드라마, 영화, 서적 등 간접적 매개체를 통해 이루어진다. ㄴ. 체로키 문자의 창조는 외부에서 전래된 알파벳에서 아이디어를 얻어 새로운 문자를 발명한 것으로 자극 전파의 예에 해당한다.
바로알기 | ㄷ, ㄹ. 자전거의 등장과 같이 이전에 존재하지 않았던 문화 요소를 새로 만들어 낸 것은 발명에 해당한다.

695 A는 발명, B는 자극 전파, C는 간접 전파, D는 직접 전파이다. ㄱ. 세종대왕에 의해 한글이 창조된 것은 이전에 없었던 새로운 문화 요소를 만들어 낸 것이므로 발명의 사례이다. ㄴ. 외국의 요리 방식에서 아이디어를 얻어 새로운 음식 문화를 만들어 낸 것은 자극 전파의 사례이다.
바로알기 | ㄷ. 원나라에 사신으로 갔던 문익점에 의해 목화가 우리나라로 전파된 것은 직접 전파의 사례이다. ㄹ. 인터넷을 통해 한류 문화

가 브라질에 전파된 것은 간접 전파의 사례이다.

696 모범 답안 문화 융합. 문화 융합은 기존의 문화 요소와 다른 사회에서 전파된 문화 요소가 결합하여 이전의 두 문화와는 다른 새로운 문화가 만들어지는 현상이다.

697 (가)에서 미국 흑인이 즐기던 아프리카 음악의 요소에 유럽 전통 음악의 요소가 결합하여 재즈라는 새로운 음악이 창조된 것은 문화 융합의 사례이다. (나)에서 아프리카의 많은 부족이 자신의 전통 종교를 상실하고 외래 종교를 받아들인 것은 문화 동화의 사례이다. (다)에서 외국에 사는 한민족이 그 나라의 문화적 요소와 우리나라의 고유문화를 함께 가지고 있는 것은 문화 병존의 사례이다.

698 ㄱ. 라이스버거는 우리나라의 쌀과 서양의 햄버거가 결합하여 나타난 새로운 음식이므로 문화 융합에 해당한다. ㄹ. 고유문화의 정체성이 상실되는 문화 동화와 달리 문화 융합과 문화 병존은 고유문화의 정체성이 유지된다.
바로알기 | ㄴ. 우리나라에서 교회와 절이 나란히 있는 것은 한 사회 내에서 서로 다른 종교가 함께 존재하는 것이므로 문화 병존에 해당한다. ㄷ. 한글, 컴퓨터의 발명은 내재적 요인에 의한 문화 변동의 사례로서 문화 병존에 해당하지 않는다.

699 ⑤ B국은 갑국과의 교류 이후 자국의 고유문화와 외래문화가 함께 존재하고 있고, C국은 자국의 고유문화와 외래문화가 결합하여 제3의 문화가 나타났으므로 모두 자문화의 정체성이 유지되었다. 이와 달리 A국은 갑국과의 교류 이후 A국 고유의 음식 문화가 사라지고 갑국의 음식 문화로 대체되었으므로 자문화의 정체성이 상실되었다.
바로알기 | ① A국에서는 갑국의 드라마라는 매체를 통해 음식 문화가 전파되었으므로 간접 전파에 의한 문화 변동이 나타났다. ② B국은 갑국에서 온 유학생에 의해 문화 변동이 일어났으므로 강제적 문화 접변에 해당한다고 볼 수 없다. ③ C국의 문화 변동은 기존 문화 요소와 외래문화 요소가 결합한 결과 제3의 성격을 지닌 새로운 문화 요소가 나타난 것으로서 문화 융합의 사례이다. ④ A국에서는 문화 동화, B국에서는 문화 병존이 나타났다.

700 제시된 사례는 우리나라 전통문화의 요소와 외래문화의 공연 양식을 접목한 새로운 퍼포먼스인 난타가 세계적인 성공을 거두었음을 보여 준다. 이를 통해 전통문화의 창조적 계승을 위해서는 전통문화의 본질적인 요소를 유지하면서 외래문화를 주체적으로 재해석하는 노력이 필요하다는 점을 알 수 있다.

701 모범 답안 문화 사대주의. 문화 사대주의는 다른 사회의 문화를 더 우월하다고 여겨 동경하면서 자기 문화를 무시하거나 낮게 평가하는 태도를 말한다.

702 제시된 글에서는 각자의 삶을 영위하기 위해 각 문화가 설정한 가치를 인정해야 한다고 주장하므로 문화 상대주의의 입장에 해당한다. 문화 상대주의는 특정 문화가 갖는 고유한 의미를 이해해야 한다고 보며, 다양한 문화들의 정체성을 인정하고 존중해야 한다는 입장이다.
바로알기 | 두 번째 진술. 다양한 문화를 비교하여 우열을 가려야 한다고 보는 것은 자문화 중심주의와 문화 사대주의의 입장이다. 세 번째 진술. 문화 상대주의는 다른 사회의 문화를 있는 그대로 이해해야 한다는 입장이므로, 다양한 문화를 통합하여 보편 문화를 만들어야 한다고 주장하지 않는다.

703 각 사회가 지니고 있는 문화의 고유한 의미와 가치를 인정하는 문화 이해 태도는 문화 상대주의이고, 자기 문화가 우월하다는 믿

음을 바탕으로 타 문화를 판단하는 문화 이해 태도는 자문화 중심주의이다. 따라서 A는 문화 상대주의, B는 문화 사대주의, C는 자문화 중심주의이다. ㄱ. 문화 상대주의는 각 사회의 문화를 그 사회의 입장에서 이해하므로, 문화 사대주의와 달리 문화의 다양성을 보존하는 데 기여할 수 있다. ㄴ. 문화 사대주의는 자문화 중심주의와 달리 다른 문화를 우월한 것으로 평가한다는 점에서 선진 문물의 수용은 용이하나, 자문화를 낮게 평가한다는 점에서 자문화의 정체성을 상실할 우려가 있다.

바로알기 | ㄷ. 문화 사대주의와 자문화 중심주의는 모두 문화의 우열을 정하는 기준이 존재한다고 본다. ㄹ. 문화 사대주의와 자문화 중심주의는 문화를 평가의 대상으로 보지만, 문화 상대주의는 문화를 이해의 대상으로 본다.

704 갑은 다른 사람의 목숨을 빼앗는 동남아시아의 일부 지역에서 행하는 성인식을 그 사회의 독특한 환경과 맥락에서 인정해야 한다고 생각하므로, 극단적 문화 상대주의의 입장을 취하고 있음을 알 수 있다. ② 인간의 존엄성, 생명 존중과 같이 모든 문화에 적용되는 인류의 보편적 가치가 존재한다는 것을 논거로 삼아 인류의 보편적 가치를 훼손할 우려가 있는 극단적 문화 상대주의를 비판할 수 있다.

705 다문화 사회에서 나타날 수 있는 갈등을 해결하고 문화적 다양성을 존중하는 사회를 만들기 위해 사회적 차원에서는 다문화 교육을 강화하여 편견과 고정 관념을 없애야 하며, 문화적 다양성이 존중될 수 있도록 법과 제도적 지원을 확대해야 한다.

바로알기 | ㄴ, ㄷ. 다문화 사회에서의 갈등 해결을 위한 개인적 노력에 해당한다.

706 갑은 제시된 법안에 반대한다는 점에서 샐러드 볼 이론에 근거한 다문화주의를, 을은 제시된 법안에 찬성한다는 점에서 용광로 이론에 근거한 동화주의를 주장할 수 있다. ㄷ. 갑은 문화의 다양성과 공존을 중시하므로, (가)에는 '다양한 문화가 평등하게 인정되어야 하기 때문'이 들어갈 수 있다. ㄹ. 을은 문화의 동질성을 추구하므로, (나)에는 '모든 학생이 하나의 문화 속에서 통합을 이루어야 하기 때문'이 들어갈 수 있다.

바로알기 | ㄴ. 다문화주의를 주장하는 갑만이 소수 문화의 다양성을 인정하는 입장이다.

<table>
<tr><td colspan="6">실전 대비   V. 생활공간과 사회 1회   148쪽~149쪽</td></tr>
<tr><td>707 ⑤</td><td>708 ①</td><td>709 ①</td><td>710 ⑤</td><td>711 ④</td></tr>
<tr><td>712 ①</td><td>713 ④</td><td colspan="2">714 해설 참조 715 ②</td><td>716 ②</td></tr>
</table>

707 사회 간접 자본 및 기타 서비스업의 비중과 도시 인구 비율이 모두 높은 (나)는 산업화와 도시화가 심화된 2022년이므로, (가)는 1970년이다. 1970년과 비교하였을 때 2022년은 직업이 분화되어 직업의 종류가 다양하고, 집약적 토지 이용으로 건물의 평균 층수가 높다. 또한, 핵가족과 1인 가구의 비중이 높으며, 공동체보다 개인의 자유와 권리를 중시하는 개인주의 가치관이 뚜렷하다.

바로알기 | ⑤ 1970년에 비해 산업화와 도시화가 진행된 2022년은 지표의 포장 면적이 넓고 녹지의 면적은 좁다.

708 2022년은 1977년보다 임야와 논밭의 비중은 감소하고 대지와 도로의 비중은 높아졌으므로 산업화와 도시화가 진행되었음을 알 수

있다. 따라서 2022년은 1977년보다 3차 산업 종사자의 비율과 도시 거주 인구 비율, 강수 시 도시 하천의 최고 수위가 모두 높다. 이는 그림의 A에 해당한다.

709 도시에 많은 사람과 기능이 집중하면서 제한된 공간을 효율적으로 이용하기 위해 고층 빌딩과 공동 주택(아파트)이 들어서는 등 집약적인 토지 이용이 이루어진다. 도시가 성장하면서 도시 내부는 상업·주거·공업 기능처럼 기능에 따라 도심과 주변 지역 등을 형성한다. 도심의 기능을 분담하는 부도심은 도심과 주변 지역을 연결하는 교통의 요지에 형성된다.

바로알기 | ① 이심 현상에 의해 상주인구가 감소하는 인구 공동화 현상은 서울과 같은 대도시의 도심에서 주로 나타나며, 대도시의 기능을 분담하는 위성 도시에서는 거의 나타나지 않는다.

710 도시 홍수 문제와 열섬 현상을 해결하기 위해서는 복개 하천을 복구하여 지표의 포장 면적을 줄이고, 공원과 옥상 정원을 비롯하여 도시 주변에 개발 제한 구역을 조성하는 등 녹지 공간을 확대해야 한다.

바로알기 | ⑤ 도시 홍수를 예방하고 열섬 현상을 해결하기 위해서는 아스팔트와 같이 빗물이 흡수되지 못하는 불투수성 블록 대신에 빗물이 투과할 수 있는 투수성 재질의 블록을 설치해야 한다.

711 산업화 이후 2·3차 산업이 발달하면서 직업이 분화되고 전문성이 증가하였다. 또한 산업화에 따른 기계화와 자동화로 근로자의 노동 시간은 줄어들고 여가 시간이 늘어났다. 산업화·도시화로 개인의 가치와 자율성을 중시하는 개인주의가 확산되고, 1인 가구 비중이 점차 증가하고 있다.

바로알기 | ④ 산업화가 진행됨에 따라 수많은 직업이 새로 생겨나고 같은 직종 내에서도 세분화가 이루어지면서 오늘날 도시 주민들 간의 동질성이 낮아졌다.

712 ㄱ. 핵가족화의 확산, 가치관의 변화에 따른 1인 가구의 증가로 '1코노미'가 확산되고 있다. ㄴ. 누리 소통망(SNS)에 기반한 사회적 관계는 대면 접촉으로 이루어지는 사회적 관계에 비해 익명성에 기반을 둔 2차적 인간관계의 비중이 높다.

바로알기 | ㄷ. '공동체 주택'은 개인주의적 가치관이 확산되는 현대 사회에서 공동체의 중요성이 강조되고 있는 사례이다. ㄹ. '1코노미'와 '공동체 주택'은 모두 교통의 발달과는 직접적인 관련이 없는 생활양식이다.

713 ㄴ. 육지와 암태도 간의 접근성이 높아지면서 암태도를 찾는 관광객들이 늘어났으므로, 암태도 식당의 매출이 증가하였을 것이다. ㄹ. 관광객이 증가하고 유동 인구가 늘어나면 쓰레기 투기가 증가하는 문제가 나타나기도 한다.

바로알기 | ㄱ. 압해도와 목포를 연결하는 압해 대교가 이미 완공되었으므로, 압해도와 암태도를 연결하는 천사 대교의 개통으로 암태도와 목포 간의 접근성은 높아졌다. ㄷ. 인터넷의 등장으로 언제 어디에서나 물품을 구매할 수 있게 되어 물품 구매의 시공간적 제약이 작아졌다.

714 모범 답안 선박 평형수 처리 장치를 설치하면 다른 나라와 교류하는 과정에서 외래종이 유입되어 생태환경이 교란되는 것을 방지할 수 있다.

715 배리어 프리 무인 단말기는 휠체어 사용자와 어린이, 시각 장애인 등 정보 소외 계층에게 편의를 제공한다는 점에서 정보 격차 해결에 도움을 줄 수 있다.

716 ㄱ. 조사 계획 수립 단계에서는 조사 목적을 정하고 조사 목적에 맞는 조사 주제와 지역을 선정한다. ㄹ. 지역 정보의 분석과 결론 도출 단계에서는 수집한 지역 정보를 조사 목적에 따라 분석한다. 이후 자료의 특징이 잘 드러나도록 도표나 단계 구분도, 도형 표현도, 유선도 등의 다양한 형태의 통계 지도로 표현한다.

바로알기 | ㄴ. 지역 주민을 만나 면담하고 설문 조사를 하는 것은 야외 조사에 해당한다. ㄷ. 통계, 문헌 조사 등을 통해 지역 정보를 수집하는 것은 실내 조사에 해당한다.

<table>
<tr><td colspan="6">실전 대비   V. 생활공간과 사회 2회   150쪽~151쪽</td></tr>
<tr><td>717 ④</td><td>718 ③</td><td>719 ②</td><td>720 ③</td><td>721 ⑤</td></tr>
<tr><td>722 ①</td><td>723 ③</td><td>724 ④</td><td></td><td></td></tr>
<tr><td colspan="4">725 (가): 실내 조사, (나): 지역 정보 분석 및 종합</td><td>726 ④</td></tr>
</table>

717 ㄱ. 도시화율은 전체 인구 중 도시에 거주하는 인구의 비율로, 도시화율이 50% 미만인 경우 촌락 인구가 도시 인구보다 많다. 1960년은 도시화율이 39.1%이므로 촌락 인구가 도시 인구보다 많다. ㄴ, ㄷ. 도시화가 고도화됨에 따라 2022년에는 1960년보다 지표의 포장 면적 비율이 높으며, 1차 산업 종사자의 비중은 낮아지고 3차 산업 종사자의 비중은 높아졌다.

바로알기 | ㄹ. 2000~2010년은 도시화율이 높은 시기로 이미 대부분의 사람들이 도시에 거주하고 있어 도시 인구 증가율이 낮다. 반면, 1970~1980년은 이촌 향도가 활발하게 진행되었던 시기로 촌락에 거주하던 사람들이 도시로 이동하여 도시 인구 증가율이 높다.

718 지도의 두 지역은 도심인 중구와 주변 지역인 강동구이다. 따라서 거주자의 평균 통근·통학 소요 시간이 짧은 A는 중구이고, 상대적으로 거주자의 평균 통근·통학 소요 시간이 긴 B는 강동구이다. ③ 도심인 중구(A)는 주변(외곽) 지역인 강동구(B)보다 접근성이 좋고 지대가 높다.

바로알기 | ① 업무 기능이 발달하고 주거 기능이 미약한 중구(A)는 상주인구가 주간 인구보다 적다. ② 상주인구가 감소하는 인구 공동화 현상은 주변 지역인 강동구(B)가 아닌 도심인 중구(A)에서 나타난다. ④ 업무 기능이 발달한 중구(A)는 업무 기능이 미약한 강동구(B)보다 업무용 건물의 평균 높이가 높다. ⑤ 업무 기능이 미약한 강동구(B)는 업무 기능이 발달한 중구(A)보다 출근 시간대 유출 인구가 많고 퇴근 시간대 유입 인구가 많다.

719 ① 도시에 많은 사람과 기능이 집중하면서 제한된 공간을 효율적으로 이용하기 위해 아파트와 같은 공동 주택이 등장하였다. ③ 산업화로 분업화가 이루어지면서 생산 공정이 다양해졌으며 직업의 전문성이 증가하고 있다. ④ 편의점은 다양한 생활용품과 안전 의약품을 갖추고, 택배 서비스와 간단한 식사까지 제공하여 이용하는 사람이 빠르게 증가하고 있다. ⑤ 대형 마트는 대량 생산된 제품을 대량 소비할 수 있는 공간으로 도시적 생활양식을 잘 보여 준다.

바로알기 | ② 광역 교통망이 발달한 대도시는 도시의 기능과 영향력이 주변 지역까지 확대되면서 대도시권을 형성하며, 이에 따라 주거지에서 직장으로 이동하는 거리가 멀어졌다.

720 도시화가 진행되면 지표의 포장 면적 비율이 높아지면서 빗물의 지표 흡수량은 줄고 지표 유출량은 늘어나면서 빗물이 빠른 속도로 하천으로 유입된다. 따라서 하천의 최고 수위는 높아지고, 강우 시작

후 최고 수위 도달 시간은 짧아진다. 따라서 (가)는 도시화 이전, (나)는 도시화 이후이다. 도시화가 진행되면 포장 면적 비율이 높아지면서 강수의 지표 흡수율이 낮아지고, 이로 인해 빗물이 빠른 속도로 하천으로 유입되면서 유량 변동이 커진다. 이는 그림의 C에 해당한다.

721 ⑤ 실업과 노사 갈등 등의 노동 문제를 해결하기 위해서는 실업자에게 재취업의 기회를 제공하고, 최저 임금제와 비정규직 보호법 등의 제도를 시행해야 한다.

바로알기 | ① 대중교통 확충, 교통 시스템 보완은 교통 문제를 해결하기 위한 방안이다. ② 노후화된 지역의 주거 환경 개선은 주택 문제를 해결하기 위한 방안이다. ③ 대중교통 이용, 쓰레기 분리 배출 실천은 환경 문제를 해결하기 위한 방안이다. ④ 인간 존엄성 중시는 인간 소외 현상을 해결하기 위한 방안이다.

722 교사의 말에 따르면 교통수단의 확충으로 서울과 춘천 간의 접근성이 높아졌음을 알 수 있다. ② 서울과 춘천 간 이동에 걸리는 시간이 단축되면서 숙박에 대한 부담이 줄어들어 당일치기 관광객이 늘어날 것이다. ③ 서울 및 수도권으로부터 관광객의 유입이 늘면서 춘천의 유명 맛집은 손님이 많아져 매출이 늘어날 수 있다. ④ 서울과 춘천 간 접근성이 향상되면서 제품 구매를 위해 서울에 있는 백화점을 찾는 고객이 늘어날 것이다. ⑤ 서울과 춘천 간 철도 교통이 개선되면서 자동차를 이용하는 사람들은 줄고 철도를 이용하는 사람들이 늘어나면서 철도 교통의 여객 수송 분담률이 증가할 것이다.

바로알기 | ① 춘천 시민의 수도권 접근성이 높아졌으므로, 여가 공간의 범위는 확대될 것이다.

723 제시된 글을 통해 교통·통신의 발달로 전염병 확산 속도가 빨라졌음을 알 수 있다. 따라서 해외로부터의 전염병 유입을 막고, 세계적인 전염병 확산을 막기 위해 출입국 과정에서 검역 관리 절차를 강화해야 한다.

바로알기 | ① 환경 영향 평가 의무화는 생태환경 파괴를 완화하기 위한 방안이다. ② 선박 평형수 처리 장치 의무화는 외래종 유입으로 인한 생태계 교란을 막기 위한 방안이다. ④ 의료 시설이 낙후한 지역에 대한 지원을 늘리는 것은 지역 격차를 완화하기 위한 방안이다. ⑤ 생태 통로를 만드는 것은 교통·통신 관련 개발 과정에서 생태환경이 받는 부정적인 영향을 최소화하려는 방안에 해당한다.

724 제시된 생활양식들은 과학기술이 발달한 사회에서 일상화된다. ㄱ, ㄴ. 과학기술이 발달한 사회에서는 통신 기술의 발달로 쌍방향 소통이 늘어나며, 가상 공간을 활용한 정치 활동이 활발해질 것이다. ㄹ. 과학기술이 발달한 사회에서는 소비자에 대한 다양한 정보를 수집하여 구성된 빅 데이터를 활용한 고객 맞춤형 설계가 늘어날 것이다.

바로알기 | ㄷ. 통신 기술의 발달로 전자 상거래의 비중이 점차 늘어날 것이므로, 물품 구매에서 대면 거래가 차지하는 비중은 줄어들 것이다.

725 (가) 실내 조사 단계에서는 지도, 문헌, 인터넷 검색 등을 통해 정보를 수집한다. (나) 지역 정보 분석 및 종합 단계에서는 수집한 지역 정보를 분석 및 종합하여 그래프나 통계 지도로 나타낸다.

726 야외 조사를 준비하는 활동(ㄱ)과 인터넷을 활용하여 다양한 정보를 조사하는 활동(ㄴ)은 (가) 실내 조사 단계에 해당하는 활동이다. 수집한 정보를 분석하여 도표나 그래프로 표현하는 활동(ㄹ)은 (나) 지역 정보 분석 및 종합 단계에 해당하는 활동이다.

바로알기 | ㄷ. 이용자를 대상으로 설문 조사를 하는 활동은 야외 조사 단계에 해당하는 활동이다.

visang

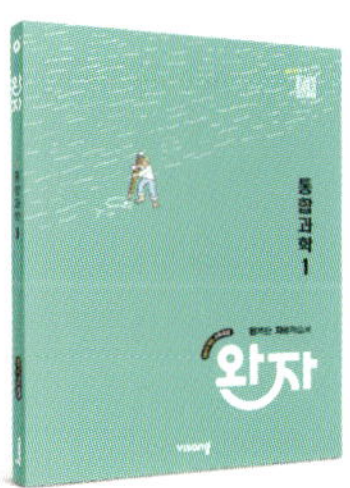

완자 기출 **PICK**

완자가 pick한 내신 기출의 모든 것, 1등급 필수템!